1988

DODGE UNIT COST DATA

Dodge Cost Systems

Richard C. Iavarone,
Editor

Alice Ann Fankhauser,
Production

Brenda M. Cichocki,
Production

Joseph E. Barreca,
Graphics

Percival E. Pereira,
Manager of Publications

Copyright ©McGraw-Hill Incorporated 1987, no part of this publication may be reproduced, stored in a retrieval system, or transmitted, in any form or by any means electronic, mechanical, photocopying, recording, or otherwise, without the prior written permission of McGraw-Hill Information Systems Company. All rights reserved.

McGRAW-HILL
INFORMATION SYSTEMS COMPANY
P.O. Box 28, Princeton, New Jersey 08542
609-426-7300 • 800-544-COST(Toll-Free)

ISBN 606988-5

FORWARD

The 1988 **DODGE UNIT COST DATA** contains current construction cost information printed directly from the computerized construction cost data-base maintained by McGraw-Hill Dodge Cost Systems, Princeton, New Jersey.

These files are *updated almost daily with data from actual job sites throughout the country and from frequent, comprehensive cost surveys.* With the tremendous resources available to Dodge Cost Systems you can be sure that every effort has been made to accurately reflect current costs. The 1988 **DODGE UNIT COST DATA** puts this important fund of cost data at your fingertips in a handy-to-use format.

The **DODGE UNIT COST DATA** carries *revised productivity data that reflects current construction practices nationally.* This information will help you schedule work and measure the productivity of your work force against the experience of others across the country. The computer-generated index to items appearing in the **DODGE UNIT COST DATA** is both comprehensive and precise. It gives you instant access to the data you need.

The 1988 **DODGE UNIT COST DATA** provides material and labor adjustments indices for 512 cities throughout the United States.

You will also find that the 1988 **DODGE UNIT COST DATA** follows the established Uniform Construction Index format for rapid reference. This Index is also published in the **DODGE UNIT COST DATA** for your use in preparing estimates.

Many changes have been incorporated to reflect the new materials that have come into the construction market. As you use the information in these pages to develop construction costs at any stage of project design, from feasibility studies to detailed quantity survey estimates to contract negotiations to change orders, *remember that we are eager to receive suggestions for changes to future editions that will make this publication even more valuable to you.*

Richard C. Iavarone
Editor
609-426-7300

1988 DODGE UNIT COST DATA

TABLE OF CONTENTS

HOW DODGE UNIT COST DATA IS ORGANIZED		IV
HOW DODGE UNIT COST DATA IS DERIVED		VI
HOW PRODUCTIVITY DATA IS PRESENTED		VIII
LIST OF ABBREVIATIONS		X
UNIFORM CONSTRUCTION INDEX		XII

		PAGE				PAGE
1	**GENERAL REQUIREMENTS**	1		6	**WOOD**	92
	JOB FACTOR CHECK LIST	1			LUMBER PRICES	92
	INSURANCE & PERMITS	1			LIGHT FRAMING	93
	FEES	2			ROUGH CARPENTRY	96
	TOOLS & EQUIPMENT	4			FINISH CARPENTRY, MILLWORK	102
	CLEANING & TEMPORARY FACILITIES	12		7	**THERMAL & MOISTURE PROTECTION**	
2	**SITE WORK**	14			WATERPROOFING, DAMPPROOFING	111
	CLEARING	14			INSULATION	112
	DEWATERING	15			SHINGLES	116
	BLASTING	15			TILE	117
	SITE GRADING	16			PREFORMED ROOFING & SIDING	117
	EXCAVATION	17			MEMBRANE ROOFING	119
	PILING - CAISSONS	22			SHEETMETAL	120
	PAVING	27			ROOFING ACCESSORIES	122
	SITE DRAINAGE	28			SEALANTS	129
	ROADS & PARKING	39		8	**DOORS & WINDOWS**	130
	LANDSCAPING	41			METAL DOORS	130
3	**CONCRETE**	43			WOOD DOORS	132
	FORM ACCESSORIES	43			SPECIAL DOORS	143
	FORM WORK	44			METAL WINDOWS	147
	REINFORCING	49			WOOD WINDOWS	153
	CONCRETE MATERIALS	52			GLASS & GLAZING	157
	PLACING CONCRETE	54			CURTAIN WALLS	160
	PRECAST CONCRETE	58		9	**FINISHES**	162
4	**MASONRY**	63			LATH & PLASTER	162
	MORTAR	63			GYPSUM WALLBOARD	165
	UNIT MASONRY	64			TILE & TERRAZZO	166
	STONE MASONRY	70			ACOUSTICAL	171
5	**METALS**	74			FLOORING	173
	STRUCTURAL STEEL	74			SPECIAL COATING	181
	METAL DECKING	79			PAINTING	181
	MISCELLANEOUS METAL	81			WALL COVERING	186
	ORNAMENTAL METAL	89				

TABLE OF CONTENTS

10 SPECIALTIES — 187

11 EQUIPMENT — 202

12 FURNISHING — 226

13 SPECIAL CONSTRUCTION — 234
    SOLAR ENERGY SYSTEM — 238

14 CONVEYING SYSTEM — 247

15 MECHANICAL — 253
    PIPE & PIPE FITTINGS, VALVES — 253
    PIPE SPECIALTIES — 261
    MECHANICAL SUPPORT DEVICES — 262
    INSULATION — 263
    SPRINKLER SYSTEM, STANDPIPE — 265
    PLUMBING FIXTURES — 267
    ROOF DRAINAGE — 267
    HOT WATER CIRCULATORS — 271
    WATER CHILLERS — 272
    PUMPS — 272
    HOT WATER EQUIPMENT — 273
    COMPRESSED AIR EQUIP. — 275
    VACUUM EQUIPMENT — 276
    GAS FURNACES — 277
    ROOF TOP UNITS — 279
    BOILERS & EQUIPMENT — 281
    WARM AIR FURNACES — 284
    CHILLER WATER SYSTEM — 285
    HEAT PUMPS — 286
    PACKAGE ROOM A/C — 287
    AIR HANDLING UNITS — 289
    TEMPERED AIR HANDLING TERMINAL — 294
    CONTROLS & INSTRUMENTATION — 295

16 ELECTRICAL — 296
    BASIC MATERIALS — 296
    ELECTRICAL SUPPORT DEVICES — 305
    PANEL BOARDS — 306
    MOTORS & CONTROLS — 307
    LIGHTING — 308
    STANDBY ELEC. POWER SYSTEM — 315
    RADIO & TELEPHONE EQUIP. — 316
    COMMUNICATIONS & INTERCOM, TV — 316
    ELEC. HEATING & VENTILATION — 317

HOW TO USE THE ADJUSTMENT INDICES — 320

ADJUSTMENT INDICES — 321-325

HOW DODGE UNIT ACOST DATA IS ORGANIZED

Cost information in the DODGE UNIT COST DATA is organized according to the 16 division format for Cost Analysis of the Uniform Construction Index. The division number will be found at the top of each page. This table shows division names and numbers.

DIVISION HEADING	DIVISION NUMBER
General Requirements	1
Site Work	2
Concrete	3
Masonry	4
Metals	5
Wood & Plastics	6
Thermal & Moisture Protection	7
Doors & Windows	8
Finishes	9
Specialties	10
Equipment	11
Furnishings	12
Special Construction	13
Conveying Systems	14
Mechanical - Plumbing	15
Electrical	16

HOW DODGE UNIT COST DATA IS ORGANIZED

Division headings are shown at the top of each page.

Each division is sub-divided into Categories which represent fundamental trade and work classifications. For instance, the Categories within the "Cast-in-Place" Section of division 3 are:

      Concrete Materials
      Concrete Accessories
      Concrete in Place
      Post Tensioned Concrete
      Concrete Finishing
      Special Concrete

Each new Category heading on a page is indented and printed in bold type.

Costs are arranged by the individual item of work in each Category as is shown in the example from the Category, "Cast-in-Place".

```
      **CAST IN PLACE**

   CAST IN PLACE CONCRETE- 20 CITIES COST INCLUDING
   3000PSI CONCRETE-FORMS- REINFORCING- AND PLACING
   FINISHING NOT INCLUDED.
   FOUNDATIONS
      FOUNDATIONS MATS
 9       CONDITIONS - GOOD              2 LA   4 CP   25 CU YD   58.14   72.80   130.94
                                        1 RI
10       CONDITIONS - DIFFICULT         4 LA   4 CP   21 CU YD   85.70   87.00   172.70
                                        1 RI
      SPREAD FOOTING
11       CONDITIONS - GOOD              2 LA   4 CP   50 CU YD   29.07   78.00   107.07
                                        1 RI
12       CONDITIONS - DIFFICULT         4 LA   4 CP   40 CU YD   44.99   91.00   135.99
                                        1 RI
      STRIP FOOTING
13       CONDITIONS - GOOD              2 LA   4 CP   38 CU YD   38.25   68.00   106.25
                                        1 RI
14       CONDITIONS - DIFFICULT         4 LA   4 CP   25 CU YD   71.98   76.00   147.98
                                        1 RI
      PILE CAPS
15       CONDITIONS - GOOD              2 LA   4 CP   35 CU YD   41.53   83.00   124.53
                                        1 RI
16       CONDITIONS - DIFFICULT         4 LA   4 CP   28 CU YD   72.68   94.00   166.68
                                        2 RI
      GRADE BEAMS
17       CONDITIONS - GOOD              2 LA   4 CP   38 CU YD   38.25   77.00   115.25
                                        1 RI
```

To find an item of work, refer to its Division and Section heading or use the detailed index at the back of the DODGE UNIT COST DATA. This index lists all Divisions, Sections, Categories, and major items or work or cost - it is essentially a key word index.

1988 DODGE UNIT COST DATA

HOW DODGE UNIT ACOST DATA IS DERIVED

The unit costs presented in the DODGE UNIT COST DATA represent average prices. Users of construction costs recognize that such costs are not exact for a broad range of building projects. Implicit in the development of these unit costs are a number of assumptions which include purchase of materials in quantities normal for most building projects, no volume or special discounts, no labor cost premiums due to trade shortages, no unusual weather conditions, standard "good workmanship" and standard grade materials.

All unit costs presented have been calculated for mid-1988.

Prices contained in the DODGE UNIT COST DATA are those which would be incurred by a general contractor who subcontracted for all items of work, with the exception of the mechanical and electrical items (Divisions 15 & 16) which do not include the subcontractor's overhead and profit. The general contractor's overhead and markup are not included in any of the prices. No two projects are identical nor are the items of work that make up two different projects. When using unit costs, the user must consider special project conditions such as weather, site, etc., and must reflect the effect of simplicity or complexity of the items of work.

The productivity information presented in the DODGE UNIT COST DATA represents an average for work which has actually been performed through the country within the recent past. Crew size and makeup and actual output can vary greatly for such reasons as union rules, weather conditions or local customs. The data presented are good and accurate guides but should be adjusted by the user who has first-hand information.

The information and prices contained in the *DODGE UNIT COST DATA* have been compiled by Dodge Cost Systems from sources believed to be reliable and to be representative of current price and cost situations. No warranty guaranty, or representation is made by Dodge Cost Systems or by McGraw-Hill Information Systems Company as to the correctness or sufficiency of any information, process or representations contained in the *DODGE UNIT COST DATA,* and Dodge Cost Systems and McGraw-Hill Information Systems Company assumes no responsibility or liability in connection therewith; nor can it be assumed that the material or prices presented will not be changed due to local or national conditions. Nothing contained in the *DODGE UNIT COST DATA* shall be construed as a recommendation to use any product or process.

For reference in using the labor productivity information the following 20-City Average trade wage rates were used in calculating the labor unit costs. The 20 cities used to calculate these average wage rates are:

Atlanta	Kansas City
Baltimore	Los Angeles
Birmingham	Minneapolis
Boston	New Orleans
Chicago	New York
Cincinnati	Philadelphia
Cleveland	Pittsburgh
Dallas	St. Louis
Denver	San Francisco
Detroit	Seattle

These rates are the total cost to the contractor including base rate, fringes (excluding travel allowances), and 27% to cover insurance and taxes for all except mechanical and electrical trades.

For the mechanical and electrical trades, 33% has been included to cover insurance, taxes, supervision and small tools.

ABBR.	TRADE	WAGE RATES
AW	Asbestos Worker	30.11
BL	Bricklayer	27.75
CP	Carpenter	27.25
CM	Cement Mason	26.30
EL	Electrician	32.37
GL	Glazier	27.83
LA	Laborer	21.63
LH	Lather	27.19
OL	Oiler	23.91
HE	Operating Engineer-Hoisting	28.78
EO	Operating Engineer-Excavation	28.36
PA	Painter	25.67
PF	Pipefitter	33.50
PS	Plasterer	26.89
PL	Plumber	33.12
RI	Reinforcing Ironworker	29.43
RF	Roofer	25.32
SM	Sheet Metal Worker	30.53
SI	Structural Ironworker	29.45
TM	Teamster	23.48
TS	Tile Setter	26.31
WP	Waterproofer	24.36

1988 DODGE UNIT COST DATA

HOW THE PRODUCTIVITY DATA ARE PRESENTED

L I N E	DESCRIPTION	OUTPUT			UNIT COSTS		
		CREW	PER DAY	UNIT	LABOR	MATERIAL	TOTAL

For each item of work listed under DESCRIPTION, the DODGE UNIT COST DATA presents the size and makeup of the CREW used in calculating the item cost and the crew's productivity is presented as a quantity of the UNIT indicated for an 8-hour working day; for instance:

CREW	PER DAY	UNIT
2 CP, 1 LA	300	SQ FT

indicates that a crew of 2 carpenters and 1 laborer constructs 300 square feet in an 8-hour day.

HOW THE PRODUCTIVITY DATA ARE PRESENTED

In Division 16, Electrical, the heading LABOR UNITS will be found instead of PER DAY. This heading indicates the number of manhours required to perform the specified UNIT of work. The CREW indicated will always be 1 Electrician. A Typical example is:

** RACEWAYS AND FITTINGS **

GALVANIZED CONDUIT
RUN IN SLAB OR UNDERGROUND

#	Size	Crew		Labor	Unit	Material	Labor$	Total
10	3/4"	1 EL		5	CLF	161.85	99.53	261.38
11	1"	1 EL		5.5	CLF	178.04	133.26	311.30
12	1 1/4"	1 EL		6	CLF	194.22	175.35	369.57
13	1 1/2"	1 EL		6.5	CLF	210.41	229.16	439.57
14	2"	1 EL		8	CLF	258.96	313.62	572.58
15	2 1/2"	1 EL		13	CLF	420.81	517.02	937.83
16	3"	1 EL		15.5	CLF	501.74	700.00	1,202
17	3 1/2"	1 EL		17	CLF	550.29	923.00	1,473
18	4"	1 EL		23	CLF	744.51	1,084	1,829
19	5"	1 EL		32.5	CLF	1,052	2,377	3,429
20	6"	1 EL		43	CLF	1,392	3,359	4,751

RUN EXPOSED

#	Size	Crew		Labor	Unit	Material	Labor$	Total
21	1/2"	1 EL		6.5	CLF	210.41	103.00	313.41
22	3/4"	1 EL		7.8	CLF	252.49	122.00	374.49
23	1"	1 EL		8	CLF	258.96	157.00	415.96
24	1 1/4"	1 EL		8.5	CLF	275.15	224.00	499.15
25	1 1/2"	1 EL		9.5	CLF	307.52	265.00	572.52
26	2"	1 EL		13.5	CLF	437.00	359.00	796.00
27	2 1/2"	1 EL		18.5	CLF	598.85	588.00	1,187
28	3"	1 EL		22.5	CLF	728.33	776.00	1,504
29	3 1/2"	1 EL		26	CLF	841.62	1,010	1,852
30	4"	1 EL		36	CLF	1,165	1,182	2,347

The UNIT COSTS are presented for LABOR, MATERIAL, and TOTAL unit costs. These costs are dollars per the UNIT specified. In the case of MATERIAL unit costs, equipment costs are separated from strictly material costs by a corresponding notation at the right of the DESCRIPTION, for example:

** PILING **

#	Description				Crew		Qty	Unit	Labor	Material	Total
7	MOBILIZATION							LP SM		7,035	7,035

PILING TIMBER TREATED

8	12"	BUTT	20'–30'		2 HE	1 OL	520	LN FT	2.92	5.41	10.43
				EQUIP	5 LA					2.10	
9	12"	BUTT	31'–40'		2 HE	1 OL	720	LN FT	2.11	5.61	9.05
				EQUIP	5 LA					1.33	
10	12"	BUTT	41'–50'		2 HE	1 OL	828	LN FT	1.83	5.29	8.33
				EQUIP	5 LA					1.21	
11	13"	BUTT	51'–60'		2 HE	1 OL	840	LN FT	1.81	6.26	9.25
				EQUIP	5 LA					1.18	
12	13"	BUTT	61'–70'		2 HE	1 OL	858	LN FT	1.77	6.47	9.40
				EQUIP	5 LA					1.16	
13	13"	BUTT	71'–80'		2 HE	1 OL	860	LN FT	1.76	7.56	10.48
				EQUIP	5 LA					1.16	

PILING TIMBER UNTREATED

14	12"	BUTT	31'–40'		2 HE	1 OL	720	LN FT	2.11	3.45	6.90
				EQUIP	5 LA					1.34	
15	12"	BUTT	41'–50'		2 HE	1 OL	828	LN FT	1.83	3.68	6.71
				EQUIP	5 LA					1.20	
16	13"	BUTT	51'–60'		2 HE	1 OL	840	LN FT	1.81	4.33	7.32
				EQUIP	5 LA					1.18	

For ease in reading the unit costs, the decimal point and cents have been dropped for unit costs over $1,000 and commas inserted to separate thousands and hundreds of dollars.

1988 DODGE UNIT COST DATA

LIST OF ABBREVIATIONS

A/C	AIR CONDITIONING	FILMNT	FILAMENT
AC	ALTERNATING CURRENT	FIN	FINISH
ACC	ACCESSORIES	FLR	FLOOR
ACOUST	ACOUSTICAL	FLT	FLIGHT, FLOAT
ALUM	ALUMINUM	FPM	FEET PER MINUTE
AMPS	AMPERES	FRME	FRAME
ASB	ASBESTOS WORKER	FT	FEET
ASME	AMERICAN SOCIETY OF MECHANICAL ENGINEERS	GA	GAUGE OR GAGE
		GAL	GALLON
ASTM	AMERICAN SOCIETY TESTING MATERIALS	GAL/CY	GALLONS PER CUBIC YARD
		GALV	GALVANIZED
AW	ASBESTOS WORKER	GL	GLAZIER, GLASS
B & W	BLACK AND WHITE	GPD	GALLONS PER DAY
BBL	BARREL	GPH	GALLONS PER HOUR
BD FT	BOARD FEET	GPM	GALLONS PER MINUTE
BL	BRICKLAYER	GRY	GRAY
BLDG	BUILDING	H & V	HEATING AND VENTILATING
BRD	BOARD	HAND	HANDLING
BTU	BRITISH THERMAL UNIT	HDWE	HARDWARE
BTUH	BRITISH THERMAL UNIT PER HOUR	HE	OPER. ENG. HOISTING
C	HUNDRED	HEX	HEXAGONAL
CAP	CAPACITY	HP	HORSEPOWER
CEIL	CEILING	HR	HOUR
CF	CUBIC FEET	HT	HEIGHT
CFM	CUBIC FEET PER MINUTE	IB	IRON BODY
CI	CAST IRON	IBBM	IRON BODY BRONZE MOUNTED
CL	CARLOAD	ID	INSIDE DIAMETER
CLF	HUNDRED LINEAR FEET	ILLUM	ILLUMINATED
CLG	CEILING	IN	INCHES
CM	CEMENT MASON	INCAND	INCANDESCENT
COMB	COMBINATION	INCL	INCLUDES
CONC	CONCRETE	INS	INSULATED
CP	CARPENTER	IPS	IRON PIPE SIZE
CRT	CATHODE RAY TUBE	KIP	THOUSAND POUNDS
CSF	HUNDRED SQUARE FEET	KV	KILO VOLT
CU FT	CUBIC FEET	KVA	KILO VOLT AMPERES
CU YD	CUBIC YARDS	KW	KILOWATTS
CY	CUBIC YARDS	LA	LABORER
CWT	HUNDREDWEIGHT	LAB	LABOR
DBL	DOUBLE	LB	POUND
DEG	DEGREES	LCL	LESS THAN CARLOAD
DEVEL	DEVELOPMENT	LF	LINEAR FEET
DH	DOUBLE HUNG	LP SM	LUMP SUM
DIA	DIAMETER	LTL	LESS THAN TRUCKLOAD
DWV	DRAINAGE, WASTE & VENT	M	THOUSAND
EA	EACH	MAT'L	MATERIAL
EL	ELECTRICIAN	MAX	MAXIMUM
ELEC	ELECTRIC	MCF	THOUSAND CUBIC FEET
EMT	ELECTRIC METALLIC TUBING	MF BM	THOUSAND FEET BOARD MEASURE
EO	OPER. ENG. - EXCAVATION	MI	MILE
EXCAV	EXCAVATION	MIN	MINUTE
EXH	EXHAUST	MLF	THOUSAND LINEAR FEET
EXT	EXTERIOR	MO	MONTH
F	FACED	MSF	THOUSAND SQUARE FEET
FBM	FOOT BOARD MEASURE	MSY	THOUSAND SQUARE YARDS

LIST OF ABBREVIATIONS

MTD	MOUNTED	UL	UNDERWRITERS LABORATORIES, INC.
NO	NUMBER	UTIL	UTILITY
O & P	OVERHEAD AND PROFIT	V	VOLT
OC	ON CENTER	VAT	VINYL ASBESTOS TILE
OD	OUTSIDE DIAMETER	VERT	VERTICAL
OL	OILER	VF	VERTICAL FEET
OPG	OPENING	VOL	VOLUME
OS & Y	OUTSIDE STEM & YOKE	W	WATT
OZ	OUNCE	W/	WITH
PA	PAINTER	W/O	WITHOUT
PARTN	PARTITION	WF	WIDE FLANGE
PCS/SF	PIECES PER SQUARE FOOT	WP	WATERPROOFER, WEATHERPROOFED
PCT	PERCENT	X	BY, TIMES
PENNA	PENNSYLVANIA	YD	YARD
PF	PIPEFITTER	"	INCH
PL	PLUMBER	'	FOOT
PR	PAIR	#	NUMBER, POUNDS
PREFAB	PREFABRICATED	%	PERCENT
PS	PLASTERER	&	AND
PSI	POUNDS PER SQUARE INCH	/	PER
PVC	POLYVINYL CHLORIDE		
QT	QUART		
REC	RECESSED		
RECT	RECTANGULAR		
REINF	REINFORCED		
RF	ROOFER		
RI	REINFORCED IRON WORKER		
RND	ROUND		
RPM	REVOLUTIONS PER MINUTE		
RR	RAILROAD		
SB	SILVER BOWL		
SEC	SECONDS		
SF	SQUARE FEET		
SF CA	SQUARE FEET OF CONTACT AREA		
SF/GAL	SQUARE FEET PER GALLON		
SGL	SINGLE		
SI	STRUCTURAL IRONWORKER		
SM	SHEET METAL WORKER		
SQ	SQUARE		
SQ FT	SQUARE FEET		
SQ YD	SQUARE YARDS		
SS	STAINLESS STEEL		
STD	STANDARD		
STN	STATION		
SUSPNSN	SUSPENSION		
T	TON		
T & G	TONGUE AND GROOVE		
TEMP	TEMPERED		
TL	TRUCKLOAD		
TM	TEAMSTER		
TS	TILE SETTER		
TV	TELEVISION		
UCI	UNIFORM CONSTRUCTION INDEX		

UCI - COST ANALYSIS FORMAT

01 GENERAL REQUIREMENTS

01020 ALLOWANCES
01100 ALTERNATIVES
01200 PROJECT MEETINGS
01300 SUBMITTALS
01400 QUALITY CONTROL
01500 TEMPORARY FACILITIES & CONTROLS
01600 MATERIAL AND EQUIPMENT
01700 PROJECT CLOSEOUT
01999 MISCELLANEOUS

02 SITE WORK

02000 ALTERNATIVES
02010 SUBSURFACE EXPLORATION
02011 BORINGS
02012 CORE DRILLING
02013 STANDARD PENETRATION TESTS
02014 SEISMIC EXPLORATION
02100 CLEARING
02101 STRUCTURE MOVING
02102 CLEARING AND GRUBBING
02103 TREE PRUNING
02104 SHRUB AND TREE RELOCATION
02110 DEMOLITION
02200 EARTHWORK
02210 SITE GRADING
02211 ROCK REMOVAL
02212 EMBANKMENT
02220 EXCAVATING AND BACKFILLING
02221 TRENCHING
02222 STRUCTURE EXCAVATION
02223 ROADWAY EXCAVATION
02224 PIPE BORING AND JACKING
02225 TRENCH BACKFILL AND COMPACTION
02226 STRUCTURE BACKFILL & COMPACTION
02227 WASTE MATERIAL DISPOSAL
02230 SOIL COMPACTION CONTROL
02240 SOIL STABILIZATION
02250 TERMITE CONTROL
02252 VEGETATION CONTROL
02300 PILE FOUNDATIONS
02350 CAISSONS
02351 DRILLED CAISSONS
02352 EXCAVATED CAISSONS
02400 SHORING
02420 UNDERPINNING
02500 SITE DRAINAGE
02550 SITE UTILITIES
02600 PAVING & SURFACING
02610 PAVING
02620 CURBS AND GUTTERS
02630 WALKS
02640 SYNTHETIC SURFACING
02700 SITE IMPROVEMENTS
02710 FENCES AND GATES
02720 ROAD AND PARKING APPURTENANCES
02730 PLAYING FIELDS
02740 FOUNTAINS
02750 IRRIGATION SYSTEM
02760 SITE FURNISHINGS
02800 LANDSCAPING
02810 SOIL PREPARATION
02820 LAWNS
02830 TREES, SHRUBS, AND GROUND COVER
02850 RAILROAD WORK
02851 TRACKWORK
02852 BALLASTING
02900 MARINE WORK
02910 DOCKS
02920 BOAT FACILITIES
02930 PROTECTIVE MARINE STRUCTURES
02931 FENDERS
02932 SEAWALLS
02933 GROINS
02934 JETTYS
02940 DREDGING
02950 TUNNELING
02960 TUNNEL EXCAVATION
02970 TUNNEL GROUTING
02980 SUPPORT SYSTEMS
02999 MISCELLANEOUS

03 CONCRETE

03000 ALTERNATIVES
03100 CONCRETE FORMWORK
03150 EXPANSION & CONTRACTION JOINTS
03200 CONCRETE REINFORCEMENT
03210 STEEL BAR & WELDED WIRE REINF.
03230 STRESSING TENDONS
03300 CAST-IN-PLACE CONCRETE
03305 CONCRETE CURING
03310 CONCRETE
03320 LIGHTWEIGHT CONCRETE
03321 INSULATING CONCRETE
03322 LIGHTWEIGHT STRUCTURAL CONCRETE
03330 HEAVYWEIGHT CONCRETE
03340 PRESTRESSED CONCRETE
03350 SPECIALLY FINISHED CONCRETE
03351 EXPOSED AGGREGATE CONCRETE
03352 BUSHAMMERED CONCRETE
03353 BLASTED CONCRETE
03354 HEAVY-DUTY CONCRETE FLOOR FINISH
03355 GROOVED-SURFACE CONCRETE
03360 SPECIALLY PLACED CONCRETE
03370 GROUT
03400 PRECAST CONCRETE
03410 PRECAST CONCRETE PANELS
03411 TILT-UP WALL PANELS
03420 PRECAST STRUCTURAL CONCRETE
03430 PRECAST PRESTRESSED CONCRETE
03500 CEMENTITIOUS DECKS
03510 GYPSUM CONCRETE
03520 CEMENTITIOUS WOOD FIBER DECK
03999 MISCELLANEOUS

04 MASONRY

04000 ALTERNATIVES
04100 MORTAR
04150 MASONRY ACCESSORIES
04160 JOINT REINFORCEMENT
04170 ANCHORS AND TIE SYSTEMS
04180 CONTROL JOINTS
04200 UNIT MASONRY
04210 BRICK MASONRY
04220 CONCRETE UNIT MASONRY
04230 REINFORCED UNIT MASONRY
04240 CLAY BACKING TILE
04245 CLAY FACING TILE
04250 CERAMIC VENEER
04270 GLASS UNIT MASONRY
04280 GYPSUM UNIT MASONRY
04400 STONE
04410 ROUGH STONE
04420 CUT STONE
04422 MARBLE
04430 SIMULATED MASONRY
04435 CAST STONE
04440 FLAGSTONE
04450 NATURAL STONE VENEER
04500 MASONRY RESTORATION & CLEANING
04510 MASONRY CLEANING
04550 REFRACTORIES
04999 MISCELLANEOUS

UCI - COST ANALYSIS FORMAT

05 METALS

05000 ALTERNATIVES
05100 STRUCTURAL METAL FRAMING
05120 STRUCTURAL STEEL
05130 STRUCTURAL ALUMINUM
05200 METAL JOISTS
05300 METAL DECKING
05400 LIGHTGAGE METAL FRAMING
05500 METAL FABRICATIONS
05510 METAL STAIRS
05520 HANDRAILS AND RAILINGS
05521 PIPE AND TUBE RAILINGS
05530 GRATINGS
05540 CASTINGS
05700 ORNAMENTAL METAL
05710 ORNAMENTAL STAIRS
05720 ORNAMENTAL HANDRAILS & RAILINGS
05730 ORNAMENTAL SHEET METAL
05800 EXPANSION CONTROL
05999 MISCELLANEOUS

06 WOOD & PLASTICS

06000 ALTERNATIVES
06100 ROUGH CARPENTRY
06110 FRAMING AND SHEATHING
06111 LIGHT WOODEN STRUCTURES-FRAMING
06112 PREASSEMBLED COMPONENTS
06113 SHEATHING
06114 DIAPHRAGMS
06130 HEAVY TIMBER CONSTRUCTION
06131 TIMBER TRUSSED
06132 MILL-FRAMED STRUCTURES
06133 POLE CONSTRUCTION
06150 TRESTLES
06170 PREFABRICATED STRUCTURAL WOOD
06180 GLUED-LAMINATED CONSTRUCTION
06181 BLUE-LAMINATED STRUCTURAL UNITS
06182 GLUE-LAMINATED DECKING
06190 WOOD TRUSSES
06200 FINISH CARPENTRY
06220 MILLWORK
06240 LAMINATED PLASTIC
06300 WOOD TREATMENT
06400 ARCHITECTURAL WOODWORK
06410 CABINETWORK
06411 WOOD CABINETS: UNFINISHED
06420 PANELING
06421 ARCH. HARDWOOD PLYWOOD PANELING
06422 SOFTWOOD PLYWOOD PANELING
06430 STAIRWORK
06431 WOOD STAIRS AND RAILINGS
06500 PREFAB. STRUCTURAL PLASTICS
06600 PLASTIC FABRICATIONS
06999 MISCELLANEOUS

07 THERMAL & MOISTURE PROTECTION

07000 ALTERNATIVES
07100 WATERPROOFING
07110 MEMBRANE WATERPROOFING
07120 FLUID APPLIED WATERPROOFING
07121 LIQUID WATERPROOFING
07130 BENTONITE CLAY WATERPROOFING
07140 METAL OXIDE WATERPROOFING
07150 DAMPPROOFING
07160 BITUMINOUS DAMPPROOFING
07170 SILICONE DAMPPROOFING
07175 WATER REPELLENT COATING
07180 CEMENTITIOUS DAMPPROOFING
07190 VAPOR BARRIERS/RETARDANTS
07200 INSULATION
07210 BUILDING INSULATION
07211 LOOSE FILL INSULATION
07212 RIGID INSULATION
07213 FIBROUS & REFLECTIVE INSULATION
07214 FOAMED-IN-PLACE INSULATION
07215 SPRAYED-ON INSULATION
07230 HIGH AND LOW TEMPERATURE INSUL.
07240 ROOF AND DECK INSULATION
07250 PERIMETER AND UNDER-SLAB INSUL.
07300 SHINGLES & ROOFING TILES
07310 SHINGLES
07320 ROOFING TILES
07400 PREFORMED ROOFING & SIDING
07410 PREFORMED WALL & ROOF PANELS
07411 PREFORMED METAL SIDING
07420 COMPOSITE BUILDING PANELS
07440 PREFORMED PLASTIC PANELS
07460 CLADDING/SIDING
07461 WOOD SIDING
07462 COMPOSITION SIDING
07463 ASBESTOS-CEMENT SIDING
07464 PLASTIC SIDING
07500 MEMBRANE ROOFING
07510 BUILT-UP BITUMINOUS ROOFING
07520 PREPARED ROLL ROOFING
07530 ELASTIC SHEET ROOFING
07540 FLUID APPLIED ROOFING
07570 TRAFFIC TOPPING
07600 FLASHING & SHEET METAL
07610 SHEET METAL ROOFING
07620 FLASHING AND TRIM
07630 ROOFING SPECIALTIES
07631 GUTTERS AND DOWNSPOUTS
07660 GRAVEL STOPS
07700 FLASHING
07800 ROOF ACCESSORIES
07810 SKYLIGHTS
07811 PLASTIC SKYLIGHTS
07812 METAL-FRAMED SKYLIGHTS
07830 HATCHES
07840 GRAVITY VENTILATORS
07850 PREFABRICATED CURBS
07860 PREFABRICATED EXPANSION JOINTS
07900 SEALANTS
07950 GASKETS
07999 MISCELLANEOUS

08 DOORS & WINDOWS

08000 ALTERNATIVES
08100 METAL DOORS & FRAMES
08110 HOLLOW METAL WORK
08111 STOCK HOLLOW METAL WORK
08112 CUSTOM HOLLOW METAL WORK
08120 ALUMINUM DOORS AND FRAMES
08130 STAINLESS STEEL DOORS AND FRAMES
08140 BRONZE DOORS AND FRAMES
08200 WOOD & PLASTIC DOORS
08300 SPECIAL DOORS
08310 SLIDING METAL FIRE DOORS
08320 METAL-CLAD DOORS
08330 COILING DOORS
08350 FOLDING DOORS
08355 FLEXIBLE DOORS
08360 OVERHEAD DOORS
08370 SLIDING GLASS DOORS
08375 SAFETY GLASS DOORS
08380 SOUND RETARDANT DOORS
08390 SCREEN AND STORM DOORS
08400 ENTRANCES & STOREFRONTS
08450 REVOLVING DOORS
08500 METAL WINDOWS
08510 STEEL WINDOWS
08520 ALUMINUM WINDOWS
08530 STAINLESS STEEL WINDOWS

XIII

UCI - COST ANALYSIS FORMAT

08540 BRONZE WINDOWS
08600 WOOD & PLASTIC WINDOWS
08610 WOOD WINDOWS
08620 PLASTIC WINDOWS
08550 SPECIAL WINDOWS
08700 HARDWARE & SPECIALTIES
08710 FINISH HARDWARE
08720 OPERATORS
08721 AUTOMATIC DOOR EQUIPMENT
08725 WINDOW OPERATORS
08730 WEATHERSTRIPPING & SEALS
08740 THRESHOLDS
08800 GLAZING
08810 GLASS
08811 PLATE GLASS
08812 SHEET GLASS
08813 TEMPERED GLASS
08814 WIRED GLASS
08815 ROUGH AND FIGURED GLASS
08820 PROCESSED GLASS
08221 COATED GLASS
08822 LAMINATED GLASS
08823 INSULATING GLASS
08830 MIRROR GLASS
08840 GLAZING PLASTICS
08850 GLAZING ACCESSORIES
08900 WINDOW WALLS-CURTAIN WALLS
08999 MISCELLANEOUS

09   FINISHES

09000 ALTERNATIVES
09100 LATH & PLASTER
09110 FURRING AND LATHING
09160 PLASTER
09167 GYPSUM PLASTER
09180 CEMENT PLASTER
09190 ACOUSTICAL PLASTER
09250 GYPSUM WALLBOARD
09260 GYPSUM WALLBOARD SYSTEMS
09280 ACCESSORIES
09300 TILE
09310 CERAMIC TILE
09320 CERAMIC MOSAICS
09330 QUARRY TILE
09340 MARBLE TILE
09350 GLASS MOSAICS
09360 PLASTIC TILE
09370 METAL TILE
09400 TERRAZZO
09410 PORTLAND CEMENT TERRAZZO
09420 PRECAST TERRAZZO
09430 CONDUCTIVE TERRAZZO
09440 PLASTIC MATRIX TERRAZZO
09500 ACOUSTICAL TREATMENT
09510 ACOUSTICAL CEILINGS
09511 ACOUSTICAL PANELS
09512 ACOUSTICAL TILES
09520 ACOUSTICAL WALL TREATMENT
09530 ACOUSTICAL INSULATION & BARRIERS
09540 SUSPENSION SYSTEMS
09550 WOOD FLOORING
09560 WOOD STRIP FLOORING
09580 PLYWOOD BLOCK FLOORING
09590 RESILIENT WOOD FLOOR SYSTEM
09600 WOOD BLOCK INDUSTRIAL FLOORING
09650 RESILIENT FLOORING
09651 CEMENTITIOUS UNDERLAYMENT
09660 RESILIENT TILE FLOORING
09665 RESILIENT SHEET FLOORING
09670 FLUID APPLIED RESILIENT FLOORING
09680 CARPETING
09681 CARPET CUSHION

09682 CARPET
09683 BONDED CUSHION CARPET
09684 CUSTOM CARPET
09690 CARPET TILE
09700 SPECIAL FLOORING
09710 MAGNESIUM OXYCHLORIDE FLOORS
09720 EPOXY-MARBLE-CHIP FLOORING
09730 ELASTOMERIC LIQUID FLOORING
09731 CONDUCTIVE LIQUID FLOORING
09740 HEAVY-DUTY CONCRETE TOPPINGS
09741 ARMORED FLOORS
09750 BRICK FLOORING
09760 FLOOR TREATMENT
09800 SPECIAL COATINGS
09810 ABRASION RESISTANT COATINGS
09820 CEMENTITIOUS COATINGS
09830 ELASTOMERIC COATINGS
09840 FIRE-RESISTANT COATINGS
09841 SPRAYED FIREPROOFING
09850 AGGREGATE WALL COATINGS
09900 PAINTING
09950 WALL COVERING
09951 VINYL-COATED FABRIC WALL COVER.
09952 VINYL WALL COVERING
09953 CORK WALL COVERING
09954 WALLPAPER
09955 WALL FABRICS
09960 FLEXIBLE WOOD SHEETS
09970 PREFINISHED PANELS
09990 ADHESIVES
09999 MISCELLANEOUS

10   SPECIALTIES

10000 ALTERNATIVES
10100 CHALKBOARDS AND TACKBOARDS
10150 COMPARTMENTS AND CUBICLES
10151 HOSPITAL CUBICLES
10160 TOILET AND SHOWER PARTITIONS
10161 LAMINATED PLASTIC TOILET PART
10162 METAL TOILET PARTITIONS
10163 STONE PARTITIONS
10170 SHOWER & DRESSING COMPARTMENTS
10200 LOUVERS AND VENTS
10240 GRILLES AND SCREENS
10260 WALL AND CORNER GUARDS
10270 ACCESS FLOORING
10280 SPECIALTY MODULES
10290 PEST CONTROL
10300 FIREPLACES
10301 PREFABRICATED FIREPLACES
10302 PREFABRICATED FIREPLACE FORMS
10310 FIREPLACE ACCESSORIES
10350 FLAGPOLES
10400 IDENTIFYING DEVICES
10410 DIRECTORIES AND BULLETIN BOARDS
10411 DIRECTORIES
10420 PLAQUES
10440 SIGNS
10450 PEDESTRIAN CONTROL DEVICES
10500 LOCKERS
10530 PROTECTIVE COVERS
10532 CAR SHELTERS
10550 POSTAL SPECIALTIES
10551 MAIL CHUTES
10552 MAIL BOXES
10600 PARTITIONS
10601 MESH PARTITIONS
10610 DEMOUNTABLE PARTITIONS
10616 MOVABLE GYPSUM PARTITIONS
10620 FOLDING PARTITIONS
10623 ACCORDION FOLDING PARTITIONS
10650 SCALES

UCI - COST ANALYSIS FORMAT

10670 STORAGE SHELVING
10700 SUN CONTROL DEVICES (EXTERIOR)
10750 TELEPHONE EXCLOSURES
10800 TOILET & BATH ACCESSORIES
10900 WARDROBE SPECIALTIES
10999 MISCELLANEOUS

11 EQUIPMENT

11000 ALTERNATIVES
11050 BUILT-IN MAINTENANCE EQUIPMENT
11051 VACUUM CLEANING SYSTEM
11052 POWERED WINDOW WASHING
11100 BANK & VAULT EQUIPMENT
11150 COMMERCIAL EQUIPMENT
11170 CHECKROOM EQUIPMENT
11180 DARKROOM EQUIPMENT
11200 ECCLESIASTICAL EQUIPMENT
11300 EDUCATIONAL EQUIPMENT
11400 FOOD SERVICE EQUIPMENT
11401 CUSTOM FOOD SERVICE EQUIPMENT
11410 BAR UNITS
11420 COOKING EQUIPMENT
11430 DISWASHING EQUIPMENT
11435 GARBAGE DISPOSERS
11440 FOOD PREPARATION MACHINES
11450 FOOD PREPARATION TABLES
11460 FOOD SERVING UNITS
11470 REFRIGERATED CASES
11480 VENDING EQUIPMENT
11500 ATHLETIC EQUIPMENT
11550 INDUSTRIAL EQUIPMENT
11600 LABORATORY EQUIPMENT
11630 LAUNDRY EQUIPMENT
11650 LIBRARY EQUIPMENT
11700 MEDICAL EQUIPMENT
11800 MORTUARY EQUIPMENT
11830 MUSICAL EQUIPMENT
11850 PARKING EQUIPMENT
11860 WASTE HANDLING EQUIPMENT
11861 PACKAGED INCINERATORS
11862 WASTE COMPACTORS
11863 BINS
11864 PULPING MACHINES & SYSTEMS
11870 LOADING DOCK EQUIPMENT
11871 DOCK LEVELERS
11872 LEVELING PLATFORMS
11873 PORTABLE RAMPS, & BRIDGES
11874 SEALS & SHELTERS
11875 DOCK BUMPERS
11880 DETENTION EQUIPMENT
11900 RESIDENTIAL EQUIPMENT
11970 THEATER & STAGE EQUIPMENT
11990 REGISTRATION EQUIPMENT
11999 MISCELLANEOUS

12 FURNISHINGS

12000 ALTERNATIVES
12100 ARTWORK
12110 MURALS
12120 PHOTO MURALS
12300 CABINETS AND STORAGE
12500 WINDOW TREATMENT
12550 FABRICS
12600 FURNITURE
12670 RUGS & MATS
12700 SEATING
12710 AUDITORIUM SEATING
12730 STADIUM SEATING
12735 TELESCOPING BLEACHERS
12800 FURNISHING ACCESSORIES
12999 MISCELLANEOUS

13 SPECIAL CONSTRUCTION

13000 ALTERNATIVES
13010 AIR-SUPPORTED STRUCTURES
13050 INTEGRATED ASSEMBLIES
13100 AUDIOMETRIC ROOM
13250 CLEAN ROOM
13350 HYPERBARIC ROOM
13400 INCINERATORS
13440 INSTRUMENTATION
13450 INSULATED ROOM
13500 INTEGRATED CEILINGS
13540 NUCLEAR REACTORS
13550 OBSERVATORY
13600 PREFABRICATE BUILDINGS
13700 SPECIAL PURPOSE ROOMS & BLDGS.
13750 RADIATION PROTECTION
13770 SOUND & VIBRATION CONTROL
13800 VAULTS
13850 SWIMMING POOLS
13999 MISCELLANEOUS

14 CONVEYING SYSTEMS

14000 ALTERNATIVES
14100 DUMBWAITERS
14200 ELEVATORS
14201 ELEVATOR HOISTING EQUIPMENT
14202 ELEVATOR OPERATION
14203 ELEVATOR CARS AND ENTRANCES
14300 HOISTS & CRANES
14400 LIFTS
14430 PLATFORM AND STAGE LIFTS
14500 MATERIAL HANDLING SYSTEMS
14550 CONVEYORS & CHUTES
14570 TURNTABLES
14600 MOVING STAIRS & WALKS
14610 ESCALATORS
14700 PNEUMATIC TUBE SYSTEMS
14800 POWERED SCAFFOLDING
14999 MISCELLANEOUS

15 MECHANICAL

15000 ALTERNATIVES
15010 GENERAL PROVISIONS
15050 BASIC MATERIALS AND METHODS
15060 PIPE AND PIPE FITTINGS
15075 HOSE
15080 PIPING SPECIALTIES
15100 VALVES AND COCKS (MANUAL)
15120 CONTROL VALVES
15140 PUMPS
15160 VIBRATION ISOLAT. EXPANSION COMP
15170 METERS AND GAGES
15175 TANKS
15180 INSULATION
15200 WATER SUPPLY & TREATMENT
15220 PUMPS AND PIPING
15230 BOOSTER PUMPING EQUIPMENT
15240 WATER RESERVOIRS AND TANKS
15250 WATER TREATMENT
15270 DISTRIBUTION AND METERING
15270 DISTRIBUTION AND METERING SYSTEMS
15300 WASTE WATER DISPOSAL & TREATMENT
15310 SEWAGE EJECTORS
15320 GREASE INTERCEPTORS
15330 BASINS AND MANHOLES
15340 SEWERAGE
15350 LIFT STATIONS
15360 SEPTIC TANK SYSTEMS
15380 SEWAGE TREATMENT
15400 PLUMBING
15420 EQUIPMENT

UCI - COST ANALYSIS FORMAT

15440 SYSTEM ACCESSORIES (SPECIAL)
15450 SPECIAL FIXTURES AND TRIM
15451 WATER COOLERS
15452 WASH FOUNTAINS
15460 PLUMBING FIXTURES
15480 POOL EQUIPMENT
15500 FIRE PROTECTION
15510 SPRINKLER EQUIPMENT
15520 CO_2 EXTINGUISHING EQUIPMENT
15530 STANDPIPE & FIRE HOSE EQUIPMENT
15540 PRESS. EXTING. & FIRE BLANKETS
15550 FIRE EXTINGUISHER CABINETS
15560 HOOD AND DUCT FIRE PROTECTION
15600 POWER OR HEAT GENERATION
15610 FUEL HANDLING EQUIPMENT
15611 OIL STORAGE TANKS AND PIPING
15612 BOTTLED GAS TANKS AND PIPING
15613 OIL PIPING
15614 GAS PIPING
15615 STOKERS AND CONVEYORS
15616 ASH REMOVAL SYSTEM
15617 BREECHINGS
15618 EXHAUST EQUIPMENT
15619 DRAFT CONTROL EQUIPMENT
15630 BOILERS
15640 BOILER FEEDWATER EQUIPMENT
15650 REFRIGERATION
15658 REFRIGERANT PIPING SYSTEM
15560 COMPRESSORS
15670 CONDENSING UNITS
15680 CHILLERS
15690 EVAPORATORS
15698 COMMERCIAL ICE MAKING EQUIPMENT
15699 REFRIGERATION ACCESSORIES
15700 LIQUID HEAT TRANSFER
15710 HOT WATER SPECIALTIES
15720 STEAM SPECIALTIES
15730 HEAT EXCHANGES
15740 TERMINAL UNITS
15760 PACKAGED HEAT PUMP
15770 PACKAGED HEATING AND COOLING
15780 HUMIDITY CONTROL
15800 AIR DISTRIBUTION
15810 FURNACES
15811 INFRA-RED HEATERS
15820 FANS
15840 DUCTWORK
15850 SPECIAL DUCTWORK EQUIPMENT
15860 DUCT ACCESSORIES
15870 OUTLETS
15880 AIR TREATMENT EQUIPMENT
15890 SOUND ATTENUATORS
15900 CONTROLS & INSTRUMENTATION
15910 CONTROL PIPING, TUBING & WIRING
15920 CONTROL PANELS
15930 PRIMARY CONTROL DEVICES
15950 SEQUENTIAL CONTROLS
15960 RECORDING DEVICES
15970 ALARM DEVICES
15980 SPECIAL PROCESS CONTROLS
15999 MISCELLANEOUS

16 ELECTRICAL

16000 ALTERNATIVES
16010 GENERAL PROVISIONS
16100 BASIC MATERIALS AND METHODS
16110 RACEWAYS
16120 CONDUCTORS
16130 OUTLET BOXES
16133 CABINETS
16134 PANELBOARDS
16140 SWITCHES AND RECEPTACLES
16150 MOTORS
16160 STARTERS
16170 DISCONNECTS (MOTOR AND CIRCUIT)
16180 OVERCURRENT PROTECTIVE DEVICES
16190 SUPPORTING DEVICES
16199 ELECTRONIC DEVICES
16200 POWER GENERATION
16210 GENERATOR
16220 ENGINE
16230 COOLING EQUIPMENT
16240 EXHAUST EQUIPMENT
16250 STARTING EQUIPMENT
16260 AUTOMATIC TRANSFER EQUIPMENT
16300 POWER TRANSMISSION
16310 SUBSTATION
16320 SWITCHGEAR
16330 TRANSFORMER
16340 VAULTS
16350 MANHOLES
16360 RECTIFIERS
16370 CONVERTERS
16380 CAPACITORS
16400 SERVICE & DISTRIBUTION
16410 ELECTRIC SERVICE
16411 UNDERGROUND SERVICE
16420 SERVICE ENTRANCE
16421 EMERGENCY SERVICE
16430 SERVICE DISCONNECT
16440 METERING
16450 GROUNDING
16460 TRANSFORMERS
16470 DISTRIBUTION SWITCHBOARDS
16480 FEEDER CIRCUIT
16490 CONVERTERS
16491 RECTIFIERS
16500 LIGHTING
16510 INTERIOR LIGHTING FIXTURES
16515 SIGNAL LIGHTING
16530 EXTERIOR LIGHTING FIXTURES
16531 STADIUM LIGHTING
16532 ROADWAY LIGHTING
16550 ACCESSORIES
16551 LAMPS
16552 BALLASTS AND ACCESSORIES
16570 POLES AND STANDARDS
16600 SPECIAL SYSTEMS
16610 LIGHTING PROTECTION
16620 EMERGENCY LIGHT AND POWER
16640 CATHODIC PROTECTION
16700 COMMUNICATIONS
16710 RADIO TRANSMISSION
16720 ALARM AND DETECTION EQUIPMENT
16740 CLOCK AND PROGRAM EQUIPMENT
16750 TELEPHONE & TELEGRAPH
16770 PUBLIC ADDRESS EQUIPMENT
16780 TELEVISION SYSTEMS
16850 HEATING & COOLING
16858 SNOW MELTING CABLE AND MAT
16859 HEATING CABLE
16860 ELECTRIC HEATING COIL
16865 ELECTRIC BASEBOARD
16870 PACKAGED ROOM AIR CONDITIONERS
16880 RADIANT HEATERS
16890 CONTROLS & INSTRUMENTATION
16910 RECORDING AND INDICATING DEVICES
16920 MOTOR CONTROL CENTERS
16930 LIGHTING CONTROL EQUIPMENT
16940 ELECTRICAL INTERLOCK
16950 CONTROL OF ELECTRIC HEATING
16960 LIMIT SWITCHES
16999 MISCELLANEOUS

GENERAL REQUIREMENTS

LINE	DESCRIPTION	OUTPUT			UNIT COSTS		
		CREW	PER DAY	UNIT	LABOR	MATERIAL	TOTAL
	MAIN OFFICE EXPENSES - % OF YEARLY VOLUME						
1	UP TO 1 MILLION 14%						
2	1 - 3 MILLION 9%						
3	3 - 6 MILLION 6%						
4	6 - 10 MILLION 5%						
5	PROJECT MANAGER 850-2000 / WEEK						
6	SUPERINTENDENT 780-1050 / WEEK						
7	FIELD ENGINEER 600-935 / WEEK						
8	FIELD ESTIMATING SERVICES - .008% OF JOB COST						
	** MARK-UP PERCENTAGES FOR OVERHEAD & PROFIT **						
	ADDITIONAL WORK						
9	WORK PERFORMED BY SUB-CONTRACTORS 15%						
10	WORK PERFORMED BY OWN FORCES 20%						
	WORK OMITTED FROM CONTRACT						
11	WORK THAT WOULD HAVE BEEN PERFORMED BY OWN FORCES 5%						
12	WORK THAT WOULD HAVE BEEN PERFORMED BY SUB-CONTRACTORS 0%						
13	OVERTIME WORK PERFORMED BY OWN FORCES 12%						
14	OVERTIME WORK PERFORMED BY SUB-CONTRACTORS 8%						
	** JOB FACTOR CHECK LIST **						
15	STANDARD DESIGN SUBTRACT 2%						
16	UNIFORM FLOOR PLAN SUBTRACT 1%						
17	FLOOR AREA SIZE USUAL OCCUPANCY USE ADD 1%						
18	LOCATION OF JOB, IF OUT OF TOWN ADD 2%						
19	EXTREMELY BAD WEATHER CONDITIONS ADD 4%						
20	WORKING SPACE LARGE AND CLEAR SUBTRACT 1%						
21	WORK SPACE SMALL AND CLUTTERED ADD 3%						
22	AMOUNT OF WORK BY OTHER TRADES VERY LITTLE SUBTRACT 1%						
23	AMOUNT OF WORK BY OTHER TRADES VERY CONGESTED ADD 3%						
24	STORAGE OF MATERIAL IS EXCELLENT SUBTRACT 1%						
25	STORAGE OF MATERIAL, NONE ADD 3%						
26	SHOP AND BENCH SPACE, NONE ADD 6%						
27	MATERIAL HOISTING CONDITIONS EXCELLENT SUBTRACT 1%						
28	MATERIAL HOISTING CONDITIONS POOR ADD 6%						
29	SUB-CONTRACTORS EXCELLENT SUBTRACT 5%						
30	SUB-CONTRACTORS UNKNOWN ADD 15%						
31	COORDINATION OF TRADES EXCELLENT SUBTRACT 2%						
32	EXPERIENCE WITH WORK CONSIDERABLE SUBTRACT 1%						
33	EXPERIENCE WITH WORK NONE ADD 6%						
34	EXPERIENCED SUPERVISION AVAILABLE SUBTRACT 2%						
35	EXPERIENCED SUPERVISION - NONE ADD 12%						
36	EXPERIENCED WORKERS 100% AVAILABLE SUBTRACT 1%						
37	EXPERIENCED WORKERS NONE ADD 6%						
38	ADEQUATE TOOLS & EQUIPMENT SUBTRACT 2%						
	** INSURANCE, PERMITS, ETC **						
	INSURANCE						
	HOLD HARMLESS - BROAD FORM						
39	$500,000 JOB COST	LP SM				2,482	2,482
40	$1,000,000 JOB COST	LP SM				3,741	3,741

1988 DODGE UNIT COST DATA

GENERAL REQUIREMENTS

LINE	DESCRIPTION	OUTPUT CREW	PER DAY	UNIT	LABOR	MATERIAL	TOTAL
	HOLD HARMLESS - SHORT FORM						
1	$500,000 JOB COST			LP SM		2,866	2,866
2	$1,000,000 JOB COST			LP SM		4,781	4,781
	PRODUCTS INSURANCE						
3	$500,000 JOB COST			LP SM		125.00	125.00
4	$1,000,000 JOB COST			LP SM		189.00	189.00
	WORKMAN'S COMPENSATION & EMPLOYERS LIABILITY						
5	CARPENTRY 5.88 PER $100 OF PAYROLL						
6	MASONRY 7.70 PER $100 OF PAYROLL						
7	CONCRETE 6.15 PER $100 OF PAYROLL						
8	CEMENT WORK 5.09 PER $100 OF PAYROLL						
9	EXCAVATION 5.52 PER $100 OF PAYROLL						
10	PLASTERING 7.31 PER $100 OF PAYROLL						
11	SUPERVISION 5.09 PER $100 OF PAYROLL						
12	CLERICAL .26 PER $100 OF PAYROLL						
13	EXECUTIVE OFFICERS .53 PER $100 OF PAYROLL						
	PUBLIC DAMAGE - $300,000/500,000						
14	CARPENTRY 0.56% LABOR COST						
15	MASONRY 0.05% LABOR COST						
16	CONCRETE 0.52% LABOR COST						
17	CEMENT WORK 0.65% LABOR COST						
18	EXCAVATION 0.28% LABOR COST						
19	PLASTERING 2.32% LABOR COST						
20	SUPERVISION 0.19% LABOR COST						
21	EXECUTIVE OFFICERS 0.09% LABOR COST						
	** ARCHITECT'S FEES **						
	LUXURY AND SPECIAL CONSTRUCTION						
22	$50,000 TO $1,000,000 10.1 TO 12%						
23	$1,000,000 AND UP 8.5 TO 10.1%						
	INSTITUTIONAL BUILDINGS						
24	$50,000 TO $1,000,000 8.2 TO 10%						
25	$1,000,000 AND UP 7 TO 8.2%						
	PUBLIC AND SPECIAL USE BUILDINGS						
26	$50,000 TO $1,000,000 7.3 TO 9%						
27	$1,000,000 AND UP 6.5 TO 7.3%						
	RESIDENTIAL AND OFFICE BUILDINGS						
28	$50,000 TO $1,000,000 6.8 TO 8.2%						
29	$1,000,000 AND UP 6.1 TO 6.8%						
	RETAIL AND COMMERCIAL BUILDINGS						
30	$50,000 TO $1,000,000 6.3 TO 7.5%						
31	$1,000,000 AND UP 5.8 TO 6.3%						
	WAREHOUSE AND UTILITY BUILDINGS						
32	$50,000 TO $1,000,000 5.9 TO 7%						
33	$1,000,000 AND UP 5.5 TO 5.9%						
	** CONSULTANT'S FEES **						
34	ELECTRICAL 4 TO 10% OF ELECTRICAL COSTS						
35	HVAC 4 TO 10% OF HVAC COSTS						
36	PLUMBING 4 TO 10% OF PLUMBING COSTS						
37	STRUCTURAL 1 TO 2% OF STRUCTURAL COSTS						
38	LANDSCAPING 3 TO 5% OF LANDSCAPING COSTS						
39	FOOD SERVICES 9 TO 11% OF FOOD SERVICE						
40	EDUCATIONAL PLANNING 1 TO 2% OF PROJ COST						
41	ELEV & CONVEYING SYSTEMS 3 TO 5% OF SYSTEM						
42	COMMUNICATIONS SYSTEMS 3 TO 5% OF SYSTEM						
43	OUTDOOR REC. FACILITIES 3 TO 5% OF FAC. COST						

GENERAL REQUIREMENTS

LINE	DESCRIPTION	OUTPUT CREW	PER DAY	UNIT	LABOR	MATERIAL	TOTAL
	** CONSTRUCTION MANAGER'S FEES **						
	RECOMMENDED FEE SCHEDULE WITH PROJECT MANAGER INCLUDED.						
1	$1,000,000 7.0% TO 8.0%						
2	$2,000,000 6.0% TO 6.8%						
3	$3,000,000 5.0% TO 7.7%						
4	$4,000,000 4.2% TO 4.8%						
5	$5,000,000 3.5% TO 4.0%						
	PERMITS, NEW BUILDINGS						
	MULTIPLE DWELLING						
6	TO 100,000 CU FT			MCF		3.05	3.05
7	100,000 TO 600,000 CU FT			MCF		1.47	1.47
8	OVER 600,000 CU FT			MCF		0.84	0.84
	OTHER TYPES						
9	TO 100,000 CU FT			MCF		2.25	2.25
10	100,000 TO 600,000 CU FT			MCF		1.18	1.18
11	OVER 600,000 CU FT			MCF		0.71	0.71
	OPEN SPACE PARKING LOTS						
12	EACH 2000 SQ FT (MIN. FEE $15.00)			LP SM		6.16	6.16
13	ELEVATOR APPLICATION (NEW BUILDING ONLY)			EACH		27.85	27.85
14	DEMOLITION APPLICATION, COST BASED ON AREA OF GREATEST STREET FRONTAGE X NUMBER OF STORIES			SQ FT		0.34	0.34
	PROGRESS PHOTOGRAPHS						
15	8"X10" B & W			EACH		69.65	69.65
16	5"X7" B & W			EACH		58.95	58.95
17	8"X10" COLOR			EACH		74.95	74.95
18	5"X7" COLOR			EACH		64.25	64.25
	SOIL TESTING						
19	PROCTOR COMPACTION			EACH		114.00	114.00
20	MECHANICAL ANALYSIS PER SAMPLE			EACH		62.00	62.00
21	FIELD DENSITY COMPACTION TESTING			DAYS		114.00	114.00
22	LIMITS			EACH		80.00	80.00
23	SHEAR TEST			EACH		156.00	156.00
24	SIEVE ANALYSIS			EACH		47.00	47.00
25	MOISTURE CONTENT			EACH		10.50	10.50
	TEST BORINGS IN EARTH						
26	TO 25'	1 LA	34	LN FT	5.09	7.25	12.34
27	25' - 50'	1 LA	30	LN FT	5.77	9.40	15.17
28	50' - 100'	1 LA	26	LN FT	6.66	9.60	16.26
29	OVER 100'	1 LA	22	LN FT	7.87	12.50	20.37
30	ROCK DRILLING	1 LA	18	LN FT	9.61	23.00	32.61
31	AUGER	1 LA	34	LN FT	5.09	8.25	13.34
	CORE DRILL (DIAMOND BIT)						
32	VACUUMING 1"	1 CM	100	EACH	2.10	0.73	2.83
33	VACUUMING 3"	1 CM	70	EACH	3.01	1.14	4.15
34	VACUUMING 6"	1 CM	25	EACH	8.42	1.87	10.29
	CONCRETE TESTING						
35	MIXTURE DESIGN PER MIX			EACH		289.00	289.00
36	PLANT INSPECTION			DAYS		134.00	134.00
37	FIELD INSPECTION			DAYS		118.00	118.00
38	TEST CYLINDERS			EACH		18.75	18.75
39	ABSORPTION			EACH		53.00	53.00
40	PETROGRAPHIC ANALYSIS			EACH		374.00	374.00
41	SIEVE ANALYSIS			EACH		77.00	77.00
	STRUCTURAL STEEL TESTING						
42	SHOP INSPECTION			DAYS		145.00	145.00
43	FIELD INSPECTION			DAYS		148.00	148.00
44	RADIOGRAPHIC INSPECTION			DAYS		316.00	316.00
45	ULTRASONIC CONTACT TEST			DAYS		316.00	316.00
46	MAGNETIC PARTICLE TEST			DAYS		315.00	315.00
47	DYE PENETRANT INSPECTION			DAYS		321.00	321.00

1 GENERAL REQUIREMENTS

LINE	DESCRIPTION	OUTPUT CREW	PER DAY	UNIT	UNIT COSTS LABOR	MATERIAL	TOTAL
	** TOOLS AND EQUIPMENT **						
	GENERATORS						
	115 VOLT, 60 CYCLE, 2KW						
1	DAILY			EACH		33.00	33.00
2	WEEKLY			EACH		99.00	99.00
3	MONTHLY			EACH		299.00	299.00
	ADD $14.00 FOR DELIVERY & PICK-UP						
	HEATERS - FORCED AIR - KEROSENE						
	160,000 BTU						
4	DAILY			EACH		29.00	29.00
5	WEEKLY			EACH		90.00	90.00
6	MONTHLY			EACH		255.00	255.00
	AIR COMPRESSORS PORTABLE						
	85 CFM - GAS						
7	DAILY			EACH		46.00	46.00
8	WEEKLY			EACH		139.00	139.00
9	MONTHLY			EACH		416.00	416.00
	85 CFM - DIESEL						
10	DAILY			EACH		48.00	48.00
11	WEEKLY			EACH		145.00	145.00
12	MONTHLY			EACH		435.00	435.00
	150 CFM - DIESEL						
13	DAILY			EACH		65.00	65.00
14	WEEKLY			EACH		195.00	195.00
15	MONTHLY			EACH		586.00	586.00
	185 CFM - GAS						
16	DAILY			EACH		79.00	79.00
17	WEEKLY			EACH		236.00	236.00
18	MONTHLY			EACH		650.00	650.00
	185 CFM - DIESEL						
19	DAILY			EACH		82.00	82.00
20	WEEKLY			EACH		247.00	247.00
21	MONTHLY			EACH		740.00	740.00
	325 CFM - DIESEL						
22	DAILY			EACH		133.00	133.00
23	WEEKLY			EACH		399.00	399.00
24	MONTHLY			EACH		1,200	1,200
	450 CFM - DIESEL						
25	DAILY			EACH		166.00	166.00
26	WEEKLY			EACH		498.00	498.00
27	MONTHLY			EACH		1,495	1,495
	600 CFM - DIESEL						
28	DAILY			EACH		202.00	202.00
29	WEEKLY			EACH		605.00	605.00
30	MONTHLY			EACH		1,810	1,810
	750 CFM - DIESEL						
31	DAILY			EACH		235.00	235.00
32	WEEKLY			EACH		705.00	705.00
33	MONTHLY			EACH		2,115	2,115
	900 CFM - DIESEL						
34	DAILY			EACH		278.00	278.00
35	WEEKLY			EACH		835.00	835.00
36	MONTHLY			EACH		2,505	2,505
	1000 CFM - DIESEL						
37	DAILY			EACH		323.00	323.00
38	WEEKLY			EACH		970.00	970.00
39	MONTHLY			EACH		2,915	2,915
	1200 CFM - DIESEL						
40	DAILY			EACH		360.00	360.00
41	WEEKLY			EACH		1,085	1,085
42	MONTHLY			EACH		3,260	3,260
	AIR COMPRESSORS QUIET PORTABLE - DIESEL						
	SP 750Q CFM						
43	DAILY			EACH		268.00	268.00
44	WEEKLY			EACH		803.00	803.00
45	MONTHLY			EACH		2,410	2,410

GENERAL REQUIREMENTS

LINE	DESCRIPTION	OUTPUT CREW	PER DAY	UNIT	LABOR	MATERIAL	TOTAL
	SP 1200Q CFM						
1	DAILY			EACH		410.00	410.00
2	WEEKLY			EACH		1,229	1,229
3	MONTHLY			EACH		3,686	3,686
	BACKHOES, HYDRAULIC - DIESEL - CRAWLER						
	1/2 CU YD						
4	DAILY			EACH		446.00	446.00
5	WEEKLY			EACH		1,339	1,339
6	MONTHLY			EACH		4,016	4,016
	3/4 CU YD						
7	DAILY			EACH		462.00	462.00
8	WEEKLY			EACH		1,386	1,386
9	MONTHLY			EACH		4,158	4,158
	1 CU YD						
10	DAILY			EACH		588.00	588.00
11	WEEKLY			EACH		1,764	1,764
12	MONTHLY			EACH		5,292	5,292
	1-1/4 CU YD						
13	DAILY			EACH		599.00	599.00
14	WEEKLY			EACH		1,796	1,796
15	MONTHLY			EACH		5,387	5,387
	1-1/2 CU YD						
16	DAILY			EACH		788.00	788.00
17	WEEKLY			EACH		2,363	2,363
18	MONTHLY			EACH		7,088	7,088
	2 CU YD						
19	DAILY			EACH		1,055	1,055
20	WEEKLY			EACH		3,166	3,166
21	MONTHLY			EACH		9,511	9,511
	2-1/2 CU YD						
22	DAILY			EACH		1,444	1,444
23	WEEKLY			EACH		4,331	4,331
24	MONTHLY			EACH		12,995	12,995
	CHERRY PICKER						
	9 TON						
	DAILY			EACH		275.00	275.00
25	WEEKLY			EACH		824.00	824.00
26	MONTHLY			EACH		2,473	2,473
	14 TON						
27	DAILY			EACH		341.00	341.00
28	WEEKLY			EACH		1,024	1,024
29	MONTHLY			EACH		3,071	3,071
	18 TON						
30	DAILY			EACH		357.00	357.00
31	WEEKLY			EACH		1,071	1,071
32	MONTHLY			EACH		3,213	3,213
	22 TON						
33	DAILY			EACH		399.00	399.00
34	WEEKLY			EACH		1,197	1,197
35	MONTHLY			EACH		3,591	3,591
	25 TON						
36	DAILY			EACH		441.00	441.00
37	WEEKLY			EACH		1,323	1,323
38	MONTHLY			EACH		3,969	3,969
	35 TON						
39	DAILY			EACH		551.00	551.00
40	WEEKLY			EACH		1,654	1,654
41	MONTHLY			EACH		4,961	4,961
	50 TON						
42	DAILY			EACH		725.00	725.00
43	WEEKLY			EACH		2,175	2,175
44	MONTHLY			EACH		6,520	6,520
	80 TON						
45	DAILY			EACH		1,330	1,330
46	WEEKLY			EACH		3,985	3,985
47	MONTHLY			EACH		11,955	11,955
	MAN LIFTS J.L.G.						
	40' LIFT						
48	DAILY			EACH		315.00	315.00
49	WEEKLY			EACH		945.00	945.00
50	MONTHLY			EACH		2,835	2,835

1988 DODGE UNIT COST DATA

GENERAL REQUIREMENTS

LINE	DESCRIPTION	OUTPUT CREW	PER DAY	UNIT	UNIT COSTS LABOR	MATERIAL	TOTAL
	60' LIFT						
1	DAILY			EACH		715.00	715.00
2	WEEKLY			EACH		2,140	2,140
3	MONTHLY			EACH		6,425	6,425
	80' LIFT						
4	DAILY			EACH		480.00	480.00
5	WEEKLY			EACH		1,435	1,435
6	MONTHLY			EACH		4,300	4,300
7	SCISSORS PLATFORM						
	25'						
8	WEEKLY			EACH		375.00	375.00
9	MONTHLY			EACH		1,100	1,100
	36'						
10	WEEKLY			EACH		490.00	490.00
11	MONTHLY			EACH		1,475	1,475
	LIFTING EQUIPMENT BARE RENTAL - R.O. STINGER 11 HYDRAULIC TRUCK CRANE - 8 TON TC85-2						
12	WEEKLY			EACH		1,225	1,225
13	MONTHLY			EACH		3,670	3,670
	FORK LIFT TRUCKS WAREHOUSE TYPE						
	2000 LBS.						
14	DAILY			EACH		120.00	120.00
15	WEEKLY			EACH		235.00	235.00
16	MONTHLY			EACH		710.00	710.00
	3000 LBS.						
17	DAILY			EACH		125.00	125.00
18	WEEKLY			EACH		240.00	240.00
19	MONTHLY			EACH		715.00	715.00
	4000 LBS						
20	DAILY			EACH		135.00	135.00
21	WEEKLY			EACH		250.00	250.00
22	MONTHLY			EACH		775.00	775.00
	5000 LBS						
23	DAILY			EACH		145.00	145.00
24	WEEKLY			EACH		275.00	275.00
25	MONTHLY			EACH		795.00	795.00
	CRANES, CABLE - DIESEL - CRAWLER (W/O BUCKET)						
	THRU 12-1/2 TON						
26	WEEKLY			EACH		1,040	1,040
27	MONTHLY			EACH		3,120	3,120
	20 TON						
28	WEEKLY			EACH		1,275	1,275
29	MONTHLY			EACH		3,820	3,820
	30 TON						
30	WEEKLY			EACH		2,155	2,155
31	MONTHLY			EACH		6,470	6,470
	45 TON						
32	WEEKLY			EACH		2,565	2,565
33	MONTHLY			EACH		7,695	7,695
	90 TON						
34	WEEKLY			EACH		3,170	3,170
35	MONTHLY			EACH		9,515	9,515
	120 TON						
36	WEEKLY			EACH		3,010	3,010
37	MONTHLY			EACH		9,030	9,030
	CRANES, CABLE - DIESEL - TRUCK (W/O BUCKET)						
	25 TON						
38	WEEKLY			EACH		1,830	1,830
39	MONTHLY			EACH		5,480	5,480
	35 TON						
40	WEEKLY			EACH		1,610	1,610
41	MONTHLY			EACH		4,833	4,833
	60 TON						
42	WEEKLY			EACH		2,240	2,240
43	MONTHLY			EACH		6,710	6,710
	90 TON						
44	WEEKLY			EACH		3,210	3,210
45	MONTHLY			EACH		9,635	9,635

GENERAL REQUIREMENTS

LINE	DESCRIPTION	OUTPUT CREW	PER DAY	UNIT	UNIT COSTS LABOR	MATERIAL	TOTAL
	120 TON						
1	WEEKLY			EACH		3,435	3,435
2	MONTHLY			EACH		10,300	10,300
	TOWER CRANE - MONTHLY RENTAL RATE						
3	900 KIP FEET-LENGTH JIB 100-500 FPM			EACH		5,600	5,600
4	1100 KIP FEET-LENGTH JIB 130-1000 FPM			EACH		8,300	8,300
5	1450 KIP FEET-LENGTH JIB 150-1000 FPM			EACH		11,800	11,800
6	2150 KIP FEET-LENGTH JIB 200-1000 FPM			EACH		15,000	15,000
	MAST SECTION $20/LF						
	ERECTION AND DISMANTELING COST MUST BE CONSIDERED AS AN ADDITIVE-COSTS MAY RANGE FROM $15000-$50000						
	CRANES, HYDRAULIC TELESCOPING - GAS - TRUCK						
	4 TO 4-1/2 TON						
7	DAILY			EACH		247.00	247.00
8	WEEKLY			EACH		742.00	742.00
9	MONTHLY			EACH		2,225	2,225
	5 TON						
10	DAILY			EACH		276.00	276.00
11	WEEKLY			EACH		827.00	827.00
12	MONTHLY			EACH		2,482	2,482
	6 TO 6-1/2 TON						
13	DAILY			EACH		368.00	368.00
14	WEEKLY			EACH		1,103	1,103
15	MONTHLY			EACH		3,309	3,309
	8 TON						
16	DAILY			EACH		399.00	399.00
17	WEEKLY			EACH		1,197	1,197
18	MONTHLY			EACH		3,591	3,591
	10 TON						
19	DAILY			EACH		530.00	530.00
20	WEEKLY			EACH		1,591	1,591
21	MONTHLY			EACH		4,772	4,772
	CLAMSHELL EXCAVATORS MOUNTED DIESEL POWERED (W/O BUCKET) MONTHLY RENTAL						
22	25 TON CAPACITY			EACH		5,331	5,331
23	30 TON CAPACITY			EACH		6,120	6,120
24	35 TON CAPACITY			EACH		7,210	7,210
25	45 TON CAPACITY			EACH		7,250	7,250
	CLAMSHELL BUCKET - MONTHLY RENTAL						
26	1 CY CAPACITY			EACH		526.00	526.00
27	2 CY CAPACITY			EACH		800.00	800.00
28	2 1/2 CY CAPACITY			EACH		1,167	1,167
	FRONT END LOADER, DIESEL - TRACTOR						
	3/4 CU YD						
29	DAILY			EACH		232.00	232.00
30	WEEKLY			EACH		697.00	697.00
31	MONTHLY			EACH		2,091	2,091
	1 CU YD						
32	DAILY			EACH		288.00	288.00
33	WEEKLY			EACH		864.00	864.00
34	MONTHLY			EACH		2,591	2,591
	1-1/2 CU YD						
35	DAILY			EACH		359.00	359.00
36	WEEKLY			EACH		1,076	1,076
37	MONTHLY			EACH		3,227	3,227
	2 CU YD						
38	DAILY			EACH		500.00	500.00
39	WEEKLY			EACH		1,500	1,500
40	MONTHLY			EACH		4,500	4,500
	2-1/2 CU YD						
41	DAILY			EACH		687.00	687.00
42	WEEKLY			EACH		2,060	2,060
43	MONTHLY			EACH		6,181	6,181
	3 CU YD						
44	DAILY			EACH		929.00	929.00
45	WEEKLY			EACH		2,788	2,788
46	MONTHLY			EACH		8,363	8,363

1988 DODGE UNIT COST DATA

1 GENERAL REQUIREMENTS

LINE	DESCRIPTION	OUTPUT		UNIT COSTS		
		CREW	PER DAY	UNIT	LABOR	MATERIAL	TOTAL

LINE	DESCRIPTION	CREW	PER DAY	UNIT	LABOR	MATERIAL	TOTAL
	FRONT END LOADER, DIESEL - WHEELED						
	1 CU YD						
1	DAILY			EACH		244.00	244.00
2	WEEKLY			EACH		233.00	233.00
3	MONTHLY			EACH		2,200	2,200
	1 1/2 CU YD						
4	DAILY			EACH		303.00	303.00
5	WEEKLY			EACH		909.00	909.00
6	MONTHLY			EACH		2,727	2,727
	2 CU YD						
7	DAILY			EACH		351.00	351.00
8	WEEKLY			EACH		1,054	1,054
9	MONTHLY			EACH		3,163	3,163
	2 1/2 CU YD						
10	DAILY			EACH		486.00	486.00
11	WEEKLY			EACH		1,457	1,457
12	MONTHLY			EACH		4,372	4,372
	3 CU YD						
13	DAILY			EACH		540.00	540.00
14	WEEKLY			EACH		1,621	1,621
15	MONTHLY			EACH		4,863	4,863
	TRUCKS - REAR DUMP OFF HWY - SGL AXLE DRIVE						
	BODY CAP. FROM & NOT INCLUDING - TO & INCLUDING						
16	20 TO 23 TONS MONTHLY			EACH		5,675	5,675
17	30 TO 35 TONS MONTHLY			EACH		10,775	10,775
18	35 TO 40 TONS MONTHLY			EACH		12,000	12,000
19	40 TO 50 TONS MONTHLY			EACH		14,750	14,750
	DRILLS, HAND, FOR METAL						
	1/2"						
20	DAILY			EACH		12.25	12.25
21	WEEKLY			EACH		30.50	30.50
22	MONTHLY			EACH		61.25	61.25
	3/4"						
23	DAILY			EACH		30.50	30.50
24	WEEKLY			EACH		61.25	61.25
25	MONTHLY			EACH		122.50	122.50
	ELECTRIC HAMMERS						
	HEAVY DUTY W/3" DRILL CAP						
26	DAILY			EACH		41.00	41.00
27	WEEKLY			EACH		153.00	153.00
28	MONTHLY			EACH		408.00	408.00
	WELDING MACHINES						
	350 - 500 AMPERES						
29	DAILY			EACH		77.00	77.00
30	WEEKLY			EACH		230.00	230.00
31	MONTHLY			EACH		510.00	510.00
	GRINDERS, ANGLE						
	7" DISC						
32	DAILY			EACH		15.50	15.50
33	WEEKLY			EACH		46.00	46.00
34	MONTHLY			EACH		103.00	103.00
	MIXERS, CONCRETE - PORTABLE - TILTING DRUM						
	2 CU FT						
35	DAILY			EACH		26.00	26.00
36	WEEKLY			EACH		77.00	77.00
37	MONTHLY			EACH		179.00	179.00
	3 CU FT						
38	DAILY			EACH		36.00	36.00
39	WEEKLY			EACH		153.00	153.00
40	MONTHLY			EACH		357.00	357.00
	6 CU FT						
41	DAILY			EACH		51.00	51.00
42	WEEKLY			EACH		179.00	179.00
43	MONTHLY			EACH		459.00	459.00

GENERAL REQUIREMENTS

LINE	DESCRIPTION	OUTPUT CREW	PER DAY	UNIT	UNIT COSTS LABOR	MATERIAL	TOTAL
	9 CU FT						
1	DAILY			EACH		61.00	61.00
2	WEEKLY			EACH		219.00	219.00
3	MONTHLY			EACH		558.00	558.00
	MIXERS, MORTAR - PORTABLE						
	2 CU FT						
4	DAILY			EACH		37.00	37.00
5	WEEKLY			EACH		125.00	125.00
6	MONTHLY			EACH		318.00	318.00
	4 CU FT						
7	DAILY			EACH		39.00	39.00
8	WEEKLY			EACH		136.00	136.00
9	MONTHLY			EACH		344.00	344.00
	6 CU FT						
10	DAILY			EACH		43.00	43.00
11	WEEKLY			EACH		158.00	158.00
12	MONTHLY			EACH		406.00	406.00
	8 CU FT						
13	DAILY			EACH		46.00	46.00
14	WEEKLY			EACH		179.00	179.00
15	MONTHLY			EACH		459.00	459.00
	10 CU FT						
16	DAILY			EACH		48.00	48.00
17	WEEKLY			EACH		189.00	189.00
18	MONTHLY			EACH		459.00	459.00
	12 CU FT						
19	DAILY			EACH		52.00	52.00
20	WEEKLY			EACH		199.00	199.00
21	MONTHLY			EACH		496.00	496.00
	PAVEMENT BREAKERS						
	110 VOLT, 60 CYCLE						
22	DAILY			EACH		39.00	39.00
23	WEEKLY			EACH		128.00	128.00
24	MONTHLY			EACH		342.00	342.00
	PAVEMENT BREAKERS -PNEUMATIC - BOOM MOUNTED						
	650 LBS						
25	DAILY			EACH		152.00	152.00
26	WEEKLY			EACH		396.00	396.00
27	MONTHLY			EACH		1,163	1,163
	1100 LBS						
28	DAILY			EACH		187.00	187.00
29	WEEKLY			EACH		691.00	691.00
30	MONTHLY			EACH		1,795	1,795
	PUMPS						
	2", 10,000 GPH W/25' OF HOSE						
31	DAILY			EACH		41.00	41.00
32	WEEKLY			EACH		102.00	102.00
33	MONTHLY			EACH		306.00	306.00
	ROCK DRILLS, DRIFTERS						
	3" BORE						
34	DAILY			EACH		21.00	21.00
35	WEEKLY			EACH		54.00	54.00
36	MONTHLY			EACH		149.00	149.00
	3-1/2" BORE						
37	DAILY			EACH		23.00	23.00
38	WEEKLY			EACH		61.00	61.00
39	MONTHLY			EACH		171.00	171.00
	ROCK DRILLS, JACKHAMMERS						
	30 LB						
40	DAILY			EACH		21.00	21.00
41	WEEKLY			EACH		54.00	54.00
42	MONTHLY			EACH		141.00	141.00
	40 LB						
43	DAILY			EACH		24.00	24.00
44	WEEKLY			EACH		64.00	64.00
45	MONTHLY			EACH		189.00	189.00

1 GENERAL REQUIREMENTS

LINE	DESCRIPTION	OUTPUT			UNIT COSTS		
		CREW	PER DAY	UNIT	LABOR	MATERIAL	TOTAL
	50 LB						
1	DAILY			EACH		30.00	30.00
2	WEEKLY			EACH		70.00	70.00
3	MONTHLY			EACH		175.00	175.00
	60 LB						
4	DAILY			EACH		34.00	34.00
5	WEEKLY			EACH		74.00	74.00
6	MONTHLY			EACH		182.00	182.00
	70 LB						
7	DAILY			EACH		36.00	36.00
8	WEEKLY			EACH		82.00	82.00
9	MONTHLY			EACH		187.00	187.00
	ROLLERS, RIDING - STEEL WHEELED - GAS POWERED						
	1000 LBS						
10	DAILY			EACH		61.00	61.00
11	WEEKLY			EACH		184.00	184.00
12	MONTHLY			EACH		510.00	510.00
	2 TON						
13	DAILY			EACH		97.00	97.00
14	WEEKLY			EACH		291.00	291.00
15	MONTHLY			EACH		740.00	740.00
	3 TON						
16	DAILY			EACH		128.00	128.00
17	WEEKLY			EACH		383.00	383.00
18	MONTHLY			EACH		969.00	969.00
	6 TON						
19	DAILY			EACH		143.00	143.00
20	WEEKLY			EACH		428.00	428.00
21	MONTHLY			EACH		1,199	1,199
	8 TON						
22	DAILY			EACH		184.00	184.00
23	WEEKLY			EACH		551.00	551.00
24	MONTHLY			EACH		1,530	1,530
	10 TON						
25	DAILY			EACH		189.00	189.00
26	WEEKLY			EACH		566.00	566.00
27	MONTHLY			EACH		1,571	1,571
	12 TON						
28	DAILY			EACH		194.00	194.00
29	WEEKLY			EACH		581.00	581.00
30	MONTHLY			EACH		1,612	1,612
	14 TON						
31	DAILY			EACH		224.00	224.00
32	WEEKLY			EACH		673.00	673.00
33	MONTHLY			EACH		1,872	1,872
	ROLLERS, TAMPING-SHEEPSFOOT-TOWED						
	40" DIA - 48" LENGTH, SINGLE ROLLER						
34	DAILY			EACH		66.00	66.00
35	WEEKLY			EACH		173.00	173.00
36	MONTHLY			EACH		520.00	520.00
	40" DIA - 48" LENGTH, DOUBLE ROLLER						
37	DAILY			EACH		73.00	73.00
38	WEEKLY			EACH		220.00	220.00
39	MONTHLY			EACH		661.00	661.00
	60" DIA - 60" LENGTH, DOUBLE ROLLER						
40	DAILY			EACH		112.00	112.00
41	WEEKLY			EACH		337.00	337.00
42	MONTHLY			EACH		1,010	1,010
	SAWS, CONCRETE CUTTING						
	10 HP						
43	DAILY			EACH		51.00	51.00
44	WEEKLY			EACH		153.00	153.00
45	MONTHLY			EACH		459.00	459.00
	20 HP						
46	DAILY			EACH		61.00	61.00
47	WEEKLY			EACH		184.00	184.00
48	MONTHLY			EACH		551.00	551.00
	30 HP						
49	DAILY			EACH		77.00	77.00
50	WEEKLY			EACH		230.00	230.00
51	MONTHLY			EACH		689.00	689.00

GENERAL REQUIREMENTS

LINE	DESCRIPTION	OUTPUT CREW	PER DAY	UNIT	LABOR	MATERIAL	TOTAL
	TRENCHERS, INCLINED CHAIN BOOM TYPE PNEUMATIC TIRED, GAS/DIESEL POWERED						
	9 - 12 HP						
1	DAILY			EACH		123.00	123.00
2	WEEKLY			EACH		425.00	425.00
3	MONTHLY			EACH		1,290	1,290
	18 - 20 HP						
4	DAILY			EACH		169.00	169.00
5	WEEKLY			EACH		625.00	625.00
6	MONTHLY			EACH		1,880	1,880
	SCRAPERS, DIESEL - 2 WHEEL TRACTOR W/ 2 WHEEL SCRAPER						
	10 CU YD						
7	DAILY			EACH		610.00	610.00
8	WEEKLY			EACH		1,900	1,900
9	MONTHLY			EACH		5,590	5,590
	20 CU YD						
10	DAILY			EACH		726.00	726.00
11	WEEKLY			EACH		2,250	2,250
12	MONTHLY			EACH		6,830	6,830
	25 CU YD						
13	DAILY			EACH		1,273	1,273
14	WEEKLY			EACH		3,819	3,819
15	MONTHLY			EACH		11,457	11,457
	30 CU YD						
16	WEEKLY			EACH		5,622	5,622
17	MONTHLY			EACH		16,867	16,867
	SANDBLASTING MACHINE						
	100 - 250 LBS						
18	DAILY			EACH		35.00	35.00
19	WEEKLY			EACH		114.00	114.00
20	MONTHLY			EACH		285.00	285.00
	HOSES, 1"X50' COUPLED						
21	DAILY			EACH		13.00	13.00
22	WEEKLY			EACH		30.00	30.00
23	MONTHLY			EACH		75.00	75.00
	HOODS, AIR FED						
24	DAILY			EACH		20.00	20.00
25	WEEKLY			EACH		53.00	53.00
26	MONTHLY			EACH		144.00	144.00
	NOZZLE, LONG						
27	DAILY			EACH		14.00	14.00
28	WEEKLY			EACH		62.00	62.00
29	MONTHLY			EACH		104.00	104.00
	REMOTE CONTROL VALVE						
30	DAILY			EACH		24.00	24.00
31	WEEKLY			EACH		40.00	40.00
32	MONTHLY			EACH		107.00	107.00
	SURFACERS, CONCRETE GRINDING						
	GAS POWERED - CEILING						
33	DAILY			EACH		44.00	44.00
34	WEEKLY			EACH		118.00	118.00
35	MONTHLY			EACH		302.00	302.00
	GAS POWERED - FLOOR						
36	DAILY			EACH		68.00	68.00
37	WEEKLY			EACH		192.00	192.00
38	MONTHLY			EACH		525.00	525.00
	GAS POWERED - WALL 4-1/2" WHEEL						
39	DAILY			EACH		28.00	28.00
40	WEEKLY			EACH		67.00	67.00
41	MONTHLY			EACH		162.00	162.00
	ELECTRIC POWERED - CEILING						
42	DAILY			EACH		46.00	46.00
43	WEEKLY			EACH		138.00	138.00
44	MONTHLY			EACH		408.00	408.00
	ELECTRIC POWERED - FLOOR						
45	DAILY			EACH		53.00	53.00
46	WEEKLY			EACH		141.00	141.00
47	MONTHLY			EACH		410.00	410.00

1 GENERAL REQUIREMENTS

LINE	DESCRIPTION	OUTPUT CREW	PER DAY	UNIT	LABOR	MATERIAL	TOTAL
	ELECTRIC POWERED - WALL 4-1/2" WHEEL						
1	DAILY			EACH		29.00	29.00
2	WEEKLY			EACH		67.00	67.00
3	MONTHLY			EACH		172.00	172.00
	TAMPERS, VIBRATORY COMPACTORS						
	2500 BLOWS/MIN.						
4	DAILY			EACH		61.00	61.00
5	WEEKLY			EACH		202.00	202.00
6	MONTHLY			EACH		617.00	617.00
	TROWELS						
	4 BLADE 39" DIAMETER						
7	DAILY			EACH		40.00	40.00
8	WEEKLY			EACH		119.00	119.00
9	MONTHLY			EACH		328.00	328.00
	VIBRATORS						
	230 VOLT, 180 CYCLE, 3 PHASE						
10	DAILY			EACH		31.00	31.00
11	WEEKLY			EACH		93.00	93.00
12	MONTHLY			EACH		267.00	267.00
	LASER LEVEL						
13	WEEKLY			EACH		176.00	176.00
14	MONTHLY			EACH		530.00	530.00
	SCAFFOLDING, PIPE						
	MONTHLY RENTAL						
15	FRAMES & BRACES			EACH		53.00	53.00
16	PLANKS			EACH		4.00	4.00
17	ACCESSORIES, BRACKETS, & JACKS			EACH		4.00	4.00
18	CASTERS			EACH		30.00	30.00
	ERECTION OF SCAFFOLDING						
19	FRAMES & BRACES	1 LA	11	EACH	15.73	11.46	27.19
20	PLANKS	1 LA	68	EACH	2.54	1.85	4.39
21	BRACKETS	1 LA	91	EACH	1.90	1.41	3.31
22	JACKS	1 LA	91	EACH	1.90	1.44	3.34
	GUARD RAILS, TIE-INS, & BASE PLATES - NO CHARGE. PRICE FOR SCAFFOLDS TO 70' HIGH						
	TOWER CRANE 1100 KIP 130' JIB			MONTH		4,600	4,600
	TOWER CRANE 3000 KIP 200' JIB			MONTH		15,000	15,000
	PERSONNEL HOIST SINGLE CAGE			MONTH		3,000	3,000
	CHUTES, RUBBISH INCLUDING HOPPER, STEEL PLATES						
23	IN CHUTE AND MOUTH PIECE	1 CP 1 LA	1	FLOOR	391.04	137.00	528.04
24	WOOD HOPPER ONLY	2 CP 1 LA	0.6	EACH	1,015	557.00	1,572
25	WINDOW SILL PROTECTION	1 CP	120	LN FT	1.82	0.56	2.38
26	WOOD RUBBISH CHUTE W/HOPPER, 16 STORY BLDG	6 CP 4 LA	0.4	LP SM	5,000	4,284	9,284
27	FOR MAINTENANCE, ADD 25%						
28	RUBBISH REMOVAL			SQ FT		0.28	0.28

** CLEANING UP **

LINE	DESCRIPTION	CREW	PER DAY	UNIT	LABOR	MATERIAL	TOTAL
	RUBBISH REMOVAL DURING CONSTRUCTION						
29	BAGS DOWN ELEVATORS	1 LA	8.8	CU YD	19.66	13.77	33.43
30	CONTAINERS DOWN HOISTS	1 LA	6	CU YD	28.84	15.05	43.89
31	CONTAINERS AT STREET LEVEL	1 LA	3.6	CU YD	48.07	13.67	61.74
32	GARBAGE PAILS DOWN ELEVATORS	1 LA	4.8	CU YD	36.05	11.73	47.78
33	OPEN TRUCK RENTAL PER DAY			EACH		212.00	212.00

GENERAL REQUIREMENTS

LINE	DESCRIPTION	OUTPUT CREW	PER DAY	UNIT	UNIT COSTS LABOR	MATERIAL	TOTAL
	** TEMPORARY FACILITIES **						
1	PORTABLE SANITATION UNITS, MONTHLY RENTAL, INCLUDES DELIVERY, PLACEMENT, MAINTENANCE & REMOVAL			MONTH		141.00	141.00
	SIDEWALKS, TEMPORARY						
2	2" PLANK	1 CP	226	SQ FT	0.96	0.72	1.68
3	3/4" PLYWOOD	1 CP	750	SQ FT	0.29	0.84	1.13
4	5/8" PLYWOOD	1 CP	750	SQ FT	0.29	0.72	1.01
5	1/2" PLYWOOD	1 CP	850	SQ FT	0.26	0.57	0.83
6	3/8" PLYWOOD	1 CP	850	SQ FT	0.26	0.47	0.73
7	SIDEWALK BRIDGE	1 CP	34	LN FT	6.41	35.37	41.78
8	RAMP, 2X8 - 16" OC W/3/4" PLYWOOD	1 CP 1 LA	124	SQ FT	3.15	8.84	11.99
9	STAIR TREADS FOR METAL PAN STAIRS	1 CP	6	FLT	36.33	31.21	67.54
10	STAIRWELL OPENINGS	1 CP	6	EACH	36.33	28.09	64.42
	BARRICADES						
11	WOOD HORSE	1 LA	30	EACH	5.77	21.50	27.27
12	WARNING LIGHTS	1 LA	35	EACH	4.94	16.50	21.44
	ELEVATORS, TEMPORARY						
13	CABS	1 CP	1	EACH	218.00	428.00	646.00
14	OPENINGS	1 CP	5	EACH	43.60	59.00	102.60
15	BATTEN DOORS FOR OPENINGS	1 CP	8	EACH	27.25	33.00	60.25
	FENCES						
16	PLYWOOD 3/8" W/2X4 FRAME 4' HIGH	1 CP	80	LN FT	2.73	13.25	15.98
17	SNOW	1 CP	150	LN FT	1.45	6.63	8.08
	SAFETY NETS-NYLON MESH						
18	8"			SQ FT		3.05	3.05
19	RENT PER MONTH 5% OF COST						
	TEMPORARY FENCING, CONSTRUCTION PROTECTION						
20	1/2" PLYWOOD ON 2"X4" FRAME, 8' HIGH	2 CP	80	LN FT	5.45	6.79	12.24
21	SNOW FENCING, 4' ON STEEL POSTS 5' O.C.	2 CP	400	LN FT	1.09	1.45	2.54
22	PROTECTION OF STRUCTURAL SLAB OPENINGS	1 LA	6	EACH	28.84	43.00	71.84
	OFFICE TRAILER, W/2 MONTH MINIMUM RENTAL						
23	8'X20'			MONTH		138.00	138.00
24	8'X25'			MONTH		195.00	195.00
25	8'X35'			MONTH		218.00	218.00
26	10'X40'			MONTH		287.00	287.00
27	10'X46'			MONTH		306.00	306.00
28	10'X50'			MONTH		326.00	326.00
	SHANTY, ON WHEELS - 2 MONTH MINIMUM RENTAL						
29	8'X12'			MONTH		82.00	82.00
30	8'X16'			MONTH		86.00	86.00
31	8'X20'			MONTH		88.00	88.00
32	8'X28' SHED			MONTH		173.00	173.00
	WEATHER PROTECTION						
33	TARPAULINS, FLAME RESISTANT	1 LA	453	SQ FT	0.38	0.43	0.81
34	POLYETHYLENE, 4 MILS	1 LA	850	SQ FT	0.20	0.21	0.41
35	POLYETHYLENE, 5 MILS	1 LA	850	SQ FT	0.20	0.19	0.39
	HELICOPTER COSTS FOR EXTERNAL LOADS						
36	SIKORSKY (58-T) W TWIN TURBINES UP TO 4,500 LBS			LP SM		4,100	4,100
37	SIKORSKY (S-61) 2 TWIN TURBINES UP TO 8,500 LBS			LP SM		10,200	10,200
38	SIKORSKY SKYCRANE UP TO 18,000 LBS (SOURCE CARSON HELICOPTERS PERKASIE PA)			LP SM		36,700	36,700

SITE WORK

LINE	DESCRIPTION	CREW	OUTPUT PER DAY	UNIT	LABOR	MATERIAL	TOTAL
	** CLEARING **						
	BRUSH SAW W/SMALL TRACTOR (ACRE OR MORE)						
1	LIGHT BRUSH SAPLINGS	2 LA 1 HE	1	ACRE	576.32	246.00	822.32
2	MEDIUM BRUSH SAPLINGS	2 LA 1 HE	0.6	ACRE	960.53	248.00	1,209
3	HEAVY BRUSH SAPLINGS	2 LA 1 HE	0.4	ACRE	1,441	252.00	1,693
	STUMP REMOVAL BY MACHINE & CLEARING TRACT						
4	12" TREE DIAMETER	2 LA 1 HE	10	STUMP	57.63	25.00	82.63
5	16" TREE DIAMETER	2 LA 1 HE	8	STUMP	72.04	33.00	105.04
6	20" TREE DIAMETER	2 LA 1 HE	6	STUMP	96.05	42.00	138.05
7	24" TREE DIAMETER	2 LA 1 HE	4	STUMP	144.08	62.00	206.08
8	36" TREE DIAMETER	2 LA 1 HE	3	STUMP	192.11	82.00	274.11
9	48" TREE DIAMETER	2 LA 1 HE	2	STUMP	288.16	122.00	410.16
10	60" TREE DIAMETER	2 LA 1 HE	1	STUMP	576.32	242.00	818.32
	LOAD GRUBBED STUMPS TRACKED LOADER						
11	6" TREE DIAMETER	3 LA 1 TM 1 HE	100	STUMP	9.37	5.46	14.83
12	12" TREE DIAMETER	3 LA 1 TM 1 HE	80	STUMP	11.72	6.83	18.55
13	16" TREE DIAMETER	3 LA 1 TM 1 HE	60	STUMP	15.62	9.03	24.65
14	20" TREE DIAMETER	3 LA 1 TM 1 HE	50	STUMP	18.74	10.82	29.56
15	24" TREE DIAMETER	3 LA 1 TM 1 HE	40	STUMP	23.43	13.44	36.87
16	36" TREE DIAMETER	3 LA 1 TM 1 HE	24	STUMP	39.05	22.37	61.42
17	48" TREE DIAMETER	3 LA 1 TM 1 HE	10	STUMP	93.72	54.08	147.80
18	60" TREE DIAMETER	3 LA 1 TM 1 HE	5	STUMP	187.44	108.00	295.44
	CLEARING & GRUBBING < 1 ACRE						
19	LIGHT BRUSH W/HAND TOOLS	1 LA	0.1	ACRE	1,730		1,730
20	MEDIUM BRUSH W/HAND TOOLS	1 LA	0.1	ACRE	1,730		1,730
21	HEAVY BRUSH W/HAND TOOLS	1 LA	0.1	ACRE	1,730		1,730
	CUT DOWN TREES W/CHAIN SAW						
22	UP TO 6" DIAMETER	4 LA	25	EACH	27.69	1.73	29.42
23	UP TO 8" DIAMETER	4 LA	20	EACH	34.61	2.05	36.66
24	UP TO 12" DIAMETER	4 LA	15	EACH	46.14	2.78	48.92
25	UP TO 16" DIAMETER	4 LA	10	EACH	69.22	3.94	73.16
26	UP TO 20" DIAMETER	4 LA	8	EACH	86.52	4.83	91.35
27	UP TO 36" DIAMETER	4 LA	4	EACH	173.04	9.56	182.60
28	UP TO 48" DIAMETER	4 LA	2	EACH	346.08	19.53	365.61
29	UP TO 60" DIAMETER	4 LA	1	EACH	692.16	39.38	731.54
	DISPOSAL CLEARED BY HAND TRUCK						
30	LIGHT MATERIAL	2 LA 1 TM	1	ACRE	533.92	326.00	859.92
31	MEDIUM MATERIAL	2 LA 1 TM	0.5	ACRE	1,068	630.00	1,698
32	HEAVY MATERIAL	2 LA 1 TM	0.4	ACRE	1,335	788.00	2,123
	LOAD FELLED TREES W/BACKHOE OR LOADER ON TRUCK						
33	12" DIAMETER	3 LA 1 TM 1 HE	120	TREES	7.81	4.73	12.54
34	24" DIAMETER	3 LA 1 TM 1 HE	60	TREES	15.62	9.14	24.76
35	36" DIAMETER	3 LA 1 TM 1 HE	45	TREES	20.83	11.97	32.80
36	48" DIAMETER	3 LA 1 TM 1 HE	20	TREES	46.86	26.78	73.64
37	60" DIAMETER	3 LA 1 TM 1 HE	10	TREES	93.72	53.55	147.27
	STUMP REMOVAL BY HAND						
38	TO 6" DIAMETER	2 LA	1	STUMP	346.08		346.08
39	TO 8" DIAMETER	2 LA	1	STUMP	346.08		346.08
40	TO 10" DIAMETER	2 LA	1	STUMP	346.08		346.08
41	TO 12" DIAMETER	3 LA	1	STUMP	519.12		519.12
42	TO 16" DIAMETER	4 LA	1	STUMP	692.16		692.16

SITE WORK

LINE	DESCRIPTION	OUTPUT CREW	PER DAY	UNIT	LABOR	MATERIAL	TOTAL
	STRUCTURES MOVING (MIN 1000 SF)						
1	1 STORY WOOD FRAME	4 LA 1 TM	100	SQ FT	8.80	3.47	12.27
2	2 STORY WOOD FRAME	4 LA 1 TM	80	SQ FT	11.00	4.41	15.41
3	1 STORY WOOD FRAME W/BRICK VENEER	4 LA 1 TM	60	SQ FT	14.67	5.67	20.34
4	2 STORY WOOD FRAME W/BRICK VENEER	4 LA 1 TM	50	SQ FT	17.60	6.83	24.43
	EROSION CONTROL						
5	STRAW BALES	2 LA	200	EACH	1.73	3.00	4.73
6	GABION BASKET	2 LA	50	EACH	6.92	40.00	46.92
7	RIP RAP HAND SET	2 LA	10	CU YD	34.61	42.00	76.61
8	RIP RAP GROUTED	2 LA	3	CU YD	115.36	51.00	166.36
9	RIP RAP RANDOM DUMPED	2 LA	5	CU YD	69.22	22.00	91.22
10	SOIL RETENTION BLANKET	2 LA	200	SQ YD	1.73	0.65	2.38
11	ASPHALT SPRAY	2 LA	300	SQ YD	1.15	0.36	1.51
12	OIL SPRAY	2 LA	350	SQ YD	0.99	0.32	1.31

** DEWATERING **

DEWATERING SYSTEM INCLUDES INSTALLATION & REMOVE HEADER PIPE, 2 PUMPS, 50' DISCHARGE HOSE & JETTING OF 2" WELL POINTS @ 5'

WELL POINT SYSTEM COMPLETE

LINE	DESCRIPTION	UNIT	LABOR	TOTAL
	WITH 100' HEADER			
13	1 MONTH	LN FT	221.00	221.00
14	2 MONTHS	LN FT	315.00	315.00
15	3 MONTHS	LN FT	441.00	441.00
16	4 MONTHS	LN FT	525.00	525.00
17	5 MONTHS	LN FT	630.00	630.00
18	6 MONTHS	LN FT	715.00	715.00
	WITH 250' HEADER			
19	1 MONTH	LN FT	142.00	142.00
20	2 MONTHS	LN FT	242.00	242.00
21	3 MONTHS	LN FT	336.00	336.00
22	4 MONTHS	LN FT	399.00	399.00
23	5 MONTHS	LN FT	483.00	483.00
24	6 MONTHS	LN FT	515.00	515.00
	WITH 500' TO 1000' HEADER			
25	1 MONTH	LN FT	92.00	92.00
26	2 MONTHS	LN FT	164.00	164.00
27	3 MONTHS	LN FT	237.00	237.00
28	4 MONTHS	LN FT	284.00	284.00
29	5 MONTHS	LN FT	326.00	326.00
30	6 MONTHS	LN FT	368.00	368.00

** BLASTING **

ROCK REMOVAL - CHECKLIST
    STEPS
- 31   DRILL & BLAST
- 32   EXCAVATE & PILE
- 33   LOAD & HAUL

    LOCATIONS
- 34   OPEN AREA BULK
- 35   OPEN AREA TRENCHES
- 36   RESTRICTED AREA BULK
- 37   RESTRICTED AREA TRENCHES

    TOOLS
- 38   DRILLS-JACKHAMMER AIR COMPRESSOR
- 39   CRAWLER DRILL & WAGON DRILL

    EQUIPMENT
- 40   BLASTING MATS, CAPS & EXPLOSIVES

41 SPECIAL-LICENSE-PERMITS-SURVEY-EXPLORATORY
   HOLES   BARRICADES

SMALL AREA (TRENCH) 1 ROUND HAND HELD DRILL

LINE	DESCRIPTION	CREW	PER DAY	UNIT	LABOR	MATERIAL	TOTAL
42	2-1/2" OC HOLES-LOAD BLAST & LOOSEN	1 HE 2 LA	15	CU YD	38.42	2.48	40.90
43	EXCAVATE BY HAND	3 LA	15	CU YD	34.61		34.61
44	LOAD	3 LA	15	CU YD	34.61		34.61

1988 DODGE UNIT COST DATA

2 SITE WORK

LINE	DESCRIPTION	OUTPUT CREW	PER DAY	UNIT	LABOR	MATERIAL	TOTAL
	OPEN AREA						
1	1 ROUND LINE DRILL	1 LA	200	CU YD	0.87	2.33	4.40
	EQUIP					1.20	
2	EXCAVATE W/1 CY LOADER	1 HE 2 LA	200	CU YD	2.88	2.42	5.30
3	LOAD	1 HE 1 LA	200	CU YD	2.02	1.31	3.33

4 EXPLOSIVE COSTS - BLASTING CAPS $0.53-0.63
5 PER HOLE COST OF CORD TO DETONATE $0.05-0.07
6 GEL DYNAMITE $0.63 TO 0.74/LB
7 SLURRY WATER GEL $0.58 TO 0.63/LB
8 AMMONIUM NITRATE $0.12 TO 0.14/LB

9 POWDER FACTOR RULE OF THUMB 1/B/CY,
5% OF EXPLOSIVE COST COVERS SHOOTING BOX &
CONNECTING WIRE & GALVANOMETER; BIT & STEEL
GENERALLY PER LN FT OF DRILL - RANGE OF COST
$.30 TO .40/LN FT

** SITE GRADING **

LINE	DESCRIPTION	CREW	PER DAY	UNIT	LABOR	MATERIAL	TOTAL
	SITE GRADING TOP SOIL-STRIA-STOCK PILE 50 HP DOZER						
10	4" CUT	1 LA 1 TM	160	CU YD	2.26	1.52	3.78
11	6" CUT	1 LA 1 TM	165	CU YD	2.19	1.47	3.66
12	8" CUT	1 LA 1 TM	175	CU YD	2.06	1.41	3.47
	DOZER 75 HP 150' MAX HAUL						
13	4" CUT	1 LA 1 TM	400	CU YD	0.90	1.01	1.91
14	6" CUT	1 LA 1 TM	500	CU YD	0.72	0.80	1.52
15	8" CUT	1 LA 1 TM	525	CU YD	0.69	0.77	1.46
	DOZER 150 HP 500' MAX HAUL						
16	4" CUT	1 LA 1 TM	1200	CU YD	0.30	0.57	0.87
17	6" CUT	1 LA 1 TM	950	CU YD	0.38	0.69	1.07
18	8" CUT	1 LA 1 TM	850	CU YD	0.42	0.78	1.20
19	12" CUT	1 LA 1 TM	600	CU YD	0.60	1.07	1.67
	TRACTOR DRAWN SCRAPER 10CY PAN 500' MAX HAUL						
20	4" DEEP CUT	1 HE	350	CU YD	0.66	2.18	2.84
21	6" DEEP CUT	1 HE	425	CU YD	0.54	1.79	2.33
22	8" DEEP CUT	1 HE	475	CU YD	0.48	1.62	2.10
23	12" DEEP CUT	1 HE	550	CU YD	0.42	1.41	1.83
	TRACTOR DRAWN SCRAPER 10 CY PAN 1500' MAX HAUL						
24	4" DEEP CUT	1 HE	265	CU YD	0.87	2.88	3.75
25	6" DEEP CUT	1 HE	320	CU YD	0.72	2.42	3.14
	TRACTOR DRAWN SCRAPER 10 CY PAN 1500' MAX HAUL						
26	8" DEEP CUT	1 HE	350	CU YD	0.66	2.23	2.89
27	12" DEEP CUT	1 HE	400	CU YD	0.58	1.94	2.52
	TRACTOR DRAWN SCRAPER 15CY PAN 500' MAX HAUL						
28	4" DEEP CUT	1 HE	675	CU YD	0.34	1.72	2.06
29	6" DEEP CUT	1 HE	815	CU YD	0.28	1.40	1.68
30	8" DEEP CUT	1 HE	950	CU YD	0.24	1.25	1.49
31	12" DEEP CUT	1 HE	1000	CU YD	0.23	1.18	1.41
	TRACTOR DRAWN SCRAPER 15CY PAN 1500' MAX HAUL						
32	4" DEEP CUT	1 HE	400	CU YD	0.58	2.89	3.47
33	6" DEEP CUT	1 HE	480	CU YD	0.48	2.44	2.92
34	8" DEEP CUT	1 HE	525	CU YD	0.44	2.21	2.65
35	12" DEEP CUT	1 HE	600	CU YD	0.38	1.95	2.33
	TRACTOR DRAWN SCRAPER 25 CY PAN 500' MAX HAUL						
36	4" DEEP CUT	1 HE	700	CU YD	0.33	1.85	2.18
37	6" DEEP CUT	1 HE	850	CU YD	0.27	1.51	1.78
38	8" DEEP CUT	1 HE	950	CU YD	0.24	1.37	1.61
39	12" DEEP CUT	1 HE	1100	CU YD	0.21	1.19	1.40
	TRACTOR DRAWN SCRAPER 25CY PAN 1500' MAX HAUL						
40	4" DEEP CUT	1 HE	550	CU YD	0.42	2.33	2.75
41	6" DEEP CUT	1 HE	650	CU YD	0.35	2.00	2.35
42	8" DEEP CUT	1 HE	700	CU YD	0.33	1.85	2.18
43	12" DEEP CUT	1 HE	800	CU YD	0.29	1.60	1.89

SITE WORK

LINE	DESCRIPTION	CREW	PER DAY	UNIT	LABOR	MATERIAL	TOTAL
	** EXCAVATION **						
	EARTH EXCAVATION LIGHT SOIL (LIGHT-MEDIUM)						
	BALANCED CUT & FILL NO COMPACTION						
1	WITH 50 HP DOZER 50' MAX HAUL	1 HE	500	CU YD	0.46	0.48	0.94
2	WITH 50 HP DOZER 150' MAX HAUL	1 HE	250	CU YD	0.92	0.86	1.78
3	WITH 50 HP DOZER 300' MAX HAUL	1 HE	175	CU YD	1.32	1.32	2.64
4	WITH 50 HP DOZER 500' MAX HAUL	1 HE	100	CU YD	2.30	2.25	4.55
5	WITH 75 HP DOZER 50' MAX HAUL	1 HE	750	CU YD	0.31	0.39	0.70
6	WITH 75 HP DOZER 150' MAX HAUL	1 HE	500	CU YD	0.46	0.54	1.00
7	WITH 75 HP DOZER 300' MAX HAUL	1 HE	350	CU YD	0.66	0.72	1.38
8	WITH 75 HP DOZER 500' MAX HAUL	1 HE	200	CU YD	1.15	1.28	2.43
9	WITH 150 HP DOZER 150' MAX HAUL	1 HE	1000	CU YD	0.23	0.64	0.87
10	WITH 150 HP DOZER 300' MAX HAUL	1 HE	750	CU YD	0.31	0.85	1.16
11	WITH 150 HP DOZER 500' MAX HAUL	1 HE	600	CU YD	0.38	1.04	1.42
12	WITH 150 HP DOZER 1000' MAX HAUL	1 HE	400	CU YD	0.58	1.55	2.13
13	WITH 300 HP DOZER 150' MAX HAUL	1 HE	2000	CU YD	0.12	0.54	0.66
14	WITH 300 HP DOZER 300' MAX HAUL	1 HE	900	CU YD	0.26	1.14	1.40
15	WITH 300 HP DOZER 500' MAX HAUL	1 HE	600	CU YD	0.38	1.72	2.10
	EARTH EXCAVATION (PART TIME DOZER USAGE)						
16	WITH 10 CY PAN TOWED SCRAPER 500' HAUL	2 HE 1 LA	650	CU YD	0.97	1.51	2.48
17	WITH 10 CY PAN TOWED SCRAPER 1000' HAUL	1 HE 1 LA	500	CU YD	0.81	1.72	2.53
18	WITH 15 CY PAN TOWED SCRAPER 500' HAUL	2 HE 1 LA	1000	CU YD	0.63	1.01	1.64
19	WITH 15 CY PAN TOWED SCRAPER 1000' HAUL	1 HE 1 LA	600	CU YD	0.67	1.45	2.12
20	WITH 25 CY PAN TOWED SCRAPER 500' HAUL	2 HE 1 LA	1100	CU YD	0.58	1.34	1.92
21	WITH 25 CY PAN TOWED SCRAPER 1000' HAUL	1 HE 1 LA	800	CU YD	0.50	1.71	2.21
	WITH 50% DOZER USAGE-MOTOR SCRAPER SELF PROPEL						
22	WITH 15 CY PAN 1000' HAUL	2 HE 1 LA	800	CU YD	0.79	2.10	2.89
23	WITH 15 CY PAN 2000' HAUL	2 HE 1 LA	600	CU YD	1.06	2.73	3.79
24	WITH 25 CY PAN 1000' HAUL	2 HE 1 LA	1440	CU YD	0.44	1.20	1.64
25	WITH 25 CY PAN 2000' HAUL	2 HE 1 LA	1160	CU YD	0.55	1.47	2.02
	ELEVATING SCRAPERS SELF PROPELLED						
26	WITH 10 CY PAN 1000' HAUL	1 HE 1 LA	640	CU YD	0.63	1.03	1.66
27	WITH 20 CY PAN 1000' HAUL	1 HE 1 LA	1120	CU YD	0.36	1.46	1.82
28	WITH 10 CY PAN 2000' HAUL	1 HE 1 LA	560	CU YD	0.72	1.18	1.90
29	WITH 20 CY PAN 2000' HAUL	1 HE 1 LA	800	CU YD	0.50	1.05	1.55
30	WITH 10 CY PAN 4000' HAUL	1 HE 1 LA	400	CU YD	1.01	1.63	2.64
31	WITH 20 CY PAN 4000' HAUL	1 HE 1 LA	640	CU YD	0.63	0.85	1.48
32	WITH 10 CY PAN 5000' HAUL	1 HE 1 LA	320	CU YD	1.26	2.04	3.30
33	WITH 20 CY PAN 5000' HAUL	1 HE 1 LA	560	CU YD	0.72	0.75	1.47
	BULK EXCAVATION (EXCAVATE & PILE)						
	LIGHT MATERIAL < 3000#/CY (LOAM & TOPSOIL)						
	MEDIUM MATERIAL > 3000#/CY (CLAY & GRAVEL)						
	DRY GRAVEL; DRY SAND						
	HEAVY MATERIAL > 3000#/CY (WET CLAY & SAND)						
	GRAVEL; DRY SAND, DECOMPOSED ROCK, LOOSE ROCK						
	LIGHT TO MEDIUM MATERIAL						
34	LOADED WHEELED 1/2 CY	1 HE	250	CU YD	0.92	0.66	1.58
35	LOADER WHEELED 3/4 CY	1 HE	350	CU YD	0.66	0.69	1.35
36	LOADER WHEELED 1 CY	1 HE 1 LA	450	CU YD	0.90	0.55	1.45
37	LOADER WHEELED 1-1/2 CY	1 HE 1 LA	625	CU YD	0.65	0.56	1.21
38	LOADER WHEELED 2 CY	1 HE 1 LA	800	CU YD	0.50	0.60	1.10
39	LOADER TRACKED 3/4 CY	1 HE	400	CU YD	0.58	0.53	1.11
40	LOADER TRACKED 1 CY	1 HE 1 LA	550	CU YD	0.73	0.48	1.21
41	LOADER TRACKED 1-3/4 CY	1 HE 1 LA	760	CU YD	0.53	0.53	1.06
42	LOADER TRACKED 3 CY	1 HE 1 LA	1100	CU YD	0.37	0.70	1.07
43	LOADER TRACKED 5 CY	1 HE 1 LA	1500	CU YD	0.27	0.67	0.94
	HEAVY MATERIAL						
44	LOADER WHEELED 1/2 CY	1 HE	160	CU YD	1.44	1.03	2.47
45	LOADER WHEELED 3/4 CY	1 HE	240	CU YD	0.96	0.96	1.92
46	LOADER WHEELED 1 CY	1 HE 1 LA	360	CU YD	1.12	0.67	1.79
47	LOADER WHEELED 1-1/2 CY	1 HE 1 LA	440	CU YD	0.92	0.74	1.66
48	LOADER WHEELED 2 CY	1 HE 1 LA	600	CU YD	0.67	0.79	1.46
49	LOADER TRACKED 3/4 CY	1 HE	320	CU YD	0.72	0.63	1.35
50	LOADER TRACKED 1 CY	1 HE 1 LA	420	CU YD	0.96	0.61	1.57
51	LOADER TRACKED 1-3/4 CY	1 HE 1 LA	560	CU YD	0.72	0.67	1.39
52	LOADER TRACKED 3 CY	1 HE 1 LA	860	CU YD	0.47	0.50	0.97
53	LOADER TRACKED 5 CY	1 HE 1 LA	1200	CU YD	0.34	0.83	1.17

1988 DODGE UNIT COST DATA

SITE WORK

LINE	DESCRIPTION			OUTPUT			UNIT COSTS		
				CREW	PER DAY	UNIT	LABOR	MATERIAL	TOTAL
	LIGHT TO MEDIUM								
1	BULLDOZER	50	HP	1 HE 1 LA	480	CU YD	0.84	0.51	1.35
2	BULLDOZER	75	HP	1 HE 1 LA	800	CU YD	0.50	0.53	1.03
3	BULLDOZER	150	HP	1 HE 1 LA	1400	CU YD	0.29	0.49	0.78
4	BULLDOZER	300	HP	1 HE 1 LA	2400	CU YD	0.17	0.45	0.62
5	HEAVY MATERIAL								
6	BULLDOZER	50	HP	1 HE 1 LA	400	CU YD	1.01	0.63	1.64
7	BULLDOZER	75	HP	1 HE 1 LA	640	CU YD	0.63	0.64	1.27
8	BULLDOZER	150	HP	1 HE 1 LA	1120	CU YD	0.36	0.60	0.96
9	BULLDOZER	300	HP	1 HE 1 LA	1960	CU YD	0.21	0.55	0.76
	LIGHT TO MEDIUM								
10	POWER SHOVEL	3/4	CY	1 HE 1 LA 1 OL	480	CU YD	1.24	0.95	2.19
11	POWER SHOVEL	1	CY	1 HE 1 OL 1 LA	700	CU YD	0.85	0.83	1.68
12	POWER SHOVEL	1-1/2	CY	1 HE 1 OL 1 LA	880	CU YD	0.68	0.95	1.63
13	POWER SHOVEL	2	CY	1 HE 1 OL 1 LA	1020	CU YD	0.58	1.02	1.60
14	POWER SHOVEL	2-1/2	CY	1 HE 1 OL 1 LA	1200	CU YD	0.50	1.09	1.59
15	POWER SHOVEL	3	CY	1 HE 1 OL 1 LA	1340	CU YD	0.44	1.21	1.65
16	POWER SHOVEL	3-1/2	CY	1 OL 1 HE 1 LA	1500	CU YD	0.40	1.31	1.71
17	POWER SHOVEL	4	CY	1 HE 1 OL 1 LA	1665	CU YD	0.36	1.41	1.77
	HEAVY MATERIAL								
18	POWER SHOVEL	3/4	CY	1 HE 1 OL 1 LA	180	CU YD	3.30	2.48	5.78
19	POWER SHOVEL	1	CY	1 HE 1 OL 1 LA	265	CU YD	2.24	2.21	4.45
20	POWER SHOVEL	1-1/2	CY	1 HE 1 OL 1 LA	330	CU YD	1.80	2.52	4.32
21	POWER SHOVEL	2	CY	1 HE 1 OL 1 LA	385	CU YD	1.54	2.65	4.19
22	POWER SHOVEL	2-1/2	CY	1 HE 1 OL 1 LA	450	CU YD	1.32	2.78	4.10
23	POWER SHOVEL	3	CY	1 HE 1 OL 1 LA	500	CU YD	1.19	3.15	4.34
24	POWER SHOVEL	3-1/2	CY	1 HE 1 OL 1 LA	560	CU YD	1.06	3.41	4.47
25	POWER SHOVEL	4	CY	1 HE 1 OL 1 LA	650	CU YD	0.91	3.52	4.43
	LIGHT TO MEDIUM BACKHOE HYDRAULIC WHEELED								
26	BUCKET CAPACITY	1/2	CY	1 HE 1 LA	150	CU YD	2.69	2.23	4.92
27	BUCKET CAPACITY	3/4	CY	1 HE 1 LA	250	CU YD	1.61	1.79	3.40
	LIGHT TO MEDIUM BACKHOE TRACKED								
28	BUCKET CAPACITY	1	CY	1 HE 1 OL 1 LA	340	CU YD	1.75	1.83	3.58
29	BUCKET CAPACITY	1-1/2	CY	1 HE 1 OL 1 LA	500	CU YD	1.19	1.68	2.87
30	BUCKET CAPACITY	2	CY	1 HE 1 OL 1 LA	630	CU YD	0.94	1.65	2.59
31	BUKCET CAPACITY	2-1/2	CY	1 HE 1 OL 1 LA	700	CU YD	0.85	1.94	2.79
32	BUCKET CAPACITY	3	CY	1 HE 1 OL 1 LA	880	CU YD	0.68	2.17	2.85
33	BUCKET CAPACITY	3-1/2	CY	1 HE 1 OL 1 LA	1200	CU YD	0.50	1.85	2.35
34	BUCKET CAPACITY	4	CY	1 HE 1 OL 1 LA	1320	CU YD	0.45	1.95	2.40

SITE WORK

LINE	DESCRIPTION			OUTPUT			UNIT COSTS		
				CREW	PER DAY	UNIT	LABOR	MATERIAL	TOTAL
	HEAVY MATERIAL BACKHOE HYDRAULIC TRACKED								
1	BUCKET	CAPACITY	1 CY	1 HE 1 LA	1 OL	250 CU YD	2.38	2.46	4.84
2	BUCKET	CAPACITY	1-1/2CY	1 HE 1 LA	1 OL	375 CU YD	1.59	2.26	3.85
3	BUCKET	CAPACITY	2 CY	1 HE 1 LA	1 OL	475 CU YD	1.25	2.16	3.41
4	BUCKET	CAPACITY	2-1/2CY	1 HE 1 LA	1 OL	525 CU YD	1.13	2.58	3.71
5	BUCKET	CAPACITY	3 CY	1 HE 1 LA	1 OL	650 CU YD	0.91	2.98	3.89
6	BUCKET	CAPACITY	3-1/2CY	1 HE 1 LA	1 OL	900 CU YD	0.66	2.46	3.12
7	BUCKET	CAPACITY	4 CY	1 HE 1 LA	1 OL	1000 CU YD	0.59	2.58	3.17
	TRUCK LOADING HEAVY MATERIAL WHEELED LOADERS								
8	BUCKET	CAPACITY	3/4 CY	1 HE	1 LA	260 CU YD	1.55	0.87	2.42
9	BUCKET	CAPACITY	1 CY	1 HE	1 LA	325 CU YD	1.24	0.82	2.06
10	BUCKET	CAPACITY	1-1/2CY	1 HE	1 LA	460 CU YD	0.88	0.71	1.59
11	BUCKET	CAPACITY	2 CY	1 HE	1 LA	576 CU YD	0.70	0.82	1.52
12	BUCKET	CAPACITY	2-1/2CY	1 HE	1 LA	650 CU YD	0.62	0.92	1.54
13	BUCKET	CAPACITY	3 CY	1 HE	1 LA	720 CU YD	0.56	0.87	1.43
14	BUCKET	CAPACITY	4 CY	1 HE	1 LA	980 CU YD	0.41	0.74	1.15
15	BUCKET	CAPACITY	6 CY	1 HE	1 LA	1520 CU YD	0.27	0.56	0.83
16	BUCKET	CAPACITY	8 CY	1 HE	1 LA	2080 CU YD	0.19	0.55	0.74
	LIGHT MATERIALS TRACKED LOADERS								
17	BUCKET	CAPACITY	3/4 CY	1 HE 1 LA	1 OL	260 CU YD	2.29	1.00	3.29
18	BUCKET	CAPACITY	1 CY	1 HE 1 LA	1 OL	324 CU YD	1.84	0.71	2.55
19	BUCKET	CAPACITY	1-1/2CY	1 HE 1 LA	1 OL	460 CU YD	1.29	0.74	2.03
20	BUCKET	CAPACITY	2 CY	1 HE 1 LA	1 OL	580 CU YD	1.03	0.80	1.83
21	BUCKET	CAPACITY	2-1/2CY	1 HE 1 LA	1 OL	650 CU YD	0.91	0.87	1.78
22	BUCKET	CAPACITY	3 CY	1 HE 1 LA	1 OL	720 CU YD	0.83	0.88	1.71
23	BUCKET	CAPACITY	4 CY	1 HE 1 LA	1 OL	1000 CU YD	0.59	0.68	1.27
24	BUCKET	CAPACITY	5 CY	1 HE 1 LA	1 OL	1300 CU YD	0.46	0.74	1.20
	HEAVY MATERIALS TRACKED LOADERS								
25	BUCKET	CAPACITY	3/4 CY	1 HE	1 LA	190 CU YD	2.12	1.35	3.47
26	BUCKET	CAPACITY	1 CY	1 HE	1 LA	240 CU YD	1.68	0.95	2.63
27	BUCKET	CAPACITY	1-1/2CY	1 HE	1 LA	330 CU YD	1.22	1.00	2.22
28	BUCKET	CAPACITY	2 CY	1 HE	1 LA	415 CU YD	0.97	1.09	2.06
29	BUCKET	CAPACITY	2-1/2CY	1 HE	1 LA	475 CU YD	0.85	1.17	2.02
30	BUCKET	CAPACITY	3 CY	1 HE	1 LA	520 CU YD	0.78	1.21	1.99
31	BUCKET	CAPACITY	4 CY	1 HE	1 LA	700 CU YD	0.58	0.94	1.52
32	BUCKET	CAPACITY	5 CY	1 HE	1 LA	910 CU YD	0.44	1.06	1.50
	TRUCK HAULING (LOADING TIME, DUMP & RETURN) TRUCK SIZE "STRUCK LEVEL"								
33	1 MILE	ROUNDTRIP	5 CY	1 TM		150 CU YD	1.25	1.55	2.80
34	1 MILE	ROUNDTRIP	6 CY	1 TM		162 CU YD	1.16	1.53	2.69
35	1 MILE	ROUNDTRIP	8 CY	1 TM		200 CU YD	0.94	1.42	2.36
36	1 MILE	ROUNDTRIP	10 CY	1 TM		240 CU YD	0.78	1.30	2.08
37	1 MILE	ROUNDTRIP	12 CY	1 TM		280 CU YD	0.67	1.94	2.61
38	2 MILE	ROUNDTRIP	5 CY	1 TM		120 CU YD	1.57	1.95	3.52
39	2 MILE	ROUNDTRIP	6 CY	1 TM		122 CU YD	1.54	1.94	3.48
40	2 MILE	ROUNDTRIP	8 CY	1 TM		162 CU YD	1.16	1.76	2.92
41	2 MILE	ROUNDTRIP	10 CY	1 TM		180 CU YD	1.04	1.74	2.78
42	2 MILE	ROUNDTRIP	12 CY	1 TM		204 CU YD	0.92	1.66	2.58
43	3 MILE	ROUNDTRIP	5 CY	1 TM		80 CU YD	2.35	2.88	5.23
44	3 MILE	ROUNDTRIP	6 CY	1 TM		96 CU YD	1.96	2.56	4.52
45	3 MILE	ROUNDTRIP	8 CY	1 TM		128 CU YD	1.47	2.23	3.70
46	3 MILE	ROUNDTRIP	10 CY	1 TM		150 CU YD	1.25	2.06	3.31
47	3 MILE	ROUNDTRIP	12 CY	1 TM		180 CU YD	1.04	1.87	2.91
48	4 MILE	ROUNDTRIP	5 CY	1 TM		70 CU YD	2.68	3.36	6.04

2 SITE WORK

LINE	DESCRIPTION					OUTPUT			UNIT COSTS		
						CREW	PER DAY	UNIT	LABOR	MATERIAL	TOTAL
1	4	MILE	ROUNDTRIP	6	CY	1 TM	85	CU YD	2.21	2.88	5.09
2	4	MILE	ROUNDTRIP	8	CY	1 TM	95	CU YD	1.98	3.00	4.98
3	4	MILE	ROUNDTRIP	10	CY	1 TM	120	CU YD	1.57	2.60	4.17
4	4	MILE	ROUNDTRIP	12	CY	1 TM	150	CU YD	1.25	2.23	3.48
5	5	MILE	ROUNDTRIP	5	CY	1 TM	60	CU YD	3.13	3.89	7.02
6	5	MILE	ROUNDTRIP	6	CY	1 TM	70	CU YD	2.68	3.47	6.15
7	5	MILE	ROUNDTRIP	8	CY	1 TM	88	CU YD	2.13	3.05	5.18
8	5	MILE	ROUNDTRIP	10	CY	1 TM	115	CU YD	1.63	2.65	4.28
9	5	MILE	ROUNDTRIP	12	CY	1 TM	120	CU YD	1.57	2.77	4.34
10	6	MILE	ROUNDTRIP	5	CY	1 TM	50	CU YD	3.76	4.58	8.34
11	6	MILE	ROUNDTRIP	6	CY	1 TM	54	CU YD	3.48	4.49	7.97
12	6	MILE	ROUNDTRIP	8	CY	1 TM	72	CU YD	2.61	3.93	6.54
13	6	MILE	ROUNDTRIP	10	CY	1 TM	90	CU YD	2.09	3.44	5.53
14	6	MILE	ROUNDTRIP	12	CY	1 TM	108	CU YD	1.74	3.11	4.85
15	8	MILE	ROUNDTRIP	5	CY	1 TM	40	CU YD	4.70	5.78	10.48
16	8	MILE	ROUNDTRIP	6	CY	1 TM	48	CU YD	3.91	5.06	8.97
17	8	MILE	ROUNDTRIP	8	CY	1 TM	64	CU YD	2.94	4.41	7.35
18	10	MILE	ROUNDTRIP	10	CY	1 TM	55	CU YD	3.42	5.57	8.99
19	10	MILE	ROUNDTRIP	12	CY	1 TM	60	CU YD	3.13	5.54	8.67
	TRENCHING LIGHT TO MEDIUM TRENCHING MACHINE										
20	8" WIDE X 5' DEEP					1 HE 1 LA	2000	LN FT	0.20	0.65	0.85
21	12" WIDE X 6' DEEP					1 HE 1 LA	1750	LN FT	0.23	0.15	0.38
22	16" WIDE X 8' DEEP					1 HE 1 LA	1500	LN FT	0.27	0.23	0.50
23	20" WIDE X 8' DEEP					1 HE 1 LA	1200	LN FT	0.34	0.33	0.67
	HEAVY MATERIAL TRENCHING MACHINE										
24	8" WIDE X 5' DEEP					1 HE 1 LA	1800	LN FT	0.22	0.11	0.33
25	12" WIDE X 6' DEEP					1 HE 1 LA	1500	LN FT	0.27	0.16	0.43
26	16" WIDE X 8' DEEP					1 HE 1 LA	1300	LN FT	0.31	0.23	0.54
27	20" WIDE X 8' DEEP					1 HE 1 LA	1000	LN FT	0.40	0.41	0.81
	HAND WORK LIGHT TO MEDIUM MATERIAL										
28	12"-30" WIDE TO 2' DEEP					1 LA	12	CU YD	14.42		14.42
29	18"-48" WIDE TO 4' DEEP					1 LA	8	CU YD	21.63		21.63
30	24"-48" WIDE TO 6' DEEP					1 LA	6	CU YD	28.84		28.84
	HANDWORK HEAVY MATERIAL										
31	12"-30" WIDE 2' DEEP					1 LA	9	CU YD	19.23		19.23
32	18"-48" WIDE 4' DEEP					1 LA	6	CU YD	28.84		28.84
33	24"-48" WIDE 6' DEEP					1 LA	4	CU YD	43.26		43.26
	BACKHOE LIGHT TO MEDIUM 2' DEEP										
34	1/4 CY MACHINE					1 HE 1 LA	100	CU YD	4.03	2.31	6.34
35	1/2 CY MACHINE					1 LA 1 HE	150	CU YD	2.69	2.23	4.92
36	3/4 CY MACHINE					1 LA 1 HE	200	CU YD	2.02	2.04	4.06
37	1 CY MACHINE					1 LA 1 HE	400	CU YD	1.01	1.49	2.50
	BACKHOE LIGHT TO MEDIUM 4' DEEP										
38	1/4 CY MACHINE					1 LA 1 HE	90	CU YD	4.48	2.56	7.04
39	1/2 CY MACHINE					1 LA 1 HE	140	CU YD	2.88	2.35	5.23
40	3/4 CY MACHINE					1 LA 1 HE	185	CU YD	2.18	2.16	4.34
41	1 CY MACHINE					1 LA 1 HE	350	CU YD	1.15	1.68	2.83
	BACKHOE LIGHT TO MEDIUM 6' DEEP										
42	1/2 CY MACHINE					1 HE 1 LA	110	CU YD	3.67	2.96	6.63
43	3/4 CY MACHINE					1 HE 1 LA	150	CU YD	2.69	2.73	5.42
44	1 CY MACHINE					1 HE 1 LA	300	CU YD	1.34	1.97	3.31
45	1-1/4 CY MACHINE					1 HE 1 LA	400	CU YD	1.01	1.62	2.63
	BACKHOE LIGHT TO MEDIUM 8' DEEP										
46	1/2 CY MACHINE					1 HE 1 LA	100	CU YD	4.03	3.34	7.37
47	3/4 CY MACHINE					1 HE 1 LA	140	CU YD	2.88	2.94	5.82
48	1 CY MACHINE					1 HE 1 LA	280	CU YD	1.44	2.08	3.52
49	1-1/4 CY MACHINE					1 HE 1 LA	375	CU YD	1.08	1.70	2.78
	BACKFILL & COMPACTION (STRUCTURES) W/ EXCAVATED LIGHT TO MEDIUM										
50	HANDWORK W/PNEUMATIC TAMPERS					6 LA	100	CU YD	10.38	1.18	11.56
51	1/2 CY LOADER W/PNEUMATIC TAMPERS					1 HE 4 LA	220	CU YD	4.19	1.87	6.06
52	1 CY LOADER W/PNEUMATIC TAMPERS					1 HE 4 LA	300	CU YD	3.07	2.29	5.36

SITE WORK

LINE	DESCRIPTION	OUTPUT CREW	PER DAY	UNIT	LABOR	MATERIAL	TOTAL
	BACKFILL & COMPACTION W/CRUSH STONE						
1	HANDWORK W/PNEUMATIC TAMPERS	6 LA	96	CU YD	10.82	1.23	12.05
2	1/2CY LOADER W/PNEUMATIC TAMPERS	1 HE 4 LA	240	CU YD	3.84	1.70	5.54
3	1CY LOADER W/PNEUMATIC TAMPERS	1 HE 4 LA	270	CU YD	3.42	2.54	5.96
	BACKFILL & COMPACTION W/BANK RUN GRAVEL						
4	HANDWORK W/PNEUMATIC TAMPERS	6 LA	100	CU YD	10.38	1.18	11.56
5	1/2CY LOADER W/PNEUMATIC TAMPER	1 HE 4 LA	250	CU YD	3.69	1.66	5.35
6	1 CY LOADER W/PNEUMATIC TAMPER	1 HE 4 LA	300	CU YD	3.07	2.27	5.34
	BACKFILL & COMPACTION W/BANK RUN SAND						
7	HANDWORK	6 LA	120	CU YD	8.65	0.98	9.63
8	1/2 CY LOADER	1 HE 4 LA	300	CU YD	3.07	1.34	4.41
9	1 CY LOADER	1 HE 4 LA	360	CU YD	2.56	1.88	4.44
	COMPACTION IN 6" LIFTS						
10	HAND TAMPERS	6 LA	72	CU YD	14.42		14.42
11	RAMMER COMPACTOR	1 LA	36	CU YD	4.81	1.28	6.09
12	VIBRATING COMPACTOR	1 HE	140	CU YD	1.64	0.44	2.08
	POROUS FILL UNDER SLAB SPREAD BY HAND W/PNEUMO TAMPERS						
13	BANK RUN SAND 3" DEEP	3 LA	30	CU YD	17.30	3.89	21.19
14	BANK RUN SAND 4" DEEP	3 LA	36	CU YD	14.42	3.21	17.63
15	BANK RUN SAND 6" DEEP	3 LA	50	CU YD	10.38	2.31	12.69
16	BANK RUN SAND 8" DEEP	3 LA	68	CU YD	7.63	1.68	9.31
17	BANK RUN SAND 9" DEEP	3 LA	76	CU YD	6.83	1.52	8.35
18	BANK RUN SAND 12" DEEP	3 LA	80	CU YD	6.49	1.45	7.94
19	BANK RUN GRAVEL 3" DEEP	3 LA	27	CU YD	19.23	4.24	23.47
20	BANK RUN GRAVEL 4" DEEP	3 LA	32	CU YD	16.22	3.76	19.98
21	BANK RUN GRAVEL 6" DEEP	3 LA	46	CU YD	11.29	2.50	13.79
22	BANK RUN GRAVEL 8" DEEP	3 LA	62	CU YD	8.37	1.87	10.24
23	BANK RUN GRAVEL 9" DEEP	3 LA	68	CU YD	7.63	1.70	9.33
24	BANK RUN GRAVEL 12" DEEP	3 LA	72	CU YD	7.21	1.62	8.83
25	CRUSHED STONE 3" DEEP	3 LA	24	CU YD	21.63	4.89	26.52
26	CRUSHED STONE 4" DEEP	3 LA	30	CU YD	17.30	3.95	21.25
27	CRUSHED STONE 6" DEEP	3 LA	42	CU YD	12.36	2.79	15.15
28	CRUSHED STONE 8" DEEP	3 LA	58	CU YD	8.95	2.02	10.97
29	CRUSHED STONE 9" DEEP	3 LA	62	CU YD	8.37	1.91	10.28
30	CRUSHED STONE 12" DEEP	3 LA	66	CU YD	7.87	1.79	9.66
	SPREAD BY 3/4 CY FRONT END LOADER TAMPED BY HAND PNEUMATIC TAMPER						
31	BANK RUN SAND	1 HE 2 LA	100	CU YD	5.76	4.60	10.36
32	BANK RUN GRAVEL	1 HE 2 LA	80	CU YD	7.20	5.69	12.89
33	CRUSHED STONE	1 HE 2 LA	66	CU YD	8.73	7.04	15.77
	RENTAL RATES PER DAY TRENCH PLATE COVERS						
34	5/8" X 3'X 4' WT 307#			DAY		1.68	1.68
35	3/4" X 4'X 5' WT 613#			DAY		1.76	1.76
36	1" X 4'X 5' WT 817#			DAY		1.76	1.76
37	1" X WT 980#			DAY		1.88	1.88
38	1" X4'X10' 1634#			DAY		2.25	2.25
39	1" X5'X10' 2042#			DAY		2.77	2.77
40	1" X5'X15' 3063#			DAY		4.46	4.46
41	1"X8'X12' 3921#			DAY		5.36	5.36
42	1-1/2"X6'X12' 4411#			DAY		7.98	7.98
	** SOIL POISONING & TREATMENT **						
43	SOIL POISONING-DEFOLIATION OF UNDER BRUSH-AERIAL SPRAY						
44	LIGHTLY WOODED			ACRE		38.00	38.00
45	DENSELY WOODED			ACRE		46.00	46.00
	SOIL STERLIZATION (ALL VEGETATION)						
46	SUB GRADE SPACES	1 LA	3000	SQ YD	0.06	0.39	0.45
47	YARD AREAS	1 LA	5000	SQ YD	0.03	0.36	0.39

1988 DODGE UNIT COST DATA

2 SITE WORK

LINE	DESCRIPTION	OUTPUT CREW	OUTPUT PER DAY	UNIT	LABOR	MATERIAL	TOTAL
	TERMITE PROTECTION						
1	NEW CONST, UNPAVED CRAWL SPACE W/OPEN ACCESS	1 LA	3000	SQ FT	0.06	0.24	0.30
2	BASEMENT WALLS INTERIOR	1 LA	1500	SQ FT	0.12	0.28	0.40
3	BSMT. CEILING OPEN WOOD CONSTRUCTION	1 LA	1000	SQ FT	0.17	0.32	0.49
4	PERIMETER -UI"EARTH STRIP	1 LA	600	SQ FT	0.29	0.41	0.70
	WEED KILLER APPLICATION						
5	SUB GRADE SPACES	1 LA EQUIP	1200	SQ FT	0.14	0.21 0.33	0.68
6	YARD AREAS	1 LA	3000	SQ FT	0.06	0.21	0.27
	** PILING **						
7	MOBILIZATION			LP SM		7,035	7,035
	PILING TIMBER TREATED						
8	12" BUTT 20'-30'	2 HE 1 OL 5 LA EQUIP	520	LN FT	2.92	5.41 2.10	10.43
9	12" BUTT 31'-40'	2 HE 1 OL 5 LA EQUIP	720	LN FT	2.11	5.61 1.33	9.05
10	12" BUTT 41'-50'	2 HE 1 OL 5 LA EQUIP	828	LN FT	1.83	5.29 1.21	8.33
11	13" BUTT 51'-60'	2 HE 1 OL 5 LA EQUIP	840	LN FT	1.81	6.26 1.18	9.25
12	13" BUTT 61'-70'	2 HE 1 OL 5 LA EQUIP	858	LN FT	1.77	6.47 1.16	9.40
13	13" BUTT 71'-80'	2 HE 1 OL 5 LA EQUIP	860	LN FT	1.76	7.56 1.16	10.48
	PILING TIMBER UNTREATED						
14	12" BUTT 31'-40'	2 HE 1 OL 5 LA EQUIP	720	LN FT	2.11	3.45 1.34	6.90
15	12" BUTT 41'-50'	2 HE 1 OL 5 LA EQUIP	828	LN FT	1.83	3.68 1.20	6.71
16	13" BUTT 51'-60'	2 HE 1 OL 5 LA EQUIP	840	LN FT	1.81	4.33 1.18	7.32
17	13" BUTT 61'-70'	2 HE 1 OL 5 LA EQUIP	858	LN FT	1.77	4.62 1.16	7.55
18	13" BUTT 71'-80'	2 HE 1 OL 5 LA EQUIP	860	LN FT	1.76	4.83 1.16	7.75
	CONCRETE PILES-PRECAST-PRESTRESSED						
19	12" OCTAGONAL	2 HE 1 OL 5 LA EQUIP	425	LN FT	3.57	7.85 2.30	13.72
20	14" OCTAGONAL	2 HE 1 OL 5 LA EQUIP	400	LN FT	1.63	10.55 2.50	14.68
21	16" OCTAGONAL	2 HE 1 OL 5 LA EQUIP	390	LN FT	3.89	12.90 2.50	19.29
22	18" OCTAGONAL	2 HE 1 OL 5 LA EQUIP	356	LN FT	4.26	15.10 2.75	22.11
23	20" OCTAGONAL	2 HE 1 OL 5 LA EQUIP	260	LN FT	5.83	17.30 3.80	26.93
24	24" OCTAGONAL	2 HE 1 OL 5 LA EQUIP	250	LN FT	6.07	19.95 3.80	29.82
	PILES: STEEL PIPE CONCRETE FILLED						
25	8" DIAM	2 HE 1 OL 4 LA EQUIP	315	LN FT	4.27	9.40 3.25	16.92
26	10" DIAM	2 HE 1 OL 4 LA EQUIP	260	LN FT	5.17	11.30 3.70	20.17
27	12" DIAM	2 HE 1 OL 4 LA EQUIP	250	LN FT	5.38	14.80 4.00	24.18
28	14" DIAM	2 HE 1 OL 4 LA EQUIP	180	LN FT	7.47	16.10 5.45	29.02
29	16" DIAM	2 HE 1 OL 4 LA EQUIP	150	LN FT	8.96	18.65 6.50	34.11

SITE WORK

LINE	DESCRIPTION			OUTPUT			UNIT COSTS		
				CREW	PER DAY	UNIT	LABOR	MATERIAL	TOTAL
	SPLICES								
1	8"	DIAM		2 RI	28	EACH	16.82	29.00	47.47
			EQUIP					1.65	
2	10"	DIAM		2 RI	24	EACH	19.62	29.00	50.62
			EQUIP					2.00	
3	12"	DIAM		2 RI	20	EACH	23.54	40.00	65.89
			EQUIP					2.35	
4	14"	DIAM		2 RI	16	EACH	29.43	40.00	72.38
			EQUIP					2.95	
5	16"	DIAM		2 RI	14	EACH	33.63	48.00	84.98
			EQUIP					3.35	
	STEEL CAPS								
6	8"	DIAM		2 RI	32	EACH	14.72	35.70	51.87
			EQUIP					1.45	
7	10"	DIAM		2 RI	28	EACH	16.82	43.65	62.12
			EQUIP					1.65	
8	12"	DIAM		2 RI	24	EACH	19.62	51.80	73.37
			EQUIP					1.95	
9	14"	DIAM		2 RI	20	EACH	23.54	61.20	87.04
			EQUIP					2.30	
10	16"	DIAM		2 RI	16	EACH	29.43	69.35	101.63
			EQUIP					2.85	
	STEEL "H" PILES								
11	8"	36#/LN FT		1 HE 1 OL	335	LN FT	3.32	8.55	14.77
			EQUIP	4 LA				2.90	
12	10"	42#/LN FT		1 HE 1 OL	288	LN FT	3.87	10.00	17.27
			EQUIP	4 LA				3.40	
13	10"	57#/LN FT		1 HE 1 OL	212	LN FT	5.25	13.50	23.35
			EQUIP	4 LA				4.60	
14	12"	53#/LN FT		1 HE 1 OL	228	LN FT	4.88	12.60	21.83
			EQUIP	4 LA				4.35	
15	12"	74#/LN FT		1 HE 1 OL	162	LN FT	6.87	17.65	30.57
			EQUIP	4 LA				6.05	
16	14"	73#LN FT		1 HE 1 OL	165	LN FT	6.75	17.85	30.55
			EQUIP	4 LA				5.95	
17	14"	89#/LN FT		1 HE 1 OL	136	LN FT	8.19	22.00	37.34
			EQUIP	4 LA				7.15	
18	14"	102#/LN FT		1 HE 1 OL	118	LN FT	9.44	22.75	40.49
			EQUIP	4 LA				8.30	
19	14"	117#/LN FT		1 HE 1 OL	103	LN FT	10.81	26.25	46.56
			EQUIP	4 LA				9.50	
	LOAD TEST								
	H SPLICES								
20	8"			1 RI	22	EACH	10.70	28.35	41.20
			EQUIP					2.15	
21	10"			1 RI	18	EACH	13.08	31.50	47.23
			EQUIP					2.65	
22	12"			1 RI	15	EACH	15.70	39.90	58.75
			EQUIP					3.15	
23	14"			1 RI	12	EACH	19.62	51.20	74.82
			EQUIP					4.00	
24	H CAPS					EACH		31.60	42.90
			EQUIP					11.30	
	RENTAL RATES PER DAY H-PILE STEEL SHORING								
25	10"X42.0	20'	WT 840#			EACH		1.70	1.70
26	10"X42.0	30'	WT 1260#			EACH		2.60	2.60
27	10"X42.0	40'	WT 1680#			EACH		3.45	3.45
28	10"X42.0	60'	WT 2520#			EACH		5.15	5.15
29	12"X53.0	20'	WT 1060#			EACH		2.20	2.20
30	12"X53.0	30'	WT 1590#			EACH		3.35	3.35
31	12"X53.0	40'	WT 2120#			EACH		4.35	4.35
32	12"X53.0	60'	WT 3180#			EACH		6.55	6.55
33	14"X89.0	20'	WT 1780#			EACH		3.65	3.65
34	14"X89.0	30'	WT 2670#			EACH		5.55	5.55
35	14"X89.0	40'	WT 3560#			EACH		7.55	7.55
36	14"X89.0	60'	WT 5340#			EACH		10.80	10.80

2 SITE WORK

LINE	DESCRIPTION	OUTPUT			UNIT COSTS		
		CREW	PER DAY	UNIT	LABOR	MATERIAL	TOTAL
	RENTAL RATES PER DAY WF BEAMS						
1	12"X53.0 20' WT 1060#			EACH		2.20	2.20
2	8" X31.0 14' WT 434#			EACH		1.40	1.40
3	12"X87.0 12' WT 1044#			EACH		2.20	2.20
4	12"X87.0 30' WT 2610#			EACH		5.40	5.40
	CONCRETE PILES CAST IN PLACE DRIVEN & LEFT IN PLACE, STRAIGHT SHELL, CAST IN PLACE CONCRETE						
5	8" DIAM	1 HE EQUIP	1 OL 4 LA	260 LN FT	4.28	10.75 2.00	17.03
6	10" DIAM	1 HE EQUIP	1 OL 4 LA	260 LN FT	4.28	11.30 2.00	17.58
7	12" DIAM	1 HE EQUIP	1 OL 4 LA	248 LN FT	4.49	14.60 2.05	21.14
8	14" DIAM	1 HE EQUIP	1 OL 4 LA	248 LN FT	4.49	16.45 2.05	22.99
9	16" DIAM	1 HE EQUIP	1 OL 4 LA	242 LN FT	4.60	18.45 2.10	25.15
10	18" DIAM	1 HE EQUIP	1 OL 1 LA	242 LN FT	2.46	22.65 2.10	27.21
	DRIVEN, SHELL DRAWN : CAST IN PLACE CONCRETE						
11	12" DIAM	1 HE EQUIP	1 OL 4 LA	212 LN FT	5.25	4.50 2.25	12.00
12	14" DIAM	1 HE EQUIP	1 OL 4 LA	212 LN FT	5.25	5.35 2.25	12.85
13	16" DIAM	1 HE EQUIP	1 OL 4 LA	200 LN FT	5.57	7.75 2.30	15.62
	CONCRETE PIER (W/O CASING) INCLUDES DRILLING CONCRETE AND REINFORCING						
14	12" DIAM	4 LA EQUIP	1 CM	45 LN FT	20.06	3.65 0.70	24.41
15	14" DIAM	4 LA EQUIP	1 CM	43 LN FT	20.99	4.90 1.05	26.94
16	16" DIAM	4 LA EQUIP	1 CM	40 LN FT	22.56	6.20 1.20	29.96
17	18" DIAM	5 LA EQUIP	1 CM	38 LN FT	28.31	7.85 1.45	37.61
18	20" DIAM	5 LA EQUIP	1 CM	35 LN FT	30.73	9.65 1.60	41.98
19	24" DIAM	5 LA EQUIP	1 CM	30 LN FT	35.85	12.40 1.85	50.10
20	30" DIAM	6 LA EQUIP	2 CM	28 LN FT	52.11	17.85 2.50	72.46
21	36" DIAM	6 LA EQUIP	2 CM	25 LN FT	58.36	26.20 3.45	88.01
22	42" DIAM	6 LA EQUIP	2 CM	20 LN FT	72.95	35.70 5.20	113.85
	** CAISSONS **						
	MOBILIZATION-MOVE IN SET UP DRILLED & CASED 2500 PSI REINFORCED CONCRETE			LP SM		6,220	6,220
23	14" DIAM	1 HE EQUIP	1 OL 4 LA	224 LN FT	4.97	2.75 2.70	10.42
24	16" DIAM	1 HE EQUIP	1 OL 4 LA	150 LN FT	7.42	4.40 4.05	15.87
25	18" DIAM	1 HE EQUIP	1 OL 4 LA	100 LN FT	11.14	6.20 6.10	23.44
26	24" DIAM	1 HE EQUIP	1 OL 4 LA	60 LN FT	18.56	7.75 10.20	36.51
27	30" DIAM	1 HE EQUIP	1 OL 4 LA	40 LN FT	27.84	19.10 15.10	62.04
28	36" DIAM	1 HE EQUIP	1 OL 4 LA	24 LN FT	46.40	26.10 25.40	97.90

SITE WORK

LINE	DESCRIPTION	CREW	OUTPUT PER DAY	UNIT	LABOR	MATERIAL	TOTAL
	DRILLED NO CASING 2500# PSI REINF. CONCRETE						
1	14" DIAM	1 HE 1 OL	280	LN FT	3.98	2.75	8.93
	EQUIP	4 LA				2.20	
2	16" DIAM	1 HE 1 OL	184	LN FT	6.05	4.65	14.00
	EQUIP	4 LA				3.30	
3	18" DIAM	1 HE 1 OL	120	LN FT	9.28	6.30	20.63
	EQUIP	4 LA				5.05	
4	24" DIAM	1 HE 1 OL	72	LN FT	15.47	7.75	31.77
	EQUIP	4 LA				8.55	
5	30" DIAM	1 HE 1 OL	46	LN FT	24.21	19.90	57.31
	EQUIP	4 LA				13.20	
6	36" DIAM	1 HE 1 OL	28	LN FT	39.77	25.60	87.42
	EQUIP	4 LA				22.05	
	ADD FOR BELL EXCAVATION & CONCRETE						
7	3' DIAM X 3' HIGH ON 14' SHAFT	1 HE 1 OL	8	EACH	139.21	25.50	240.21
	EQUIP	4 LA				75.50	
8	3' DIAM X 3' HIGH ON 16" SHAFT	1 HE 1 OL	7	EACH	159.10	34.00	279.10
	EQUIP	4 LA				86.00	
9	4' DIAM X 4' HIGH ON 18" SHAFT	1 HE 1 OL	6	EACH	185.61	59.00	340.61
	EQUIP	4 LA				96.00	
10	5' DIAM X 5' HIGH ON 24" SHAFT	1 HE 1 OL	5	EACH	222.74	116.00	458.74
	EQUIP	4 LA				120.00	
11	6' DIAM X 6' HIGH ON 30" SHAFT	1 HE 1 OL	4	EACH	278.42	199.00	626.42
	EQUIP	4 LA				149.00	
12	8' DIAM X 10' HIGH ON 36" SHAFT	1 HE 1 OL	3	EACH	371.23	592.00	1,163
	EQUIP	4 LA				200.00	
	** RAILROAD WORK **						
13	EXCAVATION AND GRADING	1 LA 1 EO	300	CU YD	1.33	1.60	2.93
	TRACK MATERIAL						
14	85# RAILS			CWT		67.00	67.00
15	100# RAILS			CWT		61.00	61.00
16	115# RAILS			CWT		58.00	58.00
17	SPLICE BAR/JOINTS-EVERY 39' A PAIR			PAIR		92.00	92.00
18	TIE PLATES-2' OC (19/39')			EACH		11.00	11.00
19	SPIKES			EACH		1.15	1.15
20	TIES-19 PER EACH 39' SECTION			EACH		27.00	27.00
21	TRACK INSTALLATION	4 LA	40	LN FT	17.30	25.70	43.00
	TURNOUTS W/FROG-SWITCH-STAND AND RODS						
22	FOR 85# RAILS			EACH		7,850	7,850
23	FOR 100# RAILS			EACH		8,400	8,400
24	FOR 115# RAILS			EACH		8,600	8,600
25	TURNOUT INSTALLATION	4 LA	0.3	EACH	2,307	4,100	6,407
26	RAILROAD TIMBERS-CREOSOTED	1 CP	0.2	MF BM	1,090	750.00	1,840
27	TRACK MATS	1 CP 2 LA 1 RI	30	LN FT	26.65	29.50	56.15
28	TRACK BUMPERS	2 LA	1	EACH	346.08	1,600	1,946
29	TRACK CROSSING SIGNALS	4 EL 2 LA 2 CP	1	EACH	1,818	8,000	9,818
	MARINAS & DOCKS						
	FRESH WATER						
30	HD GALV STEEL - BOX TRUSS - 40LB/SF	2 SI 1 LA	350	SQ FT	1.84	14.90	16.74
31	HD GALV STEEL - BOX TRUSS - 50LB/SF	2 SI 1 LA	310	SQ FT	2.08	29.80	31.88
	SALT WATER						
32	HD GALV STEEL - BOX TRUSS - 30 LB/SF	2 SI 1 LA	325	SQ FT	1.98	21.75	23.73
33	ALUM. ALLOY - BOX TRUSS - 30LB/SF	2 SI 1 LA	400	SQ FT	1.61	24.50	26.11
34	LAUNCH RAMPS	2 SI 1 LA	270	SQ FT	2.39	17.35	19.74
35	DOCK BUILDING COMPONENT - FLOAT- POLYETHYLENE			EACH		95.00	95.00
	WALKS INCLUDE EXCAVATION & 4" GRAVEL SUB-BASE						
	BITUMINOUS WALKS						
36	1 1/2"	3 LA	90	SQ YD	5.77	1.50	7.27
37	2"	3 LA	70	SQ YD	7.42	2.00	9.42
38	2 1/2"	3 LA	60	SQ YD	8.65	2.50	11.15
	FOR COLORING, ADD 50% TO MAT'L						

1988 DODGE UNIT COST DATA

SITE WORK

LINE	DESCRIPTION	CREW	PER DAY	UNIT	LABOR	MATERIAL	TOTAL
	BRICK PAVING, SEE BRICK MASONRY						
	CONCRETE, CAST-IN-PLACE W/WOOD FLOAT FINISH AND 6X6 - #10 MESH.						
1	3"	3 LA 1 CM	500	SQ FT	1.46	1.75	3.21
2	4"	3 LA 1 CM	450	SQ FT	1.62	2.02	3.64
3	5"	3 LA 1 CM	400	SQ FT	1.82	2.28	4.10
4	6"	3 LA 1 CM	350	SQ FT	2.08	2.53	4.61
5	HARD TROWEL FINISH, ADD	1 CM	500	SQ FT	0.42	0.19	0.61
6	EXPOSED AGGREGATE FINISH, ADD	1 CM	250	SQ FT	0.84	0.28	1.12
	PRE-CAST CONCRETE PAVERS, 12"X12" ON SAND BED						
7	1 1/2"	1 CM	400	SQ FT	0.53	2.05	2.58
8	2"	1 CM	330	SQ FT	0.64	2.75	3.39
9	3"	1 CM	280	SQ FT	0.75	3.05	3.80
10	FOR COLOR, ADD 20% TO MAT'L						
	FLAGSTONE PAVING, LAID IN MORTAR ON CONCRETE BED						
	IRREGULAR SHAPES						
11	1"	2 BL 1 LA	110	SQ FT	5.61	1.35	6.96
12	1 1/2"	2 BL 1 LA	100	SQ FT	6.17	1.69	7.86
13	2"	2 BL 1 LA	90	SQ FT	6.86	2.08	8.94
	RECTANGULAR RANDOM						
14	1"	2 BL 1 LA	120	SQ FT	5.14	2.10	7.24
15	1 1/2"	2 BL 1 LA	110	SQ FT	5.61	2.49	8.10
16	2"	2 BL 1 LA	100	SQ FT	6.17	3.30	9.47
	GRANITE PAVING, RECTANGULAR						
	GREY OR PINK						
17	2" SAW CUT IN MORTAR ON CONCRETE	2 BL 1 LA	50	SQ FT	12.34	12.75	25.09
18	2" POLISHED IN MORTAR ON CONCRETE	2 BL 1 LA	45	SQ FT	13.71	17.45	31.16
19	3" SAW CUT OPEN JOINTS ON BLOCKS	2 BL 1 LA	35	SQ FT	17.63	19.60	37.23
	RED GRANITE						
20	2" SAW CUT IN MORTAR ON CONCRETE	2 BL 1 LA	48	SQ FT	12.86	16.95	29.81
21	2" POLISHED IN MORTAR ON CONCRETE	2 BL 1 LA	43	SQ FT	14.35	21.40	35.75
22	3" SAW CUT OPEN JOINTS ON BLOCKS	2 BL 1 LA	34	SQ FT	18.15	23.45	41.60
	** CURBS AND GUTTERS **						
	CURBS AND GUTTERS						
	CAST-IN-PLACE, NO EXCAVATION						
23	6"X18"	2 LA 1 CM	100	LN FT	5.56	5.80	11.36
24	6"X24"	2 LA 1 CM	80	LN FT	6.96	7.00	13.96
	PRE-CAST CURBS, SET IN PLACE						
25	4"X18"	2 LA 1 CM	180	LN FT	3.09	6.50	9.59
26	6"X18"	2 LA 1 CM	140	LN FT	3.97	6.90	10.87
27	6"X24"	2 LA 1 CM	120	LN FT	4.64	7.70	12.34
	GRANITE CURBS						
28	SAWN FACE	2 LA 1 CM	60	LN FT	9.27	13.50	22.77
29	FINISHED FACE	2 LA 1 CM	55	LN FT	10.12	15.50	25.62
	FOR CURVED CURBS, ADD						
30	CAST-IN PLACE MAT'L 25% LABOR 80%						
31	PRE-CAST MAT'L 75% LABOR 50%						
32	GRANITE MAT'L 75% LABOR 100%						
	GRANITE CURBING, 6"X16"						
	FINISHED FACE, CITY TYPE						
33	STRAIGHT	2 BL 1 LA	70	LN FT	8.81	15.60	24.41
34	TO 5' RADIUS	2 BL 1 LA	55	LN FT	11.22	25.70	36.92
35	OVER 5' RADIUS	2 BL 1 LA	60	LN FT	10.28	22.40	32.68
	SPLIT FACE, HIGHWAY TYPE						
36	STRAIGHT	2 BL 1 LA	80	LN FT	7.71	10.20	17.91
37	TO 5' RADIUS	2 BL 1 LA	65	LN FT	9.49	19.00	28.49
38	OVER 5' RADIUS	2 BL 1 LA	70	LN FT	8.81	15.30	24.11
39	BLOCK CURBS 6" WIDE 8"X16"	2 BL 1 LA	110	LN FT	5.61	5.30	10.91
	TENNIS COURTS, COMPLETE WITH FENCE ENCLOSURE IN GROUPS OF FOUR. PRICED PER COURT						
40	GRASS			EACH		24,600	24,600
41	BITUMINOUS			EACH		52,100	52,100
42	CLAY			EACH		42,100	42,100

SITE WORK

LINE	DESCRIPTION	OUTPUT CREW	PER DAY	UNIT	LABOR	MATERIAL	TOTAL
	ARTIFICAL TURF W/O BASE AND DRAINAGE						
1	1/2" PILE AND PAD STANDARD	1 CP 5 LA	2900	SQ FT	0.37	4.70	5.07
2	1/2" PILE AND PAD DELUXE	1 CP 5 LA	2000	SQ FT	0.54	6.60	7.14
	TRACKS, RUNNING						
3	CINDERS			SQ YD		3.26	3.26
4	SYNTHETIC			SQ YD		7.76	7.76
	** PAVING **						
	BASE COURSES, INCLUDING MATERIAL, PLACING, AND COMPACTION. EQUIP COST INCLUDED IN MATERIAL.						
	BANK RUN GRAVEL						
5	6" THICK	2 LA 2 EO	500	SQ YD	1.60	2.55	4.15
6	8" THICK	2 LA 1 EO	420	SQ YD	1.36	3.15	4.51
	CRUSHED STONE, INCL SAND CHOKING						
7	6" THICK	2 LA 1 EO	460	SQ YD	1.25	4.35	5.60
8	8" THICK	2 LA 1 EO	400	SQ YD	1.43	5.50	6.93
	WATER BOUND MACADAM BASE						
9	4" THICK	2 LA 1 EO	530	SQ YD	1.08	5.35	6.43
10	6" THICK	2 LA 1 EO	450	SQ YD	1.27	7.55	8.82
11	8" THICK	2 LA 1 EO	390	SQ YD	1.47	9.30	10.77
	SLAG BASE, INCL SAND CHOKING						
12	6" THICK	2 LA 1 EO	470	SQ YD	1.22	3.10	4.32
13	8" THICK	2 LA 1 EO	400	SQ YD	1.43	3.65	5.08
14	SOIL CEMENT BASE 12" THICK	2 LA 1 EO	250	SQ YD	2.29	13.35	15.64
	BITUMINOUS PAVING, FLEXIBLE ASPHALTIC BITUMINOUS CONCRETE						
15	ONE COURSE, 2"	4 LA 2 EO	390	SQ YD	2.94	5.40	8.34
16	TWO COURSE, 2 1/2"	4 LA 2 EO	350	SQ YD	3.27	6.00	9.27
17	TWO COURSE, 3"	4 LA 2 EO	320	SQ YD	3.58	6.45	10.03
18	ROAD SCREENING, PLACED AND ROLLED, SEALER-BINDER.	2 LA 2 EO	300	SQ YD	2.67	1.60	4.27
	CONCRETE ROAD PAVING, COMP. IN-PLACE COST, INCL. FINE GRADING, EDGE FORMS, REINF MESH, EXPANSION JOINTS, SAWN CONTROL JOINTS, FINISHING & CURBING 5000 PSI CONCRETE, 10000 SQ YD JOB OR LARGER.						
19	6" THICK	4 LA 2 EO / 2 CM	145	SQ YD	10.80	14.10	24.90
20	8" THICK	4 LA 2 EO / 2 CM	115	SQ YD	13.62	14.70	28.32
21	10" THICK	4 LA 2 EO / 2 CM	80	SQ YD	19.58	19.05	38.63
22	12" THICK	4 LA 2 EO / 2 CM	65	SQ YD	24.10	23.25	47.35
23	15" THICK	4 LA 2 EO / 2 CM	55	SQ YD	28.49	30.20	58.69
	PAINTING LINES ON PAVEMENT W/POWER TOOL						
	WHITE						
24	4" WIDE	1 LA	4100	LN FT	0.04	0.04	0.08
25	8" WIDE	1 LA	2400	LN FT	0.07	0.07	0.14
26	12" WIDE	1 LA	1000	LN FT	0.17	0.10	0.27
	YELLOW						
27	4" WIDE	1 LA	4100	LN FT	0.04	0.04	0.08
28	8" WIDE	1 LA	2400	LN FT	0.07	0.07	0.14
29	12" WIDE	1 LA	1000	LN FT	0.17	0.10	0.27

SITE WORK

LINE	DESCRIPTION			CREW		PER DAY	UNIT	LABOR	MATERIAL	TOTAL
	** CORRUGATED METAL PIPE **									
	CORRUGATED METAL PIPE - ROUND									
1	12"	16 GA	MAT'L EQUIP	1 EO 4 LA	1 OL	385	LN FT	2.88	7.65 0.37	10.90
2	15"	16 GA	MAT'L EQUIP	1 EO 4 LA	1 OL	350	LN FT	3.17	8.88 0.40	12.45
3	18"	14 GA	MAT'L EQUIP	1 EO 4 LA	1 OL	320	LN FT	3.47	12.12 0.42	16.01
4	21"	14 GA	MAT'L EQUIP	1 EO 4 LA	1 OL	265	LN FT	4.19	14.14 0.49	18.82
5	24"	14 GA	MAT'L EQUIP	1 EO 4 LA	1 OL	230	LN FT	4.83	18.18 0.54	23.55
6	30"	14 GA	MAT'L EQUIP	1 EO 4 LA	1 OL	350	LN FT	3.17	25.75 0.67	29.59
7	36"	14 GA	MAT'L EQUIP	1 EO 4 LA	1 OL	280	LN FT	3.97	26.26 0.82	31.05
8	42"	12 GA	MAT'L EQUIP	1 EO 4 LA	1 OL	240	LN FT	4.63	37.26 0.89	42.78
9	48"	12 GA	MAT'L EQUIP	1 EO 4 LA	1 OL	220	LN FT	5.05	41.80 0.93	47.78
10	48"	10 GA	MAT'L EQUIP	1 EO 4 LA	1 OL	160	LN FT	6.94	52.90 1.32	61.16
	CORRUGATED METAL PIPE - ARCHES									
11	18"X11"	16 GA	MAT'L EQUIP	1 EO 4 LA	1 OL	700	LN FT	1.59	9.48 0.43	11.50
12	22"X13"	14 GA	MAT'L EQUIP	1 EO 4 LA	1 OL	610	LN FT	1.82	10.40 0.46	12.68
13	29"X18"	12 GA	MAT'L EQUIP	1 EO 4 LA	1 OL	460	LN FT	2.41	22.10 0.50	25.01
14	36"X22"	12 GA	MAT'L EQUIP	1 EO 4 LA	1 OL	340	LN FT	3.27	27.10 0.67	31.04
15	43"X27"	12 GA	MAT'L EQUIP	1 EO 4 LA	1 OL	280	LN FT	3.97	34.00 0.82	38.79
16	50"X31"	10 GA	MAT'L EQUIP	1 EO 4 LA	1 OL	240	LN FT	4.63	39.00 0.91	44.54
17	58"X36"	10 GA	MAT'L EQUIP	1 EO 4 LA	1 OL	210	LN FT	5.29	44.20 1.02	50.51
18	65"X40"	8 GA	MAT'L EQUIP	1 EO 4 LA	1 OL	180	LN FT	6.17	55.10 1.15	62.42
19	72"X44"	8 GA	MAT'L EQUIP	1 EO 4 LA	1 OL	160	LN FT	6.94	58.68 1.30	66.92
	CORRUGATED ALUMINUM PIPE									
20	6"	18 GA		1 EO 4 LA	1 OL	420	LN FT	2.64	3.18	5.82
21	8"	16 GA		1 EO 4 LA	1 OL	400	LN FT	2.78	5.25	8.03
22	10"	16 GA		1 EO 4 LA	1 OL	400	LN FT	2.78	6.46	9.24
23	12"	16 GA		1 EO 4 LA	1 OL	390	LN FT	2.85	7.65	10.50
24	15"	16 GA		1 EO 4 LA	1 OL	380	LN FT	2.92	8.88	11.80
	** VITRIFIED CLAY PIPE **									
	VITRIFIED CLAY PIPE - BELL & SPIGOT									
25	4"			2 LA	1 PL	110	LN FT	5.55	2.54	8.09
26	6"			2 LA	1 PL	110	LN FT	5.55	3.38	8.93
27	8"			2 LA	1 PL	100	LN FT	6.11	4.32	10.43
28	10"			2 LA	1 PL	90	LN FT	6.79	6.16	12.95
29	12"			2 LA	1 PL	75	LN FT	8.15	7.79	15.94
30	15"		MAT'L EQUIP	1 EO 1 PL	2 LA	80	LN FT	10.47	14.10 1.07	25.64
31	18"		MAT'L EQUIP	1 EO 1 PL	2 LA	70	LN FT	11.97	20.00 1.39	33.36
32	24"		MAT'L EQUIP	1 EO 1 PL	2 LA	60	LN FT	13.97	37.00 1.41	52.38
33	30"		MAT'L EQUIP	1 EO 1 PL	2 LA	50	LN FT	16.76	54.00 1.65	72.41

SITE WORK

LINE	DESCRIPTION		OUTPUT			UNIT COSTS		
			CREW	PER DAY	UNIT	LABOR	MATERIAL	TOTAL
	VITRIFIED CLAY PIPE O-RING EXTRA STRENGTH							
1	4"		2 LA 1 PL	110	LN FT	5.55	2.06	7.61
2	6"		2 LA 1 PL	110	LN FT	5.55	3.20	8.75
3	8"		2 LA 1 PL	110	LN FT	5.55	5.00	10.55
4	10"		2 LA 1 PL	90	LN FT	6.79	6.50	13.29
5	12"		2 LA 1 PL	75	LN FT	8.15	7.98	16.13
6	15"	MAT'L EQUIP	1 PL 1 EO 2 LA	80	LN FT	10.47	14.30 1.08	25.85
7	18"	MAT'L EQUIP	1 PL 1 EO 2 LA	70	LN FT	11.97	21.10 1.24	34.31
8	21"	MAT'L EQUIP	1 PL 1 EO 2 LA	65	LN FT	12.89	25.50 1.38	39.77
9	24"	MAT'L EQUIP	1 PL 1 EO 2 LA	60	LN FT	13.97	27.80 1.59	43.36
	** CEMENT ASBESTOS PIPE **							
	CEMENT ASBESTOS CLASS 2400							
10	4"-10' SECTION		3 LA	145	LN FT	3.58	3.25	6.83
11	6"-10' SECTION		3 LA	145	LN FT	3.58	4.10	7.68
12	8"-10' SECTION		3 LA	145	LN FT	3.58	4.30	7.88
13	10"-13' SECTION		3 LA	120	LN FT	4.33	6.10	10.43
14	12"-13' SECTION		3 LA	98	LN FT	5.30	7.25	12.55
15	14"-13' SECTION		3 LA	90	LN FT	5.77	8.80	14.57
16	15"-13' SECTION	MAT'L EQUIP	3 LA 1 EO	100	LN FT	7.46	10.20 1.01	18.67
17	16"-13' SECTION	MAT'L EQUIP	3 LA 1 EO	90	LN FT	8.29	10.70 1.41	20.40
	CEMENT ASBESTOS CLASS 3300							
18	6"-10' SECTION		3 LA	145	LN FT	3.58	3.05	6.63
19	8"-10' SECTION		3 LA	145	LN FT	3.58	3.90	7.48
20	10"-13' SECTION		3 LA	120	LN FT	4.33	6.60	10.93
21	12"-13' SECTION		3 LA	98	LN FT	5.30	8.45	13.75
22	14"-13' SECTION		3 LA	90	LN FT	5.77	10.85	16.62
23	15"-13' SECTION	MAT'L EQUIP	3 LA 1 EO	100	LN FT	7.46	12.00 1.12	20.58
24	16"-13' SECTION	MAT'L EQUIP	3 LA 1 EO	90	LN FT	8.29	13.35 1.16	22.80
	CEMENT ASBESTOS CLASS 4000							
25	8"-10' SECTION		3 LA	145	LN FT	3.58	7.30	10.88
26	10"-13' SECTION		3 LA	120	LN FT	4.33	5.98	10.31
27	12"-13' SECTION		3 LA	98	LN FT	5.30	7.70	13.00
28	14"-13' SECTION		3 LA	90	LN FT	5.77	9.80	15.57
29	15"-13' SECTION	MAT'L EQUIP	3 LA 1 EO	100	LN FT	7.46	11.22 1.02	19.70
30	16"-13' SECTION	MAT'L EQUIP	3 LA 1 EO	90	LN FT	8.29	11.86 1.30	21.45
	ASBESTOS CEMENT PRESSURE PIPE COUPLINGS AND RINGS INCLUDED CLASS 100							
31	4"-10' SECTION		3 LA	140	LN FT	3.71	3.18	6.89
32	6"-10' SECTION		3 LA	140	LN FT	3.71	4.70	8.41
33	8"-13' SECTION		3 LA	140	LN FT	3.71	6.10	9.81
34	10"-13' SECTION		3 LA	115	LN FT	4.51	7.60	12.11
35	12"-13' SECTION		3 LA	94	LN FT	5.52	10.75	16.27
	ASBESTOS CEMENT PRESSURE PIPE COUPLINGS AND RINGS INCLUDED CLASS 150							
36	4"-10' SECTION		3 LA	140	LN FT	3.71	3.30	7.01
37	6"-10' SECTION		3 LA	140	LN FT	3.71	4.80	8.51
38	8"-13' SECTION		3 LA	140	LN FT	3.71	6.90	10.61
39	10"-13' SECTION		3 LA	115	LN FT	4.51	10.20	14.71
40	12"-13' SECTION		3 LA	94	LN FT	5.52	13.80	19.32
	ASBESTOS CEMENT PRESSURE PIPE COUPLINGS AND RINGS INCLUDED CLASS 200							
41	4"-10' SECTION		3 LA	140	LN FT	3.71	3.65	7.36
42	6"-10' SECTION		3 LA	140	LN FT	3.71	5.30	9.01
43	8"-13' SECTION		3 LA	140	LN FT	3.71	7.40	11.11
44	10"-13' SECTION		3 LA	115	LN FT	4.51	11.70	16.21
45	12"-13' SECTION		3 LA	94	LN FT	5.52	15.25	20.77

SITE WORK

LINE	DESCRIPTION		CREW	OUTPUT PER DAY	UNIT	LABOR	MATERIAL	TOTAL
	** REINFORCED CONCRETE PIPE **							
	REINFORCED CONCRETE PIPE - ROUND CLASS 3							
1	12"	MAT'L EQUIP	1 EO 1 OL 4 LA	420	LN FT	2.64	6.60 0.64	9.88
2	15"	MAT'L EQUIP	1 EO 1 OL 4 LA	330	LN FT	3.36	7.47 0.77	11.60
3	18"	MAT'L EQUIP	1 EO 1 OL 4 LA	210	LN FT	5.29	9.50 1.07	15.86
4	21"	MAT'L EQUIP	1 EO 1 OL 4 LA	190	LN FT	5.84	10.60 1.14	17.58
5	24"	MAT'L EQUIP	1 EO 1 OL 4 LA	160	LN FT	6.94	14.84 1.28	23.06
6	30"	MAT'L EQUIP	1 EO 1 OL 4 LA	130	LN FT	8.54	18.56 1.57	28.67
7	36"	MAT'L EQUIP	1 EO 1 OL 4 LA	115	LN FT	9.65	27.10 1.69	38.44
8	42"	MAT'L EQUIP	1 EO 1 OL 4 LA	110	LN FT	10.09	38.75 1.77	50.61
9	48"	MAT'L EQUIP	1 EO 1 OL 4 LA	105	LN FT	10.57	46.75 1.84	59.16
	REINFORCED CONCRETE PIPE - ELLIPTICAL CLASS 3							
10	14"X23"	MAT'L EQUIP	1 EO 1 OL 4 LA	260	LN FT	4.27	33.00 0.90	38.17
11	19"X30"	MAT'L EQUIP	1 EO 1 OL 4 LA	190	LN FT	5.84	42.00 1.12	48.96
12	24"X38"	MAT'L EQUIP	1 EO 1 OL 4 LA	165	LN FT	6.73	43.50 1.24	51.47
13	38"X60"	MAT'L EQUIP	1 EO 1 OL 4 LA	120	LN FT	9.25	76.00 1.64	86.89
14	48"X76"	MAT'L EQUIP	1 EO 1 OL 4 LA	90	LN FT	12.34	112.00 2.14	126.48
15	58"X91"	MAT'L EQUIP	1 EO 1 OL 4 LA	75	LN FT	14.80	160.00 2.64	177.44
16	68"X106"	MAT'L EQUIP	1 EO 1 OL 4 LA	55	LN FT	20.19	214.00 3.46	237.65
	** DUCTILE IRON WATER PIPE **							
	DUCTILE IRON WATER PIPE - SLIP JOINT CLASS 2							
17	4"	MAT'L EQUIP	1 EO 1 PL 2 LA	300	LN FT	2.79	5.55 0.62	8.96
18	6"	MAT'L EQUIP	1 EO 1 PL 2 LA	280	LN FT	2.99	6.40 0.67	10.06
19	8"	MAT'L EQUIP	1 EO 1 PL 2 LA	260	LN FT	3.22	8.55 0.70	12.47
20	10"	MAT'L EQUIP	1 EO 1 PL 2 LA	240	LN FT	3.49	11.75 0.70	15.94
21	12"	MAT'L EQUIP	1 EO 2 PL 2 LA	220	LN FT	5.01	13.85 0.78	19.64
22	14"	MAT'L EQUIP	1 EO 2 PL 2 LA	200	LN FT	5.51	18.15 0.83	24.49
23	18"	MAT'L EQUIP	1 EO 2 PL 2 LA	180	LN FT	6.13	24.70 0.87	31.70
	** STEEL GAS PIPE **							
	STEEL PIPE - COATED - PLAIN END							
24	1"		2 PL 3 LA	520	LN FT	2.02	2.25	4.27
25	2"		2 PL 3 LA	460	LN FT	2.28	3.20	5.48
26	3"		2 PL 3 LA	400	LN FT	2.62	6.15	8.77
27	4"	MAT'L EQUIP	1 EO 2 PL 3 LA	360	LN FT	3.54	8.55 0.35	12.44
28	5"	MAT'L EQUIP	1 EO 2 PL 3 LA	320	LN FT	3.99	18.05 0.38	22.42
29	6"	MAT'L EQUIP	1 EO 2 PL 3 LA	280	LN FT	4.56	20.15 0.40	25.11
30	8"	MAT'L EQUIP	1 EO 2 PL 3 LA	240	LN FT	5.32	27.60 0.48	33.40
31	10"	MAT'L EQUIP	1 EO 2 PL 3 LA	200	LN FT	6.38	39.45 0.55	46.38
32	12"	MAT'L EQUIP	1 EO 2 PL 3 LA	170	LN FT	7.51	47.95 0.64	56.10

SITE WORK

LINE	DESCRIPTION		OUTPUT			UNIT COSTS		
			CREW	PER DAY	UNIT	LABOR	MATERIAL	TOTAL
1	14"	MAT'L EQUIP	1 EO 2 PL 3 LA	140	LN FT	9.11	52.20 0.67	61.98
2	18"	MAT'L EQUIP	1 EO 2 PL 3 LA	110	LN FT	11.60	77.70 0.80	90.10
3	24"	MAT'L EQUIP	1 EO 2 PL 3 LA	80	LN FT	15.95	92.70 1.08	109.73
	PVC WATER PIPE							
4	CLASS 160 4"		1 PL 3 LA	500	LN FT	1.57	3.75	5.32
5	CLASS 160 5"		1 PL 3 LA	480	LN FT	1.63	5.70	7.33
6	CLASS 160 6"		1 PL 3 LA	460	LN FT	1.70	8.05	9.75
7	CLASS 200 4"		1 PL 3 LA	500	LN FT	1.57	4.55	6.12
8	CLASS 200 5"		1 PL 3 LA	480	LN FT	1.63	7.00	8.63
9	CLASS 200 6"		1 PL 3 LA	400	LN FT	1.96	9.85	11.81
	CEMENT ASBESTOS PIPE							
10	CLASS 200 4"		1 PL 3 LA 1 EO	420	LN FT	2.41	3.70	6.11
11	CLASS 200 6"		1 PL 3 LA 1 EO	400	LN FT	2.53	5.45	7.98
12	CLASS 200 8"		1 PL 3 LA 1 EO	360	LN FT	2.81	7.30	10.11
	ABS TRUSS PIPE (SHORT LOAD PRICE)							
13	3"				LN FT		2.76	2.76
14	3" PERFORATED				LN FT		4.77	4.77
15	3" LOOSE COUPLING				EACH		3.35	3.35
16	3" ADAPTER				EACH		3.50	3.50
17	3" 3 DEGREE COUPLING				EACH		9.55	9.55
18	3" IN-LINE TEE				EACH		17.65	17.65
19	3" IN-LINE WYE				EACH		9.85	9.85
	GATE VALVES - MECHANICAL JOINT							
20	4"	MAT'L EQUIP	2 PL 1 LA	12	EACH	58.58	278.00 12.20	348.78
21	6"	MAT'L EQUIP	2 PL 1 LA	10	EACH	70.30	360.00 16.80	447.10
22	8"	MAT'L EQUIP	2 PL 1 LA	8	EACH	87.87	557.00 22.00	666.87
23	10"	MAT'L EQUIP	2 PL 1 LA	6	EACH	117.16	862.00 26.00	1,005
24	12"	MAT'L EQUIP	2 PL 2 LA	5	EACH	175.20	1,088 31.00	1,294
25	14"	MAT'L EQUIP	2 PL 2 LA	4	EACH	219.00	2,561 40.00	2,820
26	16"	MAT'L EQUIP	2 PL 2 LA	2	EACH	438.00	3,213 75.00	3,726
27	HYDRANTS	MAT'L EQUIP	2 PL 1 LA	3	EACH	234.32	640.00 53.00	927.32

** SITE DRAINAGE **

FOUNDATIONS UNDERDRAIN FOR BUILDINGS -NOTE: FOLLOWING ALL WITHIN 5' OF BLDG, LABOR UNITS ARE BASED UPON LABORER:AT ALL TIMES & LOCATION. THIS MAY BE CLAIMED BY OTHER TRADES EG. PLUMBERS

LINE	DESCRIPTION	CREW	PER DAY	UNIT	LABOR	MATERIAL	TOTAL
	ASBESTOS CEMENT PIPE PERFORATED						
28	3"	1 LA	100	LN FT	1.73	1.50	3.23
29	4"	1 LA	100	LN FT	1.73	1.95	3.68
30	5"	1 LA	90	LN FT	1.92	2.10	4.02
31	6"	1 LA	80	LN FT	2.16	2.90	5.06
	BITUMINOUS FIBER PIPE PERFORATED						
32	3"	1 LA	160	LN FT	1.08	1.20	2.28
33	4"	1 LA	160	LN FT	1.08	1.25	2.33
34	6"	1 LA	150	LN FT	1.15	2.75	3.90
	POROUS CONCRETE PIPE						
35	4"	1 LA	65	LN FT	2.66	1.55	4.21
36	6"	1 LA	60	LN FT	2.88	1.80	4.68

1988 DODGE UNIT COST DATA

2 SITE WORK

LINE	DESCRIPTION	CREW	OUTPUT PER DAY	UNIT	LABOR	MATERIAL	TOTAL
	VITRIFIED CLAY PIPE OPEN JOINTS						
1	4"	1 LA	110	LN FT	1.57	2.55	4.12
2	6"	1 LA	110	LN FT	1.57	2.75	4.32
	VITRIFIED CLAY PIPE PERFORATED						
3	4"	1 LA	90	LN FT	1.92	2.05	3.97
4	6"	1 LA	85	LN FT	2.04	3.30	5.34
	PVC PIPE FOR FIRELINES CLASS 350						
5	4" PERMASTRAN	1 PL 3 LA	500	LN FT	1.57	3.40	4.97
6	6" PERMASTRAN	1 PL 3 LA	480	LN FT	1.63	4.95	6.58
7	8" PERMASTRAN	1 PL 3 LA	460	LN FT	1.70	7.05	8.75
8	10" PERMASTRAN	1 PL 3 LA	435	LN FT	1.80	9.85	11.65
9	12" PERMASTRAN	1 PL 3 LA	400	LN FT	1.96	12.90	14.86
	PLASTIC PIPE SCHEDULE 40						
10	2"	1 LA	360	LN FT	0.48	1.80	2.28
11	3"	1 LA	300	LN FT	0.58	3.75	4.33
12	4"	1 LA	250	LN FT	0.69	5.30	5.99
13	6"	1 LA	220	LN FT	0.79	9.40	10.19
	CEMENT ASBESTOS PIPE (PLUMBERS USED)						
14	4"	1 PL 1 LA	200	LN FT	2.19	3.90	6.09
15	6"	1 PL 1 LA	160	LN FT	2.74	4.90	7.64
16	8"	1 PL 1 HE 2 LA	300	LN FT	2.80	8.40	11.20
17	10"	1 PL 1 HE 2 LA	280	LN FT	3.00	10.75	13.75
18	12"	1 PL 1 HE 2 LA	250	LN FT	3.37	14.15	17.52
	BORING HORIZONTAL PIPE JACKING MATERIAL= PIPE CASING. EQUIP= 1 WELDING MACHINE & 1 BORING MACHINE @ $450.00/DAY RENTAL						
19	24" DIAM CASING	3 HE 3 LA	4	LN FT	302.46	144.00	446.46
20	30" DIAM CASING	3 HE 3 LA	3.5	LN FT	345.67	160.00	505.67
21	48" DIAM CASING	3 HE 3 LA	3	LN FT	403.28	189.00	592.28
	PRECAST CONC DROP INLETS BASE 2' TO 5' W/STD FRAME & GRATING						
22	12"X12" FOR 4" WALL			EACH		251.00	251.00
23	16"X16" FOR 5" WALL			EACH		352.00	352.00
24	16"X24" FOR 5" WALL			EACH		420.00	420.00
25	24"X24" FOR 5" WALL			EACH		473.00	473.00
26	30"X30" FOR 6" WALL			EACH		630.00	630.00
27	36"X36" FOR 6" WALL			EACH		788.00	788.00
28	48"X48" FOR 6" WALL			EACH		110.00	110.00
	FRAME & GRATE GALV ASTM A-123 -W/LOCKING DEVICE						
29	12"X12" STANDARD			EACH		64.00	64.00
30	16"X16" STANDARD			EACH		89.00	89.00
31	16"X24" STANDARD			EACH		131.00	131.00
32	24"X24" STANDARD			EACH		145.00	145.00
33	24"X30" STANDARD			EACH		162.00	162.00
34	30"X30" STANDARD			EACH		179.00	179.00
35	36"X36" STANDARD			EACH		249.00	249.00
36	36"X48" STANDARD			EACH		317.00	317.00
37	48"X48" STANDARD			EACH		393.00	393.00
38	ADDITIVE 1- FOR HEAVY DUTY GRATE-FRAME ADD $ 21.00						
39	PLATE COVER GALVANIZED CHECKERED REINFORCED						
	ID DROP INLET 20"X20"			EACH		72.00	72.00
40	ID DROP INLET 16"X16"			EACH		118.00	118.00
41	ID DROP INLET 16"X24"			EACH		153.00	153.00
42	ID DROP INLET 24"X24"			EACH		261.00	261.00
43	ID DROP INLET 24"X30"			EACH		317.00	317.00
44	ID DROP INLET 30"X30"			EACH		425.00	425.00
45	ID DROP INLET 36"X48"			EACH		751.00	751.00
46	ID DROP INLET 48"X48"			EACH		114.00	114.00

SITE WORK

LINE	DESCRIPTION	OUTPUT CREW	PER DAY	UNIT	LABOR	MATERIAL	TOTAL
	CURB INLETS BASE 2' TO 5'						
1	CURB OPNG 30" INSIDE 30"X24"			EACH		382.00	382.00
2	CURB OPNG 36" INSIDE 36"X36"			EACH		512.00	512.00
3	CURB OPNG 48" INSIDE 48"X24"			EACH		531.00	531.00
4	PRECAST CONC MANHOLES' W/STEEL STEPS INCL TAPER 36"			LN FT		51.00	51.00
5	48"			LN FT		57.00	57.00
6	60"			LN FT		84.00	84.00
7	PRECAST FLARED END SECTIONS INSIDE DIAM 12"			EACH		210.00	210.00
8	INSIDE DIAM 18"			EACH		288.00	288.00
9	INSIDE DIAM 24"			EACH		403.00	403.00
10	INSIDE DIAM 30"			EACH		378.00	378.00
11	INSIDE DIAM 36"			EACH		790.00	790.00
12	INSIDE DIAM 42"			EACH		893.00	893.00
13	INSIDE DIAM 48"			EACH		1,113	1,113
14	INSIDE DIAM 54"			EACH		1,281	1,281
	CURB INLET CURB OPENING BASE DIMENSIONS						
15	30" 30"X24"			EACH		263.00	263.00
16	36" 36"X24"			EACH		294.00	294.00
17	48" 48"X24"			EACH		317.00	317.00
18	48" 48"X36"			EACH		437.00	437.00
	CONSTRUCTION CASTINGS MANHOLE FRAMES-COVER						
19	24" STORM OR SANITARY			EACH		145.00	145.00
20	24" STORM OR SANITARY SEAL W/BOLT DOWN			EACH		252.00	252.00
	SPRAY						
21	30" STORM OR SANITARY			EACH		351.00	351.00
22	36" STORM OR SANITARY			EACH		545.00	545.00
23	CLEAN OUT CASTING						
24	9"			EACH		112.00	112.00
25	15"			EACH		120.00	120.00
	PRECAST SEWER PRODUCTS						
26	MANHOLE RISER 1"			EACH		4.85	4.85
27	MANHOLE RISER 2"			EACH		6.80	6.80
28	MANHOLE RISER 4"			EACH		12.55	12.55
29	MANHOLE RISER 6"			EACH		18.20	18.20
30	30" RING 18" HOLE			EACH		9.95	9.95
31	30" RING 12" HOLE			EACH		11.25	11.25
32	36" RING 18" HOLE			EACH		15.85	15.85
33	24" MANHOLE BOTTOM			EACH		23.70	23.70
34	36" MANHOLE BOTTOM			EACH		42.30	42.30
35	48" MANHOLE BOTTOM 4"			EACH		47.25	47.25
36	48" MANHOLE BOTTOM 6"			EACH		69.20	69.20
37	48" SPLIT BOTTOM MANHOLE			EACH		79.80	79.80
38	60" MANHOLE BOTTOM			EACH		125.00	125.00
39	MANHOLE BLOCK, 30", 36", 48"			EACH		1.50	1.50
40	BATTER BLOCK 1, 2, 3, OR 4			EACH		1.60	1.60
	MANHOLE FRAMES WITH SOLID LIDS						
41	24" DIAM 575 LBS			EACH		332.00	332.00
42	30" DIAM 775 LBS			EACH		447.00	447.00
43	36" DIAM 875 LBS			EACH		505.00	505.00
44	18"X30" RECT 280 LBS			EACH		162.00	162.00
45	21"X29" RECT 300 LBS			EACH		173.00	173.00
46	22"X40" RECT 375 LBS			EACH		216.00	216.00
47	26"X30" RECT 850 LBS			EACH		480.00	480.00
48	33"X45" RECT 1130 LBS			EACH		652.00	652.00
49	34"X58" RECT 1275 LBS			EACH		737.00	737.00
	LARGE FRAMES WITH DOUBLE LIDS						
50	30"X30" 640 LBS			EACH		370.00	370.00
51	34"X34" 1015 LBS			EACH		586.00	586.00
52	48"X48" 1680 LBS			EACH		970.00	970.00

2 SITE WORK

LINE	DESCRIPTION	CREW	PER DAY	UNIT	LABOR	MATERIAL	TOTAL
	MANHOLE FRAMES TANK TYPE W/SOLID LIDS						
1	12"X12" 75 LBS			EACH		43.00	43.00
2	24"X24" 200 LBS			EACH		116.00	116.00
3	30"X30" 300 LBS			EACH		173.00	173.00
4	36"X36" 410 LBS			EACH		244.00	244.00
5	48"X48" 835 LBS			EACH		483.00	483.00
	WATER METER FRAME SOLID LID						
6	12" DIAM 75 LBS			EACH		43.00	43.00
7	21" DIAM 210 LBS			EACH		121.00	121.00
8	18"X18" 135 LBS			EACH		78.00	78.00
9	24"X24" 135 LBS			EACH		79.00	79.00
10	30"X24" 240 LBS			EACH		139.00	139.00
11	36"X30" 335 LBS			EACH		193.00	193.00
12	48"X24" 350 LBS			EACH		202.00	202.00
	MANHOLE FRAMES WATERTIGHT BOLTED LIDS						
13	11" DIAM 75 LBS			EACH		43.00	43.00
14	20" DIAM 320 LBS			EACH		185.00	185.00
15	24" DIAM 370 LBS			EACH		213.00	213.00
16	26" DIAM 595 LBS			EACH		343.00	343.00
17	30" DIAM 810 LBS			EACH		467.00	467.00
18	48" DIAM 1515 LBS			EACH		875.00	875.00
	MANHOLE FRAMES AND SOLID LIDS US GOVT. STANDARD						
19	27" DIAM 295 LBS			EACH		170.00	170.00
20	33" DIAM 425 LBS			EACH		246.00	246.00
21	35" DIAM 450 LBS			EACH		260.00	260.00
22	39" DIAM 525 LBS			EACH		302.00	302.00
	SLAB MANHOLE FRAMES AND SOLID LIDS						
23	22 1/4" DIAM 60 LBS			EACH		35.00	35.00
24	28" DIAM 180 LBS			EACH		104.00	104.00
	SQUARE-RECTANGULAR SLAB TYPE MANHOLE FRAMES-SOLID LIDS						
25	12"X12" 125 LBS			EACH		72.00	72.00
26	18"X18" 210 LBS			EACH		122.00	122.00
27	24"X24" 325 LBS			EACH		187.00	187.00
28	28"X28" 425 LBS			EACH		245.00	245.00
29	30"X30" 470 LBS			EACH		271.00	271.00
30	36"X36" 795 LBS			EACH		459.00	459.00
31	42"X42" 900 LBS			EACH		520.00	520.00
32	54"X54" 1740 LBS			EACH		1,005	1,005
	RECTANGULAR FRAMES AND GRATES						
33	10"X10" 70 LBS			EACH		40.00	40.00
34	12"X12" 55 LBS			EACH		32.00	32.00
35	16"X16" 160 LBS			EACH		92.00	92.00
36	20"X20" 190 LBS			EACH		109.00	109.00
37	26"X26" 255 LBS			EACH		147.00	147.00
38	36"X36" 440 LBS			EACH		254.00	254.00
	ELECTRICAL MANHOLE FRAME AND LID						
	LIGHT						
39	22" DIAM 150 LBS			EACH		87.00	87.00
	HEAVY						
40	22" DIAM 320 LBS			EACH		185.00	185.00
	PULL BOXES FRAMES AND LIDS						
41	16 1/2" 100 LBS			EACH		58.00	58.00
42	21 7/8" 300 LBS			EACH		173.00	173.00
	GUTTER INLET FRAME AND GRATE						
43	42"X24" 525 LBS			EACH		302.00	302.00
44	30"X20" 415 LBS			EACH		239.00	239.00
	BEHIND CURB INLET CATCH BASIN FRAME AND LID						
45	28"X29" 290 LBS			EACH		168.00	168.00

SITE WORK

2

LINE	DESCRIPTION	OUTPUT CREW	PER DAY	UNIT	LABOR	MATERIAL	TOTAL
	GUTTER INLET FRAME AND GRATE						
1	35"X40" CONCAVE 810 LBS			EACH		467.00	467.00
2	35"X25" CONVEX 360 LBS			EACH		208.00	208.00
3	40"X22" DBL-CONCAVE 225 LBS			EACH		130.00	130.00
	SINGLE GUTTER INLET FRAME GRATE						
4	41 1/4"X27 3/8" 370 LBS			EACH		214.00	214.00
	GUTTER INLET FRAME-BOLTED GRATE						
5	46"X45" 550 LBS			EACH		317.00	317.00
	GUTTER INLET FRAME-GRATE						
6	31 1/2"X19" 430 LBS			EACH		248.00	248.00
7	41 1/2"X28" 460 LBS			EACH		266.00	266.00
	MEDIAN DRAIN FRAME-2 PIECE GRATE ASSEMBLY						
8	36"X36" 735 LBS			EACH		424.00	424.00
9	40 5/8"X24" 335 LBS			EACH		193.00	193.00
	BRIDGE CURB DRAIN						
10	36" 225 LBS			EACH		129.00	129.00
	SCUPPER FRAMES AND GRATE						
11	24"X18" 300 LBS			EACH		173.00	173.00
	BRIDGE DRAIN FRAME-GRATE						
12	43"X38" 520 LBS			EACH		300.00	300.00
13	27 3/4"X19 3/4" 350 LBS			EACH		202.00	202.00
	CONDUIT BOX FRAMES W/SOLID LIDS						
14	8"X8" 43 LBS			EACH		25.00	25.00
15	10"X16" 60 LBS			EACH		35.00	35.00
16	12"X26" 90 LBS			EACH		53.00	53.00
17	20"X26" 225 LBS			EACH		145.00	145.00
	TRANSFORMER VAULT GRATE						
18	37 1/4" DIAM 125 LBS			EACH		71.00	71.00
	BOLTED LID						
19	38 1/2" DIAM 290 LBS			EACH		168.00	168.00
	DUCTILE IRON TRENCH GRATE-INDUSTRIAL						
20	9"X48" 35 LBS			EACH		21.00	21.00
21	18"X48" 90 LBS			EACH		53.00	53.00
22	24"X48" 200 LBS			EACH		116.00	116.00
	SQUARE-RECTANGULAR DRAINAGE GRATES HEAVY DUTY						
23	8"X8" 13 LBS			EACH		8.00	8.00
24	12"X12" 20 LBS			EACH		13.00	13.00
25	16"X16" 75 LBS			EACH		44.00	44.00
26	18"X18" 78 LBS			EACH		45.00	45.00
27	20"X20" 110 LBS			EACH		63.00	63.00
28	22"X22" 125 LBS			EACH		71.00	71.00
29	24"X24" 165 LBS			EACH		95.00	95.00
30	28"X28" 210 LBS			EACH		122.00	122.00
31	30"X30" 260 LBS			EACH		151.00	151.00
32	36"X36" 480 LBS			EACH		277.00	277.00
	ELECTRIC VAULT-STREET TYPE						
33	45 1/2"X45 1/2" 970 LBS			EACH		560.00	560.00
	ELECTRIC VAULT FRAME LIDS						
34	28"X32" 840 LBS			EACH		485.00	485.00
	METER/VALVE BOX FRAME-SOLID LID						
35	19 1/4"X19 1/4" 125 LBS			EACH		71.00	71.00
	WATER METER FRAME SOLID LID						
36	18"X17" 135 LBS			EACH		78.00	78.00
	CATCH BASIN FRAME AND LID						
37	35" DIAM 315 LBS			EACH		182.00	182.00

SITE WORK

LINE	DESCRIPTION	CREW	PER DAY	UNIT	LABOR	MATERIAL	TOTAL
	CATCH BASIN FRAME AND GRATE						
1	24 1/2" DIAM 515 LBS			EACH		297.00	297.00
	PARK CATCH BASIN FRAME AND GRATE						
2	28" DIAM 140 LBS			EACH		81.00	81.00
	CURB INLET FRAME-GRATE-CURB BOX						
3	36" 385 LBS			EACH		223.00	223.00
	STORM WATER CURB OPENING						
4	48"X13" 160 LBS			EACH		92.00	92.00
5	36"X12" 170 LBS			EACH		99.00	99.00
	DOUBLE INLET FRAME W/2 PIECE GRADE AND CURB PLATE						
6	69"X24 3/4" 1285 LBS			EACH		743.00	743.00
	DRAINAGE GRATES						
7	28" DIAM BEEHIVE 100 LBS			EACH		58.00	58.00
8	33" DIAM BEEHIVE 200 LBS			EACH		116.00	116.00
9	34" DIAM BEEHIVE 200 LBS			EACH		116.00	116.00
	DITCH GRATE STOOL TYPE						
10	33" DIAM 220 LBS			EACH		127.00	127.00
	CAST IRON TREE GRATING						
	90 DEGREE SQUARE						
11	45"X45" 20"DIAM 300 LBS			EACH		173.00	173.00
12	72"X72" 16"DIAM 1575 LBS			EACH		909.00	909.00
	180 DEGREE SQUARE						
13	72"X72" DIAM 600 LBS			EACH		347.00	347.00
14	60"X60" DIAM 470 LBS			EACH		271.00	271.00
	90 DEGREE ROUND						
15	88" DIAM 785 LBS			EACH		454.00	454.00
16	82" DIAM 790 LBS			EACH		456.00	456.00
	180 DEGREE ROUND						
17	54" DIAM 210 LBS			EACH		121.00	121.00
18	56" DIAM 280 LBS			EACH		162.00	162.00
	SEGMENTED SQUARE						
19	84"X84" 1110 LBS			EACH		641.00	641.00
	TRENCH GRATINGS						
	WITHOUT FRAMES						
20	6"X24"X1" 23 LBS	2 SI	120	EACH	3.93	21.00	24.93
21	8"X24"X1 1/4" 42 LBS	2 SI	70	EACH	6.73	38.00	44.73
22	10"X24"X1 1/4" 50 LBS	2 SI	65	EACH	7.25	45.00	52.25
23	12"X24"X1 3/4" 70 LBS	2 SI	50	EACH	9.42	64.00	73.42
24	14"X24"X2" 95 LBS	2 SI	45	EACH	10.47	86.00	96.47
25	16"X24"X2" 112 LBS	2 SI	40	EACH	11.78	102.00	113.78
	FRAMES, PRICED PER LN FT TRENCH						
26	1" GRATING 10 #/LF	2 SI	85	LN FT	5.54	9.05	14.59
27	1 1/4" GRATING 12 #/LF	2 SI	80	LN FT	5.89	10.90	16.79
28	1 3/4" GRATING 16 #/LF	2 SI	75	LN FT	6.28	14.50	20.78
29	2" GRATING 18 #/LF	2 SI	68	LN FT	6.93	16.40	23.33
	SQUARE DRAINAGE GRATINGS						
	WITHOUT FRAMES						
30	8"X8"X1" 10 LBS	2 SI	200	EACH	2.36	9.05	11.41
31	12"X12"X1" 20 LBS	2 SI	120	EACH	3.93	18.15	22.08
32	16"X16"X1 1/4" 60 LBS	2 SI	60	EACH	7.85	55.00	62.85
33	18"X18"X1 1/2" 75 LBS	2 SI	48	EACH	9.82	68.00	77.82
34	24"X24"X2" 165 LBS	2 SI	30	EACH	15.71	148.00	163.71
	FRAMES, INSTALLED IN CONCRETE						
35	8"X8"X1" 23 LBS	2 SI	24	EACH	19.63	21.00	40.63
36	12"X12"X1" 35 LBS	2 SI	20	EACH	23.56	32.00	55.56
37	16"X16"X1 1/4" 52 LBS	2 SI	15	EACH	31.41	47.00	78.41
38	18"X18"X1 1/2" 78 LBS	2 SI	10	EACH	47.12	71.00	118.12
39	24"X24"X2" 130 LBS	2 SI	7	EACH	67.31	118.00	185.31

SITE WORK

LINE	DESCRIPTION	CREW	OUTPUT PER DAY	UNIT	LABOR	MATERIAL	TOTAL
	** MANHOLE COVERS **						
	SEE ALSO, CONSTRUCTION CASTINGS						
	ALUMINUM COVERS AND FRAMES, INSTALLED OVER PREPARED OPENINGS.						
1	12" SQUARE	2 SI	20	EACH	23.56	111.00	134.56
2	16" SQUARE	2 SI	16	EACH	29.45	135.00	164.45
3	20" SQUARE	2 SI	12	EACH	39.27	172.00	211.27
4	24" SQUARE	2 SI	10	EACH	47.12	200.00	247.12
5	12" DIAMETER	2 SI	25	EACH	18.85	79.00	97.85
6	18" DIAMETER	2 SI	15	EACH	31.41	114.00	145.41
7	24" DIAMETER	2 SI	10	EACH	47.12	207.00	254.12
8	EXPLOSION PROOF, ADD MAT'L 100% LABOR 10%						
9	STAINLESS STEEL, ADD MAT'L 75% LABOR 10%						
	GREASE INTERCEPTORS, CAST IRON WITH FLOW CONTROL						
10	8 LB	2 PL	7	EACH	75.70	315.00	390.70
11	14 LB	2 PL	6	EACH	88.32	439.00	527.32
12	20 LB	2 PL	5	EACH	105.98	515.00	620.98
13	30 LB	2 PL	4.5	EACH	117.76	763.00	880.76
14	40 LB	2 PL	3.4	EACH	155.86	934.00	1,090
15	50 LB	2 PL	2.5	EACH	211.97	1,049	1,261
16	70 LB	2 PL	1.7	EACH	311.72	1,296	1,608
17	100 LB	2 PL	1.7	EACH	311.72	1,717	2,029
	OIL INTERCEPTORS						
18	50 GALLON	2 PL	3.3	EACH	160.58	2,015	2,176
19	100 GALLON	2 PL	1.7	EACH	311.72	2,495	2,807
20	200 GALLON	2 PL	1.7	EACH	311.72	4,185	4,497
21	300 GALLON	2 PL	1	EACH	529.92	7,732	8,262
22	500 GALLON	2 PL	0.8	EACH	662.40	14,000	14,662
	** SEPTIC TANK SYSTEMS **						
	PRECAST TANKS						
23	900 GALLON	2 LA	2.7	EACH	128.18	200.00	328.18
24	2000 GALLON	2 LA	1.7	EACH	203.58	515.00	718.58
25	5000 GALLON	4 LA	1.2	EACH	576.80	2,185	2,762
26	15000 GALLON	4 LA	0.8	EACH	865.20	5,535	6,400
27	25000 GALLON	6 LA	0.7	EACH	1,483	6,760	8,243
28	40000 GALLON	6 LA	0.5	EACH	2,076	12,275	14,351
	DISTRIBUTION BOXES						
29	5 OUTLETS	2 PL	15	EACH	35.33	30.75	66.08
30	12 OUTLETS	2 PL	7.4	EACH	71.61	166.00	237.61
	LEACHING PIT, PRECAST						
31	3 FT PIT	1 PL 1 LA	3.3	EACH	132.73	145.00	277.73
32	6 FT PIT	1 PL 1 LA	1.9	EACH	230.53	185.00	415.53
33	EXCAVATION FOR TANK			CU YD		4.00	4.00
34	EXCAVATION FOR TRENCH			CU YD		1.55	1.55
35	GRAVEL FOR TRENCH	2 LA	65.3	CU YD	5.30	6.45	11.75
	PRECAST CONCRETE PRODUCTS						
	SEPTIC TANKS OVAL/VERTICAL						
36	750 GALLONS			EACH		235.00	235.00
37	900 GALLONS			EACH		271.00	271.00
38	1000 GALLONS			EACH		289.00	289.00
39	1250 GALLONS			EACH		415.00	415.00
40	1500 GALLONS			EACH		662.00	662.00
41	SEPTIC TANK RECTANGULAR						
42	2000 GALLONS			EACH		662.00	662.00
43							
44	MANHOLES 5'-4" ID W/FLAT LID OFFSET			LN FT		51.00	51.00
45	EXTENSIONS 30" ID			LN FT		25.00	25.00
46	EXTENSIONS 24" ID			LN FT		23.00	23.00
47	SEEPAGE PITS 6' HIGH 6'8" ID			EACH		288.00	288.00
48	SEEPAGE PITS 6'HIGH 24"-48" OPENINGS			EACH		399.00	399.00

2 SITE WORK

LINE	DESCRIPTION	OUTPUT			UNIT COSTS		
		CREW	PER DAY	UNIT	LABOR	MATERIAL	TOTAL
1	DRAINAGE RINGS 3'X6'-8" OPENING-(OD)			EACH		160.00	160.00
2	DRAINAGE RINGS 3'X8' OPENING (OD)			EACH		181.00	181.00
3	DRAINAGE RINGS 4'X8' OPENING (OD)			EACH		234.00	234.00
4	CONE 3 1/2"X8' OD			EACH		203.00	203.00
5	GREASE TRAP 35 GALLON			EACH		75.00	75.00
6	GREASE TRAP 150 GALLON			EACH		192.00	192.00
7	DISTRIBUTION BOXES 3 OR 5 OUTLETS			EACH		33.00	33.00
8	DISTRIBUTION BOXES 7 OUTLETS			EACH		64.00	64.00
9	DISTRIBUTION BOXES 10 OUTLETS			EACH		118.00	118.00
10	CONCRETE COVERS						
11	30"			EACH		20.00	20.00
12	36"			EACH		22.00	22.00
13	42"			EACH		37.00	37.00
14	48"			EACH		44.00	44.00
15	60"			EACH		81.00	81.00
16	72"			EACH		86.00	86.00
17	80"			EACH		140.00	140.00
18	96"			EACH		183.00	183.00
	** FENCES **						
	FENCES INCLUDE EXCAVATION AND CONCRETE FOR POSTS INSTALLED IN EARTH. NO FIELD PAINTING. FENCING, 6' HIGH W/2" POSTS 10' O.C.						
	CHAIN LINK FENCE						
19	9 GA GALV	2 LA	60	LN FT	5.77	7.15	12.92
20	9 GA ALUM	2 LA	65	LN FT	5.32	7.25	12.57
21	6 GA GALV	2 LA	50	LN FT	6.92	9.15	16.07
22	6 GA ALUM	2 LA	54	LN FT	6.41	9.10	15.51
	ADD FOR 3 CORNER POSTS						
23	GALV	2 LA	15	EACH	23.07	45.00	68.07
24	ALUM	2 LA	16	EACH	21.63	48.00	69.63
	BARBED WIRE, 3 STRAND UNIT						
25	ONE SIDE, GALV	2 LA	350	LN FT	0.99	1.40	2.39
26	ONE SIDE, ALUM	2 LA	400	LN FT	0.87	1.60	2.47
27	TWO SIDE, GALV	2 LA	180	LN FT	1.92	2.35	4.27
28	TWO SIDE, ALUM	2 LA	215	LN FT	1.61	2.95	4.56
	GATES, 6' HIGH FENCE, PER WIDTH OF OPENING.						
29	6 GA GALV.	2 LA	50	LN FT	6.92	38.00	44.92
30	6 GA ALUM.	2 LA	55	LN FT	6.29	38.50	44.79
	CHAIN LINK, PLAYGROUND, 5' HIGH 9 GA FENCE						
31	GALV.	2 LA	70	LN FT	4.94	10.85	15.79
32	ALUM.	2 LA	75	LN FT	4.61	11.10	15.71
	GATES, 3'X5'						
33	GALV.	2 LA	12	EACH	28.84	116.00	144.84
34	ALUM	2 LA	14	EACH	24.72	117.00	141.72
	CHAIN LINK, RESIDENTIAL, 9 GA FENCE						
35	4' HIGH GALV	2 LA	170	LN FT	2.04	6.70	8.74
36	4' HIGH ALUM	2 LA	175	LN FT	1.98	6.75	8.73
37	3' HIGH GALV	2 LA	180	LN FT	1.92	5.30	7.22
38	3' HIGH ALUM	2 LA	185	LN FT	1.87	5.35	7.22
	GATES, 3' WIDE						
39	4' HIGH GALV	2 LA	15	EACH	23.07	98.00	121.07
40	4' HIGH ALUM	2 LA	17	EACH	20.36	99.00	119.36
41	3' HIGH GALV	2 LA	18	EACH	19.23	86.00	105.23
42	3' HIGH ALUM	2 LA	19	EACH	18.21	87.00	105.21
43	FOR COLORED VINYL COATED WIRES AND POSTS, ADD MAT'L 25% LABOR 10%						

SITE WORK

LINE	DESCRIPTION	CREW	PER DAY	UNIT	LABOR	MATERIAL	TOTAL
	MESH FENCING						
	CHICKEN WIRE						
1	1" MESH, 4' HIGH	2 LA	450	LN FT	0.77	0.95	1.72
2	2" MESH, 6' HIGH	2 LA	400	LN FT	0.87	1.00	1.87
	PRECAST WALL INCLUDE AUGERED CONC FOOTING BASE						
3	6' HIGH X 14' LONG PANEL INSTALLED COST			LN FT		30.00	30.00
4	3' HIGH X 10' LONG PANEL INSTALLED COST			LN FT		35.00	35.00
	SECURITY MAN BARRIER BARBED WIRE						
5	30" DIAMETER DOUBLE COIL	1 SI 1 LA	3500	LN FT	0.12	5.05	5.17
	GALVANIZED MESH						
6	12 GA, 2"X4" 3' HIGH	2 LA	350	LN FT	0.99	1.05	2.04
7	12 GA, 2"X4" 5' HIGH	2 LA	300	LN FT	1.15	1.80	2.95
8	14 GA, 1"X2" 3' HIGH	2 LA	350	LN FT	0.99	1.40	2.39
9	14 GA, 1"X2" 5' HIGH	2 LA	300	LN FT	1.15	1.85	3.00
	WOOD FENCING, PERMANENT, GATES 3' WIDE						
	CEDAR PICKET, 2" O.C.						
10	3' HIGH, 2 RAIL	2 CP	150	LN FT	2.91	4.85	7.76
11	5' HIGH, 3 RAIL	2 CP	130	LN FT	3.35	6.55	9.90
12	3' GATES	2 CP	16	EACH	27.25	37.00	64.25
13	5' GATES	2 CP	13	EACH	33.54	50.00	83.54
	REDWOOD, BASKET WEAVE FENCE						
14	4' HIGH	2 CP	100	LN FT	4.36	8.70	13.06
15	6' HIGH	2 CP	80	LN FT	5.45	11.45	16.90
	REDWOOD, VERTICAL PLANK						
16	4' HIGH	2 CP	80	LN FT	5.45	13.15	18.60
17	6' HIGH	2 CP	65	LN FT	6.71	18.00	24.71
18	4' GATES	2 CP	15	EACH	29.07	86.00	115.07
19	6' GATES	2 CP	12	EACH	36.33	99.00	135.33
20	RUSTIC RAIL, 3 RAIL 4' HIGH	2 CP	125	LN FT	3.49	3.05	6.54
	** BARBED WIRE **						
21	STEEL GALVANIZED			LN FT		0.06	0.06
22	ALUMINUM WIRE			LN FT		0.18	0.18
23	FENCE TOPPING - HELICAL DESIGN			LN FT		0.26	0.26
	** ROADS & PARKING APPURTENANCES **						
	GUARD RAILS, ROLLED CORRUGATED HORIZONTAL BEAM, 10 GA ON POSTS 10' O.C.						
24	WOOD POSTS, 6"X10"	3 LA	80	LN FT	6.49	8.80	15.29
25	RAILROAD RAIL POSTS	3 LA	75	LN FT	6.92	9.25	16.17
26	STEEL BEAM POSTS, 6"X6"	3 LA	75	LN FT	6.92	11.35	18.27
	THREE 3/4" CABLES						
27	WOOD POSTS, 6"X10"	3 LA	100	LN FT	5.19	5.70	10.89
28	RAILROAD RAIL POSTS	3 LA	95	LN FT	5.46	8.30	13.76
29	STEEL BEAM POSTS, 6"X6"	3 LA	95	LN FT	5.46	9.60	15.06
	WHEEL STOPS						
	PRE-CAST CONCRETE, 6"X6"X96"						
30	SET IN PLACE	3 LA	400	LN FT	1.30	7.45	8.75
31	DOWELLED INTO BITUMINOUS PAVING	3 LA	250	LN FT	2.08	8.20	10.28
32	DOWELLED INTO CONCRETE PAVING	3 LA	150	LN FT	3.46	8.40	11.86
	WOOD, 6"X6" CREOSOTED						
33	DOWELLED INTO BITUMINOUS PAVING	3 CP	300	LN FT	2.18	4.00	6.18
34	DOWELLED INTO CONCRETE PAVING	3 CP	200	LN FT	3.27	5.45	8.72
	PARKING LOT ACCESSORIES						
35	DRIVEWAY BUTTONS 8"	1 LA	50	EACH	3.46	2.20	5.66
36	DRIVEWAY BUTTONS 16"	1 LA	50	EACH	3.46	8.30	11.76
37	CAR BUMPER 24"	2 LA	30	EACH	11.54	4.85	16.39
38	PARKING BUMPER 6'	2 LA	30	EACH	11.54	8.65	20.19
39	PARKING BUMPER 7'	2 LA	30	EACH	11.54	18.35	29.89
40	TRUCK WHEEL STOP	2 LA	20	EACH	17.30	42.40	59.70
41	SIGN PEDESTAL 30"	2 LA	30	EACH	11.54	33.25	44.79

SITE WORK

LINE	DESCRIPTION	OUTPUT CREW	PER DAY	UNIT	LABOR	MATERIAL	TOTAL
	SILLS						
1	2 1/2"X6"X4'	2 LA	30	EACH	11.54	4.65	16.19
2	2 1/2"X8"X4'	2 LA	30	EACH	11.54	6.00	17.54
3	2 1/2"X10"X4'	2 LA	28	EACH	12.36	6.95	19.31
4	2 1/2"X12"X4'	2 LA	28	EACH	12.36	9.25	21.61
	** PLAYING FIELDS **						
	TYPICAL COSTS FOR COLLEGE QUALITY CONSTRUCTION. ROUGH GRADING OF AREA NOT INCLUDED						
5	BASEBALL FIELD, SODDED, WIRE BACKSTOP, PITCHER'S MOUND, BASES, TWO DUGOUTS			LP SM		87,000	87,000
	FOOTBALL FIELD, GOAL POST, MARKINGS, END ZONES						
6	WITH NATURAL SOD			LP SM		7,000	7,000
7	WITH SYNTHETIC TURF			LP SM		44,300	44,300
	PLAYGROUND EQUIPMENT						
8	SEE SAW 2"X10"X12"			EACH		400.00	400.00
9	MERRY-GO-ROUND 1 5/8"OD PIPE 5 HANDRAILS			EACH		872.00	872.00
10	BICYCLE RACK 10' - 18 BIKES			EACH		231.00	231.00
11	CLIMBING GYM 2' CUBES 1 5/16" PIPE 6'X8'X10'			EACH		903.00	903.00
12	COASTER SLIDE ALL STEEL CHUTE WAVED 20'			EACH		861.00	861.00
13	SWING SET 4 SWINGS 10' HIGH HORIZ BM 20'			EACH		567.00	567.00
14	COMBINATION SLIDE-2 SWINGS-RINGS-SEE SAW			EACH		1,071	1,071
	RECREATION SYSTEMS						
15	WOOD MODULE 7'X3' FIREMANS POLE & ARCH			EACH		830.00	830.00
16	DOUBLE WOOD MODULE 7'X18'			EACH		1,256	1,256
17	FULL WOOD MODULE 10'X10'			EACH		2,205	2,205
	PLATFORM TENNIS SYSTEMS (PER COURT) W/LIGHTING						
18	TYPE 1, WOOD FRAMED			EACH		22,260	22,260
19	TYPE 2, WOOD UNDERCARRIAGE & UPRIGHTS, STEEL DECK			EACH		26,565	26,565
20	TYPE 3, WOOD UNDERCARRIAGE, STEEL DECK & UPRIGHTS			EACH		28,245	28,245
21	TYPE 4, ALL STEEL			EACH		33,600	33,600
22	TYPE 5, ON GROUND, ASPHALT DECK			EACH		16,900	16,900
	TRASH CONTAINERS - PARK & HIGHWAY TYPE						
23	60 GAL			EACH		158.00	158.00
24	125 GAL			EACH		227.00	227.00
	WOOD BRIDGES - WITH RAILINGS-READY TO ASSEMBLE						
25	8'X3'	2 CP	8	EACH	54.50	628.00	682.50
26	12'X3'	2 CP	6	EACH	72.67	846.00	918.67
27	16'X3'	2 CP	4	EACH	109.00	1,134	1,243
28	20'X3'	2 CP	3	EACH	145.33	1,292	1,437
29	8'X5'	2 CP	7	EACH	62.29	835.00	897.29
30	12'X5'	2 CP	5	EACH	87.20	1,014	1,101
31	16'X5'	2 CP	3	EACH	145.33	1,392	1,537
32	20'X5'	2 CP	2.5	EACH	174.40	1,670	1,844
	** ACCESSORIES **						
	METAL LANDSCAPE CURBING -1/4"X5" PAINTED STEEL						
33	TO 300'	2 CP	326	LN FT	1.34	2.75	4.09
34	300' TO 1000'	2 CP	326	LN FT	1.34	2.60	3.94
35	1000' TO 5000'	2 CP	326	LN FT	1.34	2.10	3.44
36	REDWOOD 1"X4" EDGING STRIPS	2 CP	1200	LN FT	0.36	0.49	0.85
37	REDWOOD 2"X4" EDGING STRIPS	2 CP	1000	LN FT	0.44	0.90	1.34
38	BRICK EDGE	2 CP	300	LN FT	1.45	0.77	2.22

SITE WORK

LINE	DESCRIPTION	OUTPUT CREW	PER DAY	UNIT	LABOR	MATERIAL	TOTAL
	** LANDSCAPE & SITE WORK ITEMS SUB COSTS **						
	ASPHALT PAVING						
1	2" TOP			SQ YD		8.50	8.50
2	2" TOP & 4" AGG BASE			SQ YD		13.25	13.25
3	3" TOP & 6" CEMENT TREATED BASE			SQ YD		17.25	17.25
4	4" TOP & 6" CEMENT TREATED BASE			SQ YD		18.25	18.25
5	4" TOP & 6" CEM TREAT BASE & 6" AGG			SQ YD		21.75	21.75
6	4" TOP & 6" CEM TREAT BASE & 8" AGG			SQ YD		22.75	22.75
7	4" TOP & 6" CEM TREAT BASE & 10" AGG			SQ YD		23.75	23.75
8	6" ASPHALT DIKE			LN FT		3.05	3.05
9	8" ASPHALT DIKE			LN FT		4.05	4.05
	40' WIDE URBAN PAVING						
10	2" ASP & 4" AGG BASE & 24" CURB-GUTTER			LN FT		43.00	43.00
11	2" ASP & 4" AGG BASE W/O CURB & GUTTER			LN FT		32.00	32.00
12	2" ASP & COMPOSITION BASE			LN FT		18.70	18.70
13	SHEET PILING ALONG WALKWAY			SQ FT		10.30	10.30
14	REMOVE & RELOCATE DIRT			SQ YD		0.42	0.42
15	REMOVE BLACKTOP PAVING			SQ YD		2.65	2.65
16	REMOVE BLACKTOP CURBING			LN FT		1.05	1.05
17	SPREAD EXCAVATED MATERIAL			CU YD		1.05	1.05
18	COMPACTING EXCAVATED MATERIAL			CU YD		1.35	1.35
19	GRADING 3 PASSES			SQ YD		0.57	0.57
20	SPREAD TOPSOIL 4" DEEP			SQ YD		0.38	0.38
21	NEW TOPSOIL 4" DEEP			SQ YD		1.73	1.73
22	SODDING ON SLOPES			SQ YD		3.13	3.13
23	PLANT BED PREPARATION			SQ YD		1.47	1.47
24	GROUND COVER PLANTING			SQ YD		13.25	13.25
25	POROUS BASE FOR SIDEWALKS			SQ FT		0.45	0.45
26	4" CONCRETE SIDEWALK			SQ FT		2.25	2.25
27	CONCRETE CURBING			LN FT		11.10	11.10
28	1 1/2" BITUMINOUS PAVING			SQ YD		3.60	3.60
29	SEAL COAT			SQ YD		1.10	1.10
	** LAWNS **						
	EROSION PREVENTION AND CONTROL						
30	JUTE MESH	2 LA	2300	SQ YD	0.15	0.76	0.91
31	PLASTIC MESH	2 LA	2300	SQ YD	0.15	0.71	0.86
32	POLYPROPYLENE MESH	2 LA	2300	SQ YD	0.15	2.00	2.15
	TOPSOIL, FURNISH AND SPREAD						
33	4"	2 LA	750	SQ YD	0.46	1.42	1.88
34	6"	2 LA	600	SQ YD	0.58	1.90	2.48
35	FOR WEED FREE TOPSOIL, ADD 50% TO MAT'L						
36	FERTILIZER 35 #/MSF	2 LA	80	MSF	4.33	11.15	15.48
37	LIMESTONE 50 #/MSF	2 LA	120	MSF	2.88	2.00	4.88
38	GRASS SEED 8 #/MSF	2 LA	90	MSF	3.85	25.55	29.40
	MECHANICAL SEEDING AND FERTILIZER						
39	LAWN SEED			SQ YD		0.64	0.64
40	FIELD SEED			SQ YD		0.54	0.54
	SODDING, 1 1/2" THICK WEED FREE						
41	LEVEL	2 LA	185	SQ YD	1.87	1.87	3.74
42	SLOPES	2 LA	120	SQ YD	2.88	1.98	4.86
43	FOR 100% BLUEGRASS, ADD 15% TO MAT'L						

1988 DODGE UNIT COST DATA

SITE WORK

LINE	DESCRIPTION	CREW	OUTPUT PER DAY	UNIT	LABOR	MATERIAL	TOTAL
	** PLANTINGS **						
	GROUND COVER AND HEDGES						
1	PACHYSANDRA	2 LA	450	SQ FT	0.77	0.69	1.46
2	VINCA MINOR	2 LA	400	SQ FT	0.87	0.63	1.50
3	PRIVITS, 15" TALL PLANTED IN HEDGE ROW	2 LA	200	LN FT	1.73	1.40	3.13
4	BARBERRY 15" TALL PLANTED IN HEDGE ROW	2 LA	200	LN FT	1.73	2.33	4.06
5	BOXWOOD 16" TALL PLANTED IN HEDGE ROW	2 LA	200	LN FT	1.73	2.06	3.79
	TREES AND SHRUBS						
6	FLOWING CRAB 8'-10'	2 LA	4	EACH	86.52	218.00	304.52
7	HAWTHORN 8'-10'	2 LA	5	EACH	69.22	160.00	229.22
8	JUNIPERS, SPREADING 18"-24"	2 LA	20	EACH	17.30	29.00	46.30
9	JUNIPERS, UPRIGHT 4'-5'	2 LA	15	EACH	23.07	55.00	78.07
10	YEWS, SPREADING 18"X24"	2 LA	20	EACH	17.30	42.00	59.30
11	YEWS, UPRIGHT 2'3'	2 LA	15	EACH	23.07	50.00	73.07
12	RHODODENDRON 2'	2 LA	12.5	EACH	27.69	67.00	94.69
13	FIR 8'-10'	2 LA	3	EACH	115.36	223.00	338.36
14	HEMLOCK 8'-10'	2 LA	3	EACH	115.36	263.00	378.36
15	BEECH 8'-10'	2 LA	3	EACH	115.36	183.00	298.36
16	PINE 8'-10'	2 LA	3	EACH	115.36	213.00	328.36
17	TULIP 8'-10'	2 LA	3	EACH	115.36	203.00	318.36
18	MAPLE 1 1/2" DIAMETER	2 LA	4.4	EACH	78.65	147.00	225.65
19	MAPLE 2" DIAMETER	2 LA	3.3	EACH	104.87	152.00	256.87
20	MAPLE 3" DIAMETER	2 LA	2	EACH	173.04	294.00	467.04
21	SYCAMORE 4'-5'	2 LA	20	EACH	17.30	45.00	62.30
22	GOLD LOCUST 4'-5'	2 LA	20	EACH	17.30	72.00	89.30
23	MOUNTAIN ASH 4'-5'	2 LA	20	EACH	17.30	61.00	78.30
24	POPLAR 4'-5'	2 LA	20	EACH	17.30	50.00	67.30
25	WILLOW 4'-5'	2 LA	20	EACH	17.30	37.00	54.30
26	PIN OAK 4'-5'	2 LA	20	EACH	17.30	38.00	55.30
27	BIRCH 2'-3'	2 LA	20	EACH	17.30	35.00	52.30
	PEDESTRIAN STEEL & WOOD BRIDGE (NO FOUNDATIONS)						
28	4' WIDE UP TO 5000 LBS 20' SPAN	3 LA 1 TM	2	EACH	353.48	4,000	4,353
29	4' WIDE UP TO 5000 LBS 40' SPAN	3 LA 1 TM	2	EACH	353.48	5,500	5,853
30	4' WIDE UP TO 5000 LBS 60' SPAN	1 EO 3 LA	1.5	EACH	498.19	7,600	8,098
31	4' WIDE UP TO 5000 LBS 80' SPAN	1 EO 3 LA	1.5	EACH	498.19	9,800	10,298
	FOR 20' & 40' SPAN ADD $160 FOR BOOM TRUCK						
	FOR 60' & 80' SPAN ADD $450 FOR 15T TRUCK CRANE						
32	8' WIDE UP TO 10,000 LBS 20' SPAN	3 LA 1 TM	2.5	EACH	282.78	4,600	4,883
33	8' WIDE UP TO 10,000 LBS 40' SPAN	3 LA 1 TM	2	EACH	353.48	7,000	7,353
34	8' WIDE UP TO 10,000 LBS 60' SPAN	1 EO 3 LA	1	EACH	747.28	11,000	11,747
35	8' WIDE UP TO 10,000 LBS 80' SPAN	1 EO 3 LA	1	EACH	747.28	16,000	16,747
	USE SAME EQUIPMENT FOR SPANS						

CONCRETE

LINE	DESCRIPTION	CREW	OUTPUT PER DAY	UNIT	LABOR	MATERIAL	TOTAL
	** FORM ACCESSORIES **						
	ANCHOR BOLTS, SETTING WITHOUT SLEEVES. TEMPLATES INCLUDED. COST OF BOLTS NOT INCLUDED.						
1	1/2"X10"	1 CP	44	EACH	4.95	0.72	5.67
2	3/4"X12"	1 CP	34	EACH	6.41	3.24	9.65
3	1"X16"	1 CP	20	EACH	10.90	4.25	15.15
4	1 1/2"X24"	1 CP	16	EACH	13.63	9.00	22.63
	ANCHOR BOLTS, SETTING WITH SLEEVES & TEMPLATES INCLUDED. COST OF BOLTS NOT INCLUDED.						
	BOLT SIZE SLEEVE SIZE						
5	1/2"X12" 1 1/2"X6"	1 LA	40	EACH	4.33	1.85	6.18
6	3/4"X14" 2"X6"	1 CP	30	EACH	7.27	2.25	9.52
7	1"X18" 3"X8"	1 CP	16	EACH	13.63	3.35	16.98
8	1 1/2"X24" 3 1/2"X10"	1 CP	12	EACH	18.17	4.65	22.82
9	2"X30" 4"X12"	1 CP	10	EACH	21.80	6.15	27.95
10	3"X36" 5"X15"	1 CP	8	EACH	27.25	9.60	36.85
	ANCHOR SLOTS, FILLED						
11	24 GA GALVANIZED	1 CP	500	LN FT	0.44	0.25	0.69
12	20 GA GALVANIZED	1 CP	470	LN FT	0.46	0.30	0.76
13	26 GA STAINLESS STEEL	1 CP	400	LN FT	0.55	1.05	1.60
	ANCHORS, CORRUGATED GALVANIZED STEEL						
	BRICK TYPE 3 1/2" LONG						
14	16 GA			C		14.20	14.20
15	12 GA			C		14.75	14.75
	STONE TYPE 3 1/2" LONG						
16	1"X1/8"			C		28.30	28.30
17	1"X1/4"			C		51.30	51.30
	CAVITY WALL TYPE 5" LONG						
18	16 GA			C		20.65	20.65
19	12 GA			C		28.40	28.40
	BANDING IRON						
20	1/2" 14 GA			C		9.85	9.85
21	3/4" 22 GA			C		5.50	5.50
	COLUMN CLAMPS, PURCHASE COST						
22	TO 24"X24"			PAIR		3.25	3.25
23	TO 48"X48"			PAIR		57.25	57.25
24	TO 60"X60"			PAIR		78.50	78.50
	RENTAL OF CLAMPS, 10% OF PURCHASE COST 1ST MONTH, 5% EACH ADDITIONAL MONTH						
	ELEPHANT TRUNKS, CONCRETE TREMIE PURCHASE COST						
25	SHEET METAL 8"			LN FT		12.20	12.20
26	SHEET METAL 12"			LN FT		22.00	22.00
27	FIBERGLASS 8"			LN FT		14.30	14.30
28	FIBERGLASS 12"			LN FT		18.75	18.75
	RENTAL OF TRUNKS, 10% OF PURCHASE COST 1ST MONTH, 5% EACH ADDITIONAL MONTH						
	INSERTS, CEILING (BOLTS NOT INCLUDED)						
	BLACK THREADED						
29	FOR 1/2" BOLTS	1 CP	150	EACH	1.45	1.27	2.72
30	FOR 5/8" BOLTS	1 CP	140	EACH	1.56	1.45	3.01
31	FOR 3/4" BOLTS	1 CP	125	EACH	1.74	1.79	3.53
	GALVANIZED THREADED						
32	FOR 1/2" BOLTS	1 CP	150	EACH	1.45	1.67	3.12
33	FOR 5/8" BOLTS	1 CP	140	EACH	1.56	1.89	3.45
34	FOR 3/4" BOLTS	1 CP	125	EACH	1.74	2.37	4.11
	WEDGE TYPE						
35	1/2" BLACK	1 CP	100	EACH	2.18	2.37	4.55
36	3/4" BLACK	1 CP	85	EACH	2.56	3.22	5.78
37	1/2" GALVANIZED	1 CP	100	EACH	2.18	4.62	6.80
38	3/4" GALVANIZED	1 CP	85	EACH	2.56	4.31	6.87
	THREADED ROD, CONTINUOUS						
39	1/2" DIAMETER			LN FT		0.86	0.86
40	3/4"			LN FT		1.38	1.38
41	1"			LN FT		2.33	2.33

1988 DODGE UNIT COST DATA

3 CONCRETE

LINE	DESCRIPTION	OUTPUT CREW	PER DAY	UNIT	LABOR	MATERIAL	TOTAL
	WALL FORM TIES 1" BREAKBACK						
	3000# CAPACITY						
1	8" WALL			EACH		0.45	0.45
2	12" WALL			EACH		0.55	0.55
3	16" WALL			EACH		0.57	0.57
4	24" WALL			EACH		0.62	0.62
	5000# CAPACITY						
5	8" WALL			EACH		0.60	0.60
6	12" WALL			EACH		0.68	0.68
7	16" WALL			EACH		0.75	0.75
8	24" WALL			EACH		0.83	0.83
	CONES FOR WALL TIES						
9	1" PLASTIC			EACH		0.24	0.24
10	1 1/2" PLASTIC			EACH		0.30	0.30
11	2" WOOD			EACH		0.33	0.33
	FOR STAINLESS STEEL TIES, MULTIPLY COST BY 3						
	WALER WEDGES						
12	3000# CAPACITY			EACH		0.96	0.96
13	5000# CAPACITY			EACH		1.63	1.63
	RENTAL OF WEDGES, 10% OF PURCHASE COST 1ST MONTH, 5% EACH ADDITIONAL MONTH						
	WALL FORM WALER BRACKETS						
14				EACH		3.39	3.39
	RENTAL OF BRACKETS, 10% OF PURCHASE COST 1ST MONTH, 5% EACH ADDITIONAL MONTH						
	FORM MAINTENANCE AND REPAIR						
15	FORM OIL - ROLLED ON	1 LA	3000	SQ FT	0.06	0.05	0.11
16	FORM OIL - SPRAYED ON	1 LA	2500	SQ FT	0.07	0.04	0.11
17	PLASTIC COATING FOR FORM SURFACE						
18	SINGLE COMPONENT LIQUID						
19	1ST COAT 200-300 SQFT/GAL.	1 LA	1500	SQ FT	0.12	0.06	0.18
20	2ND COAT 400-500 SQFT/GAL.	1 LA	2500	SQ FT	0.07	0.03	0.10
	CHEMICAL RELEASE AGENT						
21	POROUS FORMS 600-800 SQFT/GAL.	1 LA	1500	SQ FT	0.12	0.05	0.17
22	NON-POROUS FORMS 1000-1200 SQFT/GAL	1 LA	2500	SQ FT	0.07	0.04	0.11
23	CLEAN AND PREP FORMS	1 LA	2300	SQ FT	0.08	0.04	0.12
24	FORM PATCHES SELF NAILING GALVANIZED						
25	1 3/4" DIAMETER			C		9.00	9.00
26	2 3/4" DIAMETER			C		11.80	11.80

FORMWORK IN PLACE

FORMWORK CONSTRUCTED OF PLYWOOD UNLESS NOTED. COSTS INCLUDE STRIPPING SUPERSTRUCTURE FORMWORK IS PLYWOOD AND INCLUDES TIES AND SHORING UNLESS NOTED. "SQFT" IN THIS SECTION REFERS TO SQUARE FOOT OF FORM CONTACT AREA

FOUNDATION

LINE	DESCRIPTION	CREW		PER DAY	UNIT	LABOR	MATERIAL	TOTAL
	FOUNDATION MAT FORMS							
27	1 USE	3 CP	1 LA	195	SQ FT	4.24	1.25	5.49
28	3 USES	3 CP	1 LA	220	SQ FT	3.76	0.95	4.71
29	5 USES	3 CP	1 LA	245	SQ FT	3.38	0.80	4.18
	SPREAD FOOTING FORMS							
30	1 USE	3 CP	1 LA	310	SQ FT	2.67	1.15	3.82
31	3 USES	3 CP	1 LA	425	SQ FT	1.95	0.65	2.60
32	5 USES	3 CP	1 LA	450	SQ FT	1.84	0.41	2.25
	STRIP FOOTING FORMS							
33	1 USE	3 CP	1 LA	400	SQ FT	2.07	1.22	3.29
34	3 USES	3 CP	1 LA	500	SQ FT	1.65	0.63	2.28
35	5 USES	3 CP	1 LA	550	SQ FT	1.50	0.44	1.94

UNLESS NOTED, COSTS INCLUDE STRIPPING

CONCRETE

LINE	DESCRIPTION	OUTPUT			UNIT COSTS		
		CREW	PER DAY	UNIT	LABOR	MATERIAL	TOTAL
	PILE CAPS FORMS						
1	1 USE	3 CP 1 LA	300	SQ FT	2.76	1.21	3.97
2	3 USES	3 CP 1 LA	380	SQ FT	2.18	0.60	2.78
3	5 USES	3 CP 1 LA	410	SQ FT	2.02	0.45	2.47
	GRADE BEAM FORMS						
4	1 USE	3 CP 1 LA	360	SQ FT	2.30	1.19	3.49
5	3 USES	3 CP 1 LA	410	SQ FT	2.02	0.58	2.60
6	5 USES	3 CP 1 LA	420	SQ FT	1.97	0.39	2.36
	PIER FORMS						
7	1 USE	3 CP 1 LA	300	SQ FT	2.76	1.47	4.23
8	3 USES	3 CP 1 LA	355	SQ FT	2.33	0.69	3.02
9	5 USES	3 CP 1 LA	375	SQ FT	2.21	0.64	2.85
	WALL FORM BELOW GRADE						
	TO 8' HIGH						
10	1 USE	4 CP 2 LA	375	SQ FT	3.25	1.38	4.63
11	3 USES	4 CP 2 LA	420	SQ FT	2.90	0.60	3.50
12	5 USES	4 CP 2 LA	435	SQ FT	2.80	0.45	3.25
	8' TO 14' HIGH						
13	1 USE	4 CP 2 LA	300	SQ FT	4.06	1.48	5.54
14	3 USES	4 CP 2 LA	400	SQ FT	3.05	1.16	4.21
15	5 USES	4 CP 2 LA	450	SQ FT	2.71	0.48	3.19
	14' TO 18' HIGH						
16	1 USE	4 CP 2 LA	250	SQ FT	4.87	1.59	6.46
17	3 USES	4 CP 2 LA	325	SQ FT	3.75	0.69	4.44
18	5 USES	4 CP 2 LA	350	SQ FT	3.48	0.53	4.01
	18' TO 22' HIGH						
19	1 USE	4 CP 2 LA	225	SQ FT	5.41	1.68	7.09
20	3 USES	4 CP 2 LA	300	SQ FT	4.06	0.74	4.80
21	5 USES	4 CP 2 LA	325	SQ FT	3.75	0.55	4.30
	SLAB ON GRADE -EDGE FORMS						
22	TO 6" HIGH	3 CP 1 LA	600	LN FT	1.38	0.19	1.57
23	6" TO 12" HIGH	3 CP 1 LA	250	LN FT	3.31	0.46	3.77
24	12" TO 24" HIGH	3 CP 1 LA	185	LN FT	4.47	0.55	5.02
	TRENCH (PIT) FORMS						
25	TO 4' DEEP	3 CP 1 LA	185	SQ FT	4.47	1.39	5.86
26	OVER 4' DEEP	3 CP 1 LA	165	SQ FT	5.01	0.54	5.55
	** SUPERSTRUCTURE **						
	WALL FORMS - ABOVE GRADE						
	TO 8' HIGH						
27	1 USE	4 CP 2 LA	375	SQ FT	3.25	1.37	4.62
28	3 USES	4 CP 2 LA	500	SQ FT	2.44	0.63	3.07
29	5 USES	4 CP 2 LA	515	SQ FT	2.37	0.53	2.90
	8' TO 14'						
30	1 USE	4 CP 2 LA	290	SQ FT	4.20	1.42	5.62
31	3 USES	4 CP 2 LA	390	SQ FT	3.12	0.70	3.82
32	5 USES	4 CP 2 LA	420	SQ FT	2.90	0.49	3.39
	14' TO 18' HIGH						
33	1 USE	4 CP 2 LA	250	SQ FT	4.87	1.62	6.49
34	3 USES	4 CP 2 LA	325	SQ FT	3.75	0.80	4.55
35	5 USES	4 CP 2 LA	350	SQ FT	3.48	0.57	4.05
	18' TO 22' HIGH						
36	1 USE	4 CP 2 LA	235	SQ FT	5.18	1.64	6.82
37	3 USES	4 CP 2 LA	310	SQ FT	3.93	0.81	4.74
38	5 USES	4 CP 2 LA	335	SQ FT	3.64	0.57	4.21
39	CORBEL (WALL HAUNCH) FORMS	4 CP 2 LA	160	SQ FT	7.61	1.47	9.08

SUPERSTRUCTURE FORMWORK IS PLYWOOD AND INCLUDES TIES AND SHORING UNLESS NOTED

LINE	DESCRIPTION	CREW	PER DAY	UNIT	LABOR	MATERIAL	TOTAL
	BUTTRESS FORMS						
40	1 USE	4 CP 1 LA	295	SQ FT	3.54	1.42	4.96
41	3 USES	4 CP 1 LA	385	SQ FT	2.71	0.66	3.37
42	5 USES	4 CP 1 LA	400	SQ FT	2.61	0.53	3.14

1988 DODGE UNIT COST DATA

3 CONCRETE

LINE	DESCRIPTION	OUTPUT CREW	PER DAY	UNIT	UNIT COSTS LABOR	MATERIAL	TOTAL
	BEAM BOTTOM FORMS						
	TO 12" WIDE						
1	1 USE	4 CP 1 LA	140	SQ FT	7.46	2.03	9.49
2	3 USES	4 CP 1 LA	345	SQ FT	3.03	0.67	3.70
3	5 USES	4 CP 1 LA	375	SQ FT	2.79	0.47	3.26
	12" TO 24" WIDE						
4	1 USE	4 CP 1 LA	190	SQ FT	5.50	2.05	7.55
5	3 USES	4 CP 1 LA	235	SQ FT	4.45	0.92	5.37
6	5 USES	4 CP 1 LA	250	SQ FT	4.18	0.71	4.89
	BEAM SIDE FORMS						
	12" TO 24" DEEP						
7	1 USE	4 CP 1 LA	280	SQ FT	3.73	1.47	5.20
8	3 USES	4 CP 1 LA	360	SQ FT	2.90	0.66	3.56
9	5 USES	4 CP 1 LA	380	SQ FT	2.75	0.44	3.19
	OVER 24" DEEP						
10	1 USE	4 CP 1 LA	270	SQ FT	3.87	1.46	5.33
11	3 USES	4 CP 1 LA	350	SQ FT	2.99	0.64	3.63
12	5 USES	4 CP 1 LA	370	SQ FT	2.82	0.42	3.24
	COLUMN FORMS, TO 10' HIGH, ADD 5% TO COSTS FOR EACH ADDITIONAL 5' OF HEIGHT						
	COLUMN FORMS, RECTANGULAR						
	TO 40" GIRTH						
13	1 USE	3 CP 1 LA	180	SQ FT	4.59	1.82	6.41
14	3 USES	3 CP 1 LA	215	SQ FT	3.85	0.91	4.76
15	5 USES	3 CP 1 LA	230	SQ FT	3.60	0.54	4.14
	TO 60" GIRTH						
16	1 USE	3 CP 1 LA	185	SQ FT	4.47	1.71	6.18
17	3 USES	3 CP 1 LA	220	SQ FT	3.76	0.86	4.62
18	5 USES	3 CP 1 LA	235	SQ FT	3.52	0.64	4.16
	TO 80" GIRTH						
19	1 USE	3 CP 1 LA	190	SQ FT	4.35	1.61	5.96
20	3 USES	3 CP 1 LA	225	SQ FT	3.68	0.75	4.43
21	5 USES	3 CP 1 LA	240	SQ FT	3.45	0.54	3.99
	TO 120" GIRTH						
22	1 USE	3 CP 1 LA	195	SQ FT	4.24	1.51	5.75
23	3 USES	3 CP 1 LA	230	SQ FT	3.60	0.75	4.35
24	5 USES	3 CP 1 LA	245	SQ FT	3.38	0.64	4.02
	COLUMN FORMS, ROUND FIBER 1 USE						
25	12" DIAMETER	3 CP 1 LA	105	LN FT	7.88	3.70	11.58
26	16" DIAMETER	3 CP 1 LA	96	LN FT	8.62	6.43	15.05
27	20" DIAMETER	3 CP 1 LA	90	LN FT	9.19	9.31	18.50
28	24" DIAMETER	3 CP 1 LA	80	LN FT	10.34	12.11	22.45
29	30" DIAMETER	3 CP 1 LA	68	LN FT	12.16	14.46	26.62
30	36" DIAMETER	3 CP 1 LA	58	LN FT	14.26	20.56	34.82
31	42" DIAMETER	3 CP 1 LA	49	LN FT	16.88	35.34	52.22
32	IF MATERIAL COSTS TOTAL OVER $1,000. DEDUCT 10% FROM MATERIAL PRICES						
	COLUMN FORMS, ROUND STEEL RENTED						
	10" DIAMETER						
33	1 USE	3 CP 1 LA	120	LN FT	6.89	5.10	11.99
34	3 USES	3 CP 1 LA	130	LN FT	6.36	2.15	8.51
35	5 USES	3 CP 1 LA	133	LN FT	6.22	1.35	7.57
	16" DIAMETER						
36	1 USE	3 CP 1 LA	100	LN FT	8.27	5.65	13.92
37	3 USES	3 CP 1 LA	110	LN FT	7.52	2.40	9.92
38	5 USES	3 CP 1 LA	112	LN FT	7.38	1.50	8.88
	20" DIAMETER						
39	1 USE	3 CP 1 LA	85	LN FT	9.73	6.45	16.18
40	3 USES	3 CP 1 LA	92	LN FT	8.99	2.70	11.69
41	5 USES	3 CP 1 LA	95	LN FT	8.71	1.80	10.51
	24" DIAMETER						
42	1 USE	3 CP 1 LA	72	LN FT	11.49	7.45	18.94
43	3 USES	3 CP 1 LA	78	LN FT	10.60	2.35	12.95
44	5 USES	3 CP 1 LA	80	LN FT	10.34	2.10	12.44
	COLUMN FORMS, ROUND STEEL-4 SECTIONS 3 USES						
45	24" TO 48" DIAMETER						
46	48" TO 60" DIAMETER	3 CP 1 LA	300	SQ FT	2.76	1.40	4.16
47	COSTS BASED ON CONCRETE CONTACT AREA	3 CP 1 LA	310	SQ FT	2.67	1.45	4.12

CONCRETE

LINE	DESCRIPTION	CREW	PER DAY	UNIT	LABOR	MATERIAL	TOTAL
	FLAT SLAB FORMS, INCLUDING RESHORES						
	8' TO FLOOR						
1	1 USE	4 CP 1 LA	330	SQ FT	3.17	1.80	4.97
2	3 USES	4 CP 1 LA	370	SQ FT	2.82	0.80	3.62
3	5 USES	4 CP 1 LA	400	SQ FT	2.61	0.60	3.21
	14' TO FLOOR						
4	1 USE	4 CP 1 LA	315	SQ FT	3.32	1.85	5.17
5	3 USES	4 CP 1 LA	350	SQ FT	2.99	1.00	3.99
6	5 USES	4 CP 1 LA	370	SQ FT	2.82	0.60	3.42
	20' TO FLOOR						
7	1 USE	4 CP 1 LA	300	SQ FT	3.48	1.95	5.43
8	3 USE	4 CP 1 LA	325	SQ FT	3.22	0.85	4.07
9	5 USE	4 CP 1 LA	345	SQ FT	3.03	0.60	3.63
	30' TO FLOOR						
10	1 USE	4 CP 1 LA	290	SQ FT	3.60	2.05	5.65
11	3 USES	4 CP 1 LA	310	SQ FT	3.37	0.90	4.27
12	5 USES	4 CP 1 LA	325	SQ FT	3.22	0.65	3.87
	PAN AND DOME FORMING, COST WITHOUT FALSEWORK						
	LABOR INCLUDES HANDLE, PLACE, STRIP, & CLEAN						
	FIBERGLASS PANS 20"						
13	1 USE	4 CP 1 LA	490	SQ FT	2.13	2.20	4.33
14	3 USES	4 CP 1 LA	495	SQ FT	2.11	0.95	3.06
15	5 USES	4 CP 1 LA	500	SQ FT	2.09	0.65	2.74
	FIBERGLASS PANS 30"						
16	1 USE	4 CP 1 LA	475	SQ FT	2.20	2.40	4.60
17	3 USES	4 CP 1 LA	485	SQ FT	2.15	1.05	3.20
18	5 USES	4 CP 1 LA	490	SQ FT	2.13	0.70	2.83
	FIBERGLASS DOMES 19"X19" OR 20"X20"						
19	1 USE	4 CP 1 LA	1000	SQ FT	1.05	2.55	3.60
20	3 USES	4 CP 1 LA	1200	SQ FT	0.87	1.20	2.07
21	5 USES	4 CP 1 LA	1300	SQ FT	0.80	0.75	1.55
	FIBERGLASS DOMES 30"X30"						
22	1 USE	4 CP 1 LA	800	SQ FT	1.31	2.35	3.66
23	3 USES	4 CP 1 LA	850	SQ FT	1.23	1.05	2.28
24	5 USES	4 CP 1 LA	880	SQ FT	1.19	0.70	1.89
	METAL PANS 20"						
25	1 USE	4 CP 1 LA	490	SQ FT	2.13	1.50	3.63
26	3 USES	4 CP 1 LA	495	SQ FT	2.11	0.70	2.81
27	5 USES	4 CP 1 LA	500	SQ FT	2.09	0.55	2.64
	METAL PANS 30"						
28	1 USE	4 CP 1 LA	475	SQ FT	2.20	1.55	3.75
29	3 USES	4 CP 1 LA	485	SQ FT	2.15	0.75	2.90
30	5 USES	4 CP 1 LA	490	SQ FT	2.13	0.60	2.73
	METAL DOMES 19"X19" OR 20"X20"						
31	1 USE	4 CP 1 LA	800	SQ FT	1.31	2.65	3.96
32	3 USES	4 CP 1 LA	900	SQ FT	1.16	1.20	2.36
33	5 USES	4 CP 1 LA	950	SQ FT	1.10	0.75	1.85
	METAL DOMES 30"X30"						
34	1 USE	4 CP 1 LA	650	SQ FT	1.61	2.75	4.36
35	3 USES	4 CP 1 LA	700	SQ FT	1.49	1.25	2.74
36	5 USES	4 CP 1 LA	730	SQ FT	1.43	0.80	2.23
	OPEN DECK FOR PANS OR DOMES, PRICES INCLUDE						
	PLACING FORMS AND RESHORING.						
	8' TO 14' FLOOR TO FLOOR						
37	1 USE	4 CP 1 LA	340	SQ FT	3.07	1.10	4.17
38	3 USES	4 CP 1 LA	370	SQ FT	2.82	0.45	3.27
39	5 USES	4 CP 1 LA	400	SQ FT	2.61	0.40	3.01
40	FOR 14' TO 24' ADD 45% TO MAT'L & 30% TO LAB						
41	FOR 24' TO 34' ADD 70% TO MAT'L & 50% TO LAB						
	CLOSED DECK FOR PANS OR DOMES, PRICES INCLUDE						
	PLACING FORMS AND RESHORING.						
	8' TO 14' FLOOR TO FLOOR						
42	1 USE	4 CP 1 LA	290	SQ FT	3.60	1.45	5.05
43	3 USES	4 CP 1 LA	315	SQ FT	3.32	0.70	4.02
44	5 USES	4 CP 1 LA	330	SQ FT	3.17	0.45	3.62
45	FOR 14' TO 24' ADD 35% TO MAT'L & 20% TO LAB						
46	FOR 24' TO 34' ADD 55% TO MAT'L & 35% TO LAB						

3 CONCRETE

LINE	DESCRIPTION	OUTPUT CREW	PER DAY	UNIT	LABOR	MATERIAL	TOTAL
	STAIRFORMS, FOR REINFORCED CONCRETE STAIR WITH SMOOTH SOFFIT (RAKE) AND EXPOSED RISERS. AREA BASED ON SQ FT OF RAKE.						
1	1 USE	1 CP 1 LA	65	SQ FT	6.02	2.30	8.32
2	3 USES	1 CP 1 LA	70	SQ FT	5.59	1.00	6.59
3	5 USES	1 CP 1 LA	80	SQ FT	4.89	0.75	5.64
	STEEL BEAM ENCASEMENT FORMS						
4	1 USE	4 CP 1 LA	235	SQ FT	4.45	1.60	6.05
5	3 USES	4 CP 1 LA	255	SQ FT	4.10	0.70	4.80
6	5 USES	4 CP 1 LA	265	SQ FT	3.94	0.65	4.59
	STEEL COLUMN ENCASEMENT FORMS						
7	1 USE	3 CP 1 LA	185	SQ FT	4.47	1.95	6.42
8	3 USES	3 CP 1 LA	220	SQ FT	3.76	0.90	4.66
9	5 USES	3 CP 1 LA	230	SQ FT	3.60	0.70	4.30
	** SPECIAL FORMWORK **						
10	BOXOUTS AND WALL OPENINGS	1 CP	40	SFCA	5.45	1.30	6.75
11	BLOCK OUT FORMS 6" DIAM	1 CP	400	EACH	0.55	0.35	0.90
12	BLOCK OUT FORMS 10" DIAM	1 CP	375	EACH	0.58	0.65	1.23
13	BEAM CARTON FORMS 12" WIDE	1 CP	390	LN FT	0.56	0.80	1.36
14	BEAM CARTON FORMS 24" WIDE	1 CP	390	LN FT	0.56	1.05	1.61
	BRICKSHELF, 4" SET BACK						
15	1 USE	2 CP	90	LN FT	4.84	1.30	6.14
16	2 USES	2 CP	120	LN FT	3.63	0.70	4.33
17	3 USES	2 CP	135	LN FT	3.23	0.50	3.73
	CHAMFER STRIPS, W/4 USES WOOD						
18	1/2"	1 CP	700	LN FT	0.31	0.09	0.40
19	1"	1 CP	580	LN FT	0.38	0.13	0.51
20	1 1/2"	1 CP	500	LN FT	0.44	0.17	0.61
	PVC						
21	1/2"	1 CP	650	LN FT	0.34	0.19	0.53
22	1"	1 CP	540	LN FT	0.40	0.24	0.64
23	1 1/2"	1 CP	470	LN FT	0.46	0.41	0.87
	COLUMN CAPITALS, RENTAL 3 USES PER MONTH						
24	4' DIAMETER	2 CP	6	EACH	72.67	27.00	99.67
25	5' DIAMETER	2 CP	5	EACH	87.20	37.00	124.20
26	7' DIAMETER	2 CP	3	EACH	145.33	58.50	203.83
	EQUIPMENT FOUNDATIONS, FORMWORK AND LAYOUT OF FOUNDATIONS. ANCHOR BOLTS, PLACING, OR EQUIPMENT GROUTING NOT INCLUDED.						
27	10 TO 20 SFCA	2 CP	60	SQ FT	7.27	1.07	8.34
28	20 TO 50 SFCA	2 CP	80	SQ FT	5.45	1.03	6.48
29	OVER 50 SFCA	2 CP	100	SQ FT	4.36	0.88	5.24
	FORM LINERS						
30	FOAM LINER			SQ FT		1.67	1.67
31	METAL			SQ FT		3.30	3.30
32	FIBERGLASS-REUSABLE			SQ FT		2.30	2.30
	COST VARYS WITH DESIGN AND QUANTITY						
	GAS STATION ISLAND FORMS, 12 GA STEEL 1 USE						
33	9" HIGH	2 CP	150	LN FT	2.91	7.60	10.51
34	12" HIGH	2 CP	130	LN FT	3.35	8.35	11.70
	KEYWAY, TAPERED 4 USES						
35	2"X4" WOOD	1 CP	500	LN FT	0.44	0.27	0.71
36	2"X6" WOOD	1 CP	400	LN FT	0.55	0.34	0.89
37	2"X3" PLASTIC	1 CP	450	LN FT	0.48	0.40	0.88
38	2"X4" PLASTIC	1 CP	450	LN FT	0.48	0.60	1.08
	PREFABRICATED FORMS 8' HIGH UNITS						
39	1 USE PER MONTH	3 CP 1 LA	800	SQ FT	1.03	0.81	1.84
40	2 USES PER MONTH	3 CP 1 LA	830	SQ FT	1.00	0.49	1.49
41	3 USES PER MONTH	3 CP 1 LA	850	SQ FT	0.97	0.43	1.40

CONCRETE

LINE	DESCRIPTION	OUTPUT CREW	PER DAY	UNIT	LABOR	MATERIAL	TOTAL
	STEEL FRAMED PLYWOOD FORMS 8' HIGH						
1	1 USE PER MONTH	3 CP 1 LA	600	SQ FT	1.38	1.13	2.51
2	2 USES PER MONTH	3 CP 1 LA	640	SQ FT	1.29	0.64	1.93
3	3 USES PER MONTH	3 CP 1 LA	680	SQ FT	1.22	0.45	1.67
	** FORM SUPPORT **						
	SCAFFOLD, TUBULAR STEEL (RENTAL ONLY) PANELS WITH BRACES-5' WIDE X 5'6" HIGH						
4	FIRST MONTH			MO		5.90	5.90
5	ADDITIONAL MONTHS			MO		2.55	2.55
6	NARROW AND LOWER SIZE PANELS, SAME COST						
	CASTER WHEELS FOR SCAFFOLD, PAIR REQUIRED FOR EACH PANEL AT FLOOR LEVEL						
7	FIRST MONTH			PAIR		10.10	10.10
8	ADDITIONAL MONTHS			PAIR		5.45	5.45
	HORIZONAL ADJUSTABLE SHORES, PER MONTH						
9	12' SPANS			EACH		4.35	4.35
10	20' SPANS			EACH		6.45	6.45
11	COMPLETE TUBULAR SCAFFOLDING FOR CONCRETE FRAME BUILDING, INCLUDING FURNISHING, PLACING, RE-INSTALLING, AND REMOVING FOR ENTIRE JOB. COST FOR 100,000 SF FLAT SLAB 8 STORY BLDG.			SQ FT		0.35	0.35
12	SCREEDS, 2"X4" WOOD 12 FT ON CENTER FOR SLABS. COST INCLUDED SETTING TO GRADE	2 CP	600	LN FT	0.73	0.40	1.13
	STEEL CURB ANGLES WITH ANCHORS FOR CAST IN PLACE						
13	3"X3"X1/4"	1 SM	200	LN FT	1.22	6.12	7.34
14	4"X4"X1/4"	1 SM	180	LN FT	1.36	7.15	8.51
	STEEL EDGE CHANNELS W/ANCHORS FOR CAST IN PLACE						
15	8" CHANNEL 11.5 LBS/LF	1 SM	130	LN FT	1.88	11.70	13.58
16	12" CHANNEL 20.7 LBS/LF	1 SM	90	LN FT	2.71	19.80	22.51
	** REINFORCING ACCESSORIES **						
	BEAM BOLSTERS						
	LOWER						
17	STANDARD 1 1/2"			MLF		340.00	340.00
18	STANDARD TO 3"			MLF		610.00	610.00
19	HEAVY DUTY TO 2 1/2"			MLF		686.00	686.00
20	HEAVY DUTY TO 5"			MLF		1,007	1,007
	UPPER						
21	STANDARD 1 1/2"			MLF		653.00	653.00
22	STANDARD TO 3"			MLF		943.00	943.00
23	HEAVY DUTY TO 2 1/2"			MLF		1,073	1,073
24	HEAVY DUTY TO 5"			MLF		1,413	1,413
	SLAB BOLSTERS, CONTINUOUS						
25	TO 1"			MLF		208.00	208.00
26	TO 2"			MLF		233.00	233.00
	FOR GALVANIZED BOLSTERS, ADD 10%						
	FOR PLASTIC BOLSTERS (SLAB ONLY), ADD 50%						
	HIGH CHAIRS						
	INDIVIDUAL						
27	3" HIGH			EACH		0.30	0.30
28	6" HIGH			EACH		0.54	0.54
29	8" HIGH			EACH		0.90	0.90
30	12" HIGH			EACH		1.34	1.34
	CONTINUOUS LEGS 8" OC						
31	4" HIGH			EACH		0.42	0.42
32	6" HIGH			EACH		0.71	0.71
33	8" HIGH			EACH		0.99	0.99
34	12" HIGH			LN FT		1.32	1.32
	FOR GALVANIZED HIGH CHAIRS ADD 15%						

3 CONCRETE

LINE	DESCRIPTION	OUTPUT CREW	PER DAY	UNIT	LABOR	MATERIAL	TOTAL
	TIE WIRE, 2000 LB LOTS						
1	14 GA BLACK			CWT		57.25	57.25
2	16 GA BLACK (MOST COMMONLY USED)			CWT		60.50	60.50
3	18 GA BLACK			CWT		62.50	62.50
4	16 GA ALUMINUM			CWT		454.00	454.00
5	16 GA COPPER PLY			CWT		237.00	237.00
6	16 GA MONEL			CWT		800.00	800.00
7	16 GA STAINLESS			CWT		537.00	537.00
8	BAR TIE 5" PIGTAIL	1 RI	700	EACH	0.34	0.05	0.39
	** REINFORCING IN PLACE **						
	A-615 STEEL GRADE 40 DEFORMED. MATERIAL COST INCLUDES SHOP BENDING AND ACCESSORIES LABOR COST INCLUDE PLACING AND HOISTING PLACING AND HOISTING.						
	FOUNDATIONS						
	CAISSON						
9	16" DIA W/4#6 BARS	2 RI	50	LN FT	9.42	3.20	12.62
10	24" DIA W/6#6 BARS	2 RI	35	LN FT	13.45	4.00	17.45
11	36" DIA W/8#8 BARS	2 RI	27	LN FT	17.44	7.50	24.94
	FOUNDATION MATS						
12	UNDER 5 TONS	4 RI	2.2	TON	428.07	727.00	1,155
13	5 TO 10 TONS	4 RI	2.2	TON	428.07	702.00	1,130
14	10 TO 20 TONS	4 RI	2.2	TON	428.07	681.00	1,109
15	20 TON AND OVER	4 RI	2.2	TON	428.07	659.00	1,087
	SPREAD FOOTING						
16	UNDER 5 TONS	4 RI	2.2	TON	428.07	632.00	1,060
17	5 TO 10 TONS	4 RI	2.2	TON	428.07	696.00	1,124
18	10 TO 20 TONS	4 RI	2.2	TON	428.07	675.00	1,103
19	OVER 3/4" BARS	4 RI	1.5	TON	627.84	622.00	1,250
20	20 TONS AND OVER	4 RI	2.2	TON	428.07	653.00	1,081
	STRIP FOOTING						
21	UNDER 5 TONS	4 RI	2.3	TON	409.46	727.00	1,136
22	5 TO 10 TONS	4 RI	2.3	TON	409.46	705.00	1,114
23	10 TO 20 TONS	4 RI	2.3	TON	409.46	692.00	1,101
24	20 TONS AND OVER	4 RI	2.3	TON	409.46	658.00	1,067
	PILE CAPS						
25	UNDER 5 TONS	4 RI	2.2	TON	428.07	727.00	1,155
26	5 TO 10 TONS	4 RI	2.2	TON	428.07	696.00	1,124
27	10 TO 20 TONS	4 RI	2.2	TON	428.07	658.00	1,086
28	20 TONS AND OVER	4 RI	2.2	TON	428.07	636.00	1,064
	GRADE BEAMS						
29	UNDER 5 TONS	4 RI	2.2	TON	428.07	727.00	1,155
30	5 TO 10 TONS	4 RI	2.2	TON	428.07	705.00	1,133
31	10 TO 20 TONS	4 RI	2.2	TON	428.07	681.00	1,109
32	20 TONS AND OVER	4 RI	2.2	TON	428.07	659.00	1,087
	PIERS						
33	UNDER 5 TONS	4 RI	1.9	TON	495.66	729.00	1,225
34	5 TO 10 TONS	4 RI	1.9	TON	495.66	725.00	1,221
35	10 TO 20 TONS	4 RI	1.9	TON	495.66	705.00	1,201
36	20 TONS AND ABOVE	4 RI	1.9	TON	495.66	681.00	1,177
	WALLS BELOW GRADE						
37	BARS #3 - #5 LIGHTWEIGHT	4 RI	1.9	TON	495.66	683.00	1,179
38	BARS #6 - #8 MEDIUMWEIGHT	4 RI	2.1	TON	448.46	685.00	1,133
39	BARS #9 AND UP HEAVYWEIGHT	4 RI	2.3	TON	409.46	687.00	1,096
	WALL ABOVE GRADE						
40	BARS #3 - #5 LIGHTWEIGHT	4 RI	2.1	TON	448.46	683.00	1,131
41	BARS #6 - #8 MEDIUMWEIGHT	4 RI	2.3	TON	409.46	684.00	1,093
42	BARS #9 AND UP HEAVYWEIGHT	4 RI	2.5	TON	376.70	686.00	1,063

CONCRETE 3

LINE	DESCRIPTION	OUTPUT CREW	PER DAY	UNIT	LABOR	MATERIAL	TOTAL
	SUPERSTRUCTURE						
	BUTTRESS						
1	UNDER 5 TONS	4 RI	2	TON	470.88	733.00	1,204
2	5 TO 10 TONS	4 RI	2	TON	470.88	722.00	1,193
3	10 TO 20 TONS	4 RI	2	TON	470.88	689.00	1,160
4	20 TONS AND OVER	4 RI	2	TON	470.88	666.00	1,137
	BEAMS						
5	UNDER 5 TONS	4 RI	1.7	TON	553.98	734.00	1,288
6	5 TO 10 TONS	4 RI	1.7	TON	553.98	722.00	1,276
7	10 TO 20 TONS	4 RI	1.7	TON	553.98	689.00	1,243
8	20 TONS AND OVER	4 RI	1.7	TON	553.98	666.00	1,220
	COLUMNS						
9	UNDER 5 TONS	4 RI	1.9	TON	495.66	734.00	1,230
10	5 TO 10 TONS	4 RI	1.9	TON	495.66	722.00	1,218
11	10 TO 20 TONS	4 RI	1.9	TON	495.66	689.00	1,185
12	20 TONS AND OVER	4 RI	1.9	TON	495.66	666.00	1,162
	WIRE MESH-BEAM AND COLUMN WRAPPING						
	GALVANIZED						
13	2X2 14 GA	2 RI	45	CSF	10.46	25.45	35.91
14	2X2 12 GA.	2 RI	40	CSF	11.77	28.25	40.02
	ELEVATED SLABS						
15	UNDER 5 TONS	4 RI	2.9	TON	324.74	734.00	1,059
16	5 TO 10 TONS	4 RI	2.9	TON	324.74	722.00	1,047
17	10 TO 20 TONS	4 RI	2.9	TON	324.74	689.00	1,014
18	20 TON AND OVER	4 RI	2.9	TON	324.74	666.00	990.74
	COST FACTORS ** CHECK LIST ** REINF. IN PLACE						
	FOR FIELD BENDING ADD TO LABOR 20% PER TON						
	FOR GRADE 60 ADD PER TON 10%						
	FOR GRADE 75 ADD PER TON 20%'						
	GALVANIZED REINFORCING						
19	UNDER 5 TON JOB ADD			TON		415.00	415.00
20	OVER 5 TON JOB ADD			TON		340.00	340.00
	EPOXY-COATED REINFORCEMENT						
21	UNDER 5 TON JOB ADD			TON		510.00	510.00
22	OVER 5 TON JOB ADD			TON		435.00	435.00
23	COATED REINFORCEMENT REQUIRES SPECIAL HANDLING INCREASE LABOR COST 5%						
24	DOWEL ROD	1 RI	350	LB	0.67	0.41	1.08
	SPRIALS, TOTAL COST IN PLACE						
25	HOT ROLLED	4 RI	1.2	TON	784.80	1,118	1,903
26	COLD DRAWN	4 RI	1.2	TON	784.80	1,210	1,995
	REINFORCING BAR SPLICING						
	BUTT WELD						
27	#4 BARS	1 SI	23	EACH	10.24	0.63	10.87
28	#6 BARS	1 SI	18	EACH	13.09	1.14	14.23
29	#10 BARS	1 SI	11.3	EACH	20.85	1.96	22.81
30	#14 BARS	1 SI	7.8	EACH	30.21	2.92	33.13
	MECHANICAL BUTT SPLICE-INCLUDING SLEEVE						
31	#6 BARS	1 SI	8.1	EACH	29.09	8.22	37.31
32	#10 BARS	1 SI	8	EACH	29.45	8.60	38.05
33	#14 BARS	1 SI	7.5	EACH	31.41	12.10	43.51
34	#18 BARS	1 SI	7.4	EACH	31.84	18.05	49.89
	SLAB ON GRADE						
	MESH (ELECTRIC WELDED MESH)						
35	6X6 10/10	2 RI	37	CSF	12.73	8.85	21.58
36	6X6 8/8	2 RI	30	CSF	15.70	14.59	30.29
37	6X6 6/6	2 RI	26	CSF	18.11	18.00	36.11
38	6X6 4/4	2 RI	22	CSF	21.40	22.80	44.20
39	6X6 0/0	2 RI	18	CSF	26.16	34.11	60.27
40	4X4 10/10	2 RI	28	CSF	16.82	13.85	30.67
41	4X4 8/8	2 RI	23	CSF	20.47	20.57	41.04
42	4X4 6/6	2 RI	19	CSF	24.78	26.65	51.43
43	4X4 4/4	2 RI	17	CSF	27.70	34.75	62.45
	FOR GALVANIZED MESH-ADD 35% TO MATERIAL						
	BARS						
44	#3 TO #7	4 RI	2.3	TON	409.46	699.00	1,108

1988 DODGE UNIT COST DATA

3 CONCRETE

LINE	DESCRIPTION	CREW	PER DAY	UNIT	LABOR	MATERIAL	TOTAL
	** PRESTRESSED REINFORCING **						
	TENDONS, 100 TO 200 FT LENGTHS						
	UNGROUTED						
1	50 KIP	2 RI	600	LB	0.78	2.25	3.03
2	100 KIP	2 RI	800	LB	0.59	2.25	2.84
3	200 KIP	2 RI	1000	LB	0.47	2.25	2.72
	GROUTED						
4	50 KIP	2 RI	500	LB	0.94	2.90	3.84
5	100 KIP	2 RI	700	LB	0.67	2.70	3.37
6	200 KIP	2 RI	900	LB	0.52	2.45	2.97
	BARS, 100 FT LENGTH						
	UNGROUTED						
7	42 KIP	2 RI	1000	LB	0.47	1.55	2.02
8	143 KIP	2 RI	1150	LB	0.41	1.35	1.76
	GROUTED						
9	42 KIP	2 RI	750	LB	0.63	1.80	2.43
10	143 KIP	2 RI	900	LB	0.52	1.55	2.07
	WIRE MESH, BEAM AND COLUMN WRAPPING, GALVANIZED						
11	2X2 14 GA	2 RI	45	CSF	10.46	27.05	37.51
12	2X2 12 GA	2 RI	40	CSF	11.77	29.85	41.62
	FIBROUS REINFORCEMENT						
13	LOW CARBON STEEL			LB		0.45	0.45
14	STAINLESS STEEL			LB		2.60	2.60
15	POLYPROPYLENE FIBER			LB		8.45	8.45
	** CONCRETE MATERIALS **						
	CONCRETE ADDITIVES & ADMIXTURES						
	PER BAG OF CEMENT						
16	CONCRETE FLUIDIZER			GAL		4.50	4.50
17	AIR ENTRAINING ADMIXTURE					0.56	
18	CONCRETE COLOR - RED PIGMENT			CU YD		0.08	0.08
19	ACCELERATOR - INTEGRAL HARDNER			CU YD		7.50	7.50
				CU YD		3.64	3.64
20	CONCRETE STAINS			SQ FT		0.04	0.04
21	CHEMICAL HARDNER			CSF		0.05	0.05
22	POLYURETHANE HARDNER			SQ FT		0.06	0.06
23	CONCRETE & TERRAZZO SEALER			SQ FT		0.04	0.04
24	CURING DUSTPROOFING & HARDNER			SQ FT		0.02	0.02
25	CONCRETE BONDING, PATCHING, PLASTER &						
26	STUCCO			SQ FT		0.05	0.05
27	1/4" TOPPING, POLYMER ADMIXTURE			SQ FT		0.23	0.23
28	FLOOR HARDNER - METALLIC			SQ FT		0.54	0.54
29	FLOOR TOPPING 1/4" METALLIC			SQ FT		3.59	3.59
30	COLOR & HARDNER			SQ FT		0.33	0.33
31	INTEGRAL BLACK CONCRETE COLOR 5# /CY			CU YD		9.20	9.20
32	GROUT - NON SHRINK ADDITIVE			CU FT		15.15	15.15
33	GROUT-NON SHRINK-METALLIC .588 CF/65#						
34	BAG			CU FT		31.00	31.00
35	SPRAYED AGGREGATE SYSTEM			SQ FT		0.33	0.33
36	WATERPROOFING LIQUID 1 GAL/75 SF			SQ FT		0.18	0.18
37	TEXTURED COATING-REGULAR (PER 2 COATS)					0.15	
38	PROTECTIVE COATING EPOXY			SQ FT		0.19	0.19
39	COLORS			LB		0.55	0.55
40	LIQUID HARDENERS 300 SF/GAL			GAL		9.75	9.75
	** CONCRETE ACCESSORIES **						
	EXPANSION JOINTS, POURED						
	ASPHALT						
41	1/2"X1"	1 LA	600	LN FT	0.29	0.18	0.47
42	1"X2"	1 LA	300	LN FT	0.58	0.21	0.79
	NEOPRENE LIQUID						
43	1/2"X1"	1 LA	250	LN FT	0.69	0.22	0.91
44	1"X2"	1 LA	175	LN FT	0.99	0.50	1.49

CONCRETE

LINE	DESCRIPTION	OUTPUT CREW	PER DAY	UNIT	LABOR	MATERIAL	TOTAL
	POLYURETHANE						
1	1/2"X1"	1 LA	250	LN FT	0.69	0.30	0.99
2	1"X2"	1 LA	175	LN FT	0.99	0.97	1.96
	RUBBERIZED ASPHALT						
3	1/2"X1"	1 LA	250	LN FT	0.69	0.16	0.85
4	1"X2"	1 LA	175	LN FT	0.99	0.19	1.18
	RUBBERIZED ASPHALT, FUEL RESISTANT						
5	1/2"X1"	1 LA	230	LN FT	0.75	0.18	0.93
6	1"X2"	1 LA	160	LN FT	1.08	0.23	1.31
	EXPANSION JOINTS, PREMOLDED						
	ASPHALT						
7	1/2"X6"	1 CP	350	LN FT	0.62	0.71	1.33
8	1"X12"	1 CP	230	LN FT	0.95	2.12	3.07
	CORK AND RESIN						
9	1/2"X6"	1 CP	340	LN FT	0.64	1.27	1.91
10	1"X12"	1 CP	225	LN FT	0.97	2.02	2.99
	CORK SELF EXPANDING						
11	1/2"X6"	1 CP	340	LN FT	0.64	2.76	3.40
12	1"X12"	1 CP	225	LN FT	0.97	4.39	5.36
	NEOPRENE						
13	1/2"X6"	1 CP	350	LN FT	0.62	1.19	1.81
14	1"X12"	1 CP	230	LN FT	0.95	2.90	3.85
	POLYURETHANE						
15	1/2"X6"	1 CP	350	LN FT	0.62	0.98	1.60
16	1"X12"	1 CP	230	LN FT	0.95	3.83	4.78
	POLYVINYL CHLORIDE						
17	1/2"X6"	1 CP	340	LN FT	0.64	2.55	3.19
18	1"X12"	1 CP	225	LN FT	0.97	6.20	7.17
	RUBBER						
19	1/2"X6"	1 CP	350	LN FT	0.62	2.70	3.32
20	1"X12"	1 CP	230	LN FT	0.95	7.75	8.70
	WATERSTOP, POLYVINYL CHLORIDE						
21	3/16"X4"	1 CP	140	LN FT	1.56	1.54	3.10
22	3/16"X6"	1 CP	130	LN FT	1.68	2.10	3.78
23	3/16"X9"	1 CP	110	LN FT	1.98	2.90	4.88
24	3/8"X6" RIBBED	1 CP	125	LN FT	1.74	2.80	4.54
25	3/8"X6" RIBBED AND CENTER BULB	1 CP	125	LN FT	1.74	5.50	7.24
26	3/8"X9" RIBBED	1 CP	105	LN FT	2.08	4.20	6.28
27	3/8"X9" RIBBED AND CENTER BULB	1 CP	105	LN FT	2.08	5.55	7.63
28	3/8"X6" DUMBBELL TYPE	1 CP	125	LN FT	1.74	3.95	5.69
29	1/2"X6" DUMBBELL TYPE	1 CP	120	LN FT	1.82	4.80	6.62
	WATERSTOP, SHEET COPPER 24/Z						
30	12" WITH CENTER EXPANSION VEE	1 CP	100	LN FT	2.18	7.75	9.93
	WATERSTOP- SHEET STEEL- JOINTS FIELD WELDED						
31	1/8" X 8"	1 SM	80	LN FT	3.05	8.05	11.10
	AGGREGATE COSTS ARE AVERAGE PRICES IN TRUCK LOAD LOTS DELIVERED TO SITE.						
32	CRUSHED GRAVEL, WASHED 2700 LB/CY			TON		7.95	7.95
33	CRUSHED STONE, 2800 LB/CY 3/4" TO 1 1/2"			TON		8.45	8.45
34	SAND, WASHED 2700 LB/CY			TON		8.20	8.20
	CEMENT SHIPPED IN PAPER BAGS OR IN BULK BY TRUCK PRICE CAN VARY DUE TO LOCAL MARKET CONDITION						
	PORTLAND CEMENT						
35	TRUCKLOAD OR CARLOAD			BAG		3.50	3.50
36	LESS THAN TRUCKLOAD OR CARLOAD			BAG		7.72	7.72
	HI-EARLY PORTLAND						
37	TRUCKLOAD OR CARLOAD			BAG		3.71	3.71
38	LESS THAN TRUCKLOAD OR CARLOAD			BAG		4.53	4.53
	PORTLAND WHITE						
39	TRUCKLOAD OR CARLOAD			BAG		7.42	7.42
40	LESS THAN TRUCKLOAD OR CARLOAD			BAG		7.62	7.62
	WHITE HI-EARLY						
41	TRUCKLOAD OR CARLOAD			BAG		8.03	8.03
42	LESS THAN TRUCKLOAD OR CARLOAD			BAG		8.86	8.86

1988 DODGE UNIT COST DATA

3   CONCRETE

LINE	DESCRIPTION	OUTPUT			UNIT COSTS		
		CREW	PER DAY	UNIT	LABOR	MATERIAL	TOTAL
1	PORTLAND CEMENT, TRUCKED BULK. U.S. AVERAGE			BBL		10.20	10.20
	LIGHTWEIGHT EXPANDED AGGREGATE						
2	2500 PSI			CU YD		75.00	75.00
3	3000 PSI			CU YD		76.00	76.00
4	3500 PSI			CU YD		77.00	77.00
5	4000 PSI			CU YD		78.00	78.00
6	4500 PSI			CU YD		78.00	78.00
7	5000 PSI			CU YD		79.00	79.00
	** PLACING CONCRETE **						
	PLACING CONCRETE IS DIVIDED IN TO THE THREE MAIN METHODS OF PLACEMENT. THE LABOR AND MATERIAL BREAKDOWN AS FOLLOWS-						
8	DIRECT CHUTE = CREW = 1CP-4LA-1CM MATERIAL = 2 VIBRATORS						
9	CRANE AND BUCKET= CREW = 1CP-4LA-1CM-1HE-10L MATERIAL = 2 VIBRATORS- 1 CRANE AND BUCKET						
10	PUMP = CREW = 1CP-5LA-1CM-1HE MATERIAL = 2 VIBRATORS- 1 CONCRETE PUMP ALL COSTS ARE PER CUBIC YARD OF CONCRETE						
	FOUNDATION						
	MAT FOUNDATION						
11	DIRECT CHUTE LABOR COST=$3.09/CUYD		365	CU YD		0.18	0.18
12	CRANE / BUCKET LABOR COST=$5.17/CUYD		300	CU YD		2.36	2.36
13	PUMP LABOR COST=$5.03/CUYD		330	CU YD		1.81	1.81
	SPREAD FOOTING						
14	DIRECT CHUTE LABOR COST=$9.82/CUYD		115	CU YD		0.52	0.52
15	CRANE / BUCKET LABOR COST=$15.36/CUYD		101	CU YD		6.96	6.96
16	PUMP LABOR COST=$16.45/CUYD		107	CU YD		5.58	5.58
	STRIP FOOTING						
17	DIRECT CHUTE LABOR COST=$9.03/CUYD		125	CU YD		0.50	0.50
18	CRANE / BUCKET LABOR COST=$15.99/CUYD		97	CU YD		7.29	7.29
19	PUMP LABOR COST=$16.00/CUYD		110	CU YD		5.42	5.42
	PILE CAPS						
20	DIRECT CHUTE LABOR COST=$5.11/CUYD		221	CU YD		0.27	0.27
21	CRANE / BUCKET LABOR COST=$8.08/CUYD		192	CU YD		3.70	3.70
22	PUMP LABOR COST=$8.80/CUYD		200	CU YD		2.96	2.96
	GRADE BEAMS						
23	DIRECT CHUTE LABOR COST=$7.19/CUYD		157	CU YD		0.39	0.39
24	CRANE / BUCKET LABOR COST=$12.82/CUYD		121	CU YD		5.87	5.87
25	PUMP LABOR COST=$13.23/CUYD		133	CU YD		6.62	6.62
	PIERS						
26	DIRECT CHUTE LABOR COST=$18.82/CUYD		60	CU YD		1.01	1.01
27	CRANE / BUCKET LABOR COST=$36.93/CUYD		42	CU YD		16.76	16.76
28	PUMP LABOR COST=$36.67/CUYD		48	CU YD		12.27	12.27
	WALL						
	8" THICK						
29	DIRECT CHUTE LABOR COST=$11.87/CUYD		95	CU YD		0.62	0.62
30	CRANE / BUCKET LABOR COST=$18.92/CUYD		82	CU YD		8.56	8.56
31	PUMP LABOR COST=$20.23/CUYD		87	CU YD		6.69	6.69
	12" THICK						
32	DIRECT CHUTE LABOR COST=$10.96/CUYD		103	CU YD		0.66	0.66
33	CRANE / BUCKET LABOR COST=$16.68/CUYD		93	CU YD		7.42	7.42
34	PUMP LABOR COST=$17.96/CUYD		98	CU YD		5.88	5.88
	16" THICK						
35	DIRECT CHUTE LABOR COST=$10.26/CUYD		110	CU YD		0.55	0.55
36	CRANE / BUCKET LABOR COST=$15.83		98	CU YD		7.15	7.15

CONCRETE 3

LINE	DESCRIPTION	OUTPUT CREW	PER DAY	UNIT	LABOR	MATERIAL	TOTAL
	SUPERSTRUCTURE						
	BEAMS - ELEVATED						
1	CRANE / BUCKET LABOR COST=$28.20/CUYD		55	CU YD		6.36	6.36
2	PUMP LABOR COST=$28.39		62	CU YD		9.51	9.51
	COLUMNS (ROUND OR SQUARE)						
3	CRANE / BUCKET LABOR COST=$36.93/CUYD		42	CU YD		16.76	16.76
4	PUMP LABOR COST=$36.67/CUYD		48	CU YD		12.29	12.29
	ELEVATED SLAB						
	TO 6"						
5	CRANE / BUCKET LABOR COST=$15.51/CUYD		100	CU YD		7.03	7.03
6	PUMP LABOR COST=$15.30/CUYD		115	CU YD		5.11	5.11
	6" TO 10"						
7	CRANE / BUCKET LABOR COST=$13.49/CUYD		115	CU YD		5.98	5.98
8	PUMP LABOR COST=$12.85/CUYD		137	CU YD		4.27	4.27
	** CAST IN PLACE **						
	CAST IN PLACE CONCRETE- 20 CITIES COST INCLUDING 3000PSI CONCRETE- FORMS- REINFORCING- AND PLACING FINISHING NOT INCLUDED.						
	FOUNDATIONS						
	FOUNDATIONS MATS						
9	CONDITIONS - GOOD	2 LA 1 RI	4 CP	25 CU YD	58.14	72.80	130.94
10	CONDITIONS - DIFFICULT	4 LA 1 RI	4 CP	21 CU YD	85.70	87.00	172.70
	SPREAD FOOTING						
11	CONDITIONS - GOOD	2 LA 1 RI	4 CP	50 CU YD	29.07	78.00	107.07
12	CONDITIONS - DIFFICULT	4 LA 1 RI	4 CP	40 CU YD	44.99	91.00	135.99
	STRIP FOOTING						
13	CONDITIONS - GOOD	2 LA 1 RI	4 CP	38 CU YD	38.25	68.00	106.25
14	CONDITIONS - DIFFICULT	4 LA 1 RI	4 CP	25 CU YD	71.98	76.00	147.98
	PILE CAPS						
15	CONDITIONS - GOOD	2 LA 1 RI	4 CP	35 CU YD	41.53	83.00	124.53
16	CONDITIONS - DIFFICULT	4 LA 2 RI	4 CP	28 CU YD	72.68	94.00	166.68
	GRADE BEAMS						
17	CONDITIONS - GOOD	2 LA 1 RI	4 CP	38 CU YD	38.25	77.00	115.25
	CONDITIONS - DIFFICULT	4 LA	4 CP	24 CU YD	65.17	88.00	153.17
18	CAISSON	2 LA 1 RI	4 CP	50 CU YD	29.07	611.00	640.07
	COLUMNS AND PILASTER PIERS						
19	CONDITIONS - GOOD	2 LA 1 RI	4 CP	15 CU YD	96.90	172.00	268.90
20	CONDITIONS - DIFFICULT	6 LA 1 RI	4 CP	8 CU YD	268.21	242.00	510.21
	WALLS BELOW GRADE						
	TO 8' LIGHT						
21	CONDITIONS - GOOD	2 LA 1 RI	4 CP	11 CU YD	132.14	127.00	259.14
22	CONDITIONS - DIFFICULT	6 LA 1 RI	4 CP	7 CU YD	306.53	160.00	466.53
	TO 12' LIGHT						
23	CONDITIONS - GOOD	2 LA 1 RI	4 CP	10.5 CU YD	138.43	133.00	271.43
24	CONDITIONS - DIFFICULT	6 LA 1 RI	4 CP	6 CU YD	357.61	179.00	536.61

1988 DODGE UNIT COST DATA

3 CONCRETE

LINE	DESCRIPTION	OUTPUT CREW	PER DAY	UNIT	UNIT COSTS LABOR	MATERIAL	TOTAL
	SLAB-ON-GRADE						
	INCLUDES FINE GRADE -1" STONE BASE -VAPOR BARRIER -REINFORCEMENT-AND 3000PSI CONCRETE SCREED TO GRADE FINISH NOT INCLUDED						
1	4" SLAB	3 LA 2 CM	1 CP	2000 SQ FT	0.58	0.79	1.37
2	6" SLAB	3 LA 2 CM	1 CP	1950 SQ FT	0.59	1.11	1.70
3	8" SLAB	3 LA 2 CM	1 CP	1800 SQ FT	0.64	1.59	2.23
4	12" SLAB	3 LA 2 CM	1 CP	1400 SQ FT	0.83	2.75	3.58
5	THICKEN SLAB AREAS (SLAB HAUNCH)	3 LA 2 CM	1 CP	10 CU YD	115.79	74.31	190.10
	SUPERSTRUCTURE BEAMS						
6	CONDITIONS - GOOD	2 LA 1 RI	4 CP	12 CU YD	121.13	174.00	295.13
7	CONDITIONS - DIFFICULT	4 LA 1 RI	4 CP	5 CU YD	359.92	269.00	628.92
	COLUMNS SQUARE						
8	CONDITIONS - GOOD	2 LA 1 RI	4 CP	6.4 CU YD	227.11	197.00	424.11
9	CONDITIONS - DIFFICULT	4 LA 1 RI	4 CP	4.2 CU YD	428.48	276.00	704.48
	ROUND						
10	CONDITIONS - GOOD	2 LA 1 RI	4 CP	6.5 CU YD	223.62	234.00	457.62
11	CONDITIONS - DIFFICULT	4 LA 1 RI	4 CP	4 CU YD	449.90	379.00	828.90
	SLAB ABOVE GRADE (ELEVATED SLAB) FLAT						
12	CONDITIONS - GOOD	2 LA 1 RI	4 CP	25 CU YD	58.14	117.00	175.14
13	CONDITIONS - DIFFICULT	4 LA 1 RI	4 CP	12 CU YD	149.97	133.00	282.97
	WAFFLE						
14	CONDITIONS - GOOD	2 LA 1 RI	4 CP	19 CU YD	76.50	138.00	214.50
15	CONDITIONS - DIFFICULT	4 LA 1 RI	4 CP	14 CU YD	128.54	156.00	284.54
	ONE WAY SLAB						
16	CONDITIONS - GOOD	2 LA 1 RI	4 CP	13.2 CU YD	110.12	163.00	273.12
17	CONDITIONS - DIFFICULT	4 LA 1 RI	4 CP	8.6 CU YD	209.26	190.00	399.26
	TWO WAY SLAB						
18	CONDITIONS - GOOD	2 LA 1 RI	4 CP	13.1 CU YD	110.96	168.00	278.96
19	CONDITIONS - DIFFICULT	4 LA 1 RI	4 CP	8.4 CU YD	214.24	194.00	408.24
	WALLS ABOVE GRADE						
20	TO 8" THICK	2 LA 1 RI	4 CP	10 CU YD	145.35	123.00	268.35
21	TO 12" THICK	2 LA 1 RI	4 CP	11.5 CU YD	126.39	104.00	230.39
22	TO 16" THICK	2 LA 1 RI	4 CP	13 CU YD	111.81	89.00	200.81
	MISC. CAST IN PLACE CONCRETE						
23	EQUIP PADS	2 LA 1 RI	4 CP	8 CU YD	181.69	153.00	334.69
24	CURBS - 6"X18"	2 LA 1 RI	4 CP	420 LN FT	3.46	4.85	8.31
25	PITS- WALLS	2 LA 1 RI	4 CP	7 CU YD	207.65	161.00	368.65
26	SLAB	2 LA 1 RI	4 CP	8 CU YD	181.69	146.00	327.69

CONCRETE

LINE	DESCRIPTION	OUTPUT CREW	PER DAY	UNIT	LABOR	MATERIAL	TOTAL
	STAIRS						
1	ON GRADE	2 LA 4 CP 1 RI	160	LN FT	9.08	6.92	16.00
2	FREESTANDING	2 LA 4 CP 1 RI	120	LN FT	12.11	4.87	16.98
3	PAN FILLED	2 LA 4 CP 1 RI	150	LN FT	9.69	3.30	12.99
4	COST FACTORS * * CHECK LIST * * CONC IN PLACE FOR BUILDINGS OVER 5 STORIES-ADD 1% 4 1/2 X THE NUMBER OF FLOORS OVER 5						
5	WINTER CAST IN PLACE EXTRA COST MATERIAL COST ADD LABOR COST ADD 10% FINISH COST ADD 20% HEAT AND PROTECT	1 LA	55	CU YD CU YD	3.15	1.27 2.15	1.27 5.30
	** SPECIAL CONCRETE **						
	CONC STAIR FILL IN TREAD PANS						
6	1-1/2" THICK	2 CM 1 LA	400	SQ FT	1.48	0.38	1.86
7	2" THICK	2 CM 1 LA	340	SQ FT	1.75	0.44	2.19
8	2-1/2" THICK	2 CM 1 LA	300	SQ FT	1.98	0.49	2.47
	POURED GYPSUM FLOOR UNDERLAYMENT						
9	3/4" THICK	1 CM	700	SQ FT	0.30	0.44	0.74
10	1" THICK	1 CM	650	SQ FT	0.32	0.55	0.87
11	DRY PACKING 1" THICK - SUBCONTRACT			SQ FT		4.10	4.10
12	DRY PACKING 1" THICK "METALIC" SUBCONTRACT			SQ FT		5.15	5.15
13	PRESSURE GROUTING - SUBCONTRACT			CU YD		3.75	3.75
14	GUNITE VERTICAL 1" THICK - SUBCONTRACT			SQ FT		2.60	2.60
	GUNITE, APPLIED OVER MESH (MESH INCL.)						
15	1"	2 CM 1 LA	250	SQ FT	2.38	1.81	4.19
16	2"	2 CM 1 LA	200	SQ FT	2.97	2.59	5.56
17	3"	2 CM 1 LA	160	SQ FT	3.71	3.53	7.24
	COST VARIES WITH JOB SIZE, HEIGHTS AND WORKING CONDITIONS.						
	** CONCRETE TOPPING **						
18	INTEGRAL CONCRETE TOPPING 1"	2 CM 1 LA	800	SQ FT	0.74	0.23	0.97
19	GRANOLITHIC TOPPING	2 CM 1 LA	700	SQ FT	0.85	0.30	1.15
20	NON SLIP ABRASIVE	1 CM	800	SQ FT	0.26	0.22	0.48
	FLOOR HARDENER						
21	METALIC	1 CM	700	SQ FT	0.30	0.24	0.54
22	NON METALIC	1 CM	850	SQ FT	0.25	0.20	0.45
23	TROWLED COLORS (3 APPLICATIONS)	1 CM	700	SQ FT	0.30	0.21	0.51
24	WALL PARGING	1 CM	1000	SQ FT	0.21	0.12	0.33
	** CONCRETE FINISH **						
	SLAB FINISH						
25	SCREED FINISH	1 CM	900	SQ FT	0.23	0.02	0.25
26	DARBY FINISH	1 CM	770	SQ FT	0.27	0.02	0.29
27	FLOAT FINISH	1 CM	850	SQ FT	0.25	0.02	0.27
28	STEEL TROWEL						
29	HAND	1 CM	500	SQ FT	0.42	0.15	0.57
30	MACHINE	1 CM	750	SQ FT	0.28	0.24	0.52
31	BROOM FINISH	1 CM	750	SQ FT	0.28	0.31	0.59
32	EXPOSED AGGREGATE	1 CM	400	SQ FT	0.53	0.21	0.74
33	SCORING	1 CM	800	LN FT	0.26	0.21	0.47
	WALL (VERTICAL) FINISH						
34	REMOVE TIES AND FILL VOIDS	1 CM	550	SQ FT	0.38	0.09	0.47
35	REMOVE AND PATCH FINS	1 CM	525	SQ FT	0.40	0.11	0.51
36	RUB - CARBORUNDUM						
37	DRY	1 CM	500	SQ FT	0.42	0.15	0.57
38	WET	1 CM	480	SQ FT	0.44	0.26	0.70

3 CONCRETE

LINE	DESCRIPTION	OUTPUT CREW	PER DAY	UNIT	LABOR	MATERIAL	TOTAL
1	SANDBLASTING						
2	LIGHT	2 CM 1 LA	650	SQ FT	0.91	0.28	1.19
3	HEAVY	2 CM 1 LA	550	SQ FT	1.08	0.36	1.44
4	BUSHHAMMERING	1 CM	120	SQ FT	1.75	0.24	1.99
5	ACID WASH AND RINSE	1 CM	800	SQ FT	0.26	0.19	0.45
6	STAIR FINISH						
7	FLOAT	1 CM	300	SQ FT	0.70	0.03	0.73
8	TROWEL - STEEL	1 CM	250	SQ FT	0.84	0.03	0.87

9 FOR FINISHING EXPOSED UNDERSIDE OF ELEVATED SLAB ADD 20% TO LABOR AND MATERIAL COST

LIQUID MEMBRANE CURING- COVERAGE IS APPROXIMATE, DEPENDING ON THE POROSITY AND FINISH OF SURFACE

LINE	DESCRIPTION	CREW	PER DAY	UNIT	LABOR	MATERIAL	TOTAL
10	WHITE PIGMENTED CURING COMPOUND	1 CM	900	SQ FT	0.23	0.02	0.25
11	RESIN BASE CURING COMPOUND	1 CM	900	SQ FT	0.23	0.02	0.25
12	ACRYLIC CURING COMPOUND	1 CM	800	SQ FT	0.26	0.03	0.29
13	CURING AND SEALING LIQUID COMPOUND	1 CM	900	SQ FT	0.23	0.05	0.28
14	SPRAY HARDNER	1 CM	900	SQ FT	0.23	0.14	0.37
15	STATIC-DISSEMINATING CURE	1 CM	450	SQ FT	0.47	0.17	0.64
16	POLYETHYLENE SHEETING	1 CM 1 LA	3000	SQ FT	0.13	0.06	0.19
17	CURING BLANKET (REUSABLE)	1 CM 1 LA	3000	SQ FT	0.13	0.24	0.37
18	DUSTPROOFING SILICATE LIQUID	1 CM	1800	SQ FT	0.12	0.06	0.18
19	EPOXY COATING 1 COAT CLEAR	1 CM	1500	SQ FT	0.14	0.06	0.20
20	STAIR FINISH FLOAT	1 CM	300	SQ FT	0.70	0.06	0.76
21	STAIR FINISH ABRASIVE	1 CM	200	SQ FT	1.05	0.09	1.14

** PRECAST PANELS & MEMBERS **

ALL PRECAST CONCRETE INCLUDES TRUCKING, HOISTING AND PLACING. STEEL SUPPORTING MEMBERS ARE NOT INCLUDED. FOR DELIVERY OVER 50 MILES ADD 10% FOR EACH 50 MILES. COST VARIES DUE TO PANEL DESIGN, DETAILS AND JOB CONDITIONS.

PRECAST WALL PANELS

LINE	DESCRIPTION	CREW	PER DAY	UNIT	LABOR	MATERIAL	TOTAL
22	3" THICK	2 CM 1 LA 1 RI	2400	SQ FT	0.35	12.20	12.55
23	4" THICK	2 CM 1 LA 1 RI	2300	SQ FT	0.36	12.30	12.66
24	5" THICK	2 CM 1 LA 1 RI	2100	SQ FT	0.39	12.30	12.69
25	6" THICK	2 CM 1 LA 1 RI	2000	SQ FT	0.41	12.35	12.76
26	7" THICK	2 CM 1 LA 1 RI	1800	SQ FT	0.46	12.35	12.81
27	8" THICK	2 CM 1 LA 1 RI	1800	SQ FT	0.46	12.40	12.86

PRECAST PANELS (EXTERIOR)
  NON-LOAD BEARING

LINE	DESCRIPTION	CREW	PER DAY	UNIT	LABOR	MATERIAL	TOTAL
28	PLAIN GREY SMOOTH FINISH	2 CM 1 RI	1500	SQ FT	0.44	12.40	12.84
29	PLAIN GREY TEXTURED FINISH	2 CM 1 RI	1500	SQ FT	0.44	12.75	13.19
30	WHITE TEXTURED FINISH	2 CM 1 RI	1500	SQ FT	0.44	13.60	14.04
31	PLAIN GREY EXPOSED AGGREGATE	2 CM 1 RI	1500	SQ FT	0.44	13.45	13.89
32	WHITE EXPOSED AGGREGATE	2 CM 1 RI	1500	SQ FT	0.44	16.10	16.54
	LOAD BEARING						
33	PLAIN GREY SMOOTH FINISH	2 CM 1 RI	1500	SQ FT	0.44	15.05	15.49
34	WHITE TEXTURED	2 CM 1 RI	1500	SQ FT	0.44	16.10	16.54
	SANDWICH NON-LOAD BEARING						
35	PLAIN GREY SMOOTH FINISH	2 CM 1 RI	1500	SQ FT	0.44	15.10	15.54
36	PLAIN GREY TEXTURED FINISH	2 CM 1 RI	1500	SQ FT	0.44	15.45	15.89
37	WHITE TEXTURED FINISH	2 CM 1 RI	1500	SQ FT	0.44	15.75	16.19
38	PLAIN GREY EXPOSED AGGREGATE	2 CM 1 RI	1500	SQ FT	0.44	16.45	16.89
39	WHITE EXPOSED AGGREGATE	2 CM 1 RI	1500	SQ FT	0.44	19.80	20.24
	SANDWICH LOAD BEARING						
40	PLAIN GREY SMOOTH FINISH	2 CM 1 RI	1500	SQ FT	0.44	16.50	16.94
41	WHITE TEXTURED FINISH	2 CM 1 RI	1500	SQ FT	0.44	18.05	18.49

CONCRETE

LINE	DESCRIPTION		OUTPUT			UNIT COSTS		
			CREW	PER DAY	UNIT	LABOR	MATERIAL	TOTAL
	COLUMNS							
1	12"X12"		2 HE 1 CM	2 SI	100 LN FT	11.42	48.20	59.62
2	18"X18"		2 HE 1 CM	2 SI	100 LN FT	11.42	60.50	71.92
3	24"X24"		2 HE 1 CM	2 SI	100 LN FT	11.42	71.15	82.57
	BEAMS							
4	12"X12"		2 HE 1 CM	2 SI	150 LN FT	7.61	47.45	55.06
5	12"X18"		2 HE 1 CM	2 SI	150 LN FT	7.61	54.80	62.41
6	12"X24"		2 HE 1 CM	2 SI	150 LN FT	7.61	69.10	76.71
7	12"X36"		2 HE 1 CM	2 SI	150 LN FT	7.61	92.20	99.81
	** PRECAST CONCRETE TEES **							
	SINGLE							
8	10' WIDE X 24" DEEP		2 HE 1 CM	2 SI	1550 SQ FT	0.74	4.75	5.49
9	10' WIDE X 30" DEEP		2 HE 1 CM	2 SI	1500 SQ FT	0.76	5.15	5.91
10	10' WIDE X 36" DEEP		2 HE 1 CM	2 SI	1450 SQ FT	0.79	5.10	5.89
11	10' WIDE X 48" DEEP		2 HE 1 CM	2 SI	1400 SQ FT	0.82	6.60	7.42
12	6' WIDE X 12" DEEP		2 HE 1 CM	2 SI	1450 SQ FT	0.79	5.40	6.19
13	6' WIDE X 18" DEEP		2 HE 1 CM	2 SI	1400 SQ FT	0.82	6.05	6.87
14	6' WIDE X 24" DEEP		2 HE 1 CM	2 SI	1360 SQ FT	0.84	6.45	7.29
	DOUBLE							
15	6' WIDE X 12" DEEP		2 HE 1 CM	2 SI	1600 SQ FT	0.71	4.30	5.01
16	6' WIDE X 18" DEEP		2 HE 1 CM	2 SI	1550 SQ FT	0.74	4.55	5.29
17	6' WIDE X 24" DEEP		2 HE 1 CM	2 SI	1500 SQ FT	0.76	4.95	5.71
	** PRECAST PRESTRESSED CONCRETE **							
	COSTS INCLUDE TRUCKING, HOISTING, AND PLACING. COSTS VARIES WITH DESIGN, SPANS, TRUCKING AND JOB CONDITIONS. FOLLOWING ARE TYPICAL PRICES.							
18	FLOOR MEMBERS		2 CM	1 LA	250 SQ FT	2.38	8.85	11.23
19	ROOF MEMBERS		2 CM	1 LA	300 SQ FT	1.98	5.55	7.53
20	WALL MEMBERS		2 CM	1 LA	200 SQ FT	2.97	6.20	9.17
21	COLUMNS		2 CM	1 LA	70 LN FT	8.48	4.40	12.88
	PLANKS							
	HOLLOW CORE							
22	6" THICK		2 HE 2 CM	2 RI	1500 SQ FT	0.90	2.90	3.80
23	8" THICK		2 HE 2 CM	2 RI	1200 SQ FT	1.13	3.15	4.28
24	12" THICK		2 HE 2 CM	2 RI	1000 SQ FT	1.35	4.35	5.70
	LIGHTWEIGHT							
25	2" THICK		2 HE 2 CM	2 RI	2000 SQ FT	0.68	2.00	2.68
26	2 3/4" THICK		2 HE 2 CM	2 RI	1800 SQ FT	0.75	2.10	2.85
27	3 3/4" THICK		2 HE 2 CM	2 RI	1500 SQ FT	0.90	3.75	4.65

3 CONCRETE

LINE	DESCRIPTION	OUTPUT CREW	PER DAY	UNIT	UNIT COSTS LABOR	MATERIAL	TOTAL
	PREFABRICATED DECKING CEMENT FIBER - PLANKS						
1	1" THICK	2 RF 1 HE	2 LA 2300	SQ FT	0.43	0.67	1.10
2	1 1/2" THICK	2 RF 1 HE	2 LA 2300	SQ FT	0.43	0.97	1.40
3	2" THICK	2 RF 1 HE	2 LA 2300	SQ FT	0.43	1.29	1.72
4	2 1/2" THICK	2 RF 1 HE	2 LA 2300	SQ FT	0.43	1.62	2.05
5	3" THICK	2 RF 1 HE	2 LA 2300	SQ FT	0.43	1.94	2.37
	PREFAB - CEMENT FIBER ROOF DECK FIBERSUBSTRATE T & G OR PLAIN BUTT END						
6	2" THICK	2 RF 1 HE	2 LA 2400	SQ FT	0.41	0.81	1.22
7	2 1/2" THICK	2 RF 1 HE	2 LA 2400	SQ FT	0.41	0.91	1.32
8	3" THICK	2 RF 1 HE	2 LA 2400	SQ FT	0.41	1.13	1.54
9	3 1/2" THICK	2 RF 1 HE	2 LA 2400	SQ FT	0.41	1.29	1.70
10	4" THICK	2 RF 1 HE	2 LA 2400	SQ FT	0.41	1.46	1.87
	FIBER T & G - CHANNEL REINFORCED						
11	2" THICK	2 RF 1 HE	2 LA 2300	SQ FT	0.43	0.91	1.34
12	2 1/2" THICK	2 RF 1 HE	2 LA 2300	SQ FT	0.43	1.03	1.46
13	3" THICK	2 RF 1 HE	2 LA 2300	SQ FT	0.43	1.24	1.67
14	3 1/2" THICK	2 RF 1 HE	2 LA 2300	SQ FT	0.43	1.40	1.83
15	4" THICK	2 RF 1 HE	2 LA 2300	SQ FT	0.43	1.56	1.99
	URETHANE 1/2" ADDED TO ABOVE SUBSTRATE FACTORY ADDITIVE						
16	3 1/2"	2 RF 1 HE	2 LA 2300	SQ FT	0.43	2.15	2.58
17	7/16" WAFERBOARD	2 RF 1 HE	2 LA 2300	SQ FT	0.43	0.54	0.97
	CONCRETE, CENTRAL MIX 20 CITY AVERAGE REGULAR MIX						
18	2000 PSI			CU YD		49.00	49.00
19	2500 PSI			CU YD		50.00	50.00
20	3000 PSI			CU YD		51.00	51.00
21	3500 PSI			CU YD		52.00	52.00
22	4000 PSI			CU YD		55.00	55.00
23	4500 PSI			CU YD		56.00	56.00
24	5000 PSI			CU YD		57.00	57.00
25	FOR HI-EARLY CEMENT ADD			CU YD		5.15	5.15
	LIGHTWEIGHT SAND AGGREGATE						
26	2500 PSI			CU YD		65.80	65.80
27	3000 PSI			CU YD		68.40	68.40
28	3500 PSI			CU YD		72.50	72.50
29	4000 PSI			CU YD		73.60	73.60
30	4500 PSI			CU YD		74.60	74.60
31	5000 PSI			CU YD		75.60	75.60
	GROUT CENTRAL MIX						
32	ONE TO THREE MIX			CU YD		59.00	59.00
33	ONE TO TWO MIX			CU YD		64.00	64.00
34	WINTER DELIVERY CHARGE ADD CHECK SUPPLIERS FOR OTHER SPECIAL CHARGES			CU YD		1.22	1.22

CONCRETE

LINE	DESCRIPTION	CREW	OUTPUT PER DAY	UNIT	LABOR	MATERIAL	TOTAL
	PRECAST CONCRETE TILT UP CONSTRUCTION						
1	6" EDGE FORM (INCLUDES LABOR & MATERIALS)			SQ FT		2.60	2.60
2	BLOCK OUT FORMS-KEYWAY			LN FT		4.20	4.20
3	CHAMFER STRIPS			LN FT		0.75	0.75
4	BOND BREAKER			SQ FT		0.05	0.05
5	CASTING BED PREPARATIONS			SQ FT		0.14	0.14
6	EMBEDDED INSERTS FOR BRACING			EACH		19.40	19.40
7	LIFTING INSERTS			EACH		20.45	20.45
8	INSTALL EMBEDDED METAL LABOR COST ONLY			LBS	2.15		2.15
9	PLACE 3000# CONCRETE LABOR ONLY			CU YD	11.80		11.80
10	AGGREGRATE FINISH - 1/2" TO 1 1/12 PEBBLES			SQ FT	0.90		0.90
11	EXPOSED AGGREGATE POURED IN MATRIX			SQ FT		0.65	0.65
12	LIFT PANEL 5 TO 8" THICK			SQ FT	0.66		0.66
13	BRACING AND SHORING			SQ FT		0.19	0.19
14	PAD-LEVELLING			EACH		14.00	14.00
15	GROUTING PANEL AND JOINTS EMBECO			LN FT		7.35	7.35
16	BOND BREAKERS			SQ FT		0.04	0.04
	** PRECAST CONCRETE TRIM **						
17	PRECAST COPING, 12"	2 BL 1 LA	120	LN FT	5.14	6.60	11.74
	PRECAST LINTELS						
18	4"X8"	2 BL 1 LA	300	LN FT	2.06	3.25	5.31
19	6"X8"	2 BL 1 LA	250	LN FT	2.47	4.65	7.12
20	8"X8" "U" TYPE TO 10' SPAN	2 BL 1 LA	225	LN FT	2.74	3.90	6.64
21	8"X8" "U" TYPE 10' TO 16' SPAN	2 BL 1 LA	200	LN FT	3.09	5.35	8.44
22	PRECAST WINDOW SILLS, 12" WIDE	2 BL 1 LA	100	LN FT	6.17	5.40	11.57
	ROADWAY CURBS FURNISH & PLACE ONLY						
23	6"X18"	2 CM 1 LA	100	LN FT	5.94	5.55	11.49
24	6"X24"	2 CM 1 LA	85	LN FT	6.99	6.05	13.04
	RADIUS CURBS						
25	6"X18"	2 CM 1 LA	80	LN FT	7.42	6.90	14.32
26	6"X24"	2 CM 1 LA	70	LN FT	8.48	8.00	16.48
	AIR CONDITIONING SLAB PADS						
27	24"X36"	2 LA	10	EACH	34.61	10.30	44.91
28	26"X36"	2 LA	10	EACH	34.61	11.05	45.66
29	24"X36"	2 LA	10	EACH	34.61	11.05	45.66
30	30"X30"	2 LA	9	EACH	38.45	10.60	49.05
31	30"X36"	2 LA	9	EACH	38.45	12.90	51.35
32	32"X42"	2 LA	9	EACH	38.45	12.75	51.20
33	32"X44"	2 LA	8	EACH	43.26	16.65	59.91
34	36"X36"	2 LA	8	EACH	43.26	15.45	58.71
35	30" ROUND	2 LA	10	EACH	34.61	8.10	42.71
36	36" ROUND	2 LA	10	EACH	34.61	12.15	46.76
	LIGHTWEIGHT AGGREGATE, PACKAGED 4 CF/BAG VERMICULITE						
37	CARLOAD LOT			CU FT		1.10	1.10
38	LESS THAN CARLOAD LOT			CU FT		1.35	1.35
39	VITREOUS AGGREGATE, FOR EXPOSED COLOR FINISH 100 LB. BAGS COST VARYS GREATLY			LB		0.80	0.80
	** CEMENTITIOUS DECKING **						
	POURED GYPSUM ROOF DECKS, ADD TO FORMBOARD						
40	2"	2 CM 2 LA	3000	SQ FT	0.26	0.56	0.82
41	2 1/2"	2 CM 2 LA	2750	SQ FT	0.28	0.65	0.93
42	3"	2 CM 2 LA	2500	SQ FT	0.31	0.75	1.06
	POURED INSULATION, ADD TO FORMBOARD						
43	LIGHTWEIGHT CONCRETE 2"	2 CM 2 LA	2750	SQ FT	0.28	0.60	0.88
44	LIGHTWEIGHT CONCRETE 3"	2 CM 2 LA	2500	SQ FT	0.31	0.76	1.07
45	VERMICULITE FILL 2"	2 LA	2550	SQ FT	0.14	0.65	0.79
46	VERMICULITE FILL 3"	2 LA	2500	SQ FT	0.14	0.73	0.87

CONCRETE

LINE	DESCRIPTION	CREW	PER DAY	UNIT	LABOR	MATERIAL	TOTAL
	CEMENT FIBER PLANK LIGHTWEIGHT T & G						
1	2" THICK	2 CP	900	SQ FT	0.48	1.24	1.72
2	2 1/2" THICK	2 CP	875	SQ FT	0.50	1.44	1.94
3	3" THICK	2 CP	850	SQ FT	0.51	1.53	2.04
	SUB-PURLINS						
4	6' SPAN	2 SI	2300	SQ FT	0.20	0.36	0.56
5	8' SPAN	2 SI	2500	SQ FT	0.19	0.49	0.68
	FORMBOARDS FOR POURED DECKS INCL SUB-PURLINS						
6	ACOUSTICAL 1"	2 CP	1400	SQ FT	0.31	1.10	1.41
7	ACOUSTICAL 2"	2 CP	1300	SQ FT	0.34	1.81	2.15
8	ASBESTOS CEMENT BOARD 1/4"	2 CP	1400	SQ FT	0.31	0.66	0.97
9	GYPSUM BOARD 1/2"	2 CP	1500	SQ FT	0.29	0.54	0.83
10	MINERAL FIBER 1"	2 CP	1400	SQ FT	0.31	0.60	0.91
11	MINERAL FIBER 2"	2 CP	1300	SQ FT	0.34	0.86	1.20
12	WOOD FIBER 1"	2 CP	1400	SQ FT	0.31	0.66	0.97
	NON-SHRINK METALLIC GROUT						
13	STANDARD (ADD EQUAL CEMENT)			LB		0.81	0.81
14	PRE-MIXED (READY TO USE)			LB		0.64	0.64
15	SET ACCELERATOR (FOR COLD TEMP) TO 1.6 GAL/CY			GAL		4.30	4.30
16	SET RETARDER (FOR HOT TEMP) TO .2 GAL/CY			GAL		11.85	11.85
17	WATERPROOFING, INTEGRAL WITH CONCRETE MIX 5 LBS/CY			LB		0.62	0.62
	** CONCRETE REPAIR **						
18	PATCH TIE HOLES	1 CM	500	SQ FT	0.42	0.09	0.51
19	BURLAP RUBBING	1 CM	600	SQ FT	0.35	0.09	0.44
20	SANDBLASTING	2 CM 1 LA	550	SQ FT	1.08	0.35	1.43
21	BUSHHAMMERING	1 CM	100	SQ FT	2.10	0.40	2.50
22	BURLAP RUB WITH GROUT	1 CM	500	SQ FT	0.42	0.09	0.51
23	PATCH & REMOVE FINS	1 CM	600	SQ FT	0.35	0.08	0.43
24	GRIND SMOOTH MAT'L	1 CM	700	SQ FT	0.30	0.06	53.36
	EQUIP					53.00	

MORTAR

LINE	DESCRIPTION	CREW	PER DAY	UNIT	LABOR	MATERIAL	TOTAL
	** MORTAR **						
	THE FOLLOWING CEMENTS AND MORTARS ARE PRICED ON MATERIAL ONLY IN LESS THAN CARLOAD LOTS. FOR CARLOAD LOTS, DEDUCT 10%.						
1	GYPSUM CEMENT, 100 LB BAG			BAG		8.10	8.10
2	FIRE CLAY, GREY 100 LB BAG			BAG		11.60	11.60
3	LIME, MASONS HYDRATED 50 LB BAG			BAG		3.85	3.85
4	LIME, FINISH HYDRATED 50 LB BAG			BAG		4.05	4.05
5	MASONRY CEMENT, GREY 70 LB BAG			BAG		4.80	4.80
6	MASONRY CEMENT, WHITE 70 LB BAG			BAG		10.00	10.00
7	PORTLAND CEMENT 94 LB BAG			BAG		5.50	5.50
8	SAND, MORTAR 60 LB BAG			BAG		2.69	2.69
	COLORING POWDER 50 LB BAG USE 4 - 8 LBS/BAG OF MORTAR CEMENT						
9	BLACK OR BROWN			BAG		74.30	74.30
10	BLUE			BAG		89.60	89.60
11	GREEN			BAG		126.75	126.75
12	RED			BAG		60.10	60.10
13	YELLOW			BAG		73.20	73.20
	MORTAR, MIXED BY MACHINE						
14	GYPSUM CEMENT MORTAR	1 LA	350	CU FT	0.49	2.95	3.44
15	MASONRY CEMENT MORTAR	1 LA	350	CU FT	0.49	2.05	2.54
16	PORTLAND CEMENT AND LIME MORTAR 1:1:4 MIX	1 LA	350	CU FT	0.49	2.75	3.24
17	POINTING MORTAR, SELF EXPANDING	1 LA	350	CU FT	0.49	40.40	40.89
18	EPOXY MORTAR, FOR PREFAB MASONRY PANELS	1 LA	350	CU FT	0.49	21.75	22.24
19	CALCIUM CHLORIDE 100#BAG			BAG		15.35	15.35
20	BLOCK FILL 4CF BAGS			EACH		5.52	5.52
21	SILICONE			GAL		12.75	12.75
22	HYDROCAL 100# BAG			EACH		17.05	17.05
	CEMENT COLORS						
23	RED			LB		1.90	1.90
24	GREEN			LB		3.75	3.75
25	BLACK			LB		1.95	1.95
26	HI-TEMP REFRACTORY MORTAR (100 LBS)=1 DRUM			DRUM		36.50	36.50
	** MASONRY ACCESSORIES **						
	MASONRY REINFORCEMENT GALV. 9 GA (MATERIALS ONLY)						
27	TRUSS #4 STANDARD			MLF		101.50	101.50
28	TRUSS #6 STANDARD			MLF		102.60	102.60
29	TRUSS #8 STANDARD			MLF		106.55	106.55
30	TRUSS #12 STANDARD			MLF		117.95	117.95
31	LADDER #4 STANDARD			MLF		71.60	71.60
32	LADDER #6 STANDARD			MLF		75.65	75.65
33	LADDER #8 STANDARD			MLF		79.75	79.75
34	LADDER #12 STANDARD			MLF		87.75	87.75
35	TRUSS #4 HOT DIPPED			MLF		177.60	177.60
36	TRUSS #6 HOT DIPPED			MLF		179.60	179.60
37	TRUSS #8 HOT DIPPED			MLF		185.70	185.70
38	TRUSS #12 HOT DIPPED			MLF		204.00	204.00
39	LADDER #4 HOT DIPPED			MLF		129.30	129.30
40	LADDER #6 HOT DIPPED			MLF		131.70	131.70
41	LADDER #8 HOT DIPPED			MLF		138.65	138.65
42	LADDER #12 HOT DIPPED			MLF		160.70	160.70
	MASONRY ANCHORS, STEEL (W/BOLTS)						
43	3/16"X18" LONG	1 BL	100	EACH	2.22	1.40	3.62
44	3/16"X24" LONG	1 BL	95	EACH	2.34	1.80	4.14
45	1/4"X18" LONG	1 BL	95	EACH	2.34	1.85	4.19
46	1/4"X24" LONG	1 BL	80	EACH	2.78	2.15	4.93
	THRU WALL FLASHING						
47	5 OZ COPPER	1 BL	120	SQ FT	1.85	1.35	3.20
48	.030 ELASTOMERIC	1 BL	120	SQ FT	1.85	0.41	2.26

4 MORTAR

LINE	DESCRIPTION	OUTPUT			UNIT COSTS		
		CREW	PER DAY	UNIT	LABOR	MATERIAL	TOTAL
	CONTROL JOINTS, PVC						
1	2 3/8" JOINTS	1 BL	200	LF	1.11	1.65	2.76
2	4 7/8" JOINTS	1 BL	180	LF	1.23	2.30	3.53
3	11 1/8" JOINTS	1 BL	160	LF	1.39	3.55	4.94
4	CONCRETE WALL TIES 7/8"X7"	1 BL	120	EACH	1.85	0.04	1.89
5	ADJ. WALL TIE - 3/16" GALV. MILL	1 BL	60	EACH	3.70	0.37	4.07
6	DOVE TAIL SLOT ANCHORS 3/16"	1 BL	60	EACH	3.70	0.41	4.11
7	MASONRY ANCHORS, 1"X8"X2" BEND 12 GA.	1 BL	80	EACH	2.78	0.51	3.29
8	FRAME & BRICK ANCHORS 1 1/4"X3 1/2"X2" BEND	1 BL	80	EACH	2.78	0.31	3.09
	** BRICK MASONRY **						
	MASONRY PRICES ARE FOR ALL LABOR AND MATERIAL INCLUDING HOISTING, SCAFFOLDING, AND CLEANING FOR STRAIGHT WALLS. PRODUCTIVITY SHOWN IS BASED ON AVERAGE OUTPUT. SINCE WIDE VARIATIONS CAN OCCUR, ESTIMATOR SHOULD ADJUST FOR ACTUAL PRODUCTION.						
	COMMON BRICK, RED CLAY						
9	4" BACK UP	4 BL 2 LA	2	M	617.04	196.00	813.04
10	12" WALL STRUCK JOINTS	4 BL 2 LA	2.2	M	560.95	203.00	763.95
11	16" WALL STRUCK JOINTS	4 BL 2 LA	2.3	M	536.56	202.00	738.56
12	4" WALL USED AS FACE BRICK	4 BL 2 LA	1.6	M	771.30	206.00	977.30
	FACE BRICK, RED CLAY, STANDARD SIZE RUNNING BOND						
13	4" VENEER	4 BL 2 LA	1.5	M	822.72	295.00	1,118
14	4" CAVITY WALL	4 BL 2 LA	1.5	M	822.72	309.00	1,132
15	9" SOLID WALL	4 BL 2 LA	1.6	M	771.30	315.00	1,086
	SPECIAL BONDS, 4" VENEER						
16	FULL HEADERS EVERY 6TH COURSE	4 BL 2 LA	1.4	M	881.49	303.00	1,184
17	SNAP HEADERS EVERY 6TH COURSE	4 BL 2 LA	1.4	M	881.49	308.00	1,189
18	FLEMISH, FULL HEADER AT 6TH COURSE	4 BL 2 LA	1.4	M	881.49	295.00	1,176
19	FLEMISH BOND (SNAP HEADERS)	4 BL 2 LA	1.2	M	1,028	325.00	1,353
20	SOLDIER COURSING	4 BL 2 LA	0.8	M	1,543	297.00	1,840
21	STRETCHER COURSING	4 BL 2 LA	0.9	M	1,371	295.00	1,666
	FACE BRICK, STANDARD SIZE, SPECIAL TYPES						
22	GLAZED BRICK, 4" VENEER	4 BL 2 LA	1.4	M	881.49	495.00	1,376
23	SAND-LINE BRICK, 4" VENEER	4 BL 2 LA	1.5	M	822.72	317.00	1,140
24	SCANTLED BRICK - MODERATE	4 BL 2 LA	1.2	M	1,028	343.00	1,371
25	SCANTLED BRICK - EXTREME	4 BL 2 LA	1	M	1,234	358.00	1,592
	BRICK						
26	STANDARD 3-5/8X2-1/4X8"	6.55/SF					
27	70 SERIES 3-5/8X2-3/4X8"	5.50/SF					
28	ECONOMY 3-5/8X3-5/8X8"	4.50/SF					
29	UTILITY 3-5/8X3-5/8X11-5/8"	3.00/SF					
30	PANELBRICK 3-5/8X7-5/8X7-5/8"	2.18/SF					
31	NORMAN 3-5/8X2-1/4X11-5/8	4.57/SF					
32	SCR 5-5/8X3-5/8X11-5/8"	3.00/SF					
33	JUMBO 4X6X12"	3.00/SF					
34	NORWEGIAN 4X3-1/5X12"	3.75/SF					
35	NORMAN 3-5/8X2-1/4X11-5/8"	4.57/SF					
	FACE BRICK, PRE-FABRICATED PANELS OF STANDARD BRICK & EPOXY MORTAR. COSTS INCLUDE HOISTING						
36	4" PANEL, RUNNING BOND	4 BL 1 LA	1.6	M	663.15	540.00	1,203
37	4" PANEL, FLEMISH BOND	4 BL 1 LA	1.3	M	816.18	588.00	1,404
	BRICK PAVING, HARD RED BRICK STANDARD SIZE LAID WITH MORTAR JOINT ON PREPARED CONCRETE BED. CONCRETE NOT INCLUDED.						
38	COMMON BOND	2 BL 1 LA	170	SQ FT	3.63	2.70	6.33
39	BASKET WEAVE	2 BL 1 LA	100	SQ FT	6.17	2.80	8.97
40	HERRINGBONE	2 BL 1 LA	65	SQ FT	9.49	2.95	12.44
41	STACKED BOND	2 BL 1 LA	140	SQ FT	4.41	2.80	7.21

MORTAR

4

LINE	DESCRIPTION	OUTPUT CREW	PER DAY	UNIT	LABOR	MATERIAL	TOTAL
	LAID IN SAND, DRY JOINTS						
1	COMMON BOND	2 BL 1 LA	200	SQ FT	3.09	2.35	5.44
2	BASKET WEAVE	2 BL 1 LA	180	SQ FT	3.43	2.35	5.78
3	HERRINGBONE	2 BL 1 LA	150	SQ FT	4.11	2.65	6.76
4	STACKED BOND	2 BL 1 LA	190	SQ FT	3.25	2.70	5.95
	BRICK STEPS, TREADS AND RISERS ON CONCRETE COMMON OR STACKED						
5	LAID FLAT	2 BL 1 LA	80	SQ FT	7.71	3.50	11.21
6	LAID ON EDGE	2 BL 1 LA	60	SQ FT	10.28	4.65	14.93
	BRICK PIERS, COLUMNS, PILASTERS, STANDARD FACE BRICK.						
7	12"X12"	2 BL 1 LA	1	M	617.04	362.35	979.39
8	16"X16"	2 BL 1 LA	1.1	M	560.95	362.35	923.30
9	24"X24"	2 BL 1 LA	1.2	M	514.20	381.55	895.75
	FIREPLACE BRICKWORK COMPLETE, NOT INCLUDING FOUNDATION, CHIMNEY, OR CARPENTRY.						
10	30" WIDE X 24" HIGH OPENING	1 BL	0.3	EACH	740.00	302.00	1,042
11	WITH METAL HEAT CIRCULATOR	1 BL	0.2	EACH	1,110	479.00	1,589
	FIREBRICK						
12	8 1/4"X4"X2 1/4"	2 BL 1 LA	1	M	617.04	725.00	1,342
13	9"X4 1/2"X2 1/2" HIGH HEAT	2 BL 1 LA	0.8	M	771.30	1,043	1,814
14	REINFORCED LINTEL 4" X 8" (UP TO 6')			LN FT		2.35	2.35
15	REINFORCED LINTEL 6" X 8" (UP TO 6')			LN FT		2.90	2.90
	** CONCRETE UNIT MASONRY **						
16	CURBING BLOCK 4"X8"X16"	1 BL	50	EACH	4.44	0.97	5.41
17	CHIMNEY BLOCK 16"X16"	1 BL	30	EACH	7.40	3.25	10.65
	HOLLOW BLOCK Z CORE WITH KORFIL INSULATION						
18	6"X8"X16"			EACH		1.08	1.08
19	8"X8"X16"			EACH		1.19	1.19
20	10"X8"X16"			EACH		1.31	1.31
21	12"X8"X16"			EACH		1.31	1.31
	PATIO BLOCKS - MACHINE MADE						
22	2X HEXAGON GRAY			EACH		1.06	1.06
23	2X HEXAGON RED			EACH		1.14	1.14
24	INTERLOCK PAVERS - GRAY			EACH		0.30	0.30
25	INTERLOCK PAVERS - BROWN			EACH		0.37	0.37
26	INTERLOCK PAVERS - RED			EACH		0.39	0.39
27	INTERLOCK PAVERS - SLATE			EACH		0.41	0.41
28	SCALLOP BLOCK 2"X8"X16"			EACH		0.85	0.85
29	CURB BLOCK 4"X8"X16"			EACH		1.04	1.04
30	PATIO ROUNDS 18" DIAM			EACH		4.12	4.12
31	PATIO SLABS 24"X24"			EACH		10.34	10.34
32	PARTITION TILE 3"X12"X12"			EACH		1.93	1.93
33	PARTITION TILE 4"X12"X12"			EACH		2.12	2.12
34	PARTITION TILE 6"X12"X12"			EACH		2.87	2.87
35	PARTITION TILE 8"X12"X12"			EACH		3.64	3.64
36	DECOR BLOCK 4"X12"X12"			EACH		2.05	2.05
37	DECOR BLOCK 8"X12"X12"			EACH		2.80	2.80
	SLUMP BLOCK						
38	4"X3"X24" (2 PER SQ FT)	1 CP 1 LA	90	SQ FT	4.34	2.31	6.65
39	4"X4"X8" (4.5 PER SQ FT)	1 CP 1 LA	90	SQ FT	4.34	2.44	6.78
40	4"X4"X12" (3 PER SQ FT)	1 CP 1 LA	90	SQ FT	4.34	1.87	6.21
41	4"X4"X16" (2.25 PER SQ FT)	1 CP 1 LA	90	SQ FT	4.34	1.45	5.79
42	4"X4"X24" (1.5 PER SQ FT)	1 CP 1 LA	80	SQ FT	4.89	1.25	6.14
43	6"X4"X16" (2.25 PER SQ FT)	1 CP 1 LA	90	SQ FT	4.34	1.67	6.01

1988 DODGE UNIT COST DATA

4 MORTAR

LINE	DESCRIPTION		CREW	PER DAY	UNIT	LABOR	MATERIAL	TOTAL
	CINDER OR GRAVEL CONCRETE BLOCK							
1	12"X8"X16"	HOLLOW 2 CORE	2 BL 1 LA	168	SQ FT	3.67	1.38	5.05
2	12"X8"X16"	HOLLOW 3 CORE	2 BL 1 LA	168	SQ FT	3.67	1.42	5.09
3	12"X8"X16"	PIER-BULLNOSE-SASH	2 BL 1 LA	126	SQ FT	4.90	1.61	6.51
4	12"X4"X16"	HALF HIGH HOLLOW	2 BL 1 LA	153	SQ FT	4.03	2.75	6.78
5	12"X8"X16"	SEMI SOLID-BOND BEAM	2 BL 1 LA	114	SQ FT	5.41	1.72	7.13
6	12"X8"X16"	SOLID	2 BL 1 LA	120	SQ FT	5.14	1.93	7.07
7	10"X8"X16"	HOLLOW	2 BL 1 LA	198	SQ FT	3.12	1.36	4.48
8	10"X8"X16"	SASH-BULLNOSE	2 BL 1 LA	120	SQ FT	5.14	1.52	6.66
9	10"X8"X16"	LINTEL	2 BL 1 LA	120	SQ FT	5.14	1.72	6.86
10	8"X8"X16"	HOLLOW 2 CORE	2 BL 1 LA	228	SQ FT	2.71	0.95	3.66
11	8"X8"X16"	HOLLOW 3 CORE	2 BL 1 LA	222	SQ FT	2.78	0.98	3.76
12	8"X8"X16"	SASH-PIER-BULLNOSE-HEADER	2 BL 1 LA	120	SQ FT	5.14	1.18	6.32
13	8" X 8" (2' SECTION) FLUE LINER				EACH		7.16	7.16
14	8" X 12" (2' SECTION) FLUE LINER				EACH		8.36	8.36
15	12" X 12" (2' SECTION) FLUE LINER				EACH		10.15	10.15
16	12" X 18" (2' SECTION) FLUE LINER				EACH		23.09	23.09
17	18" X 18" (2' SECTION) FLUE LINER				EACH		23.88	23.88
18	FLUE LINER CLAY 13"X13"				EACH		9.53	9.53
19	FLUE LINER CLAY 13"X18"				EACH		17.55	17.55
20	BELGIAN BLOCK		1 BL 1 LA	240	EACH	1.65	1.25	2.90
21	MANHOLE BARREL BLOCK 6"				EACH		1.14	1.14
22	MANHOLE BATTERS 6"				EACH		1.50	1.50
23	CATCH BASIN STRETCHERS 6"				EACH		1.01	1.01
24	CATCH BASIN CORNERS 6"				EACH		1.64	1.64
25	8"X8"X16"	SEMI/SOLID LINTEL OR BOND	2 BL 1 LA	204	SQ FT	3.02	1.32	4.34
26	6"X8"X16"	HOLLOW	2 BL 1 LA	276	SQ FT	2.24	0.75	2.99
27	6"X8"X16"	SASH-BULLNOSE	2 BL 1 LA	144	SQ FT	4.29	0.89	5.18
28	6"X8"X16"	SOLID	2 BL 1 LA	192	SQ FT	3.21	1.08	4.29
29	4"X8"X16"	HOLLOW	2 BL 1 LA	312	SQ FT	1.98	0.67	2.65
30	4"X8"X16"	SOLID	2 BL 1 LA	270	SQ FT	2.29	0.79	3.08
31	4"X8"X12"	SOLID	2 BL 1 LA	276	SQ FT	2.24	0.90	3.14
32	4"X8"X8"	SOLID	2 BL 1 LA	300	SQ FT	2.06	1.45	3.51
33	3"X8"X16"	HOLLOW	2 BL 1 LA	276	SQ FT	2.24	0.64	2.88
34	3"X8"X16"	SOLID	2 BL 1 LA	312	SQ FT	1.98	0.75	2.73
35	2"X8"X16" OR 18" SOLID		2 BL 1 LA	324	SQ FT	1.90	0.73	2.63
36	12"X8"X18"	HOLLOW 2 CORE	2 BL 1 LA	156	SQ FT	3.96	1.25	5.21
37	12"X8"X18"	HOLLOW 3 CORE	2 BL 1 LA	150	SQ FT	4.11	1.28	5.39
38	12"X8"X18"	SASH-PIER-BULLNOSE	2 BL 1 LA	120	SQ FT	5.14	1.45	6.59
39	12"X8"X18"	SEMI/SOLID LINTEL OR BOND	2 BL 1 LA	228	SQ FT	2.71	1.55	4.26
40	10"X8"X18"	HOLLOW	2 BL 1 LA	163	SQ FT	3.79	1.23	5.02
41	10"X8"X18"	SASH-BULLNOSE	2 BL 1 LA	120	SQ FT	5.14	1.38	6.52
42	10"X8"X18"	LINTEL	2 BL 1 LA	108	SQ FT	5.71	1.44	7.15
43	8"X8"X18"	HOLLOW 2 CORE	2 BL 1 LA	234	SQ FT	2.64	0.86	3.50
44	8"X8"X18"	HOLLOW 3 CORE	2 BL 1 LA	228	SQ FT	2.71	0.89	3.60
45	8"X8"X18"	SASH-PIER-BULLNOSE-HEADER	2 BL 1 LA	120	SQ FT	5.14	1.06	6.20
46	6"X8"X18"	HOLLOW	2 BL 1 LA	270	SQ FT	2.29	0.69	2.98
47	6"X8"X18"	SOLID	2 BL 1 LA	192	SQ FT	3.21	0.95	4.16
48	4"X8"X18"	HOLLOW OR 3"	2 BL 1 LA	216	SQ FT	2.86	0.59	3.45
49	4"X8"X18"	SOLID OR 3"	2 BL 1 LA	228	SQ FT	2.71	0.69	3.40
	LIGHTWEIGHT CONCRETE BLOCK							
50	12"X8"X16"	HOLLOW 2 CORE	2 BL 1 LA	163	SQ FT	3.79	1.66	5.45
51	12"X8"X16"	HOLLOW 3 CORE	2 BL 1 LA	160	SQ FT	3.86	1.70	5.56
52	12"X8"X16"	PIER-BULLNOSE-SASH	2 BL 1 LA	144	SQ FT	4.29	1.89	6.18
53	12"X4"X16"	HALF HIGH HOLLOW	2 BL 1 LA	153	SQ FT	4.03	3.09	7.12
54	12"X8"X16"	SEMI SOLID-BOND BEAM	2 BL 1 LA	120	SQ FT	5.14	2.00	7.14
55	12"X8"X16"	SOLID	2 BL 1 LA	165	SQ FT	3.74	2.15	5.89
56	10"X8"X16"	HOLLOW	2 BL 1 LA	201	SQ FT	3.07	1.64	4.71
57	10"X8"X16"	SASH-BULLNOSE	2 BL 1 LA	120	SQ FT	5.14	2.12	7.26
58	10"X8"X16"	LINTEL	2 BL 1 LA	108	SQ FT	5.71	2.00	7.71
59	8"X8"X16"	HOLLOW 2 CORE	2 BL 1 LA	234	SQ FT	2.64	1.18	3.82
60	8"X8"X16"	HOLLOW 3 CORE	2 BL 1 LA	228	SQ FT	2.71	1.20	3.91
61	8"X8"X16"	SASH-PIER-BULLNOSE-HEADER	2 BL 1 LA	120	SQ FT	5.14	1.40	6.54
62	8"X8"X16"	SEMI/SOLID LINTEL OR BOND	2 BL 1 LA	222	SQ FT	2.78	1.54	4.32
63	6"X8"X16"	HOLLOW	2 BL 1 LA	270	SQ FT	2.29	0.90	3.19
64	6"X8"X16"	SASH-BULLNOSE	2 BL 1 LA	132	SQ FT	4.67	1.02	5.69
65	6"X8"X16"	SOLID	2 BL 1 LA	240	SQ FT	2.57	1.13	3.70

MORTAR

LINE	DESCRIPTION		CREW	PER DAY	UNIT	LABOR	MATERIAL	TOTAL
1	4"X8"X16"	HOLLOW	2 BL 1 LA	306	SQ FT	2.02	0.79	2.81
2	4"X8"X16"	SOLID	2 BL 1 LA	264	SQ FT	2.34	0.79	3.13
3	4"X8"X12"	SOLID	2 BL 1 LA	288	SQ FT	2.14	0.83	2.97
4	4"X8"X8"	SOLID	2 BL 1 LA	312	SQ FT	1.98	0.81	2.79
5	3"X8"X16"	HOLLOW	2 BL 1 LA	312	SQ FT	1.98	0.72	2.70
6	3"X8"X16"	SOLID	2 BL 1 LA	240	SQ FT	2.57	0.85	3.42
7	2"X8"X16" OR 18"	SOLID	2 BL 1 LA	300	SQ FT	2.06	0.82	2.88
8	12"X8"X18"	HOLLOW 2 CORE	2 BL 1 LA	156	SQ FT	3.96	1.50	5.46
9	12"X8"X18"	HOLLOW 3 CORE	2 BL 1 LA	151	SQ FT	4.09	1.53	5.62
10	12"X8"X18"	SASH-PIER-BULLNOSE	2 BL 1 LA	120	SQ FT	5.14	1.70	6.84
11	12"X8"X18"	SEMI/SOLID LINTEL OR BOND	2 BL 1 LA	144	SQ FT	4.29	1.80	6.09
12	10"X8"X18"	HOLLOW	2 BL 1 LA	192	SQ FT	3.21	1.48	4.69
13	10"X8"X18"	SASH-BULLNOSE	2 BL 1 LA	114	SQ FT	5.41	1.91	7.32
14	10"X8"X18"	LINTEL	2 BL 1 LA	102	SQ FT	6.05	1.76	7.81
15	8"X8"X18"	HOLLOW 2 CORE	2 BL 1 LA	225	SQ FT	2.74	1.06	3.80
16	8"X8"X18"	HOLLOW 3 CORE	2 BL 1 LA	180	SQ FT	3.43	1.08	4.51
17	8"X8"X18"	SASH-PIER-BULLNOSE-HEADER	2 BL 1 LA	108	SQ FT	5.71	1.40	7.11
18	6"X8"X18"	HOLLOW	2 BL 1 LA	258	SQ FT	2.39	0.82	3.21
19	6"X8"X18"	SOLID	2 BL 1 LA	222	SQ FT	2.78	1.12	3.90
20	4"X8"X18"	HOLLOW OR 3"	2 BL 1 LA	288	SQ FT	2.14	0.78	2.92
21	4"X8"X18"	SOLID OR 3"	2 BL 1 LA	240	SQ FT	2.57	0.82	3.39
	SPECIAL FACED CONCRETE BLOCK							
	BRICK BLOCK							
22	12"X8"X16"	1-FACED	2 BL 1 LA	146	SQ FT	4.23	1.87	6.10
23	12"X8"X16"	2-FACED	2 BL 1 LA	141	SQ FT	4.38	2.49	6.87
24	8"X8"X16"	1-FACED	2 BL 1 LA	210	SQ FT	2.94	1.48	4.42
25	8"X8"X16"	2-FACED	2 BL 1 LA	198	SQ FT	3.12	1.84	4.96
26	4"X8"X16"	HOLLOW 1-FACED	2 BL 1 LA	240	SQ FT	2.57	1.10	3.67
	SPLIT HEAVY VERTICAL RIBS							
27	12"X4"X16"	BUFF	2 BL 1 LA	146	SQ FT	4.23	1.76	5.99
28	12"X4"X16"	WHITE	2 BL 1 LA	146	SQ FT	4.23	2.49	6.72
29	8"X4"X16"	BUFF	2 BL 1 LA	210	SQ FT	2.94	1.53	4.47
30	8"X4"X16"	WHITE	2 BL 1 LA	210	SQ FT	2.94	2.36	5.30
31	4"X4"X16"	BUFF	2 BL 1 LA	216	SQ FT	2.86	0.82	3.68
32	4"X4"X16"	WHITE	2 BL 1 LA	216	SQ FT	2.86	1.22	4.08
33	4"X8"X16"	BUFF	2 BL 1 LA	240	SQ FT	2.57	1.55	4.12
34	4"X8"X16"	WHITE	2 BL 1 LA	240	SQ FT	2.57	3.75	6.32
	FLUTE BLOCK (SPLIT 4 FLUTE)							
35	4"X8"X16"		2 BL 1 LA	220	SQ FT	2.80	0.94	3.74
36	6"X8"X16"		2 BL 1 LA	210	SQ FT	2.94	1.16	4.10
37	8"X8"X16"		2 BL 1 LA	200	SQ FT	3.09	1.33	4.42
38	10"X8"X16"		2 BL 1 LA	170	SQ FT	3.63	1.76	5.39
39	12"X8"X16"		2 BL 1 LA	150	SQ FT	4.11	2.08	6.19
	FLUTE BLOCK (SPLIT 6 & 8 FLUTE)							
40	4"X8"X16"		2 BL 1 LA	220	SQ FT	2.80	0.75	3.55
41	6"X8"X16"		2 BL 1 LA	210	SQ FT	2.94	1.07	4.01
42	8"X8"X16"		2 BL 1 LA	200	SQ FT	3.09	1.35	4.44
43	10"X8"X16"		2 BL 1 LA	170	SQ FT	3.63	1.59	5.22
44	12"X8"X16"		2 BL 1 LA	150	SQ FT	4.11	1.78	5.89
45	SPLIT FACE BLOCK							
46	4"X8"X16"	SOLID	2 BL 1 LA	200	SQ FT	3.09	0.49	3.58
47	8"X4"X16"		2 BL 1 LA	200	SQ FT	3.09	0.69	3.78
48	8"X8"X16"		2 BL 1 LA	200	SQ FT	3.09	1.13	4.22
49	10"X8"X16"		2 BL 1 LA	170	SQ FT	3.63	1.43	5.06
50	12"X18"X16"		2 BL 1 LA	150	SQ FT	4.11	1.69	5.80
	GLAZED BLOCK							
51	2"X8"X16"	1-FACED	2 BL 1 LA	360	SQ FT	1.71	3.70	5.41
52	4"X8"X16"	1-FACED	2 BL 1 LA	300	SQ FT	2.06	3.77	5.83
53	6"X8"X16"	1-FACED	2 BL 1 LA	264	SQ FT	2.34	4.19	6.53
54	8"X8"X16"	1-FACED	2 BL 1 LA	228	SQ FT	2.71	4.50	7.21
55	10"X8"X16"	1-FACED	2 BL 1 LA	198	SQ FT	3.12	5.02	8.14
56	12"X8"X16"	1-FACED	2 BL 1 LA	162	SQ FT	3.81	5.36	9.17
57	4"X8"X16"	2-FACED	2 BL 1 LA	288	SQ FT	2.14	5.91	8.05
58	6"X8""X16"	2-FACED	2 BL 1 LA	252	SQ FT	2.45	6.30	8.75
59	8"X8"X16"	2-FACED	2 BL 1 LA	216	SQ FT	2.86	6.53	9.39
60	COVE BASE 16" ADD		2 BL 1 LA	180	SQ FT	3.43	1.49	4.92
61	2"X8"X18"	1-FACED	2 BL 1 LA	348	SQ FT	1.77	3.95	5.72
62	4"X8"X18"	1-FACED	2 BL 1 LA	288	SQ FT	2.14	4.29	6.43

MORTAR

LINE	DESCRIPTION	OUTPUT CREW	PER DAY	UNIT	UNIT COSTS LABOR	MATERIAL	TOTAL
1	6"X8"X18" 1-FACED	2 BL 1 LA	252	SQ FT	2.45	4.78	7.23
2	8"X8"X18" 1-FACED	2 BL 1 LA	216	SQ FT	2.86	5.11	7.97
3	10"X8"X18" 1-FACED	2 BL 1 LA	192	SQ FT	3.21	6.18	9.39
4	12"X8"X18" 1-FACED	2 BL 1 LA	156	SQ FT	3.96	6.39	10.35
5	4"X8"X18" 2-FACED	2 BL 1 LA	282	SQ FT	2.19	6.88	9.07
6	6"X8"X18" 2-FACED	2 BL 1 LA	246	SQ FT	2.51	7.47	9.98
7	CINDER BRICK FOR FILL IN FLEMISH BOND	4 BL 2 LA	2.5	M	493.63	415.00	908.63
	DECORATIVE SCREEN BLOCK PARTITIONS, COST VARYS WITH PATTERN. TYPICAL COST AS SHOWN.						
8	4"X8"X16"	2 BL 1 LA	230	SQ FT	2.68	1.38	4.06
9	6"X8"X16"	2 BL 1 LA	210	SQ FT	2.94	1.61	4.55
10	8"X8"X16"	2 BL 1 LA	180	SQ FT	3.43	1.89	5.32
11	4"X8"X8"	2 BL 1 LA	195	SQ FT	3.16	0.96	4.12
12	6"X8"X8"	2 BL 1 LA	171	SQ FT	3.61	1.09	4.70
13	8"X8"X8"	2 BL 1 LA	147	SQ FT	4.20	1.30	5.50
	ADDED COSTS TO BLOCK PARTITIONS						
14	WHITE CEMENT BLOCKS, ADD 10% TO MATERIAL						
15	COLOR CEMENT BLOCKS, ADD 20% TO MATERIAL						
16	THREE DIMENSIONAL FACE BLOCKS, ADD 25-75% TO MATERIAL AND 20% TO LABOR						
17	FOR 8"X18" BLOCK, DEDUCT 5% FROM LABOR AND MATERIAL, UNLESS THERE IS A LOT OF CORNER WORK						
18	FIREPROOFING COLUMNS, 4" SOLID BLOCK	2 BL 1 LA	140	SQ FT	4.41	1.24	5.65
	LINTELS, PRE-CAST 4"X8". COST IN PLACE PER LN FT OF ONE LINTEL. CINDER AGGREGATE						
19	36"	2 BL 1 LA	150	LN FT	4.11	2.41	6.52
20	42"	2 BL 1 LA	148	LN FT	4.17	2.41	6.58
21	48"	2 BL 1 LA	146	LN FT	4.23	2.41	6.64
22	60"	2 BL 1 LA	144	LN FT	4.29	2.41	6.70
23	72"	2 BL 1 LA	142	LN FT	4.35	2.41	6.76
24	84"	2 BL 1 LA	139	LN FT	4.44	2.90	7.34
25	96"	2 BL 1 LA	136	LN FT	4.54	2.90	7.44
26	108"	2 BL 1 LA	132	LN FT	4.67	2.90	7.57
27	120"	2 BL 1 LA	127	LN FT	4.86	2.90	7.76
	LIGHTWEIGHT AGGREGATE						
28	36"	2 BL 1 LA	152	LN FT	4.06	2.51	6.57
29	42"	2 BL 1 LA	150	LN FT	4.11	2.51	6.62
30	48"	2 BL 1 LA	148	LN FT	4.17	2.51	6.68
31	60"	2 BL 1 LA	146	LN FT	4.23	2.51	6.74
32	72"	2 BL 1 LA	145	LN FT	4.26	2.51	6.77
33	84"	2 BL 1 LA	143	LN FT	4.31	3.02	7.33
34	96"	2 BL 1 LA	140	LN FT	4.41	3.02	7.43
35	108"	2 BL 1 LA	136	LN FT	4.54	3.02	7.56
36	120"	2 BL 1 LA	132	LN FT	4.67	3.02	7.69
	LINTELS, PRE-CAST 6"X8" CINDER AGGREGATE						
37	36"	2 BL 1 LA	120	LN FT	5.14	2.95	8.09
38	42"	2 BL 1 LA	118	LN FT	5.23	2.95	8.18
39	48"	2 BL 1 LA	116	LN FT	5.32	2.95	8.27
40	60"	2 BL 1 LA	114	LN FT	5.41	2.95	8.36
41	72"	2 BL 1 LA	112	LN FT	5.51	2.95	8.46
42	84"	2 BL 1 LA	109	LN FT	5.66	3.41	9.07
43	96"	2 BL 1 LA	106	LN FT	5.82	3.41	9.23
44	108"	2 BL 1 LA	104	LN FT	5.93	3.41	9.34
45	120"	2 BL 1 LA	102	LN FT	6.05	3.41	9.46
	LIGHTWEIGHT AGGREGATE						
46	36"	2 BL 1 LA	122	LN FT	5.06	3.30	8.36
47	42"	2 BL 1 LA	120	LN FT	5.14	3.30	8.44
48	48"	2 BL 1 LA	118	LN FT	5.23	3.30	8.53
49	60"	2 BL 1 LA	116	LN FT	5.32	3.30	8.62
50	72"	2 BL 1 LA	114	LN FT	5.41	3.30	8.71
51	84"	2 BL 1 LA	112	LN FT	5.51	3.76	9.27
52	96"	2 BL 1 LA	109	LN FT	5.66	3.76	9.42
53	108"	2 BL 1 LA	106	LN FT	5.82	3.76	9.58
54	120"	2 BL 1 LA	102	LN FT	6.05	3.76	9.81

MORTAR

LINE	DESCRIPTION	OUTPUT CREW	PER DAY	UNIT	LABOR	MATERIAL	TOTAL
	LINTELS, "U" BLOCK INCLUDING CONCRETE AND REINFORCING.						
	CINDER BLOCK						
1	6"	2 BL 2 LA 1 CP	97	LN FT	10.39	2.02	12.41
2	8"	2 BL 2 LA 1 CP	88	LN FT	11.46	2.59	14.05
3	10"	2 BL 2 LA 1 CP	78	LN FT	12.92	3.08	16.00
4	12"	2 BL 2 LA 1 CP	69	LN FT	14.61	3.57	18.18
	BOND BEAM, "U" BLOCK INCLUDING CONCRETE AND REINFORCING.						
	CINDER BLOCK						
5	6"	2 BL 1 LA	107	LN FT	5.77	1.84	7.61
6	8"	2 BL 1 LA	98	LN FT	6.30	2.35	8.65
7	10"	2 BL 1 LA	88	LN FT	7.01	2.72	9.73
8	12"	2 BL 1 LA	79	LN FT	7.81	2.75	10.56
	LIGHTWEIGHT BLOCK						
9	6"	2 BL 1 LA	110	LN FT	5.61	1.98	7.59
10	8"	2 BL 1 LA	100	LN FT	6.17	2.49	8.66
11	10"	2 BL 1 LA	90	LN FT	6.86	3.02	9.88
12	12"	2 BL 1 LA	80	LN FT	7.71	3.39	11.10
13	TERRA COTTA - CAMEL BACK	1 BL	90	LN FT	2.47	5.96	8.43
14	TERRA COTTA - FLAT	1 BL	85	LN FT	2.61	6.30	8.91
	** CLAY MASONRY UNITS **						
	STRUCTURAL CLAY TILE, CLEAR GLAZE-BUFF COLOR						
	SERIES 6T 5 1/3"X12" 2.3 PCS/SF						
15	2" GLAZED 1 SIDE	2 BL 1 LA	230	SQ FT	2.68	2.79	5.47
16	4" GLAZED 1 SIDE	2 BL 1 LA	225	SQ FT	2.74	3.49	6.23
17	6" GLAZED 1 SIDE	2 BL 1 LA	215	SQ FT	2.87	5.00	7.87
18	8" GLAZED 1 SIDE	2 BL 1 LA	190	SQ FT	3.25	6.02	9.27
19	4" GLAZED 2 SIDES	2 BL 1 LA	200	SQ FT	3.09	5.44	8.53
	SERIES 6T, SPECIAL SHAPES GLAZED 1 SIDE.						
20	GROUP I	2 BL 1 LA	300	EACH	2.06	2.86	4.92
21	GROUP II	2 BL 1 LA	285	EACH	2.17	4.06	6.23
22	GROUP III	2 BL 1 LA	260	EACH	2.37	5.13	7.50
23	GROUP IV	2 BL 1 LA	230	EACH	2.68	11.12	13.80
24	GROUP V	2 BL 1 LA	210	EACH	2.94	13.36	16.30
	SERIES 8W, 8"X16" 1.2 PCS/SF						
25	2" GLAZED 1 SIDE	2 BL 1 LA	375	SQ FT	1.65	3.26	4.91
26	4" GLAZED 1 SIDE	2 BL 1 LA	360	SQ FT	1.71	3.52	5.23
27	6" GLAZED 1 SIDE	2 BL 1 LA	345	SQ FT	1.79	5.08	6.87
28	8" GLAZED 1 SIDE	2 BL 1 LA	325	SQ FT	1.90	6.03	7.93
29	4" GLAZED 2 SIDES	2 BL 1 LA	330	SQ FT	1.87	6.13	8.00
	SERIES 8W, SPECIAL SHAPES GLAZED 1 SIDE						
30	GROUP I	2 BL 1 LA	285	EACH	2.17	4.76	6.93
31	GROUP II	2 BL 1 LA	270	EACH	2.29	6.13	8.42
32	GROUP III	2 BL 1 LA	260	EACH	2.37	6.67	9.04
33	GROUP IV	2 BL 1 LA	245	EACH	2.52	14.21	16.73
34	GROUP V	2 BL 1 LA	235	EACH	2.63	28.74	31.37
35	FOR CERAMIC GLAZE ADD			SQ FT		0.28	0.28
36	FOR COLORS, ADD 10-20% TO MATERIAL COST						
	** GLASS UNIT MASONRY **						
	GLASS BLOCK (PRICE RANGE 500-1000 SF)						
37	6" X 6" (4 UNITS / SQ FT) 4" THICK	2 BL 1 LA	110	SQ FT	5.61	12.44	18.05
38	8" X 8" (2.25 UNITS / SQ FT)4" THICK	2 BL 1 LA	130	SQ FT	4.75	10.22	14.97
39	12" X 12" (1 UNIT / SQ FT) 4" THICK	2 BL 1 LA	140	SQ FT	4.41	10.73	15.14
	VISTA BRICK 3" THICK						
40	8" X 8" SOLID	2 BL 1 LA	120	SQ FT	5.14	45.43	50.57
	SOLAR REFLECTIVE - 4" THICK						
41	8" X 8" (ONE SIDE)	2 BL 1 LA	130	SQ FT	4.75	18.43	23.18
42	8" X 8" (TWO-SIDES)	2 BL 1 LA	130	SQ FT	4.75	18.83	23.58

4 MORTAR

LINE	DESCRIPTION	CREW	PER DAY	UNIT	LABOR	MATERIAL	TOTAL
	DECORATIVE TYPE THINLINE 3 1/8" THICK						
1	6" X 6"	2 BL 1 LA	100	SQ FT	6.17	10.00	16.17
2	8" X 8"	2 BL 1 LA	120	SQ FT	5.14	6.55	11.69
3	4" X 8" (4.5 UNITS / SF)	2 BL 1 LA	100	SQ FT	6.17	11.62	17.79
4	6" X 8" (3 UNITS / SF)	2 BL 1 LA	100	SQ FT	6.17	7.74	13.91
	VENT						
5	6" X 6" & 8" X 8"	1 BL	20	EACH	11.10	19.38	30.48
	EXPANSION STRIPS						
6	3/8" X 4 1/8" WIDE - 24" LONG			EACH		2.32	2.32
7	WALL ANCHORS 1 3/4" X 24" LONG			EACH		2.11	2.11
8	DURAWALL #3, #4 10' LONG			EACH		1.82	1.82
	PRE ASSEMBLED PANELS - GLASS BLOCK WINDOWS						
9	24" X 24"	2 BL 1 LA	140	SQ FT	4.41	16.80	21.21
10	36" X 36"	2 BL 1 LA	140	SQ FT	4.41	20.60	25.01
11	48" X 48"	2 BL 1 LA	140	SQ FT	4.41	16.80	21.21
12	FOR VENT ADD	1 BL	15	EACH	14.80	48.00	62.80
	ALUMINUM VENTS FOR GLASS BLOCK						
13	8"X16"	1 BL	18	EACH	12.33	41.30	53.63
14	24"X24"	1 BL	16	EACH	13.88	49.60	63.48
15	32"X32"	1 BL	15	EACH	14.80	64.75	79.55
	**** STONE ****						
16	LOCAL STONE	2 BL 1 LA	100	SQ FT	6.17	5.25	11.42
17	DRESS CORNERS ON FIELD STONE	1 BL	25	LN FT	8.88	2.35	11.23
	TENNESSEE BLUESTONE HEARTHS-MANTLES & TREADS						
18	6" WIDTH	1 BL	100	LN FT	2.22	7.90	10.12
19	8" WIDTH	1 BL	95	LN FT	2.34	10.50	12.84
20	10" WIDTH	1 BL	90	LN FT	2.47	13.15	15.62
21	12" WIDTH	1 BL	85	LN FT	2.61	15.75	18.36
22	14" WIDTH	1 BL	80	LN FT	2.78	17.75	20.53
23	16" WIDTH	1 BL	75	LN FT	2.96	21.00	23.96
24	18" WIDTH	1 BL	70	LN FT	3.17	23.70	26.87
25	20" WIDTH	1 BL	65	LN FT	3.42	26.25	29.67
26	24" WIDTH	1 BL	60	LN FT	3.70	31.55	35.25
	OHIO BLUESTONE HEARTH-MANTLES & TREADS						
27	6" WIDTH	1 BL	100	LN FT	2.22	4.00	6.22
28	8" WIDTH	1 BL	95	LN FT	2.34	5.35	7.69
29	10" WIDTH	1 BL	90	LN FT	2.47	6.40	8.87
30	12" WIDTH	1 BL	85	LN FT	2.61	2.95	5.56
31	**QUIRK MITER**						
32	14" WIDTH	1 BL	80	LN FT	2.78	9.35	12.13
33	16" WIDTH	1 BL	75	LN FT	2.96	10.70	13.66
34	18" WIDTH	1 BL	70	LN FT	3.17	12.05	15.22
35	20" WIDTH	1 BL	65	LN FT	3.42	13.45	16.87
36	24" WIDTH	1 BL	60	LN FT	3.70	16.10	19.80
	**** STONE MASONRY ****						
	ROUGH STONE, FOUNDATION WALLS						
	BELOW GRADE IN MORTAR.						
37	12" WALL	2 BL 2 LA	140	CU FT	5.64	4.50	10.14
38	18" WALL	2 BL 2 LA	150	CU FT	5.27	4.20	9.47
39	24" WALL	2 BL 2 LA	160	CU FT	4.94	4.00	8.94
	ABOVE GRADE WITH ROUGH MORTAR FACE.						
40	12"	2 BL 2 LA	130	CU FT	6.08	4.90	10.98
41	18"	2 BL 2 LA	140	CU FT	5.64	4.45	10.09
42	24"	2 BL 2 LA	150	CU FT	5.27	4.30	9.57
	ROUGH STONE, DRY SET						
43	12"	2 BL 2 LA	170	CU FT	4.65	4.20	8.85
44	18"	2 BL 2 LA	175	CU FT	4.51	4.10	8.61
45	24"	2 BL 2 LA	180	CU FT	4.39	3.95	8.34

MORTAR

LINE	DESCRIPTION	OUTPUT CREW	PER DAY	UNIT	LABOR	MATERIAL	TOTAL
	ROUGH STONE PERCH MEASUREMENT IS 16.5'X18"X12" OR APPROXIMATELY .91 CU YD						
1	RUBBLESTONE VIRGINIA	2 BL	1 LA	100 SQ FT	6.17	2.70	8.87
2	LAVA STONE CALIFORNIA (BOULDERS) 40#/CU FT	2 BL	1 LA	600 LB	1.03	0.60	1.63
3	LAVA STONE CALIF SAWED BACK VEN. 10#/SQ FT	2 BL	1 LA	1000 LB	0.62	0.62	1.24
4	CUTSTONE 4" WESTERN MARYLAND	2 BL	1 LA	100 SQ FT	6.17	3.20	9.37
5	CUTSTONE 4" PENNSYLVANIA	2 BL	1 LA	100 SQ FT	6.17	3.35	9.52
6	SANDSTONE RUBBLE	2 BL	1 LA	100 SQ FT	6.17	4.40	10.57
7	CUTSTONE 4" TENNESSEE	2 BL	1 LA	100 SQ FT	6.17	4.50	10.67
8	CUTSTONE 4"	2 BL	1 LA	100 SQ FT	6.17	4.00	10.17
	PRECAST SIMULATED STONE TRAVERTIME FACING PNL						
9	1" THICK PLAIN	2 BL	1 LA	60 SQ FT	10.28	7.55	17.83
10	2" THICK PLAIN	2 BL	1 LA	55 SQ FT	11.22	10.55	21.77
	FACING PANELS.						
11	2" THICK ARCHITECTURAL PANEL	2 BL	1 LA	60 SQ FT	10.28	9.90	20.18
12	3" THICK ARCHITECTURAL PANEL	2 BL	1 LA	56 SQ FT	11.02	10.40	21.42
13	CAST STONE 4"	1 BL		60 LN FT	3.70	6.70	10.40
	** MARBLE **						
14	MARBLE 4"	1 BL		25 LN FT	8.88	20.45	29.33
15	VERMONT 4" MARBLE CUTSTONE	2 BL	1 LA	100 SQ FT	6.17	10.50	16.67
	MARBLE FACING PANEL						
16	1" THICK	2 BL	1 LA	65 SQ FT	9.49	11.00	20.49
17	1 1/2" THICK	2 BL	1 LA	55 SQ FT	11.22	14.70	25.92
18	2 1/4" THICK	2 BL	1 LA	48 SQ FT	12.86	18.15	31.01
	GOLDEN VEIN GEORGIA						
19	1 1/4" THICK	2 BL	1 LA	60 SQ FT	10.28	12.25	22.53
20	1 1/2" THICK	2 BL	1 LA	55 SQ FT	11.22	13.65	24.87
	MEZZOTINT						
21	1 1/4" THICK	2 BL	1 LA	60 SQ FT	10.28	8.40	18.68
22	1 1/2" THICK	2 BL	1 LA	55 SQ FT	11.22	9.95	21.17
	SOLAR GRAY						
23	1 1/4" THICK	2 BL	1 LA	60 SQ FT	10.28	8.40	18.68
24	1 1/2" THICK	2 BL	1 LA	55 SQ FT	11.22	9.95	21.17
	ETOWAH FLEURI PINK TYPE						
25	1 1/4" THICK	2 BL	1 LA	60 SQ FT	10.28	11.80	22.08
26	1 1/2" THICK	2 BL	1 LA	55 SQ FT	11.22	12.95	24.17
27	MARBLE STAIR TREADS, 12"X1 1/2"	2 BL	1 LA	55 LN FT	11.22	12.15	23.37
28	MARBLE STAIR TREADS 2"X12"	2 BL	1 LA	50 LN FT	12.34	15.60	27.94
29	MARBLE STAIR RISERS 1"X7"	2 BL	1 LA	60 LN FT	10.28	11.45	21.73
30	GRAY BARDIGLID	2 BL	1 LA	200 SQ FT	3.09	7.20	10.29
31	TRAVERTINE IVORY	2 BL	1 LA	200 SQ FT	3.09	8.45	11.54
32	TRAVERTINE ROMAN	2 BL	1 LA	200 SQ FT	3.09	8.45	11.54
33	TRAVERTINE DARK	2 BL	1 LA	200 SQ FT	3.09	8.10	11.19
34	BEIGE PERLATO	2 BL	1 LA	200 SQ FT	3.09	9.10	12.19
35	BROWN TOURMALION	2 BL	1 LA	200 SQ FT	3.09	13.65	16.74
36	ROUGE TURQUIN	2 BL	1 LA	200 SQ FT	3.09	13.65	16.74
37	RED ROYALE	2 BL	1 LA	200 SQ FT	3.09	14.90	17.99
38	GREEN AOSTA	2 BL	1 LA	200 SQ FT	3.09	15.25	18.34
39	BLACK ST. LAURENT	2 BL	1 LA	200 SQ FT	3.09	20.10	23.19
40	CHARCOAL ST. JEAN	2 BL	1 LA	200 SQ FT	3.09	13.65	16.74
41	ROSE AURORA	2 BL	1 LA	200 SQ FT	3.09	13.95	17.04
42	SAND BEIGE SEGNY	2 BL	1 LA	200 SQ FT	3.09	10.05	13.14
43	FONTENILLE	2 BL	1 LA	200 SQ FT	3.09	9.10	12.19
	MARBLE THRESHOLDS						
	GREY PLAIN						
44	7/8"X3"	2 BL	1 LA	100 SQ FT	6.17	5.45	11.62
45	1"X3"	2 BL	1 LA	100 SQ FT	6.17	5.70	11.87
46	1 1/2"X3"	2 BL	1 LA	85 SQ FT	7.26	6.65	13.91
	BEVELED						
47	7/8"X3"	2 BL	1 LA	98 SQ FT	6.30	6.05	12.35
48	1"X3"	2 BL	1 LA	93 SQ FT	6.63	6.55	13.18
49	1 1/2"X3"	2 BL	1 LA	84 SQ FT	7.35	7.35	14.70

MORTAR

LINE	DESCRIPTION	CREW	PER DAY	UNIT	LABOR	MATERIAL	TOTAL
1	WINDOW SILLS, 7/8"X6" POLISHED	2 BL 1 LA	90	LN FT	6.86	8.25	15.11
	WAINSCOT, 7/8"						
2	UNIFORM COLOR	2 BL 1 LA	60	SQ FT	10.28	8.95	19.23
3	MULTI-COLOR	2 BL 1 LA	50	SQ FT	12.34	12.80	25.14
	VENEER						
4	STRIP	2 BL 1 LA	50	SQ FT	12.34	9.90	22.24
5	1 1/2"	2 BL 1 LA	45	SQ FT	13.71	13.50	27.21
6	2"	2 BL 1 LA	40	SQ FT	15.43	15.00	30.43
	LIMESTONE FACING PANELS						
	INDIANA LIMESTONE, STANDARD						
7	2" THICK	2 BL 1 LA	65	SQ FT	9.49	6.10	15.59
8	3" THICK	2 BL 1 LA	60	SQ FT	10.28	8.85	19.13
9	4" THICK	2 BL 1 LA	50	SQ FT	12.34	11.45	23.79
	INDIANA LIMESTONE, SELECT						
10	2" THICK	2 BL 1 LA	63	SQ FT	9.79	6.65	16.44
11	3" THICK	2 BL 1 LA	58	SQ FT	10.64	9.95	20.59
12	4" THICK	2 BL 1 LA	49	SQ FT	12.59	11.95	24.54
	ALABAMA LIMESTONE						
13	2" THICK	2 BL 1 LA	63	SQ FT	9.79	12.65	22.44
14	3" THICK	2 BL 1 LA	58	SQ FT	10.64	15.65	26.29
15	4" THICK	2 BL 1 LA	49	SQ FT	12.59	18.55	31.14
16	LIMESTONE STEPS, 6"X14"	2 BL 1 LA	50	LN FT	12.34	16.75	29.09
	INDIANA LIMESTONE						
	LIGHTWEIGHT INSULATED THIN WALL SYSTEM						
17	MAXIMUM UNIT PANEL SIZE 20'X10'	2 BL 2 LA	100	SQ FT	7.90	16.95	24.85
18	TEXTURE FINISH 4-1/2" - 5'X12'	2 BL 2 LA	300	SQ FT	2.63	10.40	13.03
19	TEXTURE FINISH 4-1/2" 5'X14'	2 BL 2 LA	300	SQ FT	2.63	10.90	13.53
20	TEXTURE FINISH 5"-5'X14' LIGHT STICK	2 BL 2 LA	300	SQ FT	2.63	11.45	14.08
21	TEXTURE FINISH 5"-5'X14' MEDIUM RIBBED	2 BL 2 LA	300	SQ FT	2.63	11.95	14.58
22	TEXTURE FINISH 5"-5'X14' DEEP RIBBED	2 BL 2 LA	300	SQ FT	2.63	12.50	15.13
	SPECIAL SHAPES INDIANA CLEAR LIMESTONE						
23	BELT COURSES, SILLS, LINTELS, 4"X8"	2 BL 1 LA	70	LN FT	8.81	17.70	26.51
24	COPINGS, CORNICES, 6"X8", HEAVY DETAIL	2 BL 1 LA	52	LN FT	11.87	26.75	38.62
25	COLUMNS	2 BL 1 LA	25	CU FT	24.68	67.70	92.38
	INDIANA LIME STONE HEARTH-MANTLES & TREADS						
26	6" WIDTH 6' LONG	1 BL	12	EACH	18.50	16.15	34.65
27	6" WIDTH 8' LONG	1 BL	11	EACH	20.18	21.55	41.73
28	8" WIDTH 6' LONG	1 BL	10	EACH	22.20	29.50	51.70
29	8" WIDTH 8' LONG	1 BL	7	EACH	31.71	39.35	71.06
30	12" WIDTH 6' LONG	1 BL	8	EACH	27.75	44.30	72.05
31	12" WIDTH 8' LONG	1 BL	7	EACH	31.71	59.10	90.81
32	18" WIDTH 6' LONG	1 BL	6.5	EACH	34.15	66.10	100.25
33	18" WIDTH 8' LONG	1 BL	6	EACH	37.00	88.15	125.15
34	20" WIDTH 6' LONG	1 BL	5.5	EACH	40.36	78.40	118.76
35	20" WIDTH 8' LONG	1 BL	5	EACH	44.40	104.50	148.90
36	24" WIDTH 6' LONG	1 BL	4.5	EACH	49.33	95.95	145.28
37	24" WIDTH 8' LONG	1 BL	4	EACH	55.50	127.92	183.42
	GRANITE FACING PANEL						
38	1"	2 BL 1 LA	56	SQ FT	11.02	16.00	27.02
39	2"	2 BL 1 LA	52	SQ FT	11.87	16.15	28.02
40	3"	2 BL 1 LA	47	SQ FT	13.13	18.10	31.23
41	4"	2 BL 1 LA	42	SQ FT	14.69	19.80	34.49
42	6"	2 BL 1 LA	37	SQ FT	16.68	23.75	40.43
	POLISHED RED GRANITE						
43	2"	2 BL 1 LA	50	SQ FT	12.34	22.25	34.59
44	3"	2 BL 1 LA	45	SQ FT	13.71	24.95	38.66
45	4"	2 BL 1 LA	40	SQ FT	15.43	27.55	42.98
46	6"	2 BL 1 LA	35	SQ FT	17.63	33.40	51.03
	WIRE SAW FINISH, GREY OR PINK						
47	2"	2 BL 1 LA	55	SQ FT	11.22	18.30	29.52
48	3"	2 BL 1 LA	50	SQ FT	12.34	21.05	33.39
49	4"	2 BL 1 LA	45	SQ FT	13.71	23.10	36.81
50	6"	2 BL 1 LA	40	SQ FT	15.43	27.10	42.53

MORTAR

LINE	DESCRIPTION	OUTPUT CREW	PER DAY	UNIT	UNIT COSTS LABOR	MATERIAL	TOTAL
	WIRE SAW FINISH, RED						
1	2"	2 BL 1 LA	53	SQ FT	11.64	20.50	32.14
2	3"	2 BL 1 LA	48	SQ FT	12.86	22.75	35.61
3	4"	2 BL 1 LA	43	SQ FT	14.35	25.05	39.40
4	6"	2 BL 1 LA	38	SQ FT	16.24	29.50	45.74
	GRANITE BASE COURSE, POLISHED						
5	4" GREY OR PINK	2 BL 1 LA	70	LN FT	8.81	12.15	20.96
6	4" RED	2 BL 1 LA	68	LN FT	9.07	15.90	24.97
7	6" GREY OR PINK	2 BL 1 LA	55	LN FT	11.22	14.75	25.97
8	6" RED	2 BL 1 LA	53	LN FT	11.64	19.15	30.79
	SLATE FACE PANEL SAND FIN. VT. GREEN OR PURPLE						
	1" THICK						
9	UP TO 3 SQ FT	2 BL 1 LA	60	SQ FT	10.28	7.30	17.58
10	3 TO 6 SQ FT	2 BL 1 LA	57	SQ FT	10.83	8.15	18.98
11	6 TO 10 SQ FT	2 BL 1 LA	55	SQ FT	11.22	9.00	20.22
	2" THICK						
12	UP TO 3 SQ FT	2 BL 1 LA	50	SQ FT	12.34	10.20	22.54
13	3 TO 6 SQ FT	2 BL 1 LA	48	SQ FT	12.86	10.65	23.51
14	6 TO 10 SQ FT	2 BL 1 LA	46	SQ FT	13.41	12.15	25.56

5 METALS

LINE	DESCRIPTION	OUTPUT CREW	PER DAY	UNIT	UNIT COSTS LABOR	MATERIAL	TOTAL
	WELDING, LABOR COST OF FIELD WELDING, BASED ON POUNDS OF ROD DEPOSITED. ALLOWING FOR INTERUPTIONS.						
1	FLATWORK	1 SI	16	LB	14.73		14.73
2	VERTICAL	1 SI	10	LB	23.56		23.56
3	OVERHEAD	1 SI	6.5	LB	36.25		36.25
	WELDING, COST OF FIELD WELDING, BASED ON LN FT OF WELD. CARBON STEEL ROD. MATERIAL COST INCLUDES WELDING MACHINE. NO SCAFFOLDING INCLUDED. LABOR ALLOWS FOR INTERUPTIONS. FILLET WELDS						
4	1/8" FILLET	1 SI	74	LN FT	3.18	0.23	3.41
5	1/4" FILLET	1 SI	34	LN FT	6.93	0.36	7.29
6	3/8" FILLET	1 SI	22	LN FT	10.71	0.52	11.23
7	1/2" FILLET	1 SI	18	LN FT	13.09	0.66	13.75
8	5/8" FILLET	1 SI	12	LN FT	19.63	1.66	21.29
9	3/4" FILLET	1 SI	10	LN FT	23.56	2.06	25.62
10	1" FILLET	1 SI	8	LN FT	29.45	2.79	32.24
11	VERTICAL WORK, ADD 30% TO LABOR & MATERIAL						
12	OVERHEAD WORK, ADD 70% TO LABOR & MATERIAL						
13	HORIZONTAL WORK, ADD 40% TO LABOR & MATERIAL						
14	STAINLESS STEEL ROD, ADD 100% TO MATERIAL						
	** STRUCTURAL STEEL **						
	STRUCTURAL "I" BEAM "S" SHAPE						
15	S3 5.7 #/FT	6 SI 2 HE	4.2	TON	446.21	885.00	1,331
16	S3 7.5 #/FT	6 SI 2 HE	4.8	TON	390.43	885.00	1,275
17	S3 7.7 #/FT	6 SI 2 HE	4.8	TON	390.43	885.00	1,275
18	S3 9.5 #/FT	6 SI 2 HE	5.8	TON	323.12	885.00	1,208
19	S5 10.0 #/FT	6 SI 2 HE	6.4	TON	292.83	885.00	1,178
20	S5 14.75 #/FT	6 SI 2 HE	6.4	TON	292.83	875.00	1,168
21	S6 12.5 #/FT	6 SI 2 HE	6.4	TON	292.83	875.00	1,168
22	S7 15.3 #/FT	6 SI 2 HE	8.9	TON	210.57	770.00	980.57
23	S7 20.0 #/FT	6 SI 2 HE	8.9	TON	210.57	770.00	980.57
24	S8 18.4 #/FT	6 SI 2 HE	8.9	TON	210.57	770.00	980.57
25	S8 23.0 #/FT	6 SI 2 HE	11	TON	170.37	770.00	940.37
26	S10 25.4 #/FT	6 SI 2 HE	11	TON	170.37	770.00	940.37
27	S10 35.0 #/FT	6 SI 2 HE	15	TON	124.94	690.00	814.94
28	S12 31.8 #/FT	6 SI 2 HE	15	TON	124.94	690.00	814.94
29	S12 35.0 #/FT	6 SI 2 HE	15	TON	124.94	690.00	814.94
30	S12 40.8 #/FT	6 SI 2 HE	19.5	TON	96.11	690.00	786.11
31	S12 50.0 #/FT	6 SI 2 HE	19.5	TON	96.11	672.00	768.11
32	S15 42.9 #/FT	6 SI 2 HE	19.5	TON	96.11	672.00	768.11
33	S15 50.0 #/FT	6 SI 2 HE	19.5	TON	96.11	672.00	768.11
34	S18 54.7 #/FT	6 SI 2 HE	21.6	TON	86.76	625.00	711.76
35	S18 70.0 #/FT	6 SI 2 HE	21.6	TON	86.76	625.00	711.76
36	S20 65.4 #/FT	6 SI 2 HE	21.6	TON	86.76	625.00	711.76
37	S20 75.0 #/FT	6 SI 2 HE	21.6	TON	86.76	625.00	711.76
38	S20 85.0 #/FT	6 SI 2 HE	32	TON	58.57	625.00	683.57
39	S20 95.0 #/FT	6 SI 2 HE	32	TON	58.57	625.00	683.57
40	S24 79.9 #/FT	6 SI 2 HE	32	TON	58.57	625.00	683.57
41	S24 90.0 #/FT	6 SI 2 HE	32	TON	58.57	625.00	683.57
42	S24 100.0 #/FT	6 SI 2 HE	32	TON	58.57	625.00	683.57
43	S24 105.9 #/FT	6 SI 2 HE	32	TON	58.57	625.00	683.57
44	S24 120.0 #/FT	6 SI 2 HE	32	TON	58.57	625.00	683.57
	STRUCTURAL WIDE FLANGE "W" SHAPE						
45	W4 13.0 #/FT	6 SI 2 HE	6.4	TON	292.83	830.00	1,123
46	W5 16.0 #/FT	6 SI 2 HE	8.9	TON	210.57	762.00	972.57
47	W6 8.5 #/FT	6 SI 2 HE	5.3	TON	353.60	876.00	1,230
48	W6 12.0 #/FT	6 SI 2 HE	6.4	TON	292.83	809.00	1,102
49	W6 16.0 #/FT	6 SI 2 HE	8.9	TON	210.57	809.00	1,020
50	W6 20.0 #/FT	6 SI 2 HE	8.9	TON	210.57	809.00	1,020
51	W6 25.0 #/FT	6 SI 2 HE	11	TON	170.37	809.00	979.37
52	W8 10.0 #/FT	6 SI 2 HE	6.4	TON	292.83	876.00	1,169
53	W8 15.0 #/FT	6 SI 2 HE	6.4	TON	292.83	767.00	1,060
54	W8 20.0 #/FT	6 SI 2 HE	8.9	TON	210.57	767.00	977.57
55	W8 24.0 #/FT	6 SI 2 HE	11	TON	170.37	767.00	937.37
56	W8 28.0 #/FT	6 SI 2 HE	11	TON	170.37	767.00	937.37

METALS

LINE	DESCRIPTION	OUTPUT CREW	PER DAY	UNIT	LABOR	MATERIAL	TOTAL
1	W8 31.0 #/FT	6 SI 2 HE	15	TON	124.94	689.00	813.94
2	W8 40.0 #/FT	6 SI 2 HE	19.5	TON	96.11	689.00	785.11
3	W8 58.0 #/FT	6 SI 2 HE	21.6	TON	86.76	624.00	710.76
4	W8 67.0 #/FT	6 SI 2 HE	21.6	TON	86.76	624.00	710.76
5	W10 11.5 #/FT	6 SI 2 HE	6.4	TON	292.83	809.00	1,102
6	W10 15.0 #/FT	6 SI 2 HE	6.4	TON	292.83	809.00	1,102
7	W10 17.0 #/FT	6 SI 2 HE	8.9	TON	210.57	750.00	960.57
8	W10 19.0 #/FT	6 SI 2 HE	8.9	TON	210.57	750.00	960.57
9	W10 21.0 #/FT	6 SI 2 HE	11	TON	170.37	724.00	894.37
10	W10 33.0 #/FT	6 SI 2 HE	15	TON	124.94	687.00	811.94
11	W10 45.0 #/FT	6 SI 2 HE	19.5	TON	96.11	663.00	759.11
12	W10 54.0 #/FT	6 SI 2 HE	21.6	TON	86.76	622.00	708.76
13	W10 66.0 #/FT	6 SI 2 HE	21.6	TON	86.76	622.00	708.76
14	W10 77.0 #/FT	6 SI 2 HE	21.6	TON	86.76	622.00	708.76
15	W10 100.0 #/FT	6 SI 2 HE	21.6	TON	86.76	622.00	708.76
16	W12 14.0 #/FT	6 SI 2 HE	6.4	TON	292.83	806.00	1,099
17	W12 22.0 #/FT	6 SI 2 HE	11	TON	170.37	721.00	891.37
18	W12 31.0 #/FT	6 SI 2 HE	15	TON	124.94	721.00	845.94
19	W12 45.0 #/FT	6 SI 2 HE	19.5	TON	96.11	665.00	761.11
20	W12 53.0 #/FT	6 SI 2 HE	21.6	TON	86.76	622.00	708.76
21	W12 79.0 #/FT	6 SI 2 HE	32	TON	58.57	607.00	665.57
22	W12 99.0 #/FT	6 SI 2 HE	32	TON	58.57	622.00	680.57
23	W12 190.0 #/FT	6 SI 2 HE	32	TON	58.57	622.00	680.57
24	W14 22.0 #/FT	6 SI 2 HE	11	TON	170.37	724.00	894.37
25	W14 34.0 #/FT	6 SI 2 HE	15	TON	124.94	685.00	809.94
26	W14 43.0 #/FT	6 SI 2 HE	19.5	TON	96.11	665.00	761.11
27	W14 53.0 #/FT	6 SI 2 HE	21.6	TON	86.76	622.00	708.76
28	W14 61.0 #/FT	6 SI 2 HE	21.6	TON	86.76	622.00	708.76
29	W14 78.0 #/FT	6 SI 2 HE	32	TON	58.57	622.00	680.57
30	W14 95.0 #/FT	6 SI 2 HE	32	TON	58.57	622.00	680.57
31	W14 119.0 #/FT	6 SI 2 HE	32	TON	58.57	622.00	680.57
32	W14 142.0 #/FT	6 SI 2 HE	32	TON	58.57	622.00	680.57
33	W14 150.0 #/FT	6 SI 2 HE	32	TON	58.57	622.00	680.57
34	W16 31.0 #/FT	6 SI 2 HE	11	TON	170.37	724.00	894.37
35	W16 40.0 #/FT	6 SI 2 HE	19.5	TON	96.11	685.00	781.11
36	W16 45.0 #/FT	6 SI 2 HE	19.5	TON	96.11	665.00	761.11
37	W16 58.0 #/FT	6 SI 2 HE	21.6	TON	86.76	621.00	707.76
38	W16 78.0 #/FT	6 SI 2 HE	32	TON	58.57	621.00	679.57
39	W18 35.0 #/FT	6 SI 2 HE	15	TON	124.94	689.00	813.94
40	W18 45.0 #/FT	6 SI 2 HE	19.5	TON	96.11	689.00	785.11
41	W18 55.0 #/FT	6 SI 2 HE	21.6	TON	86.76	689.00	775.76
42	W18 70.0 #/FT	6 SI 2 HE	21.6	TON	86.76	689.00	775.76
43	W18 114.0 #/FT	6 SI 2 HE	32	TON	58.57	689.00	747.57
44	W21 44.0 #/FT	6 SI 2 HE	19.5	TON	96.11	665.00	761.11
45	W21 55.0 #/FT	6 SI 2 HE	21.6	TON	86.76	689.00	775.76
46	W21 82.0 #/FT	6 SI 2 HE	32	TON	58.57	689.00	747.57
47	W24 55.0 #/FT	6 SI 2 HE	21.6	TON	86.76	689.00	775.76
48	W24 76.0 #/FT	6 SI 2 HE	32	TON	58.57	689.00	747.57
49	W24 100.0 #/FT	6 SI 2 HE	32	TON	58.57	689.00	747.57
50	W27 84.0 #/FT	6 SI 2 HE	32	TON	58.57	689.00	747.57
51	W30 99.0 #/FT	6 SI 2 HE	32	TON	58.57	689.00	747.57
52	W30 132.0 #/FT	6 SI 2 HE	32	TON	58.57	689.00	747.57
53	W33 118.0 #/FT	6 SI 2 HE	32	TON	58.57	624.00	682.57
54	W36 135.0 #/FT	6 SI 2 HE	32	TON	58.57	624.00	682.57
	STRUCTURAL CHANNEL "C" SHAPE						
55	C3 4.1 #/FT	6 SI 2 HE	2.7	TON	694.10	877.00	1,571
56	C3 5.0 #/FT	6 SI 2 HE	2.8	TON	669.31	877.00	1,546
57	C4 5.4 #/FT	6 SI 2 HE	2.8	TON	669.31	877.00	1,546
58	C4 7.25#/FT	6 SI 2 HE	3.3	TON	567.90	877.00	1,445
59	C5 6.7 #/FT	6 SI 2 HE	3.1	TON	604.54	877.00	1,482
60	C6 10.5 #/FT	6 SI 2 HE	4.7	TON	398.74	877.00	1,276
61	C6 13.0 #/FT	6 SI 2 HE	5.3	TON	353.60	809.00	1,163
62	C7 9.8 #/FT	6 SI 2 HE	4.4	TON	425.93	877.00	1,303
63	C7 14.75#/FT	6 SI 2 HE	5.3	TON	353.60	809.00	1,163
64	C8 13.75#/FT	6 SI 2 HE	5.3	TON	353.60	809.00	1,163
65	C9 13.4 #/FT	6 SI 2 HE	5.3	TON	353.60	809.00	1,163
66	C9 15.0 #/FT	6 SI 2 HE	6.4	TON	292.83	809.00	1,102
67	C9 20.0 #/FT	6 SI 2 HE	8	TON	234.26	748.00	982.26
68	C10 25.0 #/FT	6 SI 2 HE	8	TON	234.26	724.00	958.26
69	C12 20.7 #/FT	6 SI 2 HE	8	TON	234.26	724.00	958.26
70	C15 33.9 #/FT	6 SI 2 HE	9.4	TON	199.37	690.00	889.37
71	C15 50.0 #/FT	6 SI 2 HE	11.4	TON	164.39	690.00	854.39

1988 DODGE UNIT COST DATA

METALS

LINE	DESCRIPTION		OUTPUT			UNIT COSTS		
			CREW	PER DAY	UNIT	LABOR	MATERIAL	TOTAL
	STRUCTURAL CHANNELS MISCELLANEOUS "MC" SHAPE							
1	MC3	7.1 #/FT	6 SI 2 HE	3.3	TON	567.90	881.00	1,449
2	MC3	9.0 #/FT	6 SI 2 HE	4.4	TON	425.93	881.00	1,307
3	MC6	12.0 #/FT	6 SI 2 HE	5.3	TON	353.60	735.00	1,089
4	MC7	17.6 #/FT	6 SI 2 HE	6.4	TON	292.83	735.00	1,028
5	MC8	8.5 #/FT	6 SI 2 HE	3.8	TON	493.18	881.00	1,374
6	MC9	25.4 #/FT	6 SI 2 HE	8	TON	234.26	735.00	969.26
7	MC10	6.5 #/FT	6 SI 2 HE	3.1	TON	604.54	881.00	1,486
8	MC10	28.5 #/FT	6 SI 2 HE	8	TON	234.26	735.00	969.26
9	MC12	10.6 #/FT	6 SI 2 HE	4.7	TON	398.74	663.00	1,062
10	MC12	40.0 #/FT	6 SI 2 HE	11.4	TON	164.39	663.00	827.39
11	MC13	35.0 #/FT	6 SI 2 HE	9.4	TON	199.37	663.00	862.37
12	MC13	40.0 #/FT	6 SI 2 HE	11.4	TON	164.39	663.00	827.39
13	MC18	42.7 #/FT	6 SI 2 HE	11.4	TON	164.39	663.00	827.39
14	MC18	51.9 #/FT	6 SI 2 HE	11.4	TON	164.39	663.00	827.39
15	MC18	58.0 #/FT	6 SI 2 HE	11.4	TON	164.39	663.00	827.39
	STRUCTURAL ANGLES "L" SHAPE, UNEQUAL LEGS							
16	1 3/4X1 1/4X1/8"	1.23#/FT	6 SI 2 HE	0.7	TON	2,677	880.00	3,557
17	2X1 1/4X1/3"	1.33#/FT	6 SI 2 HE	0.7	TON	2,677	880.00	3,557
18	2X1 1/4X1/4"	2.55#/FT	6 SI 2 HE	0.8	TON	2,343	880.00	3,223
19	2 1/2X2X5/16"	4.5 #/FT	6 SI 2 HE	1.3	TON	1,442	880.00	2,322
20	3X2X3/16"	3.07#/FT	6 SI 2 HE	1	TON	1,874	880.00	2,754
21	3X2X5/16"	5.0 #/FT	6 SI 2 HE	1.8	TON	1,041	880.00	1,921
22	3X2X1/2"	7.7 #/FT	6 SI 2 HE	2.2	TON	851.85	880.00	1,732
23	3X2 1/2X1/2"	8.5 #/FT	6 SI 2 HE	2.5	TON	749.63	880.00	1,630
24	4X3X1/4"	5.8 #/FT	6 SI 2 HE	1.8	TON	1,041	880.00	1,921
25	4X3X3/8"	8.5 #/FT	6 SI 2 HE	2.5	TON	749.63	880.00	1,630
26	4X3X1/2"	11.1 #/FT	6 SI 2 HE	3.7	TON	506.51	685.00	1,192
27	4X3 1/2X1/2"	11.9 #/FT	6 SI 2 HE	3.7	TON	506.51	685.00	1,192
28	5X3X1/4"	6.6 #/FT	6 SI 2 HE	2	TON	937.04	880.00	1,817
29	5X3X7/16"	11.3 #/FT	6 SI 2 HE	3.7	TON	506.51	880.00	1,387
30	5X3X1/2"	12.8 #/FT	6 SI 2 HE	3.7	TON	506.51	880.00	1,387
31	5X3 1/2X3/4"	19.8 #/FT	6 SI 2 HE	4	TON	468.52	685.00	1,154
32	6X3 1/2X1/4"	7.9 #/FT	6 SI 2 HE	2.2	TON	851.85	880.00	1,732
33	6X4X1/4"	8.3 #/FT	6 SI 2 HE	2.5	TON	749.63	880.00	1,630
34	6X4X5/8"	20.0 #/FT	6 SI 2 HE	4	TON	468.52	685.00	1,154
35	7X4X3/8"	13.6 #/FT	6 SI 2 HE	4	TON	468.52	685.00	1,154
36	8X4X7/16"	17.2 #/FT	6 SI 2 HE	4	TON	468.52	685.00	1,154
37	8X4X5/8"	24.2 #/FT	6 SI 2 HE	4	TON	468.52	685.00	1,154
38	9X4X5/8"	26.3 #/FT	6 SI 2 HE	4	TON	468.52	685.00	1,154
	STRUCTURAL "L" EQUAL LEGS							
39	1X1X1/8"	.80#/FT	6 SI 2 HE	0.7	TON	2,677	835.00	3,512
40	1 1/4X1 1/4X1/8"	1.01#/FT	6 SI 2 HE	0.7	TON	2,677	835.00	3,512
41	1 1/4X1 1/4X1/4"	1.92#/FT	6 SI 2 HE	0.7	TON	2,677	835.00	3,512
42	1 1/2X1 1/2X1/4"	2.34#/FT	6 SI 2 HE	0.8	TON	2,343	835.00	3,178
43	2X2X1/8"	1.65#/FT	6 SI 2 HE	0.8	TON	2,343	835.00	3,178
44	2X2X1/4"	3.19#/FT	6 SI 2 HE	0.8	TON	2,343	835.00	3,178
45	3X3X1/4"	4.9 #/FT	6 SI 2 HE	1.3	TON	1,442	835.00	2,277
46	3 1/2X3 1/2X1/4"	5.8 #/FT	6 SI 2 HE	1.9	TON	986.36	835.00	1,821
47	4X4X1/4"	6.6 #/FT	6 SI 2 HE	2	TON	937.04	835.00	1,772
48	4X4X3/8"	9.8 #/FT	6 SI 2 HE	0.7	TON	2,677	755.00	3,432
49	5X5X3/8"	12.3 #/FT	6 SI 2 HE	3.7	TON	506.51	755.00	1,262
50	6X6X3/8"	14.9 #/FT	6 SI 2 HE	3.7	TON	506.51	696.00	1,203
51	6X6X1/2"	19.6 #/FT	6 SI 2 HE	4	TON	468.52	696.00	1,165
52	6X6X1"	37.4 #/FT	6 SI 2 HE	4	TON	468.52	696.00	1,165
53	8X8X1/2"	26.4 #/FT	6 SI 2 HE	4	TON	468.52	696.00	1,165
	STRUCTURAL STEEL TUBE, STANDARD PIPE							
54	3" DIAMETER	7.58#/FT	6 SI 2 HE	4.8	TON	390.43	841.00	1,231
55	4" DIAMETER	10.79#/FT	6 SI 2 HE	6.4	TON	292.83	779.00	1,072
56	5" DIAMETER	14.62#/FT	6 SI 2 HE	6.4	TON	292.83	779.00	1,072
57	6" DIAMETER	18.97#/FT	6 SI 2 HE	8.9	TON	210.57	729.00	939.57
58	10" DIAMETER	40.84#/FT	6 SI 2 HE	19.5	TON	96.11	618.00	714.11
59	12" DIAMETER	49.56#/FT	6 SI 2 HE	19.5	TON	96.11	618.00	714.11
	STRUCTURAL STEEL TUBE, X-STRONG PIPE							
60	3" DIAMETER	10.25#/FT	6 SI 2 HE	6.4	TON	292.83	779.00	1,072
61	4" DIAMETER	14.98#/FT	6 SI 2 HE	6.4	TON	292.83	779.00	1,072
62	5" DIAMETER	20.78#/FT	6 SI 2 HE	11	TON	170.37	696.00	866.37
63	6" DIAMETER	28.57#/FT	6 SI 2 HE	11	TON	170.37	696.00	866.37
64	8" DIAMETER	43.39#/FT	6 SI 2 HE	19.5	TON	96.11	618.00	714.11

METALS

LINE	DESCRIPTION		OUTPUT			UNIT COSTS		
			CREW	PER DAY	UNIT	LABOR	MATERIAL	TOTAL
1	10" DIAMETER	54.74#/FT	6 SI 2 HE	21.6	TON	86.76	605.00	691.76
2	12" DIAMETER	65.42#/FT	6 SI 2 HE	21.6	TON	86.76	605.00	691.76
	STRUCTURAL STEEL TUBE, DOUBLE X-STRONG							
3	3" DIAMETER	18.58#/FT	6 SI 2 HE	8.9	TON	210.57	735.00	945.57
4	4" DIAMETER	27.54#/FT	6 SI 2 HE	11	TON	170.37	735.00	905.37
5	5" DIAMETER	38.55#/FT	6 SI 2 HE	15	TON	124.94	661.00	785.94
6	6" DIAMETER	53.16#/FT	6 SI 2 HE	21.6	TON	86.76	575.00	661.76
7	8" DIAMETER	72.42#/FT	6 SI 2 HE	21.6	TON	86.76	575.00	661.76
	STRUCTURAL STEEL SQUARE COLUMN							
8	4X4X1/4"	12.02#/FT	6 SI 2 HE	6.4	TON	292.83	935.00	1,228
9	4X4X1/2"	20.88#/FT	6 SI 2 HE	11	TON	170.37	855.00	1,025
10	5X5X1/2"	27.68#/FT	6 SI 2 HE	11	TON	170.37	855.00	1,025
11	6X6X3/8"	27.04#/FT	6 SI 2 HE	11	TON	170.37	855.00	1,025
12	7X7X1/2"	40.55#/FT	6 SI 2 HE	19.5	TON	96.11	855.00	951.11
13	8X8X1/2"	47.35#/FT	6 SI 2 HE	19.5	TON	96.11	855.00	951.11
14	10X10X1/2"	60.95#/FT	6 SI 2 HE	21.6	TON	86.76	775.00	861.76
	STRUCTURAL STEEL TUBE, RECTANGULAR COLUMN							
15	5X3X1/2"	20.88#/FT	6 SI 2 HE	11	TON	170.37	857.00	1,027
16	6X6X1/2"	24.28#/FT	6 SI 2 HE	11	TON	170.37	857.00	1,027
17	6X4X1/2"	27.68#/FT	6 SI 2 HE	11	TON	170.37	852.00	1,022
18	7X5X1/2"	34.48#/FT	6 SI 2 HE	15	TON	124.94	832.00	956.94
19	8X4X1/2"	34.48#/FT	6 SI 2 HE	15	TON	124.94	832.00	956.94
20	8X6X1/2"	40.55#/FT	6 SI 2 HE	19.5	TON	96.11	832.00	928.11
21	10X6X1/2"	47.35#/FT	6 SI 2 HE	19.5	TON	96.11	832.00	928.11
22	12X6X1/2"	54.15#/FT	6 SI 2 HE	21.6	TON	86.76	832.00	918.76
	STEEL BASEMENT COLUMNS - ADJUSTABLE							
23	15000 LB LOAD - 5'1" TO 8'2"				EACH		25.10	25.10
24	22300 LB LOAD - 6'9" TO 7'1"				EACH		31.80	31.80
25	21200 LB LOAD - 7'3" TO 7'7"				EACH		37.50	37.50
	STRUCTURAL STEEL MEMBERS, 2 POSTS WITH HEAD MEMBER ERECTED ON CONCRETE PIERS. INCLUDES 1 SHOP COAT PAINT.							
	POSTS AND HEAD, 6 WF 15.5							
26	8' HIGH 6' WIDE		2 SI	4	EACH	117.80	104.00	221.80
27	8' HIGH 10' WIDE		2 SI	3.5	EACH	134.63	122.00	256.63
28	8' HIGH 16' WIDE		2 SI	3	EACH	157.07	184.00	341.07
29	12' HIGH 6' WIDE		2 SI	3.1	EACH	152.00	142.00	294.00
30	12' HIGH 10' WIDE		2 SI	2.8	EACH	168.29	158.00	326.29
31	12' HIGH 16' WIDE		2 SI	2.5	EACH	188.48	185.00	373.48
32	16' HIGH 6' WIDE		2 SI	2.7	EACH	174.52	174.00	348.52
33	16' HIGH 10' WIDE		2 SI	2.5	EACH	188.48	191.00	379.48
34	16' HIGH 16' WIDE		2 SI	2.1	EACH	224.38	234.00	458.38
	POSTS, 8 WF 24 HEAD, 8 WF 31							
35	16' HIGH 20' WIDE		2 SI	1.6	EACH	294.50	379.00	673.50
36	16' HIGH 24' WIDE		2 SI	1.5	EACH	314.13	413.00	727.13
	POSTS, 8 WF 31 HEAD 10 WF 40							
37	20' HIGH 24' WIDE		2 SI	1.1	EACH	428.36	585.00	1,013
38	20' HIGH 30' WIDE		2 SI	1	EACH	471.20	649.00	1,120
	OTHER SHAPE MEMBERS							
39	UNDER 20 #/LF		2 SI	2100	LB	0.22	0.30	0.52
40	20 TO 30 #/LF		2 SI	2300	LB	0.20	0.28	0.48
41	OVER 30 #/LF		2 SI	2500	LB	0.19	0.28	0.47
	GALVANIZED MEMBERS, ADD MAT'L 20% LABOR 5%							
	ALUMINUM LOAD BEARING ROUND TYPE PRIMED							
42	6"X8'		1 SI 1 LA	10	EACH	40.86	65.00	105.86
43	8"X10'		1 SI 1 LA	9.5	EACH	43.01	81.00	124.01
44	10"X10'		1 SI 1 LA	9	EACH	45.40	89.00	134.40
45	12"X10'		1 SI 1 LA	8.5	EACH	48.08	145.00	193.08
46	12"X18'		1 SI 1 LA	8	EACH	51.08	227.00	278.08
47	15"X18'		1 SI 1 LA	8	EACH	51.08	451.00	502.08
48	15"X24'		1 SI 1 LA	7	EACH	58.38	606.00	664.38

5 METALS

LINE	DESCRIPTION	OUTPUT CREW	PER DAY	UNIT	LABOR	MATERIAL	TOTAL
	WIRE ROPE						
1	1/2" STANDARD			LN FT		0.77	0.77
2	1" STANDARD			LN FT		2.40	2.40
3	1/2" GALVANIZED			LN FT		1.22	1.22
4	1" GALVANIZED			LN FT		3.55	3.55
	** OPEN WEB STEEL JOISTS **						
	STEEL JOIST LONGSPAN FOR ROOF						
5	52 DLJ 12	6 SI 2 HE	3.2	TON	585.65	678.00	1,264
6	52 DLJ 14	6 SI 2 HE	3.8	TON	493.18	678.00	1,171
7	52 DLJ 16	6 SI 2 HE	4.7	TON	398.74	678.00	1,077
8	56 DLJ 14	6 SI 2 HE	3.8	TON	493.18	678.00	1,171
9	56 DLJ 16	6 SI 2 HE	4.7	TON	398.74	678.00	1,077
10	56 DLJ 18	6 SI 2 HE	5.7	TON	328.79	678.00	1,007
11	60 DLJ 14	6 SI 2 HE	3.8	TON	493.18	678.00	1,171
12	60 DLJ 16	6 SI 2 HE	4.7	TON	398.74	678.00	1,077
13	60 DLJ 18	6 SI 2 HE	5.7	TON	328.79	678.00	1,007
14	64 DLJ 14	6 SI 2 HE	5.7	TON	328.79	678.00	1,007
15	64 DLJ 16	6 SI 2 HE	5.7	TON	328.79	678.00	1,007
16	64 DLJ 18	6 SI 2 HE	5.7	TON	328.79	678.00	1,007
17	68 DLJ 16	6 SI 2 HE	5.7	TON	328.79	678.00	1,007
18	68 DLJ 18	6 SI 2 HE	5.7	TON	328.79	678.00	1,007
19	68 DLJ 20	6 SI 2 HE	5.7	TON	328.79	678.00	1,007
20	72 DLJ 16	6 SI 2 HE	5.7	TON	328.79	678.00	1,007
21	72 DLJ 18	6 SI 2 HE	5.7	TON	328.79	678.00	1,007
22	52 DLH 12	6 SI 2 HE	3.2	TON	585.65	654.00	1,240
23	52 DLH 14	6 SI 2 HE	3.8	TON	493.18	654.00	1,147
24	52 DLH 16	6 SI 2 HE	4.7	TON	398.74	654.00	1,053
25	56 DLH 12	6 SI 2 HE	3.2	TON	585.65	654.00	1,240
26	56 DLH 14	6 SI 2 HE	3.8	TON	493.18	654.00	1,147
27	56 DLH 16	6 SI 2 HE	4.7	TON	398.74	654.00	1,053
28	60 DLH 16	6 SI 6 HE	4.7	TON	594.69	654.00	1,249
29	60 DLH 18	6 SI 9 HE	5.7	TON	611.54	654.00	1,266
30	64 DLH 14	6 SI 2 HE	3.8	TON	493.18	654.00	1,147
31	64 DLH 16	6 SI 2 HE	5.7	TON	328.79	654.00	982.79
32	72 DLH 14	6 SI 2 HE	3.8	TON	493.18	654.00	1,147
33	72 DLH 16	6 SI 2 HE	4.7	TON	398.74	654.00	1,053
	BRIDGING BOLTED CROSS						
34	1 1/4X1 1/4X1/8"	6 SI 2 HE	0.7	TON	2,677	1,693	4,370
35	1 1/2X1 1/2X1/8"	6 SI 2 HE	0.7	TON	2,677	1,693	4,370
36	1 3/4X1 3/4X1/3"	6 SI 2 HE	0.7	TON	2,677	1,693	4,370
37	2X2X1/3"	6 SI 2 HE	0.7	TON	2,677	1,693	4,370
	STEEL JOIST LONG SPAN						
	LJ SERIES						
38	18LJ03 THRU 18LJ10	6 SI 2 HE	3.6	TON	520.58	691.00	1,212
39	18LJ11 THRU 20LJ09	6 SI 2 HE	3.6	TON	520.58	691.00	1,212
40	20LJ10 THRU 24LJ08	6 SI 2 HE	3.6	TON	520.58	691.00	1,212
41	28LJ09 THRU 32LJ08	6 SI 2 HE	3.7	TON	506.51	691.00	1,198
42	32LJ09 THRU 36LJ08	6 SI 2 HE	3.6	TON	520.58	691.00	1,212
43	36LJ09 THRU 36LJ14	6 SI 2 HE	3.6	TON	520.58	691.00	1,212
44	36LJ15 THRU 36LJ17	6 SI 2 HE	3.8	TON	493.18	691.00	1,184
45	40LJ18 THRU 44LJ16	6 SI 2 HE	3.8	TON	493.18	691.00	1,184
46	44LJ18 THRU 48LJ17	6 SI 2 HE	3.8	TON	493.18	691.00	1,184
	LH SERIES						
47	18LH02 THRU 28LH12	6 SI 2 HE	3.2	TON	585.65	736.00	1,322
48	28LH13 THRU 32LH11	6 SI 2 HE	3.2	TON	585.65	736.00	1,322
49	32LH13 THRU 32LH15	6 SI 2 HE	3.8	TON	493.18	736.00	1,229
50	36LH07 THRU 36LH12	6 SI 2 HE	3.2	TON	585.65	736.00	1,322
51	36LH13 THRU 36LH15	6 SI 2 HE	3.8	TON	493.18	736.00	1,229
52	40LH08 THRU 40LH12	6 SI 2 HE	3.2	TON	585.65	736.00	1,322
53	40LH13 THRU 40LH16	6 SI 2 HE	3.8	TON	493.18	736.00	1,229
54	44LH09 THRU 44LH13	6 SI 2 HE	3.2	TON	585.65	736.00	1,322
55	44LH14 THRU 44LH17	6 SI 2 HE	3.8	TON	493.18	736.00	1,229
56	48LH10 THRU 48LH13	6 SI 2 HE	3.2	TON	585.65	736.00	1,322
57	48LH14 THRU 48LH17	6 SI 2 HE	3.8	TON	493.18	736.00	1,229
58	J SERIES, OPEN WEB, 8J2 THRU 24J8	6 SI 2 HE	3.2	TON	585.65	729.00	1,315
59	H SERIES, OPEN WEB, 8H2 THRU 24H8	6 SI 2 HE	3.2	TON	585.65	729.00	1,315

METALS

Line	Description	Crew	Per Day	Unit	Labor	Material	Total
	** METAL DECKING **						
	OPEN DECKING, INSTALLED WITH WELDING WASHER ON FLAT STRUCTURAL STEEL, TO 50' HIGH. JOB SIZE OF 20,000 SQ FT.						
	INTERMEDIATE RIB TYPE F						
	PRIME PAINTED						
1	22 GA	2 SI	900	SQ FT	0.52	0.55	1.07
2	20 GA	2 SI	900	SQ FT	0.52	0.65	1.17
3	18 GA	2 SI	850	SQ FT	0.55	0.81	1.36
4	16 GA	2 SI	800	SQ FT	0.59	1.02	1.61
	HOT DIPPED GALVANIZED						
5	22 GA	2 SI	900	SQ FT	0.52	0.67	1.19
6	20 GA	2 SI	900	SQ FT	0.52	0.79	1.31
7	18 GA	2 SI	850	SQ FT	0.55	0.95	1.50
8	16 GA	2 SI	800	SQ FT	0.59	1.20	1.79
	TYPE B & B1 SAME PRICE AS RIB TYPE F						
	WIDE RIB UNI-DECK TYPE BA (ACOUSTICAL)						
	PAINTED						
9	22 GA	2 SI	850	SQ FT	0.55	0.91	1.46
10	20 GA	2 SI	850	SQ FT	0.55	1.07	1.62
11	18 GA	2 SI	800	SQ FT	0.59	1.29	1.88
12	16 GA	2 SI	800	SQ FT	0.59	1.33	1.92
	HOT DIPPED GALVANIZED						
13	22 GA	2 SI	850	SQ FT	0.55	0.99	1.54
14	20 GA	2 SI	850	SQ FT	0.55	1.14	1.69
15	18 GA	2 SI	800	SQ FT	0.59	1.39	1.98
16	16 GA	2 SI	800	SQ FT	0.59	1.71	2.30
	ROOF DECK TYPE N W/O STIFFNER						
	PRIME PAINTED						
17	22 GA	2 SI	900	SQ FT	0.52	0.72	1.24
18	20 GA	2 SI	900	SQ FT	0.52	0.88	1.40
19	18 GA	2 SI	850	SQ FT	0.55	1.17	1.72
20	16 GA	2 SI	800	SQ FT	0.59	1.38	1.97
	HOT DIPPED GALVANIZED						
21	22 GA	2 SI	900	SQ FT	0.52	0.89	1.41
22	20 GA	2 SI	900	SQ FT	0.52	0.99	1.51
23	18 GA	2 SI	850	SQ FT	0.55	1.33	1.88
24	16 GA	2 SI	800	SQ FT	0.59	1.55	2.14
	ROOF DECK TYPE NA W/O STIFFNER						
	PRIME PAINTED						
25	22 GA	2 SI	900	SQ FT	0.52	1.29	1.81
26	20 GA	2 SI	900	SQ FT	0.52	1.50	2.02
27	18 GA	2 SI	850	SQ FT	0.55	1.94	2.49
28	16 GA	2 SI	800	SQ FT	0.59	2.65	3.24
	HOT DIPPED GALVANIZED						
29	22 GA	2 SI	900	SQ FT	0.52	1.33	1.85
30	20 GA	2 SI	900	SQ FT	0.52	1.43	1.95
31	18 GA	2 SI	850	SQ FT	0.55	1.53	2.08
32	16 GA	2 SI	800	SQ FT	0.59	2.43	3.02
	COMPOSITE FLOOR DECK 1 1/2" B-LOK						
	PRIME PAINTED						
33	22 GA	2 SI	900	SQ FT	0.52	0.59	1.11
34	20 GA	2 SI	900	SQ FT	0.52	0.69	1.21
35	18 GA	2 SI	850	SQ FT	0.55	0.89	1.44
36	16 GA	2 SI	800	SQ FT	0.59	0.92	1.51
	HOT DIPPED GALVANIZED						
37	22 GA	2 SI	900	SQ FT	0.52	0.71	1.23
38	20 GA	2 SI	900	SQ FT	0.52	0.85	1.37
39	18 GA	2 SI	850	SQ FT	0.55	0.92	1.47
40	16 GA	2 SI	800	SQ FT	0.59	1.18	1.77
	COMPOSITE FLOOR DECK 2" LOK-FLOOR						
	PRIME PAINTED						
41	22 GA	2 SI	900	SQ FT	0.52	0.62	1.14
42	20 GA	2 SI	900	SQ FT	0.52	0.73	1.25
43	18 GA	2 SI	850	SQ FT	0.55	0.96	1.51
44	16 GA	2 SI	800	SQ FT	0.59	1.19	1.78

METALS

LINE	DESCRIPTION	CREW	PER DAY	UNIT	LABOR	MATERIAL	TOTAL
	HOT DIPPED GALVANIZED						
1	22 GA	2 SI	900	SQ FT	0.52	0.71	1.23
2	20 GA	2 SI	900	SQ FT	0.52	0.80	1.32
3	18 GA	2 SI	850	SQ FT	0.55	1.02	1.57
4	16 GA	2 SI	800	SQ FT	0.59	1.28	1.87
	COMPOSITE FLOOR DECK 3" LOK-FLOOR						
	PRIME PAINTED						
5	22 GA	2 SI	950	SQ FT	0.50	0.68	1.18
6	20 GA	2 SI	950	SQ FT	0.50	0.81	1.31
7	18 GA	2 SI	900	SQ FT	0.52	1.02	1.54
8	16 GA	2 SI	850	SQ FT	0.55	1.33	1.88
	HOT DIPPED GALVANIZED						
9	22 GA	2 SI	950	SQ FT	0.50	0.74	1.24
10	20 GA	2 SI	950	SQ FT	0.50	0.87	1.37
11	18 GA	2 SI	900	SQ FT	0.52	1.19	1.71
12	16 GA	2 SI	850	SQ FT	0.55	1.37	1.92
	FORM DECK FOR POURED ROOF AND FLOOR DECKS						
	UNIFORM UFS						
	UNCOATED						
13	28 GA	2 SI	600	SQ FT	0.79	0.30	1.09
14	26 GA	2 SI	600	SQ FT	0.79	0.36	1.15
	HOT DIPPED GALVANIZED						
15	28 GA	2 SI	600	SQ FT	0.79	0.39	1.18
16	26 GA	2 SI	600	SQ FT	0.79	0.45	1.24
	FORM DECK FOR POURED ROOF AND FLOOR DECKS						
	UNIFORM UFX						
	UNCOATED						
17	26 GA	2 SI	600	SQ FT	0.79	0.39	1.18
18	24 GA	2 SI	600	SQ FT	0.79	0.47	1.26
19	22 GA	2 SI	600	SQ FT	0.79	0.55	1.34
20	20 GA	2 SI	600	SQ FT	0.79	0.66	1.45
	HOT DIPPED GALVANIZED						
21	26 GA	2 SI	600	SQ FT	0.79	0.47	1.26
22	24 GA	2 SI	600	SQ FT	0.79	0.57	1.36
23	22 GA	2 SI	600	SQ FT	0.79	0.70	1.49
24	20 GA	2 SI	600	SQ FT	0.79	0.79	1.58
	STEEL DECK FOR PERMANENT FORMS COSTS BASED ON INSTALLATION CONTINUOUS OVER STRUCTURAL STEEL WITH WELDING WASHERS. QUANTITY OF 20000 TO 30000 SQ FT						
	STANDARD RIBBED STEEL DECK 1 1/2" RIB						
25	16 GA	2 SI	550	SQ FT	0.86	1.92	2.78
26	18 GA	2 SI	600	SQ FT	0.79	1.42	2.21
27	20 GA	2 SI	650	SQ FT	0.72	1.06	1.78
28	22 GA	2 SI	720	SQ FT	0.65	0.80	1.45
29	24 GA	2 SI	800	SQ FT	0.59	0.65	1.24
	STANDARD RIBBED STEEL DECK 3' RIB						
30	14 GA	2 SI	485	SQ FT	0.97	2.64	3.61
31	16 GA	2 SI	520	SQ FT	0.91	2.06	2.97
32	18 GA	2 SI	580	SQ FT	0.81	1.48	2.29
33	20 GA	2 SI	625	SQ FT	0.75	1.11	1.86
34	22 GA	2 SI	680	SQ FT	0.69	0.92	1.61
	CORRUGATED STEEL DECK WITH REINFORCING						
35	STANDARD (TO 6' SPAN)	1 SI	560	SQ FT	0.42	1.54	1.96
36	HEAVY DUTY (TO 10" SPAN)	1 SI	560	SQ FT	0.42	1.76	2.18
	LONG SPAN METAL DECKS, FLAT STEEL PLATE DECK WITH INTEGRAL STIFFENER WEB.						
	4 1/2" DEEP WEB						
37	20 GA	2 SI	350	SQ FT	1.35	3.65	5.00
38	18 GA	2 SI	340	SQ FT	1.39	3.96	5.35
39	16 GA	2 SI	330	SQ FT	1.43	4.24	5.67
	6" DEEP WEB						
40	20 GA	2 SI	335	SQ FT	1.41	3.79	5.20
41	18 GA	2 SI	325	SQ FT	1.45	4.08	5.53

METALS

LINE	DESCRIPTION	OUTPUT			UNIT COSTS		
		CREW	PER DAY	UNIT	LABOR	MATERIAL	TOTAL
1	16 GA	2 SI	315	SQ FT	1.50	4.42	5.92
	7 1/2" DEEP WEB						
2	18 GA	2 SI	310	SQ FT	1.52	4.42	5.94
3	16 GA	2 SI	295	SQ FT	1.60	4.69	6.29
4	16 GA	2 SI	280	SQ FT	1.68	4.91	6.59
	ADDED COSTS FOR METAL DECKING						
	GALVANIZED DECKING						
5	OPEN			SQ FT		0.28	0.28
6	CELLULAR			SQ FT		0.35	0.35
7	CELLS USED FOR VENTILATION, INCL CLOSURES			SQ FT		0.51	0.51
8	BUILDINGS OVER 50', ADD 1% PER 20' TO LABOR						
	LESS THAN 20,000 SQ FT JOBS, ADD						
9	15,000 - 20,000 MAT'L 5% LABOR 5%						
10	10,000 - 15,000 MAT'L 10% LABOR 15%						
11	5,000 - 10,000 MAT'L 15% LABOR 30%						
12	UNDER 5,000 MAT'L 20% LABOR 50%						
	CELLULAR DECK FOR ELECTRIFIED FLOORS CANOPY						
	ROOFS AND HEAVY FORM USE ALL GALVANIZED						
	3" LOK FLOOR						
13	20/20 GA	2 SI	700	SQ FT	0.67	2.57	3.24
14	20/18 GA	2 SI	650	SQ FT	0.72	2.67	3.39
15	18/20 GA	2 SI	700	SQ FT	0.67	2.79	3.46
16	18/18 GA	2 SI	650	SQ FT	0.72	2.45	3.17
17	18/16 GA	2 SI	650	SQ FT	0.72	2.98	3.70
18	16/18 GA	2 SI	650	SQ FT	0.72	3.14	3.86
19	16/16 GA	2 SI	650	SQ FT	0.72	3.20	3.92
20	3" N DECK USE SAME PRICE AS 3" LOK FLOOR						
	2" LOK FLOOR						
21	20/20 GA	2 SI	700	SQ FT	0.67	2.36	3.03
22	20/18 GA	2 SI	650	SQ FT	0.72	2.44	3.16
23	18/20 GA	2 SI	700	SQ FT	0.67	2.53	3.20
24	18/18 GA	2 SI	700	SQ FT	0.67	2.63	3.30
25	18/16 GA	2 SI	700	SQ FT	0.67	2.73	3.40
26	16/18 GA	2 SI	650	SQ FT	0.72	2.84	3.56
27	16/16 GA	2 SI	650	SQ FT	0.72	2.94	3.66
	1 1/2" LOK FLOOR						
28	20/20 GA	2 SI	700	SQ FT	0.67	2.49	3.16
29	20/18 GA	2 SI	700	SQ FT	0.67	2.60	3.27
30	18/20 GA	2 SI	700	SQ FT	0.67	2.72	3.39
31	18/18 GA	2 SI	700	SQ FT	0.67	2.83	3.50
32	18/16 GA	2 SI	650	SQ FT	0.72	3.30	4.02
33	16/18 GA	2 SI	650	SQ FT	0.72	3.04	3.76
34	16/16 GA	2 SI	650	SQ FT	0.72	3.16	3.88
	** MISCELLANEOUS METAL **						
	ANCHOR BOLTS, MATERIAL ONLY INCLUDING NUT AND						
	WASHER. FOR PLACING SEE CONCRETE ACCESSORIES						
35	1/2"X8"			EACH		0.56	0.56
36	1/2"X12"			EACH		0.66	0.66
37	1/2"X16"			EACH		0.76	0.76
38	5/8"X12"			EACH		0.89	0.89
39	5/8"X16"			EACH		0.90	0.90
40	5/8"X20"			EACH		1.23	1.23
41	3/4"X12"			EACH		1.13	1.13
42	3/4"X16"			EACH		1.31	1.31
43	3/4"X20"			EACH		1.47	1.47
44	3/4"X24"			EACH		1.65	1.65
45	7/8"X16"			EACH		1.55	1.55
46	7/8"X20"			EACH		1.68	1.68
47	7/8"X24"			EACH		1.90	1.90
48	7/8"X30"			EACH		2.26	2.26
49	7/8"X36"			EACH		2.51	2.51
50	1"X18"			EACH		2.44	2.44
51	1"X24"			EACH		2.96	2.96
52	1"X30"			EACH		3.34	3.34
53	1"X36"			EACH		3.78	3.78
54	1 1/2"X36"			EACH		7.58	7.58
55	1 1/2"X48"			EACH		9.39	9.39
56	2"X48"			EACH		17.22	17.22
57	FOR GALVANIZED BOLTS, ADD 35%						

1988 DODGE UNIT COST DATA

5 METALS

LINE	DESCRIPTION	CREW	PER DAY	UNIT	LABOR	MATERIAL	TOTAL
	** STEEL CORNER GUARDS **						
	STEEL ANGLES WITH LUGS FOR BUILDING INTO MASONRY LABOR INDICATES ADDED MASONRY COST						
1	2"X2"X1/4"	1 BL	90	LN FT	2.47	2.97	5.44
2	2 1/2"X2 1/2"X1/4"	1 BL	85	LN FT	2.61	3.00	5.61
3	2X3 - 24"	2 SI	16	EACH	29.45	19.90	49.35
4	3X4 - 32"	2 SI	16	EACH	29.45	35.85	65.30
5	4X5 - 29"	2 SI	8	EACH	58.90	42.55	101.45
6	4X6 - 39"	2 SI	8	EACH	58.90	62.25	121.15
7	5X7 - 65"	2 SI	8	EACH	58.90	127.40	186.30
8	3"X3"X1/4"	1 BL	80	LN FT	2.78	3.07	5.85
9	3 1/2"X3 1/2"X1/4"	1 BL	75	LN FT	2.96	3.07	6.03
10	4"X4"X1/4"	1 BL	70	LN FT	3.17	4.93	8.10
	STEEL ANGLES WITH LEAD SHIELD, DRILLED AND ANCHORED TO MASONRY						
11	2"X2"X1/4"	1 SI	40	LN FT	5.89	3.35	9.24
12	2 1/2"X2 1/2"X1/4"	1 SI	37	LN FT	6.37	3.75	10.12
13	3"X3"X1/4"	1 SI	34	LN FT	6.93	4.30	11.23
14	3 1/2"X3 1/2"X1/4"	1 SI	32	LN FT	7.36	5.55	12.91
15	4"X4"X1/4"	1 SI	30	LN FT	7.85	5.80	13.65
16	FOR ANCHORING TO CONCRETE, ADD 50% TO LABOR						
	STEEL ANGLES, WITH DRILLED HOLES AND FASTENERS FOR ANCHORING TO WOOD						
17	2"X2"X1/4"	1 SI	60	LN FT	3.93	3.30	7.23
18	2 1/2"X2 1/2"X1/4"	1 SI	57	LN FT	4.13	3.60	7.73
19	3"X3"X1/4"	1 SI	54	LN FT	4.36	4.15	8.51
20	3 1/2"X3 1/2"X1/4"	1 SI	52	LN FT	4.53	4.70	9.23
21	4"X4X1/4"	1 SI	50	LN FT	4.71	5.05	9.76
22	FOR GALVANIZED ANGLES, ADD 30% TO MATERIAL						
	STAINLESS STEEL CORNER GUARDS WITH LEAD SHIELDS DRILLED AND ANCHORED TO MASONRY						
23	2 1/2"X2 1/2"X1/8"	1 SI	35	LN FT	6.73	4.50	11.23
24	2 1/2"X2 1/2"X3/16"	1 SI	33	LN FT	7.14	5.90	13.04
25	3"X3"X1/8"	1 SI	32	LN FT	7.36	4.90	12.26
26	3"X3"X3/16"	1 SI	30	LN FT	7.85	7.00	14.85
27	3 1/2"X3 1/2"X1/8"	1 SI	28	LN FT	8.41	8.85	17.26
28	3 1/2"X3 1/2"X3/16"	1 SI	26	LN FT	9.06	9.80	18.86
29	FOR ANCHORING TO CONCRETE, ADD 50% TO LABOR						
	STAINLESS STEEL CORNER GUARDS WITH DRILLED HOLES AND FASTENERS FOR ANCHORING TO WOOD.						
30	2 1/2"X2 1/2"X1/8"	1 SI	55	LN FT	4.28	4.50	8.78
31	2 1/2"X2 1/2"X3/16"	1 SI	52	LN FT	4.53	5.90	10.43
32	3"X3"X1/8"	1 SI	51	LN FT	4.62	4.90	9.52
33	3"X3"X3/16"	1 SI	50	LN FT	4.71	7.00	11.71
34	3 1/2"X3 1/2"X1/8"	1 SI	48	LN FT	4.91	8.85	13.76
35	3 1/2"X3 1/2"X3/16"	1 SI	45	LN FT	5.24	9.00	14.24
	** CURB EDGING **						
	SHIPPING PLATFORMS, STEEL SHAPES WITH LUGS FOR CONCRETE AND WELDED NUTS FOR DOCK BUMPERS, INSTALLED ON CONCRETE FORMS.						
36	3"X3"X1/4" ANGLE	2 SI	160	LN FT	2.95	2.95	5.90
37	4"X4"X1/4" ANGLE	2 SI	140	LN FT	3.37	3.55	6.92
38	4"X4"X3/8" ANGLE	2 SI	130	LN FT	3.62	5.20	8.82
39	6" CHANNEL 8.2 #/LF	2 SI	135	LN FT	3.49	3.65	7.14
40	8" CHANNEL 11.5 #/LF	2 SI	120	LN FT	3.93	5.15	9.08
41	10" CHANNEL 15.3 #/LF	2 SI	108	LN FT	4.36	6.90	11.26
42	12" CHANNEL 20.7 #/LF	2 SI	100	LN FT	4.71	9.20	13.91
	TRENCHES AND PITS, STEEL ANGLES WITH LUGS FOR CONCRETE, INSTALLED ON CONCRETE FORMS.						
43	2 1/2"X2 1/2"X1/4"	2 SI	180	LN FT	2.62	2.55	5.17
44	3"X3"X1/4"	2 SI	160	LN FT	2.95	2.80	5.75
45	3 1/2"X3 1/2"X1/4"	2 SI	150	LN FT	3.14	4.80	7.94
46	4"X4"X1/4"	2 SI	140	LN FT	3.37	3.85	7.22

METALS

LINE	DESCRIPTION	CREW	PER DAY	UNIT	LABOR	MATERIAL	TOTAL
	STRUCTURAL STEEL ANGLES WITH FLAT BAR WELDED ON TOP LEG TO MAKE RECESS THE THICKNESS OF COVER.						
1	2 1/2"X2 1/2"X1/4" W/1/4"X1 1/2" BAR	2 SI	175	LN FT	2.69	3.20	5.89
2	3"X3"X1/4" W/1/4"X2" BAR	2 SI	155	LN FT	3.04	3.80	6.84
3	3"X3"X1/4" W/3/8"X2" BAR	2 SI	150	LN FT	3.14	4.00	7.14
4	3 1/2"X3 1/2"X1/4" W/1/4"X2 1/2" BAR	2 SI	145	LN FT	3.25	4.35	7.60
5	3 1/2"X3 1/2"X1/4" W/3/8"X2 1/2" BAR	2 SI	140	LN FT	3.37	4.80	8.17
6	4"X4"X1/4" W/1/4"X3" BAR	2 SI	135	LN FT	3.49	4.90	8.39
7	4"X4"X1/4" W/3/8"X3" BAR	2 SI	130	LN FT	3.62	5.45	9.07
	TRENCH COVER PLATES AND DIAMOND FLOOR PLATES SEE FLOOR PLATES						
	EXPANDED METAL MESH						
	CARBON STEEL, STANDARD WEIGHT SHEARED TO RECTANGULAR SIZE, WITHOUT EDGING						
	NON-FLATTENED						
8	1/4" 18 GA			SQ FT		0.64	0.64
9	1/2" 18 GA			SQ FT		0.68	0.68
10	1/2" 16 GA			SQ FT		0.70	0.70
11	3/4" 13 GA			SQ FT		0.66	0.66
12	1" 16 GA			SQ FT		0.66	0.66
13	1 1/2" 16 GA			SQ FT		0.87	0.87
14	1 1/2" 9 GA			SQ FT		1.90	1.90
	FLATTENED						
15	1/4" 18 GA			SQ FT		0.64	0.64
16	1/2" 18 GA			SQ FT		0.68	0.68
17	1/2" 16 GA			SQ FT		0.70	0.70
18	3/4" 13 GA			SQ FT		0.66	0.66
19	1" 16 GA			SQ FT		0.66	0.66
20	1 1/2" 16 GA			SQ FT		0.95	0.95
21	1 1/2" 9 GA			SQ FT		1.97	1.97
22	FOR GALVANIZED MESH, ADD 30%						
	FASTENERS						
	BOLTS, HEX HEAD W/NUT, STANDARD MACHINE THREAD COLD ROLLED STEEL, QUANTITIES OF 500 OR MORE						
23	1/4"X3"			C		10.30	10.30
24	1/4"X4"			C		14.95	14.95
25	1/4"X6"			C		23.35	23.35
26	3/8"X3"			C		12.80	12.80
27	3/8"X6"			C		23.25	23.25
28	3/8"X10"			C		49.65	49.65
29	1/2"X3"			C		24.28	24.28
30	1/2"X6"			C		41.10	41.10
31	1/2"X10"			C		72.10	72.10
32	1/2"X12"			C		86.30	86.30
33	5/8"X4"			C		37.15	37.15
34	5/8"X6"			C		56.80	56.80
35	5/8"X10"			C		88.45	88.45
36	5/8"X12"			C		106.00	106.00
37	5/8"X18"			C		147.00	147.00
38	3/4"X4"			C		61.70	61.70
39	3/4"X6"			C		81.90	81.90
40	3/4"X12"			C		137.00	137.00
41	3/4"X18"			C		191.00	191.00
42	3/4"X24"			C		247.00	247.00
43	1"X6"			C		157.00	157.00
44	1"X12"			C		253.00	253.00
45	1"X18"			C		345.00	345.00
46	1"X24"			C		445.00	445.00
47	1 1/2"X6"			C		329.00	329.00
48	1 1/2"X12"			C		571.00	571.00
49	1 1/2"X24"			C		959.00	959.00
50	1 1/2"X36"			C		1,479	1,479
51	2"X12"			C		896.00	896.00
52	2"X24"			C		1,520	1,520
53	2"X36"			C		2,346	2,346

1988 DODGE UNIT COST DATA

5 METALS

LINE	DESCRIPTION	OUTPUT CREW	PER DAY	UNIT	LABOR	MATERIAL	TOTAL
	ADD TO BOLT PRICES FOR						
1	HIGH STRENGTH 20%						
2	GALVANIZED 25%						
3	SILICONE BRONZE 100%						
4	STAINLESS STEEL 150%						
	EXPANSION SHIELDS, ZINC COATED, FOR MACHINE OR LAG BOLTS - SHIELD ONLY						
5	1/4"			EACH		0.61	0.61
6	3/8"			EACH		0.84	0.84
7	1/2"			EACH		1.64	1.64
8	3/4"			EACH		2.84	2.84
9	1"			EACH		4.59	4.59
	TOGGLE (BUTTERFLY) BOLTS						
10	1/8"X6"			EACH		0.25	0.25
11	1/4"X6"			EACH		0.45	0.45
12	3/8"X6"			EACH		0.85	0.85
13	1/2"X6"			EACH		1.60	1.60
	MACHINE EQUIPMENT ANCHORS, ADJUSTABLE, TAPPED TO RECEIVE BOLT OR STUD.						
14	1/2"			EACH		15.85	15.85
15	5/8"			EACH		17.00	17.00
16	3/4"			EACH		18.25	18.25
17	1"			EACH		27.40	27.40
18	1 1/2"			EACH		36.95	36.95
	LAG SCREWS, COLD ROLLED STEEL, MILL FINISH, IN QUANTITIES OF 500 OR MORE.						
19	1/4"X3"			C		14.20	14.20
20	1/4"X6"			C		29.60	29.60
21	3/8"X3"			C		18.70	18.70
22	3/8"X6"			C		35.80	35.80
23	1/2"X4"			C		37.80	37.80
24	1/2"X6"			C		47.25	47.25
25	1/2"X10"			C		91.35	91.35
26	GALVANIZED, ADD 25%						
27	STAINLESS, ADD 150%						
	WELDING STUDS, INSTALLED ON STRUCTURAL STEEL IN FIELD WITH STUD WELDING GUN. LABOR COST IS TOTAL FIELD INSTALLATION COST. PURCHASED IN QUANTITIES OF 500 OR MORE, WITHOUT NUTS.						
28	1/4"X2"	1 SI	230	EACH	1.02	0.18	1.20
29	3/8"X3"	1 SI	180	EACH	1.31	0.25	1.56
30	1/2"X3"	1 SI	150	EACH	1.57	0.38	1.95
31	5/8"X3"	1 SI	140	EACH	1.68	0.54	2.22
32	3/4"X3 1/2"	1 SI	130	EACH	1.81	0.67	2.48
33	7/8"X4"	1 SI	120	EACH	1.96	0.87	2.83
	** DOOR FRAMES AND GATES **						
	STRUCTURAL STEEL CHANNEL DOOR FRAMES, SHOP FABRICATED WITH MASONRY ANCHORS. HEAD MEMBER REINFORCED FOR LINTEL						
	8'X8' OPENING						
34	6" CHANNEL 8.2 #/LF	2 SI	10	EACH	47.12	155.00	202.12
35	8" CHANNEL 11.5 #/LF	2 SI	8	EACH	58.90	204.00	262.90
36	10" CHANNEL 15.3 #/LF	2 SI	6.5	EACH	72.49	250.00	322.49
37	12" CHANNEL 20.7 #/LF	2 SI	4.7	EACH	100.26	318.00	418.26
	10'X10' OPENING						
38	6" CHANNEL 8.2 #/LF	2 SI	8.5	EACH	55.44	194.00	249.44
39	8" CHANNEL 11.5 #/LF	2 SI	6.5	EACH	72.49	255.00	327.49
40	10" CHANNEL 15.3 #/LF	2 SI	5.2	EACH	90.62	312.00	402.62
41	12" CHANNEL 20.7 #/LF	2 SI	4	EACH	117.80	397.00	514.80
	10'X14' OPENING						
42	6" CHANNEL 8.2 #/LF	2 SI	8	EACH	58.90	220.00	278.90
43	8" CHANNEL 11.5 #/LF	2 SI	6.1	EACH	77.25	289.00	366.25
44	10" CHANNEL 15.3 #/LF	2 SI	4.9	EACH	96.16	354.00	450.16
45	12" CHANNEL 20.7 #/LF	2 SI	3.8	EACH	124.00	450.00	574.00

METALS

LINE	DESCRIPTION	CREW	PER DAY	UNIT	LABOR	MATERIAL	TOTAL
	12'X16' OPENING						
1	6" CHANNEL 8.2 #/LF	2 SI	6.5	EACH	72.49	259.00	331.49
2	8" CHANNEL 11.5 #/LF	2 SI	5.2	EACH	90.62	340.00	430.62
3	10" CHANNEL 15.3 #/LF	2 SI	4.1	EACH	114.93	416.00	530.93
4	12" CHANNEL 20.7 #/LF	2 SI	2.8	EACH	168.29	530.00	698.29
	STRUCTURAL STEEL CHANNEL						
5	6" CHANNEL 8.2 #/LF	2 SI	260	LN FT	1.81	2.60	4.41
6	8" CHANNEL 11.5 #/LF	2 SI	200	LN FT	2.36	3.65	6.01
7	10" CHANNEL 15.3 #/LF	2 SI	150	LN FT	3.14	4.90	8.04
8	12" CHANNEL 20.7 #/LF	2 SI	110	LN FT	4.28	6.55	10.83
9	ANGLE ADDED AT SHOP, 2"X2"X1/4"	2 SI	500	LN FT	0.94	1.10	2.04
10	FLAT STEEL DOOR STOP ADDED AT SHOP, 1/2"X1"	2 SI	1000	LN FT	0.47	0.55	1.02
	** MISCELLANEOUS IRON **						
	WEATHER VANES						
11	STANDARD 25" HIGH W/18" ARROW	1 CP	8	EACH	27.25	57.00	84.25
12	DELUXE 36" HIGH W/32" ARROW	1 CP	7	EACH	31.14	106.00	137.14
	STEEL STAIR, 10" STRINGER						
13	3/16" PLATE	2 SI	160	LN FT	2.95	2.55	5.50
14	1/4" PLATE	2 SI	115	LN FT	4.10	3.40	7.50
15	5/16" PLATE	2 SI	90	LN FT	5.24	4.25	9.49
16	1 1/2" FORMED PLATE	2 SI	135	LN FT	3.49	2.90	6.39
17	JR C 10X1 1/3"	2 SI	160	LN FT	2.95	2.45	5.40
18	C 10X8.4	2 SI	125	LN FT	3.77	3.10	6.87
19	C 8X11.5	2 SI	80	LN FT	5.89	4.20	10.09
20	C 10X15.3	2 SI	70	LN FT	6.73	5.55	12.28
	STEEL STAIR, 12" STRINGER						
21	3/16" PLATE	2 SI	135	LN FT	3.49	4.05	7.54
22	1/4" PLATE	2 SI	100	LN FT	4.71	3.95	8.66
23	1 1/2" FORMED PLATE	2 SI	115	LN FT	4.10	3.60	7.70
24	JR C 12X10.6	2 SI	100	LN FT	4.71	4.10	8.81
25	C 12X20.7	2 SI	50	LN FT	9.42	8.05	17.47
	STEEL STAIR RISER						
26	7"X1" RETURN 14 GA	2 SI	200	LN FT	2.36	0.93	3.29
27	7"X1" RETURN 12 GA	2 SI	160	LN FT	2.95	1.31	4.26
28	7"X1" RETURN 10 GA	2 SI	135	LN FT	3.49	1.68	5.17
	STEEL STAIR SUBTREAD						
29	10"X2" 14 GA	2 SI	200	LN FT	2.36	1.42	3.78
30	10"X2" 12 GA	2 SI	160	LN FT	2.95	1.92	4.87
31	10"X2" 10 GA	2 SI	135	LN FT	3.49	2.36	5.85
	STEEL STAIR SUBPLATFORM						
32	FOR 2" FILL 14 GA	2 SI	200	SQ FT	2.36	1.39	3.75
33	FOR 2" FILL 12 GA	2 SI	160	SQ FT	2.95	1.85	4.80
34	FOR 2" FILL 10 GA	2 SI	135	SQ FT	3.49	2.28	5.77
	** METAL STAIRS **						
	STEEL STAIRS, INDUSTRIAL TYPE. 9" CHANNEL STRINGERS, PIPE HANDRAIL BOTH SIDES, 3/16"X 1" GRATING TREADS. COST INSTALLED PER LF OF STRINGER						
	3' WIDE						
35	6' TO 10'	2 SI	130	LN FT	3.62	74.00	77.62
36	10' TO 15'	2 SI	170	LN FT	2.77	67.00	69.77
37	15' TO 20'	2 SI	180	LN FT	2.62	61.00	63.62
	4' WIDE						
38	6' TO 10'	2 SI	115	LN FT	4.10	90.00	94.10
39	10' TO 15'	2 SI	150	LN FT	3.14	81.00	84.14
40	15' TO 20'	2 SI	157	LN FT	3.00	74.00	77.00
	5' WIDE						
41	6' TO 10'	2 SI	105	LN FT	4.49	105.00	109.49
42	10' TO 15'	2 SI	135	LN FT	3.49	98.00	101.49
43	15' TO 20'	2 SI	140	LN FT	3.37	87.00	90.37

5 METALS

LINE	DESCRIPTION	CREW	PER DAY	UNIT	LABOR	MATERIAL	TOTAL
	METAL PAN STAIRS, 44" WIDE WITH HALF PACE LANDING. NO RAILINGS. COST BASED ON EARLY INSTALLATION.						
	STANDARD						
1	8' FLOOR TO FLOOR 1 FLIGHT	2 SI	2.2	FLOOR	214.18	535.00	749.18
2	9' FLOOR TO FLOOR 1 FLIGHT	2 SI	2	FLOOR	235.60	580.00	815.60
3	10' FLOOR TO FLOOR 2 FLIGHTS	2 SI	1.5	FLOOR	314.13	730.00	1,044
4	12' FLOOR TO FLOOR 2 FLIGHTS	2 SI	1.3	FLOOR	362.46	835.00	1,197
5	16' FLOOR TO FLOOR 2 FLIGHTS	2 SI	1	FLOOR	471.20	995.00	1,466
	CANTILEVERED						
6	10' FLOOR TO FLOOR	2 SI	0.7	FLOOR	673.14	1,385	2,058
7	12' FLOOR TO FLOOR	2 SI	0.6	FLOOR	785.33	1,580	2,365
8	16' FLOOR TO FLOOR	2 SI	0.5	FLOOR	942.40	1,870	2,812
	WITH SINGLE CENTER, RECT. TUBE STRINGER						
9	8' FLOOR TO FLOOR 1 FLIGHT	2 SI	1.8	FLOOR	261.78	730.00	991.78
10	9' FLOOR TO FLOOR 1 FLIGHT	2 SI	1.8	FLOOR	261.78	310.00	571.78
11	10' FLOOR TO FLOOR 2 FLIGHTS	2 SI	1.4	FLOOR	336.57	1,045	1,382
12	12' FLOOR TO FLOOR 2 FLIGHTS	2 SI	1.2	FLOOR	392.67	1,125	1,518
13	16' FLOOR TO FLOOR 2 FLIGHTS	2 SI	0.9	FLOOR	523.56	1,255	1,779
14	FOR 48" WIDTH, ADD MAT'L 8% LABOR 3%						
	TELESCOPING FIRE STAIRWAY, STEEL						
15	TO 10'2"	1 CP 1 LA	1	EACH	391.04	910.00	1,301
16	TO 11'4"	1 CP 1 LA	1	EACH	391.04	740.00	1,131
17	FOR GALVANIZED FINISH ADD			EACH		54.00	54.00
	MEZZANINES & STAIRWAY STEEL PREFAB W/CONC FTNGS						
18	10'X12' W/36" STAIRS	2 SI 1 LA 1 CM	0.5	EACH	1,709	3,250	4,959
19	10'X12' ADD ON UNIT	2 SI 1 LA 1 CM	0.8	EACH	1,068	1,420	2,488
	** LADDERS **						
	SHIP LADDERS, 60 DEGREE INCLINE, CHANNEL STRINGERS W/STEEL TREADS AND SINGLE PIPE HANDRAIL. ONE SHOP COAT PAINT. PREFABRICATED AND INSTALLED WITH NO PLATFORM WORK.						
20	6' HEIGHT	2 SI	1.2	EACH	392.67	495.00	887.67
21	8' HEIGHT	2 SI	1	EACH	471.20	605.00	1,076
22	10' HEIGHT	2 SI	0.8	EACH	589.00	710.00	1,299
23	12' HEIGHT	2 SI	0.7	EACH	673.14	835.00	1,508
24	16' HEIGHT	2 SI	0.6	EACH	785.33	1,080	1,865
25	20' HEIGHT	2 SI	0.5	EACH	942.40	1,335	2,277
	VERTICAL LADDERS, 1/2"X2" FLAT RAILS WITH 1 1/4" PIPE RUNGS. ONE SHOP COAT PAINT. PREFABRICATED AND INSTALLED AGAINST MASONRY WALL.						
26	10'X18" WIDE	2 SI	8	EACH	58.90	166.00	224.90
27	10'X20" WIDE	2 SI	7.8	EACH	60.41	175.00	235.41
28	10'X24" WIDE	2 SI	7.6	EACH	62.00	183.00	245.00
29	16'X18" WIDE	2 SI	6	EACH	78.53	258.00	336.53
30	16'X20" WIDE	2 SI	5.8	EACH	81.24	273.00	354.24
31	16'X24" WIDE	2 SI	5.6	EACH	84.14	286.00	370.14
32	20'X18" WIDE	2 SI	5.2	EACH	90.62	329.00	419.62
33	20'X20" WIDE	2 SI	5	EACH	94.24	450.00	544.24
34	20'X24" WIDE	2 SI	4.8	EACH	98.17	578.00	676.17
35	ANCHORING TO CONCRETE, ADD 20% TO LABOR						
36	FOR CAGED LADDER, ADD 50% TO MATERIAL & 25% TO LABOR						

METALS

LINE	DESCRIPTION	CREW	PER DAY	UNIT	LABOR	MATERIAL	TOTAL
	** RAILINGS **						
	SEE ALSO, ORNAMENTAL METAL						
	STEEL ANGLE RAILING, 3' HIGH, 2 RAIL WITH POSTS						
	STEEL RAILINGS 1/4" DIAMETER						
1	2 RAIL PRIMER	2 SI	80	LN FT	5.89	11.10	16.99
2	2 GALVANIZED	2 SI	80	LN FT	5.89	13.00	18.89
3	3 PRIMED	2 SI	80	LN FT	5.89	14.45	20.34
4	3 GALVANIZED	2 SI	80	LN FT	5.89	17.15	23.04
5	3/16"X6"	2 SI	350	LN FT	1.35	1.75	3.10
6	1/4"X6"	2 SI	300	LN FT	1.57	2.25	3.82
7	FOR PREFABRICATED CURVED RAILING ADD	2 SI	350	LN FT	1.35	2.50	3.85
8	GALVANIZED, ADD MAT'L 25% LABOR 5%						
	PIPE RAILING, 3' HIGH, 2 RAIL WITH POSTS 4' O.C.						
	ONE SHOP COAT PAINT						
9	1 1/4" BLACK PIPE	2 SI	100	LN FT	4.71	7.85	12.56
10	1 1/2" BLACK PIPE	2 SI	90	LN FT	5.24	10.00	15.24
	ADD FOR KICKPLATES						
11	1/8"X6"	2 SI	350	LN FT	1.35	1.32	2.67
12	3/16"X6"	2 SI	300	LN FT	1.57	1.86	3.43
13	1/4"X6"	2 SI	270	LN FT	1.75	2.39	4.14
14	FOR PREFABRICATED CURVED RAILING ADD	2 SI	360	LN FT	1.31	1.95	3.26
15	GALVANIZED, ADD MAT'L 25% LABOR 5%						
	STAIR NOSING						
	CAST IRON SAFETY TREAD.						
16	2" WIDE	1 CP	90	LN FT	2.42	4.90	7.32
17	4" WIDE	1 CP	85	LN FT	2.56	6.71	9.27
18	6" WIDE	1 CP	80	LN FT	2.73	9.36	12.09
	ALUMINUM SAFETY TREAD						
19	2" WIDE	1 CP	100	LN FT	2.18	5.30	7.48
20	4" WIDE	1 CP	95	LN FT	2.29	7.65	9.94
21	6" WIDE	1 CP	90	LN FT	2.42	9.50	11.92
	CARBON STEEL, STRUCTURAL WEIGHT INSTALLED ON						
	PREPARED PLATFORMS OR OPENINGS						
	STEEL						
22	1.33"X5.33" 3.0 #/SF	2 SI	1000	SQ FT	0.47	2.33	2.80
23	2.00"X6.00" 3.14 #/SF	2 SI	950	SQ FT	0.50	2.43	2.93
24	1.33"X5.33" 4.0 #/SF	2 SI	900	SQ FT	0.52	3.06	3.58
25	1.41"X4.00" 4.27 #/SF	2 SI	850	SQ FT	0.55	3.28	3.83
26	1.33"X5.33" 5.0 #/SF	2 SI	800	SQ FT	0.59	3.81	4.40
27	1.41"X5.00" 6.25 #/SF	2 SI	750	SQ FT	0.63	4.75	5.38
28	1.41"X5.33" 7.0 #/SF	2 SI	700	SQ FT	0.67	5.41	6.08
29	ALUMINUM 1.33"X5.33" 2.0 #/SF	2 SI	1000	SQ FT	0.47	10.00	10.47
	FOR BOLTED IN PLACE, ADD 100% TO LABOR						
	FOR WELDED IN PLACE, ADD TO LABOR						
30	STEEL 125%						
31	STAINLESS 150%						
32	ALUMINUM 175%						
	** FLOOR GRATINGS **						
	STEEL GRATING WELDED, BEARING BAR						
33	3/4"X1/8"	2 SI	800	SQ FT	0.59	4.20	4.79
34	1"X1/8"	2 SI	800	SQ FT	0.59	4.60	5.19
35	1 1/4"X1/8"	2 SI	800	SQ FT	0.59	4.95	5.54
36	1 1/2"X1/8"	2 SI	800	SQ FT	0.59	5.80	6.39
37	1 3/4"X3/16"	2 SI	800	SQ FT	0.59	7.80	8.39
	GRATE WELDED, GALVANIZED STEEL BEARING BAR						
38	3/4"X1/8"	2 SI	800	SQ FT	0.59	5.80	6.39
39	1"X1/8"	2 SI	800	SQ FT	0.59	6.50	7.09
40	1 1/4"X1/8"	2 SI	800	SQ FT	0.59	7.35	7.94
41	1 1/2"X1/8"	2 SI	800	SQ FT	0.59	8.65	9.24
42	2"X3/16"	2 SI	800	SQ FT	0.59	13.20	13.79
43	2 1/4"X3/16"	2 SI	800	SQ FT	0.59	14.45	15.04

METALS

LINE	DESCRIPTION	CREW	PER DAY	UNIT	LABOR	MATERIAL	TOTAL
	ALUMINUM GRATING PRESS LOCKED BEARING BAR						
1	3/4"X1/3" TYPE P-19	2 SI	800	SQ FT	0.59	6.25	6.84
2	1"X1/8" TYPE P-19	2 SI	800	SQ FT	0.59	6.65	7.24
3	1 1/4"X1/8" TYPE P-19	2 SI	800	SQ FT	0.59	6.90	7.49
	ALUMINUM FLOOR GRATING, RECTANGULAR SPACING AT 1 3/16"X4" O.C. NO OPENING CUT OUTS AND JOB SIZE OF 500 TO 1000 SF.						
4	3/4"X1/8"	2 SI	900	SQ FT	0.52	6.00	6.52
5	1"X1/8"	2 SI	850	SQ FT	0.55	6.40	6.95
6	1 1/4"X1/8"	2 SI	805	SQ FT	0.59	6.70	7.29
7	1 1/4"X3/16"	2 SI	765	SQ FT	0.62	7.20	7.82
8	1 1/2"X1/8"	2 SI	730	SQ FT	0.65	8.05	8.70
9	1 3/4"X3/16"	2 SI	705	SQ FT	0.67	10.45	11.12
10	2"X3/16"	2 SI	685	SQ FT	0.69	11.40	12.09
11	2 1/2"X3/16"	2 SI	665	SQ FT	0.71	13.85	14.56
	ADDED COSTS FOR ALUMINUM FLOOR GRATING BOLTED IN PLACE, ADD 35% TO LABOR						
12	STRAIGHT CUT OPENING (PER LF OF PERIMETER)			LN FT		1.63	1.63
13	CURVED CUT OPENING (PER LF OF PERIMETER)			LN FT		2.67	2.67
14	BANDING ADDED, STRAIGHT			LN FT		1.43	1.43
15	BANDING ADDED, CURVED			LN FT		2.02	2.02
16	SERRATED TO EDGE			SQ FT		0.95	0.95
17	TRENCH GRATING, 12" TO 24" WIDE			LN FT		2.54	2.54
18	TRENCH GRATING, UNDER 12" WIDE			LN FT		3.38	3.38
19	NARROW BAR SPACING, ADD 35% TO MATERIAL & 5% TO LABOR						
	STAINLESS STEEL FLOOR GRATING						
20	3.3 LB/SF	2 SI	700	SQ FT	0.67	20.50	21.17
21	4.5 LB/SF	2 SI	650	SQ FT	0.72	26.00	26.72
	** FLOOR PLATES **						
	STEEL PLATE, CUT TO SIZE IN RECTANGULAR SHAPES NO OPENING CUT OUTS						
	SMOOTH SURFACE						
22	1/8" 5.0 LBS/SF	2 SI	480	SQ FT	0.98	1.57	2.55
23	3/16" 7.0 LBS/SF	2 SI	410	SQ FT	1.15	2.19	3.34
24	1/4" 10.0 LBS/SF	2 SI	350	SQ FT	1.35	3.15	4.50
25	3/8" 15.0 LBS/SF	2 SI	295	SQ FT	1.60	4.70	6.30
26	1/2" 20.0 LBS/SF	2 SI	250	20 FT	1.88	6.29	8.17
27	5/8" 25.0 LBS/SF	2 SI	210	SQ FT	2.24	7.83	10.07
28	3/4" 30.0 LBS/SF	2 SI	175	SQ FT	2.69	9.43	12.12
29	7/8" 35.0 LBS/SF	2 SI	155	SQ FT	3.04	11.00	14.04
30	1" 40.0 LBS/SF	2 SI	135	SQ FT	3.49	12.58	16.07
	RAISED DIAMOND SAFETY PATTERN						
31	1/8" 6.2 LBS/SF	2 SI	420	SQ FT	1.12	2.27	3.39
32	3/16" 8.7 LBS/SF	2 SI	360	SQ FT	1.31	3.19	4.50
33	1/4" 11.2 LBS/SF	2 SI	310	SQ FT	1.52	4.11	5.63
34	3/8" 16.3 LBS/SF	2 SI	265	SQ FT	1.78	5.97	7.75
35	1/2" 21.2 LBS/SF	2 SI	230	SQ FT	2.05	7.76	9.81
36	5/8" 26.4 LBS/SF	2 SI	200	SQ FT	2.36	9.66	12.02
37	3/4" 31.5 LBS/SF	2 SI	170	SQ FT	2.77	11.56	14.33
38	7/8" 36.5 LBS/SF	2 SI	152	SQ FT	3.10	13.38	16.48
39	1" 41.6 LBS/SF	2 SI	134	SQ FT	3.52	15.24	18.76
	FLAT WITH EMBEDDED NON SLIP GRIT						
40	1/8" 5.5 LBS/SF	2 SI	470	SQ FT	1.00	2.13	3.13
41	3/16" 8.0 LBS/SF	2 SI	405	SQ FT	1.16	3.15	4.31
42	1/4" 10.5 LBS/SF	2 SI	346	SQ FT	1.36	4.40	5.76
43	3/8" 15.5 LBS/SF	2 SI	292	SQ FT	1.61	5.97	7.58
44	1/2" 20.6 LBS/SF	2 SI	248	SQ FT	1.90	8.01	9.91
45	5/8" 25.7 LBS/SF	2 SI	208	SQ FT	2.27	9.98	12.25
46	3/4" 30.7 LBS/SF	2 SI	174	SQ FT	2.71	11.96	14.67
47	7/8" 35.8 LBS/SF	2 SI	154	SQ FT	3.06	13.80	16.86
48	1" 41.0 LBS/SF	2 SI	135	SQ FT	3.49	16.70	20.19

METALS

LINE	DESCRIPTION	CREW	OUTPUT PER DAY	UNIT	LABOR	MATERIAL	TOTAL
1	FOR DRILLING AND ANCHORING TO CONCRETE, ADD 5% TO MATERIAL & 150% TO LABOR						
2	FOR DRILLING AND BOLTING THRU STEEL FRAMING, ADD 3% TO MATERIAL & 50% TO LABOR						
3	FOR DRILLING, TAPPING AND BOLTING TO STEEL, ADD 4% TO MATERIAL & 100% TO LABOR						
	WROUGHT IRON FLOOR PLATES, SHEARED TO SIZE, SET IN EPOXY ON CONCRETE						
4	1/8"	2 SI	100	SQ FT	4.71	4.90	9.61
5	3/16"	2 SI	82	SQ FT	5.75	6.10	11.85
6	1/4"	2 SI	70	SQ FT	6.73	8.59	15.32
	WELDED GRATING RECTANGULAR						
7	2" X 1/4" 9#/SF GALV	2 SI	800	SQ FT	0.59	3.45	4.04
8	1 1/2"X3/16 6#/SF PAINTED	2 SI	765	SQ FT	0.62	2.00	2.62
9	1 1/2"X3/16 6#/SF GALV	2 SI	765	SQ FT	0.62	2.30	2.92
	CHECKERED FLOOR PLATE						
10	1/4" 11.5#/SF PRIMED			SQ FT		3.80	3.80
11	1/4" 11.5#/SF GALV			SQ FT		12.70	12.70
12	3/8" 16.5#/SF PRIMED			SQ FT		5.45	5.45
13	3/8" 16.5#/SF GALV			SQ FT		18.20	18.20
	WALL WITH PRESET ANCHOR INSERTS.						
14	1/4" 11.5#/SF GALV			SQ FT		4.45	4.45
15	3/8" 16.5#/SF PRIMED			SQ FT		5.45	5.45
16	3/8" 16.5#/SF GALV			SQ FT		6.35	6.35
17	FOR EXPANSION SHIELDS, ADD 50% TO MATERIAL & 50% TO LABOR						
	** PLATFORMS **						
	STEEL EQUIPMENT PLATFORMS, INCLUDING SUPPORT FRAMING AND FLOOR WITH ONE SHOP COAT PAINT. RAILING AND STAIRS ARE NOT INCLUDED.						
	NO SUPPORT POSTS						
18	1/4" DIAMOND PLATE	2 SI	130	SQ FT	3.62	12.70	16.32
19	3/16"X1" BAR GRATING	2 SI	133	SQ FT	3.54	12.55	16.09
	POSTS SUPPORT FOR 12' HEIGHT						
20	1/4" DIAMOND PLATE	2 SI	115	SQ FT	4.10	15.50	19.60
21	3/16"X1" BAR GRATING	2 SI	117	SQ FT	4.03	13.55	17.58
	POSTS SUPPORT FOR 20' HEIGHT						
22	1/4" DIAMOND PLATE	2 SI	110	SQ FT	4.28	17.55	21.83
23	3/16"X1" BAR GRATING	2 SI	111	SQ FT	4.25	15.55	19.80
	** CONSTRUCTION CASTINGS **						
	WHEEL GUARDS						
24	3' HIGH 200 LBS	2 SI	5.5	EACH	85.67	134.00	219.67
25	4' HIGH 450 LBS	2 SI	3.5	EACH	134.63	300.00	434.63
	MANHOLE STEP IRONS, 12"X10"						
26	BLACK	1 CP	30	EACH	7.27	5.30	12.57
27	GALVANIZED	1 CP	28	EACH	7.79	10.35	18.14
	CONSTRUCTION CASTINGS, STOCK STYLES PRICED/LB						
28	LIGHT CASTINGS TO 175 LBS	2 SI	900	LB	0.52	0.75	1.27
29	HEAVY CASTINGS OVER 175 LBS	2 SI	600	LB	0.79	0.59	1.38
	BUILDING CASTING DOWNSPOUT SHOE						
	** ORNAMENTAL METAL **						
	ALUMINUM SPIRAL STAIRWAY 73-1/8" TO 77-3/8" HEIGHT						
30	4'0" DIAMETER	4 SI	2.6	EACH	362.46	643.00	1,005
31	4'6" DIAMETER	4 SI	2.3	EACH	409.74	676.00	1,086
32	5'0" DIAMETER	4 SI	1.9	EACH	496.00	708.00	1,204
33	5'6" DIAMETER	4 SI	1.7	EACH	554.35	735.00	1,289
34	6'0" DIAMETER	4 SI	1.5	EACH	628.27	783.00	1,411

1988 DODGE UNIT COST DATA

METALS

LINE	DESCRIPTION	OUTPUT			UNIT COSTS		
		CREW	PER DAY	UNIT	LABOR	MATERIAL	TOTAL
	80-1/2" TO 85-1/8" HEIGHT						
1	4'0" DIAMETER	4 SI	2.3	EACH	409.74	701.00	1,111
2	4'6" DIAMETER	4 SI	2	EACH	471.20	739.00	1,210
3	5'0" DIAMETER	4 SI	1.8	EACH	523.56	779.00	1,303
4	5'6" DIAMETER	4 SI	1.5	EACH	628.27	821.00	1,449
5	6'0" DIAMETER	4 SI	1.3	EACH	724.92	865.00	1,590
	87-3/4" TO 93" HEIGHT						
6	4'0" DIAMETER	4 SI	2.1	EACH	448.76	764.00	1,213
7	4'6" DIAMETER	4 SI	1.8	EACH	523.56	804.00	1,328
8	5'0" DIAMETER	4 SI	1.6	EACH	589.00	851.00	1,440
9	5'6" DIAMETER	4 SI	1.4	EACH	673.14	897.00	1,570
10	6'0" DIAMETER	4 SI	1.2	EACH	785.33	943.00	1,728
	95-1/8" TO 100-3/4" HEIGHT						
11	4'0" DIAMETER	4 SI	2	EACH	471.20	830.00	1,301
12	4'6" DIAMETER	4 SI	1.7	EACH	554.35	872.00	1,426
13	5'0" DIAMETER	4 SI	1.5	EACH	628.27	918.00	1,546
14	5'6" DIAMETER	4 SI	1.3	EACH	724.92	966.00	1,691
15	6'0" DIAMETER	4 SI	1.2	EACH	785.33	1,021	1,806
	102-3/8" TO 108-1/2" HEIGHT						
16	4'0" DIAMETER	4 SI	1.9	EACH	496.00	878.00	1,374
17	4'6" DIAMETER	4 SI	1.6	EACH	589.00	932.00	1,521
18	5'0" DIAMETER	4 SI	1.4	EACH	673.14	977.00	1,650
19	5'6" DIAMETER	4 SI	1.2	EACH	785.33	1,052	1,837
20	6'0" DIAMETER	4 SI	1.1	EACH	856.73	1,100	1,957
	109-3/4" TO 116-1/4" HEIGHT						
21	4'0" DIAMETER	4 SI	1.7	EACH	554.35	943.00	1,497
22	4'6" DIAMETER	4 SI	1.5	EACH	628.27	1,000	1,628
23	5'0" DIAMETER	4 SI	1.3	EACH	724.92	1,044	1,769
24	5'6" DIAMETER	4 SI	1.1	EACH	856.73	1,107	1,964
25	6'0" DIAMETER	4 SI	1	EACH	942.40	1,179	2,121
	117" TO 124-1/8" HEIGHT						
26	4'0" DIAMETER	4 SI	1.6	EACH	589.00	1,073	1,662
27	4'6" DIAMETER	4 SI	1.4	EACH	673.14	1,134	1,807
28	5'0" DIAMETER	4 SI	1.2	EACH	785.33	1,170	1,955
29	5'6" DIAMETER	4 SI	1	EACH	942.40	1,298	2,240
30	6'0" DIAMETER	4 SI	0.9	EACH	1,047	1,330	2,377
	124-3/8" TO 131-7/8" HEIGHT						
31	4'0" DIAMETER	4 SI	1.5	EACH	628.27	1,065	1,693
32	4'6" DIAMETER	4 SI	1.3	EACH	724.92	1,119	1,844
33	5'0" DIAMETER	4 SI	1.1	EACH	856.73	1,157	2,014
34	5'6" DIAMETER	4 SI	1	EACH	942.40	1,287	2,229
35	6'0" DIAMETER	4 SI	0.8	EACH	1,178	1,319	2,497
	131-5/8" TO 139-5/8" HEIGHT						
36	4'0" DIAMETER	4 SI	1.4	EACH	673.14	1,113	1,786
37	4'6" DIAMETER	4 SI	1.2	EACH	785.33	1,180	1,965
38	5'0" DIAMETER	4 SI	1	EACH	942.40	1,243	2,185
39	5'6" DIAMETER	4 SI	0.9	EACH	1,047	1,319	2,366
40	6'0" DIAMETER	4 SI	0.8	EACH	1,178	1,407	2,585
	139" TO 147-3/8" HEIGHT						
41	4'0" DIAMETER	4 SI	1.3	EACH	724.92	1,180	1,905
42	4'6" DIAMETER	4 SI	1.1	EACH	856.73	1,273	2,130
43	5'0" DIAMETER	4 SI	1	EACH	942.40	1,334	2,276
44	5'6" DIAMETER	4 SI	0.8	EACH	1,178	1,415	2,593
45	6'0" DIAMETER	4 SI	0.7	EACH	1,346	1,439	2,785
	OAK TREAD INSERTS						
46	4'0" DIAMETER	1 CP	32	EACH	6.81	7.45	14.26
47	4'6" DIAMETER	1 CP	28	EACH	7.79	8.25	16.04
48	5'0" DIAMETER	1 CP	24	EACH	9.08	10.40	19.48
49	5'6" DIAMETER	1 CP	21	EACH	10.38	12.35	22.73
50	6'0" DIAMETER	1 CP	18	EACH	12.11	15.05	27.16

METALS

LINE	DESCRIPTION	OUTPUT CREW	PER DAY	UNIT	LABOR	MATERIAL	TOTAL
	METAL SPIRAL STAIRWAY 9' ELEVATION						
1	40" DIAMETER	2 SI	1.5	EACH	314.13	443.00	757.13
2	48"-52" DIAMETER	2 SI	1.5	EACH	314.13	469.00	783.13
3	60"-64" DIAMETER	2 SI	1.4	EACH	336.57	522.00	858.57
4	72"-76" DIAMETER	2 SI	1.3	EACH	362.46	704.00	1,066
5	88" DIAMETER	2 SI	1.2	EACH	392.67	861.00	1,254
	RAILINGS, STEEL BAR POSTS 6" O.C. W/VINYL COVERED TOP RAIL.						
6	LEVEL SECTIONS	2 SI	35	LN FT	13.46	17.50	30.96
7	STAIR SECTIONS	2 SI	30	LN FT	15.71	19.05	34.76
	RAILINGS, VERTICAL SQUARE BARS W/SHAPED HANDRAIL						
	ALUMINUM						
8	LEVEL SECTIONS	2 SI	26	LN FT	18.12	39.00	57.12
9	STAIR SECTIONS	2 SI	22	LN FT	21.42	43.00	64.42
	STAINLESS STEEL						
10	LEVEL SECTIONS	2 SI	20	LN FT	23.56	106.00	129.56
11	STAIR SECTIONS	2 SI	18	LN FT	26.18	115.00	141.18
	BRONZE						
12	LEVEL SECTIONS	2 SI	17	LN FT	27.72	71.00	98.72
13	STAIR SECTIONS	2 SI	15	LN FT	31.41	75.00	106.41
	WROUGHT IRON, COLONIAL STYLE						
14	LEVEL SECTIONS	2 SI	30	LN FT	15.71	15.40	31.11
15	STAIR SECTIONS	2 SI	25	LN FT	18.85	24.80	43.65
	WALL HANDRAILS, INCLUDING WALL BRACKETS AND END RETURNS.						
16	BAKED ENAMEL ON MOLDED STEEL	2 SI	150	LN FT	3.14	8.85	11.99
17	VINYL COVERED ON STEEL RAIL	2 SI	140	LN FT	3.37	8.10	11.47
18	PLAIN ALUMINUM	2 SI	130	LN FT	3.62	15.40	19.02
19	ORNAMENTAL ALUMINUM	2 SI	100	LN FT	4.71	25.10	29.81
20	BRONZE	2 SI	75	LN FT	6.28	35.80	42.08
21	STAINLESS	2 SI	80	LN FT	5.89	53.30	59.19
22	CORRIDOR RAILING ALUMINUM 1-1/2"	1 CP	62	LN FT	3.52	11.55	15.07
23	CORRIDOR RAIL ALUM/VINYL 1"X2"	1 CP	62	LN FT	3.52	27.65	31.17
	** EXPANSION JOINTS **						
	COVER FRAME, ALUMINUM						
24	1 1/8X1 3/8"	2 SI	115	LN FT	4.10	5.75	9.85
25	2 1/8X1 3/8"	2 SI	115	LN FT	4.10	6.40	10.50
	COVER						
26	FLAT PLATE 1/4X3"	2 SI	400	LN FT	1.18	3.85	5.03
27	FLUTED 1/4X3"	2 SI	400	LN FT	1.18	6.95	8.13
28	NEOPRENE INSERT	2 SI	200	LN FT	2.36	4.10	6.46
29	COVER WALL CEILING CORNER	2 SI	200	LN FT	2.36	9.55	11.91
30	COVER WALL OR CEILING	2 SI	100	LN FT	4.71	9.85	14.56

WOOD & PLASTICS

LINE	DESCRIPTION		OUTPUT			UNIT COSTS		
			CREW	PER DAY	UNIT	LABOR	MATERIAL	TOTAL
	** LUMBER PRICES **							
	RANDOM LENGTHS 8/20'							
	SPRUCE, PINE, & FIR - KILN DRIED							
1	STANDARD & BETTER	2"x4"			MBF		368.00	368.00
2	#2 & BETTER	2"X6"			MBF		361.00	361.00
3	#2 & BETTER	2"X8"			MBF		367.00	367.00
4	#2 & BETTER	2"X10"			MBF		469.00	469.00
5	UTILITY	2"X4"			MBF		241.00	241.00
6	#3	2"X6"			MBF		219.00	219.00
7	#3	2"X8"			MBF		202.00	202.00
8	#3	2"X10"			MBF		206.00	206.00
9	STUD GRADE	2"X4"			MBF		306.00	306.00
	SPRUCE, PINE & FIR - GREEN							
10	STANDARD & BETTER	2"X4"			MBF		314.00	314.00
11	#2 & BETTER	2"X6"			MBF		332.00	332.00
12	#2 & BETTER	2"X8"			MBF		335.00	335.00
13	#2 & BETTER	2"X10"			MBF		395.00	395.00
14	UTILITY	2"X4"			MBF		224.00	224.00
15	#3	2"X6"			MBF		220.00	220.00
16	STUD GRADE	2"X4"			MBF		283.00	283.00
	12' LENGTHS KILN DRIED							
	SOUTHERN PINE YELLOW							
17	#1	2"X4"			MBF		439.00	439.00
18	#1	2"X6"			MBF		523.00	523.00
19	#2	2"X4"			MBF		424.00	424.00
20	#2	2"X6"			MBF		465.00	465.00
21	#2	2"X8"			MBF		469.00	469.00
22	#2	2"X10"			MBF		521.00	521.00
23	#2	2"X12"			MBF		611.00	611.00
	WESTERN SPRUCE & PINE							
24	STANDARD & BETTER	2"X4"			MBF		285.00	285.00
25	#2 & BETTER	2"X6"			MBF		296.00	296.00
26	#2 & BETTER	2"X8"			MBF		350.00	350.00
27	#2 & BETTER	2"X10"			MBF		450.00	450.00
	HEMLOCK & FIR							
28	STANDARD & BETTER	2"X4"			MBF		338.00	338.00
29	#2	2"X6"			MBF		345.00	345.00
30	#2	2"X8"			MBF		375.00	375.00
31	#2	2"X10"			MBF		465.00	465.00
32	#2	2"X12"			MBF		465.00	465.00
	DOUGLAS FIR							
33	STANDARD & BETTER	2"X4"			MBF		374.00	374.00
34	#2 & BETTER	2"X6"			MBF		403.00	403.00
35	#2 & BETTER	2"X8"			MBF		394.00	394.00
36	#2 & BETTER	2"X10"			MBF		460.00	460.00
37	#2 & BETTER	2"X12"			MBF		470.00	470.00
	STRUCTURAL LIGHT FRAMING R/L 10/20' - 2"X4"							
	DOUGLAS FIR							
38	#1 & BETTER	KILN DRIED			MBF		383.00	383.00
39	#1 & BETTER	GREEN			MBF		299.00	299.00
	FIR & LARCH							
40	#1 & BETTER	KILN DRIED			MBF		368.00	368.00
41	#1 & BETTER	GREEN			MBF		315.00	315.00
	SOUTHERN PINE							
42	#1				MBF		458.00	458.00
	CONCRETE FORM PLYWOOD							
43	5/8"				MSF		564.00	564.00
44	3/4"				MSF		645.00	645.00

WOOD & PLASTICS

LINE	DESCRIPTION	OUTPUT CREW	PER DAY	UNIT	LABOR	MATERIAL	TOTAL
	REDWOOD CONSTRUCTION GRADE						
1	1"X4"			MBF		624.00	624.00
2	1"X6"			MBF		644.00	644.00
3	1"X8" & 1"X10" & 1"X12"			MBF		652.00	652.00
4	2"X4"			MBF		513.00	513.00
5	2"X6"			MBF		681.00	681.00
6	2"X8"-2"X10"			MBF		640.00	640.00
7	3"X4"			MBF		590.00	590.00
8	3"X6"-3"X8"-3"X10"-3"X12"			MBF		780.00	780.00
9	4"X4"-4"X6"			MBF		722.00	722.00
10	6"X6"			MBF		685.00	685.00
	REDWOOD CONSTRUCTION HEART						
11	1"X4"			MBF		1,139	1,139
12	1"X6"			MBF		1,099	1,099
13	1"X8"-1"X12"			MBF		1,059	1,059
14	1"X10"			MBF		1,129	1,129
15	2"X4"-2"X6"-2"X8"			MBF		990.00	990.00
16	2"X10"			MBF		1,030	1,030
17	2"X12"			MBF		931.00	931.00
18	3"X4"			MBF		911.00	911.00
19	3"X6"-3"X8"-3"X10"-3"X12"			MBF		1,297	1,297
20	4"X4"-4"X6"			MBF		1,049	1,049
21	4"X8"-4"X10"-4"X12"			MBF		1,099	1,099
22	6"X6"			MBF		1,238	1,238
	REDWOOD SELECT HEART GRADE						
23	1"X4"			MBF		1,165	1,165
24	1"X6"-1"X8"			MBF		1,209	1,209
25	1"X10"-1"X12"			MBF		1,484	1,484
26	2"X4"			MBF		1,099	1,099
27	2"X6"-2"X8"			MBF		1,121	1,121
28	2"X10"-2"X12"			MBF		1,396	1,396
29	3"X6"-3"X8"-3"X10"-3"X12"			MBF		1,462	1,462
30	4"X4"-4"X8"			MBF		1,561	1,561
31	6"X6"			MBF		1,692	1,692
	CLEAR REDWOOD S4S FLAT GRAIN						
32	1"X4"			MBF		2,100	2,100
33	1"X6"-1"X8"			MBF		2,333	2,333
34	1"X10"			MBF		2,683	2,683
35	1"X12"			MBF		3,103	3,103
36	2"X3"			MBF		2,286	2,286
37	2"X4"			MBF		2,076	2,076
38	2"X6"-2"X8"			MBF		2,310	2,310
39	2"X10"			MBF		2,683	2,683
40	2"X12"			MBF		3,080	3,080
41	1/4"			MBF		1,003	1,003
42	3/8"			MBF		1,236	1,236
	MARINE AB GRADE						
43	1/2"			MSF		1,880	1,880
44	3/4"			MSF		2,130	2,130
	** LIGHT FRAMING **						
	BRIDGING						
45	1"X4" OR 2"X2"	1 CP	200	LN FT	1.09	0.19	1.28
	GIRDERS						
46	10"X16"	1 CP	850	BD FT	0.26	0.52	0.78
47	12"X12"	1 CP	800	BD FT	0.27	0.56	0.83
	HEADERS						
48	2"X8"	1 CP	230	BD FT	0.95	0.39	1.34
49	2"X10"	1 CP	260	BD FT	0.84	0.46	1.30
	JOISTS						
50	2"X6"	1 CP	350	BD FT	0.62	0.40	1.02
51	2"X8"	1 CP	360	BD FT	0.61	0.39	1.00
52	2"X10"	1 CP	380	BD FT	0.57	0.46	1.03
53	2"X12"	1 CP	400	BD FT	0.55	0.47	1.02

WOOD & PLASTICS

LINE	DESCRIPTION		CREW	PER DAY	UNIT	LABOR	MATERIAL	TOTAL
	LEDGERS							
1	2"X4"		1 CP	400	BD FT	0.55	0.37	0.92
2	2"X6"		1 CP	460	BD FT	0.47	0.40	0.87
3	3"X8"		1 CP	350	BD FT	0.62	0.39	1.01
4	3"X12"		1 CP	400	BD FT	0.55	0.47	1.02
	NAILERS (TREATED)							
5	2"X4"		1 CP	240	BD FT	0.91	0.48	1.39
6	2"X6"		1 CP	260	BD FT	0.84	0.50	1.34
7	2"X8"		1 CP	300	BD FT	0.73	0.49	1.22
	PLATES							
8	2"X4"		1 CP	200	BD FT	1.09	0.37	1.46
9	2"X6"		1 CP	250	BD FT	0.87	0.40	1.27
	POSTS & GIRDERS							
10	4"X4"		1 CP	350	BD FT	0.62	0.38	1.00
11	4"X6"		1 CP	390	BD FT	0.56	0.39	0.95
	RAFTERS							
12	2"X6"		1 CP	340	BD FT	0.64	0.40	1.04
13	2"X8"		1 CP	355	BD FT	0.61	0.39	1.00
14	2"X10"		1 CP	370	BD FT	0.59	0.46	1.05
15	2"X12"		1 CP	390	BD FT	0.56	0.47	1.03
16	RAFTERS HIP & VALLEY		1 CP	300	BD FT	0.73	0.44	1.17
	ROOF CANTS							
17	4"X4"		1 CP	350	LN FT	0.62	0.38	1.00
18	6"X6"		1 CP	300	LN FT	0.73	0.41	1.14
	ROOF CURBS							
19	2"X6"		1 CP	210	BD FT	1.04	0.40	1.44
20	2"X8"		1 CP	230	BD FT	0.95	0.39	1.34
21	2"X10"		1 CP	260	BD FT	0.84	0.46	1.30
22	2"X12"		1 CP	300	BD FT	0.73	0.47	1.20
	ROUGH STAIR STRINGERS							
23	2"X8"		1 CP	100	BD FT	2.18	0.39	2.57
24	2"X10"		1 CP	120	BD FT	1.82	0.46	2.28
25	2"X12"		1 CP	140	BD FT	1.56	0.47	2.03
	ROUGH BUCKS-DOORS							
26	2"X6"		1 CP	200	BD FT	1.09	0.40	1.49
27	2"X8"		1 CP	250	BD FT	0.87	0.39	1.26
28	2"X10"		1 CP	300	BD FT	0.73	0.46	1.19
	ROUGH BUCKS-WINDOWS							
29	2"X6"		1 CP	200	BD FT	1.09	0.40	1.49
30	2"X8"		1 CP	250	BD FT	0.87	0.39	1.26
31	2"X10"		1 CP	300	BD FT	0.73	0.46	1.19
32	SILLS & PLATES 4"X6"		1 CP	350	BD FT	0.62	0.39	1.01
	SLEEPERS (TREATED)							
33	2"X4"		1 CP	200	BD FT	1.09	0.48	1.57
34	2"X6"		1 CP	280	BD FT	0.78	0.50	1.28
35	2"X8"		1 CP	360	BD FT	0.61	0.50	1.11
	STUDS							
36	2"X4"		1 CP	335	BD FT	0.65	0.37	1.02
37	2"X6"		1 CP	435	BD FT	0.50	0.40	0.90
38	2"X8"		1 CP	470	BD FT	0.46	0.39	0.85
	WOOD FIRESTOPS							
39	2"X8"		1 CP	280	BD FT	0.78	0.39	1.17
40	2"X10"		1 CP	310	BD FT	0.70	0.46	1.16
41	2"X12"		1 CP	340	BD FT	0.64	0.47	1.11
	FLOOR JOISTS 12" OC							
42	2"X6"	1.28 BF PER SF SURFACE	1 CP	350	SQ FT	0.62	0.51	1.13
43	2"X8"	1.72 BF PER SF SURFACE	1 CP	270	SQ FT	0.81	0.67	1.48
44	2"X10"	2.14 BF PER SF SURFACE	1 CP	210	SQ FT	1.04	0.98	2.02
45	2"X12"	2.56 BF PER SF SURFACE	1 CP	160	SQ FT	1.36	1.20	2.56

WOOD & PLASTICS

LINE	DESCRIPTION		OUTPUT			UNIT COSTS		
			CREW	PER DAY	UNIT	LABOR	MATERIAL	TOTAL
	FLOOR JOISTS	16" OC						
1	2"X6"	1.02 BF PER SF SURFACE	1 CP	420	SQ FT	0.52	0.41	0.93
2	2"X8"	1.36 BF PER SF SURFACE	1 CP	320	SQ FT	0.68	0.53	1.21
3	2"X10"	1.72 BF PER SF SURFACE	1 CP	250	SQ FT	0.87	0.79	1.66
4	2"X12"	2.06 BF PER SF SURFACE	1 CP	200	SQ FT	1.09	0.97	2.06
	FLOOR JOISTS	24" OC						
5	2"X6"	0.74 BF PER SF SURFACE	1 CP	600	SQ FT	0.36	0.30	0.66
6	2"X8"	1.04 BF PER SF SURFACE	1 CP	460	SQ FT	0.47	0.41	0.88
7	2"X10"	1.30 BF PER SF SURFACE	1 CP	350	SQ FT	0.62	0.60	1.22
8	2"X12"	1.56 BF PER SF SURFACE	1 CP	280	SQ FT	0.78	0.73	1.51
	CEILING JOIST	12" OC						
9	2"X6"	1.16 BF PER SF SURFACE	1 CP	300	SQ FT	0.73	0.46	1.19
10	2"X8"	1.52 BF PER SF SURFACE	1 CP	230	SQ FT	0.95	0.59	1.54
11	2"X10"	1.94 BF PER SF SURFACE	1 CP	180	SQ FT	1.21	0.88	2.09
12	2"X12"	2.32 BF PER SF SURFACE	1 CP	140	SQ FT	1.56	1.09	2.65
	CEILING JOISTS	16" OC						
13	2"X6"	1.02 BF PER SF SURFACE	1 CP	360	SQ FT	0.61	0.41	1.02
14	2"X8"	1.34 BF PER SF SURFACE	1 CP	270	SQ FT	0.81	0.52	1.33
15	2"X10"	1.96 BF PER SF SURFACE	1 CP	210	SQ FT	1.04	0.90	1.94
16	2"X12"	1.98 BF PER SF SURFACE	1 CP	170	SQ FT	1.28	0.93	2.21
	CEILING JOISTS	24" OC						
17	2"X6"	0.72 BF PER SF SURFACE	1 CP	520	SQ FT	0.42	0.29	0.71
18	2"X8"	1.12 BF PER SF SURFACE	1 CP	400	SQ FT	0.55	0.44	0.99
19	2"X10"	1.20 BF PER SF SURFACE	1 CP	310	SQ FT	0.70	0.55	1.25
20	2"X12"	1.44 BF PER SF SURFACE	1 CP	240	SQ FT	0.91	0.68	1.59
	RAFTERS	12" OC						
21	2"X4"	0.89 BF PER SF SURFACE	1 CP	330	SQ FT	0.66	0.33	0.99
22	2"X6"	1.29 BF PER SF SURFACE	1 CP	250	SQ FT	0.87	0.52	1.39
23	2"X8"	1.71 BF PER SF SURFACE	1 CP	200	SQ FT	1.09	0.67	1.76
	RAFTERS	16" OC						
24	2"X4"	0.72 BF PER SF SURFACE	1 CP	400	SQ FT	0.55	0.27	0.82
25	2"X6"	1.02 BF PER SF SURFACE	1 CP	300	SQ FT	0.73	0.41	1.14
26	2"X8"	1.34 BF PER SF SURFACE	1 CP	240	SQ FT	0.91	0.52	1.43
	OPEN BEAM							
27	3"X6"	1.53 BF PER SF SURFACE	1 CP	150	SQ FT	1.45	0.60	2.05
28	3"X8"	2.01 BF PER SF SURFACE	1 CP	125	SQ FT	1.74	0.78	2.52
29	4"X6"	2.04 BF PER SF SURFACE	1 CP	100	SQ FT	2.18	0.80	2.98
	RAFTERS	24" OC						
30	2"X6"	0.72 BF PER SF SURFACE	1 CP	430	SQ FT	0.51	0.29	0.80
31	2"X8"	1.12 BF PER SF SURFACE	1 CP	325	SQ FT	0.67	0.44	1.11
	OPEN BEAM							
32	3"X6"	1.08 BF PER SF SURFACE	1 CP	215	SQ FT	1.01	0.42	1.43
33	3"X8"	1.68 BF PER SF SURFACE	1 CP	190	SQ FT	1.15	0.66	1.81
34	4"X6"	1.44 BF PER SF SURFACE	1 CP	150	SQ FT	1.45	0.56	2.01
	** FURRING & GROUNDS **							
	FURRING							
35	1"X2"	ON MASONRY	1 CP	450	LN FT	0.48	0.06	0.54
36	1"X2"	ON CONCRETE	1 CP	300	LN FT	0.73	0.06	0.79
37	1"X2"	ON WOOD	1 CP	600	LN FT	0.36	0.06	0.42
38	1"X3"	ON MASONRY	1 CP	425	LN FT	0.51	0.09	0.60
39	1"X3"	ON CONCRETE	1 CP	275	LN FT	0.79	0.09	0.88
40	1"X3"	ON WOOD	1 CP	575	LN FT	0.38	0.09	0.47
	GROUNDS							
41	1"X1"	ON WOOD	1 CP	300	LN FT	0.73	0.03	0.76
42	1"X1"	ON MASONRY	1 CP	250	LN FT	0.87	0.03	0.90
43	1"X1"	ON CONCRETE	1 CP	200	LN FT	1.09	0.03	1.12
44	1"X1"	TO WIRE LATH	1 CP	200	LN FT	1.09	0.03	1.12

WOOD & PLASTICS

LINE	DESCRIPTION	CREW	OUTPUT PER DAY	UNIT	LABOR	MATERIAL	TOTAL
	** TIMBERS AND BEAMS **						
	BEAMS & TIMBER ROUGH CEDAR						
1	2"X4"X12'	1 CP	15	EACH	14.53	11.69	26.22
2	2"X6"X12'	1 CP	15	EACH	14.53	17.27	31.80
3	2"X8"X12'	1 CP	14	EACH	15.57	24.24	39.81
4	4"X4"X8'	1 CP	13	EACH	16.77	22.92	39.69
5	4"X6"X16'	1 CP	13	EACH	16.77	39.67	56.44
6	4"X4"X10'	1 CP	12	EACH	18.17	45.75	63.92
7	6"X6"X12'	1 CP	10	EACH	21.80	49.09	70.89
8	6"X6"X16'	1 CP	9	EACH	24.22	77.47	101.69
	CEDAR BEAMS & TIMBERS SOLID-ROUGH						
9	2"X4"	1 CP	48	LN FT	4.54	0.87	5.41
10	2"X6"	1 CP	48	LN FT	4.54	1.15	5.69
11	4"X4"	1 CP	44	LN FT	4.95	1.50	6.45
12	4"X6"	1 CP	44	LN FT	4.95	2.36	7.31
13	4"X8"	1 CP	42	LN FT	5.19	3.21	8.40
14	4"X10"	1 CP	42	LN FT	5.19	4.12	9.31
15	4"X12"	1 CP	40	LN FT	5.45	4.97	10.42
16	6"X6"	1 CP	38	LN FT	5.74	3.76	9.50
17	8"X8"	1 CP	36	LN FT	6.06	6.87	12.93
18	MISC CONNECTOR PLATES-SPLICERS METAL	1 CP	20	EACH	10.90	14.93	25.83
	** LUMBER **						
	WESTERN RED CEDAR, BEVEL/CLAPBOARD SIDING						
19	1/2"X4" CLEAR RESAWN FACE/SURFACE, KD			SMF		1,030	1,030
20	1/2"X6" CLEAR RESAWN FACE/SURFACE, KD			SMF		1,085	1,085
21	1/2"X8" CLEAR RESAWN FACE/SURFACE, KD			SMF		1,087	1,087
	5/8"X6" SELECT TIGHT KNOT SURFACED/RESAWN			SMF		636.00	636.00
22	5/8"X8" SELECT TIGHT KNOT SURFACED/RESAWN			SMF		734.00	734.00
23	5/8"X10" SELECT TIGHT KNOT SURFACED/RESAWN			SMF		732.00	732.00
24	5/16"X12" #2 AND BETTER KD			SMF		545.00	545.00
	#SMF = SURFACE FEET						
25	CHANNEL RUSTIC SIDING						
26	3/4"X6", 8", 10" #2 AND BETTER			MBF		600.00	600.00
27	3/4"X6", 8", 10" SELECT TIGHT KNOT			MBF		842.00	842.00
28	3/4"X6", 8", 10" CLEAR			MBF		1,570	1,570
	TONGUE & GROOVE SIDING/OR PANELING						
29	3/4"X4" A & BETTER CLEAR KD			MBF		1,757	1,757
30	3/4"X4" CLEAR			MBF		1,448	1,448
31	3/4"X4" INLAND CEDAR #3 & BETTER			MBF		909.00	909.00
32	3/4"X6", 8" INLAND CEDAR #3 & BETTER			MBF		964.00	964.00
33	3/4"X6" WRC STANDARD & BETTER			MBF		721.00	721.00
34	3/4"X6" A & BETTER SMOOTH FACE KD			MBF		2,418	2,418
35	3/4"X6" CLEAR P.A.D.			MBF		1,570	1,570
36	3/4"X6" COMMERCIAL GRADE K.D.			MBF		788.00	788.00
37	3/4"X8" A & BETTER SMOOTH FACE			MBF		2,418	2,418
38	3/4"X6" CLEAR (WAINSCOATING) (3'-6' LENGTH)			MBF		727.00	727.00
	INTERIOR/EXTERIOR T&G 2" DECKING						
39	2"X6" SELECT TIGHT KNOT INSENCE CEDAR			MBF		788.00	788.00
40	2"X6" SELECT TIGHT KNOT WR CEDAR P.A.D.			MBF		842.00	842.00
	TRIM, FACIA & BOARD SIDING						
41	1"X4" - 1"X12" STANDARD & BETTER S1S2E			MBF		600.00	600.00
42	1"X3" - 1"X12" SELECT S1S2E			MBF		964.00	964.00
43	1"X3" - 1"X8" CLEAR S1S2E			MBF		1,757	1,757
44	1"X10" & 1"X12" CLEAR S1S2E			MBF		2,054	2,054
45	2"X3" - 2"X12" SELECT TIGHT KNOT			MBF		909.00	909.00
46	3/4"X10" CONSTRUCTION GR. SIDING			MBF		479.00	479.00
	EXTERIOR DECKING & FRAMING						
47	5/4"X4", 6" CONSTRUCTION GRADE			MBF		479.00	479.00
48	5/4"X4" SELECT TIGHT KNOT ON 5/4 COUNT			MBF		721.00	721.00
49	5/4"X6" SELECT TIGHT KNOT ON 5/4 COUNT			MBF		788.00	788.00
50	2"X2" CLEAR-ROUGH			MBF		909.00	909.00
51	2"X2" CLEAR S4S			MBF		1,515	1,515
52	2"X3" CLEAR S4S			MBF		1,525	1,525

WOOD & PLASTICS

LINE	DESCRIPTION		CREW	PER DAY	UNIT	LABOR	MATERIAL	TOTAL
	EXTERIOR FRAMING/DECKING/RAILINGS							
1	2"X4"	STANDARD & BETTER			MBF		667.00	667.00
2	2"X4"	PATIO CLEAR S4S			MBF		1,030	1,030
3	2"X4"	D & BETTER CLEAR S4S			MBF		1,757	1,757
4	2"X6"	STANDARD & BETTER			MBF		667.00	667.00
5	2"X6"	PATIO CLEAR			MBF		1,085	1,085
6	2"X8"	D BETTER CLEAR			MBF		1,812	1,812
7	2"X6"	D BETTER CLEAR			MBF		1,814	1,814
8	2"X8"-2"X12"	#2 & BETTER (JOISTS)			MBF		667.00	667.00
9	4"X6"	#2 BETTER (GIRDERS & JOISTS)			MBF		788.00	788.00
10	4"X4"	#2 BETTER S4S			MBF		964.00	964.00
11	4"X4"	#2 BETTER ROUGH CUT			MBF		721.00	721.00
12	4"X4"	CLEAR S4S			MBF		1,757	1,757
	PONDEROSA PINE							
13	1"X8"	SELECT KNOTTY T&G SIDING-PATTERN 106			MBF		479.00	479.00
14	1"X6"	SELECT KNOTTY T&G PANELING/FLOORING WP4/CM PATTERN (CENTER MATCHED)			MBF		600.00	600.00
15	1"X8"	SELECT KNOTTY T&G PANELING PATERN WP4/&WP2			MBF		600.00	600.00
16	2"X6"	ENGELMANN SPRUCE/LODGEPOLE PINE T&G DECKING V JOINT/FLUSH #2 & BETTER			MBF		479.00	479.00
17	3/4"X4"-10"	D SELECT CLEAR KD S4S			MBF		1,812	1,812
18	3/4"X4"	CLEAR PINE D&M FLOORING K.D.			MBF		1,812	1,812
	DOUGLAS FIR SIDING/PANELING/TRIM							
19	1"X4"	CLEAR FIR FLOORING SPECIAL D&M PATTERN			MBF		1,085	1,085
20	1"X4"	#3 BETTER T&G PANELING E&CB PATTERN/RUSTIC FLOORING			MBF		600.00	600.00
21	1"X6"	FIR PANELING PATTERN 106/FLUSH JOINT			MBF		1,030	1,030
22	3/4"X4"-12"	CLEAR (6-16' LENGTHS) K.D.S.			MBF		1,515	1,515
23	2"X4"-12"	CLEAR 545 DECKING & TRIM			MBF		1,576	1,576
24	2"X6"	T&G DECKING			MBF		600.00	600.00
	WESTERN HEMLOCK SIDING/PANELING/TRIM							
25	1/2"X6"	CLEAR BEVEL/CLAPBOARD SIDING K.D.			MBF		545.00	545.00
26	2"X6"	CLEAR TRIM AND FACIA K.D.			MBF		1,206	1,206
27	2"X2"	CLEAR S4S K.D.			MBF		1,208	1,208
	WOOD SIDING (CEDAR) 4800 SF PRICE LEVEL 2.7 BUNDLES/SQ. 37 SF/BUNDLE							
28	15"X96"X5/16"	PLAYBACK DOUBLE COURSE	1 CP	1400	SF	0.16	1.74	1.90
29	9"X96"X11/16"	PLAYBACK SINGLE COURSE	1 CP	1400	SF	0.16	1.62	1.78
30	18"X96"X11/32"	PLAYBACK SINGLE COURSE	1 CP	1400	SF	0.16	1.62	1.78
31	9"X96"X11/32"	VENEER BACK SINGLE COURSE	1 CP	1400	SF	0.16	1.41	1.57
32	18"X96"X15/32"	VENEER BACK SINGLE COURSE	1 CP	1400	SF	0.16	1.41	1.57
	DECORATING SIDING SHINGLES							
33	18"X96"X3/8"		1 CP	1100	SF	0.20	2.12	2.32
	** TRUSSES **							
	WOOD TRUSSES STANDARD PITCHES 3-4&5 TO 12							
34	SPAN 16'	2X4 TOP CHORD	2 CP 1 LA	24	EACH	25.38	37.85	63.23
35	SPAN 18'	2X4 TOP CHORD	2 CP 1 LA	24	EACH	25.38	38.98	64.36
36	SPAN 20'	2X4 TOP CHORD	2 CP 1 LA	24	EACH	25.38	42.22	67.60
37	SPAN 24'	2X4 TOP CHORD	2 CP 1 LA	20	EACH	30.45	50.09	80.54
38	SPAN 28'	2X4 TOP CHORD	2 CP 1 LA	19	EACH	32.05	59.01	91.06
39	SPAN 30'	2X4 TOP CHORD	2 CP 1 LA	18	EACH	33.84	63.46	97.30
40	SPAN 34'	2X4 TOP CHORD	2 CP 1 LA	16	EACH	38.07	81.27	119.34
41	SPAN 36'	2X4 TOP CHORD	2 CP 1 LA	16	EACH	38.07	89.08	127.15
42	SPAN 38'	2X4 TOP CHORD	2 CP 1 LA	15	EACH	40.60	99.90	140.50
43	SPAN 34'	2X6 TOP CHORD	2 CP 1 LA	15	EACH	40.60	112.35	152.95
44	SPAN 36'	2X6 TOP CHORD	2 CP 1 LA	15	EACH	40.60	119.20	159.80
45	SPAN 38'	2X6 TOP CHORD	2 CP 1 LA	15	EACH	40.60	126.00	166.60
46	SPAN 40'	2X6 TOP CHORD	2 CP 1 LA	14	EACH	43.50	134.40	177.90

6 WOOD & PLASTICS

LINE	DESCRIPTION				OUTPUT			UNIT COSTS		
					CREW	PER DAY	UNIT	LABOR	MATERIAL	TOTAL
	WOOD TRUSSES GABLED PITCHES 3-4&5 TO 12									
1	SPAN	18'	2X4 TOP	CHORD	2 CP 1 LA	23	EACH	26.48	46.73	73.21
2	SPAN	20'	2X4 TOP	CHORD	2 CP 1 LA	23	EACH	26.48	48.93	75.41
3	SPAN	24'	2X4 TOP	CHORD	2 CP 1 LA	20	EACH	30.45	74.55	105.00
4	SPAN	28'	2X4 TOP	CHORD	2 CP 1 LA	17	EACH	35.83	92.19	128.02
5	SPAN	30'	2X4 TOP	CHORD	2 CP 1 LA	17	EACH	35.83	114.45	150.28
6	SPAN	32'	2X4 TOP	CHORD	2 CP 1 LA	17	EACH	35.83	118.65	154.48
7	SPAN	34'	2X4 TOP	CHORD	2 CP 1 LA	16	EACH	38.07	127.05	165.12
8	SPAN	36'	2X4 TOP	CHORD	2 CP 1 LA	16	EACH	38.07	150.15	188.22
9	SPAN	40'	2X4 TOP	CHORD	2 CP 1 LA	14	EACH	43.50	182.70	226.20
10	SPAN	34'	2X6 TOP	CHORD	2 CP 1 LA	14	EACH	43.50	157.50	201.00
11	SPAN	36'	2X6 TOP	CHORD	2 CP 1 LA	14	EACH	43.50	165.90	209.40
12	SPAN	38'	2X6 TOP	CHORD	2 CP 1 LA	14	EACH	43.50	178.00	221.50
13	SPAN	40'	2X6 TOP	CHORD	2 CP 1 LA	14	EACH	43.50	194.00	237.50
14	SPAN	44'	2X6 TOP	CHORD	2 CP 1 LA	13	EACH	46.85	212.00	258.85
15	SPAN	46'	2X6 TOP	CHORD	2 CP 1 LA	13	EACH	46.85	235.00	281.85
	COST BASED ON SQ.FT. COVERED AREA									
	RADIAL ARCHES									
16		60' CLEAR SPAN		6' OC	1 CP	175	SQ FT	1.25	1.98	3.23
17		80'			1 CP	170	SQ FT	1.28	2.27	3.55
18		100'			1 CP	165	SQ FT	1.32	2.44	3.76
19		120'			1 CP	160	SQ FT	1.36	3.05	4.41
20		60' CLEAR SPAN		8' OC	1 CP	175	SQ FT	1.25	1.86	3.11
21		80'			1 CP	170	SQ FT	1.28	2.18	3.46
22		100'			1 CP	165	SQ FT	1.32	2.44	3.76
23		120'			1 CP	160	SQ FT	1.36	2.94	4.30
24		60' CLEAR SPAN		10' OC	1 CP	175	SQ FT	1.25	1.83	3.08
25		80'			1 CP	170	SQ FT	1.28	2.06	3.34
26		100'			1 CP	165	SQ FT	1.32	2.33	3.65
27		120'			1 CP	160	SQ FT	1.36	2.84	4.20
28		60' CLEAR SPAN		12' OC	1 CP	175	SQ FT	1.25	1.76	3.01
29		80'			1 CP	170	SQ FT	1.28	2.01	3.29
30		100'			1 CP	165	SQ FT	1.32	2.27	3.59
31		120'			1 CP	160	SQ FT	1.36	2.51	3.87
32		60' CLEAR SPAN		14' OC	1 CP	175	SQ FT	1.25	1.71	2.96
33		80'			1 CP	170	SQ FT	1.28	1.89	3.17
34		100'			1 CP	165	SQ FT	1.32	2.17	3.49
35		120'			1 CP	160	SQ FT	1.36	2.59	3.95
36		60' CLEAR SPAN		16' OC	1 CP	175	SQ FT	1.25	1.63	2.88
37		80'			1 CP	170	SQ FT	1.28	1.84	3.12
38		100'			1 CP	165	SQ FT	1.32	1.98	3.30
39		120'			1 CP	160	SQ FT	1.36	2.27	3.63
	BOWSTRING TRUSSES									
40		40' CLEAR SPAN		16' OC	1 CP	240	SQ FT	0.91	1.30	2.21
41		60'			1 CP	215	SQ FT	1.01	1.81	2.82
42		80'			1 CP	190	SQ FT	1.15	1.82	2.97
43		100'			1 CP	160	SQ FT	1.36	2.10	3.46
44		120'			1 CP	140	SQ FT	1.56	2.37	3.93
45		40' CLEAR SPAN		18' OC	1 CP	270	SQ FT	0.81	1.21	2.02
46		60'			1 CP	240	SQ FT	0.91	1.45	2.36
47		80'			1 CP	210	SQ FT	1.04	1.66	2.70
48		100'			1 CP	180	SQ FT	1.21	1.67	2.88
49		120'			1 CP	160	SQ FT	1.36	2.04	3.40
50		40' CLEAR SPAN		20' OC	1 CP	300	SQ FT	0.73	1.07	1.80
51		60'			1 CP	265	SQ FT	0.82	1.30	2.12
52		80'			1 CP	230	SQ FT	0.95	1.55	2.50
53		100'			1 CP	200	SQ FT	1.09	1.73	2.82
54		120'			1 CP	175	SQ FT	1.25	1.85	3.10
55	WOOD TRUSS JOISTS 2'-0" OC				1 CP	280	SQ FT	0.78	1.17	1.95

WOOD & PLASTICS

LINE	DESCRIPTION	OUTPUT			UNIT COSTS		
		CREW	PER DAY	UNIT	LABOR	MATERIAL	TOTAL
	** PLYWOOD & SHEATHING **						
	SHEATHING WESTERN - CD EXTERIOR						
1	5/16"			MSF		240.00	240.00
2	3/8"			MSF		269.00	269.00
3	1/2" 2-PLY			MSF		325.00	325.00
4	1/2" 4-PLY			MSF		323.00	323.00
5	5/8"			MSF		381.00	381.00
6	3/4"			MSF		440.00	440.00
7	5/16"			MSF		253.00	253.00
	SHEATHING WESTERN - CD STRUCTURAL						
8	3/8"			MSF		278.00	278.00
9	1/2" 4-PLY			MSF		339.00	339.00
10	5/8"			MSF		401.00	401.00
11	3/4"			MSF		461.00	461.00
	SHEATHING WESTERN - CC EXTERIOR						
12	5/16"			MSF		260.00	260.00
13	3/8"			MSF		291.00	291.00
14	1/2" 4-PLY			MSF		345.00	345.00
15	5/8"			MSF		424.00	424.00
16	3/4"			MSF		473.00	473.00
	SHEATHING WESTERN - MILL GRADE						
17	5/16"			MSF		232.00	232.00
18	3/8"			MSF		253.00	253.00
19	1/2" 3-PLY			MSF		291.00	291.00
20	1/2" 4-PLY			MSF		309.00	309.00
21	5/8"			MSF		347.00	347.00
22	3/4"			MSF		393.00	393.00
	SHEATHING SOUTHERN - CD EXTERIOR						
23	5/16"			MSF		293.00	293.00
24	3/8"			MSF		298.00	298.00
25	1/2" 3-PLY			MSF		380.00	380.00
26	1/2" 4-PLY			MSF		387.00	387.00
27	5/8"			MSF		457.00	457.00
28	3/4"			MSF		513.00	513.00
	SHEATHING SOUTHERN - MILL GRADE						
29	5/16"			MSF		289.00	289.00
30	3/8"			MSF		306.00	306.00
31	1/2" 3-PLY			MSF		321.00	321.00
32	1/2" 4-PLY			MSF		343.00	343.00
33	5/8"			MSF		367.00	367.00
34	3/4"			MSF		430.00	430.00
	SANDED WESTERN PLYWOOD - AD INTERIOR						
35	1/4"			MSF		371.00	371.00
36	1/2"			MSF		518.00	518.00
37	5/8"			MSF		562.00	562.00
	SANDED WESTERN PLYWOOD - AB INTERIOR						
38	1/4"			MSF		462.00	462.00
39	1/2"			MSF		599.00	599.00
40	5/8"			MSF		659.00	659.00
	SANDED WESTERN PLYWOOD - AC EXTERIOR						
41	1/4"			MSF		384.00	384.00
42	1/2"			MSF		542.00	542.00
43	5/8"			MSF		598.00	598.00
	SANDED WESTERN PLYWOOD - AB EXTERIOR						
44	1/4"			MSF		473.00	473.00
45	1/2"			MSF		621.00	621.00
46	5/8"			MSF		686.00	686.00
	SOUTHERN - BC EXTERIOR						
47	1/4"			MSF		341.00	341.00

WOOD & PLASTICS

LINE	DESCRIPTION	OUTPUT CREW	PER DAY	UNIT	UNIT COSTS LABOR	MATERIAL	TOTAL
	PLYWOOD SHEATHING, T & G						
1	CD EXTERIOR T&G 5/8"			MSF		693.00	693.00
2	CD EXTERIOR T&G 3/4"			MSF		811.00	811.00
3	CD EXTERIOR T&G 1 1/8"			MSF		1,535	1,535
4	PB UNDERLAYMENT 3/8"			MSF		178.00	178.00
5	PB UNDERLAYMENT 1/2"			MSF		203.00	203.00
6	PB UNDERLAYMENT 3/4"			MSF		325.00	325.00
7	5/16"			MSF		245.00	245.00
8	3/8"			MSF		356.00	356.00
9	1/2"			MSF		394.00	394.00
10	5/8"			MSF		434.00	434.00
11	3/4"			MSF		507.00	507.00
	UNDERLAYMENT CX-BAND, T&G						
12	5/8"			MSF		463.00	463.00
13	3/4"			MSF		533.00	533.00
	PARTICLEBOARD INTERIOR UNDERLAYMENT WESTERN						
14	3/8"			MSF		190.00	190.00
15	1/2"			MSF		192.00	192.00
16	5/8"			MSF		202.00	202.00
17	3/4"			MSF		261.00	261.00
	** DECKING **						
	WOOD DECKING						
18	2" WOOD FIBER	1 CP	600	SQ FT	0.36	0.59	0.95
19	3" WOOD FIBER	1 CP	600	SQ FT	0.36	0.65	1.01
20	3" WOOD FIBER PREFINISHED	1 CP	600	SQ FT	0.36	0.83	1.19
21	3" CEDAR PLANK	1 CP	150	SQ FT	1.45	2.42	3.87
22	4" CEDAR PLANK	1 CP	125	SQ FT	1.74	3.21	4.95
23	3" WHITE FIR PLANK	1 CP	150	SQ FT	1.45	2.18	3.63
24	4" WHITE FIR PLANK	1 CP	125	SQ FT	1.74	2.87	4.61
25	3" LAMINATED PLANK	1 CP	150	SQ FT	1.45	2.02	3.47
26	4" LAMINATED PLANK	1 CP	125	SQ FT	1.74	2.48	4.22
	FOR MACHINE NAILING REDUCE LABOR COST BY 20-25%						
	FLOOR PLANKS T&G (FIR)						
27	2"X6"	1 CP	500	BD FT	0.44	0.72	1.16
28	2"X10"	1 CP	600	BD FT	0.36	0.74	1.10
29	3"X6"	1 CP	600	BD FT	0.36	0.83	1.19
30	3"X10"	1 CP	650	BD FT	0.34	1.25	1.59
	ROOF DECKING TECTUM						
31	1"	1 CP	650	SQ FT	0.34	0.88	1.22
32	2"	1 CP	600	SQ FT	0.36	1.17	1.53
33	2-1/2"	1 CP	530	SQ FT	0.41	1.40	1.81
34	3"	1 CP	400	SQ FT	0.55	1.70	2.25
	** SUBFLOORING **						
	SUBFLOOR						
35	1/2" PLYWOOD	1 CP	630	SQ FT	0.35	0.45	0.80
36	5/8" PLYWOOD	1 CP	600	SQ FT	0.36	0.56	0.92
37	1"X8" LAYED REGULAR	1 CP	500	SQ FT	0.44	0.61	1.05
38	1"X8" LAYED DIAGONAL	1 CP	400	SQ FT	0.55	0.61	1.16
39	3/8" PARTICLE BOARD	1 CP	550	SQ FT	0.40	0.31	0.71
40	5/8" PARTICLE BOARD	1 CP	520	SQ FT	0.42	0.37	0.79
41	3/8" WOOD FIBER BOARD	1 CP	550	SQ FT	0.40	0.35	0.75
42	5/8" WOOD FIBER BOARD	1 CP	520	SQ FT	0.42	0.40	0.82
	HOMASOTE FLOOR DECKING						
43	1 11/32"	1 CP	700	MSF	0.31	1,235	1,235
44	1 3/4"	1 CP	650	MSF	0.34	1,703	1,703
	POST BEAMS & TIMBERS						
	DOUGLAS FIR						
45	STANDARD & BETTER 4"X4" R/L			MBF		443.00	443.00
46	#1 & BETTER 4"X6"			MBF		446.00	446.00
47	#1 & BETTER 4"X8"			MBF		446.00	446.00
48	#1 & BETTER 4"X12"			MBF		431.00	431.00
49	#1 & BETTER 6"X6"-8"X8"			MBF		473.00	473.00
50	#1 & BETTER 6"X14"-8"X16"			MBF		510.00	510.00
51	#1 & BETTER 12"X12"			MBF		473.00	473.00

WOOD & PLASTICS

LINE	DESCRIPTION	OUTPUT CREW	OUTPUT PER DAY	UNIT	LABOR	MATERIAL	TOTAL
	WESTERN CEDAR						
1	STANDARD & BETTER 4"X4" R/L			MBF		510.00	510.00
	** HEAVY FRAMING **						
	HEAVY FRAMING						
2	3"X6"	1 CP	390 BD FT		0.56	0.44	1.00
3	3"X8"	1 CP	430 BD FT		0.51	0.45	0.96
4	3"X10"	1 CP	470 BD FT		0.46	0.45	0.91
5	3"X12"	1 CP	500 BD FT		0.44	0.43	0.87
6	4"X12"	1 CP	540 BD FT		0.40	0.43	0.83
	MILL TIMBER						
7	6"X6"	1 CP	160 BD FT		1.36	0.47	1.83
8	8"X8"	1 CP	200 BD FT		1.09	0.47	1.56
9	10"X10"	1 CP	250 BD FT		0.87	0.47	1.34
10	12"X12"	1 CP	280 BD FT		0.78	0.47	1.25
	GLU LAM TIMBERS						
11	3 1/8X10 1/2			LN FT		5.85	5.85
12	3 1/8X12			LN FT		6.70	6.70
13	3 1/8X13 1/2			LN FT		7.53	7.53
14	3 1/8X15			LN FT		8.35	8.35
15	3 1/8X16 1/2			LN FT		9.20	9.20
16	3 1/8X18			LN FT		10.03	10.03
17	3 1/8X19 1/2			LN FT		10.91	10.91
18	5 1/8X9			LN FT		7.48	7.48
19	5 1/8X10 1/2			LN FT		8.73	8.73
20	5 1/8X12			LN FT		9.95	9.95
21	5 1/8X13 1/2			LN FT		11.07	11.07
22	5 1/8X15			LN FT		12.37	12.37
23	5 1/8X16 1/2			LN FT		13.71	13.71
24	5 1/8X18			LN FT		14.90	14.90
25	5 1/8X19 1/2			LN FT		16.21	16.21
26	5 1/8X21			LN FT		17.43	17.43
27	5 1/8X22 1/2			LN FT		18.74	18.74
28	5 1/8X24			LN FT		19.82	19.82
29	5 1/8X25 1/2			LN FT		21.46	21.46
30	6 3/4X12			LN FT		13.57	13.57
31	6 3/4X13 1/2			LN FT		15.29	15.29
32	6 3/4X15			LN FT		16.97	16.97
33	6 3/4X16 1/2			LN FT		18.56	18.56
34	6 3/4X18			LN FT		20.28	20.28
35	6 3/4X19 1/2			LN FT		22.00	22.00
36	6 3/4X21			LN FT		23.71	23.71
37	6 3/4X22 1/2			LN FT		25.58	25.58
38	6 3/4X24			LN FT		27.14	27.14
39	6 3/4X25 1/2			LN FT		29.48	29.48
	COLUMNS						
	CUSTOM WOOD TOXIC TREATED 1 1/2"X3" STAVES						
40	12"X10' CORINTHIAN	2 CP	6 EACH		72.67	630.00	702.67
41	12"X14' CORINTHIAN	2 CP	5.5 EACH		79.27	798.00	877.27
42	14"X14' CORINTHIAN	2 CP	5.5 EACH		79.27	939.00	1,018
43	18"X14' CORINTHIAN	2 CP	5 EACH		87.20	1,396	1,483
44	18"X18' CORINTHIAN	2 CP	4.8 EACH		90.83	1,626	1,717
45	20"X20' CORINTHIAN	2 CP	1.5 EACH		290.67	2,000	2,291
46	24"X24" CAST ALUMINUM BASE	1 SI	10 EACH		23.56	233.00	256.56
	SELECTS & COMMONS						
	PONDEROSA PINE KILN DRIED						
47	CHOICE & BETTER 1"X4"			MBF		1,538	1,538
48	CHOICE & BETTER 1"X10"			MBF		2,355	2,355
49	D 1"X4"			MBF		765.00	765.00
50	D 1"X10"			MBF		1,905	1,905
51	#2 & BETTER 1"X4"			MBF		473.00	473.00
52	#2 & BETTER 1"X10"			MBF		480.00	480.00
53	#3 1"X4"			MBF		263.00	263.00
54	#3 1"X10"			MBF		345.00	345.00

1988 DODGE UNIT COST DATA

6 WOOD & PLASTICS

LINE	DESCRIPTION		OUTPUT			UNIT COSTS		
			CREW	PER DAY	UNIT	LABOR	MATERIAL	TOTAL
	IDAHO WHITE PINE KILN DRIED							
1	CHOICE & BETTER	1"X4"			MBF		1,560	1,560
2	CHOICE & BETTER	1"X10"			MBF		2,280	2,280
	SUGAR PINE KILN DRIED							
3	#2 & BETTER	1"X6"			MBF		555.00	555.00
4	#2 & BETTER	1"X12"			MBF		690.00	690.00
	ENGELMANN SPRUCE KILN DRIED							
5	#2 & BETTER	1"X6"			MBF		525.00	525.00
6	#3 S1S 2E 7/8"	1"X6"			MBF		495.00	495.00
7	#3 S1S 2E 7/8"	1"X2"			MBF		570.00	570.00
	WESTERN RED CEDAR							
8	BOARDS	1"X4"			MBF		413.00	413.00
9	BOARDS	1"X10"			MBF		450.00	450.00
10	SELECT & QUALITY	1"X6"			MBF		570.00	570.00
11	SELECT & QUALITY	1"X10"			MBF		542.00	542.00
12	FIR & LARCH #3	1"X4"			MBF		240.00	240.00
13	FIR & LARCH #3	1"X10"			MBF		248.00	248.00
	SELECTS, MOLDING & SHOP PONDEROSA PINE							
14	CHOICE & BETTER	4/4			MBF		2,290	2,290
15	CHOICE & BETTER	5/4			MBF		2,263	2,263
16	CHOICE & BETTER	6/4			MBF		2,294	2,294
17	CHOICE & BETTER	8/4			MBF		2,430	2,430
18	MOLDING	5/4			MBF		1,371	1,371
19	MOLDING	6/4			MBF		1,250	1,250
20	#1 SHOP	4/4			MBF		675.00	675.00
21	#1 SHOP	6/4			MBF		1,148	1,148
22	#1 SHOP	8/4			MBF		1,290	1,290
	WHITE FIR							
23	#3 CLEAR	5/4			MBF		773.00	773.00
24	#1 SHOP	5/4			MBF		758.00	758.00
	MANTLES PONDEROSA PINE							
25	73"X7"X64" HEIGHT 50 1/2"		1 CP	5	EACH	43.60	140.00	183.60
26	76"X11"X67" HEIGHT 53 1/2"		1 CP	4	EACH	54.50	184.00	238.50
27	ROUGH BEAM 4"X8"X6'		1 CP	10	EACH	21.80	27.00	48.80
28	ROUGH BEAM 4"X10"X10'		1 CP	10	EACH	21.80	45.00	66.80
	** WOOD TRIM **							
	PONDEROSA PINE MOULDINGS							
29	11/16"X5 1/4"	CROWN & BED			LN FT		1.42	1.42
30	11/16"X4 1/4"	CROWN & BED			LN FT		1.02	1.02
31	11/16"X3 5/8"	CROWN & BED			LN FT		0.89	0.89
32	9/16"X2 5/8"	CROWN & BED			LN FT		0.65	0.65
33	9/16"X1 5/8"	CROWN & BED			LN FT		0.42	0.42
34	9/16"X2 5/8"	SPRUNG COVE			LN FT		0.65	0.65
35	9/16"X1 5/8	SPRUNG COVE			LN FT		0.42	0.42
36	11/16"X11/16"	STANDARD COVE			LN FT		0.21	0.21
37	1/2"X1/2"	STANDARD COVE			LN FT		0.13	0.13
38	1 1/16"X1 1/16"	QUARTER ROUNDS			LN FT		0.50	0.50
39	3/4"X3/4"	QUARTER ROUNDS			LN FT		0.31	0.31
40	11/16"X11/16"	QUARTER ROUNDS			LN FT		0.21	0.21
41	1/2"X1/2"	QUARTER ROUNDS			LN FT		0.13	0.13
42	3/8"X3/8"	QUARTER ROUNDS			LN FT		0.10	0.10
43	1/4"X1/4"	QUARTER ROUNDS			LN FT		0.08	0.08
44	7/16"X11/16"	SHOE			LN FT		0.11	0.11
45	3/8"X11/16"	HALF ROUNDS			LN FT		0.11	0.11
46	5/16"X5/8"	HALF ROUNDS			LN FT		0.11	0.11
47	1/4"X1/2"	HALF ROUNDS			LN FT		0.10	0.10
48	5/8"X5/16"	SCREEN MOULDINGS			LN FT		0.11	0.11
49	1/4"X3/4"	SCREEN MOULDINGS			LN FT		0.09	0.09

WOOD & PLASTICS

LINE	DESCRIPTION		CREW	PER DAY	UNIT	LABOR	MATERIAL	TOTAL
1	3/4"X3/4"	GLASS BEADS			LN FT		0.31	0.31
2	5/8"X5/8"	GLASS BEADS			LN FT		0.21	0.21
3	1/2"X9/16"	GLASS BEADS			LN FT		0.16	0.16
4	3/8"X3/8"	GLASS BEADS			LN FT		0.10	0.10
5	11/16"X1 3/8"	OGEE MOULDING			LN FT		0.39	0.39
6	11/16"X1 1/8"	OGEE MOULDING			LN FT		0.33	0.33
7	5/8"X3/4"	OGEE MOULDING			LN FT		0.28	0.28
8	1 1/4"X2"	BRICK MOULDING			LN FT		0.89	0.89
9	1 1/16"X1 5/8"	DRIP CAP			LN FT		0.82	0.82
10	1 1/8"X1 1/8"	OUTSIDE CORNERS			LN FT		0.53	0.53
11	3/4"X3/4"	OUTSIDE CORNERS			LN FT		0.30	0.30
12	11/16"X1 5/8"	PLANK MOULDING			LN FT		0.42	0.42
13	1 5/16"X1 5/16"	FULL ROUND HEMLOCK			LN FT		0.45	0.45
14	1 5/16"X1 5/16"	FULL ROUND			LN FT		0.62	0.62
15	1 1/4"X2 1/4"	OVAL RAIL			LN FT		1.10	1.10
16	1 1/8"X1 1/8"	BALUSTER STOCK S4S			LN FT		0.60	0.60
17	1/2"X3/4"	PARTING BEAD S4S			LN FT		0.21	0.21
18	1/4"X2"	LATTICES			LN FT		0.29	0.29
19	1/4"X1 3/4"	LATTICES			LN FT		0.24	0.24
20	1/4"X1 5/8"	LATTICES			LN FT		0.21	0.21
21	1/4"X1 3/8"	LATTICES			LN FT		0.18	0.18
22	1/4"X1 1/8"	LATTICES			LN FT		0.16	0.16
23	1/4"X7/8"	LATTICES			LN FT		0.14	0.14
24	11/16"X1 3/8"	CAP MOULDING			LN FT		0.39	0.39
25	11/16"X2 1/4"	CASINGS - RANCH			LN FT		0.54	0.54
26	11/16"X2 1/4"	CASINGS - COLONIAL			LN FT		0.54	0.54
27	11/16"X3 1/2"	FEATHER EDGE CASING			LN FT		0.84	0.84
28	11/16"X3 1/2"	FEATHER EDGE COLONIAL			LN FT		0.84	0.84
29	11/16"X2 1/2"	CHAIR RAIL			LN FT		0.64	0.64
30	11/16"X3 1/2"	SANITARY CASING RIE			LN FT		0.99	0.99
31	9/16"X3 1/2"	SANITARY CASING RIE			LN FT		0.84	0.84
32	11/16"X2 1/2"	SANITARY CASING RIE			LN FT		0.78	0.78
33	9/16"X3 1/4"	BASES - COLONIAL			LN FT		0.78	0.78
34	9/16"X3 1/4"	BASES - RANCH			LN FT		0.78	0.78
35	9/16"X3"	BASES - COLONIAL			LN FT		0.72	0.72
36	9/16"X3"	BASES - RANCH			LN FT		0.72	0.72
37	11/16"X2 1/4"	BASES - LEANER			LN FT		0.54	0.54
38	7/16"X1 5/8"	STOPS - RANCH			LN FT		0.28	0.28
39	7/16"X1 5/8"	STOPS - SANITARY RIE			LN FT		0.28	0.28
40	7/16"X1 5/8"	STOPS - COLONIAL			LN FT		0.28	0.28
41	3/0"X7/0"	STOPS - SETS			EACH		5.25	5.25
42	7' LENGTH				EACH		2.20	2.20
43	3/8"X1 3/8"	STOPS - RANCH			LN FT		0.26	0.26
44	3/8"X1 3/8"	STOPS - SANITARY RIE			LN FT		0.21	0.21
45	3/8"X1 3/8"	STOPS - COLONIAL			LN FT		0.21	0.21
46	2/9"X6/9"	STOPS - SETS			EACH		4.25	4.25
47	7' LENGTH				EACH		1.75	1.75
48	7/16"X9/16"	SASH BEADS			LN FT		0.17	0.17
49	1/2"X3/4"	SASH BEADS			LN FT		0.21	0.21
50	1/2"X7/8"	SASH BEADS			LN FT		0.22	0.22
51	1/2"X1 1/8"	SASH BEADS			LN FT		0.27	0.27
52	5/8"X7/8"	SASH BEADS			LN FT		0.25	0.25
53	7/16"X2 1/4"	DOUBLE EDGE			LN FT		0.45	0.45
54	5/16"X1 5/8"	DOUBLE EDGE			LN FT		0.28	0.28
55	1/4"X1 3/8"	DOUBLE EDGE			LN FT		0.21	0.21
56	11/16"X11/16"	CHAMPHER			LN FT		0.13	0.13
57	3/4"X3/4"	CHAMPHER			LN FT		0.16	0.16
58	1"X1"	CHAMPHER			LN FT		0.27	0.27

6 WOOD & PLASTICS

LINE	DESCRIPTION		CREW	PER DAY	UNIT	LABOR	MATERIAL	TOTAL
1	11/16"X5 1/4"	STOOLS - NO RABBETTING			LN FT		1.95	1.95
2	1 1/16"X3 1/4"	STOOLS - RABBETTED			LN FT		1.82	1.82
3	1 1/16"X5 1/4"	STOOLS - NO RABBETTING			LN FT		3.34	3.34
4	11/16"X3 1/4"	STOOLS - RABBETTED			LN FT		0.80	0.80
5	11/16"X2 1/2"	STOOLS - RABBETTED			LN FT		0.74	0.74
	"T" ASTRAGALS							
6	1 1/4"X2 1/4"	FOR 1 3/4" DOORS			EACH		11.00	11.00
7	1 1/4"X2"	FOR 1 3/8" DOORS			EACH		11.00	11.00
8	11/16"X1 5/8"	LIP MOULDING			LN FT		0.42	0.42
9	11/16"X1 5/8"	PLANK MOULDING			LN FT		0.42	0.42
10	11/16"X1 3/4"	SCREEN STOCK COMB.			LN FT		0.55	0.55
11	3/8"X7/8"	PARTING BEAD			LN FT		0.21	0.21
12	11/16"X11/16"	QUARTER ROUND			LN FT		0.16	0.16
13	7/16"X11/16"	SHOE MOULDING			LN FT		0.99	0.99
14	1/4"X3/4"	FLAT SCREEN			LN FT		0.09	0.09
	PONDEROSA PINE MOULDINGS - FINGER JOINTED							
15	1 1/4"X2"	BRICK MOULDING PRIMED			LN FT		0.75	0.75
16	1 1/4"X2 1/4"	OVAL RAIL			LN FT		0.76	0.76
17	11/16"X2 1/4"	CASINGS - RANCH			LN FT		0.36	0.36
18	11/16"X2 1/4"	CASINGS - FEATHER EDGE			LN FT		0.37	0.37
19	11/16"X2 1/4"	CASINGS - COLONIAL			LN FT		0.36	0.36
20	3/2"X7/0"	CASING - SETS			EACH		6.20	6.20
21	7' LENGTHS				EACH		2.55	2.55
22	11/16"X3 1/2"	SANITARY CASING RIE			LN FT		0.66	0.66
23	9/16"X3 1/2"	SANITARY CASING RIE			LN FT		0.54	0.54
24	11/16"X2 1/2"	SANITARY CASING RIE			LN FT		0.48	0.48
25	9/16"X3 1/4"	BASES - COLONIAL			LN FT		0.51	0.51
26	9/16"X3"	BASES - COLONIAL			LN FT		0.47	0.47
27	7/16"X3 1/4"	BASES - COLONIAL			LN FT		0.41	0.41
28	7/16"X3"	BASES - COLONIAL			LN FT		0.38	0.38
29	7/16"X2 1/4"	BASES - COLONIAL			LN FT		0.29	0.29
30	9/16"X3 1/4"	BASES - RANCH			LN FT		0.51	0.51
31	9/16"X3"	BASES - RANCH			LN FT		0.47	0.47
32	9/16"X2 1/4"	BASES - RANCH			LN FT		0.36	0.36
33	7/16"X3 1/4"	BASES - RANCH			LN FT		0.40	0.40
34	7/16"X3"	BASES - RANCH			LN FT		0.38	0.38
35	7/16"X2 1/4"	BASES - RANCH			LN FT		0.29	0.29
36	11/16"X2 1/4"	BASES - LEANER			LN FT		0.36	0.36
37	7/16"X1 5/8"	STOPS - RANCH			LN FT		0.22	0.22
38	7/16"X1 5/8"	STOPS - SANITARY RIE			LN FT		0.22	0.22
39	7/16"X1 5/8"	STOPS - COLONIAL			LN FT		0.22	0.22
40	3/0"X7/0"	STOPS - SETS			EACH		3.70	3.70
41	7' LENGTH				EACH		1.55	1.55
42	11/16"X5 1/4"	STOOLS - NO RABBETTING			LN FT		1.05	1.05
43	11/16"X2 1/2"	STOOLS - RABBETTED 3/4			LN FT		0.48	0.48
44	11/16"X2 1/4"	STOOLS - RABBETTED 3/4			LN FT		0.44	0.44
	MOULDINGS-OAK & BIRCH - SOLID & VENEERED SOLID OAK							
45	3/4"X4 5/8"	CROWN & COVE			LN FT		2.92	2.92
46	3/4"X3 1/4"	CROWN & COVE			LN FT		2.30	2.30
47	5/8"X2"	CROWN & COVE			LN FT		1.39	1.39
48	7/8"X2 3/4"	S4S CAP			LN FT		1.70	1.70
49	3/4"X2 1/8"	CHAIR RAIL			LN FT		1.53	1.53
50	3/4"X5 1/2"X8/0"	S1S-2E			EACH		24.00	24.00
51	3/4"X7 1/2"X8/0"	S1S-2E			EACH		31.00	31.00
52	3/4"X9 1/2"X8/0"	S1S-2E			EACH		41.00	41.00
53	3/4"X11 1/2"X8/0"	S1S-2E			EACH		49.00	49.00

WOOD & PLASTICS

LINE	DESCRIPTION	CREW	PER DAY	UNIT	LABOR	MATERIAL	TOTAL
	S4S SOLID OAK CABINET FACING						
1	3/4"X1 1/2"			LN FT		1.01	1.01
2	3/4"X1 3/4"			LN FT		1.15	1.15
3	3/4"X2"			LN FT		1.28	1.28
4	3/4"X2 1/4"			LN FT		1.42	1.42
5	3/4"X2 1/2"			LN FT		1.56	1.56
6	3/4"X2 3/4"			LN FT		1.60	1.60
	VENEERED OAK PANELING (6 PC CARTON)						
7	3/4"X5"X8/0" 2 1/2 LF COVERAGE			CARTON		116.00	116.00
8	3/4"X6"X8/0" 3 LF COVERAGE			CARTON		127.00	127.00
9	3/4"X7"X8/0" 3 1/2 LF COVERAGE			CARTON		138.00	138.00
	BEVELLED INTERIOR JAMBS - SOLID OAK						
10	3/4"X4 5/8" 6/8 SIDES			PAIR		38.00	38.00
11	3/4"X4 5/8" 7/0 SIDES			PAIR		40.00	40.00
12	3/4"X4 5/8" 2/6 SIDES			EACH		6.56	6.56
13	3/4"X4 5/8" 3/0 SIDES			EACH		8.00	8.00
	CASING-SANITARY R2E - SOLID OAK						
14	11/16"X2 1/4"X7/0"			EACH		13.00	13.00
15	11/16"X2 1/4"XR/L			LN FT		1.62	1.62
	SOLID OAK CASING (10 PCS PER BUNDLE)						
16	1/2" OR 5/8"X2 1/4"-6/0"			EACH		5.50	5.50
17	1/2" OR 5/8"X2 1/4"-7/0"			EACH		7.80	7.80
18	1/2" OR 5/8"X2 1/4"-RANDOM LENGTH			LN FT		0.98	0.98
	SOLID OAK STOPS - COLONIAL (10 PCS PER BUNDLE)						
19	7/16"X1 3/8" - 7/0"			EACH		5.25	5.25
20	7/16"X1 3/8" - 3/0"X6/8" SET			SET		12.10	12.10
	SOLID OAK SANITARY STOP R2E						
21	3/8"X1 1/4" - 7/0"			EACH		4.00	4.00
22	3/8"X1 1/4" - 3/0"X6/8" SET			SET		9.10	9.10
	SOLID OAK BASE						
23	1/2"X3" - R/L COLONIAL			LN FT		1.25	1.25
24	1/2"X2 3/4" COLONIAL			LN FT		1.15	1.15
25	1/2"X3" - R/L RANCH			LN FT		1.25	1.25
26	1/2"X2 3/4" RANCH			LN FT		1.15	1.15
27	1/2"X2 3/4" SANITARY R1E			LN FT		1.17	1.17
28	1/2"X3" SANITARY R1E			LN FT		1.38	1.38
29	1/2"X3 1/4" SANITARY R1E			LN FT		1.38	1.38
30	5/8"X3 1/4" SANITARY R1E			LN FT		2.33	2.33
	SOLID OAK PANEL MOULDING						
31	5/8"X1 5/8" RABBETTED 1/4"			LN FT		0.99	0.99
	BEVELLED INTERIOR JAMBS VENEERED OAK W/ OAK EDGE						
32	3/4"X4 5/8" - 6/8" SIDES			PAIR		20.90	20.90
33	3/4"X4 5/8" - 7/0" SIDES			PAIR		24.20	24.20
34	3/4"X4 5/8" - 2/6" HEADS			LN FT		2.90	2.90
35	3/4"X4 5/8" - 3/0" HEADS			LN FT		3.65	3.65
	VENEERED CASINGS - OAK						
36	1/2" OR 5/8"X2 1/4 - 6/0"			EACH		5.00	5.00
37	1/2" OR 5/8"X2 1/4 - 7/0"			EACH		5.90	5.90
38	1/2" OR 5/8"X2 1/4 - 8/0"			EACH		6.80	6.80
39	1/2" OR 5/8"X2 1/4 - 10/0"			EACH		8.45	8.45
40	1/2" OR 5/8"X2 1/4 - 12/0"			EACH		10.10	10.10
	VENEERED OAK MOULDINGS						
	VENEERED RAIL S4S, E4C						
41	1 3/4"X5 1/2" - 8/0"			EACH		64.00	64.00
42	1 3/4"X5 1/2" - 12/0"			EACH		96.00	96.00
43	1 3/4"X5 1/2" - 14/0"			EACH		112.00	112.00
44	1 3/4"X5 1/2" - 16/0"			EACH		128.00	128.00

WOOD & PLASTICS

LINE	DESCRIPTION	CREW	PER DAY	UNIT	LABOR	MATERIAL	TOTAL
	VENEERED OAK S4S BOARDS						
1	3/4"X5 1/2" - 8/0"			EACH		22.00	22.00
2	3/4"X5 1/2" - 12/0"			EACH		34.00	34.00
3	3/4"X5 1/2" - 16/0"			EACH		48.00	48.00
4	3/4"X7 1/2" - 8/0"			EACH		29.00	29.00
5	3/4"X7 1/2" - 12/0"			EACH		44.00	44.00
6	3/4"X7 1/2" - 16/0"			EACH		64.00	64.00
7	3/4"X9 1/2" - 8/0"			EACH		35.00	35.00
8	3/4"X9 1/2" - 12/0"			EACH		55.00	55.00
9	3/4"X9 1/2" - 14/0"			EACH		67.00	67.00
10	3/4"X9 1/2" - 16/0"			EACH		76.00	76.00
11	3/4"X11 1/2" - 8/0"			EACH		42.00	42.00
12	3/4"X11 1/2" - 12/0"			EACH		66.00	66.00
13	3/4"X11 1/2" - 14/0"			EACH		80.00	80.00
14	3/4"X11 1/2" - 16/0"			EACH		92.00	92.00
	VENEERED BIRCH S4S BOARDS						
15	3/4"X5 1/2" - 8/0"			EACH		20.00	20.00
16	3/4"X5 1/2" - 12/0"			EACH		31.00	31.00
17	3/4"X5 1/2" - 16/0"			EACH		42.00	42.00
18	3/4"X7 1/2" - 8/0"			EACH		25.00	25.00
19	3/4"X7 1/2" - 12/0"			EACH		40.00	40.00
20	3/4"X7 1/2" - 16/0"			EACH		53.00	53.00
21	3/4"X9 1/2" - 8/0"			EACH		30.00	30.00
22	3/4"X9 1/2" - 12/0"			EACH		46.00	46.00
23	3/4"X9 1/2" - 14/0"			EACH		54.00	54.00
24	3/4"X9 1/2" - 16/0"			EACH		62.00	62.00
25	3/4"X11 1/2" - 8/0"			EACH		35.00	35.00
26	3/4"X11 1/2" - 12/0"			EACH		55.00	55.00
27	3/4"X11 1/2" - 14/0"			EACH		64.00	64.00
28	3/4"X11 1/2" - 16/0"			EACH		73.00	73.00
	BEVELLED INTERIOR JAMBS - VENEERED BIRCH						
29	3/4"X4 5/8" - 6/8" SIDES			PAIR		15.65	15.65
30	3/4"X4 5/8" - 7/0" SIDES			PAIR		19.00	19.00
31	3/4"X4 5/8" - 2/6" HEADS			EACH		1.55	1.55
32	3/4"X4 5/8" - 3/0" HEADS			EACH		2.10	2.10
33	3/4"X5 1/4" - 6/8" SIDES			PAIR		22.00	22.00
34	3/4"X5 1/4" - 7/0" SIDES			PAIR		25.00	25.00
	BIRCH VENEERED CASING						
35	1/2" OR 5/8"X2 1/4" - 6/0"			EACH		5.00	5.00
36	1/2" OR 5/8"X2 1/4" - 7/0"			EACH		5.90	5.90
37	1/2" OR 5/8"X2 1/4" - 8/0"			EACH		6.80	6.80
38	1/2" OR 5/8"X2 1/4" - 10/0"			EACH		8.45	8.45
39	1/2" OR 5/8"X2 1/4" - 12/0"			EACH		10.10	10.10
	SOLID SANITARY STOP - SOLID MAPLE R2E						
40	3/8"X1 1/4" - 7/0"			EACH		3.00	3.00
41	3/8"X1 1/4" - 3/0"X6/8"			SET		7.00	7.00
	BASE OAK OR BIRCH VENEERED						
42	1/2"X2 3/4" COLONIAL			LN FT		0.92	0.92
43	1/2"X2 3/4" RANCH			LN FT		0.92	0.92
	** MILLWORK **						
	HARDWOOD PREFINISHED WALL CABINETS 12 3/8"						
44	30"X11" 2 DOORS	1 CP	10	EACH	21.80	89.00	110.80
45	36"X15" 2 DOORS	1 CP	10	EACH	21.80	91.00	112.80
46	30"X18" 2 DOORS	1 CP	10	EACH	21.80	90.00	111.80
47	18"X30" 2 DOORS	1 CP	10	EACH	21.80	93.00	114.80
48	30"X24"X24" CORNER	1 CP	5	EACH	43.60	127.00	170.60

WOOD & PLASTICS

LINE	DESCRIPTION	CREW	OUTPUT PER DAY	UNIT	LABOR	MATERIAL	TOTAL
	HARDWOOD PREFINISHED BASE CABINETS 24" DEEP						
1	12"X34" 1 DOOR 1 DRAWER	1 CP	7	EACH	31.14	121.00	152.14
2	30"X34" 2 DOORS 2 DRAWERS	1 CP	7	EACH	31.14	194.00	225.14
3	36" CORNER	1 CP	5	EACH	43.60	247.00	290.60
4	30"X30" 2 DOORS 2 DRAWERS	1 CP	5	EACH	43.60	315.00	358.60
5	24"X34" SINK CABINET	1 CP	4	EACH	54.50	154.00	208.50
6	24"X84" PANTRY & BROOM, 3 DOORS, SHELF,						
7	ROTO TRAY, 3 PULL OUT TRAYS	1 CP	3.5	EACH	62.29	491.00	553.29
8	18"X84" BROOM 2 DOORS	1 CP	4	EACH	54.50	279.00	333.50
9	27"X84" OVEN, TOP & BOTTOM, 2 DOORS	1 CP	3	EACH	72.67	356.00	428.67
10	24"X66"X24" DEEP UTILITY 1 DOOR	1 CP	4	EACH	54.50	162.00	216.50
11	27"X66"X24" DEEP OVEN	1 CP	3	EACH	72.67	174.00	246.67
12	15"X30" SIDE PLANNING DESK 5 DRAWERS,						
	27"X6" KNEE HOLE	1 CP	6	EACH	36.33	128.00	164.33
13	30"X30" MICROWAVE CABINET	1 CP	6	EACH	36.33	197.00	233.33
	CABINET ACCESSORIES						
14	CUT BOARD & CUTLERY DRAWER KIT 18" OR 36"	1 LA	20	EACH	8.65	76.00	84.65
15	POT LID WIRE BASKET 2 OAK GUIDES	1 LA	20	EACH	8.65	41.00	49.65
16	UTILITY-VEGETABLE WIRE BASKET	1 LA	25	EACH	6.92	35.00	41.92
17	6" GALLERY RAIL 6' SECTION	1 CP	15	EACH	14.53	62.00	76.53
18	VALANCE PLAIN OR SCALLOPED 4' SECTION	1 CP	15	EACH	14.53	26.00	40.53
	VANITIES						
19	HARDWOOD RAISED PANEL DOOR (2)	1 CP	9	EACH	24.22	113.00	137.22
20	HARDWOOD BOWL BASE 1 DOOR 4 DRAWERS	1 CP	9	EACH	24.22	150.00	174.22
21	LAMINATED PLASTIC TOP 3 1/2" BACK	1 CP	28	LN FT	7.79	20.00	27.79
	PREFINISHED MOLDINGS & TRIM						
22	INSIDE CORNER 5/16"X1"	1 CP	260	LN FT	0.84	0.45	1.29
23	OUTSIDE CORNER 1"X1"	1 CP	250	LN FT	0.87	0.53	1.40
24	BASE 1/2"X2 1/2"	1 CP	250	LN FT	0.87	0.81	1.68
	COUNTERTOP LAMINATED PLASTIC						
25	BACKSPLASH & FRONT EDGE SQUARE	1 CP	30	LN FT	7.27	24.00	31.27
26	NO BACKSPLASH	1 CP	30	LN FT	7.27	23.00	30.27
	LAMINATED TOPS						
	THAI TEAK 1-1/4"X25" WIDE						
27	2' LENGTH LONG GRAIN			EACH		47.00	47.00
28	2' LENGTH END GRAIN			EACH		62.00	62.00
29	2' LENGTH COMBI-GRAIN			EACH		72.00	72.00
	KARPA (IRONWOOD)						
30	2' LENGTH LONG GRAIN			EACH		40.00	40.00
31	2' LENGTH END GRAIN			EACH		58.00	58.00
32	2' LENGTH COMBI-GRAIN			EACH		61.00	61.00
	AZTEAK						
33	2' LENGTH LONG GRAIN			EACH		37.00	37.00
34	6' LENGTH LONG GRAIN			EACH		83.00	83.00
	EXOTIC PLYWOOD PANELS V-GROOVE PREFINISHED						
35	1/4" 4'X8' MARBLE EBONY 1 SIDE	1 CP	220	SQ FT	0.99	1.82	2.81
36	1/4" 4'X8' BELLE ROSEWOOD 1 SIDE	1 CP	220	SQ FT	0.99	1.85	2.84
37	1/4" 4'X8' BRAZIL ROSEWOOD 1 SIDE	1 CP	220	SQ FT	0.99	2.65	3.64
38	LAMINATED PLASTIC PANELS - DECORATOR METALLIC FINISHES			SQ FT		5.46	5.46
	TEAK GENUINE LUMBER STRIPS						
39	5/16"X1"	1 CP	150	LN FT	1.45	0.45	1.90
40	3/8"X1"	1 CP	150	LN FT	1.45	0.47	1.92
41	1/2"X1"	1 CP	150	LN FT	1.45	0.76	2.21
42	5/8"X1"	1 CP	140	LN FT	1.56	0.89	2.45
43	3/4"X1"	1 CP	130	LN FT	1.68	1.03	2.71
44	1 1/8"X2"	1 CP	120	LN FT	1.82	2.84	4.66
45	1 1/4"X2"	1 CP	110	LN FT	1.98	2.91	4.89
46	1 3/4"X2"	1 CP	110	LN FT	1.98	3.52	5.50
47	1 3/4"X4"	1 CP	100	LN FT	2.18	5.15	7.33

WOOD & PLASTICS

LINE	DESCRIPTION				OUTPUT			UNIT COSTS		
					CREW	PER DAY	UNIT	LABOR	MATERIAL	TOTAL
	EXOTIC PLYWOOD PANELS UNFINISHED									
1	1/4"	4'X8'	BANGKOK TEAK	1 SIDE	1 CP	220	SQ FT	0.99	1.37	2.36
2	1/4"	4'X10'	BANGKOK TEAK	1 SIDE	1 CP	220	SQ FT	0.99	1.89	2.88
3	3/4"	4'X8'	BANGKOK TEAK	1 SIDE	1 CP	200	SQ FT	1.09	2.81	3.90
4	3/4"	4'X10'	BANGKOK TEAK	1 SIDE	1 CP	200	SQ FT	1.09	3.23	4.32
5	3/4"	4'X8'	BANGKOK TEAK	2 SIDES	1 CP	200	SQ FT	1.09	3.63	4.72
6	1/4"	4'X8'	INDIAN ROSEWOOD	1 SIDE	1 CP	200	SQ FT	1.09	1.64	2.73
7	1/4"	4'X10'	INDIAN ROSEWOOD	1 SIDE	1 CP	200	SQ FT	1.09	2.06	3.15
8	3/4"	4'X8'	INDIAN ROSEWOOD	1 SIDE	1 CP	200	SQ FT	1.09	3.34	4.43
9	3/4"	4'X10'	INDIAN ROSEWOOD	1 SIDE	1 CP	200	SQ FT	1.09	3.78	4.87
10	3/4"	4'X8'	INDIAN ROSEWOOD	2 SIDES	1 CP	200	SQ FT	1.09	3.91	5.00
	STAIRS									
11		WOOD CONTEMPORY 10 TREADS			1 CP 1 LA	1	LP SM	391.04	973.00	1,364
12		WOOD W/STEEL TREADS			1 CP 1 LA	1.2	LP SM	325.87	611.00	936.87
13		RAILINGS			1 CP	40	LN FT	5.45	24.00	29.45
	WOOD SPIRAL STAIRWAYS 9' ELEVATION									
14		40" X0 52" DIAMETER			2 CP	1	EACH	436.00	2,730	3,166
15		60" X0 64" DIAMETER			2 CP	1	EACH	436.00	2,920	3,356
16		72" X0 76"			2 CP	1	EACH	436.00	3,350	3,786
17		88" DIAMETER			2 CP	0.9	EACH	484.44	3,780	4,264
18		96" DIAMETER			2 CP	0.8	EACH	545.00	4,300	4,845
	SIMULATED URETHANE HAND HEWN BEAMS									
19		4"X6"			1 CP	80	LN FT	2.73	2.20	4.93
20		6"X8"			1 CP	80	LN FT	2.73	3.70	6.43
	SHUTTERS									
	LOUVERED - PINE									
21		14"X39"			1 CP	5.3	PAIR	41.13	41.00	82.13
22		14"X55"			1 CP	5.3	PAIR	41.13	55.00	96.13
23		14"X67"			1 CP	5.3	PAIR	41.13	64.00	105.13
24		16"X36"			1 CP	5.3	PAIR	41.13	39.00	80.13
25		16"X47"			1 CP	5.3	PAIR	41.13	47.00	88.13
26		16"X55"			1 CP	5.3	PAIR	41.13	53.00	94.13
27		16"X67"			1 CP	5.3	PAIR	41.13	65.00	106.13
28		18"X39"			1 CP	5.3	PAIR	41.13	42.00	83.13
29		18"X55"			1 CP	5.3	PAIR	41.13	58.00	99.13
30		18"X59"			1 CP	5.3	PAIR	41.13	61.00	102.13
31		20"X55"			1 CP	5.3	PAIR	41.13	60.00	101.13
32		20"X67"			1 CP	5.3	PAIR	41.13	35.00	76.13
	SOLID RAISED PANEL - PINE									
33		14"X39"			1 CP	5.3	PAIR	41.13	53.00	94.13
34		14"X47"			1 CP	5.3	PAIR	41.13	62.00	103.13
35		14"X55"			1 CP	5.3	PAIR	41.13	72.00	113.13
36		16"X59"			1 CP	5.3	PAIR	41.13	35.00	76.13
37		16"X63"			1 CP	5.3	PAIR	41.13	35.00	76.13
38		16"X67"			1 CP	5.3	PAIR	41.13	37.00	78.13
	LOUVERED - POLYSTYRENE									
39		14"X35"			1 CP	5.3	PAIR	41.13	27.00	68.13
40		14"X39"			1 CP	5.3	PAIR	41.13	29.00	70.13
41		14"X47"			1 CP	5.3	PAIR	41.13	32.00	73.13
42		14"X55"			1 CP	5.3	PAIR	41.13	35.00	76.13
43		14"X63"			1 CP	5.3	PAIR	41.13	39.00	80.13
44		14"X67"			1 CP	5.3	PAIR	41.13	39.00	80.13
	SHUTTER HINGES - CAST IRON									
45		FRAME WALL - 1-3/8" THROW			1 CP	18	PAIR	12.11	4.10	16.21
46		BRICK WALL - 4-1/4" THROW			1 CP	9	PAIR	24.22	12.25	36.47
	** EXTERIOR SIDINGS **									
47	HARDBOARD SIDING 1/4" TEMPERED				1 CP	600	SQ FT	0.36	0.38	0.74
48	HARDBOARD				1 CP	560	SQ FT	0.39	0.63	1.02

WOOD & PLASTICS

LINE	DESCRIPTION	OUTPUT CREW	PER DAY	UNIT	LABOR	MATERIAL	TOTAL
	EXTERIOR SIDINGS						
	REDWOOD-ANZAC OR DROP SIDING CLEAR HEART						
	VERTICAL GRAIN						
1	1"X4" (1.28 BF/SF)	2 CP	6.5	SQ	67.08	356.00	423.08
2	1"X6" (1.20 BF/SF)	2 CP	6.5	SQ	67.08	374.00	441.08
3	1"X8" (1.15 BF/SF)	2 CP	6.5	SQ	67.08	337.00	404.08
4	1"X10" (1.10 BF/SF)	2 CP	7	SQ	62.29	334.00	396.29
5	1"X12" (1.10 BF/SF)	2 CP	7	SQ	62.29	420.00	482.29
	CEDAR SIDING BEVEL A GRADE						
6	1/2"X8" (1.23 BF/SF)	2 CP	7	SQ	62.29	161.00	223.29
7	3/4"X8" (1.23 BF/SF)	2 CP	7	SQ	62.29	182.00	244.29
8	3/4"X10" (1.19 BF/SF)	2 CP	7	SQ	62.29	187.00	249.29
	REDWOOD-RESAWN BEVEL SIDING						
9	1/2"X4" (1.51 BF/SF)	2 CP	6	SQ	72.67	204.00	276.67
10	1/2"X6" (1.31 BF/SF)	2 CP	6	SQ	72.67	180.00	252.67
11	1/2"X8" (1.23 BF/SF)	2 CP	6	SQ	72.67	174.00	246.67
12	SHINGLE SIDING DOUBLE COURSE	1 CP	350	SQ FT	0.62	1.37	1.99
13	FIR 5/8" NATURAL	1 CP	675	SQ FT	0.32	0.75	1.07
14	FIR 5/8" PRESTAIN	1 CP	675	SQ FT	0.32	0.89	1.21
15	CEDAR 5/8" NATURAL	1 CP	675	SQ FT	0.32	0.90	1.22
16	CEDAR 5/8" PRESTAIN	1 CP	675	SQ FT	0.32	0.92	1.24
17	SOLID VINYL SIDING HORIZONTAL	1 CP	500	SQ FT	0.44	0.73	1.17
18	VINYL SIDING FLAT FACIA TRIM	1 CP	300	SQ FT	0.73	0.79	1.52
19	INSULATED BACKER PANEL	1 CP	800	SQ FT	0.27	0.17	0.44
20	VINYL SIDING DOOR AND WINDOW TRIM	1 CP	200	LN FT	1.09	0.28	1.37
	TEXTURED REDWOOD SIDING						
21	3/8" VINYL FACED	1 CP	6.5	SQ FT	33.54	1.55	35.09
22	5/8" VINYL FACED	1 CP	6.5	SQ FT	33.54	2.00	35.54
	REDWOOD CLEAR KD S4S						
23	1"X4" LN FT	1 CP	500	LN FT	0.44	0.77	1.21
24	1"X6"	1 CP	500	LN FT	0.44	1.16	1.60
25	1"X8"	1 CP	500	LN FT	0.44	1.54	1.98
26	1"X10"	1 CP	450	LN FT	0.48	2.05	2.53
27	1"X12" LN FT	1 CP	440	LN FT	0.50	2.65	3.15
	WOOD SHINGLE SIDING						
	#1 RED CEDAR						
28	16" W/5" EXPOSURE	1 CP	1.5	CSF	145.33	98.00	243.33
29	18" W/6" EXPOSURE	1 CP	1.7	CSF	128.24	87.00	215.24
30	18" W/7" EXPOSURE	1 CP	1.8	CSF	121.11	81.00	202.11
31	16" FIRE RATED	1 CP	1.5	CSF	145.33	142.00	287.33
32	18" FIRE RATED	1 CP	1.8	CSF	121.11	148.00	269.11
33	HAND SPLIT RED CEDAR SHAKES	1 CP	1.8	CSF	121.11	100.00	221.11
34	WHITE CEDAR STANDARD	1 CP	1.4	CSF	155.71	78.00	233.71
35	WHITE CEDAR SELECT	1 CP	1.4	CSF	155.71	89.00	244.71
	** PANELS SHEATHING & WALL BOARDS **						
	STRESS SKIN PANELS-ROOFS-WALLS						
	1/2" NAIL BASE BOARD-POLYURETHANE FOAM CORE						
	1" BOTTOM STRUCTURAL BOARD, T&G LONG EDGES						
	4'X8', 10' AND 12' PANELS						
36	2.5" THICK (R=9.85)	4 CP	1800	SQ FT	0.48	1.58	2.06
37	3.5" THICK (R=16.1)	4 CP	1800	SQ FT	0.48	1.84	2.32
38	4.0" THICK (R=19.23)	4 CP	1700	SQ FT	0.51	1.97	2.48
39	4.5" THICK (R=22.35)	4 CP	1700	SQ FT	0.51	2.10	2.61
40	5.0" THICK (R=25.48)	4 CP	1600	SQ FT	0.55	2.27	2.82
	EQUIPMENT CRANE $300/DAY						

WOOD & PLASTICS

LINE	DESCRIPTION	OUTPUT CREW	PER DAY	UNIT	LABOR	MATERIAL	TOTAL
	NAILBASE ROOF INSULATION/SIDEWALL SHEATHING SIDING, COMPOSITE 1/2" HOMOSOTE-POLYURETHANE CORE BOTTOM ASPHALT SATURATED FELT 4'X8', 10' AND 12' PANELS						
1	1.2" THICK (R=5.6)	4 CP	1800	SQ FT	0.48	0.68	1.16
2	1.5" THICK (R=7.2)	4 CP	1800	SQ FT	0.48	0.77	1.25
3	2.0" THICK (R=10.4)	4 CP	1800	SQ FT	0.48	0.83	1.31
4	2.5" THICK (R=13.6)	4 CP	1800	SQ FT	0.48	0.98	1.46
5	3.0" THICK (R=16.8)	4 CP	1700	SQ FT	0.51	1.07	1.58
6	3.5" THICK (R=20.3)	4 CP	1700	SQ FT	0.51	1.21	1.72
7	4.0" THICK (R=23.8)	4 CP	1700	SQ FT	0.51	1.33	1.84
	SIDEWALL SHEATHING (NON-STRUCTURAL) ISOCYANURATE FOAM W/FOIL LAMINATE						
8	1/2" THICK (R=3.6)	4 CP	2400	SQ FT	0.36	0.24	0.60
9	5/8" THICK (R=4.5)	4 CP	2400	SQ FT	0.36	0.29	0.65
10	3/4" THICK (R=5.4)	4 CP	2400	SQ FT	0.36	0.31	0.67
11	1" THICK (R=7.2)	4 CP	2200	SQ FT	0.40	0.37	0.77
12	1 1/2" THICK (R=10.8)	4 CP	2000	SQ FT	0.44	0.48	0.92
13	2" THICK (R=14.4)	4 CP	1800	SQ FT	0.48	0.57	1.05
14	3" THICK (R=21.6)	4 CP	1700	SQ FT	0.51	0.86	1.37
	WOOD FIBER STRUCTURAL DECKING						
15	2'X8' T&G EDGES 16"OC 1 11/32"	2 CP	1600	SQ FT	0.27	1.24	1.51
16	2'X8' T&G EDGES 24"OC 1 3/4"	2 CP	1700	SQ FT	0.26	1.70	1.96
17	2'X8' T&G EDGES 24"OC 1 11/32"	2 CP	1800	SQ FT	0.24	1.62	1.86
	WOOD FIBER ROOF DECKING 2'X8' T&G						
18	1" THICK (R=2.4) PLAIN	2 CP	1700	SQ FT	0.26	0.53	0.79
19	1" THICK (R=2.4) WHITE/WD GRAIN VINYL	2 CP	1700	SQ FT	0.26	0.75	1.01
20	1 3/8" THICK (R=3.27) PLAIN	2 CP	1700	SQ FT	0.26	0.76	1.02
21	1 3/8" THICK (R=3.27) WHITE/WD GRAIN VINYL	2 CP	1700	SQ FT	0.26	0.97	1.23
22	2 3/8" THICK (R=5.65) PLAIN	2 CP	1600	SQ FT	0.27	1.29	1.56
23	2 3/8" THICK (R=5.65) WHITE/WD GRAIN VINYL	2 CP	1600	SQ FT	0.27	1.50	1.77
	CELLULOSE FIBER STRUCTURAL BOARD (NOISE CONTROL)						
24	1/2" THICK 4' WIDE 8'-10'-12' LONG	2 CP	1800	SQ FT	0.24	0.24	0.48
	STRUCTURAL BUILDING BOARD FIRE RATED U/L CLASS A						
25	15/32" THICK 4'X4' 8' & 12'	2 CP	1800	SQ FT	0.24	0.59	0.83
	ROOF DECK WEATHER & FIRE RESISTANT 2'X8' PANELS						
26	15/16" FOR 24" OC	2 CP	1800	SQ FT	0.24	0.87	1.11
27	1 3/8" FOR 32" OC	2 CP	1800	SQ FT	0.24	1.08	1.32
28	2 3/8" FOR 48" OC	2 CP	1800	SQ FT	0.24	1.62	1.86

THERMAL & MOISTURE PROTECTION

LINE	DESCRIPTION	OUTPUT			UNIT COSTS		
		CREW	PER DAY	UNIT	LABOR	MATERIAL	TOTAL
	** WATERPROOFING **						
	FELT UNDERLAYMENT						
1	ASBESTOS 15#	1 CP	50	CSF	4.36	2.63	6.99
2	ASPHALT FELT 15#	1 CP	50	CSF	4.36	2.88	7.24
3	ASPHALT FELT 30#	1 CP	50	CSF	4.36	5.75	10.11
4	COATED ASPHALT 30#	1 CP	50	CSF	4.36	5.65	10.01
5	COATED ASPHALT 40#	1 CP	50	CSF	4.36	7.37	11.73
	MEMBRANE TYPE						
	ASPHALT 15# FELT						
6	1 PLY MOPPED ON	1 WP	260	SQ FT	0.75	0.21	0.96
7	2 PLY MOPPED ON	1 WP	260	SQ FT	0.75	0.23	0.98
8	3 PLY MOPPED ON	1 WP	230	SQ FT	0.85	0.34	1.19
9	4 PLY MOPPED ON	1 WP	200	SQ FT	0.97	0.42	1.39
10	5 PLY MOPPED ON	1 WP	180	SQ FT	1.08	0.49	1.57
	ASPHALT 30# FELT						
11	1 PLY MOPPED ON	1 WP	260	SQ FT	0.75	0.28	1.03
12	2 PLY MOPPED ON	1 WP	260	SQ FT	0.75	0.30	1.05
13	3 PLY MOPPED ON	1 WP	230	SQ FT	0.85	0.43	1.28
14	4 PLY MOPPED ON	1 WP	200	SQ FT	0.97	0.56	1.53
15	5 PLY MOPPED ON	1 WP	180	SQ FT	1.08	0.65	1.73
	FIBROUS ASPHALT 15# FELT						
16	1 PLY MOPPED ON	1 WP	240	SQ FT	0.81	0.30	1.11
17	2 PLY MOPPED ON	1 WP	240	SQ FT	0.81	0.32	1.13
18	3 PLY MOPPED ON	1 WP	210	SQ FT	0.93	0.42	1.35
19	4 PLY MOPPED ON	1 WP	210	SQ FT	0.93	0.50	1.43
20	5 PLY MOPPED ON	1 WP	200	SQ FT	0.97	0.60	1.57
	RUBBER SHEET						
21	22 GA	1 WP	340	SQ FT	0.57	1.22	1.79
22	30 GA	1 WP	340	SQ FT	0.57	1.32	1.89
23	40 GA	1 WP	340	SQ FT	0.57	1.58	2.15
	COLD APPLICATION						
24	1/16" BUTYL	1 WP	385	SQ FT	0.51	0.69	1.20
25	1/16" NEOPRENE	1 WP	340	SQ FT	0.57	0.71	1.28
26	URETHANE/TAR MEMBRANE	1 WP	250	SQ FT	0.78	0.71	1.49
27	ACRYLIC EMULSION MEMBRANE	1 WP	200	SQ FT	0.97	0.86	1.83
	METALLIC WATERPROOFING ON WALLS, CHIPPING OF CONCRETE REQUIRED FOR BONDING. BRUSH APPLY						
28	BUSH-HAMMERING SURFACE	1 CM	170	SQ FT	1.24	0.05	1.29
	WATERPROOFING						
29	2 APPLICATIONS	1 WP	200	SQ FT	0.97	0.20	1.17
30	3 APPLICATIONS	1 WP	100	SQ FT	1.95	0.23	2.18
31	4 APPLICATIONS	1 WP	55	SQ FT	3.54	0.25	3.79
32	5 APPLICATIONS	1 WP	28	SQ FT	6.96	0.30	7.26
33	6 APPLICATIONS	1 WP	15	SQ FT	12.99	0.34	13.33
	ON SLABS						
34	2 APPLICATIONS	1 WP	180	SQ FT	1.08	0.18	1.26
35	3 APPLICATIONS	1 WP	100	SQ FT	1.95	0.22	2.17
36	4 APPLICATIONS	1 WP	50	SQ FT	3.90	0.25	4.15
37	5 APPLICATIONS	1 WP	27	SQ FT	7.22	0.34	7.56
38	6 APPLICATIONS	1 WP	14	SQ FT	13.92	0.37	14.29
39	ALL PURPOSE	1 CP	1000	SQ FT	0.22	0.17	0.39
	BENTONITE CLAY						
40	3/16" PANELS	1 RF	435	SQ FT	0.47	0.63	1.10
41	1/4" PANELS	1 RF	410	SQ FT	0.49	0.73	1.22
	BENTONITE PANELS						
42	3/16" THICK	1 RF	435	SQ FT	0.47	0.77	1.24
43	1/2" THICK	1 RF	395	SQ FT	0.51	0.87	1.38
	GRANULAR BENTONITE						
44	3/8" THICK	1 RF	345	SQ FT	0.59	0.70	1.29
	METALLIC OXIDE - TROWELED						
45	5/8" THICK	1 RF	35	SQ FT	5.79	1.77	7.56
46	3/4" THICK	1 RF	33	SQ FT	6.14	1.93	8.07
47	1" THICK	1 RF	32	SQ FT	6.33	2.50	8.83

7 THERMAL & MOISTURE PROTECTION

LINE	DESCRIPTION	CREW	PER DAY	UNIT	LABOR	MATERIAL	TOTAL
	** DAMPROOFING **						
	ASPHALT MASTIC						
	BITUMINOUS HOT ASPHALT TROWELED ON						
1	PRIMER + 1 COAT	1 WP	665	SQ FT	0.29	0.14	0.43
2	PRIMER + 2 COATS	1 WP	500	SQ FT	0.39	0.20	0.59
3	PRIMER + 3 COATS	1 WP	420	SQ FT	0.46	0.26	0.72
	COLD OR HOT FIBROUS ASPHALT TROWELED ON						
4	PRIMER + 1 COAT	1 WP	665	SQ FT	0.29	0.19	0.48
5	PRIMER + 2 COATS	1 WP	500	SQ FT	0.39	0.31	0.70
6	PRIMER + 3 COATS	1 WP	420	SQ FT	0.46	0.44	0.90
	SILICONE SPRAY						
	ON CONCRETE						
7	1 COAT	1 WP	3800	SQ FT	0.05	0.10	0.15
8	2 COATS	1 WP	1900	SQ FT	0.10	0.17	0.27
	ON BRICK AND BLOCK						
9	1 COAT	1 WP	3800	SQ FT	0.05	0.10	0.15
10	2 COATS	1 WP	1900	SQ FT	0.10	0.17	0.27
	CEMENTITIOUS						
11	1/8"	1 BL	1000	SQ FT	0.22	0.97	1.19
12	3/16"	1 BL	800	SQ FT	0.28	1.45	1.73
13	1/4"	1 BL	500	SQ FT	0.44	1.84	2.28
	CEMENT PARGING - 1/2" THICK 2 COATS						
14	REGULAR PORTLAND CEMENT	1 BL	210	SQ FT	1.06	0.14	1.20
15	WATERPROOF PORTLAND CEMENT	1 BL	210	SQ FT	1.06	0.15	1.21
	** VAPOR BARRIERS **						
	ASPHALT IMPREGNATED BOARD						
16	1/2"	1 WP	365	SQ FT	0.53	0.28	0.81
17	3/4"	1 WP	365	SQ FT	0.53	0.38	0.91
18	1"	1 WP	350	SQ FT	0.56	0.51	1.07
	CEMENT ASBESTOS BOARD						
19	1/2"	1 CP	250	SQ FT	0.87	0.73	1.60
	** BATTS OR ROLLS **						
	STANDARD INSULATIONS NON-RIGID						
	REFLECTIVE FOIL FACED						
20	R=11	1 CP	1000	SQ FT	0.22	0.19	0.41
21	R=19	1 CP	1000	SQ FT	0.22	0.30	0.52
22	R=30	1 CP	800	SQ FT	0.27	0.49	0.76
	KRAFT FACED BATTS-BLANKETS						
23	R=11	1 CP	1000	SQ FT	0.22	0.16	0.38
24	R=13	1 CP	1000	SQ FT	0.22	0.22	0.44
25	R=19	1 CP	1000	SQ FT	0.22	0.25	0.47
26	R=22	1 CP	800	SQ FT	0.27	0.32	0.59
27	R=25	1 CP	800	SQ FT	0.27	0.35	0.62
28	R=26	1 CP	800	SQ FT	0.27	0.36	0.63
29	R=30	1 CP	700	SQ FT	0.31	0.41	0.72
30	R=38	1 CP	700	SQ FT	0.31	0.54	0.85
	UNFACED BATT-BLANKETS						
31	R=11	1 CP	1000	SQ FT	0.22	0.12	0.34
32	R=13	1 CP	1000	SQ FT	0.22	0.17	0.39
33	R=19	1 CP	1000	SQ FT	0.22	0.21	0.43
34	R=22	1 CP	1000	SQ FT	0.22	0.27	0.49
35	R=25	1 CP	800	SQ FT	0.27	0.29	0.56
36	R=26	1 CP	800	SQ FT	0.27	0.30	0.57
37	R=30	1 CP	700	SQ FT	0.31	0.34	0.65
38	R=38	1 CP	700	SQ FT	0.31	0.45	0.76
	FLAME RESISTANT BATTS						
39	R=11	1 CP	1000	SQ FT	0.22	0.14	0.36
40	R=13	1 CP	1000	SQ FT	0.22	0.19	0.41
41	R=19	1 CP	1000	SQ FT	0.22	0.21	0.43
42	R=30	1 CP	1000	SQ FT	0.22	0.32	0.54
	CHICKINSUL						
43	R=11 KRAFT	1 CP	1000	SQ FT	0.22	0.22	0.44
44	R=11 UNFACED	1 CP	1000	SQ FT	0.22	0.20	0.42

THERMAL & MOISTURE PROTECTION

LINE	DESCRIPTION	OUTPUT CREW	PER DAY	UNIT	LABOR	MATERIAL	TOTAL
1	BLOWING WOOL PNEUMATICALLY-ATTICS ROOFS			BAG		4.95	4.95
	PYRO FIBER SAFING INSULATION						
2	2" SEMI-RIGID	1 CP	1000	SQ FT	0.22	0.11	0.33
3	3" SEMI-RIGID	1 CP	1000	SQ FT	0.22	0.16	0.38
4	4" SEMI-RIGID	1 CP	900	SQ FT	0.24	0.22	0.46
5	5" SEMI-RIGID	1 CP	900	SQ FT	0.24	0.27	0.51
6	6" SEMI-RIGID	1 CP	800	SQ FT	0.27	0.33	0.60
	COMMERCIAL WALL INSULATION 24"X48"						
	1.5 LBS/CUBIC FT DENSITY PLAIN						
7	1-1/2"	1 CP	1000	SQ FT	0.22	0.16	0.38
8	2"	1 CP	1000	SQ FT	0.22	0.21	0.43
9	2-1/2"	1 CP	1000	SQ FT	0.22	0.27	0.49
10	3"	1 CP	900	SQ FT	0.24	0.32	0.56
11	3-1/2"	1 CP	800	SQ FT	0.27	0.37	0.64
12	4"	1 CP	800	SQ FT	0.27	0.42	0.69
	2.25 LBS/CUBIC FT DENSITY						
13	1"	1 CP	1000	SQ FT	0.22	0.17	0.39
14	1-1/2"	1 CP	1000	SQ FT	0.22	0.27	0.49
15	2"	1 CP	1000	SQ FT	0.22	0.35	0.57
16	2 1/2"	1 CP	1000	SQ FT	0.22	0.44	0.66
17	3"	1 CP	900	SQ FT	0.24	0.51	0.75
18	3-1/2"	1 CP	900	SQ FT	0.24	0.60	0.84
19	4"	1 CP	800	SQ FT	0.27	0.69	0.96
	3.0 LBS/CUBIC FT DENSITY						
20	1"	1 CP	1000	SQ FT	0.22	0.23	0.45
21	1-1/2"	1 CP	1000	SQ FT	0.22	0.34	0.56
22	2"	1 CP	1000	SQ FT	0.22	0.45	0.67
23	2-1/2"	1 CP	1000	SQ FT	0.22	0.57	0.79
24	3"	1 CP	900	SQ FT	0.24	0.67	0.91
25	3-1/2"	1 CP	900	SQ FT	0.24	0.89	1.13
26	4"	1 CP	800	SQ FT	0.27	1.08	1.35
	6.0 LBS/CUBIC FT DENSITY						
27	1"	1 CP	1000	SQ FT	0.22	0.40	0.62
28	1-1/2"	1 CP	1000	SQ FT	0.22	0.60	0.82
29	2"	1 CP	1000	SQ FT	0.22	0.78	1.00
	1.5 LBS/CUBIC FT DENSITY FIRE RESISTANT						
30	1-1/2"	1 CP	1000	SQ FT	0.22	0.32	0.54
31	2"	1 CP	1000	SQ FT	0.22	0.38	0.60
32	2-1/2"	1 CP	1000	SQ FT	0.22	0.41	0.63
33	3"	1 CP	900	SQ FT	0.24	0.47	0.71
34	3-1/2"	1 CP	900	SQ FT	0.24	0.54	0.78
35	4"	1 CP	800	SQ FT	0.27	0.60	0.87
	2.25 LBS/CUBIC FT DENSITY FIRE RESISTANT						
36	1"	1 CP	1000	SQ FT	0.22	0.38	0.60
37	1-1/2"	1 CP	1000	SQ FT	0.22	0.48	0.70
38	2"	1 CP	1000	SQ FT	0.22	0.56	0.78
39	2-1/2"	1 CP	1000	SQ FT	0.22	0.65	0.87
40	3"	1 CP	900	SQ FT	0.24	0.72	0.96
41	3-1/2"	1 CP	900	SQ FT	0.24	0.82	1.06
42	4"	1 CP	800	SQ FT	0.27	0.91	1.18
	3.0 LBS/CUBIC FT FIRE RESISTANT						
43	1"	1 CP	1000	SQ FT	0.22	0.44	0.66
44	1-1/2"	1 CP	1000	SQ FT	0.22	0.55	0.77
45	2"	1 CP	1000	SQ FT	0.22	0.66	0.88
46	2-1/2"	1 CP	1000	SQ FT	0.22	0.79	1.01
47	3"	1 CP	900	SQ FT	0.24	0.89	1.13
48	3-1/2"	1 CP	900	SQ FT	0.24	1.12	1.36
49	4"	1 CP	800	SQ FT	0.27	1.33	1.60
	6.0 LBS/CUBIC FT FIRE RESISTANT						
50	1"	1 CP	1000	SQ FT	0.22	0.59	0.81
51	1-1/2"	1 CP	1000	SQ FT	0.22	0.79	1.01
52	2"	1 CP	1000	SQ FT	0.22	1.01	1.23
	COMMERCIAL WALL INSUL. CURTAIN WALL,SEMI-RIGID						
	4 LBS/CUBIC FT K=25 UNFACED						
53	1"	1 CP	1000	SQ FT	0.22	0.05	0.27
54	2"	1 CP	1000	SQ FT	0.22	0.11	0.33
55	3"	1 CP	900	SQ FT	0.24	0.16	0.40
56	4"	1 CP	800	SQ FT	0.27	0.22	0.49
57	5"	1 CP	700	SQ FT	0.31	0.27	0.58
58	6"	1 CP	700	SQ FT	0.31	0.33	0.64

7 THERMAL & MOISTURE PROTECTION

LINE	DESCRIPTION	OUTPUT CREW	PER DAY	UNIT	LABOR	MATERIAL	TOTAL
	4 LBS/CUBIC FT K=24 FACED						
1	2"	1 CP	900	SQ FT	0.24	0.17	0.41
2	3"	1 CP	800	SQ FT	0.27	0.23	0.50
3	4"	1 CP	700	SQ FT	0.31	0.28	0.59
4	5"	1 CP	700	SQ FT	0.31	0.33	0.64
	6 LBS/CUBIC FT K=24 UNFACED						
5	1"	1 CP	1000	SQ FT	0.22	0.08	0.30
6	2"	1 CP	1000	SQ FT	0.22	0.15	0.37
7	3"	1 CP	900	SQ FT	0.24	0.22	0.46
8	4"	1 CP	800	SQ FT	0.27	0.30	0.57
9	5"	1 CP	700	SQ FT	0.31	0.44	0.75
10	6"	1 CP	700	SQ FT	0.31	0.52	0.83
	8 LBS/CUBIC FT K=23 UNFACED						
11	1"	1 CP	1000	SQ FT	0.22	0.10	0.32
12	2"	1 CP	1000	SQ FT	0.22	0.19	0.41
13	3"	1 CP	900	SQ FT	0.24	0.35	0.59
14	4"	1 CP	800	SQ FT	0.27	0.44	0.71
15	5"	1 CP	700	SQ FT	0.31	0.53	0.84
	** RIGID BOARDS **						
	POLYSTYRENE						
16	1 1/2"	1 CP	500	SQ FT	0.44	0.61	1.05
17	2"	1 CP	450	SQ FT	0.48	0.81	1.29
18	2 1/2"	1 CP	450	SQ FT	0.48	1.08	1.56
	FIBERGLASS BOARDS UNFACED RIGID COMPOSITE						
19	1 1/2"	1 CP	500	SQ FT	0.44	0.36	0.80
20	2"	1 CP	450	SQ FT	0.48	0.48	0.96
21	2 1/2"	1 CP	450	SQ FT	0.48	0.67	1.15
22	3"	1 CP	450	SQ FT	0.48	0.73	1.21
23	3 1/2"	1 CP	400	SQ FT	0.55	0.88	1.43
	FIBERGLASS BOARDS FACED 1-SIDE X-RIGID						
24	3 1/4"	1 CP	400	SQ FT	0.55	0.96	1.51
	CORK 1" THICK	1 CP	600	SQ FT	0.36	0.72	1.08
25	2" THICK	1 CP	600	SQ FT	0.36	1.44	1.80
	VOLCLAY PANELS 3/16"						
26	3"	1 CP	456	SQ FT	0.48	1.53	2.01
	FIBERGLASS BOARDS UNFACED X-RIGID						
27	1"	1 CP	500	SQ FT	0.44	0.52	0.96
28	1 1/2"	1 CP	500	SQ FT	0.44	0.78	1.22
29	2"	1 CP	450	SQ FT	0.48	1.05	1.53
30	2 1/2"	1 CP	450	SQ FT	0.48	1.30	1.78
31	3"	1 CP	400	SQ FT	0.55	1.56	2.11
	PERLITE BOARD						
32	3/4"	1 CP	600	SQ FT	0.36	0.24	0.60
33	1"	1 CP	500	SQ FT	0.44	0.30	0.74
34	1 1/2"	1 CP	500	SQ FT	0.44	0.45	0.89
35	2"	1 CP	450	SQ FT	0.48	0.58	1.06
36	BUILDING BOARD 1/2" 4'X8'	1 CP	1200	SQ FT	0.18	0.24	0.42
37	SHINGLE BOARD 3/8" 15"X48"	1 CP	1100	SQ FT	0.20	0.18	0.38
38	SIDING BOARD 3/8" 8-5/8"X72"	1 CP	1100	SQ FT	0.20	0.17	0.37
	SPRAYED URETHANE FOAM ON WALLS						
39	1"	1 CP	1000	SQ FT	0.22	0.06	0.28
40	1 1/4"	1 CP	1000	SQ FT	0.22	0.08	0.30
41	2 1/4"	1 CP	800	SQ FT	0.27	0.18	0.45
42	3 1/4"	1 CP	800	SQ FT	0.27	0.26	0.53
	FIBERGLASS BLOWN						
43	5" (R=5)	1 CP 1 LA	1500	SQ FT	0.26	0.13	0.39
44	6" (R=13)	1 CP 1 LA	1400	SQ FT	0.28	0.17	0.45
45	9" (R=19)	1 CP 1 LA	1300	SQ FT	0.30	0.25	0.55
	**SHEATHING INSULATION BOARDS **						
	POLYURETHANE CORE WITH REFLECTIVE FOIL						
46	1/2" THICK	1 CP	600	SQ FT	0.36	0.23	0.59
47	5/8" THICK	1 CP	550	SQ FT	0.40	0.27	0.67
48	1" THICK	1 CP	500	SQ FT	0.44	0.34	0.78
49	2" THICK	1 CP	400	SQ FT	0.55	0.58	1.13
50	3" THICK	1 CP	300	SQ FT	0.73	0.79	1.52

THERMAL & MOISTURE PROTECTION

LINE	DESCRIPTION	CREW	OUTPUT PER DAY	UNIT	LABOR	MATERIAL	TOTAL
	FIBERBOARD CORE 3 PLY W/REFLECTIVE FOIL						
1	1/16" THICK (R= 3.46)	1 CP	700	SQ FT	0.31	0.18	0.49
2	1/8" THICK (R= 3.46)	1 CP	680	SQ FT	0.32	0.21	0.53
3	5/32" THICK (R= 3.46)	1 CP	650	SQ FT	0.34	0.25	0.59
	PERIMETER WALL INSULATION BOARDS						
4	1" POLYSTYRENE	1 CP	600	SQ FT	0.36	0.16	0.52
5	1-1/2" POLYSTYRENE	1 CP	600	SQ FT	0.36	0.23	0.59
6	2" POLYSTYRENE	1 CP	500	SQ FT	0.44	0.31	0.75
7	1" URETHANE	1 CP	600	SQ FT	0.36	0.43	0.79
8	1-1/2" URETHANE	1 CP	600	SQ FT	0.36	0.67	1.03
9	2" URETHANE	1 CP	500	SQ FT	0.44	0.88	1.32
	COMPOSITE PERLITE AND URETHANE (NOM. THICK)						
10	1.50 (R= 7.69)	1 RF	870	SQ FT	0.23	0.69	0.92
11	1.80 (R= 10.0)	1 RF	840	SQ FT	0.24	0.79	1.03
12	2.50 (R= 14.3)	1 RF	820	SQ FT	0.25	1.10	1.35
13	3.10 (R= 20.0)	1 RF	800	SQ FT	0.25	1.49	1.74
	COMPOSITE PERLITE-URETHANE-PERLITE (NOM. THICK)						
14	2.35 (R= 10.0)	1 RF	720	SQ FT	0.28	0.82	1.10
15	2.70 (R= 12.5)	1 RF	700	SQ FT	0.29	1.07	1.36
16	2.90 (R= 14.29)	1 RF	700	SQ FT	0.29	1.08	1.37
17	3.25 (R= 16.67)	1 RF	680	SQ FT	0.30	1.30	1.60
18	3.65 (R= 20.0)	1 RF	660	SQ FT	0.31	1.52	1.83
	MINERAL WOOL						
19	2"	1 CP	1000	SQ FT	0.22	0.14	0.36
20	3"	1 CP	1000	SQ FT	0.22	0.21	0.43
21	4"	1 CP	800	SQ FT	0.27	0.29	0.56
	FIBERGLASS SEMI-RIGID PLASTIC FACED						
22	1/2"	1 CP	600	SQ FT	0.36	0.34	0.70
23	3/4"	1 CP	600	SQ FT	0.36	0.37	0.73
24	1"	1 CP	500	SQ FT	0.44	0.47	0.91
25	2"	1 CP	200	SQ FT	1.09	2.14	3.23
	ROOF INSULATION BOARDS ASPHALT SATURATED SKIN SEALED						
	PERLITE						
26	3/4" THICK (R= 2.08)	1 RF	900	SQ FT	0.23	0.22	0.45
27	1" THICK (R= 2.78)	1 RF	850	SQ FT	0.24	0.29	0.53
28	1 1/2" THICK (R= 4.17)	1 RF	800	SQ FT	0.25	0.44	0.69
29	2" THICK (R= 5.26)	1 RF	750	SQ FT	0.27	0.55	0.82
	URETHANE (NOMINAL THICKNESS)						
30	1.0 (R= 7.6)	1 RF	900	SQ FT	0.23	0.47	0.70
31	1.5 (R= 11.11)	1 RF	870	SQ FT	0.23	0.58	0.81
32	1.90 (R= 14.29)	1 RF	850	SQ FT	0.24	0.62	0.86
33	2.50 (R= 20.0)	1 RF	800	SQ FT	0.25	0.78	1.03
34	3.25 (R= 25.0)	1 RF	800	SQ FT	0.25	0.99	1.24
	HOMASOTE INSULATED RF DECK						
35	1" 2-PLY	1 CP	700	MSF	0.31	655.00	655.31
36	1 3/8" 3-PLY	1 CP	610	MSF	0.36	1,106	1,106
37	2 3/8" 5-PLY	1 CP	500	MSF	0.44	3,085	3,085
	CANT STRIP						
38	3" 1 1/2" THICK 4 1/4" FACE	1 RF	300	LN FT	0.68	0.16	0.84
39	4" 2" THICK 5 5/8" FACE	1 RF	280	LN FT	0.72	0.25	0.97
40	EDGE STRIP 12" 1 5/8" THICK	1 RF	350	LN FT	0.58	0.26	0.84
	FESCO BOARDS 24"X48"						
41	3/4"	1 RF	850	SQ FT	0.24	0.16	0.40
42	1"	1 RF	840	SQ FT	0.24	0.18	0.42
43	1 1/2"	1 RF	800	SQ FT	0.25	0.25	0.50
44	2"	1 RF	800	SQ FT	0.25	0.32	0.57
	ROOF INSULATION FOR LOOSE LAID BALLASTED SINGLE PLY-FOIL KRAFT BI-LAMINATE TOP-BOTTOM ASPHALT MATRIX PHENOLIC FOAM						
45	1.2" (R=10.0)	1 RF	9	SQ	22.51	41.60	64.11
46	1.4" (R=11.7)	1 RF	9	SQ	22.51	44.86	67.37
47	1.5" (R=12.5)	1 RF	9	SQ	22.51	52.00	74.51
48	1.75" (R=14.6)	1 RF	9	SQ	22.51	59.30	81.81
49	2.0" (R=16.7)	1 RF	8.5	SQ	23.83	67.60	91.43
50	2.4" (R=20.0)	1 RF	8.5	SQ	23.83	80.00	103.83
51	3.0" (R=25.0)	1 RF	8	SQ	25.32	92.60	117.92
52	3.6" (R=30.0)	1 RF	8	SQ	25.32	116.60	141.92

7 THERMAL & MOISTURE PROTECTION

LINE	DESCRIPTION	OUTPUT CREW	PER DAY	UNIT	UNIT COSTS LABOR	MATERIAL	TOTAL
	ROOF INSULATION FOR BUILT-UP, ATTACHED ROOF SYST.						
	ASPHALT-EMULSION FACED FIBER GLASS PHENOL FOAM						
1	1.2" (R=10.0)	1 RF	9	SQ	22.51	41.60	64.11
2	1.4" (R=11.7)	1 RF	9	SQ	22.51	44.86	67.37
3	1.5" (R=12.5)	1 RF	9	SQ	22.51	52.00	74.51
4	1.75 (R=14.6)	1 RF	9	SQ	22.51	59.30	81.81
5	2.0" (R=16.7)	1 RF	8.5	SQ	23.83	67.60	91.43
6	2.4" (R=20.0)	1 RF	8.5	SQ	23.83	80.00	103.83
7	3.0" (R=25.0)	1 RF	8	SQ	25.32	92.60	117.92
8	3.6" (R=30.0)	1 RF	8	SQ	25.32	116.60	141.92
	INSULATIONS - PRE-ENGINEERED STEEL BUILDINGS						
9	1" WHITE FACED VINYL (0.6 DENSITY)	1 CP 1 LA	2000	SQ FT	0.20	0.40	0.60
10	1" COLOR FACED VINYL (0.6 DENSITY)	1 CP 1 LA	2000	SQ FT	0.20	0.49	0.69
11	1" ALUMINUM FACED VINYL (0.6 DENSITY)	1 CP 1 LA	2000	SQ FT	0.20	0.54	0.74
12	1" WHITE FACED (0.7 DENSITY)	1 CP 1 LA	2000	SQ FT	0.20	0.44	0.64
13	1" COLOR FACED (0.7 DENSITY)	1 CP 1 LA	2000	SQ FT	0.20	0.52	0.72
14	1" ALUMINUM VINYL (0.7 DENSITY)	1 CP 1 LA	2000	SQ FT	0.20	0.59	0.79
15	1 1/2" WHITE FACED VINYL (0.6 DENSITY)	1 CP 1 LA	1900	SQ FT	0.21	0.44	0.65
16	1 1/2" COLOR FACED VINYL (0.6 DENSITY)	1 CP 1 LA	1900	SQ FT	0.21	0.52	0.73
17	1 1/2" ALUMINUM VINYL (0.6 DENSITY)	1 CP 1 LA	1900	SQ FT	0.21	0.59	0.80
18	1 1/2" WHITE FACED VINYL (0.7 DENSITY)	1 CP 1 LA	1900	SQ FT	0.21	0.48	0.69
19	1 1/2" COLOR VINYL (0.7 DENSITY)	1 CP 1 LA	1900	SQ FT	0.21	0.57	0.78
20	1 1/2" ALUMINUM VINYL (0.7 DENSITY)	1 CP 1 LA	1900	SQ FT	0.21	0.62	0.83
21	2" WHITE FACED (0.6 DENSITY)	1 CP 1 LA	1800	SQ FT	0.22	0.49	0.71
22	2" COLOR VINYL (0.6 DENSITY)	1 CP 1 LA	1800	SQ FT	0.22	0.59	0.81
23	2" ALUMINUM VINYL (0.6 DENSITY)	1 CP 1 LA	1800	SQ FT	0.22	0.64	0.86
24	2" WHITE FACED VINYL (0.7 DENSITY)	1 CP 1 LA	1800	SQ FT	0.22	0.52	0.74
25	2" COLOR VINYL (0.7 DENSITY)	1 CP 1 LA	1800	SQ FT	0.22	0.62	0.84
26	2" ALUMINUM VINYL (0.7 DENSITY)	1 CP 1 LA	1800	SQ FT	0.22	0.69	0.91
27	ASBESTOS UNDERLAYMENT	1 CP	24	CSF	9.08	5.62	14.70
	** SHINGLES **						
	STANDARD STRIP SHINGLE FOR ROOFING						
28	INORGANIC CLASS A APPROX.WT. 210/235LB 3 BUNDLES PER SQUARE	1 RF	800	CSF	0.25	33.00	33.25
29	ORGANIC CLASS C APPROX. WT. 235/240LB 3 BUNDLES PER SQUARE	1 RF	800	CSF	0.25	33.00	33.25
	STANDARD LAMINATED MULTI-LAYERED SHINGLES						
30	CLASS A APPROX. WT. 240/260LB 3 BUNDLES PER SQUARE	1 RF	800	CSF	0.25	52.00	52.25
31	CLASS C APPROX. WT. 260/300LB 4 BUNDLES PER SQUARE	1 RF	650	CSF	0.31	49.00	49.31
	PREMIUM LAMINATED / MULTI-LAYERED SHINGLES						
32	CLASS A APPROX. WT. 260/300LB 4 BUNDLES PER SQUARE	1 RF	625	CSF	0.32	80.00	80.32
33	CLASS C APPROX. WT. 300/385LB 5 BUNDLES PER SQUARE	1 RF	600	CSF	0.34	86.00	86.34
	WOOD SHINGLE ROOFING						
	#1 RED CEDAR						
34	16" W/5" EXPOSURE	1 RF	2	CSF	101.28	92.00	193.28
35	18" W/6" EXPOSURE	1 RF	2.2	CSF	92.07	99.00	191.07
36	18" W/7" EXPOSURE	1 RF	2.3	CSF	88.07	87.00	175.07
37	16" FIRE RATED	1 RF	2	CSF	101.28	147.00	248.28
38	18" FIRE RATED	1 RF	2.2	CSF	92.07	152.00	244.07
39	HAND SPLIT RED CEDAR SHAKES	1 RF	2.5	CSF	81.02	100.00	181.02
40	WHITE CEDAR, STANDARD	1 RF	1.9	CSF	106.61	80.00	186.61
41	WHITE CEDAR, SELECT	1 RF	1.9	CSF	106.61	92.00	198.61
	ALUMINUM SHINGLE ROOFING						
42	8"X48"X1" LIGHTWEIGHT	1 CP	120	SQ FT	1.82	1.50	3.32
43	8"X48"X1" HEAVYWEIGHT	1 CP	115	SQ FT	1.90	1.80	3.70
44	VALLEY LIGHTWEIGHT	1 CP	90	LN FT	2.42	1.78	4.20
45	VALLEY HEAVYWEIGHT	1 CP	90	LN FT	2.42	2.40	4.82
46	RIDGE CAP LIGHTWEIGHT	1 CP	100	LN FT	2.18	4.15	6.33
47	RIDGE CAP HEAVYWEIGHT	1 CP	100	LN FT	2.18	6.00	8.18

THERMAL & MOISTURE PROTECTION

LINE	DESCRIPTION	OUTPUT CREW	PER DAY	UNIT	LABOR	MATERIAL	TOTAL
	SLATE SHINGLES						
	PENNA.						
1	RIBBON	1 RF	1.2	CSF	168.80	260.00	428.80
2	CLEAR	1 RF	1.2	CSF	168.80	364.00	532.80
	VERMONT						
3	BLACK	1 RF	1.2	CSF	168.80	520.00	688.80
4	GRAY	1 RF	1.2	CSF	168.80	550.00	718.80
5	GREEN	1 RF	1.2	CSF	168.80	600.00	768.80
6	RED NON FADE	1 RF	1.2	CSF	168.80	425.00	593.80
	** ROOFING TILE **						
	CLAY TILE						
7	FLAT RED, 11" EXPOSURE	1 RF	1.4	CSF	144.69	96.00	240.69
8	COLORED GLAZED INTERLOCKED	1 RF	1.4	CSF	144.69	141.00	285.69
9	SPANISH TILE	1 RF	1.4	CSF	144.69	116.00	260.69
10	MISSION TILE	1 RF	1.2	CSF	168.80	134.00	302.80
11	GREEK TILE	1 RF	1	CSF	202.56	237.00	439.56
12	CEMENT BASED LIGHTWEIGHT ROOF SHAKE FIRE PROOF	2 RF	400	SQ FT	1.01	1.85	2.86
	CONCRETE TILES						
13	FLAT STANDARD	1 RF	2	CSF	101.28	74.00	175.28
14	FLAT SELECTED	1 RF	2	CSF	101.28	85.05	186.33
15	INTERLOCKED	1 RF	2	CSF	101.28	80.00	181.28
16	PORCELAIN ENAMELED TILES, 18 GA 12"X12"	1 RF	1.3	CSF	155.82	270.00	425.82
	** PREFORMED ROOFING & SIDING **						
	ALUMINUM ROOFING, CORRUGATED						
	PAINTED						
17	.020" THICK	1 SM	280	SQ FT	0.87	0.85	1.72
18	.024" THICK	1 SM	280	SQ FT	0.87	1.82	2.69
19	.032" THICK	1 SM	280	SQ FT	0.87	2.41	3.28
20	.040" THICK	1 SM	280	SQ FT	0.87	3.19	4.06
21	.050" THICK	1 SM	280	SQ FT	0.87	3.90	4.77
	UNPAINTED						
22	.020" THICK	1 SM	290	SQ FT	0.84	0.60	1.44
23	.024" THICK	1 SM	290	SQ FT	0.84	1.16	2.00
24	.032" THICK	1 SM	290	SQ FT	0.84	1.54	2.38
25	.040" THICK	1 SM	290	SQ FT	0.84	2.04	2.88
26	.050" THICK	1 SM	290	SQ FT	0.84	2.50	3.34
27	INSTALLED ON WOOD FRAME, DEDUCT 35% LABOR						
	GALVANIZED IRON ROOFING, CORRUGATED, INSTALLED ON STEEL FRAME.						
	STANDARD						
28	29 GA PLAIN	1 SM	290	SQ FT	0.84	0.75	1.59
29	26 GA PLAIN	1 SM	290	SQ FT	0.84	0.83	1.67
30	24 GA PLAIN	1 SM	290	SQ FT	0.84	0.94	1.78
31	22 GA PLAIN	1 SM	290	SQ FT	0.84	1.01	1.85
32	26 GA COLORED	1 SM	290	SQ FT	0.84	1.01	1.85
33	24 GA COLORED	1 SM	290	SQ FT	0.84	1.23	2.07
34	22 GA COLORED	1 SM	290	SQ FT	0.84	1.27	2.11
	1" INSULATED						
35	26 GA PLAIN	1 SM	290	SQ FT	0.84	1.63	2.47
36	24 GA PLAIN	1 SM	290	SQ FT	0.84	1.73	2.57
37	22 GA PLAIN	1 SM	290	SQ FT	0.84	1.83	2.67
38	26 GA COLORED	1 SM	290	SQ FT	0.84	1.96	2.80
39	24 GA COLORED	1 SM	290	SQ FT	0.84	2.05	2.89
40	22 GA COLORED	1 SM	290	SQ FT	0.84	2.07	2.91
	GALVANIZED RIDGE CAP	1 SM	144	LN FT	1.70	0.79	2.49
	PROTECTED METAL ROOFING						
	CORRUGATED						
41	26 GA	1 SM	144	SQ FT	1.70	1.49	3.19
42	24 GA	1 SM	144	SQ FT	1.70	1.58	3.28
43	22 GA	1 SM	144	SQ FT	1.70	1.67	3.37

7 THERMAL & MOISTURE PROTECTION

LINE	DESCRIPTION	OUTPUT CREW	PER DAY	UNIT	LABOR	MATERIAL	TOTAL
	BOX RIB						
1	26 GA	1 SM	135	SQ FT	1.81	1.59	3.40
2	24 GA	1 SM	135	SQ FT	1.81	1.69	3.50
3	22 GA	1 SM	135	SQ FT	1.81	1.77	3.58
4	DEEP RIB, 4 1/2" DEEP	1 SM	125	SQ FT	1.95	2.08	4.03
	FIBERGLASS ROOFING, CORRUGATED						
5	4 OZ/SF	1 CP	240	SQ FT	0.91	0.91	1.82
6	5 OZ/SF	1 CP	240	SQ FT	0.91	0.98	1.89
7	6 OZ/SF	1 CP	240	SQ FT	0.91	1.16	2.07
8	8 OZ/SF	1 CP	240	SQ FT	0.91	1.21	2.12
	MANSARD FRONT METAL FACIA & FRAMING						
9	STRAIGHT SIMPLE STANDING BEAM & BATTEN	2 SM	200	SQ FT	2.44	3.60	6.04
10	CURVED OR COMPLEX STANDING BEAM & BATTEN	2 SM	160	SQ FT	3.05	4.70	7.75
	PANEL STEEL FACED 26GA 2 SIDES PREFINISHED						
11	1/4" MINERAL FIBER CORE			SQ FT		6.97	6.97
12	2 1/2" INSULATED CORE			SQ FT		9.78	9.78
	PANEL ALUMINUM FACED .032 2-SIDES PREFINISHED						
13	1/4" MINERAL FIBER CORE			SQ FT		8.30	8.30
14	2 1/2" INSULATED CORE			SQ FT		10.45	10.45
	PANEL MINERAL FIBER 1/8" LAMINATED PREFINISHED						
15	1/4"			SQ FT		1.71	1.71
16	2 1/2"			SQ FT		3.57	3.57
	ALUMINUM SIDING, CORRUGATED						
	PAINTED						
17	.020" THICK	1 SM	275	SQ FT	0.89	0.89	1.78
18	.024" THICK	1 SM	275	SQ FT	0.89	1.92	2.81
19	.032" THICK	1 SM	275	SQ FT	0.89	2.18	3.07
20	.040" THICK	1 SM	275	SQ FT	0.89	2.33	3.22
21	.050" THICK	1 SM	275	SQ FT	0.89	2.91	3.80
	UNPAINTED						
22	.020" THICK	1 SM	275	SQ FT	0.89	0.86	1.75
23	.024" THICK	1 SM	275	SQ FT	0.89	1.25	2.14
24	.032" THICK	1 SM	275	SQ FT	0.89	1.46	2.35
25	.040" THICK	1 SM	275	SQ FT	0.89	2.43	3.32
26	.050" THICK	1 SM	275	SQ FT	0.89	3.07	3.96
27	INSTALLED ON WOOD FRAME, DEDUCT 35% LABOR						
	ALUMINUM SIDING, HORIZONTAL						
28	PLAIN	1 SM	240	SQ FT	1.02	0.79	1.81
29	INSULATED	1 SM	240	SQ FT	1.02	1.08	2.10
	PROTECTED METAL SIDING-COMBINE THE APPROPRIATE FACE SHEET-INSULATION AND LINER COSTS FOR SYSTEM						
	CORRUGATED 9/16" FACE SHEET METAL						
30	24 GA	1 CP	200	SQ FT	1.09	2.52	3.61
31	22 GA	1 CP	200	SQ FT	1.09	2.63	3.72
32	20 GA	1 CP	200	SQ FT	1.09	2.73	3.82
33	18 GA	1 CP	200	SQ FT	1.09	2.84	3.93
	STURDI-RIB 9/16" FACE SHEET METAL						
34	24 GA	1 CP	200	SQ FT	1.09	2.57	3.66
35	22 GA	1 CP	200	SQ FT	1.09	2.68	3.77
36	20 GA	1 CP	200	SQ FT	1.09	2.84	3.93
37	18 GA	1 CP	200	SQ FT	1.09	2.88	3.97
	HUSKI-RIB 1 1/2" FACE SHEET METAL						
38	24 GA	1 CP	180	SQ FT	1.21	3.05	4.26
39	22 GA	1 CP	180	SQ FT	1.21	3.15	4.36
40	20 GA	1 CP	180	SQ FT	1.21	3.25	4.46
41	18 GA	1 CP	180	SQ FT	1.21	3.35	4.56
	BOX-RIB 1 1/2" FACE SHEET METAL						
42	24 GA	1 CP	180	SQ FT	1.21	3.05	4.26
43	22 GA	1 CP	180	SQ FT	1.21	3.15	4.36
44	20 GA	1 CP	180	SQ FT	1.21	3.25	4.46
45	18 GA	1 CP	180	SQ FT	1.21	3.35	4.56
	MAGNA-RIB 3" FACE SHEET METAL						
46	24 GA	1 CP	170	SQ FT	1.28	3.20	4.48
47	22 GA	1 CP	170	SQ FT	1.28	3.30	4.58
48	20 GA	1 CP	170	SQ FT	1.28	3.40	4.68
49	18 GA	1 CP	170	SQ FT	1.28	3.55	4.83

THERMAL & MOISTURE PROTECTION

LINE	DESCRIPTION	CREW	PER DAY	UNIT	LABOR	MATERIAL	TOTAL
	MAGNA-RIB 4" FACE SHEET METAL						
1	24 GA	1 CP	165	SQ FT	1.32	3.25	4.57
2	22 GA	1 CP	165	SQ FT	1.32	3.40	4.72
3	20 GA	1 CP	165	SQ FT	1.32	3.55	4.87
4	18 GA	1 CP	165	SQ FT	1.32	3.60	4.92
5	FOR PAINTED FACE PANELS DEDUCT FROM MATERIAL			SQ FT		0.17	0.17
6	FOR GALVANIZED FACE PANELS DEDUCT FROM MAT'L			SQ FT		0.28	0.28
	INSULATION CORE & SUBGIRT FRAMING						
7	1 1/2" FIBERGLASS	1 CP	300	SQ FT	0.73	0.59	1.32
8	2" FIBERGLASS	1 CP	300	SQ FT	0.73	0.58	1.31
9	3" FIBERGLASS	1 CP	300	SQ FT	0.73	0.71	1.44
	LINER ADDITIVE-24" WIDE PANELS 1 3/8"						
10	22 GA GALVANIZED	1 CP	300	SQ FT	0.73	2.18	2.91
11	20 GA GALVANIZED	1 CP	300	SQ FT	0.73	2.31	3.04
12	18 GA GALVANIZED	1 CP	300	SQ FT	0.73	2.46	3.19
13	22 GA PRIMED	1 CP	300	SQ FT	0.73	2.33	3.06
14	20 GA PRIMED	1 CP	300	SQ FT	0.73	2.46	3.19
15	18 GA PRIMED	1 CP	300	SQ FT	0.73	2.58	3.31
16	FOR PERFORATIONS ADD	1 CP	400	SQ FT	0.55	0.18	0.73
	COLORCLAD GALV SHEETS 1 SIDE POLYMER COATED						
17	24 GA	1 SM	1200	SQ FT	0.20	1.47	1.67
	FLAT WALL SYSTEMS PAINTED - 2" THICK						
18	24" WIDE INSULATED	1 CP	200	SQ FT	1.09	9.83	10.92
19	30" WIDE INSULATED	1 CP	200	SQ FT	1.09	8.78	9.87
20	48" WIDE UNINSULATED HONEYCOMB	1 CP	180	SQ FT	1.21	20.74	21.95
21	60" WIDE UNINSULATED HONEYCOMB	1 CP	180	SQ FT	1.21	21.29	22.50
	FLAT WALL SYSTEMS PORCELAIN - 2" THICK						
22	24" WIDE INSULATED	1 CP	200	SQ FT	1.09	10.60	11.69
23	30" WIDE INSULATED	1 CP	190	SQ FT	1.15	10.34	11.49
	FIBERLASS SIDING						
	CORRUGATED						
24	6 OZ PLAIN	1 CP	240	SQ FT	0.91	1.40	2.31
25	8 OZ PLAIN	1 CP	240	SQ FT	0.91	1.79	2.70
26	6 OZ TEXTURED	1 CP	240	SQ FT	0.91	1.86	2.77
27	8 OZ TEXTURED	1 CP	240	SQ FT	0.91	2.03	2.94
28	6 OZ FIRE RATED	1 CP	240	SQ FT	0.91	2.47	3.38
29	8 OZ FIRE RATED	1 CP	240	SQ FT	0.91	2.66	3.57
	SMOOTH FLAT PANELS						
30	.060" COLOR	1 CP	225	SQ FT	0.97	1.48	2.45
31	.060" FIRE RATED	1 CP	225	SQ FT	0.97	2.34	3.31
32	.090" COLOR	1 CP	225	SQ FT	0.97	1.85	2.82
33	.090" FIRE RATED	1 CP	225	SQ FT	0.97	2.70	3.67
	TRANSLUCENT PANELS						
34	1/16"	1 CP	125	SQ FT	1.74	3.28	5.02
35	1/8"	1 CP	125	SQ FT	1.74	4.78	6.52
36	1/4"	1 CP	125	SQ FT	1.74	5.60	7.34
37	EPOXY PANELS, AGGREGATE MOUNTED ON PLYWOOD	1 CP	80	SQ FT	2.73	4.55	7.28
38	ALUMINUM SHAKE SHINGLES (.019)	1 RF 1 LA	4.5	SQ	83.47	128.00	211.47
39	ALUMINUM SHAKE SHINGLES (.023)	1 RF 1 LA	4.5	SQ	83.47	150.00	233.47
40	STEEL SHAKE SHINGLES (METAL TREATED)	1 RF 1 LA	4.2	SQ	89.43	162.00	251.43
	** MEMBRANE ROOFING **						
	BUILT-UP ROOFING						
41	3 PLY	1 RF	480	SQ FT	0.42	0.47	0.89
42	4 PLY	1 RF	375	SQ FT	0.54	0.54	1.08
43	5 PLY	1 RF	325	SQ FT	0.62	0.61	1.23
44	FOR GRAVEL SURFACING ADD			SQ FT		0.14	0.14
	ROLLED ROOFING & SATURATED FELTS						
45	COAL TAR PITCH ROOF	1 RF	190	SQ FT	1.07	0.55	1.62
46	PLAIN ASPHALT FELT 15#			SQ FT		0.04	0.04
47	MINERAL SURFACE 90# 36" WIDE 108SF/ROLL			SQ FT		0.15	0.15
48	SMOOTH SURFACE 57# 36" WIDE 108SF/ROLL			SQ FT		0.13	0.13
49	MINERAL SURFACE 65#			SQ FT		0.29	0.29
50	ASPHALT FELT 15# PERFORATED 36" WIDE			SQ FT		0.03	0.03
51	VAPOR BASE SHEET 36" WIDE			SQ FT		0.09	0.09
52	ROSIN SHEATHING PAPER			SQ FT		0.06	0.06

1988 DODGE UNIT COST DATA

7 THERMAL & MOISTURE PROTECTION

LINE	DESCRIPTION	CREW	PER DAY	UNIT	LABOR	MATERIAL	TOTAL
	ELASTOMERIC, BUTYL						
1	1/32"	1 RF	500	SQ FT	0.41	0.50	0.91
2	1/16"	1 RF	500	SQ FT	0.41	0.70	1.11
3	1/8"	1 RF	480	SQ FT	0.42	1.90	2.32
4	NEOPRENE, 1/16"	1 RF	400	SQ FT	0.51	1.50	2.01
5	NEOPRENE - HYPALON, .02"	1 RF	250	SQ FT	0.81	1.22	2.03
	SILICONE						
6	LIGHT SERVICE	1 RF	340	SQ FT	0.60	2.10	2.70
7	HEAVY SERVICE	1 RF	190	SQ FT	1.07	3.36	4.43
8	URETHANE /TAR MEMBRANE	1 RF	250	SQ FT	0.81	0.71	1.52
9	ACRYLIC EMULSION MEMBRANE	1 RF	200	SQ FT	1.01	0.87	1.88
	EPDM ROOF MEMBRANE						
10	.045 (3/64") NON U/L	1 RF 1 LA	12	SQ	31.30	44.00	75.30
11	.060 (1/16")	1 RF 1 LA	12	SQ	31.30	55.00	86.30
12	.045 (3/64") U/L	1 RF 1 LA	12	SQ	31.30	57.00	88.30
13	.060 (1/16") U/L	1 RF 1 LA	12	SQ	31.30	65.00	96.30
14	PVC MEMBRANE .045 THICK	3 RF 2 LA	6000	SQ FT	0.16	0.47	0.63
15	SEAM SOLVENTS AND STRIP ADHESIVE			GAL		25.00	25.00
	RIGID ROOF INSULATION (150) 150 CYANURATE FOAM CORE W/FIBERGLASS FIBER FACERS						
16	PVC MEMBRANE .045 (420 SQ FT PER ROLL)	1 LA 1 RF	1600	SQ FT	0.23	0.48	0.71
17	1.6" THICK SHEET (48"X96")	3 RF 2 LA	5000	SQ FT	0.19	0.59	0.78
18	2.0" THICK SHEET (48"X96")	3 RF 2 LA	5000	SQ FT	0.19	0.70	0.89
19	ALUMINUM ROOF SEALANT (FOR BUILT UP & CONC) 50 SF PER GALLON			GAL		16.00	16.00
20	ROOF SEALANT 30 SQ FT PER GALLON FOR BUILT UP GRAVEL & CONC. RESATURATE-SEAL & WATERPROOF			GAL		8.50	8.50
	SPECIAL MAINTENANCE MATERIALS						
	BLACKTOP-ASPHALT FILLER 1GAL COVERS 5 SF 3/8" DEEP						
21	55 GALLON DRUM			GAL		4.50	4.50
22	10 GALLON DRUM			GAL		8.50	8.50
	CRACK SEAL & EXPANSION CRACK RUBBER EMULSION 1 GALLON COVERS 30 SF CRACKS 1"X1/2" POURED						
23	55 GALLON DRUM			GAL		8.50	8.50
24	30 GALLON DRUM			GAL		9.00	9.00
	BLACK TOP & PAVEMENT SEALER BRUSH APPLY 1 GALLON COVERS 80-100 SF						
25	55 GALLON DRUM			GAL		5.00	5.00
26	30 GALLON DRUM			GAL		5.50	5.50
	CONCRETE ALL WEATHER PATCHING (45 LB UNITS) COVER 36 SF 1/8"THICK - WATER MIXED						
27	5 (45 LB UNITS)			LB		1.40	1.40
28	2-4 (45 LB UNITS)			LB		1.60	1.60
29	CONCRETE RESURFACER 1/8"THICK			SQ FT		1.45	1.45
30	CONCRETE/MASONRY CRACK SEALER SYN-RUBBER			SQ FT		4.15	4.15
31	EXTERIOR WATERPROOF SEALER 1 GAL-COVERS 150-280 SF			GAL		25.00	25.00
32	CONCRETE SHIELD COVER 1 GAL-COVERS 400-500 SF			SQ FT		0.11	0.11
33	NON SKID FLOOR COATING 1GAL COVERS 50 SF			GAL		31.00	31.00
34	PARKING LOT LINE STRIPER - AEROSOL CAN TWO 18 OZ CANS WILL STRIPE LINE 3" WIDE X 300 FEET LONG			EACH		4.40	4.40
35	RUST PROOF PAINT 300-400 SF/GALLON			GAL		17.75	17.75
	** SHEET METAL ROOFING **						
	COPPER						
	FLAT SEAM						
36	16 OZ	1 RF	65	SQ FT	3.12	1.97	5.09
37	20 OZ	1 RF	60	SQ FT	3.38	2.08	5.46

THERMAL & MOISTURE PROTECTION

LINE	DESCRIPTION	CREW	OUTPUT PER DAY	UNIT	LABOR	MATERIAL	TOTAL
	BATTEN SEAM						
1	16 OZ	1 RF	70	SQ FT	2.89	2.20	5.09
2	20 OZ	1 RF	65	SQ FT	3.12	2.75	5.87
	LEAD COATED TIN						
	FLAT SEAM						
3	9 OZ	1 RF	150	SQ FT	1.35	3.45	4.80
4	11 OZ	1 RF	130	SQ FT	1.56	4.20	5.76
5	BATTEN SEAM 11 OZ	1 RF	115	SQ FT	1.76	4.40	6.16
6	STAINLESS STEEL, 26 GA	1 RF	95	SQ FT	2.13	3.70	5.83
	ZINC						
7	BATTEN SEAM 18 OZ	1 RF	88	SQ FT	2.30	3.78	6.08
	STANDING SEAM						
8	18 OZ	1 RF	100	SQ FT	2.03	3.30	5.33
9	20 OZ	1 RF	95	SQ FT	2.13	3.45	5.58
	ROLL TERNE						
10	20# 14"			LN FT		0.64	0.64
11	20# 20"			LN FT		0.92	0.92
12	20# 24"			LN FT		1.10	1.10
13	20# 28"			LN FT		1.24	1.24
14	40# 14"			LN FT		0.80	0.80
15	40# 20"			LN FT		1.16	1.16
16	40# 24"			LN FT		1.36	1.36
17	40# 28"			LN FT		1.58	1.58
18	TERNE COATED STAINLESS STEEL 40# .015 28 GA			SQ FT		1.80	1.80
	** SHEET METAL **						
	GRAVEL STOP						
	ALUMINUM FLASHING						
19	.019"	1 SM	145	SQ FT	1.68	0.66	2.34
20	.020"	1 SM	145	SQ FT	1.68	0.69	2.37
21	.024"	1 SM	145	SQ FT	1.68	0.72	2.40
22	.030"	1 SM	145	SQ FT	1.68	0.81	2.49
	COPPER FLASHING						
23	16 OZ	1 SM	150	SQ FT	1.63	1.94	3.57
24	18 OZ	1 SM	150	SQ FT	1.63	2.24	3.87
25	20 OZ	1 SM	150	SQ FT	1.63	2.33	3.96
26	22 OZ	1 SM	150	SQ FT	1.63	2.65	4.28
27	24 OZ	1 SM	150	SQ FT	1.63	2.92	4.55
	PLASTIC						
28	6" FACE	1 SM	140	LN FT	1.74	3.05	4.79
29	12" FACE	1 SM	70	LN FT	3.49	5.25	8.74
	REGLETS						
30	ALUMINUM	1 SM	185	LN FT	1.32	1.33	2.65
31	COPPER	1 SM	185	LN FT	1.32	1.60	2.92
32	STAINLESS STEEL	1 SM	185	LN FT	1.32	1.45	2.77
33	GALVANIZED STEEL	1 SM	185	LN FT	1.32	0.95	2.27
	GUTTERS						
	RAIN CARRYING						
	CONDUCTOR PIPE PLAIN OR CORRUGATED						
	28 GA GALVANIZED STEEL						
34	2"	1 SM	200	LN FT	1.22	0.30	1.52
35	3"	1 SM	190	LN FT	1.29	0.35	1.64
36	4"	1 SM	180	LN FT	1.36	0.50	1.86
	CONDUCTOR PIPE 26 GA GALV STEEL						
37	3"	1 SM	190	LN FT	1.29	0.38	1.67
38	4"	1 SM	180	LN FT	1.36	0.54	1.90
39	5"	1 SM	170	LN FT	1.44	0.82	2.26
40	6"	1 SM	160	LN FT	1.53	0.89	2.42
	CONDUCTOR PIPE 16 OZ COPPER						
41	3"	1 SM	190	LN FT	1.29	2.92	4.21
42	4"	1 SM	180	LN FT	1.36	3.90	5.26
	CONDUCTOR PIPE SQ CORRUGATED						
43	26 GA GALVANIZED STEEL						
44	3"	1 SM	190	LN FT	1.29	0.35	1.64
45	4"	1 SM	180	LN FT	1.36	0.66	2.02
46	5"	1 SM	170	LN FT	1.44	0.88	2.32

THERMAL & MOISTURE PROTECTION

LINE	DESCRIPTION	OUTPUT CREW	PER DAY	UNIT	UNIT COSTS LABOR	MATERIAL	TOTAL
	16 OZ COPPER						
1	3"	1 SM	190	LN FT	1.29	3.08	4.37
2	4"	1 SM	180	LN FT	1.36	4.02	5.38
3	5"	1 SM	170	LN FT	1.44	6.64	8.08
	EAVES TROUGH SINGLE BEAD LAP JOINT GALVANIZED STEEL						
4	4" 28 GA	1 SM	130	LN FT	1.88	0.57	2.45
5	5" 28 GA	1 SM	120	LN FT	2.04	0.54	2.58
6	5" 26 GA	1 SM	110	LN FT	2.22	0.57	2.79
7	6" 26 GA	1 SM	100	LN FT	2.44	0.93	3.37
8	7" 26 GA	1 SM	100	LN FT	2.44	1.64	4.08
9	8" 26 GA	1 SM	90	LN FT	2.71	2.16	4.87
10	PAINTED WHITE OG 26 GA GALV STEEL	1 SM	140	LN FT	1.74	0.96	2.70
	FLASHINGS						
11	2 OZ COPPER FABRIC	1 SM	300	SQ FT	0.81	1.28	2.09
12	3 OZ COPPER FABRIC	1 SM	300	SQ FT	0.81	1.69	2.50
13	3 OZ COPPER ARMORED SISALKRAFT	1 SM	300	SQ FT	0.81	1.27	2.08
14	PAINTED WHITE SQUARE CORRUG 28 GA GALV STEEL	1 SM	130	LN FT	1.88	0.80	2.68
15	ALUMINUM OG GUTTER .032 GA 5" PAINTED	1 SM	120	LN FT	2.04	1.12	3.16
16	ALUMINUM ROOF APRON .032 GA PAINTED	1 SM	120	LN FT	2.04	0.38	2.42
17	ALUMINUM CONDUCTOR 3" SQ .024 GA PAINTED	1 SM	120	LN FT	2.04	0.75	2.79
18	ALUMINUM CONDUCTOR 4" SQ .024 GA PAINTED	1 SM	140	LN FT	1.74	1.13	2.87
19	ALUMINUM CONDUCTOR 4" SQ .025 MILL FINISH	1 SM	140	LN FT	1.74	1.35	3.09
	ALUMINUM RIDGE CAP						
20	.032"	1 SM	200	LN FT	1.22	3.80	5.02
21	.050"	1 SM	200	LN FT	1.22	7.10	8.32
	** HATCHES **						
	FIRE VENT HATCHWAYS, DOUBLE DOORS GALVANIZED UL RATED FOR DEAD LOAD UPLIFT						
22	48"X48"	2 SI	5	EACH	94.24	1,325	1,419
23	48"X72"	2 SI	4	EACH	117.80	2,100	2,218
24	48"X90"	2 SI	3.6	EACH	130.89	1,610	1,741
25	48"X96"	2 SI	3.2	EACH	147.25	1,750	1,897
	ROOF HATCHES, INSTALLED OVER PREPARED OPENINGS SPRING LOADED						
	GALVANIZED						
26	2'6"X3'0"	2 SI	8	EACH	58.90	370.00	428.90
27	2'6"X4'6"	2 SI	7	EACH	67.31	530.00	597.31
28	2'6"X8'0"	2 SI	5	EACH	94.24	850.00	944.24
	ALUMINUM						
29	2'6"X3'0"	2 SI	8.5	EACH	55.44	390.00	445.44
30	2'6"X4'6"	2 SI	7.5	EACH	62.83	508.00	570.83
31	2'6"X8'0"	2 SI	5.5	EACH	85.67	780.00	865.67
32	FOR FUSIBLE LINKS ADD			EACH		39.00	39.00
	ROOF ACCESS HATCHES						
33	30"X36" METAL LID	1 CP	5	EACH	43.60	305.00	348.60
34	30"X36" FIBERGLASS DOME	1 CP	5	EACH	43.60	455.00	498.60
	** ROOF ACCESSORIES **						
	VENTILATORS						
	GALVANIZED TURBINE VENTS						
35	6"	1 SM	8	EACH	30.53	20.00	50.53
36	8"	1 SM	8	EACH	30.53	24.00	54.53
37	10"	1 SM	8	EACH	30.53	27.00	57.53
38	12"	1 SM	7	EACH	34.89	26.00	60.89
39	14"	1 SM	7	EACH	34.89	39.00	73.89
40	16"	1 SM	7	EACH	34.89	55.00	89.89
41	18"	1 SM	6	EACH	40.71	67.00	107.71
42	20"	1 SM	6	EACH	40.71	86.00	126.71

THERMAL & MOISTURE PROTECTION

LINE	DESCRIPTION	CREW	PER DAY	UNIT	LABOR	MATERIAL	TOTAL
	GALVANIZED STATIONARY VENTS						
1	6"	1 SM	12	EACH	20.35	8.60	28.95
2	8"	1 SM	12	EACH	20.35	9.70	30.05
3	10"	1 SM	12	EACH	20.35	10.75	31.10
4	12"	1 SM	12	EACH	20.35	12.90	33.25
5	14"	1 SM	11	EACH	22.20	22.60	44.80
6	16"	1 SM	11	EACH	22.20	25.80	48.00
7	18"	1 SM	10	EACH	24.42	31.15	55.57
8	20"	1 SM	10	EACH	24.42	37.60	62.02
	ALUMINUM ATTIC VENTILATORS FLUSH-RECESS						
9	8"X8"	1 SM	15	EACH	16.28	4.45	20.73
10	8"X16"	1 SM	15	EACH	16.28	5.55	21.83
11	12"X12"	1 SM	15	EACH	16.28	6.10	22.38
12	12"X18"	1 SM	14	EACH	17.45	7.75	25.20
	ALUMINUM TRIANGULAR ROOF VENTS						
13	75 SQ INCHES FACE	1 SM	10	EACH	24.42	12.50	36.92
14	128 SQ INCHES	1 SM	10	EACH	24.42	18.80	43.22
** ROOF WINDOWS & VENTILATING SKYLIGHTS **							
	WOOD FRAMED, DOUBLE INSULATING GLASS, HARDWARE, GASKETS (ROUGH OPENING)						
15	31 3/4"X50"	1 CP 1 LA	6	EACH	65.17	266.00	331.17
16	31 3/4"X70"	1 CP 1 LA	5	EACH	78.21	318.00	396.21
17	37 7/8"X82"	1 CP 1 LA	5	EACH	78.21	396.00	474.21
18	45 7/8"X60"	1 CP 1 LA	5	EACH	78.21	378.00	456.21
19	28 1/2"X60"	1 CP 1 LA	5	EACH	78.21	278.00	356.21
20	22 5/8"X50"	1 CP 1 LA	6	EACH	65.17	226.00	291.17
21	53 3/4"X50"	1 CP 1 LA	6	EACH	65.17	378.00	443.17
22	53 3/4"X71"	1 CP 1 LA	7	EACH	55.86	462.00	517.86
23	22 5/8"X36"	1 CP 1 LA	6	EACH	65.17	194.00	259.17
	ALUMINUM CLAD WOOD FRAMED UNIT, DOUBLE INSULATING GLASS (ROUGH OPENING)						
24	31 3/4"X56"	1 CP 1 LA	6	EACH	65.17	382.00	447.17
25	47 7/8"X47 1/2"	1 CP 1 LA	6	EACH	65.17	450.00	515.17
26	22 5/8"X39 1/2"	1 CP 1 LA	6	EACH	65.17	276.00	341.17
27	22 5/8"X56"	1 CP 1 LA	6	EACH	65.17	328.00	393.17
	FIXED SKYLIGHTS-ALUMINUM CLAD WOOD FRAMED UNIT, DOUBLE						
28	31 3/4"X56"	1 CP 1 LA	6	EACH	65.17	178.00	243.17
29	45 7/8"X47 1/2"	1 CP 1 LA	6	EACH	65.17	202.00	267.17
30	22 5/8"X39 1/2"	1 CP 1 LA	6	EACH	65.17	122.00	187.17
31	22 5/8"X56"	1 CP 1 LA	6	EACH	65.17	154.00	219.17
FOR BRONZE TINT ADD 12% (MATERIALS)							
FOR LAMINATED TEMPERED ADD 13% (MATERIALS)							
	SKYLIGHTS ALUMINUM FRAMED ACRYLIC DOMED-FIXED UNITS						
32	14"X14" CURB MOUNTED	1 CP 1 LA	10	EACH	39.10	72.00	111.10
33	19"X19" CURB MOUNTED	1 CP 1 LA	10	EACH	39.10	78.00	117.10
34	22"X22" CURB MOUNTED	1 CP 1 LA	10	EACH	39.10	90.00	129.10
35	30"X30" CURB MOUNTED	1 CP 1 LA	8	EACH	48.88	116.00	164.88
36	37"X37" CURB MOUNTED	1 CP 1 LA	8	EACH	48.88	164.00	212.88
37	42"X42" CURB MOUNTED	1 CP 1 LA	8	EACH	48.88	206.00	254.88
38	46"X46" CURB MOUNTED	1 CP 1 LA	8	EACH	48.88	218.00	266.88
39	48"X48" CURB MOUNTED	1 CP 1 LA	8	EACH	48.88	238.00	286.88
40	55"X55" CURB MOUNTED	1 CP 1 LA	8	EACH	48.88	336.00	384.88
41	70"X70" CURB MOUNTED	1 CP 1 LA	6	EACH	65.17	562.00	627.17
42	75"X75" CURB MOUNTED	1 CP 1 LA	6	EACH	65.17	658.00	723.17
43	84"X84" CURB MOUNTED	1 CP 1 LA	6	EACH	65.17	800.00	865.17
44	92"X92" CURB MOUNTED	1 CP 1 LA	5	EACH	78.21	914.00	992.21
45	118"X118" CURB MOUNTED	1 CP 1 LA	5	EACH	78.21	1,696	1,774
FOR STANDARD SELF FLASHING ADD 15% MATERIAL							
FOR SELF FLASHING THERMAL BREAK INSULATION & BRONZE CAP ADD 45% MATERIAL							

1988 DODGE UNIT COST DATA

7 THERMAL & MOISTURE PROTECTION

LINE	DESCRIPTION	OUTPUT CREW	PER DAY	UNIT	UNIT COSTS LABOR	MATERIAL	TOTAL
	SKYLIGHTS ALUMINUM FRAMED ACRYLIC DOMES OPERABLE MANUALLY						
1	14"X14"	1 CP	1 LA	9 EACH	43.45	304.00	347.45
2	19"X19"	1 CP	1 LA	9 EACH	43.45	320.00	363.45
3	22"X22"	1 CP	1 LA	9 EACH	43.45	328.00	371.45
4	30"X30"	1 CP	1 LA	8 EACH	48.88	394.00	442.88
5	37"X37"	1 CP	1 LA	8 EACH	48.88	480.00	528.88
6	42"X42"	1 CP	1 LA	8 EACH	48.88	546.00	594.88
7	46"X46"	1 CP	1 LA	8 EACH	48.88	598.00	646.88
8	48"X48"	1 CP	1 LA	8 EACH	48.88	624.00	672.88
9	55"X55"	1 CP	1 LA	6 EACH	65.17	890.00	955.17
10	70"X70"	1 CP	1 LA	6 EACH	65.17	1,128	1,193
11	75"X75"	1 CP	1 LA	6 EACH	65.17	1,226	1,291
12	84"X84"	1 CP	1 LA	5 EACH	78.21	1,410	1,488
13	92"X92"	1 CP	1 LA	5 EACH	78.21	1,496	1,574
14	118"X118"	1 CP	1 LA	5 EACH	78.21	2,588	2,666
	SKYLIGHTS ALUMINUM FRAMED ACRYLIC DOMED ELECTRICALLY OPERATED						
15	14"X14"	1 CP	1 LA	8 EACH	48.88	824.00	872.88
16	19"X19"	1 CP	1 LA	8 EACH	48.88	840.00	888.88
17	22"X22"	1 CP	1 LA	8 EACH	48.88	848.00	896.88
18	30"X30"	1 CP	1 LA	7 EACH	55.86	913.00	968.86
19	37"X37"	1 CP	1 LA	7 EACH	55.86	2,588	2,644
20	42"X42"	1 CP	1 LA	7 EACH	55.86	2,588	2,644
21	46"X46"	1 CP	1 LA	7 EACH	55.86	2,588	2,644
22	48"X48"	1 CP	1 LA	7 EACH	55.86	2,588	2,644
23	55"X55"	1 CP	1 LA	5 EACH	78.21	2,588	2,666
24	70"X70"	1 CP	1 LA	5 EACH	78.21	2,588	2,666
25	75"X75"	1 CP	1 LA	5 EACH	78.21	2,588	2,666
26	84"X84"	1 CP	1 LA	4 EACH	97.76	2,588	2,686
27	92"X92"	1 CP	1 LA	4 EACH	97.76	2,588	2,686
28	118"X118"	1 CP	1 LA	4 EACH	97.76	2,588	2,686
	SKYLIGHTS ALUMINUM FRAMED ACRYLIC DOME ADDITIVES TO MATERIAL COST						
29	14"X14" DOUBLE DOMED			EA LP SM		40.00	40.00
30	19"X19" DOUBLE DOMED			EA LP SM		42.00	42.00
31	22"X22" DOUBLE DOMED			EA LP SM		44.00	44.00
32	30"X30" DOUBLE DOMED			EA LP SM		60.00	60.00
33	37"X37" DOUBLE DOMED			EA LP SM		62.00	62.00
34	42"X42" DOUBLE DOMED			EA LP SM		84.00	84.00
35	46"X46" DOUBLE DOMED			EA LP SM		102.00	102.00
36	48"X48" DOUBLE DOMED			EA LP SM		106.00	106.00
37	55"X55" DOUBLE DOMED			EA LP SM		152.00	152.00
38	70"X70" DOUBLE DOMED			EA LP SM		264.00	264.00
39	75"X75" DOUBLE DOMED			EA LP SM		282.00	282.00
40	84"X84" DOUBLE DOMED			EA LP SM		414.00	414.00
41	92"X92" DOUBLE DOMED			EA LP SM		545.00	545.00
42	118"X118" DOUBLE DOMED			EA LP SM		918.00	918.00
	FOR TRIPLE DOME ADD 100%						
	FOR BURGULAR RESISTANCE ADD 180%						
	INDUSTRIAL SKYLIGHTS FIXED CONVENTIONAL FIBERGLASS DOME						
43	14"X14" CURB MOUNTED	1 CP		10 EACH	21.80	65.00	86.80
44	22"X22" CURB MOUNTED	1 CP		10 EACH	21.80	82.00	103.80
45	46"X46" CURB MOUNTED	1 CP		8 EACH	27.25	198.00	225.25
46	48"X48" CURB MOUNTED	1 CP		8 EACH	27.25	214.00	241.25
47	96"X96" CURB MOUNTED	1 CP		5 EACH	43.60	746.00	789.60
	FOR SELF FLASHING ADD 11% MATERIAL						
	FOR ACRYLIC DOME ADD 2% MATERIAL						

THERMAL & MOISTURE PROTECTION

LINE	DESCRIPTION			CREW	OUTPUT PER DAY	UNIT	LABOR	MATERIAL	TOTAL
	INDUSTRIAL SKYLIGHTS LOUVERED DOMES								
	ACRYLIC-INTEGRAL FLASHING-SQUARE								
1	14"X14"	PROFILE HT.	14"	1 CP 1 LA	10	EACH	39.10	240.00	279.10
2	19"X19"	PROFILE HT.	14"	1 CP 1 LA	10	EACH	39.10	278.00	317.10
3	22"X22"	PROFILE HT.	14"	1 CP 1 LA	10	EACH	39.10	302.00	341.10
4	30"X30"	PROFILE HT.	16"	1 CP 1 LA	8	EACH	48.88	336.00	384.88
5	37"X37"	PROFILE HT.	17"	1 CP 1 LA	8	EACH	48.88	340.00	388.88
6	46"X46"	PROFILE HT.	19"	1 CP 1 LA	8	EACH	48.88	346.00	394.88
7	48"X48"	PROFILE HT.	14 1/2"	1 CP 1 LA	8	EACH	48.88	352.00	400.88
8	55"X55"	PROFILE HT.	19 1/2"	1 CP 1 LA	8	EACH	48.88	644.00	692.88
9	70"X70"	PROFILE HT.	19"	1 CP 1 LA	6	EACH	65.17	788.00	853.17
10	75"X75"	PROFILE HT.	20"	1 CP 1 LA	6	EACH	65.17	880.00	945.17
11	84"X84"	PROFILE HT.	22"	1 CP 1 LA	6	EACH	65.17	1,110	1,175
12	92"X92"	PROFILE HT.	23 1/2"	1 CP 1 LA	5	EACH	78.21	1,288	1,366
	LOUVERED SMOKE HATCHES ACRYLIC								
13	48"X48"			1 CP 1 LA	8	EACH	48.88	452.00	500.88
14	37"X75"			1 CP 1 LA	6	EACH	65.17	448.00	513.17
15	46"X69"			1 CP 1 LA	6	EACH	65.17	468.00	533.17
	EXPLOSION RELIEF SKYLIGHT DOMES FIBERGLASS								
16	48"X48"			1 CP 1 LA	8	EACH	48.88	704.00	752.88
17	48"X96"			1 CP 1 LA	5	EACH	78.21	924.00	1,002
	EXPLOSION RELIEF SKYLIGHT DOME ACRYLIC								
18	48"X48"			1 CP 1 LA	8	EACH	48.88	756.00	804.88
19	37"X75"			1 CP 1 LA	5	EACH	78.21	814.00	892.21
20	46"X69"			1 CP 1 LA	5	EACH	78.21	860.00	938.21
21	46"X89"			1 CP 1 LA	5	EACH	78.21	878.00	956.21
22	48"X96"			1 CP 1 LA	4	EACH	97.76	1,016	1,114
	GRAVITY SKYVENTS W/BIRD SCREEN								
23	12"X12"	CURB MOUNT		1 CP 1 LA	10	EACH	39.10	286.00	325.10
24	14"X14"	CURB MOUNT		1 CP 1 LA	10	EACH	39.10	308.00	347.10
25	18"X18"	CURB MOUNT		1 CP 1 LA	9	EACH	43.45	484.00	527.45
26	22"X22"	CURB MOUNT		1 CP 1 LA	9	EACH	43.45	580.00	623.45
27	24"X24"	CURB MOUNT		1 CP 1 LA	8	EACH	48.88	614.00	662.88
28	30"X30"	CURB MOUNT		1 CP 1 LA	8	EACH	48.88	802.00	850.88
29	42"X42"	CURB MOUNT		1 CP 1 LA	7	EACH	55.86	1,020	1,076
	FOR SELF FLASHING ADD 4% MATERIALS								
	SKYLIGHTS SEAMLESS CURB								
30	16"X24"	CLEAR		1 CP	10	EACH	21.80	200.00	221.80
31	16"X48"	CLEAR		1 CP	10	EACH	21.80	280.00	301.80
32	24"X24"	CLEAR		1 CP	9	EACH	24.22	210.00	234.22
33	24"X48"	CLEAR		1 CP	9	EACH	24.22	310.00	334.22
34	32"X32"	CLEAR		1 CP 1 LA	9	EACH	43.45	310.00	353.45
35	48"X48"	CLEAR		1 CP 1 LA	8	EACH	48.88	650.00	698.88
36	48"X72"	CLEAR		1 CP 1 LA	8	EACH	48.88	910.00	958.88
	FOR BRONZE OR WHITE ADD 10% MATERIALS								
37	16"X24"	CLEAR	VENTABLE	1 CP	10	EACH	21.80	460.00	481.80
38	16"X48"	CLEAR	VENTABLE	1 CP	10	EACH	21.80	550.00	571.80
39	24"X24"	CLEAR	VENTABLE	1 CP	9	EACH	24.22	500.00	524.22
40	24"X48"	CLEAR	VENTABLE	1 CP	9	EACH	24.22	600.00	624.22
41	32"X32"	CLEAR	VENTABLE	1 CP 1 LA	9	EACH	43.45	600.00	643.45
42	48"X48"	CLEAR	VENTABLE	1 CP 1 LA	8	EACH	48.88	1,090	1,139
	FOR BRONZE OR WHITE ADD 4% MATERIALS								
	SKYLIGHTS SEAMLESS CURB FIXED DOME								
43	16"X24"	CLEAR		1 CP	10	EACH	21.80	190.00	211.80
44	16"X48"	CLEAR		1 CP	10	EACH	21.80	280.00	301.80
45	24"X24"	CLEAR		1 CP	9	EACH	24.22	210.00	234.22
46	24"X48"	CLEAR		1 CP	9	EACH	24.22	310.00	334.22
47	32"X32"	CLEAR		1 CP 1 LA	9	EACH	43.45	310.00	353.45
48	48"X48"	CLEAR		1 CP 1 LA	8	EACH	48.88	650.00	698.88
49	48"X72"	CLEAR		1 CP 1 LA	8	EACH	48.88	910.00	958.88
	FOR BRONZE OR WHITE ADD 10% MATERIALS								

7 THERMAL & MOISTURE PROTECTION

LINE	DESCRIPTION		CREW		OUTPUT PER DAY	UNIT	LABOR	MATERIAL	TOTAL
	SKYLIGHTS SEAMLESS CURB VENTABLE DOME								
1	16"X24" CLEAR	VENTABLE	1 CP		10	EACH	21.80	464.00	485.80
2	16"X48" CLEAR	VENTABLE	1 CP		10	EACH	21.80	570.00	591.80
3	24"X24" CLEAR	VENTABLE	1 CP		9	EACH	24.22	504.00	528.22
4	24"X48" CLEAR	VENTABLE	1 CP		9	EACH	24.22	608.00	632.22
5	32"X32" CLEAR	VENTABLE	1 CP	1 LA	9	EACH	43.45	600.00	643.45
6	48"X48" CLEAR	VENTABLE	1 CP	1 LA	8	EACH	48.88	1,100	1,149
	FOR BRONZE OR WHITE ADD 4% MATERIALS								
	SKYLIGHTS SELF FLASHING BRONZE TINTED DIRECT MOUNTED								
7	16"X16"	SINGLE PANE	1 CP		10	EACH	21.80	34.00	55.80
8	16"X32"	SINGLE PANE	1 CP		10	EACH	21.80	48.00	69.80
9	16"X48"	SINGLE PANE	1 CP	1 LA	9	EACH	43.45	64.00	107.45
10	24"X24"	SINGLE PANE	1 CP	1 LA	9	EACH	43.45	50.00	93.45
11	24"X32"	SINGLE PANE	1 CP	1 LA	9	EACH	43.45	64.00	107.45
12	24"X48"	SINGLE PANE	1 CP	1 LA	8	EACH	48.88	82.00	130.88
13	32"X32"	SINGLE PANE	1 CP	1 LA	8	EACH	48.88	80.00	128.88
14	32"X48"	SINGLE PANE	1 CP	1 LA	8	EACH	48.88	112.00	160.88
15	16"X16"	DOUBLE PANE	1 CP		10	EACH	21.80	62.00	83.80
16	16"X32"	DOUBLE PANE	1 CP		10	EACH	21.80	68.00	89.80
17	16"X48"	DOUBLE PANE	1 CP	1 LA	9	EACH	43.45	94.00	137.45
18	24"X24"	DOUBLE PANE	1 CP	1 LA	9	EACH	43.45	70.00	113.45
19	24"X32"	DOUBLE PANE	1 CP	1 LA	9	EACH	43.45	94.00	137.45
20	24"X48"	DOUBLE PANE	1 CP	1 LA	8	EACH	48.88	128.00	176.88
21	32"X32"	DOUBLE PANE	1 CP	1 LA	8	EACH	48.88	126.00	174.88
22	32"X48"	DOUBLE PANE	1 CP	1 LA	8	EACH	48.88	176.00	224.88
23	16"X16"	TRIPLE PANE	1 CP		10	EACH	21.80	78.00	99.80
24	16"X32"	TRIPLE PANE	1 CP		10	EACH	21.80	94.00	115.80
25	16"X48"	TRIPLE PANE	1 CP	1 LA	9	EACH	43.45	118.00	161.45
26	24"X24"	TRIPLE PANE	1 CP	1 LA	9	EACH	43.45	86.00	129.45
27	24"X32"	TRIPLE PANE	1 CP	1 LA	9	EACH	43.45	120.00	163.45
28	24"X48"	TRIPLE PANE	1 CP	1 LA	8	EACH	48.88	170.00	218.88
29	32"X32"	TRIPLE PANE	1 CP	1 LA	8	EACH	48.88	166.00	214.88
30	32"X48"	TRIPLE PANE	1 CP	1 LA	8	EACH	48.88	224.00	272.88
	SKYLIGHTS-MOUNTED ON PREPARED CURB								
31	16"X16"	SINGLE PANE	1 CP		10	EACH	21.80	32.00	53.80
32	16"X24"	SINGLE PANE	1 CP		10	EACH	21.80	34.00	55.80
33	16"X32"	SINGLE PANE	1 CP		10	EACH	21.80	48.00	69.80
34	16"X48"	SINGLE PANE	1 CP	1 LA	9	EACH	43.45	64.00	107.45
35	24"X24"	SINGLE PANE	1 CP	1 LA	9	EACH	43.45	50.00	93.45
36	24"X32"	SINGLE PANE	1 CP	1 LA	9	EACH	43.45	64.00	107.45
37	24"X48"	SINGLE PANE	1 CP	1 LA	8	EACH	48.88	82.00	130.88
38	32"X32"	SINGLE PANE	1 CP	1 LA	8	EACH	48.88	82.00	130.88
39	32"X48"	SINGLE PANE	1 CP	1 LA	8	EACH	48.88	112.00	160.88
40	48"X48"	SINGLE PANE	1 CP	1 LA	8	EACH	48.88	142.00	190.88
41	16"X16"	DOUBLE PANE	1 CP		10	EACH	21.80	62.00	83.80
42	16"X24"	DOUBLE PANE	1 CP		10	EACH	21.80	56.00	77.80
43	16"X32"	DOUBLE PANE	1 CP		10	EACH	21.80	68.00	89.80
44	16"X48"	DOUBLE PANE	1 CP	1 LA	9	EACH	43.45	94.00	137.45
45	24"X24"	DOUBLE PANE	1 CP	1 LA	9	EACH	43.45	70.00	113.45
46	24"X32"	DOUBLE PANE	1 CP	1 LA	9	EACH	43.45	92.00	135.45
47	24"X48"	DOUBLE PANE	1 CP	1 LA	8	EACH	48.88	130.00	178.88
48	32"X32"	DOUBLE PANE	1 CP	1 LA	8	EACH	48.88	126.00	174.88
49	32"X48"	DOUBLE PANE	1 CP	1 LA	8	EACH	48.88	176.00	224.88
50	48"X48"	DOUBLE PANE	1 CP	1 LA	8	EACH	48.88	250.00	298.88
51	16"X16"	TRIPLE PANE	1 CP		10	EACH	21.80	78.00	99.80
52	16"X24"	TRIPLE PANE	1 CP		10	EACH	21.80	70.00	91.80
53	16"X32"	TRIPLE PANE	1 CP		10	EACH	21.80	84.00	105.80
54	16"X48"	TRIPLE PANE	1 CP	1 LA	9	EACH	43.45	118.00	161.45
55	24"X24"	TRIPLE PANE	1 CP	1 LA	9	EACH	43.45	86.00	129.45
56	24"X32"	TRIPLE PANE	1 CP	1 LA	9	EACH	43.45	120.00	163.45
57	24"X48"	TRIPLE PANE	1 CP	1 LA	8	EACH	48.88	170.00	218.88
58	32"X32"	TRIPLE PANE	1 CP	1 LA	8	EACH	48.88	166.00	214.88
59	32"X48"	TRIPLE PANE	1 CP	1 LA	8	EACH	48.88	224.00	272.88
60	48"X48"	TRIPLE PANE	1 CP	1 LA	8	EACH	48.88	364.00	412.88

THERMAL & MOISTURE PROTECTION

LINE	DESCRIPTION	CREW		OUTPUT PER DAY	UNIT	LABOR	MATERIAL	TOTAL
	SKYLIGHTS W/FACTORY BUILT CURBS							
1	16"X24" SINGLE PANE	1 CP		10	EACH	21.80	138.00	159.80
2	16"X48" SINGLE PANE	1 CP	1 LA	9	EACH	43.45	202.00	245.45
3	24"X24" SINGLE PANE	1 CP	1 LA	9	EACH	43.45	168.00	211.45
4	24"X48" SINGLE PANE	1 CP	1 LA	8	EACH	48.88	242.00	290.88
5	32"X32" SINGLE PANE	1 CP	1 LA	8	EACH	48.88	238.00	286.88
6	16"X24" DOUBLE PANE	1 CP		10	EACH	21.80	156.00	177.80
7	16"X48" DOUBLE PANE	1 CP	1 LA	9	EACH	43.45	224.00	267.45
8	24"X24" DOUBLE PANE	1 CP	1 LA	9	EACH	43.45	180.00	223.45
9	24"X48" DOUBLE PANE	1 CP	1 LA	8	EACH	48.88	280.00	328.88
10	32"X32" DOUBLE PANE	1 CP	1 LA	8	EACH	48.88	278.00	326.88
11	16"X24" TRIPLE PANE	1 CP		10	EACH	21.80	170.00	191.80
12	16"X48" TRIPLE PANE	1 CP	1 LA	9	EACH	43.45	250.00	293.45
13	24"X24" TRIPLE PANE	1 CP	1 LA	9	EACH	43.45	196.00	239.45
14	24"X48" TRIPLE PANE	1 CP	1 LA	8	EACH	48.88	320.00	368.88
15	32"X32" TRIPLE PANE	1 CP	1 LA	8	EACH	48.88	316.00	364.88
	SKYLIGHTS FIBERGLASS FRAMED ACRYLIC FIXED DOMES							
16	14"X14" CURB MOUNTED STANDARD	1 CP	1 LA	10	EACH	39.10	86.00	125.10
17	19"X19" CURB MOUNTED STANDARD	1 CP	1 LA	10	EACH	39.10	104.00	143.10
18	22"X22" CURB MOUNTED STANDARD	1 CP	1 LA	10	EACH	39.10	106.00	145.10
19	30"X30" CURB MOUNTED STANDARD	1 CP	1 LA	8	EACH	48.88	138.00	186.88
20	37"X37" CURB MOUNTED STANDARD	1 CP	1 LA	8	EACH	48.88	194.00	242.88
21	42"X42" CURB MOUNTED STANDARD	1 CP	1 LA	8	EACH	48.88	228.00	276.88
22	46"X46" CURB MOUNTED STANDARD	1 CP	1 LA	8	EACH	48.88	274.00	322.88
23	48"X48" CURB MOUNTED STANDARD	1 CP	1 LA	8	EACH	48.88	290.00	338.88
24	55"X55" CURB MOUNTED STANDARD	1 CP	1 LA	8	EACH	48.88	410.00	458.88
25	70"X70" CURB MOUNTED STANDARD	1 CP	1 LA	6	EACH	65.17	692.00	757.17
26	75"X75" CURB MOUNTED STANDARD	1 CP	1 LA	6	EACH	65.17	826.00	891.17
27	84"X84" CURB MOUNTED STANDARD	1 CP	1 LA	6	EACH	65.17	970.00	1,035
28	92"X92" CURB MOUNTED STANDARD	1 CP	1 LA	5	EACH	78.21	1,304	1,382
29	118"X118" CURB MOUNTED STANDARD	1 CP	1 LA	5	EACH	78.21	2,364	2,442

FOR SELF FLASHING ADD 25% MATERIALS
FOR SLEF FLASHING AND THERMAL BREAK ADD 50% MATERIALS

LINE	DESCRIPTION	CREW		OUTPUT PER DAY	UNIT	LABOR	MATERIAL	TOTAL
	SKYLIGHTS FIBERGLASS FRAMED ACRYLIC OPERABLE-MANUALLY							
30	14"X14"	1 CP	1 LA	9	EACH	43.45	870.00	913.45
31	19"X19"	1 CP	1 LA	9	EACH	43.45	892.00	935.45
32	22"X22"	1 CP	1 LA	9	EACH	43.45	902.00	945.45
33	30"X30"	1 CP	1 LA	8	EACH	48.88	974.00	1,023
34	37"X37"	1 CP	1 LA	8	EACH	48.88	1,070	1,119
35	42"X42"	1 CP	1 LA	8	EACH	48.88	1,160	1,209
36	46"X46"	1 CP	1 LA	8	EACH	48.88	1,256	1,305
37	48"X48"	1 CP	1 LA	8	EACH	48.88	1,286	1,335
38	55"X55"	1 CP	1 LA	6	EACH	65.17	1,956	2,021
39	70"X70"	1 CP	1 LA	6	EACH	65.17	2,190	2,255
40	75"X75"	1 CP	1 LA	6	EACH	65.17	2,286	2,351
41	84"X84"	1 CP	1 LA	5	EACH	78.21	2,446	2,524
42	92"X92"	1 CP	1 LA	5	EACH	78.21	2,654	2,732
43	118"X118"	1 CP	1 LA	5	EACH	78.21	3,772	3,850
	SKYLIGHTS FIBERGLASS FRAMED ACRYLIC OPERABLE-ELECTRICALLY OPERATED							
44	14"X14"	1 CP	1 EL	8	EACH	59.62	870.00	929.62
45	19"X19"	1 CP	1 LA	8	EACH	48.88	890.00	938.88
46	22"X22"	1 CP	1 EL	8	EACH	59.62	902.00	961.62
47	30"X30"	1 CP	1 EL	7	EACH	68.14	974.00	1,042
48	37"X37"	1 CP	1 EL	7	EACH	68.14	1,070	1,138
49	42"X42"	1 CP	1 EL	7	EACH	68.14	1,160	1,228
50	46"X46"	1 CP	1 EL	7	EACH	68.14	1,256	1,324
51	48"X48"	1 CP	1 EL	7	EACH	68.14	1,286	1,354
52	55"X55"	1 CP	1 EL	5	EACH	95.39	1,956	2,051
53	70"X70"	1 CP	1 EL	5	EACH	95.39	2,190	2,285
54	75"X75"	1 CP	1 EL	5	EACH	95.39	2,286	2,381
55	84"X84"	1 CP	1 EL	4	EACH	119.24	2,446	2,565
56	92"X92"	1 CP	1 EL	4	EACH	119.24	2,654	2,773
57	118"X118"	1 CP	1 EL	4	EACH	119.24	3,772	3,891

7 THERMAL & MOISTURE PROTECTION

LINE	DESCRIPTION	CREW	OUTPUT PER DAY	UNIT	LABOR	MATERIAL	TOTAL
	SKYLIGHTS FIBERGLASS FRAMED ACRYLIC						
	OPERABLE-ADDITIVES TO BE APPLIED TO MATERIALS						
1	14"X14" DOUBLE DOMED			EA LP SM		42.00	42.00
2	19"X19" DOUBLE DOMED			EA LP SM		44.00	44.00
3	22"X22" DOUBLE DOMED			EA LP SM		52.00	52.00
4	30"X30" DOUBLE DOMED			EA LP SM		62.00	62.00
5	37"X37" DOUBLE DOMED			EA LP SM		84.00	84.00
6	42"X42" DOUBLE DOMED			EA LP SM		118.00	118.00
7	46"X46" DOUBLE DOMED			EA LP SM		124.00	124.00
8	48"X48" DOUBLE DOMED			EA LP SM		130.00	130.00
9	55"X55" DOUBLE DOMED			EA LP SM		194.00	194.00
10	70"X70" DOUBLE DOMED			EA LP SM		354.00	354.00
11	75"X75" DOUBLE DOMED			EA LP SM		376.00	376.00
12	84"X84" DOUBLE DOMED			EA LP SM		508.00	508.00
13	92"X92" DOUBLE DOMED			EA LP SM		598.00	598.00
14	118"X118" DOUBLE DOMED			EA LP SM		1,126	1,126
	FOR TRIPLE DOME ADD 100% MATERIAL						
	FOR BURGULAR RESISTANT ADD 180% MATERIAL						
	CIRCULAR SKYLIGHTS-SLEF FLASHED CURB OPENING						
	ACRYLIC DOMED FIBERGLASS FRAMED						
15	24" DIAM. FOR DOUBLE DOME ADD $ 82 MATERIAL	1 CP	10	EACH	43.60	398.00	441.60
16	31" DIAM. FOR DOUBLE DOME ADD $110 MATERIAL	1 CP	9	EACH	48.44	450.00	498.44
17	43" DIAM. FOR DOUBLE DOME ADD $180 MATERIAL	1 CP	9	EACH	48.44	546.00	594.44
18	54" DOAM. FOR DOUBLE DOME ADD $304 MATERIAL	1 CP 1 LA	8	EACH	76.13	842.00	918.13
19	67" DIAM. FOR DOUBLE DOME ADD $460 MATERIAL	1 CP 1 LA	7	EACH	87.01	1,126	1,213
20	91" DIAM. FOR DOUBLE DOME ADD $818 MATERIAL	1 CP 1 LA	6	EACH	65.17	1,126	1,191
	FOR BRONZE TINT ADD 23% TO DOME MATERIAL						
	RETRACTABLE SKYLIGHT-ACRYLIC DOME-EXTRUDED						
	ALUMINUM FRAME - 3 POSITION-PUSH RELEASE						
	SWITCH-MANUAL OVERIDE AIR TIGHT SEAL						
21	70"X70"	2 SM 2 LA 1 EL	1.3	EACH	841.17	7,465	8,306
22	84"X84"	2 SM 2 LA 1 EL	1	EACH	1,094	7,794	8,888
23	92"X92"	2 SM 2 LA 1 EL	1	EACH	1,094	7,992	9,086
24	48"X96"	2 SM 2 LA 1 EL	1	EACH	1,094	7,470	8,564
	ALUMINUM FRAMED ACRYLIC DOMED						
	FIXED DOMES CURB MOUNTED W/THERMAL BREAK						
25	14"X14"	1 SM	4	EACH	61.06	80.00	141.06
26	22"X22"	1 SM	4	EACH	61.06	103.00	164.06
27	30"X30"	1 SM	4	EACH	61.06	131.00	192.06
28	42"X42"	2 SM	3.5	EACH	139.57	229.00	368.57
29	48"X48"	2 SM	3.5	EACH	139.57	260.00	399.57
30	70"X70"	2 SM	3	EACH	162.83	582.00	744.83
31	84"X84"	2 SM	3	EACH	162.83	811.00	973.83
32	14"X22"	1 SM	4	EACH	61.06	90.00	151.06
33	14"X46"	2 SM	3.5	EACH	139.57	132.00	271.57
34	22"X46"	2 SM	3.5	EACH	139.57	148.00	287.57
35	30"X46"	2 SM	3	EACH	162.83	177.00	339.83
36	36"X120"	2 SM	3	EACH	162.83	665.00	827.83
	OPERABLE DOMES - MANUAL						
37	14"X14"	1 SM	4	EACH	61.06	283.00	344.06
38	30"X30"	1 SM	4	EACH	61.06	366.00	427.06
39	42"X42"	2 SM	3.5	EACH	139.57	507.00	646.57
40	48"X48"	2 SM	3.5	EACH	139.57	580.00	719.57
41	70"X70"	2 SM	3	EACH	162.83	1,040	1,203
42	84"X84"	2 SM	3	EACH	162.83	1,310	1,473
43	14"X22"	1 SM	4	EACH	61.06	304.00	365.06
44	22"X46"	2 SM	4	EACH	122.12	409.00	531.12
45	30"X46"	2 SM	3.5	EACH	139.57	474.00	613.57
	RIDGE LIGHTS DIMENSION FOR EACH SIDE OF RIDGE						
	SINGLE GLAZED						
46	24"	1 CP	60	LN FT	3.63	94.00	97.63
47	36"	1 CP	55	LN FT	3.96	125.00	128.96
48	48"	1 CP	50	LN FT	4.36	183.00	187.36

THERMAL & MOISTURE PROTECTION

LINE	DESCRIPTION	CREW	PER DAY	UNIT	LABOR	MATERIAL	TOTAL
	DOUBLE GLAZED						
1	24"	1 CP	40	LN FT	5.45	161.00	166.45
2	36"	1 CP	38	LN FT	5.74	240.00	245.74
3	48"	1 CP	34	LN FT	6.41	339.00	345.41
	NEOPRENE GASKETS, CLOSED						
4	1/8"X2"	1 WP	400	LN FT	0.49	0.53	1.02
5	1/8"X6"	1 WP	270	LN FT	0.72	1.22	1.94
6	1/4"X2"	1 WP	400	LN FT	0.49	0.67	1.16
7	1/4"X6"	1 WP	270	LN FT	0.72	1.30	2.02
8	1/2"X6"	1 WP	210	LN FT	0.93	1.86	2.79
9	1/2"X12"	1 WP	190	LN FT	1.03	3.40	4.43
	** CAULKING **						
	OIL BASE CAULKING						
10	1/2"X1/2"	1 WP	250	LN FT	0.78	0.26	1.04
11	3/4"X3/4"	1 WP	230	LN FT	0.85	0.34	1.19
12	3/4"X1"	1 WP	210	LN FT	0.93	0.45	1.38
	ACRYLIC						
13	1/4"X1/2"	1 WP	200	LN FT	0.97	0.18	1.15
14	1/2"X1/2"	1 WP	160	LN FT	1.22	0.33	1.55
	THIOKOL						
15	1/4"X1/2"	1 WP	200	LN FT	0.97	0.23	1.20
16	1/2"X1/2"	1 WP	170	LN FT	1.15	0.39	1.54
	BUTYL CAULKING						
17	1/2"X1/2"	1 WP	200	LN FT	0.97	0.31	1.28
18	3/4"X3/4"	1 WP	180	LN FT	1.08	0.44	1.52
19	3/4"X1"	1 WP	160	LN FT	1.22	0.58	1.80
	POLYSULFIDE CAULKING						
20	1/2"X1/2"	1 WP	200	LN FT	0.97	0.35	1.32
21	3/4"X3/4"	1 WP	180	LN FT	1.08	0.50	1.58
22	3/4"X1"	1 WP	160	LN FT	1.22	0.66	1.88
	SILICONE CAULKING						
23	1/4"X1/2"	1 WP	140	LN FT	1.39	0.80	2.19
24	3/8"X3/4"	1 WP	115	LN FT	1.69	1.64	3.33
	CAULKING COMPOUND						
25	OILBASE PLAIN			GAL		9.80	9.80
26	OILBASE COLORS			GAL		10.90	10.90
27	RUBBER			GAL		17.80	17.80
28	POLYSULFIDE			GAL		49.50	49.50
	LIQUID SELF SEALING SEALANTS 1/4"X3/8"						
29	LIQUID POLYMER	1 WP	350	LN FT	0.56	0.73	1.29
30	ACRYLIC POLYMER	1 WP	350	LN FT	0.56	0.67	1.23
31	POLYURETHANE	1 WP	350	LN FT	0.56	0.84	1.40

1988 DODGE UNIT COST DATA

8 DOORS & WINDOWS

LINE	DESCRIPTION	CREW	PER DAY	UNIT	LABOR	MATERIAL	TOTAL
	** HOLLOW METAL DOORS & FRAMES **						
	HOLLOW METAL DOORS AND FRAMES FLUSH DOORS						
	1 3/4" 186A FIBER CORE PLAIN						
1	2'6"X6'8"	1 CP	3.3	EACH	66.06	132.00	198.06
2	3'0"X7'0"	1 CP	3.3	EACH	66.06	153.00	219.06
3	3'6"X7'0"	1 CP	3.3	EACH	66.06	169.00	235.06
4	3'0"X8'0"	1 CP	3.3	EACH	66.06	194.00	260.06
5	4'0"X8'0"	1 CP	2	EACH	109.00	216.00	325.00
	1 3/4" 186A FIBER CORE GLAZED						
6	2'6"X6'8"	1 CP	3.3	EACH	66.06	180.00	246.06
7	3'0"X7'0"	1 CP	3.3	EACH	66.06	192.00	258.06
8	3'6"X7'0"	1 CP	3.3	EACH	66.06	218.00	284.06
9	3'0"X8'0"	1 CP	3.3	EACH	66.06	241.00	307.06
10	4'0"X8'0"	1 CP	2	EACH	109.00	279.00	388.00
	1 3/4" 186A PLAIN PLASTIC CORE						
11	2'6"X6'8"	1 CP	3.3	EACH	66.06	146.00	212.06
12	3'0"X7'0"	1 CP	2	EACH	109.00	164.00	273.00
13	3'6"X7'0"	1 CP	2	EACH	109.00	190.00	299.00
14	3'0"X8'0"	1 CP	2	EACH	109.00	215.00	324.00
15	4'0"X8'0"	1 CP	2	EACH	109.00	251.00	360.00
	1 3/4"186A PLASTIC CORE GLAZED						
16	2'6"X6'8"	1 CP	3.3	EACH	66.06	205.00	271.06
17	3'0"X7'0"	1 CP	2	EACH	109.00	228.00	337.00
18	3'6"X7'0"	1 CP	2	EACH	109.00	263.00	372.00
19	3'0"X8'0"	1 CP	2	EACH	109.00	285.00	394.00
20	4'0"X8'0"	1 CP	2	EACH	109.00	309.00	418.00
	STEEL DOOR FRAMES - NON LABEL, MASONRY CASED OPENING. 5/8" STOP, 1 3/8" AND 1 3/4"						
21	18 GA SINGLE 3 3/4" AND 4 3/4" 68"	1 CP	4	EACH	54.50	51.00	105.50
22	18 GA DOUBLE 3 3/4" AND 4 3/4" 68"	1 CP	4	EACH	54.50	60.00	114.50
23	18 GA SINGLE 3 3/4" AND 4 3/4" 70"	1 CP	4	EACH	54.50	53.00	107.50
24	18 GA DOUBLE 3 3/4" AND 4 3/4" 70"	1 CP	4	EACH	54.50	63.00	117.50
25	16 GA SINGLE 3 3/4" AND 4 3/4" 68"	1 CP	4	EACH	54.50	57.00	111.50
26	16 GA DOUBLE 3 3/4" AND 4 3/4" 68"	1 CP	4	EACH	54.50	74.00	128.50
27	16 GA SINGLE 3 3/4" AND 4 3/4" 70"	1 CP	4	EACH	54.50	59.00	113.50
28	16 GA DOUBLE 3 3/4" AND 4 3/4" 70"	1 CP	4	EACH	54.50	71.00	125.50
29	14 GA SINGLE 3 3/4" AND 4 3/4" 68"	1 CP	4	EACH	54.50	68.00	122.50
30	14 GA DOUBLE 3 3/4" AND 4 3/4" 68"	1 CP	4	EACH	54.50	69.00	123.50
31	14 GA SINGLE 3 3/4" AND 4 3/4" 70"	1 CP	4	EACH	54.50	72.00	126.50
32	14 GA DOUBLE 3 3/4" AND 4 3/4" 70"	1 CP	4	EACH	54.50	74.00	128.50
33	12 GA SINGLE 3 3/4" AND 4 3/4" 68"	1 CP	4	EACH	54.50	99.00	153.50
34	12 GA DOUBLE 3 3/4" AND 4 3/4" 68"	1 CP	4	EACH	54.50	116.00	170.50
35	12 GA SINGLE 3 3/4" AND 4 3/4" 70"	1 CP	4	EACH	54.50	106.00	160.50
36	12 GA DOUBLE 3 3/4" AND 4 3/4" 70"	1 CP	4	EACH	54.50	109.00	163.50
	FULL FLUSH STEEL DOOR, POLYSTYRENE CORE						
37	20 GA 1 3/8" 2'-8" X 6'-8"	1 CP	4	EACH	54.50	113.00	167.50
38	20 GA 1 3/8" 3'-0" X 6'-8"	1 CP	4	EACH	54.50	121.00	175.50
39	20 GA 1 3/8" 2'-8" X 7'-0"	1 CP	4	EACH	54.50	125.00	179.50
40	20 GA 1 3/8" 3'-0" X 7'-0"	1 CP	4	EACH	54.50	133.00	187.50
41	18 GA 1 3/8" 2'-8" X 6'-8"	1 CP	4	EACH	54.50	130.00	184.50
42	18 GA 1 3/8" 3'-0" X 6'-8"	1 CP	4	EACH	54.50	139.00	193.50
43	18 GA 1 3/8" 2'-8" X 7'-0"	1 CP	4	EACH	54.50	143.00	197.50
44	18 GA 1 3/8" 3'-0" X 7'-0"	1 CP	4	EACH	54.50	153.00	207.50
45	20 GA 1 3/4" 2'-8" X 6'-8"	1 CP	4	EACH	54.50	139.00	193.50
46	20 GA 1 3/4" 3'-0" X 6'-8"	1 CP	4	EACH	54.50	146.00	200.50
47	20 GA 1 3/4" 2'-8" X 7'-0"	1 CP	4	EACH	54.50	146.00	200.50
48	20 GA 1 3/4" 3'-0" X 7'-0"	1 CP	4	EACH	54.50	155.00	209.50
49	18 GA 1 3/4" 2'-8" X 6'-8"	1 CP	4	EACH	54.50	161.00	215.50
50	18 GA 1 3/4" 3'-0" X 6'-8"	1 CP	4	EACH	54.50	172.00	226.50
51	18 GA 1 3/4" 2'-8" X 7'-0"	1 CP	4	EACH	54.50	172.00	226.50
52	18 GA 1 3/4" 3'-0" X 7'-0"	1 CP	4	EACH	54.50	182.00	236.50
53	16 GA 1 3/4" 2'-8" X 6'-8"	1 CP	4	EACH	54.50	187.00	241.50
54	16 GA 1 3/4" 3'-0" X 6'-8"	1 CP	4	EACH	54.50	199.00	253.50
55	16 GA 1 3/4" 2'-8" X 7'-0"	1 CP	4	EACH	54.50	198.00	252.50

DOORS & WINDOWS

LINE	DESCRIPTION	OUTPUT CREW	PER DAY	UNIT	LABOR	MATERIAL	TOTAL
1	16 GA 1 3/4" 3'-0" X 7'-0"	1 CP	4	EACH	54.50	208.00	262.50
2	14 GA 1 3/4" 2'-8" X 6'-8"	1 CP	4	EACH	54.50	234.00	288.50
3	14 GA 1 3/4" 3'-0" X 6'-8"	1 CP	4	EACH	54.50	248.00	302.50
4	14 GA 1 3/4" 2'-8" X 7'-0"	1 CP	4	EACH	54.50	247.00	301.50
5	14 GA 1 3/4" 3'-0" X 7'-0"	1 CP	4	EACH	54.50	260.00	314.50
	PRE HUNG STEEL DOORS INSULATED WEATHERSTRIPPED						
6	2'8"X6'8" FLUSH	1 CP	9	EACH	24.22	138.00	162.22
7	2'8"X6'8" 8 PANEL	1 CP	9	EACH	24.22	148.00	172.22
8	2'8"X6'8" 4 PANEL 2 TOP LITES	1 CP	9	EACH	24.22	182.00	206.22
9	2'8"X6'8" 2 PANEL TOP 9 LITES	1 CP	9	EACH	24.22	201.00	225.22
10	2'8"X6'8" 5 LITES	1 CP	8	EACH	27.25	225.00	252.25
11	3'0"X6'8" CROSS BUCK 9 LITE	1 CP	7	EACH	31.14	205.00	236.14
12	3'0"X6'8" CROSS BUCK DIAMOND LITE	1 CP	7	EACH	31.14	209.00	240.14
13	3'0"X6'8" 8 PANEL 1 LITE SLIT	1 CP	7	EACH	31.14	300.00	331.14
14	3'0"X6'8" CROSS BUCK TOP OPAQUE LITE	1 CP	7	EACH	31.14	515.00	546.14
15	SIDE LITES 12" AND 14" WIDTHS	1 CP	7	EACH	31.14	118.00	149.14
16	DESIGNER LITES 12" AND 14" WIDTHS	1 CP	7	EACH	31.14	296.00	327.14
	FRAMES FOR HOLLOW METAL DOORS 186A						
17	2'0"X6'8" 3" DEEP	1 CP	6	EACH	36.33	47.50	83.83
18	2'6"X6'8" 3" DEEP	1 CP	6	EACH	36.33	49.50	85.83
19	3'0"X7'0" 3" DEEP	1 CP	6	EACH	36.33	51.50	87.83
20	4'0"X7'0" 3" DEEP	1 CP	6	EACH	36.33	58.00	94.33
21	6'0"X7'0" 3" DEEP	1 CP	5	EACH	43.60	60.00	103.60
22	2'0"X6'8" 4 3/4" DEEP	1 CP	6	EACH	36.33	45.50	81.83
23	2'6"X6'8" 4 3/4" DEEP	1 CP	6	EACH	36.33	47.50	83.83
24	3'0"X7'0" 4 3/4" DEEP	1 CP	6	EACH	36.33	49.50	85.83
25	3'6"X7'0" 4 3/4" DEEP	1 CP	5	EACH	43.60	54.00	97.60
26	4'0"X7'0" 4 3/4" DEEP	1 CP	5	EACH	43.60	56.00	99.60
27	2'0"X6'8" 6 3/4" DEEP	1 CP	6	EACH	36.33	58.00	94.33
28	2'6"X6'8" 6 3/4" DEEP	1 CP	6	EACH	36.33	54.00	90.33
29	3'0"X7'0" 6 3/4" DEEP	1 CP	6	EACH	36.33	56.00	92.33
30	3'6"X7'0" 6 3/4" DEEP	1 CP	6	EACH	36.33	60.00	96.33
31	4'0"X7'0" 6 3/4" DEEP	1 CP	5	EACH	43.60	74.00	117.60
32	6'0"X7'0" 6 3/4" DEEP	1 CP	5	EACH	43.60	75.00	118.60
	INSULATED STEEL CLAD ENTRANCE DOOR UNIT 1/2" TEMPERED GLASS, 2'3"X6'8" STD. PREHUNG						
	SINGLE GLASS						
33	FLUSH	1 CP	4	EACH	54.50	175.00	229.50
34	TOP GLASS PANEL	1 CP	4	EACH	54.50	227.00	281.50
35	TOP GLASS PANEL (SMALLER)	1 CP	4	EACH	54.50	211.00	265.50
36	TOP GLASS PANEL (2 SECTIONS)	1 CP	4	EACH	54.50	263.00	317.50
37	50% GLASS PANEL	1 CP	4	EACH	54.50	220.00	274.50
38	SIDELITE GLASS PANEL	1 CP	4	EACH	54.50	272.00	326.50
	FOR 3'0" WIDE, ADD 2%						
	MULTIPLE GLASS						
39	FULL GLASS PANEL	1 CP	4	EACH	54.50	293.00	347.50
40	10 GLASS PANEL	1 CP	4	EACH	54.50	362.00	416.50
41	15 GLASS PANEL	1 CP	4	EACH	54.50	305.00	359.50
42	8 WOOD PANEL	1 CP	4	EACH	54.50	215.00	269.50
43	4 WOOD PANEL	1 CP	4	EACH	54.50	182.00	236.50
44	4 WOOD PANEL (2 GLASS INSERTS)	1 CP	4	EACH	54.50	227.00	281.50
45	9 PANE LITE BOTTOM 2 PANEL	1 CP	4	EACH	54.50	231.00	285.50
46	1/2 LITE BOTTOM 2 PANEL	1 CP	4	EACH	54.50	357.00	411.50
47	1/2 DIAMOND LITE BOTTOM 2 PANEL	1 CP	4	EACH	54.50	247.00	301.50
48	9 PANE BOTTOM CROSSBUCK	1 CP	4	EACH	54.50	240.00	294.50
49	1/2 DIAMOND LITE BOTTOM CROSSBUCK	1 CP	4	EACH	54.50	247.00	301.50
50	1/2 LITE BOTTOM 2 PANEL	1 CP	4	EACH	54.50	223.00	277.50
51	9 PANE LITE CROSS BUCK	1 CP	4	EACH	54.50	240.00	294.50
52	1/2 LITE PANEL	1 CP	4	EACH	54.50	229.00	283.50
53	1/2 LITE BOTTOM 2 PANEL	1 CP	4	EACH	54.50	235.00	289.50
54	1/2 LITE BOTTOM CROSSBUCK	1 CP	4	EACH	54.50	252.00	306.50
	SIDE LITES - WOOD FRAME & SILL, INSUL. CLAD STEEL						
55	3/4 LITE BOTTOM WOOD PANEL	1 CP	4	EACH	54.50	211.00	265.50
56	FULL LITE	1 CP	4	EACH	54.50	224.00	278.50
57	5 LITE	1 CP	4	EACH	54.50	228.00	282.50
58	3 LITE BOTTOM WOOD PANEL	1 CP	4	EACH	54.50	126.00	180.50

DOORS & WINDOWS

LINE	DESCRIPTION	OUTPUT CREW	PER DAY	UNIT	UNIT COSTS LABOR	MATERIAL	TOTAL
	FULL FLUSH , STAINLESS STEEL DOOR						
1	16 GA 1 3/4" 2'-8" X 6'-8"	1 CP 1 LA	3	EACH	130.35	1,512	1,642
2	16 GA 1 3/4" 3'-0" X 6'-8"	1 CP 1 LA	3	EACH	130.35	1,590	1,720
3	16 GA 1 3/4" 2'-8" X 7'-0"	1 CP 1 LA	3	EACH	130.35	1,545	1,675
4	16 GA 1 3/4" 3'-0" X 7'-0"	1 CP 1 LA	3	EACH	130.35	1,618	1,748
	** ALUMINUM DOORS & FRAMES **						
	ALUMINUM CLAD DOORS (FOOD SERVICE), DOUBLE ACTING WITH HARDWARD						
	LIGHTWEIGHT						
5	2'0"X6'6"	1 CP	1.6	EACH	136.25	251.00	387.25
6	2'8"X6'6"	1 CP	1.6	EACH	136.25	298.00	434.25
7	3'0"X6'6"	1 CP	1.6	EACH	136.25	284.00	429.33
8	3'6"X6'6"	1 CP	1.5	EACH	145.33	455.00	600.33
9	2'8"X6'10"	1 CP	1.5	EACH	145.33	296.00	451.71
10	3'0"X6'10"	1 CP	1.4	EACH	155.71	327.00	482.71
11	3'0"X8'0"	1 CP	1.4	EACH	155.71	380.00	561.67
12	3'6"X8'0"	1 CP	1.2	EACH	181.67	406.00	587.67
	SOLID CORE						
13	2'6"X6'6"	1 CP	1.6	EACH	136.25	418.00	554.25
14	3'0"X6'10"	1 CP	1.3	EACH	167.69	467.00	634.69
15	3'0"X8'0"	1 CP	1.2	EACH	181.67	526.00	707.67
	** WOOD DOORS AND FRAMES **						
	1 3/8" WOOD FLUSH DOORS (HOLLOW CORE) INT. ROTARY CUT LUAN 7'-0" HIGH						
16	2'0" TO 2'6"	1 CP	5	EACH	43.60	42.00	85.60
17	2'8"	1 CP	5	EACH	43.60	43.00	86.60
18	2'10" TO 3'0"	1 CP	5	EACH	43.60	45.00	88.60
	UNSELECTED STAIN BIRCH 7'-0" HIGH						
19	2'0" TO 2'6"	1 CP	5	EACH	43.60	51.00	94.60
20	2'8"	1 CP	5	EACH	43.60	53.00	96.60
21	2'10" TO 3'0"	1 CP	5	EACH	43.60	56.00	99.60
	ROTARY CUT LUAN 6', 6'6" & 6'8" HIGH						
22	1'0"	1 CP	5	EACH	43.60	25.00	68.60
23	1'2" TO 1'3"	1 CP	5	EACH	43.60	26.00	69.60
24	1'4"	1 CP	5	EACH	43.60	27.00	70.60
25	1'6"	1 CP	5	EACH	43.60	28.00	71.60
26	1'8" TO 2'6"	1 CP	5	EACH	43.60	33.00	76.60
27	2'8"	1 CP	5	EACH	43.60	34.00	77.60
28	2'10" TO 3'0"	1 CP	5	EACH	43.60	35.00	78.60
	1 3/4" WOOD FLUSH DOORS (HOLLOW CORE) INTERIOR						
29	2'0"	1 CP	5	EACH	43.60	39.00	82.60
30	2'4" TO 2'6"	1 CP	5	EACH	43.60	42.00	85.60
31	2'8"	1 CP	5	EACH	43.60	43.00	86.60
32	3'0"	1 CP	5	EACH	43.60	44.00	87.60
	UNSELECTED BIRCH STAIN 6'8" HIGH						
33	2'0"	1 CP	5	EACH	43.60	47.00	90.60
34	2'4" TO 2'6"	1 CP	5	EACH	43.60	51.00	94.60
35	2'8"	1 CP	5	EACH	43.60	53.00	96.60
36	3'0"	1 CP	5	EACH	43.60	56.00	99.60
	ROTARY CUT LUAN 7'0" HIGH						
37	2'0" TO 2'6"	1 CP	5	EACH	43.60	51.00	94.60
38	2'8"	1 CP	5	EACH	43.60	52.00	95.60
	UNSELECTED BIRCH STAIN 7'0" HIGH						
39	2'0" TO 2'6"	1 CP	5	EACH	43.60	60.00	103.60
40	2'8"	1 CP	5	EACH	43.60	61.00	104.60
41	3'0"	1 CP	5	EACH	43.60	65.00	108.60

DOORS & WINDOWS

LINE	DESCRIPTION	CREW	PER DAY	UNIT	LABOR	MATERIAL	TOTAL
	UNSELECTED BIRCH STAIN 6', 6'6" & 6'8" HIGH						
1	1'0"	1 CP	5	EACH	43.60	32.00	75.60
2	1'2" TO 1'3"	1 CP	5	EACH	43.60	33.00	76.60
3	1'4"	1 CP	5	EACH	43.60	34.00	77.60
4	1'6"	1 CP	5	EACH	43.60	35.00	78.60
5	1'8" TO 2'0"	1 CP	5	EACH	43.60	38.00	81.60
6	2'2" TO 2'6"	1 CP	5	EACH	43.60	42.00	85.60
7	2'8"	1 CP	5	EACH	43.60	44.00	87.60
8	2'10" TO 3'0"	1 CP	5	EACH	43.60	47.00	90.60
	1 3/8" COLONIAL HOLLOW CORE WOOD DOOR MOLDED, BEVELED 2 STILES 6'8" SMOOTH FACE						
9	1'0" TO 1'6"	1 CP	5	EACH	43.60	28.00	71.60
10	1'8" TO 2'0"	1 CP	5	EACH	43.60	30.00	73.60
11	2'2" TO 2'6"	1 CP	5	EACH	43.60	33.00	76.60
12	2'8"	1 CP	5	EACH	43.60	34.00	77.60
13	2'10" TO 3'0"	1 CP	5	EACH	43.60	36.00	79.60
	GRAIN FACED						
14	1'0"	1 CP	5	EACH	43.60	44.00	87.60
15	1'2" TO 1'4"	1 CP	5	EACH	43.60	47.00	90.60
16	1'6" TO 1'8"	1 CP	5	EACH	43.60	50.00	93.60
17	1'10" TO 2'0"	1 CP	5	EACH	43.60	52.00	95.60
18	2'2" TO 2'4"	1 CP	5	EACH	43.60	54.00	97.60
19	2'6"	1 CP	5	EACH	43.60	57.00	100.60
20	2'8"	1 CP	5	EACH	43.60	60.00	103.60
21	2'10" TO 3'0"	1 CP	5	EACH	43.60	63.00	106.60
	OAK GRAINED PREFINISHED - 6 PANEL						
22	1'0" TO 1'6"	1 CP	5	EACH	43.60	82.00	125.60
23	1'8" TO 2'0"	1 CP	5	EACH	43.60	87.00	130.60
24	2'2" TO 2'6"	1 CP	5	EACH	43.60	94.00	137.60
25	2'8" TO 3'0"	1 CP	5	EACH	43.60	103.00	146.60
	1 3/8" HOLLOW CORE WOOD DORE, HARDBOARD						
26	1'0" TO 1'3"	1 CP	5	EACH	43.60	16.00	59.60
27	1'4" TO 1'6"	1 CP	5	EACH	43.60	17.00	60.60
28	1'8"	1 CP	5	EACH	43.60	20.00	63.60
29	1'10" TO 2'0"	1 CP	5	EACH	43.60	21.00	64.60
30	2'2" TO 2'6"	1 CP	5	EACH	43.60	23.00	66.60
31	2'8"	1 CP	5	EACH	43.60	24.00	67.60
32	2'10" TO 3'0"	1 CP	5	EACH	43.60	26.00	69.60
	SOLID WOOD CORE INTERIOR-EXTERIOR FLUSH DOORS 1 3/8" & 1 3/4" ROTARY LAUAN						
33	2'0"X6'8"	1 CP	5	EACH	43.60	93.00	136.60
34	2'2" TO 2'6"X6'8"	1 CP	5	EACH	43.60	99.00	142.60
35	2'8"X6'8"	1 CP	5	EACH	43.60	104.00	147.60
36	2'10" TO 3'0"X6'8"	1 CP	5	EACH	43.60	108.00	151.60
37	2'0"X7'0"	1 CP	5	EACH	43.60	104.00	147.60
38	2'4" TO 2'6"X7'0"	1 CP	4	EACH	54.50	110.00	164.50
39	2'8"X7'0"	1 CP	4	EACH	54.50	114.00	168.50
40	2'10" TO 3'0"X7'0"	1 CP	4	EACH	54.50	119.00	173.50
	UNSELECTED STAIN BIRCH						
41	2'0"X6'8"	1 CP	5	EACH	43.60	98.00	141.60
42	2'2" TO 2'6"X6'8"	1 CP	5	EACH	43.60	107.00	150.60
43	2'8"X6'8"	1 CP	5	EACH	43.60	111.00	154.60
44	2'10" TO 3'0"X6'8"	1 CP	5	EACH	43.60	119.00	162.60
45	3'0"X6'8"	1 CP	5	EACH	43.60	156.00	199.60
46	3'8"X6'8"	1 CP	5	EACH	43.60	173.00	216.60
47	2'0"X7'0"	1 CP	4	EACH	54.50	117.00	171.50
48	2'4" TO 2'6"X7'0"	1 CP	4	EACH	54.50	117.00	171.50
49	2'8"X7'0"	1 CP	4	EACH	54.50	120.00	174.50
	SOLID PARTICLE CORE INTERIOR-EXTERIOR FLUSH DOORS 1 3/8" & 1/34"						
50	2'0" TO 2'6"X6'8"	1 CP	4.5	EACH	48.44	56.00	104.44
51	2'8"X6'8"	1 CP	4.5	EACH	48.44	58.00	106.44
52	2'0" TO 3'0"X6'8"	1 CP	4.5	EACH	48.44	61.00	109.44
53	2'4" TO 2'6"X7'0"	1 CP	4	EACH	54.50	62.00	116.50
54	2'8"X7'0"	1 CP	4	EACH	54.50	66.00	120.50
55	2'10" TO 3'0"X7'0"	1 CP	4	EACH	54.50	69.00	123.50

DOORS & WINDOWS

LINE	DESCRIPTION	OUTPUT CREW	PER DAY	UNIT	LABOR	MATERIAL	TOTAL
	UNSELECTED STAIN BIRCH						
1	2'0" TO 2'6"X6'8"	1 CP		4.5 EACH	48.44	68.00	116.44
2	2'8"X6'8"	1 CP		4.5 EACH	48.44	73.00	121.44
3	2'10" TO 3'0"X6'8"	1 CP		4.5 EACH	48.44	78.00	126.44
4	3'6"X6'8"	1 CP		4.5 EACH	48.44	114.00	162.44
5	3'8"X6'8"	1 CP		4.5 EACH	48.44	126.00	174.44
6	2'0" TO 2'6"X7'0"	1 CP		4 EACH	54.50	76.00	130.50
7	2'8"X7'0"	1 CP		4 EACH	54.50	81.00	135.50
8	2'10" TO 3'0"X7'0"	1 CP		4 EACH	54.50	86.00	140.50
9	3'6"X7'0"	1 CP		4 EACH	54.50	122.00	176.50
10	3'8" TO 4'0"X7'0"	1 CP		4 EACH	54.50	132.00	186.50
	FOLDING ACCORDIAN DOORS (UP TO 6'10" HIGH) 4 1/2" WIDE FINISHED 1 SIDE-UTILITY BACK MAHOGANY FINISH						
11	2'6"X6'8"	1 CP	1 LA	4 EACH	97.76	134.00	231.76
12	3'0"X6'8"	1 CP	1 LA	4 EACH	97.76	154.00	251.76
13	4'0"X6'8"	1 CP	1 LA	4 EACH	97.76	192.00	289.76
14	6'0"X6'8"	1 CP	1 LA	4 EACH	97.76	288.00	385.76
15	8'0"X6'8"	1 CP	1 LA	3 EACH	130.35	384.00	514.35
16	10'0"X6'8"	1 CP	1 LA	3 EACH	130.35	480.00	610.35
17	12'0"X6'8"	1 CP	1 LA	3 EACH	130.35	576.00	706.35
18	14'0"X6'8"	1 CP	1 LA	3 EACH	130.35	672.00	802.35
19	15'0"X6'8"	1 CP	1 LA	3 EACH	130.35	720.00	850.35
	FOR BIRCH FINISH ADD 15% FOR ASH OR OAK FINISH ADD 20% FOR WALNUT FINISH ADD 58%						
	FOLDING ACCORDIAN DOORS (UP TO 8'1" HIGH) 4 1/2" WIDE FINISHED 1 SIDE-UTILITY BACK MAHOGANY FINISH						
20	2'6"X8'0"	1 CP	1 LA	4 EACH	97.76	146.00	243.76
21	3'0"X8'0"	1 CP	1 LA	4 EACH	97.76	166.00	263.76
22	4'0"X8'0"	1 CP	1 LA	4 EACH	97.76	208.00	305.76
23	6'0"X8'0"	1 CP	1 LA	4 EACH	97.76	312.00	409.76
24	8'0"X8'0"	1 CP	1 LA	3.5 EACH	111.73	416.00	527.73
25	10'0"X8'0"	1 CP	1 LA	3.5 EACH	111.73	520.00	631.73
26	12'0"X8'0"	1 CP	1 LA	3 EACH	130.35	624.00	754.35
27	14'0"X8'0"	1 CP	1 LA	3 EACH	130.35	728.00	858.35
28	15'0"X8'0"	1 CP	1 LA	3 EACH	130.35	786.00	916.35
	FOR BIRCH FINISH ADD 19% FOR ASH OR OAK FINISH ADD 30% FOR WALNUT FINISH ADD 70%						
	FOLDING ACCORDIAN DOORS (UP TO 6'10" HIGH) VINYL LAMINATED OAK, PECAN, TEAK, WALNUT OFF WHITE						
29	2'6"X6'8"	1 CP	1 LA	4 EACH	97.76	96.00	193.76
30	3'0"X6'8"	1 CP	1 LA	4 EACH	97.76	138.00	235.76
31	4'0"X6'8"	1 CP	1 LA	4 EACH	97.76	172.00	269.76
32	6'0"X6'8"	1 CP	1 LA	4 EACH	97.76	258.00	355.76
33	8'0"X6'8"	1 CP	1 LA	3.5 EACH	111.73	344.00	455.73
34	10'0"X6'8"	1 CP	1 LA	3.5 EACH	111.73	430.00	541.73
35	12'0"X6'8"	1 CP	1 LA	3 EACH	130.35	602.00	732.35
36	14'0"X6'8"	1 CP	1 LA	3 EACH	130.35	645.00	775.35
	FOLDING ACCORDIAN DOORS (UP TO 8'1" HIGH) VINYL-LAMINATED-SAME COLORS						
37	2'6"X8'0"	1 CP	1 LA	4 EACH	97.76	134.00	231.76
38	4'0"X8'0"	1 CP	1 LA	4 EACH	97.76	192.00	289.76
39	6'0"X8'0"	1 CP	1 LA	4 EACH	97.76	288.00	385.76
40	8'0"X8'0"	1 CP	1 LA	3.5 EACH	111.73	384.00	495.73
41	10'0"X8'0"	1 CP	1 LA	3.5 EACH	111.73	480.00	591.73
42	12'0"X8'0"	1 CP	1 LA	3 EACH	130.35	576.00	706.35
43	14'0"X8'0"	1 CP	1 LA	3 EACH	130.35	672.00	802.35
44	15'0"X8'0"	1 CP	1 LA	3 EACH	130.35	720.00	850.35
	FOLDING ACCORDIAN SOUND RATED (UP TO 8'1" HIGH) NATURAL HARDWOOD PREFINISHED MAHOGANY						
45	3'0"X8'0"	1 CP	1 LA	4 EACH	97.76	358.00	455.76
46	4'0"X8'0"	1 CP	1 LA	4 EACH	97.76	448.00	545.76
47	6'0"X8'0"	1 CP	1 LA	4 EACH	97.76	672.00	769.76
48	8'0"X8'0"	1 CP	1 LA	4 EACH	97.76	896.00	993.76
49	10'0"X8'0"	1 CP	1 LA	3.5 EACH	111.73	1,120	1,232

DOORS & WINDOWS

LINE	DESCRIPTION	CREW	PER DAY	UNIT	LABOR	MATERIAL	TOTAL
	FOLDING ACCORDIAN SOUND RATED (UP TO 10' HIGH) NATURAL HARDWOOD PREFINISHED MAHOGANY						
1	8'0"X10'0"	1 CP 1 LA	3.5	EACH	111.73	1,096	1,208
2	10'0"X10'0"	1 CP 1 LA	3.5	EACH	111.73	1,370	1,482
3	12'0"X10'0"	1 CP 1 LA	3	EACH	130.35	1,644	1,774
4	14'0"X10'0"	1 CP 1 LA	3	EACH	130.35	1,918	2,048
5	15'0"X10'0"	1 CP 1 LA	3	EACH	130.35	2,055	2,185
	FOR BIRCH FINISH ADD 16%						
	FOR ASH OR OAK FINISH ADD 19%						
	FOR WALNUT FINISH ADD 31%						
	FOLDING DOORS PACKAGED BIFOLD W/HDW 6'8" W/2" TRIM-ROTARY LUAN						
	2 PANEL UNIT 1 3/8: THICK-ACTUAL SIZE						
6	23 1/2"X79"	1 CP	8	EACH	27.25	48.00	75.25
7	27 1/2"X79"	1 CP	8	EACH	27.25	51.00	78.25
8	29 1/2"X79"	1 CP	8	EACH	27.25	52.00	79.25
9	31 1/2"X79"	1 CP	8	EACH	27.25	54.00	81.25
10	35 1/2"X79"	1 CP	8	EACH	27.25	55.00	82.25
	4 PANEL UNIT 1 3/8" THICK-ACTUAL SIZE						
11	47"X79"	1 CP	7	EACH	31.14	83.00	114.14
12	59"X79"	1 CP	7	EACH	31.14	90.00	121.14
13	71"X79"	1 CP	7	EACH	31.14	96.00	127.14
	STAIN GRADE BIRCH/LUAN BACK						
	2 PANEL UNIT 1 3/8: THICK-ACTUAL SIZE						
14	23 1/2"X79"	1 CP	7	EACH	31.14	54.00	85.14
15	27 1/2"X79"	1 CP	7	EACH	31.14	57.00	88.14
16	29 1/2"X79"	1 CP	7	EACH	31.14	58.00	89.14
17	31 1/2"X79"	1 CP	7	EACH	31.14	63.00	94.14
18	35 1/2"X79"	1 CP	7	EACH	31.14	64.00	95.14
	4 PANEL UNIT 1 3/8" THICK-ACTUAL SIZE						
19	47"X79"	1 CP	7	EACH	31.14	96.00	127.14
20	59"X79"	1 CP	7	EACH	31.14	102.00	133.14
21	71"X79"	1 CP	7	EACH	31.14	110.00	141.14
	PACKAGED BIFOLD UNITS W/HARDWARE 6'8" HIGH						
	2 PANEL STATIONARY SLAT						
	LOUVRE WP PINE 1 1/8" THICK-ACTUAL SIZE						
22	23 1/2"X79"	1 CP	9	EACH	24.22	59.00	83.22
23	27 1/2"X79"	1 CP	9	EACH	24.22	66.00	90.22
24	29 1/2"X79"	1 CP	8	EACH	27.25	67.00	94.25
25	31 1/2"X79"	1 CP	8	EACH	27.25	69.00	96.25
26	35 1/2"X79"	1 CP	8	EACH	27.25	73.00	100.25
	4 PANEL UNIT 1 1/8" THICK-ACTUAL SIZE						
27	47"X79"	1 CP	8	EACH	27.25	115.00	142.25
28	59"X79"	1 CP	8	EACH	27.25	128.00	155.25
29	71"X79"	1 CP	8	EACH	27.25	142.00	169.25
	RAISED PANEL BOTTOM/TOP LOUVRE 2 PANEL UNITS 1 1/8: THICK-ACTUAL SIZE						
30	23 1/2"X79"	1 CP	8	EACH	27.25	69.00	96.25
31	27 1/2"X79"	1 CP	8	EACH	27.25	79.00	106.25
32	29 1/2"X79"	1 CP	8	EACH	27.25	80.00	107.25
33	35 1/2"X79"	1 CP	8	EACH	27.25	88.00	115.25
	4 PANEL UNIT 1 1/8" THICK-ACTUAL SIZE						
34	47"X79"	1 CP	7	EACH	31.14	132.00	163.14
35	59"X79"	1 CP	7	EACH	31.14	150.00	181.14
36	71"X79"	1 CP	7	EACH	31.14	168.00	199.14
	3 PANEL COLONIAL WP PINE 2 DOOR UNITS 1 1/8" THICK-ACTUAL SIZE						
37	23 1/2"X79"	1 CP	7	EACH	31.14	82.00	113.14
38	27 1/2"X79"	1 CP	7	EACH	31.14	98.00	129.14
39	29 1/2"X79"	1 CP	7	EACH	31.14	99.00	130.14
40	35 1/2"X79"	1 CP	7	EACH	31.14	110.00	141.14

8 DOORS & WINDOWS

LINE	DESCRIPTION	OUTPUT			UNIT COSTS		
		CREW	PER DAY	UNIT	LABOR	MATERIAL	TOTAL
	4 DOOR UNIT 1 1/8" THICK-ACTUAL SIZE						
1	47"X79"	1 CP	6	EACH	36.33	162.00	198.33
2	59"X79"	1 CP	6	EACH	36.33	188.00	224.33
3	71"X79"	1 CP	6	EACH	36.33	212.00	248.33
	1 3/4" GOOD GRADE BIRCH DOORS, SOLID WOOD CORE POLYWRAPPED						
4	2'6" X6'8"	1 CP	6	EACH	36.33	162.00	198.33
5	2'8" X6'8"	1 CP	6	EACH	36.33	168.00	204.33
6	3'0" X6'8"	1 CP	6	EACH	36.33	181.00	217.33
7	3'6" X6'8"	1 CP	6	EACH	36.33	199.00	235.33
8	3'8" X6'8"	1 CP	6	EACH	36.33	206.00	242.33
9	3'10"X6'8"	1 CP	6	EACH	36.33	214.00	250.33
10	4'0" X6'8"	1 CP	6	EACH	36.33	215.00	251.33
	FOR 7'0" HIGH DOORS ADD 6% MATERIAL						
	1 3/4" PREMIUM GRADE ROTARY CUT RED OAK						
11	2'6" X6'8"	1 CP	6	EACH	36.33	176.00	212.33
12	2'8" X6'8"	1 CP	6	EACH	36.33	184.00	220.33
13	3'0" X6'8"	1 CP	6	EACH	36.33	196.00	232.33
	FOR 7'0" HIGH DOORS ADD 7% MATERIAL						
	1 3/4" PREMIUM GRADE PLAIN SLICED WALNUT						
14	2'6" X6'8"	1 CP	5	EACH	43.60	250.00	293.60
15	2'8" X6'8"	1 CP	5	EACH	43.60	283.00	326.60
16	3'0" X6'8"	1 CP	5	EACH	43.60	305.00	348.60
	FOR 7'0" HIGH DOORS ADD 7% MATERIAL						
	METAL DOOR LOUVERS						
17	12"X10"	1 CP	16	EACH	13.63	36.00	49.63
18	12"X12"	1 CP	16	EACH	13.63	40.00	53.63
19	14"X14" & 16"X12"	1 CP	16	EACH	13.63	50.00	63.63
20	16"X16"	1 CP	14	EACH	15.57	57.00	72.57
21	18"X12"	1 CP	14	EACH	15.57	53.00	68.57
22	20"X12"	1 CP	12	EACH	18.17	56.00	74.17
23	20"X24"	1 CP	12	EACH	18.17	89.00	107.17
24	22"X16"	1 CP	10	EACH	21.80	65.00	86.80
25	24"X12"	1 CP	10	EACH	21.80	63.00	84.80
26	24"X20"	1 CP	10	EACH	21.80	90.00	111.80
27	24"X24"	1 CP	10	EACH	21.80	98.00	119.80
	5 PLY FIRE DOORS "B" LABEL MINERAL CORE GOOD GRADE ROTARY LUAN OR MAHOGANY 1 3/4" THICK						
28	2'6" X6'8"	1 CP	4	EACH	54.50	148.00	202.50
29	2'8" X6'8"	1 CP	4	EACH	54.50	154.00	208.50
30	3'0" X6'8"	1 CP	4	EACH	54.50	168.00	222.50
	FOR 7'0" HIGH DOORS ADD 5% MATERIAL						
	PREMIUM GRADE ROTARY RED OAK						
31	2'6" X6'8"	1 CP	3.5	EACH	62.29	161.00	223.29
32	2'8" X6'8"	1 CP	3.5	EACH	62.29	168.00	230.29
33	3'0" X6'8"	1 CP	3.5	EACH	62.29	181.00	243.29
	FOR 7'0" HIGH DOORS ADD 4% MATERIAL						
	GOOD GRADE ROTARY NATURAL BIRCH						
34	2'6" X6'8"	1 CP	4	EACH	54.50	148.00	202.50
35	2'8" X6'8"	1 CP	4	EACH	54.50	154.00	208.50
36	3'0" X6'8"	1 CP	4	EACH	54.50	168.00	222.50
37	3'6" X6'8"	1 CP	4	EACH	54.50	184.00	238.50
38	4'0" X6'8"	1 CP	3.5	EACH	62.29	202.00	264.29
	1 1/2" HR FIRE DOORS-MINERAL CORE "B" LABEL BIRCH 1 3/4"						
39	2'6" X6'8"	1 CP	4	EACH	54.50	182.00	236.50
40	2'8" X6'8"	1 CP	4	EACH	54.50	188.00	242.50
41	3'0" X6'8"	1 CP	4	EACH	54.50	202.00	256.50
42	3'6" X6'8"	1 CP	4	EACH	54.50	222.00	276.50
43	3'8" X6'8"	1 CP	4	EACH	54.50	229.00	283.50
44	3'10"X6'8"	1 CP	4	EACH	54.50	239.00	293.50
45	4'0" X6'8"	1 CP	4	EACH	54.50	240.00	294.50
	FOR 7' HIGH DOORS ADD 5%						

DOORS & WINDOWS

LINE	DESCRIPTION	OUTPUT CREW	PER DAY	UNIT	LABOR	MATERIAL	TOTAL
	1 1/2" HR FIRE DOORS-MINERAL "B" LABEL RED OAK 1 3/4"						
1	2'6" X 6'8"	1 CP	4	EACH	54.50	109.00	163.50
2	2'8" X 6'8"	1 CP	4	EACH	54.50	115.00	169.50
3	3'0" X 6'8"	1 CP	4	EACH	54.50	124.00	178.50
	FIRE & LABEL DOOR ACCESSORIES VISION PANEL FRAMES (INSTALLED) U/L APPROVED						
4	8"X12" & 10"X10"			EACH		32.00	32.00
5	3"X33 & 5"X20"			EACH		43.00	43.00
	UNDERWRITER APPROVED 1/4" MISCO WIRE GLASS (INSTALLED)						
6	8"X12" & 10"X10" METAL LITE			EACH		13.00	13.00
7	3"X33 & 5"X20" METAL LITE			EACH		23.00	23.00
8	"T" ASTRAGAL & METAL EDGE FOR 7' DOOR	1 CP	8	EACH	27.25	70.00	97.25
	FUSIBLE LINK DOOR LOUVER						
9	10"X10" & 12"X12"	1 CP	10	EACH	21.80	95.00	116.80
10	12"X18"	1 CP	10	EACH	21.80	100.00	121.80
11	14"X18"	1 CP	10	EACH	21.80	105.00	126.80
12	16"X12" & 18"X12"	1 CP	9	EACH	24.22	110.00	134.22
13	20"X12"	1 CP	9	EACH	24.22	102.00	126.22
14	26"X12"	1 CP	8	EACH	27.25	130.00	157.25
15	24"X24"	1 CP	7	EACH	31.14	165.00	196.14
	WOOD SOLID CORE DOORS-20 MIN. U/L LABEL 1 3/4" GOOD GRADE BIRCH						
16	2'6" X 6'8"	1 CP	5	EACH	43.60	162.00	205.60
17	2'8" X 6'8"	1 CP	5	EACH	43.60	170.00	213.60
18	3'0" X 6'8"	1 CP	5	EACH	43.60	181.00	224.60
19	3'6" X 6'8"	1 CP	5	EACH	43.60	199.00	242.60
20	3'8" X 6'8"	1 CP	5	EACH	43.60	206.00	249.60
21	3'10" X 6'8"	1 CP	5	EACH	43.60	214.00	257.60
	FOR 7' HIGH DOORS ADD 5%						
	1 3/4" PREMIUM ROTARY CUT RED OAK						
22	2'6" X 6'8"	1 CP	5	EACH	43.60	176.00	219.60
23	2'8" X 6'8"	1 CP	5	EACH	43.60	184.00	227.60
24	3'0" X 6'8"	1 CP	5	EACH	43.60	196.00	239.60
	FOR 7' HIGH DOORS ADD 5%						
	1 3/4" PREMIUM GR PLAIN SLICED WALNUT						
25	2'6" X 6'8"	1 CP	5	EACH	43.60	272.00	315.60
26	2'8" X 6'8"	1 CP	5	EACH	43.60	283.00	326.60
27	3'0" X 6'8"	1 CP	5	EACH	43.60	305.00	348.60
	FOR 7' HIGH DOORS ADD 5%						
	LOUVER DOORS W.P. 1 3/8" HEIGHTS-6'0", 6'6", 6'8"						
28	1'0"	1 CP	10	EACH	21.80	46.00	67.80
29	1'2" & 1'3"	1 CP	10	EACH	21.80	50.00	71.80
30	1'4"	1 CP	10	EACH	21.80	51.00	72.80
31	1'6"	1 CP	10	EACH	21.80	54.00	75.80
32	1'8"	1 CP	10	EACH	21.80	66.00	87.80
33	1'10" & 2'0"	1 CP	10	EACH	21.80	73.00	94.80
34	2'2" & 2'4"	1 CP	10	EACH	21.80	80.00	101.80
35	2'6"	1 CP	9	EACH	24.22	84.00	108.22
36	2'8"	1 CP	9	EACH	24.22	96.00	120.22
37	3'0"	1 CP	9	EACH	24.22	98.00	122.22
38	3'0" X 7'0" HIGH	1 CP	9	EACH	24.22	110.00	134.22
	LOUVER BI-FOLD DOORS 1 1/8" THICK, 2" STILES, RAILS, 6'8"						
39	9" TO 12"	1 CP	10	EACH	21.80	42.00	63.80
40	14" TO 16"	1 CP	10	EACH	21.80	39.00	60.80
41	18"	1 CP	10	EACH	21.80	41.00	62.80
42	20"	1 CP	10	EACH	21.80	43.00	64.80
43	22"	1 CP	9	EACH	24.22	45.00	69.22
44	24"	1 CP	9	EACH	24.22	47.00	71.22

DOORS & WINDOWS

LINE	DESCRIPTION	OUTPUT CREW	PER DAY	UNIT	UNIT COSTS LABOR	MATERIAL	TOTAL
	CAFE DOORS 1 1/8"						
1	2'4"X3'6"	1 CP	12	EACH	18.17	67.00	85.17
2	2'6"X3'6"	1 CP	12	EACH	18.17	69.00	87.17
3	2'8"X3'6"	1 CP	12	EACH	18.17	72.00	90.17
4	3'0"X3'6"	1 CP	12	EACH	18.17	76.00	94.17
	COLONIAL PONDEROSA PINE DOOR 6 RAISED PANELS 4 5/8" STILE, 1 3/4"						
5	2'4" & 2'6"X6'8"	1 CP	3	EACH	72.67	151.00	223.67
6	2'8"X6'8"	1 CP	3	EACH	72.67	165.00	237.67
7	2'10" & 3'0"X6'8"	1 CP	3	EACH	72.67	176.00	248.67
8	2'6"X7'0"	1 CP	3	EACH	72.67	169.00	241.67
9	2'8"X7'0"	1 CP	3	EACH	72.67	176.00	248.67
10	3'0"X7'0"	1 CP	3	EACH	72.67	190.00	262.67
	3 RAISED PANEL, 4 5/8" STILE, 1 3/8"						
11	1'6"X6'6"	1 CP	3	EACH	72.67	102.00	174.67
12	1/8"X6'6"	1 CP	3	EACH	72.67	107.00	179.67
	6 RAISED PANEL, 4 5/8" STILE, 1 3/8"						
13	1'10" & 2'0"X6'6"	1 CP	3	EACH	72.67	107.00	179.67
14	2'4"X6'6"	1 CP	3	EACH	72.67	116.00	188.67
15	2'6"X6'6"	1 CP	3	EACH	72.67	121.00	193.67
16	2'8"X6'6"	1 CP	3	EACH	72.67	125.00	197.67
17	3'0"X6'6"	1 CP	3	EACH	72.67	136.00	208.67
	3 RAISED PANEL, 2" STILE, 1 3/8"						
18	1'0"X6'8"	1 CP	3	EACH	72.67	57.00	129.67
19	1'2" & 1'3"X6'8"	1 CP	3	EACH	72.67	65.00	137.67
20	1'4"X6'8"	1 CP	3	EACH	72.67	67.00	139.67
21	1'6"X6'8"	1 CP	3	EACH	72.67	74.00	146.67
	6 RAISED PANEL, 4 5/8" STILE, 1 3/8"						
22	1'10" & 2'0"X6'8"	1 CP	3	EACH	72.67	107.00	179.67
23	2'2" & 2'4"X6'8"	1 CP	3	EACH	72.67	117.00	189.67
24	2'6"X6'8"	1 CP	3	EACH	72.67	122.00	194.67
25	2'8"X6'8"	1 CP	3	EACH	72.67	127.00	199.67
26	2'10" & 3'0"X6'8"	1 CP	3	EACH	72.67	136.00	208.67
	ENTRANCE DOOR PINE 3 HORIZ. LITES, 2 BOTTOM R PANELS						
27	2'8"X6'8" 1 3/4"	1 CP	4	EACH	54.50	170.00	224.50
28	3'0"X6'8" 1 3/4"	1 CP	4	EACH	54.50	182.00	236.50
29	2'8"X6'8" 1 3/8"	1 CP	4	EACH	54.50	147.00	201.50
30	3'0"X6'8" 1 3/8"	1 CP	4	EACH	54.50	158.00	212.50
	4 LITES, BOTTOM R PANELS						
31	2'8"X6'8" 1 3/4"	1 CP	4	EACH	54.50	175.00	229.50
32	2'8"X6'8" 1 3/8"	1 CP	4	EACH	54.50	152.00	206.50
	9 LITES, BOTTOM 2 VERT R PANELS						
33	2'8"X6'8" 1 3/4"	1 CP	4	EACH	54.50	210.00	264.50
34	3'0"X6'8" 1 3/4"	1 CP	4	EACH	54.50	222.00	276.50
	9 LITES, BOTTOM X-BUCK R PANELS						
35	2'8"X6'8" 1 3/4"	1 CP	4	EACH	54.50	246.00	300.50
36	3'0"X6'8" 1 3/4"	1 CP	4	EACH	54.50	250.00	304.50
37	3'0"X7'0" 1 3/4"	1 CP	4	EACH	54.50	276.00	330.50
	FRENCH DOORS 10 LITES 1/8" SAFETY GLASS						
38	2'0"X6'8" 1 3/8"	1 CP	4	EACH	54.50	182.00	236.50
	FRENCH DOORS 15 LITES 1/8" SAFETY GLASS						
39	2'6"X6'8"X1 3/4"	1 CP	4	EACH	54.50	218.00	272.50
40	2'8"X6'8"X1 3/4"	1 CP	4	EACH	54.50	234.00	288.50
41	3'0"X6'8"X1 3/4"	1 CP	4	EACH	54.50	239.00	293.50
42	2'6"X6'8"X1 3/8"	1 CP	4	EACH	54.50	196.00	250.50
43	2'8"X6'8"X1 3/8"	1 CP	4	EACH	54.50	201.00	255.50
44	3'0"X6'8"X1 3/8"	1 CP	4	EACH	54.50	202.00	256.50

DOORS & WINDOWS

LINE	DESCRIPTION	OUTPUT CREW	PER DAY	UNIT	LABOR	MATERIAL	TOTAL
	FRENCH DOORS 15 LITES, INSULATED GLASS						
1	2'6"X6'8"X1 3/4"	1 CP	4	EACH	54.50	390.00	444.50
2	2'8"X6'8"X1 3/4"	1 CP	4	EACH	54.50	400.00	454.50
3	3'0"X6'8"X1 3/4"	1 CP	4	EACH	54.50	412.00	466.50
	PINE DOOR - STORE TYPE 1 LITE 1 3/4"						
4	2'6"X6'8"	1 CP	6	EACH	36.33	150.00	186.33
5	2'8"X6'8"	1 CP	6	EACH	36.33	160.00	196.33
6	3'0"X6'8"	1 CP	6	EACH	36.33	166.00	202.33
7	2'6"X7'0"	1 CP	6	EACH	36.33	167.00	203.33
8	2'8"X7'0"	1 CP	6	EACH	36.33	176.00	212.33
9	3'0"X7'0"	1 CP	6	EACH	36.33	182.00	218.33
	FOR INSULATED GLASS ADD 70%						
	PINE DOOR 1 LITE RIM DOOR, INSULATED GLASS (9 5/8" BOTTOM RAIL & 4 5/8" STILES)						
10	2'0"X6'8" 1 3/4"	1 CP	5	EACH	43.60	189.00	232.60
11	2'6"X6'8" 1 3/4"	1 CP	5	EACH	43.60	205.00	248.60
12	2'8"X6'8" 1 3/4"	1 CP	5	EACH	43.60	208.00	251.60
13	3'0"X6'8" 1 3/4"	1 CP	5	EACH	43.60	217.00	260.60
	WHITE PINE SIDE LITES, 5 HORIZ. LITES UNSULATED						
14	11 7/8"X6'8" 1 3/8"	1 CP	4	EACH	54.50	99.00	153.50
	4 LITES, 1 RAISED PANEL INSULATED						
15	11 7/8"X6'8" 1 3/8"	1 CP	4	EACH	54.50	99.00	153.50
	SLIDING PATIO DOORS 4 9/16", INSULATED SAFETY GLASS, SCREEN, HARDWARE-WOOD						
	SINGLE FIXED PANEL						
16	2'6"X6'8"	1 CP 1 LA	4	EACH	97.76	280.00	377.76
17	3'0"X6'8"	1 CP 1 LA	4	EACH	97.76	330.00	427.76
18	4'0"X6'8"	1 CP 1 LA	3.5	EACH	111.73	385.00	496.73
	2 PANEL REVERSAL						
19	5'0"X6'8"	1 CP 1 LA	3.5	EACH	111.73	620.00	731.73
20	6'0"X6'8"	1 CP 1 LA	3	EACH	130.35	700.00	830.35
21	8'0"X6'8"	1 CP 1 LA	3	EACH	130.35	830.00	960.35
	3 PANEL CENTER SLIDE						
22	9'0"X6'8"	1 CP 1 LA	2.5	EACH	156.42	985.00	1,141
23	12'0"X6'8"	1 CP 1 LA	2.5	EACH	156.42	1,240	1,396
	SWING PATIO DOORS 5/8" CLEAR INSUL. GLASS						
24	2'6"X6'8"	1 CP 1 LA	4	EACH	97.76	320.00	417.76
25	3'0"X6'8"	1 CP 1 LA	4	EACH	97.76	350.00	447.76
26	5'0"X6'8"	1 CP 1 LA	3.5	EACH	111.73	780.00	891.73
27	6'0"X6'8"	1 CP 1 LA	3	EACH	130.35	830.00	960.35
28	7'6"X6'8"	1 CP 1 LA	3	EACH	130.35	1,110	1,240
29	9'0"X6'8"	1 CP 1 LA	2.5	EACH	156.42	1,150	1,306
	EXTERIOR FIR DOORS CARVED PANELS, VERTICAL GRAINED 1 SIDE, 1 1/8" - 3 PANELS (1 3/4", 10" TOP RAIL)						
30	2'6"X6'8" 7" STILE	1 CP	2	EACH	109.00	267.00	376.00
31	2'8"X6'8" 8" STILE	1 CP	2	EACH	109.00	268.00	377.00
32	3'0"X6'8" 10" STILE	1 CP	2	EACH	109.00	270.00	379.00
33	3'0"X7'0" 10" STILE	1 CP	2	EACH	109.00	279.00	388.00
	8 PANELS -(1 3/4", 5 3/8" TOP RAIL)						
34	2'6"X6'8" 4 7/16" STILE	1 CP	2	EACH	109.00	287.00	396.00
35	2'8"X6'8" 4 7/16" STILE	1 CP	2	EACH	109.00	288.00	397.00
36	3'0"X6'8" 5 3/8" STILE	1 CP	2	EACH	109.00	290.00	399.00
37	3'0"X7'0" 5 3/8" STILE	1 CP	2	EACH	109.00	300.00	409.00
	HOLLOW METAL DOORS FLUSH FIRE (NO HARDWARE)						
	1 3/8" 20GA FIBER CORE PLAIN						
38	2'0"X6'8"	1 CP	2	EACH	109.00	106.00	215.00
39	2'6"X6'8"	1 CP	2	EACH	109.00	110.00	219.00
40	3'0"X7'0"	1 CP	1.8	EACH	121.11	125.00	246.11
	1-3/8" 20 GA FIBER CORE GLAZED						
41	2'0"X6'8"	1 CP	2	EACH	109.00	136.00	245.00
42	2'6"X6'8"	1 CP	2	EACH	109.00	147.00	256.00
43	3'0"X7'0"	1 CP	1.8	EACH	121.11	156.00	277.11

DOORS & WINDOWS

LINE	DESCRIPTION	CREW	PER DAY	UNIT	LABOR	MATERIAL	TOTAL
	1 3/4" 20 GA FIBERCORE (1 1/2 HR B)						
1	2'6"X6'8"	1 CP	5	EACH	43.60	153.00	196.60
2	3'0"X7'0"	1 CP	5	EACH	43.60	179.00	222.60
	1 3/4" 186A FIBERCORE (1 1/2 HR B)						
3	2'6"X6'8"	1 CP	3.3	EACH	66.06	175.00	241.06
4	3'0"X7'0"	1 CP	3.3	EACH	66.06	187.00	253.06
5	3'6"X7'0"	1 CP	2	EACH	109.00	204.00	313.00
6	3'0"X8'0"	1 CP	2	EACH	109.00	226.00	335.00
7	4'0"X8'0"	1 CP	2	EACH	109.00	277.00	386.00
	1 3/4" 16 GA SOLIDCORE (3 HR A)						
8	2'6"X6'8"	1 CP	3.3	EACH	66.06	233.00	299.06
9	3'0"X7'0"	1 CP	2	EACH	109.00	262.00	371.00
10	3'6"X7'0"	1 CP	2	EACH	109.00	279.00	388.00
11	3'0"X8'0"	1 CP	2	EACH	109.00	340.00	449.00
12	4'0"X8'0"	1 CP	2	EACH	109.00	368.00	477.00
	1 3/4" 18 GA SOLIDCORE (3 HR A)						
13	2'6"X6'8"	1 CP	3.3	EACH	66.06	195.00	261.06
14	3'0"X7'0"	1 CP	3.3	EACH	66.06	219.00	285.06
15	3'6"X7'0"	1 CP	2	EACH	109.00	234.00	343.00
16	3'0"X8'0"	1 CP	2	EACH	109.00	285.00	394.00
17	4'0"X8'0"	1 CP	2	EACH	109.00	308.00	417.00
	LABELED DOORS - FULL FLUSH, STEEL, POLYSTYRENE CORE FACTORY MUTUAL APPROVED.						
18	20 GA 1 3/8" 2'8"X6'8"	1 CP	4	EACH	54.50	137.00	191.50
19	20 GA 1 3/8" 3'0"X6'8"	1 CP	4	EACH	54.50	145.00	199.50
20	20 GA 1 3/8" 2'8"X7'0"	1 CP	4	EACH	54.50	149.00	203.50
21	20 GA 1 3/8" 3'0"X7'0"	1 CP	4	EACH	54.50	158.00	212.50
22	18 GA 1 3/8" 2'8"X6'8"	1 CP	4	EACH	54.50	154.00	208.50
23	18 GA 1 3/8" 3'0"X6'8"	1 CP	4	EACH	54.50	164.00	218.50
24	18 GA 1 3/8" 2'8"X7'0"	1 CP	4	EACH	54.50	168.00	222.50
25	18 GA 1 3/8" 3'0"X7'0"	1 CP	4	EACH	54.50	177.00	231.50
26	20 GA 1 3/4" 2'8"X6'8"	1 CP	4	EACH	54.50	164.00	218.50
27	20 GA 1 3/4" 3'0"X6'8"	1 CP	4	EACH	54.50	172.00	226.50
28	20 GA 1 3/4" 2'8"X7'0"	1 CP	4	EACH	54.50	171.00	225.50
29	20 GA 1 3/4" 3'0"X7'0"	1 CP	4	EACH	54.50	180.00	234.50
30	18 GA 1 3/4" 2'8"X6'8"	1 CP	4	EACH	54.50	187.00	241.50
31	18 GA 1 3/4" 3'0"X6'8"	1 CP	4	EACH	54.50	197.00	251.50
32	18 GA 1 3/4" 2'8"X7'0"	1 CP	4	EACH	54.50	196.00	250.50
33	18 GA 1 3/4" 3'0"X7'0"	1 CP	4	EACH	54.50	207.00	261.50
34	16 GA 1 3/4" 2'8"X6'8"	1 CP	4	EACH	54.50	212.00	266.50
35	16 GA 1 3/4" 3'0"X6'8"	1 CP	4	EACH	54.50	224.00	278.50
36	16 GA 1 3/4" 2'8"X7'0"	1 CP	4	EACH	54.50	224.00	278.50
37	16 GA 1 3/4" 3'0"X7'0"	1 CP	4	EACH	54.50	233.00	287.50
38	14 GA 1 3/4" 2'8"X6'8"	1 CP	4	EACH	54.50	253.00	307.50
39	14 GA 1 3/4" 3'0"X6'8"	1 CP	4	EACH	54.50	267.00	321.50
40	14 GA 1 3/4" 2'8"X7'0"	1 CP	4	EACH	54.50	268.00	322.50
41	14 GA 1 3/4" 3'0"X7'0"	1 CP	4	EACH	54.50	281.00	335.50
	FULL FLUSH STEEL DOOR, NO SEAMS STEEL RIB CORE						
42	18 GA 1 3/4" 2'8"X6'8"	1 CP	3.8	EACH	57.37	225.00	282.37
43	18 GA 1 3/4" 3'0"X6'8"	1 CP	3.8	EACH	57.37	233.00	290.37
44	18 GA 1 3/4" 2'8"X7'0"	1 CP	3.8	EACH	57.37	233.00	290.37
45	18 GA 1 3/4" 3'0"X7'0"	1 CP	3.8	EACH	57.37	244.00	301.37
46	16 GA 1 3/4" 2'8"X6'8"	1 CP	3.8	EACH	57.37	257.00	314.37
47	16 GA 1 3/4" 3'0"X6'8"	1 CP	3.8	EACH	57.37	268.00	325.37
48	16 GA 1 3/4" 2'8"X7'0"	1 CP	3.8	EACH	57.37	268.00	325.37
49	16 GA 1 3/4" 3'0"X7'0"	1 CP	3.8	EACH	57.37	278.00	335.37
50	14 GA 1 3/4" 2'8"X6'8"	1 CP	3.8	EACH	57.37	321.00	378.37
51	14 GA 1 3/4" 3'0"X6'8"	1 CP	3.8	EACH	57.37	335.00	392.37
52	14 GA 1 3/4" 2'8"X7'0"	1 CP	3.8	EACH	57.37	334.00	391.37
53	14 GA 1 3/4" 3'0"X7'0"	1 CP	3.8	EACH	57.37	348.00	405.37
	LABELED DOORS - FULL FLUSH, STEEL, STEEL RIB CORE, FACTORY MUTUAL APPROVED						
54	18 GA 1 3/4" 2'8"X6'8"	1 CP	3.8	EACH	57.37	198.00	255.37
55	18 GA 1 3/4" 3'0"X6'8"	1 CP	3.8	EACH	57.37	206.00	263.37
56	18 GA 1 3/4" 2'8"X7'0"	1 CP	3.8	EACH	57.37	205.00	262.37
57	18 GA 1 3/4" 3'0"X7'0"	1 CP	3.8	EACH	57.37	212.00	269.37

DOORS & WINDOWS

LINE	DESCRIPTION	CREW	PER DAY	UNIT	LABOR	MATERIAL	TOTAL
	UL LABELED DOORS, FULL FLUSH, STEEL, STEEL RIB CORE						
1	18 GA 1 3/4" 2'8"X6'8"	1 CP	3.8	EACH	57.37	216.00	273.37
2	18 GA 1 3/4" 3'0"X6'8"	1 CP	3.8	EACH	57.37	223.00	280.37
3	18 GA 2'8"X7'0"	1 CP	3.8	EACH	57.37	222.00	279.37
4	18 GA 1 3/4" 3'0"X7'0"	1 CP	3.8	EACH	57.37	230.00	287.37
5	16 GA 1 3/4" 2'8"X6'8"	1 CP	3.8	EACH	57.37	249.00	306.37
6	16 GA 1 3/4" 3'0"X6'8"	1 CP	3.8	EACH	57.37	256.00	313.37
7	16 GA 1 3/4" 2'8"X7'0"	1 CP	3.8	EACH	57.37	255.00	312.37
8	16 GA 1 3/4" 3'0"X7'0"	1 CP	3.8	EACH	57.37	265.00	322.37
	FULL FLUSH STEEL DOOR, NO SEAMS 250 TEMPERATURE RISE (MINERAL COMPOSITION CORE)						
9	18 GA 1 3/4" 2'8"X6'8"	1 CP	4	EACH	54.50	331.00	385.50
10	18 GA 1 3/4" 3'0"X6'8"	1 CP	4	EACH	54.50	349.00	403.50
11	18 GA 1 3/4" 2'8"X7'0"	1 CP	4	EACH	54.50	335.00	389.50
12	18 GA 1 3/4" 3'0"X7'0"	1 CP	4	EACH	54.50	354.00	408.50
13	16 GA 1 3/4" 2'8"X6'8"	1 CP	4	EACH	54.50	380.00	434.50
14	16 GA 1 3/4" 3'0"X6'8"	1 CP	4	EACH	54.50	401.00	455.50
15	16 GA 1 3/4" 2'8"X7'0"	1 CP	4	EACH	54.50	385.00	439.50
16	16 GA 1 3/4" 3'0"X7'0"	1 CP	4	EACH	54.50	406.00	460.50
	UL LABELED DOORS, FULL FLUSH, NO SEAMS, 250 TEM-PERATURE RISE (MINERAL COMPOSITION CORE)						
17	18 GA 1 3/4" 2'8"X6'8"	1 CP	3.8	EACH	57.37	348.00	405.37
18	18 GA 1 3/4" 3'0"X6'8"	1 CP	3.8	EACH	57.37	368.00	425.37
19	18 GA 1 3/4" 2'8"X7'0"	1 CP	3.8	EACH	57.37	353.00	410.37
20	18 GA 1 3/4" 3'0"X7'0"	1 CP	3.8	EACH	57.37	372.00	429.37
21	16 GA 1 3/4" 2'8"X6'8"	1 CP	4	EACH	54.50	400.00	454.50
22	16 GA 1 3/4" 3'0"X6'8"	1 CP	4	EACH	54.50	422.00	476.50
23	16 GA 1 3/4" 2'8"X7'0"	1 CP	4	EACH	54.50	405.00	459.50
24	16 GA 1 3/4" 3'0"X7'0"	1 CP	4	EACH	54.50	427.00	481.50
	FULL LOUVERED STEEL DOOR (POLYSTYRENE CORE)						
25	18 GA 1 3/4" 2'8"X6'8"	1 CP	4	EACH	54.50	536.00	590.50
26	16 GA 1 3/4" 2'8"X6'8"	1 CP	4	EACH	54.50	563.00	617.50
27	14 GA 1 3/4" 2'8"X6'8"	1 CP	4	EACH	54.50	610.00	664.50
28	18 GA 1 3/4" 3'0"X6'8"	1 CP	4	EACH	54.50	585.00	639.50
29	16 GA 1 3/4" 3'0"X6'8"	1 CP	4	EACH	54.50	611.00	665.50
30	14 GA 1 3/4" 3'0"X6'8"	1 CP	4	EACH	54.50	662.00	716.50
31	18 GA 1 3/4" 2'8"X7'0"	1 CP	4	EACH	54.50	569.00	623.50
32	16 GA 1 3/4" 2'8"X7'0"	1 CP	4	EACH	54.50	574.00	628.50
33	14 GA 1 3/4" 2'8"X7'0"	1 CP	4	EACH	54.50	647.00	701.50
34	18 GA 1 3/4" 3'0"X7'0"	1 CP	4	EACH	54.50	616.00	670.50
35	16 GA 1 3/4" 3'0"X7'0"	1 CP	4	EACH	54.50	644.00	698.50
36	14 GA 1 3/4" 3'0"X7'0"	1 CP	4	EACH	54.50	697.00	751.50
	STEEL BI-FOLD DOORS WITH HARDWARE AND SPLIT TRACK MIRROR FACED DOORS - 2 PANELS						
37	20"X68"	1 CP	8	EACH	27.25	99.00	126.25
38	26"X68"	1 CP	7	EACH	31.14	121.00	152.14
39	30"X68"	1 CP	6	EACH	36.33	134.00	170.33
	6 PANELS						
40	20"X68"	1 CP	8	EACH	27.25	43.00	70.25
41	26"X68"	1 CP	7	EACH	31.14	49.00	80.14
42	30"X68"	1 CP	6	EACH	36.33	56.00	92.33
43	40"X68"	1 CP	6	EACH	36.33	80.00	116.33
44	50"X68"	1 CP	5	EACH	43.60	93.00	136.60
45	60"X68"	1 CP	5	EACH	43.60	102.00	145.60
	8 PANEL						
46	20"X68"	1 CP	8	EACH	27.25	40.00	67.25
47	26"X68"	1 CP	7	EACH	31.14	48.00	79.14
48	30"X68"	1 CP	6	EACH	36.33	52.00	88.33
49	40"X68"	1 CP	6	EACH	36.33	77.00	113.33
50	50"X68"	1 CP	5	EACH	43.60	84.00	127.60
51	60"X68"	1 CP	5	EACH	43.60	95.00	138.60

DOORS & WINDOWS

LINE	DESCRIPTION	OUTPUT CREW	PER DAY	UNIT	LABOR	MATERIAL	TOTAL
	FULL-LOUVERED						
1	16"X68"	1 CP	8	EACH	27.25	36.00	63.25
2	20"X68"	1 CP	6	EACH	36.33	38.00	74.33
3	26"X68"	1 CP	6	EACH	36.33	43.00	79.33
4	30"X68"	1 CP	5	EACH	43.60	48.00	91.60
5	40"X68"	1 CP	5	EACH	43.60	69.00	112.60
6	50"X68"	1 CP	5	EACH	43.60	82.00	125.60
7	60"X68"	1 CP	4	EACH	54.50	92.00	146.50
	FLUSH BI-FOLD						
8	16"X68"	1 CP	8	EACH	27.25	32.00	59.25
9	20"X68"	1 CP	6	EACH	36.33	37.00	73.33
10	26"X68"	1 CP	6	EACH	36.33	42.00	78.33
11	30"X68"	1 CP	5	EACH	43.60	47.00	90.60
12	40"X68"	1 CP	5	EACH	43.60	65.00	108.60
13	50"X68"	1 CP	5	EACH	43.60	75.00	118.60
14	60"X68"	1 CP	4	EACH	54.50	83.00	137.50
	** HARDWARE & SPECIALTIES-HOLLOW METAL DOORS **						
15	LOCKSET STANDARD LATCH BOLT	1 CP	8	EACH	27.25	35.26	62.51
16	LOCKSET STANDARD KEYED LATCH BOLT	1 CP	8	EACH	27.25	61.73	88.98
17	LOCKSET HEAVY DUTY LATCH BOLT	1 CP	8	EACH	27.25	95.68	122.93
18	LOCKSET HEAVY DUTY KEYED LATCH BOLT	1 CP	8	EACH	27.25	150.80	178.05
19	SURFACE LATCH	1 CP	15	EACH	14.53	50.96	65.49
20	HEAVY DUTY MORTICE LOCKSET W/LOCK	1 CP	8	EACH	27.25	146.64	173.89
21	HEAVY DUTY MORTICE LOCKSET W/O LOCK	1 CP	8	EACH	27.25	87.36	114.61
22	HEAVY DUTY MORTICE DEAD BOLT LOCK PULL PLATE	1 CP	5	EACH	43.60	185.12	228.72
23	HEAVY DUTY MORTICE DEAD BOLT LOCK PULL BAR	1 CP	4	EACH	54.50	468.00	522.50
24	PUSH PLATE & PULL PLATE	1 CP	12	EACH	18.17	72.80	90.97
25	PULL HANDLE & PUSH BAR SET	1 CP	10	EACH	21.80	204.88	226.68
26	PUSH & PULL BAR SET	1 CP	10	EACH	21.80	364.00	385.80
27	ANTI-PANIC MORTICE DEVICE SINGLE DOOR	1 CP	8	EACH	27.25	436.80	464.05
28	ANTI-PANIC VERT ROD MORTICE DEVICE DBL DOOR	1 CP	6	EACH	36.33	884.00	920.33
29	REMOVABLE HOLLOW METAL MULLIONS	1 CP	5	EACH	43.60	166.40	210.00
30	KICK PLATE BRONZE 6"X30"	1 CP	16	EACH	13.63	360.88	374.51
31	KICK PLATE ALUMINUM 6"X30'	1 CP	16	EACH	13.63	16.64	30.27
32	STAMPED DOOR LOUVER 12"X 12"	1 CP	10	EACH	21.80	72.80	94.60
33	GRID DOOR LOUVER 12"X8"	1 CP	10	EACH	21.80	81.12	102.92
34	STANDARD DOOR CLOSERS	1 CP	6	EACH	36.33	102.96	139.29
35	STANDARD DOOR CLOSER FUSIBLE LINK ARM	1 CP	6	EACH	36.33	166.40	202.73
36	HEAVY DUTY DOOR CLOSER	1 CP	5.5	EACH	39.64	131.04	170.68
37	HEAVY DUTY DOOR CLOSER FUSIBLE LINK ARM	1 CP	5.5	EACH	39.64	193.44	233.08
	** WEATHERSTRIPPING **						
	DOORS 3'X7'						
38	ZINC	1 CP	4	OPNG	54.50	21.82	76.32
39	ZINC - HEAVY DUTY	1 CP	3.5	OPNG	62.29	24.29	86.58
40	BRONZE	1 CP	4	OPNG	54.50	42.50	97.00
	6'X7'						
41	ZINC	1 CP	3	OPNG	72.67	24.29	96.96
42	ZINC - HEAVY DUTY	1 CP	2.5	OPNG	87.20	27.85	115.05
43	BRONZE	1 CP	3	OPNG	72.67	47.34	120.01
	WINDOWS 3'X5'						
44	ZINC	1 CP	6	OPNG	36.33	15.75	52.08
45	ZINC - HEAVY DUTY	1 CP	5.5	OPNG	39.64	18.00	57.64
46	BRONZE	1 CP	6	OPNG	36.33	30.36	66.69
	3'X7'						
47	ZINC	1 CP	5	OPNG	43.60	20.20	63.80
48	ZINC - HEAVY DUTY	1 CP	4.5	OPNG	48.44	23.10	71.54
49	BRONZE	1 CP	5	OPNG	43.60	38.77	82.37

DOORS & WINDOWS

LINE	DESCRIPTION	OUTPUT CREW	PER DAY	UNIT	LABOR	MATERIAL	TOTAL
1	VISION LIGHTS 10"X10" ALUMINUM FRAME	1 CP	5	EACH	43.60	39.31	82.91
2	VISION LIGHTS 10"X10" UL DOORS STEEL FRAME	1 CP	5	EACH	43.60	90.64	134.24
3	DOOR ASTRAGAL	1 CP	20	EACH	10.90	39.31	50.21
	** SPECIAL PURPOSE DOORS **						
	STATIC SHIELDED DOORS						
4	3'0"X6'8"	1 CP	1.3	EACH	167.69	477.00	644.69
5	3'0"X7'0"	1 CP	1.3	EACH	167.69	510.00	677.69
6	3'6"X7'0"	1 CP	1.3	EACH	167.69	535.00	702.69
7	4'0"X7'0"	1 CP	1.3	EACH	167.69	573.00	740.69
	SWING PATIO DOORS WOOD						
8	5'6"X6'8" W/SCREENS	1 CP	0.8	EACH	272.50	435.00	707.50
9	6'0"X6'8"	1 CP	0.8	EACH	272.50	461.00	733.50
10	7'6"X6'8"	1 CP	0.5	EACH	436.00	612.00	1,048
11	9'0"X6'8"	1 CP	0.5	EACH	436.00	640.00	1,076
	RAILROAD DOORS						
12	BI-FOLD	3 SI	124	SQ FT	5.70	28.65	34.35
13	VERTICAL LIFT	3 SI	124	SQ FT	5.70	32.75	38.45
14	ROLLING STEEL	3 SI	124	SQ FT	5.70	14.05	19.75
15	OPERATORS W/ELEC CONN.	4 EL	1	EACH	1,036	3,182	4,218
	TURNOVER CANOPY DOORS						
16	MECHANICAL	1 SI	55	SQ FT	4.28	22.25	26.53
17	ELECTRICAL	1 SI	45	SQ FT	5.24	25.50	30.74
	BASEMENT ACCESS DOORS, INSTALL OVER PREPARED OPENING. STEEL WITH 1 SHOP COAT PAINT. LENGTH IS DISTANCE FROM BASEMENT WALL. WIDTH IS TOTAL OPENING OF DOUBLE DOORS. HEIGHT IS HEIGHT OF UNIT AT BASEMENT WALL.						
	LENGTH WIDTH HEIGHT						
18	4'10" 3'11" 2'6"	2 SI	7	EACH	67.31	182.50	249.81
19	5'4" 4'3" 1'10"	2 SI	6.8	EACH	69.29	186.90	256.19
20	6'0" 4'7" 1'8"	2 SI	6.7	EACH	70.33	204.70	275.03
21	3'7" 4'3" 4'4"	2 SI	6.6	EACH	71.39	210.00	281.39
	HATCH SIDEWALK GUTTER TYPE DOOR						
22	SINGLE LEAF 2'X2'	1 CP	4	EACH	54.50	308.00	362.50
23	SINGLE LEAF 3'6"X3'6"	1 CP	4	EACH	54.50	506.00	560.50
24	DOUBLE LEAF 4'X4'	1 CP	3	EACH	72.67	665.00	737.67
25	DOUBLE LEAF 5'X5'	1 CP	3	EACH	72.67	876.00	948.67
	LOUVERED WOOD DOORS						
26	14" X 24"	1 CP	14	EACH	15.57	43.15	58.72
27	14" X 29"	1 CP	14	EACH	15.57	47.30	62.87
	POCKET DOOR, WITH FRAME 3'0"X6'8"						
28	BIRCH	1 CP	3	EACH	72.67	108.00	180.67
29	LUAUN	1 CP	3	EACH	72.67	96.00	168.67
	SLIDING DOORS, GLASS 6'X7'						
30	STANDARD	1 SI	1.7	EACH	138.59	551.00	689.59
31	DELUXE	1 SI	1.7	EACH	138.59	1,215	1,354
	PATIO DOORS WOOD FRAMED-PRIMED HARDWARE, 7/8" TEMPERED INSULATED GLASS-THERMAL BREAK						
32	5'2"X6'8"	1 CP 1 LA	2.5	EACH	156.42	452.00	608.42
33	6'0"X6'8"	1 CP 1 LA	2.5	EACH	156.42	461.00	617.42
34	8'0"X6'8"	1 CP 1 LA	2	EACH	195.52	535.00	730.52
	HINGED PATIO DOOR WOOD FRAMED, 3/4" TEMPERED GLASS-THERMAL BREAK						
35	6'9"X5'3"	1 CP 1 LA	2.5	EACH	156.42	632.00	788.42
36	6'9"X6'11"	1 CP 1 LA	2.5	EACH	156.42	692.00	848.42
37	6'9"X8'11 7/8"	1 CP 1 LA	2	EACH	195.52	1,066	1,262
	LOCKING HARDWARE PACKAGE ADD $42/UNIT						
	PATIO DOOR, INSULATED-METAL CLAD W/HARDWARE 4 1/2" JAMB-PREHUNG, 7/8" INSULATED GLASS						
38	5'0"X6'8"	1 CP 1 LA	2.5	EACH	156.42	470.00	626.42
39	6'0"X6'8"	1 CP 1 LA	2.5	EACH	156.42	516.00	672.42
40	7'6"X6'8"	1 CP 1 LA	2	EACH	195.52	676.00	871.52
41	9'0"X6'8"	1 CP 1 LA	2	EACH	195.52	756.00	951.52
	FOR SCREEN DOOR, ADD $90.00						

1988 DODGE UNIT COST DATA

DOORS & WINDOWS

LINE	DESCRIPTION	OUTPUT CREW	PER DAY	UNIT	LABOR	MATERIAL	TOTAL
	GLASS PATIO DOORS VINYL, SCREEN, 1" INSUL. GLASS						
1	5'0"X6'8"	1 CP 1 LA	2	EACH	195.52	802.00	997.52
2	6'0"X6'8"	1 CP 1 LA	2	EACH	195.52	856.00	1,052
3	8'0"X6'8"	1 CP 1 LA	2	EACH	195.52	1,200	1,396
	FOR TRIPLE GLAZING ADD 10%						
	STORM DOOR FOR ROLLING GLASS DOORS						
4	5'0"X6'8"	1 CP 1 LA	3	EACH	130.35	200.00	330.35
5	6'0"X6'8"	1 CP 1 LA	3	EACH	130.35	202.00	332.35
6	8'0"X6'8"	1 CP 1 LA	3	EACH	130.35	318.00	448.35
7	9'0"X6'8"	1 CP 1 LA	4	EACH	97.76	446.00	543.76
8	12'0"X6'8"	1 CP 1 LA	4	EACH	97.76	518.00	615.76
	GLASS PATIO DOOR PRIME ALUMINUM, 5/8" INSULATED-HARDWARE						
9	5'0"X6'8"	1 CP 1 LA	3	EACH	130.35	352.00	482.35
10	6'0"X6'8"	1 CP 1 LA	3	EACH	130.35	354.00	484.35
11	8'0"X6'8"	1 CP 1 LA	2	EACH	195.52	540.00	735.52
12	9'0"X6'8"	1 CP 1 LA	2	EACH	195.52	654.00	849.52
	FOR BRONZE TINTED GLASS ADD 33%						
	COMBINATION STORM AND SCREEN DOOR INSULATED SOLID CORE-GRILL						
13	32"X80" AND 36"	1 CP	5	EACH	43.60	342.00	385.60
	PATIO DOOR-VINYL SHEATHED WOOD-FRAMED DOOR OPERATING HARDWARE						
14	5'0"X6'8" 2 PANEL	1 CP 1 LA	2.5	EACH	156.42	781.00	937.42
15	6'0"X6'8" 2 PANEL	1 CP 1 LA	2.5	EACH	156.42	920.00	1076.42
16	6'0"X6'10" 2 PANEL	1 CP 1 LA	2.5	EACH	156.42	891.00	1047.42
17	8'0"X6'10" 2 PANEL	1 CP 1 LA	2	EACH	195.52	1,170	1,366
18	8'11"X6'11" 2 PANEL	1 CP 1 LA	2	EACH	195.52	1,318	1,514
19	12'0"X6'11" 2 PANEL	1 CP 1 LA	2	EACH	195.52	1,642	1,838
	ALUMINUM SLIDING PATIO DOOR 1" INSULATING GLASS WITH THERMAL BREAK-SCREEN HARDWARE						
20	5'0"X6'10"	1 SI 1 LA	3	EACH	136.21	810.00	946.21
21	5'0"X8'0"	1 SI 1 LA	2.8	EACH	145.94	870.00	1,016
22	6'0"X8'0"	1 SI 1 LA	2.5	EACH	163.46	977.00	1,140
23	8'0"X8'0"	1 SI 1 LA	2	EACH	204.32	1,389	1,593
24	9'0"X8'0"	1 SI 1 LA	2	EACH	204.32	1,400	1,604
25	12'0"X8'0"	1 SI 1 LA	1.8	EACH	227.02	1,983	2,210
26	PNEUMATIC SLIDE DOORS 8' WIDE COMPLETE UNIT	2 CP 1 LA	1.1	EACH	553.67	5,360	5,914
27	PNEUMATIC SLIDE DOORS 10' WIDE COMPLETE UNIT	2 CP 1 LA	1	EACH	609.04	5,735	6,344
	EMERGENCY FIRE-LIFE SAFETY DOOR CONTROLS						
28	SINGLE DOOR BUTTON CONTROL	1 CP 1 EL	2	EACH	238.48	927.00	1,165
29	DOUBLE DOOR BUTTON CONTROL	1 CP 1 EL	1.4	EACH	340.69	1,737	2,078
30	DOOR HOLDER RELEASE W/SMOKE DETECTOR	1 CP 1 EL	4.6	EACH	103.69	809.00	912.69
	VAULT DOORS-FIRE RATED						
31	32"X78" 1 HOUR	1 CP 1 LA	2	EACH	195.52	2,260	2,456
32	40"X40" 1 HOUR	1 CP 1 LA	2	EACH	195.52	2,400	2,596
33	32"X78" 2 HOUR	1 CP 1 LA	2	EACH	195.52	2,345	2,541
34	40"X78" 2 HOUR	1 CP 1 LA	2	EACH	195.52	2,620	2,816
35	32"X78" 4 HOUR	1 CP 1 LA	2	EACH	195.52	2,510	2,706
36	40"X78" 4 HOUR	1 CP 1 LA	2	EACH	195.52	2,905	3,101
37	32"X78" 6 HOUR	1 CP 1 LA	2	EACH	195.52	2,995	3,191
	VAULT DOOR OPTIONS						
38	DAY GATE	1 CP 1 LA	6	EACH	65.17	1,100	1,165
39	AUTOMATIC DOOR CLOSER	1 CP 1 LA	4	EACH	97.76	1,000	1,098
	WIRE MESH DOORS SWINGING						
40	3'X7'	1 CP	2	EACH	109.00	364.00	473.00
41	3'X10'	1 CP	2	EACH	109.00	426.00	535.00
	SLIDING						
42	3'X7'	1 CP	2	EACH	109.00	505.00	614.00
43	3'X10'	1 CP	2	EACH	109.00	514.00	623.00
44	6'X7'	1 CP	2	EACH	109.00	537.00	646.00
45	6'X10'	1 CP	2	EACH	109.00	658.00	767.00

DOORS & WINDOWS

LINE	DESCRIPTION	OUTPUT CREW	PER DAY	UNIT	LABOR	MATERIAL	TOTAL
	LEAD LINED DOORS,						
1	3'0"X6'8"	1 CP	1.3	EACH	167.69	404.00	571.69
2	3'0"X7'0"	1 CP	1.3	EACH	167.69	577.00	744.69
3	3'6"X7'0"	1 CP	1.3	EACH	167.69	598.00	765.69
4	4'0"X7'0"	1 CP	1.3	EACH	167.69	645.00	812.69
	TIN CLAD DOORS, SLIDING 3 PLY 6'0"X7'0"						
5	MANUAL	2 CP	2	PAIR	218.00	1,740	1,958
6	ELECTRIC	2 CP	1.8	PAIR	242.22	2,958	3,200
	COOLER DOORS, INSULATED W/HARDWARD & GASKET						
7	2'6"X6'8" SINGLE	2 CP	1.5	EACH	290.67	408.00	698.67
8	3'0"X6'8" SINGLE	2 CP	1.5	EACH	290.67	424.00	714.67
9	2'6"X7'0" SINGLE	2 CP	1.3	EACH	335.38	445.00	780.38
10	3'0"X7'0" SINGLE	2 CP	1.3	EACH	335.38	510.00	845.38
11	2/2'6"X7' PAIR	2 CP	0.8	PAIR	545.00	640.00	1,185
12	2/3'0"X7' PAIR	2 CP	0.8	PAIR	545.00	710.00	1,255
	ROLL UP GRILLES, MANUALLY OPERATED						
13	ALUMINUM ROLL-UP-MANUAL 4 TO 10 SQ FT	1 SI	80	SQ FT	2.95	24.50	27.45
14	ALUMINUM ROLL-UP MANUAL 11-30 SQ FT	1 SI	80	SQ FT	2.95	21.50	24.45
15	ALUMINUM ROLL-UP MANUAL 31-50 SQ FT	1 SI	80	SQ FT	2.95	16.50	19.45
	ALUMINUM ROLL UP GRILLE MANUAL CRANK						
16	20 TO 60 SQ FT	1 SI	80	SQ FT	2.95	16.50	19.45
17	61 TO 80 SQ FT	1 SI	80	SQ FT	2.95	15.50	18.45
18	81 TO 100 SQ FT	1 SI	80	SQ FT	2.95	14.50	17.45
	FOLDING STEEL GATE MAXIMUM EXTENSION SINGLE						
19	5' WIDE 6' HIGH	1 SI 1 LA	0.5	EACH	817.28	350.00	1,167
20	7' WIDE 6' HIGH	1 SI 1 LA	0.5	EACH	817.28	376.00	1,193
21	9' WIDE 6' HIGH	1 SI 1 LA	0.5	EACH	817.28	427.00	1,244
	FOLDING STEEL MAXIMUM EXTENSION DOUBLE						
22	9' WIDE 6' HIGH	1 SI 1 LA	0.5	EACH	817.28	547.00	1,364
23	11' WIDE 6' HIGH	1 SI 1 LA	0.4	EACH	1,022	595.00	1,617
24	13' WIDE 6' HIGH	1 SI 1 LA	0.4	EACH	1,022	745.00	1,767
	STORM AND SCREEN COMBINATION DOORS, RESIDENTIAL						
25	ALUMINUM	1 CP	3.5	EACH	62.29	228.00	290.29
26	WOOD	1 CP	3.5	EACH	62.29	155.00	217.29
	JALOUSIE DOORS W/GLASS-SCREEN & HARDWARE						
27	30"X80"	2 CP	3.2	EACH	136.25	158.00	294.25
28	32"X80"	2 CP	3.2	EACH	136.25	161.00	297.25
29	36"X80"	2 CP	3.2	EACH	136.25	163.00	299.25
	PATIO STORM DOORS-ALUMINUM						
	WHITE						
30	5'-0" X 6'-8" TEMPERED GLASS	1 SI 1 LA	3	EACH	136.21	114.50	250.71
31	6'-0" X 6'-8" TEMPERED GLASS	1 SI 1 LA	2.8	EACH	145.94	127.50	273.44
32	8'-0" X 6'-8" TEMPERED GLASS	1 SI 1 LA	2.8	EACH	145.94	176.00	321.94
	**** OVERHEAD DOORS ** **						
	INDUSTRIAL RATED OVERHEAD DOORS						
	WOOD 1 3/4"						
33	8'X8' STANDARD	1 CP	0.8	EACH	272.50	267.00	539.50
34	12'X12' STANDARD	1 CP	0.5	EACH	436.00	600.00	1,036
35	8'X8' DELUXE	1 CP	0.8	EACH	272.50	347.00	619.50
36	12'X12' DELUXE	1 CP	0.5	EACH	436.00	675.00	1,111
37	12'X16' DELUXE	1 CP	0.5	EACH	436.00	990.00	1,426
38	20'X8' DELUXE	1 CP	0.5	EACH	436.00	917.00	1,353
	HEAVY DUTY WOOD						
39	18'X18'	1 CP	0.3	EACH	726.67	2,335	3,062
40	20'X20'	1 CP	0.3	EACH	726.67	2,764	3,491
	FIBERGLASS AND ALUMINUM						
41	12'X12'	1 CP	0.8	EACH	272.50	1,316	1,589
42	20'X20' HEAVY DUTY, SECTIONED	1 CP	0.3	EACH	726.67	2,978	3,705
	STEEL						
43	12'X12' HEAVY DUTY	1 CP	0.8	EACH	272.50	1,115	1,388

1988 DODGE UNIT COST DATA

8 DOORS & WINDOWS

LINE	DESCRIPTION	CREW	PER DAY	UNIT	LABOR	MATERIAL	TOTAL
	GARAGE DOORS RESIDENTIAL COMPLETE W/HARDWARE						
	WOOD FLUSH INSULATED 1 1/4" THICK						
1	9'X7'	1 CP 1 LA	4	EACH	97.76	275.00	372.76
2	16'X7'	1 CP 1 LA	3	EACH	130.35	514.00	644.35
	WOOD RAISED PANEL 1 3/8" THICK						
3	9'X7'	1 CP 1 LA	4	EACH	97.76	294.00	391.76
4	16'X7'	1 CP 1 LA	3	EACH	130.35	602.00	732.35
5	1 ROW GLAZED	1 CP 1 LA	4	EACH	97.76	243.00	340.76
6	WEATHER SEAL KIT	1 CP	8	EACH	27.25	25.50	52.75
	WEATHERSTRIP SETS - 1-3/4" WHITE VINYL						
7	9'X7'	1 CP	8	EACH	27.25	15.50	42.75
8	16'X7'	1 CP	7	EACH	31.14	18.50	49.64
	VERTICAL LIFT DOORS						
9	MECHANICAL	1 SI	60	SQ FT	3.93	24.45	28.38
10	ELECTRICAL	1 SI	55	SQ FT	4.28	26.50	30.78
	** STOREFRONTS **						
	ALUMINUM ENTRANCE						
	FRAMES						
11	3'X7' PLAIN	1 CP	3	EACH	72.67	176.00	248.67
12	6'X7' PLAIN	1 CP	2.4	EACH	90.83	193.00	283.83
13	3'X7' COLORED	1 CP	3	EACH	72.67	235.00	307.67
14	6'X7' COLORED	1 CP	2.4	EACH	90.83	262.00	352.83
	WITH TRANSOM						
15	3'X10' PLAIN	1 CP	2.4	EACH	90.83	235.00	325.83
16	6'X10' PLAIN	1 CP	2	EACH	109.00	250.00	359.00
17	3'X10' COLORED	1 CP	2.4	EACH	90.83	289.00	379.83
18	6'X10' COLORED	1 CP	2	EACH	109.00	315.00	424.00
	WITH SIDELITES						
19	5'X7' PLAIN	1 CP	2	EACH	109.00	325.00	434.00
20	8'X7' PLAIN	1 CP	1.8	EACH	121.11	354.00	475.11
21	5'X7' COLORED	1 CP	2	EACH	109.00	386.00	495.00
22	8'X7' COLORED	1 CP	1.8	EACH	121.11	426.00	547.11
	** ALUMINUM ENTRANCE DOORS **						
	ALUMINUM ENTRANCE DOORS, FLUSH, NO HARDWARE OR FRAME						
	WITHOUT TRANSOM						
23	3'X7' PLAIN	1 SI	1.1	EACH	214.18	263.00	477.18
24	ALUMINUM TUBE 5'7" DOOR	1 SI	0.5	EACH	471.20	6,881	7,352
25	BRONZE TUBE 5'7" DOOR	1 SI	0.5	EACH	471.20	7,712	8,183
26	BLACK FINISHED 5'7" DOOR	1 SI	0.5	EACH	471.20	7,974	8,445
	WITH TRANSOM						
27	3'X10' PLAIN	1 SI	0.8	EACH	294.50	357.00	651.50
28	6'X10' PLAIN (PAIR)	1 SI	0.5	EACH	471.20	695.00	1,166
29	3'X10' COLORED	1 SI	0.8	EACH	294.50	435.00	729.50
30	6'X10' COLORED (PAIR)	1 SI	0.5	EACH	471.20	835.00	1,306
	ALUMINUM AND GLASS DOORS, WITH FRAME, HARDWARE, AND 3/8" GLASS. PRICED PER OPENING.						
	WITHOUT TRANSOM						
31	3'X7' PLAIN	2 SI	1.5	EACH	314.13	612.00	926.13
32	6'X7' PLAIN	2 SI	0.8	EACH	589.00	1,093	1,682
33	3'X7' COLORED	2 SI	1.5	EACH	314.13	721.00	1,035
34	6'X7' COLORED	2 SI	0.8	EACH	589.00	1,271	1,860
	WITH TRANSOM, ALUMINUM & GLASS						
35	3'X10' PLAIN	2 SI	1.3	EACH	362.46	748.00	1,110
36	6'X10' PLAIN	2 SI	0.6	EACH	785.33	1,345	2,130
37	3'X10' COLORED	2 SI	1.3	EACH	362.46	851.00	1,213
38	6'X10' COLORED	2 SI	0.6	EACH	785.33	1,581	2,366
	FRAME, PRICED PER LN FT						
39	ALUMINUM, LIGHT	2 SI	175	LN FT	2.69	12.75	15.44
40	ALUMINUM, HEAVY	2 SI	130	LN FT	3.62	18.90	22.52

DOORS & WINDOWS

LINE	DESCRIPTION	CREW	PER DAY	UNIT	LABOR	MATERIAL	TOTAL
	FRAME, PRICED PER SQ FT						
1	ALUMINUM, LIGHT	2 SI	65	SQ FT	7.25	5.35	12.60
2	ALUMINUM, HEAVY	2 SI	60	SQ FT	7.85	7.90	15.75
	STAINLESS STEEL AND GLASS DOORS, WITH FRAME AND HARDWARE						
	GLASS DOOR, TEMPERED W/HARDWARE 1/2" THICK						
3	3'X7'	1 CP	0.7	EACH	311.43	2,107	2,418
4	6'X7'	1 CP	0.7	EACH	311.43	3,536	3,847
	STANDARD WITH 3/8" GLASS						
5	3'X7'	3 SI	1.8	EACH	392.67	1,681	2,074
6	6'X7'	3 SI	1.1	EACH	642.55	3,138	3,781
7	3'X10' W/TRANSOM	3 SI	1.5	EACH	471.20	2,115	2,586
8	6'X10' W/TRANSOM	3 SI	1.1	EACH	642.55	3,795	4,438
	DELUXE WITH 3/4" GLASS						
9	3'X7'	3 SI	1.7	EACH	415.76	3,406	3,822
10	6'X7'	3 SI	1	EACH	706.80	6,200	6,907
11	3'X10' W/TRANSOM	3 SI	1.3	EACH	543.69	3,909	4,453
12	6'X10' W/TRANSOM	3 SI	0.9	EACH	785.33	6,961	7,746
13	STAINLESS STEEL	2 SI	120	LN FT	3.93	34.05	37.98
14	STAINLESS STEEL	2 SI	55	SQ FT	8.57	22.90	31.47
	SLIDING ENTRANCE DOORS						
	12'-7'6" ELECTRIC TEMPERED GLASS						
15	8'X10' PLAIN	1 CP	1.6	EACH	136.25	414.00	550.25
16	5'X10' COLORED	1 CP	1.8	EACH	121.11	456.00	577.11
17	8'X10' COLORED	1 CP	1.6	EACH	136.25	507.00	643.25
18	SLIDING STEEL DOOR W/ELECTRIC OPERATOR	2 SI	70	SQ FT	6.73	35.35	42.08
	REVOLVING DOORS 6' DIAMETER STOCK						
19	ALUMINUM	4 SI	0.5	OPNG	1,885	17,100	18,985
20	STAINLESS STEEL	4 SI	0.4	OPNG	2,356	18,740	21,096
21	BRONZE	4 SI	0.4	OPNG	2,356	22,060	24,416
22	DARKROOMS	1 SI	0.5	EACH	471.20	22,600	23,071
	** STEEL WINDOWS **						
	STEEL SASH						
23	PICTURE WINDOW	1 SI	70	SQ FT	3.37	2.33	5.70
24	FIXED INDUSTRIAL	1 SI	70	SQ FT	3.37	2.74	6.11
25	FIXED CASEMENT	1 SI	70	SQ FT	3.37	3.00	6.37
26	PROJECTED INDUSTRIAL	1 SI	70	SQ FT	3.37	3.33	6.70
27	PIVOTED INDUSTRIAL	1 SI	70	SQ FT	3.37	3.71	7.08
28	BASEMENT SASH	1 SI	70	SQ FT	3.37	4.41	7.78
29	SINGLE HUNG	1 SI	70	SQ FT	3.37	4.57	7.94
30	COMMERCIAL FIXED	1 SI	70	SQ FT	3.37	4.67	8.04
31	INTERMEDIATE PROJECTED	1 SI	70	SQ FT	3.37	4.90	8.27
32	DOUBLE HUNG	1 SI	70	SQ FT	3.37	5.04	8.41
	COMMERCIAL FIXED W/O GLAZING						
33	3'9"X2'9"	2 SI	17	EACH	27.72	40.48	68.20
34	3'9"X4'1"	2 SI	16	EACH	29.45	54.31	83.76
35	3'9"X5'5"	2 SI	15	EACH	31.41	61.32	92.73
36	3'9"X8'1"	2 SI	14	EACH	33.66	94.41	128.07
37	5'1"X2'9"	2 SI	7	EACH	67.31	52.83	120.14
38	5'1"X4'1"	2 SI	6.5	EACH	72.49	63.97	136.46
39	5'1"X5'5"	2 SI	6	EACH	78.53	81.58	160.11
40	5'1"X6'9"	2 SI	5.5	EACH	85.67	98.12	183.79
41	5'1"X8'1"	2 SI	5	EACH	94.24	114.73	208.97
42	6'9"X2'9"	2 SI	7	EACH	67.31	120.92	188.23
43	6'9"X4'1"	2 SI	6	EACH	78.53	141.09	219.62
44	6'9"X5'5"	2 SI	5.5	EACH	85.67	162.30	247.97
45	6'9"X6'9"	2 SI	5	EACH	94.24	176.09	270.33
46	6'9"X8'1"	2 SI	4.8	EACH	98.17	203.67	301.84

1988 DODGE UNIT COST DATA

DOORS & WINDOWS

LINE	DESCRIPTION	OUTPUT CREW	PER DAY	UNIT	LABOR	MATERIAL	TOTAL
	COMMERCIAL HORIZONTAL PIVOTED W/O GLAZING						
1	1'9"X2'9"	2 SI	14	EACH	33.66	73.83	107.49
2	1'9"X4'1"	2 SI	12	EACH	39.27	78.33	117.60
3	3'9"X2'9"	2 SI	9	EACH	52.36	98.12	150.48
4	3'9"X4'1"	2 SI	7	EACH	67.31	106.93	174.24
5	3'9"X5'5"	2 SI	6.5	EACH	72.49	119.13	191.62
6	3'9"X6'9"	2 SI	6	EACH	78.53	130.16	208.69
7	3'9"X8'1"	2 SI	5	EACH	94.24	143.42	237.66
8	5'1"X2'9"	2 SI	7	EACH	67.31	119.13	186.44
9	5'1"X4'1"	2 SI	6.5	EACH	72.49	130.16	202.65
10	5'1"X5'5"	2 SI	6	EACH	78.53	143.42	221.95
11	5'1"X6'9"	2 SI	5.5	EACH	85.67	158.80	244.47
12	5'1"X8'1"	2 SI	5	EACH	94.24	178.64	272.88
13	6'9"X2'9"	2 SI	7	EACH	67.31	120.19	187.50
14	6'9"X4'1"	2 SI	6	EACH	78.53	141.19	219.72
15	6'9"X5'5"	2 SI	5.5	EACH	85.67	167.06	252.73
16	6'9"X6'9"	2 SI	5	EACH	94.24	185.32	279.56
17	6'9"X8'1"	2 SI	5	EACH	94.24	209.61	303.85
	COMMERCIAL PROJECTED W/O GLAZING						
18	1'9"X2'9"	2 SI	14	EACH	33.66	72.24	105.90
19	1'9"X4'1"	2 SI	12	EACH	39.27	79.35	118.62
20	3'9"X2'9"	2 SI	9	EACH	52.36	99.29	151.65
21	3'9"X4'1"	2 SI	7	EACH	67.31	105.87	173.18
22	3'9"X5'5"	2 SI	6.5	EACH	72.49	120.19	192.68
23	3'9"X6'9"	2 SI	6	EACH	78.53	131.22	209.75
24	3'9"X8'1"	2 SI	5	EACH	94.24	145.54	239.78
25	5'1"X2'9"	2 SI	7	EACH	67.31	117.96	185.27
26	5'1"X4'1"	2 SI	6.5	EACH	72.49	126.87	199.36
27	5'1"X5'5"	2 SI	6	EACH	78.53	143.42	221.95
28	5'1"X6'9"	2 SI	5.5	EACH	85.67	156.57	242.24
29	5'1"X8'1"	2 SI	5	EACH	94.24	177.58	271.82
30	6'9"X2'9"	2 SI	7	EACH	67.31	121.36	188.67
31	6'9"X4'1"	2 SI	6	EACH	78.53	142.25	220.78
32	6'9"X5'5"	2 SI	5.5	EACH	85.67	163.26	248.93
33	6'9"X6'9"	2 SI	5	EACH	94.24	180.87	275.11
	DOUBLE HUNG STANDARD						
34	2'6"X3'0"	2 SI	11	EACH	42.84	131.22	174.06
35	2'6"X5'9"	2 SI	8	EACH	58.90	142.15	201.05
36	3'9"X3'0"	2 SI	8	EACH	58.90	140.13	199.03
37	3'9"X5'9"	2 SI	6	EACH	78.53	169.94	248.47
	INTERMEDIATE PROJECTED W/O GLAZING						
38	2'9"X1'5"	2 SI	14	EACH	33.66	97.49	131.15
39	2'9"X2'9"	2 SI	12	EACH	39.27	109.16	148.43
40	2'9"X4'1"	2 SI	10	EACH	47.12	110.32	157.44
41	2'9"X5'5"	2 SI	8	EACH	58.90	128.99	187.89
42	2'9"X6'9"	2 SI	7	EACH	67.31	189.68	256.99
43	2'9"X8'1"	2 SI	6.5	EACH	72.49	213.96	286.45
44	4'9"X1'5"	2 SI	11	EACH	42.84	109.16	152.00
45	4'9"X2'9"	2 SI	10	EACH	47.12	128.99	176.11
46	4'9"X4'1"	2 SI	9	EACH	52.36	151.03	203.39
47	4'9"X5'5"	2 SI	8	EACH	58.90	238.05	296.95
48	4'9"X6'9"	2 SI	7.5	EACH	62.83	254.80	317.63
49	4'9"X8'1"	2 SI	7	EACH	67.31	273.79	341.10
	** ALUMINUM WINDOWS **						
	AVERAGE COST PER SQ FT,						
50	FIXED	1 SI	70	SQ FT	3.37	4.31	7.68
51	CASEMENT	1 SI	70	SQ FT	3.37	10.45	13.82
52	PROJECTED	1 SI	70	SQ FT	3.37	13.65	17.02
53	SLIDING	1 SI	70	SQ FT	3.37	8.42	11.79
54	SCREENS	1 SI	550	SQ FT	0.43	2.42	2.85

DOORS & WINDOWS

LINE	DESCRIPTION	OUTPUT CREW	PER DAY	UNIT	UNIT COSTS LABOR	MATERIAL	TOTAL
	INTERMEDIATE PROJECTED W/O GLAZING						
1	2'1"X1'5"	2 SI	15	EACH	31.41	67.58	98.99
2	2'1"X2'9"	2 SI	14	EACH	33.66	74.18	107.84
3	2'1"X4'1"	2 SI	12	EACH	39.27	81.97	121.24
4	2'1"X5'5"	2 SI	10	EACH	47.12	91.99	139.11
5	2'1"X6'9"	2 SI	9	EACH	52.36	142.09	194.45
6	2'1"X8'1"	2 SI	8	EACH	58.90	148.08	206.98
7	2'9"X1'5"	2 SI	10	EACH	47.12	68.65	115.77
8	2'9"X2'9"	2 SI	9	EACH	52.36	79.73	132.09
9	2'9"X4'1"	2 SI	8	EACH	58.90	90.81	149.71
10	2'9"X5'5"	2 SI	7	EACH	67.31	99.77	167.08
11	2'9"X6'9"	2 SI	6	EACH	78.53	149.65	228.18
12	2'9"X8'1"	2 SI	5.5	EACH	85.67	155.09	240.76
13	3'5"X1'5"	2 SI	12	EACH	39.27	74.18	113.45
14	3'5"X2'9"	2 SI	10	EACH	47.12	81.87	128.99
15	3'5"X4'1"	2 SI	9	EACH	52.36	93.06	145.42
16	3'5"X5'5"	2 SI	8	EACH	58.90	101.90	160.80
17	3'5"X6'9"	2 SI	7	EACH	67.31	159.56	226.87
18	3'5"X8'1"	2 SI	6	EACH	78.53	167.45	245.98
19	3'9"X1'5"	2 SI	14	EACH	33.66	77.60	111.26
20	3'9"X2'9"	2 SI	12	EACH	39.27	86.44	125.71
21	3'9"X4'1"	2 SI	10	EACH	47.12	87.53	134.65
22	3'9"X5'5"	2 SI	9	EACH	52.36	106.16	158.52
23	3'9"X6'9"	2 SI	8	EACH	58.90	166.07	224.97
24	3'9"X8'1"	2 SI	7	EACH	67.31	170.65	237.96
25	4'1"X1'5"	2 SI	11	EACH	42.84	83.14	125.98
26	4'1"X2'9"	2 SI	10	EACH	47.12	90.81	137.93
27	4'1"X4'1"	2 SI	9	EACH	52.36	102.21	154.57
28	4'1"X5'5"	2 SI	8	EACH	58.90	107.86	166.76
29	4'1"X6'9"	2 SI	6	EACH	78.53	170.65	249.18
30	4'1"X8'1"	2 SI	5	EACH	94.24	176.20	270.44
31	4'9"X1'5"	2 SI	12	EACH	39.27	88.68	127.95
32	4'9"X2'9"	2 SI	10	EACH	47.12	107.12	154.24
33	4'9"X4'1"	2 SI	9	EACH	52.36	118.52	170.88
34	4'9"X5'5"	2 SI	8	EACH	58.90	126.31	185.21
35	4'9"X6'9"	2 SI	7	EACH	67.31	200.60	267.91
36	4'9"X8'1"	2 SI	6	EACH	78.53	201.46	279.99
	AWNING WINDOWS BAKED WHITE OR ANODIZED WITH 1/2" INSULATED GLASS & SCREENS						
37	1'8"X2'2" 1 VENT	2 SI	15	EACH	31.41	121.94	153.35
38	2'2"X2'2" 1 VENT	2 SI	14	EACH	33.66	135.97	169.63
39	2'8"X2'2" 1 VENT	2 SI	13	EACH	36.25	154.02	190.27
40	3'0"X2'2" 1 VENT	2 SI	12	EACH	39.27	159.56	198.83
41	3'4"X2'2" 1 VENT	2 SI	12	EACH	39.27	176.20	215.47
42	4'0"X2'2" 1 VENT	2 SI	11	EACH	42.84	200.60	243.44
43	1'8"X4'0" 3 VENT	2 SI	14	EACH	33.66	206.15	239.81
44	2'2"X4'0" 3 VENTS	2 SI	12	EACH	39.27	241.10	280.37
45	2'8"X4'0" 3 VENTS	2 SI	11	EACH	42.84	272.34	315.18
46	3'0"X4'0" 3 VENTS	2 SI	10	EACH	47.12	297.05	344.17
47	3'4"X4'0" 3 VENTS	2 SI	10.5	EACH	44.88	302.72	347.60
48	4'0"X4'0" 3 VENTS	2 SI	10	EACH	47.12	337.03	384.15
49	1'8"X5'3" 4 VENTS	2 SI	14	EACH	33.66	252.72	286.38
50	2'2"X5'3" 4 VENTS	2 SI	13	EACH	36.25	301.75	338.00
51	2'8"X5'3" 4 VENTS	2 SI	12	EACH	39.27	330.32	369.59
52	3'0"X5'3" 4 VENTS	2 SI	11	EACH	42.84	361.39	404.23
53	3'4"X5'3" 4 VENTS	2 SI	10	EACH	47.12	376.90	424.02
54	4'0"X5'3" 4 VENTS	2 SI	10.5	EACH	44.88	423.42	468.30
55	1'8"X6'8" 5 VENTS	2 SI	13	EACH	36.25	299.31	335.56
56	2'2"X6'8" 5 VENTS	2 SI	12	EACH	39.27	376.90	416.17
57	2'8"X6'8" 5 VENTS	2 SI	11	EACH	42.84	394.59	437.43
58	3'0"X6'8" 5 VENTS	2 SI	10	EACH	47.12	311.31	358.43
59	3'4"X6'8" 5 VENTS	2 SI	10.5	EACH	44.88	451.08	495.96
60	4'0"X6'8" 5 VENTS	2 SI	10	EACH	47.12	506.91	554.03

1988 DODGE UNIT COST DATA

DOORS & WINDOWS

LINE	DESCRIPTION	CREW	PER DAY	UNIT	LABOR	MATERIAL	TOTAL
	ALUMINUM AWNING WINDOWS W/SCREENS						
1	24"X24" STANDARD GLAZING	1 CP 1 LA	8	EACH	48.88	94.00	142.88
2	24"X32" STANDARD GLAZING	1 CP 1 LA	8	EACH	48.88	116.00	164.88
3	24"X48" STANDARD GLAZING	1 CP 1 LA	7	EACH	55.86	146.00	201.86
4	24"X57" STANDARD GLAZING	1 CP 1 LA	7	EACH	55.86	168.00	223.86
5	24"X64" STANDARD GLAZING	1 CP 1 LA	6	EACH	65.17	178.00	243.17
6	32"X24" STANDARD GLAZING	1 CP 1 LA	8	EACH	48.88	106.00	154.88
7	32"X32" STANDARD GLAZING	1 CP 1 LA	8	EACH	48.88	128.00	176.88
8	32"X48" STANDARD GLAZING	1 CP 1 LA	7	EACH	55.86	164.00	219.86
9	32"X57" STANDARD GLAZING	1 CP 1 LA	7	EACH	55.86	188.00	243.86
10	32"X64" STANDARD GLAZING	1 CP 1 LA	6	EACH	65.17	198.00	263.17
11	40"X24" STANDARD GLAZING	1 CP 1 LA	8	EACH	48.88	116.00	164.88
12	40"X32" STANDARD GLAZING	1 CP 1 LA	8	EACH	48.88	142.00	190.88
13	40"X48" STANDARD GLAZING	1 CP 1 LA	7	EACH	55.86	180.00	235.86
14	40"X57" STANDARD GLAZING	1 CP 1 LA	7	EACH	55.86	210.00	265.86
15	40"X64" STANDARD GLAZING	1 CP 1 LA	6	EACH	65.17	220.00	285.17
16	48"X24" STANDARD GLAZING	1 CP 1 LA	8	EACH	48.88	126.00	174.88
17	48"X32" STANDARD GLAZING	1 CP 1 LA	8	EACH	48.88	156.00	204.88
18	48"X48" STANDARD GLAZING	1 CP 1 LA	7	EACH	55.86	198.00	253.86
19	48"X57" STANDARD GLAZING	1 CP 1 LA	7	EACH	55.86	230.00	285.86
20	48"X64" STANDARD GLAZING	1 CP 1 LA	6	EACH	65.17	242.00	307.17
	FOR INSULATED GLASS ADD 45% TO MATERIAL						
	PICTURE WINDOW W/1/2" INSULATED GLASS						
21	3'0"X3'0"	2 SI	14	EACH	33.66	93.06	126.72
22	3'0"X4'0"	2 SI	13	EACH	36.25	108.62	144.87
23	3'0"X5'0"	2 SI	12	EACH	39.27	125.24	164.51
24	4'0"X3'0"	2 SI	11	EACH	42.84	106.38	149.22
25	4'0"X4'0"	2 SI	10	EACH	47.12	121.94	169.06
26	4'0"X5'0"	2 SI	9	EACH	52.36	146.24	198.60
27	5'0"X5'0"	2 SI	8	EACH	58.90	127.48	186.38
28	5'0"X6'0"	2 SI	7	EACH	67.31	147.02	214.33
29	6'0"X3'0"	2 SI	6	EACH	78.53	145.17	223.70
30	6'0"X3'8"	2 SI	6	EACH	78.53	157.32	235.85
	CASEMENT, STANDARD						
31	3'1"X2'2"	2 SI	14	EACH	33.66	75.35	109.01
32	4'5"X2'2"	2 SI	11	EACH	42.84	121.72	164.56
33	3'1"X3'3"	2 SI	11	EACH	42.84	90.81	133.65
34	5'9"X3'3"	2 SI	7	EACH	67.31	148.26	215.57
35	5'9"X4'3"	2 SI	7	EACH	67.31	141.87	209.18
36	5'9"X5'3"	2 SI	6	EACH	78.53	182.80	261.33
37	7'7"X5'3"	2 SI	6	EACH	78.53	197.30	275.83
	DOUBLE HUNG W/1/2" INSULATED GLASS & SCREEN						
38	2'0"X3'0"	2 SI	8	EACH	58.90	68.65	127.55
39	2'0"X4'0"	2 SI	7.5	EACH	62.83	78.67	141.50
40	2'0"X5'0"	2 SI	7	EACH	67.31	91.99	159.30
41	2'4"X3'0"	2 SI	7	EACH	67.31	70.88	138.19
42	2'4"X3'8"	2 SI	7	EACH	67.31	87.67	154.98
43	2'4"X4'0"	2 SI	6.5	EACH	72.49	79.33	151.82
44	2'4"X5'0"	2 SI	6.5	EACH	72.49	88.68	161.17
45	2'8"X3'0"	2 SI	8	EACH	58.90	71.95	130.85
46	2'8"X3'8"	2 SI	7.5	EACH	62.83	83.14	145.97
47	2'8"X4'0"	2 SI	7	EACH	67.31	88.68	155.99
48	2'8"X5'0"	2 SI	7	EACH	67.31	94.12	161.43
49	3'0"X3'0"	2 SI	7	EACH	67.31	78.67	145.98
50	3'0"X3'8"	2 SI	7	EACH	67.31	84.21	151.52
51	3'0"X4'0"	2 SI	6.5	EACH	72.49	88.68	161.17
52	3'0"X5'0"	2 SI	6.5	EACH	72.49	95.29	167.78
53	3'4"X4'4"	2 SI	7	EACH	67.31	92.94	160.25
54	3'8"X3'8"	2 SI	7	EACH	67.31	91.99	159.30
55	3'8"X5'0"	2 SI	6.5	EACH	72.49	103.93	176.42

DOORS & WINDOWS

LINE	DESCRIPTION	OUTPUT CREW	PER DAY	UNIT	LABOR	MATERIAL	TOTAL
	ALUMINUM SINGLE HUNG WINDOW, 1/2" INSULATED GLASS AND THERMAL BREAK						
1	2'0"X3'0"	1 CP	8	EACH	27.25	106.00	133.25
2	2'8"X3'0"	1 CP	8	EACH	27.25	128.00	155.25
3	3'0"X3'0"	1 CP	8	EACH	27.25	138.00	165.25
4	3'4"X3'0"	1 CP	7	EACH	31.14	154.00	185.14
5	3'8"X3'0"	1 CP	7	EACH	31.14	164.00	195.14
6	2'0"X4'0"	1 CP	8	EACH	27.25	128.00	155.25
7	2'8"X4'0"	1 CP	8	EACH	27.25	148.00	175.25
8	3'0"X4'0"	1 CP	7	EACH	31.14	156.00	187.14
9	3'4"X4'0"	1 CP	7	EACH	31.14	172.00	203.14
10	3'8"X4'0"	1 CP	7	EACH	31.14	184.00	215.14
11	2'0"X5'0"	1 CP	8	EACH	27.25	146.00	173.25
12	2'8"X5'0"	1 CP	8	EACH	27.25	168.00	195.25
13	3'0"X5'0"	1 CP	7	EACH	31.14	180.00	211.14
14	3'4"X5'0"	1 CP	7	EACH	31.14	198.00	229.14
15	3'8"X5'0"	1 CP	7	EACH	31.14	212.00	243.14
16	2'0"X6'0"	1 CP	8	EACH	27.25	166.00	193.25
17	2'8"X6'0"	1 CP	8	EACH	27.25	194.00	221.25
18	3'0"X6'0"	1 CP	7	EACH	31.14	206.00	237.14
19	3'4"X6'0"	1 CP	7	EACH	31.14	234.00	265.14
20	3'8"X6'0"	1 CP	7	EACH	31.14	244.00	275.14
	OBSCURE GLAZING ADD 5% MATERIAL BRONZE TINT ADD 20% MATERIAL TRIPLE GLAZING ADD 20% MATERIAL						
	ALUMINUM HORIZONTAL 2-PANEL SLIDER WINDOWS (WHITE OR BRONZE) 1/2" INSULATING GLASS AND THERMAL BREAK						
21	2'0"X2'0"	1 CP	8	EACH	27.25	92.00	119.25
22	3'0"X2'0"	1 CP	7	EACH	31.14	110.00	141.14
23	4'0"X2'0"	1 CP	7	EACH	31.14	134.00	165.14
24	5'0"X2'0"	1 CP 1 LA	6	EACH	65.17	148.00	213.17
25	6'0"X2'0"	1 CP 1 LA	6	EACH	65.17	162.00	227.17
26	2'0"X3'0"	1 CP	8	EACH	27.25	116.00	143.25
27	3'0"X3'0"	1 CP	7	EACH	31.14	138.00	169.14
28	4'0"X3'0"	1 CP	7	EACH	31.14	156.00	187.14
29	5'0"X3'0"	1 CP 1 LA	6	EACH	65.17	174.00	239.17
30	6'0"X3'0"	1 CP 1 LA	6	EACH	65.17	190.00	255.17
31	3'0"X4'0"	1 CP	7	EACH	31.14	160.00	191.14
32	4'0"X4'0"	1 CP	7	EACH	31.14	180.00	211.14
33	5'0"X4'0"	1 CP 1 LA	6	EACH	65.17	200.00	265.17
34	6'0"X4'0"	1 CP 1 LA	6	EACH	65.17	220.00	285.17
35	3'0"X5'0"	1 CP	7	EACH	31.14	184.00	215.14
36	4'0"X5'0"	1 CP	7	EACH	31.14	196.00	227.14
37	5'0"X5'0"	1 CP 1 LA	6	EACH	65.17	230.00	295.17
38	6'0"X5'0"	1 CP 1 LA	6	EACH	65.17	252.00	317.17
	3 PANEL PICTURE SLIDER						
39	7'0"X3'0"	1 CP 1 LA	6	EACH	65.17	262.00	327.17
40	7'0"X4'0"	1 CP 1 LA	6	EACH	65.17	320.00	385.17
41	8'0"X4'0"	1 CP 1 LA	6	EACH	65.17	334.00	399.17
42	9'0"X4'0"	1 CP 1 LA	5	EACH	78.21	362.00	440.21
43	7'0"X5'0"	1 CP 1 LA	6	EACH	65.17	376.00	441.17
44	8'0"X5'0"	1 CP 1 LA	6	EACH	65.17	408.00	473.17
45	9'0"X5'0"	1 CP 1 LA	5	EACH	78.21	430.00	508.21

DOORS & WINDOWS

LINE	DESCRIPTION	OUTPUT CREW	PER DAY	UNIT	LABOR	MATERIAL	TOTAL
	ALUMINUM FIXED PICTURE WINDOW-WHITE OR BRONZE 1/2" INSULATED GLASS W/THERMAL BREAK						
1	3'0"X2'0"	1 CP	7	EACH	31.14	118.00	149.14
2	4'0"X2'0"	1 CP	7	EACH	31.14	138.00	169.14
3	5'0"X2'0"	1 CP 1 LA	9	EACH	43.45	158.00	201.45
4	3'0"X3'0"	1 CP	7	EACH	31.14	138.00	169.14
5	4'0"X3'0"	1 CP	7	EACH	31.14	162.00	193.14
6	5'0"X3'0"	1 CP 1 LA	9	EACH	43.45	184.00	227.45
7	3'0"X4'0"	1 CP	7	EACH	31.14	162.00	193.14
8	4'0"X4'0"	1 CP	7	EACH	31.14	186.00	217.14
9	5'0"X4'0"	1 CP 1 LA	9	EACH	43.45	212.00	255.45
10	3'0"X5'0"	1 CP	7	EACH	31.14	184.00	215.14
11	4'0"X5'0"	1 CP	7	EACH	31.14	210.00	241.14
12	5'0"X5'0"	1 CP 1 LA	9	EACH	43.45	252.00	295.45
	ALUMINUM TRIPLE TRACK DOUBLE HUNG STORM & SCREEN WINDOW - WHITE						
13	24", 28", 32" & 36" X 39"	1 CP 1 LA	9	EACH	43.45	42.00	85.45
14	24", 28", 32" & 36" X 47"	1 CP 1 LA	9	EACH	43.45	48.00	91.45
15	24", 28", 32" & 36" X 55"	1 CP 1 LA	6	EACH	65.17	50.00	115.17
	ALUMINUM HORIZONTAL SLIDING WINDOW (FOR GARAGE AND UTILITY BUILDING) SINGLE GLAZED AND SECURITY LOCK						
16	2'0"X2'0"	1 CP	10	EACH	21.80	42.00	63.80
17	2'0"X3'0"	1 CP	10	EACH	21.80	50.00	71.80
18	3'0"X2'0"	1 CP	9	EACH	24.22	48.00	72.22
19	3'0"X3'0"	1 CP	9	EACH	24.22	56.00	80.22
20	4'0"X3'0"	1 CP	8	EACH	27.25	64.00	91.25
21	4'0"X4'0"	1 CP	8	EACH	27.25	72.00	99.25
22	PROJECTED INDUSTRIAL SECURITY	1 SI	70	SQ FT	3.37	6.71	10.08
	STAINLESS STEEL SINGLE GLAZED						
23	SLIDING	1 SI	70	SQ FT	3.37	5.25	8.62
24	FIXED	1 SI	70	SQ FT	3.37	6.17	9.54
25	CASEMENT	1 SI	70	SQ FT	3.37	14.28	17.65
26	PROJECTED	1 SI	70	SQ FT	3.37	20.40	23.77
27	PIVOTED	1 SI	70	SQ FT	3.37	21.11	24.48
	ALUMINUM JALOUSIE GLASS-SCREEN & HARDWARE						
28	19"X38"	2 SI	10	EACH	47.12	71.50	118.62
29	27"X48"	2 SI	10	EACH	47.12	132.00	179.12
30	37"X24"	2 SI	10	EACH	47.12	126.50	173.62
31	37"X63"	2 SI	8	EACH	58.90	170.50	229.40
	ALUMINUM WINDOWS WITH THERMAL BARRIER-HARDWARE WEATHERSTRIPPED TWO PANEL W/THERMAL BREAK DBL GLAZING						
32	2'0"X2'0"	2 SI	14	EACH	33.66	123.01	156.67
33	3'0"X2'0"	2 SI	10	EACH	47.12	152.96	200.08
34	4'0"X2'0"	2 SI	10	EACH	47.12	183.97	231.09
35	5'0"X2'0"	2 SI	8	EACH	58.90	213.92	272.82
36	6'0"X2'0"	2 SI	7	EACH	67.31	243.88	311.19
37	2'0"X3'0"	2 SI	10	EACH	47.12	154.02	201.14
38	3'0"X3'0"	2 SI	10	EACH	47.12	183.97	231.09
39	4'0"X3'0"	2 SI	9	EACH	52.36	227.25	279.61
40	5'0"X3'0"	2 SI	8	EACH	58.90	263.81	322.71
41	6'0"X3'0"	2 SI	7	EACH	67.31	293.71	361.02
42	3'0"X4'0"	2 SI	9	EACH	52.36	235.67	288.03
43	4'0"X4'0"	2 SI	9	EACH	52.36	277.13	329.49
44	5'0"X4'0"	2 SI	8	EACH	58.90	318.06	376.96
45	6'0"X4'0"	2 SI	7	EACH	67.31	360.27	427.58

DOORS & WINDOWS

LINE	DESCRIPTION	CREW	PER DAY	UNIT	LABOR	MATERIAL	TOTAL
	THREE PANEL CENTER VENT W/THERMAL BREAK DOUBLE GLAZED						
1	6'0"X3'0"	2 SI	7	EACH	67.31	325.46	392.77
2	7'0"X3'0"	2 SI	6.5	EACH	72.49	376.58	449.07
3	8'0"X3'0"	2 SI	6.5	EACH	72.49	392.50	464.99
4	9'0"X3'0"	2 SI	6	EACH	78.53	426.44	504.97
5	6'0"X4'0"	2 SI	7	EACH	67.31	392.50	459.81
6	7'0"X5'0"	2 SI	6.5	EACH	72.49	417.00	489.49
7	8'0"X4'0"	2 SI	6	EACH	78.53	485.42	563.95
8	9'0"X4'0"	2 SI	5.5	EACH	85.67	529.34	615.01
9	6'0"X5'0"	2 SI	5	EACH	94.24	451.16	545.40
10	7'0"X5'0"	2 SI	5	EACH	94.24	543.66	637.90
11	8'0"X5'0"	2 SI	5	EACH	94.24	594.58	688.82
12	9'0"X5'0"	2 SI	4.5	EACH	104.71	658.23	762.94
	THREE PANEL END VENT PICTURE WINDOW WITH THERMAL BREAK DOUBLE GLAZED						
13	7'0"X3'0"	2 SI	6	EACH	78.53	370.22	448.75
14	8'0"X3'0"	2 SI	5.5	EACH	85.67	403.63	489.30
15	9'0"X3'0"	2 SI	5	EACH	94.24	451.16	545.40
16	7'0"X5'0"	2 SI	5	EACH	94.24	528.38	622.62
17	8'0"X5'0"	2 SI	4.5	EACH	104.71	601.45	706.16
18	9'0"X5'0"	2 SI	4.5	EACH	104.71	658.23	762.94
	CASEMENT-WOOD (4 9/16" WALLS)						
	PRIMED-INSULATED GLASS-SCREENS WIDTH X HEIGHT						
19	1'8" X 3'0"	2 CP	7	EACH	62.29	86.89	149.18
20	3'4" X 3'0"	2 CP	5	EACH	87.20	167.08	254.28
21	5'0" X 3'0"	2 CP	4.8	EACH	90.83	220.52	311.35
22	6'8" X 3'0"	2 CP	4.5	EACH	96.89	275.78	372.67
	WHITE CLAD TRIPLED GLAZED						
23	1'8" X 3'0"	2 CP	7	EACH	62.29	98.00	160.29
24	3'4" X 3'0"	2 CP	5	EACH	87.20	180.46	267.66
25	5'0" X 3'0"	2 CP	4.8	EACH	90.83	240.44	331.27
26	6'8" X 3'0"	2 CP	4.5	EACH	96.89	298.48	395.37
	BRONZE CLAD TRIPLE GLAZED						
27	1'8" X 3'0"	2 CP	7	EACH	62.29	102.39	164.68
28	3'4" X 3'0"	2 CP	5	EACH	87.20	189.03	276.23
29	5'0" X 3'0"	2 CP	4.8	EACH	90.83	251.16	341.99
30	6'8" X 3'0"	2 CP	4.5	EACH	96.89	312.73	409.62
	PRIMED-INSULATED-GLASS-SCREENS WIDTH X HEIGHT						
31	2'4" X 3'0"	2 CP	5	EACH	87.20	102.28	189.48
32	4'8" X 3'0"	2 CP	4.2	EACH	103.81	195.99	299.80
33	7'0" X 3'0"	2 CP	4	EACH	109.00	267.75	376.75
34	9'4" X 3'0"	2 CP	3.8	EACH	114.74	342.72	457.46
35	11'8" X 3'0"	2 CP	3	EACH	145.33	412.34	557.67
	WHITE-CLAD TRIPLE GLAZED						
36	2'4" X 3'0"	2 CP	5	EACH	87.20	113.53	200.73
37	4'8" X 3'0"	2 CP	4.2	EACH	103.81	208.85	312.66
38	7'0" X 3'0"	2 CP	4	EACH	109.00	291.31	400.31
39	9'4" X 3'0"	2 CP	3.8	EACH	114.74	367.35	482.09
40	11'8"X 3'0"	2 CP	3	EACH	145.33	442.32	587.65
	BRONZE CLAD TRIPLE GLAZED						
41	2'4" X 3'0"	2 CP	5	EACH	87.20	120.28	207.48
42	4'8" X 3'0"	2 CP	4.2	EACH	103.81	220.09	323.90
43	7'0" X 3'0"	2 CP	4	EACH	109.00	305.03	414.03
44	9'4" X 3'0"	2 CP	3.8	EACH	114.74	385.02	499.76
45	11'8"X 3'0"	2 CP	3	EACH	145.33	464.81	610.14

8 DOORS & WINDOWS

LINE	DESCRIPTION	OUTPUT CREW	PER DAY	UNIT	LABOR	MATERIAL	TOTAL
	PRIMED-INSULATED GLASS-SCREENS WIDTH X HEIGHT						
1	1'8" X 4'0"	2 CP	7	EACH	62.29	102.39	164.68
2	3'4" X 4'0"	2 CP	5	EACH	87.20	195.99	283.19
3	5'0" X 4'0"	2 CP	4.8	EACH	90.83	464.81	555.64
	LIFT OUT VENT W/HARDWARE INSULATING GLASS						
4	6'8" X 4'0"	2 CP	4.6	EACH	94.78	332.55	427.33
	WHITE CLAD TRIPLE GLAZED						
5	1'8" X 4'0"	2 CP	7	EACH	62.29	115.77	178.06
6	3'4" X 4'0"	2 CP	5	EACH	87.20	211.52	298.72
7	5'0" X 4'0"	2 CP	4.8	EACH	90.83	287.35	378.18
8	6'8" X 4'0"	2 CP	4.6	EACH	94.78	358.25	453.03
	BRONZE CLAD TRIPLE GLAZED						
9	1'8" X 4'0"	2 CP	7	EACH	62.29	120.28	182.57
10	3'4" X 4'0"	2 CP	5	EACH	87.20	222.77	309.97
11	5'0" X 4'0"	2 CP	4.8	EACH	90.83	299.88	390.71
12	6'8" X 4'0"	2 CP	4.6	EACH	94.78	375.92	470.70
	PRIMED INSULATED GLASS-SCREENS WIDTH X HEIGHT						
13	2'4" X 4'0"	2 CP	7	EACH	62.29	125.97	188.26
	HARDWARE-INSULATED GLASS						
14	4'8" X 4'0"	2 CP	3.8	EACH	114.74	246.33	361.07
15	7'0" X 4'0"	2 CP	3.5	EACH	124.57	340.58	465.15
16	9'4" X 4'0"	2 CP	3.2	EACH	136.25	435.90	572.15
17	11'8"X 4'0"	2 CP	3	EACH	145.33	526.93	672.26
	WHITE CLAD TRIPLE GLAZED						
18	2'4" X 4'0"	2 CP	7	EACH	62.29	142.44	204.73
19	4'8" X 4'0"	2 CP	3.8	EACH	114.74	261.31	376.05
	INSULATED GLASS & EXT. FRAME						
20	7'0" X 4'0"	2 CP	3.5	EACH	124.57	364.14	488.71
21	9'4" X 4'0"	2 CP	3.2	EACH	136.25	462.67	598.92
22	11'8"X 4'0"	2 CP	3	EACH	145.33	563.35	708.68
	BRONZE CLAD TRIPLE GLAZED						
23	2'4" X 4'0"	2 CP	7	EACH	62.29	148.87	211.16
24	4'8" X 4'0"	2 CP	3.8	EACH	114.74	273.11	387.85
25	7'0" X 4'0"	2 CP	3.5	EACH	124.57	382.35	506.92
26	9'4" X 4'0"	2 CP	3.2	EACH	136.25	487.31	623.56
27	11'8"X 4'0"	2 CP	3	EACH	145.33	589.05	734.38
	PRIMED-INSULATED GLASS-SCREENS WIDTH X HEIGHT						
28	1'8" X 6'0"	2 CP	6	EACH	72.67	130.66	203.33
29	3'4" X 6'0"	2 CP	5.8	EACH	75.17	258.61	333.78
30	5'0" X 6'0"	2 CP	5.8	EACH	75.17	254.90	330.07
31	5'11"X 6'3" 3 PANEL	2 CP	5.5	EACH	79.27	343.79	423.06
32	6'0" X 6'0"	2 CP	5.2	EACH	83.85	432.68	516.53
	WHITE CLAD TRIPLE GLAZED HARDWARE & SCREEN WEATHERSTRIPPED & FLASHED						
33	1'8" X 6'0"	2 CP	6	EACH	72.67	148.87	221.54
34	3'4" X 6'0"	2 CP	5.8	EACH	75.17	270.96	346.13
35	5'0" X 6'0"	2 CP	5.5	EACH	79.27	382.35	461.62
36	6'0" X 6'0"	2 CP	5.2	EACH	83.85	464.81	548.66
	BRONZE CLAD TRIPLE GLAZED						
37	1'8" X 6'0"	2 CP	6	EACH	72.67	155.30	227.97
38	3'4" X 6'0"	2 CP	5.8	EACH	75.17	287.03	362.20
39	5'0" X 6'0"	2 CP	5.5	EACH	79.27	385.56	464.83
40	6'0" X 6'0"	2 CP	5.2	EACH	83.85	479.81	563.66

DOORS & WINDOWS

LINE	DESCRIPTION	OUTPUT			UNIT COSTS		
		CREW	PER DAY	UNIT	LABOR	MATERIAL	TOTAL
	PRIMED-INSULATED GLASS-SCREENS						
	WIDTH X HEIGHT						
1	2'4" X 6'0"	2 CP	6	EACH	72.67	151.01	223.68
2	4'8" X 6'0"	2 CP	5.8	EACH	75.17	283.27	358.44
	GLASS HARDWARE WEATHERSTRIPPED & FLASHING						
3	7'0" X 6'0"	2 CP	5.2	EACH	83.85	396.27	480.12
4	9'4" X 6'0"	2 CP	3.8	EACH	114.74	505.51	620.25
5	11'8"X 6'0"	2 CP	2	EACH	218.00	612.61	830.61
	WHITE CLAD TRIPLE GLAZED						
6	2'4" X 6'0"	2 CP	6	EACH	72.67	163.86	236.53
7	4'8" X 6'0"	2 CP	5.8	EACH	75.17	307.38	382.55
8	7'0" X 6'0"	2 CP	5.2	EACH	83.85	426.26	510.11
9	9'4" X 6'0"	2 CP	3.8	EACH	114.74	492.66	607.40
10	11'8"X 6'0"	2 CP	2	EACH	218.00	657.59	875.59
	BRONZE CLAD TRIPLE GLAZED						
11	2'4" X 6'0"	2 CP	6	EACH	72.67	173.50	246.17
12	4'8" X 6'0"	2 CP	5.8	EACH	75.17	322.37	397.54
13	7'0" X 6'0"	2 CP	5.2	EACH	83.85	449.82	533.67
14	9'4" X 6'0"						
	HARDWARE & SCREEN WEATHERSTRIPPED & FLASHED						
15	11'8"X 6'0"	2 CP	3	EACH	145.33	685.44	830.77
	BAY WINDOWS WOOD						
	PRIMED 30 DEGREE ANGLE BAY-INSUL. GLAZED						
	WIDTH X HEIGHT						
16	8'1" X 4'2"	2 CP	1.5	EACH	290.67	520.51	811.18
17	8'1" X 5'2"	2 CP	1.4	EACH	311.43	379.06	690.49
	WHITE CLAD TRIPLE GLAZED						
18	8'1" X 4'2"	2 CP	1.5	EACH	290.67	659.61	950.28
	HARDWARE & SCREEN WEATHERSTRIPPED & FLASHED						
19	8'1" X 5'2"	2 CP	1.4	EACH	311.43	734.71	1,046
	BRONZE CLAD TRIPLE GLAZED						
20	8'1" X 4'2"	2 CP	1.5	EACH	290.67	664.65	955.32
21	8'1" X 5'2"	2 CP	1.4	EACH	311.43	775.40	1,087
	DOUBLE HUNG WOOD						
22	16" X 16"	2 CP	7	EACH	62.29	138.16	200.45
23	16" X 24"	2 CP	7	EACH	62.29	173.50	235.79
24	16" X 32"	2 CP	7	EACH	62.29	220.63	282.92
25	20" X 16"	2 CP	7	EACH	62.29	148.87	211.16
26	20" X 24"	2 CP	7	EACH	62.29	184.21	246.50
27	20" X 32"	2 CP	7	EACH	62.29	237.73	300.02
	GLASS HARDWARE SCREEN WEATHERSTRIPPED						
28	24" X 16"	2 CP	6	EACH	72.67	159.58	232.25
29	24" X 24"	2 CP	6	EACH	72.67	192.78	265.45
30	24" X 32"	2 CP	5.8	EACH	75.17	231.34	306.51
31	28" X 16"	2 CP	5.8	EACH	75.17	171.36	246.53
32	28" X 24"	2 CP	5.5	EACH	79.27	204.56	283.83
33	28" X 32"	2 CP	5.5	EACH	79.27	242.05	321.32
34	32" X 16"	2 CP	5	EACH	87.20	182.07	269.27
35	32" X 24"	2 CP	5	EACH	87.20	218.48	305.68
36	32" X 32"	2 CP	5	EACH	87.20	255.97	343.17
37	36" X 16"	2 CP	5	EACH	87.20	190.64	277.84
38	36" X 24"	2 CP	5	EACH	87.20	229.19	316.39
39	36" X 32"	2 CP	5	EACH	87.20	266.68	353.88

8   DOORS & WINDOWS

LINE	DESCRIPTION	OUTPUT CREW	PER DAY	UNIT	UNIT COSTS LABOR	MATERIAL	TOTAL
	VINYL CLAD SINGLE GLAZED						
1	16" X 16"	2 CP	7	EACH	62.29	146.94	209.23
2	20" X 16"	2 CP	7	EACH	62.29	158.08	220.37
3	20" X 24"	2 CP	7	EACH	62.29	196.10	258.39
4	20" X 32"	2 CP	7	EACH	62.29	231.66	293.95
5	24" X 16"	2 CP	6	EACH	72.67	169.32	241.99
6	24" X 24"	2 CP	6	EACH	72.67	207.13	279.80
7	24" X 32"	2 CP	6	EACH	72.67	245.05	317.72
8	28" X 16"	2 CP	5.8	EACH	75.17	178.22	253.39
9	28" X 24"	2 CP	5.5	EACH	79.27	218.27	297.54
10	28" X 32"	2 CP	5.5	EACH	79.27	256.18	335.45
11	32" X 16"	2 CP	5	EACH	87.20	191.50	278.70
12	32" X 24"	2 CP	5	EACH	87.20	229.40	316.60
13	32" X 32"	2 CP	5	EACH	87.20	268.61	355.81
14	36" X 16"	2 CP	5	EACH	87.20	202.63	289.83
15	36" X 24"	2 CP	5	EACH	87.20	242.05	329.25
16	36" X 32"	2 CP	5	EACH	87.20	282.85	370.05
	PRIMED GLAZED-INSULATED						
17	16" X 16"	2 CP	7	EACH	62.29	164.83	227.12
18	16" X 24"	2 CP	7	EACH	62.29	207.13	269.42
19	16" X 32"	2 CP	7	EACH	62.29	251.74	314.03
20	20" X 16"	2 CP	7	EACH	62.29	178.22	240.51
21	20" X 24"	2 CP	7	EACH	62.29	220.52	282.81
22	20" X 32"	2 CP	7	EACH	62.29	267.32	329.61
23	24" X 16"	2 CP	6	EACH	72.67	191.50	264.17
24	24" X 24"	2 CP	6	EACH	72.67	236.05	308.72
25	24" X 32"	2 CP	5.8	EACH	75.17	280.71	355.88
26	28" X 16"	2 CP	5.8	EACH	75.17	204.89	280.06
27	28" X 24"	2 CP	5.8	EACH	75.17	251.74	326.91
28	28" X 32"	2 CP	5.5	EACH	79.27	298.48	377.75
29	32" X 16"	2 CP	5	EACH	87.20	236.05	323.25
30	32" X 24"	2 CP	5	EACH	87.20	282.85	370.05
31	32" X 32"	2 CP	5	EACH	87.20	331.91	419.11
32	36" X 16"	2 CP	5	EACH	87.20	236.05	323.25
33	36" X 24"	2 CP	5	EACH	87.20	282.85	370.05
34	36" X 32"	2 CP	5	EACH	87.20	329.66	416.86
	VINYL CLAD GLAZED INSULATED						
35	16" X 16"	2 CP	7	EACH	62.29	164.83	227.12
36	16" X 24"	2 CP	7	EACH	62.29	207.13	269.42
37	16" X 32"	2 CP	7	EACH	62.29	251.74	314.03
38	20" X 16"	2 CP	7	EACH	62.29	178.22	240.51
39	20" X 24"	2 CP	7	EACH	62.29	211.63	273.92
40	20" X 32"	2 CP	6	EACH	72.67	266.25	338.92
41	24" X 16"	2 CP	6	EACH	72.67	191.50	264.17
42	24" X 24"	2 CP	6	EACH	72.67	238.30	310.97
43	24" X 32"	2 CP	6	EACH	72.67	282.85	355.52
44	28" X 16"	2 CP	5.8	EACH	75.17	207.13	282.30
45	28" X 24"	2 CP	5.5	EACH	79.27	251.74	331.01
46	26" X 32"	2 CP	5.5	EACH	79.27	290.48	369.75
47	32" X 16"	2 CP	5	EACH	87.20	221.59	308.79
48	32" X 24"	2 CP	5	EACH	87.20	267.32	354.52
49	32" X 32"	2 CP	5	EACH	87.20	316.27	403.47
50	36" X 16"	2 CP	5	EACH	87.20	236.05	323.25
51	36" X 24"	2 CP	5	EACH	87.20	285.10	372.30
	SECURITY PROJECTED W/O GLAZING						
52	1'9"X2'9"	2 SI	12	EACH	39.27	101.90	141.17
53	1'9"X4'1"	2 SI	10	EACH	47.12	130.78	177.90
54	3'9"X2'9"	2 SI	16	EACH	29.45	144.11	173.56
55	3'9"X4'1"	2 SI	14	EACH	33.66	188.46	222.12
56	3'9"X5'5"	2 SI	12	EACH	39.27	209.02	248.29
57	5'1"X4'1"	2 SI	7	EACH	67.31	238.23	305.54
58	5'1"X5'5"	2 SI	6	EACH	78.53	266.05	344.58

DOORS & WINDOWS

LINE	DESCRIPTION	CREW	PER DAY	UNIT	LABOR	MATERIAL	TOTAL
	** GLASS & GLAZING **						
	TEMPERED GLASS CLEAR POLISHED						
1	1/4" UP TO 25	1 GL	60	SQ FT	3.71	4.45	8.16
2	1/4" 26 TO 50	1 GL	60	SQ FT	3.71	4.57	8.28
3	1/4" 51 TO 75	1 GL	50	SQ FT	4.45	4.99	9.44
4	1/4" 76 TO 100	1 GL	50	SQ FT	4.45	5.34	9.79
5	1/4" OVER 100	1 GL	40	SQ FT	5.57	6.21	11.78
6	3/8" UP TO 25	1 GL	60	SQ FT	3.71	6.68	10.39
7	3/8" 26 TO 50	1 GL	60	SQ FT	3.71	7.21	10.92
8	3/8" 51 TO 75	1 GL	50	SQ FT	4.45	7.82	12.27
9	3/8" 76 TO 100	1 GL	50	SQ FT	4.45	8.45	12.90
10	3/8" OVER 100	1 GL	40	SQ FT	5.57	9.66	15.23
11	1/2" UP TO 25	1 GL	60	SQ FT	3.71	8.90	12.61
12	1/2" 26 TO 50	1 GL	50	SQ FT	4.45	9.33	13.78
13	1/2" 51 TO 75	1 GL	50	SQ FT	4.45	10.30	14.75
14	1/2" 76 TO 100	1 GL	50	SQ FT	4.45	11.05	15.50
15	1/2" OVER 100	1 GL	40	SQ FT	5.57	11.70	17.27
16	3/4" UP TO 25	1 GL	55	SQ FT	4.05	13.30	17.35
17	3/4" 26 TO 50	1 GL	50	SQ FT	4.45	13.65	18.10
18	3/4" 51 TO 75	1 GL	45	SQ FT	4.95	14.29	19.24
19	3/4" 76 TO 100	1 GL	40	SQ FT	5.57	14.73	20.30
20	3/4" OVER 100	1 GL	50	SQ FT	4.45	15.52	19.97
21	1" UP TO 25	1 GL	50	SQ FT	4.45	17.80	22.25
22	1" 26 TO 50	1 GL	48	SQ FT	4.64	18.45	23.09
23	1" 51 TO 75	1 GL	46	SQ FT	4.84	19.22	24.06
24	1" 76 TO 100	1 GL	45	SQ FT	4.95	19.78	24.73
	GLASS SOLAR BRONZE AND GREY TINTED-COATED						
25	1/4" UP TO 25		55	SQ FT		1.90	1.90
26	1/4" 26 TO 50		50	SQ FT		2.11	2.11
27	1/4" 51 TO 75		45	SQ FT		2.25	2.25
28	1/4" 76 TO 100		40	SQ FT		2.70	2.70
29	1/4" OVER 100		55	SQ FT		2.93	2.93
30	3/8" UP TO 25		50	SQ FT		3.73	3.73
31	3/8" 26 TO 50		50	SQ FT		4.17	4.17
32	3/8" 51 TO 75		45	SQ FT		4.47	4.47
33	3/8" 76 TO 100		40	SQ FT		4.94	4.94
34	3/8" OVER 100		40	SQ FT		5.28	5.28
35	1/2" UP TO 25		55	SQ FT		5.26	5.26
36	1/2" 26 TO 50		50	SQ FT		6.24	6.24
37	1/2" 51 TO 75						
	WINDOW GLASS CLEAR FLOAT						
38	1/2" 76 TO 100		40	SQ FT		7.37	7.37
39	1/2" OVER 100		40	SQ FT		7.88	7.88
	LAMINATED SAFETY PLATE GLASS						
	WINDOW GREY/BRONZE FLOAT						
40	1/4" UP TO 15	1 GL	60	SQ FT	3.71	4.75	8.46
41	1/4" 16 TO 25	1 GL	60	SQ FT	3.71	4.99	8.70
42	1/4" 26 TO 50	1 GL	50	SQ FT	4.45	5.65	10.10
43	3/8" UP TO 15	1 GL	50	SQ FT	4.45	7.92	12.37
	WINDOW CLEAR FLOAT						
44	16 TO 25	1 GL	45	SQ FT	4.95	6.05	11.00
45	26 TO 50	1 GL	45	SQ FT	4.95	6.71	11.66
46	1/4" (6.0MM)	1 GL	45	SQ FT	4.95	7.59	12.54
	INSULATING GLASS THREE PANE UNITS						
	WINDOW GREY/BRONZE FLOAT						
47	1/2" UP TO 15	1 GL	60	SQ FT	3.71	6.50	10.21
48	1/2" 16 TO 25	1 GL	50	SQ FT	4.45	7.74	12.19
49	1/2" 26 TO 50	1 GL	45	SQ FT	4.95	8.25	13.20
50	3/4" UP TO 15	1 GL	45	SQ FT	4.95	10.27	15.22
51	3/4" 16 TO 25	1 GL	45	SQ FT	4.95	10.87	15.82
52	3/4" 26 TO 50	1 GL	40	SQ FT	5.57	11.31	16.88
53	1" UP TO 15	1 GL	45	SQ FT	4.95	14.68	19.63
54	1" 16 TO 25	1 GL	45	SQ FT	4.95	15.74	20.69
55	1" 26 TO 50	1 GL	40	SQ FT	5.57	16.79	22.36

DOORS & WINDOWS

LINE	DESCRIPTION	CREW	PER DAY	UNIT	LABOR	MATERIAL	TOTAL
	BULLET RESISTANT GLASS						
1	3/4" UP TO 15	1 GL	50	SQ FT	4.45	27.31	31.76
2	3/4" 16 TO 25	1 GL	50	SQ FT	4.45	27.31	31.76
3	3/4" 26 TO 50	1 GL	50	SQ FT	4.45	29.44	33.89
4	1" UP TO 15	1 GL	45	SQ FT	4.95	35.72	40.67
5	1" 16 TO 25	1 GL	45	SQ FT	4.95	35.72	40.67
6	1" 26 TO 50	1 GL	45	SQ FT	4.95	39.98	44.93
7	1 13/16" UP TO 15	1 GL	40	SQ FT	5.57	42.02	47.59
8	1 13/16" 16 TO 25	1 GL	40	SQ FT	5.57	48.26	53.83
9	1 13/16" 26 TO 50	1 GL	40	SQ FT	5.57	57.69	63.26
	SHEET GLASS						
10	SINGLE STRENGTH UP TO 15 SF	1 GL	140	SQ FT	1.59	0.90	2.49
11	DOUBLE STRENGTH UP TO 15 SF	1 GL	120	SQ FT	1.86	1.27	3.13
12	3/16" CLEAR UP TO 50 SF	1 GL	120	SQ FT	1.86	1.33	3.19
13	7/32" CLEAR UP TO 50 SF	1 GL	100	SQ FT	2.23	1.39	3.62
	** SPECIAL GLASS **						
	BEVELED GLASS						
	DOORS AND SIDELITE INSERTS						
14	27"X67"	1 CP	4	EACH	54.50	608.73	663.23
15	12"X72"	1 CP	4	EACH	54.50	372.45	426.95
16	14"X63"	1 CP	4	EACH	54.50	393.24	447.74
17	10"X53"	1 CP	6	EACH	36.33	362.69	399.02
	ONE LIGHT DOOR INSERTS AND SIDELITES						
18	27"X63"	1 CP	6	EACH	36.33	657.51	693.84
19	14"X63"	1 CP	7	EACH	31.14	411.79	442.93
	WINDOWS OR HALF-LIGHT INSERTS AND MATCHING SIDELITE						
20	24"X36"	1 CP	6	EACH	36.33	393.24	429.57
21	12"X36"	1 CP	7	EACH	31.14	275.19	306.33
	CENTER INSERTS FOR FIR AND PINE DOORS						
22	10"X20"	1 CP	4	EACH	54.50	85.16	139.66
	FOR WINDOW CABINETS AND DOORS						
23	36"X46"	1 CP	5	EACH	43.60	491.54	535.14
24	14"X46"	1 CP	6	EACH	36.33	108.07	144.40
25	24"X24"	1 CP	7	EACH	31.14	117.93	149.07
26	14"X18"	1 CP	7	EACH	31.14	108.07	139.21
27	13"X24"	1 CP	6	EACH	36.33	167.14	203.47
28	12"X36" DIAMOND LITE MISC	1 CP	10	SQ FT	21.80	35.00	56.80
	WINDOWS OR HALF LITE DOORS AND MATCHING SIDELITES						
29	21"X36"	1 CP	6	EACH	36.33	488.00	524.33
30	12"X36"	1 CP	6	EACH	36.33	295.98	332.31
	TRANSOM ARCH INSERTS						
31	20"X72"	1 CP	5	EACH	43.60	562.50	606.10
32	72"X36" ORNATE DESIGN	1 CP	2	EACH	109.00	2,323	2,432
	OVAL DOOR INSERTS						
33	18"X54"	1 CP	6	EACH	36.33	58.24	94.57
	DECORATIVE ACCENT PANELS						
34	32" DIAMETER	1 CP	6	EACH	36.33	295.98	332.31
35	30" DIAMETER	1 CP	6	EACH	36.33	293.86	330.19
36	20" DIAMETER	1 CP	7	EACH	31.14	131.08	162.22
	SPECIAL INSULATED SOLAR GLAZING						
37	DOUBLE CLEARLITE 3/16"	1 GL	90	SQ FT	2.47	4.66	7.13
38	DOUBLE SOLARCLEAR 1/8"	1 GL	90	SQ FT	2.47	6.34	8.81
39	DOUBLE SOLARCLEAR 3/16"	1 GL	90	SQ FT	2.47	4.68	7.15
40	DOUBLE SOLARCLEAR 5/32"	1 GL	90	SQ FT	2.47	4.08	6.55
41	TRIPLE SOLARCLEAR 1/8"	1 GL	90	SQ FT	2.47	6.36	8.83

DOORS & WINDOWS

LINE	DESCRIPTION	OUTPUT CREW	PER DAY	UNIT	LABOR	MATERIAL	TOTAL
	SPANDREL GLASS						
1	1/4" STANDARD COLOR	1 GL	110	SQ FT	2.02	4.43	6.45
2	1/4" CUSTOM COLOR	1 GL	100	SQ FT	2.23	4.85	7.08
3	3/8" STANDARD COLOR	1 GL	120	SQ FT	1.86	6.52	8.38
4	3/8" CUSTOM COLOR	1 GL	110	SQ FT	2.02	7.40	9.42
	SPANDREL GLASS ADDITIVES						
5	FOR 1" INSULATION ADD			SQ FT		0.83	0.83
6	FOR 2" INSULATION ADD			SQ FT		1.11	1.11
7	FOR 3" INSULATION ADD			SQ FT		1.42	1.42
8	FOR METAL LINER ADD			SQ FT		1.35	1.35
	MIRROR SLIDING CLOSET DOORS						
9	4'0"X6'8"			EACH		150.59	150.59
10	5'0"X6'8"			EACH		171.80	171.80
11	6'0"X6'8"			EACH		180.29	180.29
	MIRRORS						
12	3/16" SHEET	1 GL	50	SQ FT	4.45	4.15	8.60
13	1/4" PLATE	1 GL	55	SQ FT	4.05	6.76	10.81
14	1/4" ONE-WAY	1 GL	35	SQ FT	6.36	16.49	22.85
15	12"X12" TILES	1 GL	90	SQ FT	2.47	2.54	5.01
	VANITY MIRRORS, 1/4" PLATE GLASS W/POLISHED EDGE						
16	18"X24"	2 GL	42	EACH	10.60	8.22	18.82
17	24"X24"	2 GL	31	EACH	14.36	10.37	24.73
18	24"X36"	2 GL	21	EACH	21.20	15.27	36.47
19	30"X36"	2 GL	18	EACH	24.74	18.24	42.98
20	30"X48"	2 GL	14	EACH	31.81	22.38	54.19
21	36"X36"	2 GL	15	EACH	29.69	19.94	49.63
22	36"X48"	2 GL	12	EACH	37.11	26.51	63.62
	PLASTICS PL = SQ FT PRICE LEVEL						
	ACRYLIC SHEET 130-300 PL						
23	CLEAR	2 GL	180	SQ FT	2.47	3.83	6.30
24	WHITE OR BRONZE	2 GL	180	SQ FT	2.47	5.65	8.12
	POLYCARBONATE SHEET 130-300 PL						
25	CLEAR	2 GL	180	SQ FT	2.47	7.91	10.38
26	WHITE OR BRONZE	2 GL	180	SQ FT	2.47	10.17	12.64
	ACRYLIC MIRROR SHEET 100-200 PL						
27	1/8" CLEAR	2 GL	170	SQ FT	2.62	5.02	7.64
28	1/8" COLOR	2 GL	170	SQ FT	2.62	5.53	8.15
29	1/4" CLEAR	2 GL	150	SQ FT	2.97	5.98	8.95
30	1/4" COLOR	2 GL	150	SQ FT	2.97	6.88	9.85
	ACRYLIC SAFETY GLAZING SHEETS						
31	.08" 30"X30" SHEET	2 GL	20	EACH	22.26	6.78	29.04
32	.08" 32"X42" SHEET	2 GL	20	EACH	22.26	7.98	30.24
33	.10" 30"X30" SHEET	2 GL	18	SQ FT	24.74	8.29	33.03
34	.10" 32"X42" SHEET	2 GL	18	SQ FT	24.74	12.14	36.88
	CELLULOSE ACETATE BUTYRATE						
35	.08" CLEAR	2 GL	180	SQ FT	2.47	1.35	3.82
36	.15" CLEAR	2 GL	150	SQ FT	2.97	2.31	5.28
	POLYETHYLENE (UHMW) 49-144 PL						
37	1/8"	2 GL	180	SQ FT	2.47	4.95	7.42
38	1/4"	2 GL	150	SQ FT	2.97	6.88	9.85
39	1"	2 GL	50	SQ FT	8.91	21.10	30.01
	PLEXIGLASS						
40	1/8"	1 GL	90	SQ FT	2.47	1.32	3.79
41	3/16"	1 GL	90	SQ FT	2.47	1.83	4.30
42	1/4"	1 GL	87	SQ FT	2.56	2.56	5.12
43	5/16"	1 GL	85	SQ FT	2.62	3.47	6.09
44	3/8"	1 GL	85	SQ FT	2.62	4.65	7.27
45	7/16"	1 GL	85	SQ FT	2.62	5.90	8.52
46	1/2"	1 GL	85	SQ FT	2.62	7.41	10.03

8 DOORS & WINDOWS

LINE	DESCRIPTION	CREW	PER DAY	UNIT	LABOR	MATERIAL	TOTAL
	POLYCARBONATE						
1	1/8"	1 GL	100	SQ FT	2.23	2.30	4.53
2	3/16"	1 GL	90	SQ FT	2.47	3.44	5.91
3	1/4"	1 GL	85	SQ FT	2.62	4.79	7.41
4	5/16"	1 GL	80	SQ FT	2.78	6.40	9.18
5	3/8"	1 GL	80	SQ FT	2.78	8.78	11.56
6	7/16"	1 GL	80	SQ FT	2.78	10.99	13.77
7	1/2"	1 GL	80	SQ FT	2.78	14.00	16.78
	PLASTIC						
8	1/8"	1 GL	80	SQ FT	2.78	2.13	4.91
9	1/4"	1 GL	75	SQ FT	2.97	3.04	6.01
10	3/8"	1 GL	70	SQ FT	3.18	6.86	10.04
11	1/2"	1 GL	65	SQ FT	3.43	8.69	12.12
12	TRANSLUCENT FIBERGLASS, 1/25"	1 GL	105	SQ FT	2.12	3.10	5.22
	DOUBLE SKINNED ACRYLIC SHEETS - INTEGRAL						
13	RIBBED (R-2)	1 GL	60	SQ FT	3.71	4.24	7.95
14	ALUMINUM EXTRUSIONS	1 GL	50	LN FT	4.45	3.75	8.20
	** CURTAIN WALL **						
	SPANDREL PANEL INSULATED						
15	PORCELAIN ENAMEL	1 GL	60	SQ FT	3.71	11.47	15.18
	FRAME						
16	PLAIN ALUMINUM	2 SI	165	SQ FT	2.86	8.91	11.77
17	COLORED ALUMINUM	2 SI	165	SQ FT	2.86	12.97	15.83
18	ALUMINUM	3 SI	300	SQ FT	2.36	8.84	11.20
19	COLORED ALUMINUM	3 SI	300	SQ FT	2.36	10.15	12.51
20	STAINLESS STEEL	2 SI	150	SQ FT	3.14	31.56	34.70
21	BRONZE	2 SI	150	SQ FT	3.14	32.76	35.90

FINISHES

LINE	DESCRIPTION	CREW	PER DAY	UNIT	LABOR	MATERIAL	TOTAL
	** METAL FURRING **						
	STEEL CHANNELS, GALVANIZED						
	CEILING INSTALLATION						
1	3/4" 12" OC	1 LH	261	SQ FT	0.83	0.32	1.15
2	3/4" 16" OC	1 LH	324	SQ FT	0.67	0.27	0.94
3	3/4" 24" OC	1 LH	347	SQ FT	0.63	0.22	0.85
4	1/2" 12" OC	1 LH	270	SQ FT	0.81	0.47	1.28
5	1/2" 16" OC	1 LH	333	SQ FT	0.65	0.38	1.03
6	1/2" 24" OC	1 LH	347	SQ FT	0.63	0.30	0.93
	WALL INSTALLATION						
7	3/4" 12" OC	1 LH	290	SQ FT	0.75	0.33	1.08
8	3/4" 16" OC	1 LH	360	SQ FT	0.60	0.25	0.85
9	3/4" 24" OC	1 LH	385	SQ FT	0.56	0.23	0.79
10	1/2" 12" OC	1 LH	300	SQ FT	0.73	0.47	1.20
11	1/2" 16" OC	1 LH	370	SQ FT	0.59	0.38	0.97
12	1/2" 24" OC	1 LH	385	SQ FT	0.56	0.30	0.86
	BEAMS & COLUMNS						
13	3/4" 12" OC	1 LH	174	SQ FT	1.25	0.30	1.55
14	3/4" 16" OC	1 LH	216	SQ FT	1.01	0.25	1.26
15	3/4" 24" OC	1 LH	231	SQ FT	0.94	0.22	1.16
16	1/2" 12" OC	1 LH	180	SQ FT	1.21	0.25	1.46
17	1/2" 16" OC	1 LH	222	SQ FT	0.98	0.23	1.21
18	1/2" 24" OC	1 LH	231	SQ FT	0.94	0.18	1.12
	FOR PAINTED STEEL DEDUCT 20% FROM MATERIAL						
	GALVANIZED FURRING ON SOLID WALLS						
19	3/4" CHANNELS 24" OC	1 LH	590	SQ FT	0.37	0.35	0.72
20	1 5/8" CHANNELS 24" OC	1 LH	490	SQ FT	0.44	0.37	0.81
21	2 1/2" STUDS 24" OC	1 LH	490	SQ FT	0.44	0.42	0.86
22	3 1/4" STUDS 24" OC	1 LH	490	SQ FT	0.44	0.47	0.91
23	3/4" CHANNEL 16" OC	1 LH	400	SQ FT	0.54	0.48	1.02
24	1 5/8" CHANNEL 16"	1 LH	400	SQ FT	0.54	0.55	1.09
25	2 1/2" STUDS 16" OC	1 LH	400	SQ FT	0.54	0.61	1.15
26	3 1/4" STUDS 16" OC	1 LH	400	SQ FT	0.54	0.69	1.23
	METAL GROUNDS, GALVANIZED						
	BEAMS & COLUMNS						
27	1/2"	1 LH	420	LN FT	0.52	0.58	1.10
28	3/4"	1 LH	420	LN FT	0.52	0.70	1.22
29	7/8"	1 LH	420	LN FT	0.52	0.78	1.30
	WALLS						
30	1/2"	1 LH	300	LN FT	0.73	0.49	1.22
31	3/4"	1 LH	300	LN FT	0.73	0.71	1.44
32	7/8"	1 LH	300	LN FT	0.73	0.79	1.52
	PLASTER STOPS 1/8" TO 5/8"						
33	CEILINGS	1 LH	360	LN FT	0.60	0.29	0.89
34	WALLS	1 LH	400	LN FT	0.54	0.28	0.82
35	BEAMS & COLUMNS	1 LH	280	LN FT	0.78	0.28	1.06
	EXPANSION JOINTS 1/8" TO 5/8" OPENING						
36	CEILINGS	1 LH	360	LN FT	0.60	0.29	0.89
37	WALLS	1 LH	400	LN FT	0.54	0.28	0.82
38	BEAMS & COLUMNS	1 LH	280	LN FT	0.78	0.28	1.06
	LEAD LINED LATH (RADIATION PROTECTION)						
39	2#	1 LH	150	SQ FT	1.45	4.30	5.75
40	4#	1 LH	100	SQ FT	2.18	5.94	8.12
41	6#	1 LH	87	SQ FT	2.50	7.14	9.64
	TIE WIRE, 18 GA GALVANIZED						
	IN COILS						
42	CEILINGS	1 LH	1350	LBS	0.16	0.58	0.74
43	WALLS	1 LH	1500	LBS	0.15	0.56	0.71
44	BEAMS & COLUMNS	1 LH	1050	LBS	0.21	0.57	0.78
	IN HANKS						
45	CEILINGS	1 LH	1350	LBS	0.16	0.88	1.04
46	WALLS	1 LH	1500	LBS	0.15	0.84	0.99
47	BEAMS & COLUMNS	1 LH	1050	LBS	0.21	0.84	1.05

1988 DODGE UNIT COST DATA

9 FINISHES

LINE	DESCRIPTION	OUTPUT CREW	PER DAY	UNIT	UNIT COSTS LABOR	MATERIAL	TOTAL
	** METAL LATH **						
	DIAMOND METAL LATH, 2.5# GALVANIZED						
1	WALLS	1 LH	95	SQ YD	2.29	1.44	3.73
2	CEILINGS	1 LH	75	SQ YD	2.90	1.42	4.32
3	BEAMS & COLUMNS	1 LH	48	SQ YD	4.53	1.42	5.95
	RIBBED HERRINGBONE, 2.75# GALVANIZED						
4	WALLS	1 LH	95	SQ YD	2.29	1.98	4.27
5	CEILINGS	1 LH	75	SQ YD	2.90	2.00	4.90
6	BEAMS & COLUMNS	1 LH	48	SQ YD	4.53	1.92	6.45
	RIBBED LATH 3.4 # GALVANIZED						
7	WALLS	1 LH	95	SQ YD	2.29	1.96	4.25
8	CEILINGS	1 LH	75	SQ YD	2.90	1.97	4.87
9	BEAMS & COLUMNS	1 LH	48	SQ YD	4.53	1.96	6.49
	SELF CENTERING 5.4 # GALVANIZED						
10	WALLS	1 LH	95	SQ YD	2.29	3.45	5.74
11	CEILINGS	1 LH	75	SQ YD	2.90	3.52	6.42
12	BEAMS & COLUMNS	1 LH	48	SQ YD	4.53	3.45	7.98
	DIAMOND METAL LATH 2.5 # PAINTED STEEL						
13	WALLS	1 LH	95	SQ YD	2.29	1.18	3.47
14	CEILINGS	1 LH	75	SQ YD	2.90	1.16	4.06
15	BEAMS & COLUMNS	1 LH	48	SQ YD	4.53	1.16	5.69
	RIBBED HERRINGBONE 2.75# PAINTED STEEL						
16	WALLS	1 LH	95	SQ YD	2.29	1.35	3.64
17	CEILINGS	1 LH	75	SQ YD	2.90	1.36	4.26
18	BEAMS & COLUMNS	1 LH	48	SQ YD	4.53	1.35	5.88
	RIBBED LATH 3.4 # PAINTED STEEL						
19	WALLS	1 LH	95	SQ YD	2.29	1.49	3.78
20	CEILINGS	1 LH	75	SQ YD	2.90	1.50	4.40
21	BEAMS & COLUMNS	1 LH	48	SQ YD	4.53	1.49	6.02
	SELF CENTERING 5.4 # PAINTED STEEL						
22	WALLS	1 LH	95	SQ YD	2.29	2.91	5.20
23	CEILINGS	1 LH	75	SQ YD	2.90	2.90	5.80
24	BEAMS & COLUMNS	1 LH	48	SQ YD	4.53	2.84	7.37
	TIE WIRE, 8 GA GALVANIZED						
25	IN COILS	1 LH	1000	LBS	0.22	0.63	0.85
26	IN HANKS	1 LH	1000	LBS	0.22	0.89	1.11
	PAPER BACKING ASPHALT						
27	WALLS	1 LH	1600	SQ FT	0.14	0.58	0.72
28	CEILINGS	1 LH	800	SQ FT	0.27	0.58	0.85
	30# KRAFT						
29	WALLS	1 LH	1600	SQ FT	0.14	0.43	0.57
30	CEILINGS	1 LH	800	SQ FT	0.27	0.43	0.70
31	METAL STRIP LATH, 8" WIDE GALV. STEEL	1 LH	600	LN FT	0.36	0.30	0.66
32	CEILING SUSPENSION SYSTEM, 3/16" HANGERS, 1 1/2" CHANNELS. NO LATH	1 LH	29	SQ YD	7.50	3.26	10.76
	METAL STUD PARTITIONS, WITH 3.4# LATH 2 SIDES.						
33	2 1/2"	2 LH	56	SQ YD	7.77	6.72	14.49
34	3 5/8"	2 LH	54	SQ YD	8.06	7.79	15.85
35	4"	2 LH	46	SQ YD	9.46	8.21	17.67
36	6"	2 LH	41	SQ YD	10.61	8.89	19.50
37	FOR HIGH SCAFFOLD, 15' TO 20', ADD	1 LA	295	SQ FT	0.59	0.56	1.15
	** GYPSUM LATH **						
	GYPSUM LATH ON WALLS						
38	3/8"	1 LH	100	SQ YD	2.18	1.81	3.99
39	1/2"	1 LH	100	SQ YD	2.18	1.83	4.01
40	3/8" FOIL FACED	1 LH	100	SQ YD	2.18	2.10	4.28
41	1/2" FOIL FACED	1 LH	100	SQ YD	2.18	2.37	4.55

FINISHES

LINE	DESCRIPTION	CREW	PER DAY	UNIT	LABOR	MATERIAL	TOTAL
	GYPSUM LATH ON CEILINGS						
1	3/8"	1 LH	80	SQ YD	2.72	1.81	4.53
2	1/2"	1 LH	80	SQ YD	2.72	1.83	4.55
3	3/8" FOIL FACED	1 LH	80	SQ YD	2.72	2.10	4.82
4	1/2" FOIL FACED	1 LH	80	SQ YD	2.72	2.37	5.09
	SOUND ATTENUATED BLANKET						
5	1" THICK	1 LH	800	SQ FT	0.27	0.26	0.53
6	2" THICK	1 LH	750	SQ FT	0.29	0.30	0.59
7	3" THICK	1 LH	740	SQ FT	0.29	0.41	0.70
	** PLASTERING ACCESSORIES **						
	VENTILATING SCREEDS, GALVANIZED						
8	1" TO 2" FACE	1 LH	240	LN FT	0.91	1.93	2.84
9	2" TO 4" FACE	1 LH	240	LN FT	0.91	2.58	3.49
	EXPANSION SCREEDS, GALVANIZED						
10	3/4" FACE	1 LH	240	LN FT	0.91	0.60	1.51
11	7/8" FACE	1 LH	240	LN FT	0.91	0.79	1.70
	BASE GROUNDS, GALVANIZED						
12	1/2" FACE	1 LH	270	LN FT	0.81	0.57	1.38
13	3/4" FACE	1 LH	270	LN FT	0.81	0.74	1.55
14	7/8" FACE	1 LH	270	LN FT	0.81	0.92	1.73
	DRIP SCREEDS, GALVANIZED STEEL						
15	3/4" TO 1" FACE	1 LH	240	LN FT	0.91	1.56	2.47
16	1" TO 2" FACE	1 LH	240	LN FT	0.91	1.93	2.84
17	2" TO 2 1/2" FACE	1 LH	240	LN FT	0.91	2.37	3.28
	DRIP MOLDING GALVANIZED STEEL						
18	2" FACE	1 LH	240	LN FT	0.91	1.33	2.24
	CASING BEADS, GALVANIZED STEEL 26 GA						
19	1/2"	1 LH	270	LN FT	0.81	0.41	1.22
20	5/8"	1 LH	270	LN FT	0.81	0.57	1.38
21	BULLNOSE CORNER BEAD	1 LH	270	LN FT	0.81	0.63	1.44
22	METAL STRIP LATH	1 LH	350	LN FT	0.62	0.30	0.92
	JOIST CLIPS FOR LATH						
23	2 1/2" FLANGE	1 LH	2.3	M	94.57	47.00	141.57
24	4 1/2" FLANGE	1 LH	2	M	108.76	67.00	175.76
	RESILIENT CLIPS						
25	CORNER	1 LH	3	M	72.51	24.00	96.51
26	FIELD	1 LH	3	M	72.51	24.00	96.51
27	STARTER	1 LH	3	M	72.51	24.00	96.51
28	FINISHING	1 LH	3	M	72.51	24.00	96.51
29	CEILING RUNNER "L" 1"X1"	1 LH	350	LN FT	0.62	0.26	0.88
30	4-WAY FLOOR RUNNER	1 LH	350	LN FT	0.62	0.46	1.08
31	SELF DRILLING SCREWS			LBS		0.29	0.29
	** PLASTER **						
	ALL PRICES ARE PLASTER ONLY						
	ACOUSTIC PLASTER						
	ON LATH						
32	CEILINGS	1 LA 1 PS	293	SQ FT	1.32	0.48	1.80
33	BEAMS	1 LA 1 PS	195	SQ FT	1.99	0.47	2.46
	ON CONCRETE						
34	CEILINGS	1 LA 1 PS	375	SQ FT	1.04	0.47	1.51
35	BEAMS	1 LA 1 PS	254	SQ FT	1.53	0.46	1.99
	BONDCRETE ON CONCRETE						
36	WALLS	1 LA 1 PS	480	SQ FT	0.81	0.34	1.15
37	COLUMNS	1 LA 1 PS	320	SQ FT	1.21	0.33	1.54
38	BEAMS	1 LA 1 PS	256	SQ FT	1.52	0.96	2.48
39	CEMENT BASE	1 PS 1 LA	800	SQ FT	0.49	0.15	0.64

9 FINISHES

LINE	DESCRIPTION	CREW	PER DAY	UNIT	LABOR	MATERIAL	TOTAL
	GYPSUM PLASTER (NO LATH MESH FURRING)						
1	2 COAT ON CONCRETE-MASONRY FLAT	1 LA	1 PS	40 SQ YD	9.70	2.55	12.25
2	2 COAT ON GYPSUM LATH SURFACES	1 LA	1 PS	20 SQ YD	19.41	2.71	22.12
3	2 COAT ON GYPSUM LATH CEILING	1 LA	1 PS	40 SQ YD	9.70	2.69	12.39
4	2 COAT ON GYPSUM LATH BEAMS/COLUMNS	1 LA	1 PS	34 SQ YD	11.42	2.75	14.17
5	2 COAT ON CONCRETE-MASONRY BEAMS/COLUMNS	1 LA	1 PS	60 SQ YD	6.47	2.96	9.43
	CEMENT PLASTER (NO LATH-MESH-FURRING)						
6	2 COAT ON CONCRETE-MASONRY FLAT	1 LA	1 PS	60 SQ YD	6.47	2.14	8.61
7	2 COAT ON CONCRETE-MASONRY BEAMS/COLUMNS	1 LA	1 PS	40 SQ YD	9.70	2.67	12.37
8	3 COAT ON METAL LATH FLAT	1 LA	1 PS	42 SQ YD	9.24	3.61	12.85
9	3 COAT ON METAL LATH CEILINGS	1 LA	1 PS	40 SQ YD	9.70	4.77	14.47
10	3 COAT ON METAL LATH BEAMS/COLUMNS	1 LA	1 PS	40 SQ YD	9.70	4.77	14.47
11	3 COAT-3/4" FLOAT/TROWEL FINISH	1 PS		60 SQ YD	3.59	2.14	5.73
	KEENES PLASTER, 3 COATS ON						
12	MASONRY WALL	1 LA	1 PS	400 SQ FT	0.97	0.45	1.42
13	MASONRY COLUMNS	1 LA	1 PS	267 SQ FT	1.45	0.45	1.90
14	WALL LATH	1 LA	1 PS	387 SQ FT	1.00	0.47	1.47
15	COLUMN LATH	1 LA	1 PS	258 SQ FT	1.50	0.47	1.97
16	CEILING LATH	1 LA	1 PS	353 SQ FT	1.10	0.47	1.57
17	BEAM LATH	1 LA	1 PS	235 SQ FT	1.65	0.47	2.12
18	CONCRETE CEILING	1 LA	1 PS	461 SQ FT	0.84	0.43	1.27
19	CONCRETE BEAMS	1 LA	1 PS	307 SQ FT	1.26	0.43	1.69
	PORTLAND CEMENT PLASTER						
	3 COATS ON						
20	MASONRY WALL	1 LA	1 PS	42 SQ FT	9.24	0.41	9.65
21	MASONRY COLUMNS	1 LA	1 PS	28 SQ FT	13.86	0.41	14.27
22	WALL LATH	1 LA	1 PS	34 SQ FT	11.42	0.34	11.76
23	COLUMN LATH	1 LA	1 PS	23 SQ FT	16.88	0.34	17.22
	SCRATCH COAT ON						
24	MASONRY WALL	1 LA	1 PS	1200 SQ FT	0.32	0.23	0.55
25	MASONRY COLUMNS	1 LA	1 PS	800 SQ FT	0.49	0.23	0.72
26	WALL LATH	1 LA	1 PS	1100 SQ FT	0.35	0.24	0.59
27	COLUMN LATH	1 LA	1 PS	600 SQ FT	0.65	0.25	0.90
	SCRATCH & BROWN COATS ON						
28	MASONRY WALL	1 LA	1 PS	800 SQ FT	0.49	0.30	0.79
29	MASONRY COLUMNS	1 LA	1 PS	535 SQ FT	0.73	0.30	1.03
30	WALL LATH	1 LA	1 PS	631 SQ FT	0.62	0.33	0.95
31	COLUMN LATH	1 LA	1 PS	420 SQ FT	0.92	0.33	1.25
	VERMICULITE PLASTER ON						
32	MASONRY WALL	1 LA	1 PS	600 SQ FT	0.65	0.32	0.97
33	MASONRY COLUMN	1 LA	1 PS	400 SQ FT	0.97	0.32	1.29
34	WALL LATH	1 LA	1 PS	420 SQ FT	0.92	0.35	1.27
35	COLUMN LATH	1 LA	1 PS	286 SQ FT	1.36	0.35	1.71
36	CEILING LATH	1 LA	1 PS	390 SQ FT	1.00	0.35	1.35
37	BEAM LATH	1 LA	1 PS	260 SQ FT	1.49	0.35	1.84
38	CONCRETE CEILING	1 LA	1 PS	480 SQ FT	0.81	0.32	1.13
39	CONCRETE BEAMS	1 LA	1 PS	320 SQ FT	1.21	0.32	1.53
	PLASTER PARTITION COMPLETE, WITH METAL LATH AND 3 COATS GYPSUM PLASTER BOTH SIDES						
40	2 1/2" STUDS	1 LH / 1 LA	1 PS	142 SQ FT	4.27	1.38	5.65
41	3 1/2" STUDS	1 LH / 1 LA	1 PS	140 SQ FT	4.33	1.37	5.70
42	4" STUDS	1 LH / 1 LA	1 PS	135 SQ FT	4.49	1.51	6.00
43	6" STUDS	1 LH / 1 LA	1 PS	130 SQ FT	4.66	1.58	6.24
44	SOLID PLASTER PARTITION, 2" WITH 3/4" CHANNELL & 3.4# MESH.	1 LH	1 PS	210 SQ FT	2.06	1.87	3.93
	** STUCCO **						
	BONDCRETE ON						
45	CONCRETE OR MASONRY WALL	1 LA	1 PS	480 SQ FT	0.81	0.23	1.04
46	CONCRETE CEILINGS	1 LA	1 PS	384 SQ FT	1.01	0.25	1.26
	TEXTURED FINISHING						
47	WALLS	1 PS		720 SQ FT	0.30	0.07	0.37
48	CEILINGS	1 PS		600 SQ FT	0.36	0.07	0.43

FINISHES

LINE	DESCRIPTION	CREW	PER DAY	UNIT	LABOR	MATERIAL	TOTAL
	WHITE CEMENT, 3 COATS ON						
1	CONCRETE OR MASONRY WALLS	1 LA 1 PS	631	SQ FT	0.62	0.28	0.90
2	CONCRETE CEILINGS	1 LA 1 PS	525	SQ FT	0.74	0.28	1.02
3	WIRE LATH WALLS	1 LA 1 PS	343	SQ FT	1.13	0.61	1.74
4	WIRE LATH CEILINGS	1 LA 1 PS	286	SQ FT	1.36	0.61	1.97
5	GYPSUM LATH WALLS	1 LA 1 PS	400	SQ FT	0.97	0.61	1.58
6	GYPSUM LATH CEILINGS	1 LA 1 PS	333	SQ FT	1.17	0.61	1.78
7	EXTRA COST FOR COLOR CEMENT	1 LA 1 PS	1400	SQ FT	0.28	0.11	0.39
	WIRE MESH FOR STUCCO						
8	NAILED	1 LH 1 LA	1045	SQ FT	0.37	0.25	0.62
9	WIRED	1 LH 1 LA	885	SQ FT	0.44	0.25	0.69
	SPECIAL PLASTERING SYSTEMS						
10	1" DRYVIT ON MASONRY	1 PS 1 LA	135	SQ FT	2.88	2.36	5.24
11	2" DRYVIT ON MASONRY	1 PS 1 LA	120	SQ FT	3.23	2.44	5.67
12	3" DRYVIT ON MASONRY	1 PS 1 LA	115	SQ FT	3.38	2.66	6.04
13	1" PREFAB PANEL W/4" STUDS AND 1/2" SHEATHING	1 PS 1 LA	70	SQ FT	5.55	4.32	9.87
14	2" PREFAB DRYVIT PANEL W/4" STUDS AND 1/2" SHEATHING	1 PS 1 LA	65	SQ FT	5.97	4.48	10.45
	** GYPSUM DRYWALL **						
	GYPSUM PANEL, TAPED AND FINISHED						
15	1/4"X4' SOUND DEADENING	1 CP 1 LA	1700	SF	0.23	0.22	0.45
16	3/8"X4'	1 CP 1 LA	950	SF	0.41	0.22	0.63
17	1/2"X4'	1 CP 1 LA	850	SF	0.46	0.22	0.68
18	5/8"X4' FIRECODE	1 CP 1 LA	800	SF	0.49	0.25	0.74
19	5/8"X4' FIRECODE C	1 CP 1 LA	800	SF	0.49	0.28	0.77
20	1/2"X4' WATER RESISTANT	1 CP 1 LA	850	SF	0.46	0.31	0.77
21	5/8"X4' FIRECODE, WATER RESISTANT	1 CP 1 LA	800	SF	0.49	0.34	0.83
	GYPSUM PLASTER BASE						
22	1/2"X4'	1 LH	640	SF	0.34	0.22	0.56
23	1/2"X4' FIRECODE C	1 LH	640	SF	0.34	0.25	0.59
24	5/8"X4' FIRECODE	1 LH	575	SF	0.38	0.25	0.63
25	3/8" ROCKLATH	1 LH	775	SF	0.28	0.26	0.54
26	1/2" ROCKLATH	1 LH	725	SF	0.30	0.26	0.56
	GYPSUM SHEATHING						
27	1/2"X2'	1 CP 1 LA	1000	SF	0.39	0.27	0.66
28	1/2"X4'	1 CP 1 LA	1100	SF	0.36	0.25	0.61
29	5/8"X2' FIRECODE	1 CP 1 LA	950	SF	0.41	0.29	0.70
30	5/8"X4' FIRECODE	1 CP 1 LA	1000	SF	0.39	0.28	0.67
31	1/2"X4' EXTERIOR CEILING BOARD	1 CP 1 LA	1100	SF	0.36	0.27	0.63
32	5/8"X4' EXT. CEILING BOARD-FIRECODE	1 CP 1 LA	1000	SF	0.39	0.29	0.68
33	1"X2' SHAFT LINER PANEL	1 CP 1 LA	100	SF	3.91	0.41	4.32

FOR FOILBACK PRODUCTS ADD 0.07/SF MATERIAL
FOIL NOT AVAILABLE IN WATER RESISTANT

LINE	DESCRIPTION	CREW	PER DAY	UNIT	LABOR	MATERIAL	TOTAL
	METAL STUDS & DRYWALL PARTITIONS						
	1 5/8" NON-LOAD BEARING						
34	25 GA 16" O.C.	1 CP	550	SQ FT	0.40	0.23	0.63
35	25 GA 24" O.C.	1 CP	650	SQ FT	0.34	0.21	0.55
36	20 GA 16" O.C.	1 CP	450	SQ FT	0.48	0.40	0.88
37	20 GA 24" O.C.	1 CP	550	SQ FT	0.40	0.34	0.74
	2 1/2" NON-LOAD BEARING						
38	25 GA 16" O.C.	1 CP	440	SQ FT	0.50	0.25	0.75
39	25 GA 24" O.C.	1 CP	580	SQ FT	0.38	0.21	0.59
40	20 GA 16" O.C.	1 CP	440	SQ FT	0.50	0.44	0.94
41	20 GA 24" O.C.	1 CP	580	SQ FT	0.38	0.38	0.76
	2 1/2" LOAD-BEARING						
42	18 GA 16" O.C.	1 CP	440	SQ FT	0.50	0.95	1.45
43	18 GA 24" O.C.	1 CP	580	SQ FT	0.38	0.80	1.18
44	16 GA 16" O.C.	1 CP	440	SQ FT	0.50	1.11	1.61
45	16 GA 24" O.C.	1 CP	580	SQ FT	0.38	0.92	1.30
	3 5/8" NON-LOAD BEARING						
46	25 GA 16" O.C.	1 CP	420	SQ FT	1.04	0.28	1.32
47	25 GA 24" O.C.	1 CP	500	SQ FT	0.44	0.23	0.67

9 FINISHES

LINE	DESCRIPTION	OUTPUT CREW	PER DAY	UNIT	LABOR	MATERIAL	TOTAL
	3 5/8" NON-LOAD BEARING						
1	20 GA 16" O.C.	1 CP	420	SQ FT	1.04	0.30	1.34
2	20 GA 24" O.C.	1 CP	500	SQ FT	0.44	0.25	0.69
	3 5/8" LOAD BEARING						
3	20 GA 16" O.C.	1 CP	400	SQ FT	1.09	1.05	2.14
4	20 GA 24" O.C.	1 CP	500	SQ FT	0.44	0.88	1.32
	3 1/4" NON-LOAD BEARING						
5	25 GA 16" O.C.	1 CP	420	SQ FT	0.52	0.48	1.00
6	25 GA 24" O.C.	1 CP	500	SQ FT	0.44	0.36	0.80
	3 5/8" LOAD BEARING						
7	18 GA 16" O.C.	1 CP	400	SQ FT	0.55	1.03	1.58
8	18 GA 24" O.C.	1 CP	500	SQ FT	0.44	0.86	1.30
	3 1/4" NON-LOAD BEARING						
9	20 GA 24" O.C.	1 CP	500	SQ FT	0.44	0.43	0.87
	3 1/4" LOAD BEARING						
10	18 GA 16" O.C.	1 CP	420	SQ FT	0.52	0.47	0.99
11	18 GA 24" O.C.	1 CP	500	SQ FT	0.44	0.35	0.79
12	25 GA 16" O.C.	1 CP	420	SQ FT	0.52	0.45	0.97
13	25 GA 24" O.C.	1 CP	500	SQ FT	0.44	0.33	0.77
14	20 GA 16" O.C.	1 CP	420	SQ FT	0.52	0.48	1.00
15	20 GA 24" O.C.	1 CP	500	SQ FT	0.44	0.41	0.85
16	16 GA 24" O.C.	1 CP	500	SQ FT	0.44	0.97	1.41
	3 1/4" LOAD BEARING						
17	18 GA 16" O.C.	1 CP	420	SQ FT	0.52	0.46	0.98
18	18 GA 24" O.C.	1 CP	500	SQ FT	0.44	0.34	0.78
19	16 GA 16" O.C.	1 CP	420	SQ FT	0.52	1.16	1.68
20	20 GA 16" O.C.	1 CP	380	SQ FT	0.57	0.55	1.12
21	20 GA 24" O.C.	1 CP	480	SQ FT	0.45	0.46	0.91
	4" LOAD BEARING						
22	18 GA 16" O.C.	1 CP	420	SQ FT	0.52	1.33	1.85
23	16 GA 24" O.C.	1 CP	500	SQ FT	0.44	0.97	1.41
	4" NON-LOAD BEARING						
24	25 GA 16" O.C.	1 CP	380	SQ FT	0.57	0.51	1.08
25	25 GA 24" O.C.	1 CP	480	SQ FT	0.45	0.38	0.83
26	18 GA 24" O.C.	1 CP	470	SQ FT	0.46	0.95	1.41
27	16 GA 16" O.C.	1 CP	370	SQ FT	0.59	1.26	1.85
28	16 GA 24" O.C.	1 CP	470	SQ FT	0.46	1.05	1.51
	6" NON-LOAD BEARING						
29	25 GA 16" O.C.	1 CP	360	SQ FT	0.61	0.42	1.03
30	25 GA 24" O.C.	1 CP	450	SQ FT	0.48	0.36	0.84
31	20 GA 16" O.C.	1 CP	380	SQ FT	0.57	0.54	1.11
32	20 GA 24" O.C.	1 CP	480	SQ FT	0.45	0.45	0.90
	4" LOAD BEARING						
33	18 GA 16" O.C.	1 CP	370	SQ FT	0.59	1.11	1.70
34	18 GA 24" O.C.	1 CP	470	SQ FT	0.46	0.93	1.39
35	16 GA 16" O.C.	1 CP	370	SQ FT	0.59	1.24	1.83
36	16 GA 24" O.C.	1 CP	470	SQ FT	0.46	1.04	1.50
	6" NON-LOAD BEARING						
37	25 GA 16" O.C.	1 CP	360	SQ FT	0.61	0.41	1.02
38	25 GA 24" O.C.	1 CP	450	SQ FT	0.48	0.35	0.83
39	20 GA 16" O.C.	1 CP	360	SQ FT	0.61	0.67	1.28
40	20 GA 24" O.C.	1 CP	450	SQ FT	0.48	0.57	1.05

ESTIMATING METAL STUDS

TO GET TOTAL NUMBER OF STUDS NEEDED

FOR 24" OC   MULTIPLY TOTAL LINEAR FEET BY .65
FOR 16" OC   MULTIPLY TOTAL LINEAR FEET BY .85
FOR TRACK, DOUBLE LINEAR FEET PLUS 10% FOR WASTE
FOR STUDS 24" OC   850 SCREWS REQUIRED/1000 SF
FOR STUDS 16" OC   1000 SCREWS REQUIRED/1000 SF

** CERAMIC TILE **

	EXTERIOR GLAZED WALL TILE, FROSTPROOF						
41	4 1/4"X4 1/4"	1 TS	40	SQ FT	5.26	3.15	8.41
42	3"X3"	1 TS	35	SQ FT	6.01	3.42	9.43
43	1 1/2"X1 1/2"	1 TS	30	SQ FT	7.02	4.58	11.60

FINISHES

LINE	DESCRIPTION	CREW	OUTPUT PER DAY	UNIT	LABOR	MATERIAL	TOTAL
	GLAZED TILE (PAVERS)						
1	4"X4"X 1/2"	1 TS 1 LA	110	SQ FT	3.49	4.45	7.94
2	8"X8"X 1/2"	1 TS 1 LA	110	SQ FT	3.49	3.99	7.48
3	8"X4"X 1/2"	1 TS 1 LA	110	SQ FT	3.49	3.99	7.48
4	8" HEXAGON	1 TS 1 LA	110	SQ FT	3.49	4.75	8.24
	CRYSTALINE GLAZED						
5	4 1/4"X4 1/4"	1 TS	45	SQ FT	4.68	2.50	7.18
6	4 1/4"X4 1/4" SCORED	1 TS	45	SQ FT	4.68	4.41	9.09
7	3"X3" PLAIN	1 TS	40	SQ FT	5.26	3.09	8.35
	CERAMIC WALL TILE, GLAZED ON MUD SET						
	ONE COLOR						
8	1"X1"	1 TS	75	SQ FT	2.81	2.46	5.27
9	2"X2"	1 TS	75	SQ FT	2.81	2.29	5.10
10	4 1/4"X4 1/4"	1 TS	75	SQ FT	2.81	2.12	4.93
	MULTI-COLOR						
11	1"X1"	1 TS	75	SQ FT	2.81	2.65	5.46
12	2"X2"	1 TS	75	SQ FT	2.81	2.52	5.33
13	4 1/4"X4 1/4"	1 TS	75	SQ FT	2.81	2.39	5.20
	CERAMIC WALL TILE, GLAZED ON THIN SET						
	ONE COLOR						
14	1"X1"	1 TS	105	SQ FT	2.00	2.10	4.10
15	2"X2"	1 TS	105	SQ FT	2.00	2.02	4.02
16	4 1/4"X4 1/4"	1 TS	105	SQ FT	2.00	2.03	4.03
	MULTI-COLOR						
17	1"X1"	1 TS	105	SQ FT	2.00	2.46	4.46
18	2"X2"	1 TS	105	SQ FT	2.00	2.33	4.33
19	4 1/4"X4 1/4"	1 TS	105	SQ FT	2.00	2.14	4.14
	GLAZED WALL TILE						
20	3"X6"X 7/16" SQ EDGED	1 TS 1 LA	100	SQ FT	3.84	4.20	8.04
21	BULL NOSED 6" EDGE STRETCHER	1 TS 1 LA	80	EACH	4.79	1.51	6.30
22	BULL NOSED 6" EDGE ANGLES	1 TS 1 LA	80	EACH	4.79	3.00	7.79
23	BEAD OR QUARTER ROUND	1 TS 1 LA	70	EACH	5.48	0.90	6.38
	GLAZED TILE (ITALY)						
24	8"X8"X 5/16" SQ EDGE	1 TS	80	SQ FT	2.63	1.94	4.57
25	SURFACE BULL NOSE ON 8" EDGE (4"X8")	1 TS	40	EACH	5.26	1.94	7.20
26	SURFACE BULL NOSE OUT CORNER (4"X4")	1 TS	40	EACH	5.26	2.52	7.78
27	6"X8"X 5/16" WAFFLE BACK	1 TS	80	SQ FT	2.63	2.05	4.68
28	6"X8"X 1/4" RIBBED BACK	1 TS	80	SQ FT	2.63	2.05	4.68
29	SURFACE BULL NOSE ON 8" EDGE	1 TS	40	EACH	5.26	2.33	7.59
30	SURFACE BULL NOSE OUT CORNER	1 TS	30	EACH	7.02	3.63	10.65
31	DECORATOR BORDER INSERTS CORNERS	1 TS	60	EACH	3.51	1.08	4.59
	CERAMIC MOSAIC TILES						
32	1"X1"	1 TS 1 LA	100	SQ FT	3.84	2.05	5.89
33	2"X2"	1 TS 1 LA	100	SQ FT	3.84	2.25	6.09
34	2"X1" OR 1" HEX - 2" HEX	1 TS 1 LA	100	SQ FT	3.84	2.86	6.70

COLOR SELECTION WILL VARY UP TO 15%
DEPENDING ON SPECS

LINE	DESCRIPTION	CREW	OUTPUT PER DAY	UNIT	LABOR	MATERIAL	TOTAL
	CERAMIC MOSAIC GLAZED GLOSS						
35	1"X1"	1 TS 1 LA	90	SQ FT	4.26	4.79	9.05

COLOR SELECTION WILL VARY UP TO 50%
DEPENDING ON SPECS.

LINE	DESCRIPTION	CREW	OUTPUT PER DAY	UNIT	LABOR	MATERIAL	TOTAL
	COLOR TRIM						
36	STRETCHERS	1 TS 1 LA	80	LN FT	4.79	6.62	11.41
37	ANGLES	1 TS 1 LA	40	EACH	9.59	3.55	13.14
	GLAZED TILE-INTERIOR						
	FLAT TILE (BRIGHT AND MATTE) 5/16" THICK						
38	4 1/4"X4 1/4"	1 TS 1 LA	110	SQ FT	3.49	1.51	5.00
39	6"X4 1/4"	1 TS 1 LA	120	SQ FT	3.20	1.51	4.71
40	8 1/2"X4 1/4"	1 TS 1 LA	120	SQ FT	3.20	2.12	5.32
41	6"X6"	1 TS 1 LA	120	SQ FT	3.20	1.83	5.03
42	4 1/4"X4 1/4" SCORED	1 TS 1 LA	110	SQ FT	3.49	1.98	5.47

FINISHES

LINE	DESCRIPTION	OUTPUT CREW	PER DAY	UNIT	LABOR	MATERIAL	TOTAL
	GLAZED FLAT TEXTURED 5/16" THICK (CRYSTALLINE)						
1	4 1/4"X4 1/4"	1 TS 1 LA	110	SQ FT	3.49	1.95	5.44
2	4 1/4"X4 1/4" OCTAGON (W/O SQUARES)	1 TS 1 LA	110	SQ FT	3.49	2.19	5.68
3	1 3/8" SQ AND DIAGONAL HALVES	1 TS 1 LA	90	SQ FT	4.26	2.73	6.99
4	6"X6" HEXAGON	1 TS 1 LA	120	SQ FT	3.20	2.12	5.32
5	4 1/4"X4 1/4" SCORED TILE	1 TS 1 LA	110	SQ FT	3.49	2.16	5.65
6	1 3/8"X1 3/8" SQ 72 PCS PAPER MOUNTED	1 TS 1 LA	90	SQ FT	4.26	4.38	8.64
	DESIGNER COLOR FLAT TILE 5/16" THICK (BRIGHT COLOR)						
7	4 1/4"X4 1/4"	1 TS 1 LA	110	SQ FT	3.49	2.97	6.46
8	6"X4 1/4"	1 TS 1 LA	120	SQ FT	3.20	3.23	6.43
9	6"X6"	1 TS 1 LA	120	SQ FT	3.20	3.51	6.71
10	4 1/4"X4 1/4" SCORED	1 TS 1 LA	110	SQ FT	3.49	3.84	7.33
	FOR CHERRY OR MANDARIN COLORS ADD 100%						
	GLAZED TILE 1/4" THICK-FLAT						
11	4 1/4"X4 1/4" WITH CUSHION EDGE	1 TS 1 LA	120	SQ FT	3.20	1.29	4.49
	GLAZED FLAT TILE TEXTURED SURFACE 5 1/16" THICK						
12	4 1/4"X4 1/4"	1 TS 1 LA	110	SQ FT	3.49	2.28	5.77
13	6"X6"	1 TS 1 LA	120	SQ FT	3.20	2.44	5.64
14	5" HEXAGON AND VALENCIA	1 TS 1 LA	120	SQ FT	3.20	2.58	5.78
15	1 3/8"X1 3/8" SQ 72 PCS PAPER MOUNTED	1 TS 1 LA	90	SQ FT	4.26	8.73	12.99
16	ADD FOR EPOXY GROUT			SQ FT		0.71	0.71
17	ADD FOR ABRASIVE NON-SLIP TILE			SQ FT		0.54	0.54
	CERAMIC TILE COVE BASE MUD SET						
18	4 1/2"X4 1/4"	1 TS	38	LN FT	5.54	1.79	7.33
19	6"X4 1/4"	1 TS	38	LN FT	5.54	1.91	7.45
20	6"X4 1/4" SANITARY	1 TS	38	LN FT	5.54	2.35	7.89
21	6"X6" SANITARY	1 TS	38	LN FT	5.54	2.33	7.87
	THIN SET						
22	4 1/2"X4 1/4"	1 TS	46	LN FT	4.58	1.70	6.28
23	6"X4 1/4"	1 TS	46	LN FT	4.58	1.83	6.41
24	6"X4 1/4" SANITARY	1 TS	46	LN FT	4.58	1.98	6.56
25	6"X6" SANITARY	1 TS	46	LN FT	4.58	2.29	6.87
	CERAMIC TILE BULLNOSE TRIM, 4 1/4"						
26	MUD SET	1 TS	34	LN FT	6.19	2.04	8.23
27	THIN SET	1 TS	42	LN FT	5.01	2.02	7.03
	TILE ACCESSORIES TOWEL BAR POSTS						
28	2 1/8"X2 1/2" DOWEL TYPE	1 TS	8	PAIR	26.31	6.20	32.51
29	4 5/8"X4 5/8" FLANGE TYPE	1 TS	8	PAIR	26.31	10.45	36.76
	PAPER HOLDERS						
30	6 1/2"X4 3/4" FLANGE TYPE	1 TS	12	EACH	17.54	7.14	24.68
	TOOTH BRUSH AND TUMBLER HOLDERS						
31	4 5/8"X4 5/8"	1 TS	14	EACH	15.03	6.67	21.70
	SOAP HOLDERS						
32	4 5/8"X4 5/8" FLANGE PROJECTING	1 TS	14	EACH	15.03	6.66	21.69
33	4 5/8"X4 5/8" FLANGE CENTER DRAIN	1 TS	12	EACH	17.54	9.62	27.16
	** QUARRY TILE **						
	QUARRY FLAT TILE STANDARD GRADE						
34	6"X6"X 1/2"	1 TS 1 LA	120	SQ FT	3.20	1.79	4.99
35	3 7/8"X8"X 1/2"	1 TS 1 LA	90	SQ FT	4.26	1.85	6.11
36	8"X8"X 1/2	1 TS 1 LA	120	SQ FT	3.20	2.02	5.22
37	6"X9"X 1/2"	1 TS 1 LA	110	SQ FT	3.49	2.08	5.57
38	3 7/8"X3 7/8"X 1/2"	1 TS 1 LA	90	SQ FT	4.26	2.15	6.41
39	6"X12"X 1/2"	1 TS 1 LA	120	SQ FT	3.20	2.22	5.42
40	12"X12"X 11/16"	1 TS 1 LA	150	SQ FT	2.56	2.66	5.22
41	5"X6"X 1/2" COVE BASE	1 TS 1 LA	110	EACH	3.49	1.22	4.71
42	8"X8"X 1/2" BULL NOSE	1 TS 1 LA	120	EACH	3.20	1.43	4.63
43	COVE BASE CORNERS			EACH		2.10	2.10

COLOR SELECTION WILL VARY UP TO
10% DEPENDING ON SPECS

FINISHES

LINE	DESCRIPTION	CREW	PER DAY	UNIT	LABOR	MATERIAL	TOTAL
	QUARRY TILE STANDARD GRADE						
1	6"X6"X 1/2"	1 TS	120	SQ FT	1.75	1.79	3.54
2	3 7/8"X8"X 1/2"	1 TS	90	SQ FT	2.34	1.85	4.19
3	3 7/8"X8"X 1/2" WIRE CUT	1 TS	90	SQ FT	2.34	1.85	4.19
4	6"X6"X 3/4"	1 TS	110	SQ FT	1.91	2.18	4.09
5	8"X6"X 1/2" VALENCIA	1 TS	120	SQ FT	1.75	2.43	4.18
6	6" HEXAGON	1 TS	110	SQ FT	1.91	2.43	4.34
7	8" HEXAGON	1 TS	120	SQ FT	1.75	2.51	4.26
8	8" HEXAGON ELONGATED	1 TS	120	SQ FT	1.75	2.51	4.26
9	WAXING FACTORY APPLIED			SQ FT		0.26	0.26
10	ABRASIVE GRIT FACTORY APPLIED			SQ FT		0.26	0.26
	GRIT AND WAXING INTENSITY WILL VARY UP TO 50% DEPENDING UPON SPECS			SQ FT		0.26	0.26
	QUARRY TILE FLOORS						
	1/2" THICK MUD SET						
11	2 3/4"X2 3/4"	1 TS	60	SQ FT	3.51	2.14	5.65
12	4"X4"	1 TS	64	SQ FT	3.29	2.02	5.31
13	6"X6"	1 TS	70	SQ FT	3.01	1.41	4.42
14	4"X8"	1 TS	70	SQ FT	3.01	1.58	4.59
15	6"X12"	1 TS	80	SQ FT	2.63	1.93	4.56
16	12"X12"	1 TS	74	SQ FT	2.84	3.59	6.43
	THIN SET						
17	2 3/4"X2 3/4"	1 TS	72	SQ FT	2.92	1.95	4.87
18	4"X4"	1 TS	76	SQ FT	2.77	1.83	4.60
19	6"X6"	1 TS	80	SQ FT	2.63	1.53	4.16
20	4"X8"	1 TS	80	SQ FT	2.63	1.53	4.16
21	6"X12"	1 TS	100	SQ FT	2.10	1.83	3.93
22	12"X12"	1 TS	88	SQ FT	2.39	3.19	5.58
	MUD SET EPOXY GROUT						
23	2 3/4"X2 3/4"	1 TS	50	SQ FT	4.21	3.61	7.82
24	4"X4"	1 TS	56	SQ FT	3.76	3.59	7.35
25	6"X6"	1 TS	56	SQ FT	3.76	3.19	6.95
26	4"X8"	1 TS	56	SQ FT	3.76	3.15	6.91
27	6"X12"	1 TS	64	SQ FT	3.29	3.53	6.82
28	12"X12"	1 TS	56	SQ FT	3.76	4.64	8.40
	THIN SET EPOXY GROUT						
29	2 3/4"X2 3/4"	1 TS	56	SQ FT	3.76	3.70	7.46
30	4"X4"	1 TS	60	SQ FT	3.51	3.53	7.04
31	6"X6"	1 TS	62	SQ FT	3.39	3.07	6.46
32	4"X8"	1 TS	60	SQ FT	3.51	3.07	6.58
33	6"X12"	1 TS	72	SQ FT	2.92	3.40	6.32
34	12"X12"	1 TS	64	SQ FT	3.29	4.52	7.81
	FOR ABRASIVE SURFACE ADD			SQ FT		0.43	0.43
	QUARRY TILE HEAVY DUTY						
	SLIP RESISTANT-PROTRUDING DISCS						
35	6"X6"X 1/2" UNGLAZED	1 TS 1 LA	120	SQ FT	3.20	4.94	8.14
36	6"X6"X 1/2" GLAZED	1 TS 1 LA	120	SQ FT	3.20	7.04	10.24
	QUARRY TILE STAIR TREADS 3/4" THICK 6"X6"						
37	MUD SET	1 TS	40	SQ FT	5.26	2.84	8.10
38	MUD SET W/EPOXY GROUT	1 TS	32	SQ FT	6.58	4.52	11.10
	FOR ABRASIVE TILE ADD			SQ FT		0.60	0.60
	QUARRY TILE WAINSCOT 6"X6"X1/2"						
39	MUD SET	1 TS	48	SQ FT	4.39	1.53	5.92
40	THIN SET	1 TS	64	SQ FT	3.29	1.52	4.81
	QUARRY TILE WINDOW SILL 3/4" THICK						
41	6" WIDE	1 TS	48	LN FT	4.39	2.42	6.81
42	12" WIDE	1 TS	28	LN FT	7.52	1.50	9.02
	QUARRY TILE BASE						
43	5"X1/2"	1 TS	64	LN FT	3.29	1.26	4.55
44	5"X3/4"	1 TS	64	LN FT	3.29	1.50	4.79
	QUARRY TILE BULLNOSE MUD SET						
45	6"X6"X1/2"	1 TS	64	LN FT	3.29	1.51	4.80
46	9"X9"X3/4"	1 TS	60	LN FT	3.51	1.74	5.25
47	6"X6"X1/2"	1 TS	80	LN FT	2.63	1.53	4.16
48	9"X9"X3/4"	1 TS	70	LN FT	3.01	1.74	4.75

1988 DODGE UNIT COST DATA

9 FINISHES

LINE	DESCRIPTION	OUTPUT CREW	PER DAY	UNIT	LABOR	MATERIAL	TOTAL
	** MISCELLANEOUS TILE **						
	PLASTIC TILE 4 1/4"X4 1/4"						
1	.110" THICK	1 TS	70	SQ FT	3.01	1.26	4.27
2	.050" THICK	1 TS	70	SQ FT	3.01	0.98	3.99
	METAL TILE, 4 1/4"X4 1/4"						
3	HAMMERED ALUMINUM	1 TS	55	SQ FT	3.83	1.17	5.00
4	SOLID COPPER	1 TS	55	SQ FT	3.83	3.83	7.66
5	COPPER ON ALUMINUM	1 TS	55	SQ FT	3.83	2.59	6.42
6	ENAMEL	1 TS	55	SQ FT	3.83	1.19	5.02
7	STAINLESS STEEL	1 TS	55	SQ FT	3.83	4.83	8.66
	** CAST IN PLACE TERRAZZO **						
	DIVIDER STRIPS						
	ZINC						
8	LIGHT FOR THINSET FLOORS			LN FT		0.37	0.37
9	12 GA 1 1/4" DEEP			LN FT		0.71	0.71
10	SOLID 1/4"X1 1/4" DEEP			LN FT		2.08	2.08
11	W/GALVANIZED BOTTOM 1/2"X1 1/4"			LN FT		1.33	1.33
	BRASS						
12	LIGHT FOR THINSET FLOORS			LN FT		0.74	0.74
13	12 GA 1 1/4" DEEP			LN FT		1.94	1.94
14	SOLID 1/4"X1 1/4" DEEP			LN FT		4.94	4.94
15	W/GALVANIZED BOTTOM 1/2"X1 1/4"			LN FT		3.26	3.26
	TERRAZZO						
	BONDED TO CONCRETE 2" THICK						
16	GREY	1 CM	50	SQ FT	4.21	2.17	6.38
17	WHITE CEMENT	1 CM	50	SQ FT	4.21	2.77	6.98
	NOT BONDED, ON SAND CUSHION 3" THICK						
18	GREY	1 CM	40	SQ FT	5.26	2.25	7.51
19	WHITE CEMENT	1 CM	40	SQ FT	5.26	2.94	8.20
20	MONOLITHIC, 3/4" THICK, BASE SLAB COMPLETE	1 CM	35	SQ FT	6.01	1.84	7.85
21	TOPPING 1" THICK	1 CM	45	SQ FT	4.68	1.82	6.50
22	ABRASIVE 1 1/4" THICK	1 CM	45	SQ FT	4.68	3.21	7.89
	EPOXY TERRAZZO, 1/4" THICK						
23	PLAIN	1 CM	50	SQ FT	4.21	2.00	6.21
24	CONDUCTIVE	1 CM	50	SQ FT	4.21	2.39	6.60
25	COVED BASE 6" HIGH	1 CM	32	LN FT	6.58	1.05	7.63
26	COVED CURB 6" HIGH	1 CM	17	LN FT	12.38	1.88	14.26
27	STAIR TREADS & RISERS	1 CM	10	LN FT	21.04	3.05	24.09
28	STAIR LANDINGS	1 CM	27	SQ FT	7.79	2.17	9.96
29	STAIR STRINGERS	1 CM	20	LN FT	10.52	3.21	13.73
	** PRECAST TERRAZZO **						
	FLOOR TILES, NON SLIP						
30	12"X12"X1"	1 CM	50	SQ FT	4.21	5.23	9.44
31	12"X12"X1 1/2"	1 CM	50	SQ FT	4.21	6.30	10.51
32	FOR WHITE CEMENT, ADD			SQ FT		0.49	0.49
	STAIR TREADS						
33	DIAMOND PATTERN	1 CM	30	LN FT	7.01	9.14	16.15
34	NON SLIP	1 CM	30	LN FT	7.01	13.23	20.24
	STAIR RISERS, TO 6" HIGH						
35	W/O COVE	1 CM	65	LN FT	3.24	3.93	7.17
36	WITH COVE	1 CM	65	LN FT	3.24	9.14	12.38
37	STAIR LANDINGS, NON SLIP 1 1/2"	1 CM	40	SQ FT	5.26	12.81	18.07
38	STAIR STRINGERS 2" THICK	1 CM	19	LN FT	11.07	5.42	16.49
39	COVED BASE, 6" HIGH	1 CM	120	LN FT	1.75	4.07	5.82
40	STRAIGHT BASE, 6" HIGH	1 CM	120	LN FT	1.75	3.10	4.85
41	FOR WHITE CEMENT, ADD			LN FT		0.42	0.42

FINISHES

LINE	DESCRIPTION	OUTPUT CREW	PER DAY	UNIT	LABOR	MATERIAL	TOTAL
1	WALL PANELS, 1 1/2" THICK	1 CM	60	SQ FT	3.51	5.57	9.08
2	TOE STRIP, ZINC, 16 GA			LN FT		0.89	0.89
	** ACOUSTICAL TREATMENT **						
	ACOUSTIC TILE						
	MINERAL FIBER TILE						
3	12"X12"X5/8"	1 CP	300	SQ FT	0.73	0.51	1.24
4	24"X24"X5/8"	1 CP	420	SQ FT	0.52	0.51	1.03
5	24"X48"X5/8"	1 CP	470	SQ FT	0.46	0.51	0.97
6	12"X12"X3/4"	1 CP	300	SQ FT	0.73	0.53	1.26
7	24"X24"X3/4"	1 CP	420	SQ FT	0.52	0.53	1.05
8	24"X48"X3/4"	1 CP	470	SQ FT	0.46	0.53	0.99
	MINERAL FIBER TILE, ALUMINUM FACED						
9	12"X12"X5/8"	1 CP	300	SQ FT	0.73	0.72	1.45
10	24"X24"X5/8"	1 CP	420	SQ FT	0.52	0.72	1.24
11	24"X48"X5/8"	1 CP	470	SQ FT	0.46	0.72	1.18
12	12"X12"X3/4"	1 CP	300	SQ FT	0.73	0.75	1.48
13	24"X24"X3/4"	1 CP	420	SQ FT	0.52	0.75	1.27
14	24"X48"X3/4"	1 CP	470	SQ FT	0.46	0.75	1.21
15	FIRE RATED, ADD			SQ FT		0.23	0.23
	FIBERGLASS TILE						
16	12"X12"X5/8"	1 CP	300	SQ FT	0.73	0.50	1.23
17	24"X24"X5/8"	1 CP	420	SQ FT	0.52	0.50	1.02
18	24"X48"X5/8"	1 CP	470	SQ FT	0.46	0.50	0.96
19	12"X12"X3/4"	1 CP	300	SQ FT	0.73	0.57	1.30
20	24"X24"X3/4"	1 CP	420	SQ FT	0.52	0.57	1.09
21	24"X48"X3/4"	1 CP	470	SQ FT	0.46	0.57	1.03
	WOOD FIBER TILE						
22	12"X12"X1/2"	1 CP	300	SQ FT	0.73	0.50	1.23
23	24"X24"X1/2"	1 CP	420	SQ FT	0.52	0.50	1.02
24	24"X48"X1/2"	1 CP	470	SQ FT	0.46	0.50	0.96
25	12"X12"X5/8"	1 CP	300	SQ FT	0.73	0.57	1.30
26	24"X24"X5/8"	1 CP	420	SQ FT	0.52	0.57	1.09
27	24"X48"X5/8"	1 CP	470	SQ FT	0.46	0.57	1.03
28	12"X12"X3/4"	1 CP	300	SQ FT	0.73	0.62	1.35
29	24"X24"X3/4"	1 CP	420	SQ FT	0.52	0.62	1.14
30	24"X48"X3/4"	1 CP	470	SQ FT	0.46	0.62	1.08
31	12"X12"X1"	1 CP	300	SQ FT	0.73	0.76	1.49
32	24"X24"X1"	1 CP	420	SQ FT	0.52	0.76	1.28
33	24"X48"X1"	1 CP	470	SQ FT	0.46	0.76	1.22
	SOUND CONTROL BATTS						
34	4" UNFACED	1 CP	900	SQ FT	0.24	0.35	0.59
35	2-3/4" UNFACED	1 CP	1000	SQ FT	0.22	0.28	0.50
	MASONRY WALL BATTS						
36	1-1/8" BATTS	1 CP	1200	SQ FT	0.18	0.13	0.31
37	SEALER	1 CP	1000	SQ FT	0.22	0.18	0.40
	PYRO FIBER SOUND ATTENUATION BLANKETS						
38	1" R=4	1 CP	1000	SQ FT	0.22	0.15	0.37
39	2" R=8	1 CP	1000	SQ FT	0.22	0.21	0.43
40	3" R=12	1 CP	1000	SQ FT	0.22	0.30	0.52
41	4" R=16	1 CP	1000	SQ FT	0.22	0.44	0.66
42	5" R=20	1 CP	900	SQ FT	0.24	0.49	0.73
43	6" R=24	1 CP	800	SQ FT	0.27	0.60	0.87
	NOTE FOR 1/2" SIZES INTERPOLATE MATERIAL ACOUSTICAL FIBERGLASS BLANKETS UNFACED						
	6 PCF (LBS/CUBIC FT) DENSITY						
44	1/2"	1 CP	1000	SQ FT	0.22	0.06	0.28
45	1"	1 CP	1000	SQ FT	0.22	0.09	0.31
46	2"	1 CP	1000	SQ FT	0.22	0.19	0.41
47	3"	1 CP	900	SQ FT	0.24	0.27	0.51
48	4"	1 CP	800	SQ FT	0.27	0.33	0.60

9 FINISHES

LINE	DESCRIPTION	CREW	PER DAY	UNIT	LABOR	MATERIAL	TOTAL
	.75 PCF (LBS/CUBIC FT) DENSITY						
1	1/2"	1 CP	1000	SQ FT	0.22	0.06	0.28
2	1"	1 CP	1000	SQ FT	0.22	0.12	0.34
3	2"	1 CP	900	SQ FT	0.24	0.24	0.48
4	3"	1 CP	900	SQ FT	0.24	0.33	0.57
5	4"	1 CP	800	SQ FT	0.27	0.42	0.69
	.10 PCF (LBS/CUBIC FT) DENSITY						
6	1/2"	1 CP	1000	SQ FT	0.22	0.08	0.30
7	1"	1 CP	1000	SQ FT	0.22	0.17	0.39
8	2"	1 CP	900	SQ FT	0.24	0.31	0.55
9	3"	1 CP	900	SQ FT	0.24	0.44	0.68
10	4"	1 CP	800	SQ FT	0.27	0.54	0.81
	1.5 PCF (LBS/CUBIC FT) DENSITY						
11	1/2"	1 CP	1000	SQ FT	0.22	0.12	0.34
12	1"	1 CP	1000	SQ FT	0.22	0.24	0.46
13	2"	1 CP	900	SQ FT	0.24	0.46	0.70
	2.0 PCF (LBS/CUBIC FT) DENSITY						
14	1/2"	1 CP	1000	SQ FT	0.22	0.16	0.38
15	1"	1 CP	1000	SQ FT	0.22	0.31	0.53
16	1 1/2"	1 CP	900	SQ FT	0.24	0.46	0.70
	3.0 PCF (LBS/CUBIC FT) DENSITY						
17	1/2"	1 CP	1000	SQ FT	0.22	0.23	0.45
18	3/4"	1 CP	1000	SQ FT	0.22	0.34	0.56
19	1"	1 CP	900	SQ FT	0.24	0.46	0.70
	SOUND ATTENUATION BATTS FOR INTERIOR SOUND & FIRE WALL CONSTRUCTION ON STEEL STUDS						
20	1-1/3" R= 9.0	1 CP	500	SQ FT	0.44	0.65	1.09
21	16"X48" - 24"X48" R= 6	1 CP	500	SQ FT	0.44	0.66	1.10
22	16"X48" - 24"X48" R= 8	1 CP	1200	SQ FT	0.18	0.26	0.44
23	16"X48" - 24"X48" R= 12	1 CP	1200	SQ FT	0.18	0.35	0.53
	ACOUSTICAL SOUND BAFFLES VINYL COVERED GLASS FIBER CLIPPED ON TO GRID CEILING SYSTEMS						
24	24"X10"X1"	1 LH	20	EACH	10.88	15.12	26.00
25	36"X10"X1"	1 LH	16	EACH	13.60	19.74	33.34
26	48"X10"X1"	1 LH	14	EACH	15.54	23.31	38.85
	ACOUSTICAL FOAM PADS 48"X48" PANELS						
27	2" THICK	1 CP	200	SQ FT	1.09	2.10	3.19
28	3" THICK	1 CP	180	SQ FT	1.21	2.73	3.94
29	4" THICK	1 CP	170	SQ FT	1.28	3.99	5.27
30	ALL TILE - GLUED OR SUSPENDED ADD						
31	FOR HERRING BONE PATTERN 30% ON LABOR						
32	FOR DIAGONAL PATTERN 25% ON LABOR						
33	FOR MIXED ASHLAR 50% ON LABOR						
34	FOR FLAME RESISTANT			SQ FT		0.23	0.23
	ACOUSTICAL WALL TREATMENT						
	1" MODULAR SOUND ABSORBING TILE	1 CP	70	SQ FT	3.11	2.20	5.31
	1 1/2" MODULAR SOUND ABSORBING TILE	1 CP	75	SQ FT	2.91	2.30	5.21
	2 1/4" MODULAR SOUND ABSORBING TILE	1 CP	80	SQ FT	2.73	1.31	4.04

** SUSPENDED CEILINGS **

LINE	DESCRIPTION	CREW	PER DAY	UNIT	LABOR	MATERIAL	TOTAL
	ACOUSTICAL CEILING CONCEALED SUSPENDED SYSTEMS MINERAL TILE						
35	WITH BLACK IRON SUSPENSION			SQ FT		2.65	2.65
36	DIRECT HUNG			SQ FT		2.29	2.29
37	FIRE RATED			SQ FT		2.77	2.77
	ACOUSTICAL CEILING SUSPENDED LAY-IN SYSTEM						
38	2'X2' GRID VINYL COATED FINISH			SQ FT		1.18	1.18
39	2'X4' GRID VINYL COATED W/BLACK IRON SUSPNSN			SQ FT		1.62	1.62
40	2'X2' GRID ROCK FACE FINISH			SQ FT		2.06	2.06
41	2'X2' GRID CERAMIC FACED FINISH			SQ FT		1.39	1.39
42	2'X4' GRID CERAMIC FACED FINISH			SQ FT		1.55	1.55
43	2'X4' GRID METAL FACED FINISH			SQ FT		1.53	1.53

FINISHES

LINE	DESCRIPTION	OUTPUT CREW	PER DAY	UNIT	LABOR	MATERIAL	TOTAL
	SPECIAL COMPONENTS FOR ACOUSTICAL CEILING SYSTEM						
1	AIR DISTRIBUTION BAR			LN FT		18.90	18.90
2	FIRE RATED BATT PROTECTION FOR EA FIXTURE			EACH		20.16	20.16
3	PERIMETER INSULATION PLENUM BARRIER ADD			SQ FT		0.44	0.44
4	SLOT ACOUSTICAL TILE ADD PER SQ FT			SQ FT		0.31	0.31
5	ACOUSTICAL INTEGRATED CEILING SYSTEM			SQ FT		5.41	5.41
	CONCEALED ZEE SPLINE SYSTEM						
6	1 1/2" BLACK IRON, CHANNELS AT 4' OC. Z-RUNNERS 2' OC	1 CP	160	SQ FT	1.36	0.48	1.84
7	Z BAR AND 1 1/2" BLACK IRON AT 4' OC. METAL PAN SNAP SYSTEM 1 1/2" CHANNELS	1 CP	140	SQ FT	1.56	0.53	2.09
	RUNNERS						
8	5' OC	1 CP	55	SQ FT	3.96	0.13	4.09
9	4' OC	1 CP	50	SQ FT	4.36	8.40	12.76
10	3' OC	1 CP	45	SQ FT	4.84	0.23	5.07
11	2' OC	1 CP	43	SQ FT	5.07	0.29	5.36
	W/1"X4" STRIPPING. UP TO 3'6" DROP EXPOSED GRID TYPE SYSTEM 1 1/2" TEE CHANNELS W/ CROSS RUNNERS-BAKED WHITE ENAMEL	1 CP	40	SQ FT	5.45	0.41	5.86
12	4'X4' GRID	1 CP	250	SQ FT	0.87	0.24	1.11
13	3'X3' GRID	1 CP	230	SQ FT	0.95	0.24	1.19
14	2'X4' GRID	1 CP	200	SQ FT	1.09	0.24	1.33
15	5'X5' GRID						
	GLASS FIBER-PERF VINYL FINISH						
16	2'X3' GRID	1 CP	225	SQ FT	0.97	0.33	1.30
17	2'X2' GRID	1 CP	180	SQ FT	1.21	0.33	1.54
	SPECIAL WOOD DROP CEILINGS						
	12 GA WIRE - STEEL T-BAR ASTM CLASS 211 1/4" WOOD PANELS & MOULDING (INSTALLED COST) 22 5/8" SQUARE						
18	MINERAL TEXTURED ACOUSTICAL 1 3/8" OAK GRID			SQ FT		4.24	4.24
19	TRANSLUCENT LENS FOR LIGHTING			SQ FT		9.07	9.07
20	WHITE OAK TRIM & PANELS 1 1/4" COFFER			SQ FT		9.18	9.18
21	WHITE OAK - WALNUT STAINED 1 3/16" COFFER			SQ FT		10.96	10.96
22	NATURAL OAK-3 1/2" COFFER - WALNUT MOULDING			SQ FT		15.27	15.27
23	NATURAL OAK 2" COFFER - BLACK ALUMINUM RISER			SQ FT		17.05	17.05
24	DETAILED MOULDING - PANEL CROWN			SQ FT		22.05	22.05
	ACOUSTICAL PANEL-ROCKWOOL BATT CORE GROOVED						
25	AFRICAN VENEERS-BEECH-BIBOLA-KOTO			SQ FT		4.15	4.15
26	ELM-OAK-ASH OREGON PINE			SQ FT		4.52	4.52
27	WALNUT TEAK			SQ FT		5.46	5.46
	** FLOORINGS **						
	WOOD STRIP FLOORINGS						
28	OAK 2 1/4" T&G 25/32" UNFINISHED NO 1 COMMON	1 CP	150	SQ FT	1.45	1.35	2.80
29	OAK 2 1/4" T&G 25/32" UNFINISHED SELECT	1 CP	150	SQ FT	1.45	1.73	3.18
30	PLANK OAK 25/32"	1 CP	150	SQ FT	1.45	2.12	3.57
31	FIR 1"X4" T&G	1 CP	230	SQ FT	0.95	1.65	2.60
32	SANDING & FINISHING	1 CP	230	SQ FT	0.95	0.22	1.17
33	WAXING	1 CP	400	SQ FT	0.55	0.12	0.67
	GYM FLOORS 25/32" MAPLE						
34	ON SLEEPERS & MEMBRANE	1 CP	80	SQ FT	2.73	2.45	5.18
35	ON STEEL SPRINGS	1 CP	80	SQ FT	2.73	3.13	5.86
36	ON STEEL CHANNELS	1 CP	70	SQ FT	3.11	2.52	5.63

1988 DODGE UNIT COST DATA

9 FINISHES

LINE	DESCRIPTION	OUTPUT CREW	PER DAY	UNIT	LABOR	MATERIAL	TOTAL
	MAPLE FLOORING						
1	25/32" X 1 1/2" 1ST	1 CP	300	SQ FT	0.73	1.66	2.39
2	25/32" X 1 1/2" 2ND & BETTER	1 CP	300	SQ FT	0.73	1.49	2.22
3	25/32" X 1 1/2" 3RD & BETTER	1 CP	300	SQ FT	1.45	1.34	2.79
4	25/32" X 2 1/4" 1ST	1 CP	300	SQ FT	1.45	1.54	2.99
5	25/32" X 2 1/4" 2ND & BETTER	1 CP	300	SQ FT	0.73	1.48	2.21
6	25/32" X 2 1/4" 3RD & BETTER	1 CP	300	SQ FT	0.73	1.34	2.07
7	33/32" X 1 1/2" 1ST	1 CP	300	SQ FT	0.73	2.02	2.75
8	33/32" X 2 1/4" 2ND & BETTER	1 CP	300	SQ FT	0.73	1.82	2.55
9	33/32" X 2 1/4" 1ST	1 CP	300	SQ FT	0.73	1.71	2.44
	MAPLE FLOORING ACCESSORIES						
10	2" X 3" SCREEDS W/ PADS DIPPED & TREATED			LN FT		0.42	0.42
11	2" X 3" SCREEDS W/O PADS DIPPED & TREATED			LN FT		0.25	0.25
12	2" X 4" SCREEDS W/O PADS			LN FT		0.34	0.34
13	PADS			EACH		0.14	0.14
14	VENT COVE BASE			LN FT		2.02	2.02
15	VENT COVE CORNERS			EACH		3.47	3.47
16	MAPLE BASE			LN FT		0.61	0.61
17	LOCK COMPONENT FOR SCREEDS & FLOORING			SQ FT		0.84	0.84
	PINE FLOORING						
18	2 5/32" X 2 1/4"	1 CP	450	SQ FT	0.48	1.83	2.31
19	3 3/32" X 2 1/4"	1 CP	450	SQ FT	0.48	2.29	2.77
	HARDWOOD BLOCKS						
20	25/32"	1 CP	120	SQ FT	1.82	2.04	3.86
	WOOD BLOCK INDUSTRIAL FLOORS						
	CREOSOTED WOOD BLOCK						
21	2" THICK	1 CP	200	SQ FT	1.09	1.84	2.93
22	2 1/2" THICK	1 CP	200	SQ FT	1.09	2.54	3.63
23	3" THICK	1 CP	200	SQ FT	1.09	3.09	4.18
24	WOOD PARTICLE/PHENOLIC RESIN BLOCK	1 CP	200	SQ FT	1.09	3.57	4.66
25	EXPANSION STRIP 1" THICK	1 CP	340	LN FT	0.64	1.28	1.92
26	CREOSOTED WOOD STRIP 1 1/2" THICK	1 CP	110	LN FT	1.98	1.40	3.38
	HARDWOOD FLOORS						
	PLAIN OAK 3/4"X28X28" (5.44 SF/SECTION)						
27	NATURAL	1 CP	120	SQ FT	1.82	10.82	12.64
28	SELECT	1 CP	120	SQ FT	1.82	13.55	15.37
	ASH QUARTERED OAK 3/4"X28"X28"						
29	NATURAL	1 CP	120	SQ FT	3.63	11.20	14.83
30	SELECT	1 CP	120	SQ FT	1.82	15.65	17.47
	WALNUT - CHERRY 3/4"X28"X28"						
31	NATURAL	1 CP	120	SQ FT	1.82	13.55	15.37
32	SELECT	1 CP	120	SQ FT	1.82	19.85	21.67
	PLAIN OAK 3/4"X18"X18" (2.25 SF/SECTION)						
33	NATURAL	1 CP	120	SQ FT	1.82	10.29	12.11
34	SELECT	1 CP	120	SQ FT	1.82	12.92	14.74
	ASH QUARTERED 3/4"X18"X18"						
35	NATURAL	1 CP	120	SQ FT	1.82	10.92	12.74
36	SELECT	1 CP	120	SQ FT	1.82	15.02	16.84
	WALNUT CHERRY 3/4"X18"X18"						
37	NATURAL	1 CP	120	SQ FT	1.82	12.92	14.74
38	SELECT	1 CP	120	SQ FT	1.82	18.80	20.62
39	PLAIN OAK 3/4"X36"X36" (9 SF/SECTION)	1 CP	120	SQ FT	1.82	16.17	17.99
	ASH QUARTERED OAK 3/4"X36"X36"						
40	SELECT	1 CP	120	SQ FT	1.82	17.33	19.15
	WALNUT CHERRY 3/4"X36"X36"						
41	SELECT	1 CP	120	SQ FT	1.82	21.95	23.77
	BURL FIGURED WALNUT 3/4"X36"X36"						
42	SELECT	1 CP	120	SQ FT	1.82	24.05	25.87

FINISHES

LINE	DESCRIPTION	OUTPUT CREW	PER DAY	UNIT	UNIT COSTS LABOR	MATERIAL	TOTAL
	TEAK PARQUET-UNFINISHED 5/16"X12"X12" (500-1000SF QUANTITY)						
1	REGULAR GRADE	1 CP	160	SQ FT	1.36	1.58	2.94
2	PREMIUM GRADE	1 CP	150	SQ FT	1.45	1.79	3.24
3	DESIGNER GRADE	1 CP	140	SQ FT	1.56	2.73	4.29
	TEAK-TONGUE & GROOVE-HERRINGBONE SLATS						
4	3/8" 1.714"X12' UNFINISHED	1 CP	160	SQ FT	1.36	2.31	3.67
	TEAK TONGUE & GROOVE-PLANKING						
5	1/2" 2 3/4"X1 1/2" TO 5 1/2" UNFINISHED	1 CP	160	SQ FT	1.36	4.41	5.77
6	3/4" 2 3/4"X1 1/2" TO 5 1/2" UNFINISHED	1 CP	160	SQ FT	1.36	4.94	6.30
	ROSEWOOD (500-1000 SF QUANTITY)						
7	PARQUET 5/16"X12"X12" UNFINISHED	1 CP	160	SQ FT	1.36	2.00	3.36
8	T&G 3/8"X1.714"X12" UNFINISHED (HERRINGBONE SLATS)	1 CP	150	SQ FT	1.45	2.63	4.08
9	T&G 5/8"X4 1/4"X1 1/2' TO 5 1/2' UNFIN.	1 CP	150	SQ FT	1.45	5.46	6.91
	FOR PREFINISHED ADD 10% TO MATERIAL						
	ASIAN WALNUT						
10	T&G 5/8"X3 1/2"X10 1/2" UNFIN.	1 CP	150	SQ FT	1.45	2.84	4.29
11	T&G 5/8"X4 1/4"X1 1/2'(UNFIN. PLANKING)	1 CP	150	SQ FT	1.45	3.89	5.34
	FOR FINISHED ADD 8% TO MATERIAL						
	OAK (500-1000 SF QUANTITY)						
12	PARQUET 5/16"X12"X12" UNFINISHED	1 CP	150	SQ FT	1.45	2.73	4.18
13	T&G 1/2"X2"X12" PREFINISHED	1 CP	150	SQ FT	1.45	2.84	4.29
	** STONE TILES **						
	MARBLE FLOOR TILE						
14	1/2" THICK	2 BL 1 LA	66	SQ FT	9.35	11.97	21.32
15	3/4" THICK	2 BL 1 LA	60	SQ FT	10.28	12.18	22.46
16	1" THICK	2 BL 1 LA	55	SQ FT	11.22	12.39	23.61
	NATURAL MARBLE 1/4" , FIBERGLASS BACKED (P) POLISHED , (S) SATIN FINISH 6" X 6"						
17	CREAM CALACATA (P)	2 BL 1 LA	200	SQ FT	3.09	12.18	15.27
18	WHITE CABRABA (P)	2 BL 1 LA	200	SQ FT	3.09	6.72	9.81
19	FRENCH GREY ANTIQUE (P)	2 BL 1 LA	200	SQ FT	3.09	13.44	16.53
20	WHITE CARRARA POLISHED	1 TS 1 LA	200	SQ FT	1.92	9.03	10.95
21	ANTIQUE GRAY POLISHED	1 TS 1 LA	200	SQ FT	1.92	7.98	9.90
22	BEIGE POLISHED	1 TS 1 LA	200	SQ FT	1.92	9.66	11.58
23	BROWN TOURMALION	1 TS 1 LA	200	SQ FT	1.92	14.18	16.10
24	RED ROYAL POLISHED	1 TS 1 LA	200	SQ FT	1.92	15.33	17.25
25	BLACK POLISHED	1 TS 1 LA	200	SQ FT	1.92	20.37	22.29
	NATURAL GRANITE TILES 1/2" FIBERGLASS BACKED (P) POLISHED (F) FLAMED (H) HONED (S) SAWN 6" X 12".						
26	DARK BROWN (P)	2 BL 1 LA	180	SQ FT	3.43	32.75	36.18
27	MAHOGANY GRAY (F)	2 BL 1 LA	180	SQ FT	3.43	29.30	32.73
28	BRILLIANT RED (P)	2 BL 1 LA	180	SQ FT	3.43	28.35	31.78
29	MARINA PEARL (P)	2 BL 1 LA	180	SQ FT	3.43	25.75	29.18
30	GRAY BLACK (F)	2 BL 1 LA	180	SQ FT	3.43	23.50	26.93
31	ALPINE GREEN (P)	2 BL 1 LA	180	SQ FT	3.43	22.50	25.93
32	ATLANTIC GRAY (P)	2 BL 1 LA	180	SQ FT	3.43	16.75	20.18
33	SALMON PINK (F)	2 BL 1 LA	180	SQ FT	3.43	16.75	20.18
34	SOFT GREY (P)	2 BL 1 LA	180	SQ FT	3.43	11.50	14.93
35	SOFT GREY (S)	2 BL 1 LA	180	SQ FT	3.43	9.50	12.93
36	SOFT GREY (H)	2 BL 1 LA	180	SQ FT	3.43	9.00	12.43

9 FINISHES

LINE	DESCRIPTION	OUTPUT CREW	PER DAY	UNIT	LABOR	MATERIAL	TOTAL
	POLISHED MARBLE TILES 12" X 12" X 3/8"						
1	BLACK & GOLD (PORTORO)	2 BL 1 LA	140	SQ FT	4.41	21.40	25.81
2	FIOR DI PESCO CLASSIC	2 BL 1 LA	140	SQ FT	4.41	21.40	25.81
3	GREEN ONYX	2 BL 1 LA	140	SQ FT	4.41	20.40	24.81
4	VERDE ANTIQUE	2 BL 1 LA	140	SQ FT	4.41	20.40	24.81
5	GOLD BROWN ONYX	2 BL 1 LA	140	SQ FT	4.41	19.30	23.71
6	CRYSTAL WHITE	2 BL 1 LA	140	SQ FT	4.41	17.30	21.71
7	ROSSO FRANCIA	2 BL 1 LA	140	SQ FT	4.41	16.30	20.71
8	VERDE ISSORIE	2 BL 1 LA	140	SQ FT	4.41	14.20	18.61
9	FIOR DI PESCO CARNICO	2 BL 1 LA	140	SQ FT	4.41	13.10	17.51
10	GIALLO SIENA	2 BL 1 LA	140	SQ FT	4.41	13.10	17.51
11	THASSOS WHITE	2 BL 1 LA	140	SQ FT	4.41	11.00	15.41
12	GREEN WHITE (3/4")	2 BL 1 LA	140	SQ FT	4.41	11.00	15.41
13	VERDE ELEGANCE	2 BL 1 LA	140	SQ FT	4.41	9.70	14.11
14	BRE CCIA AURORA	2 BL 1 LA	140	SQ FT	4.41	9.70	14.11
15	CALACATA DINO	2 BL 1 LA	140	SQ FT	4.41	9.70	14.11
16	STATUARY VEIN	2 BL 1 LA	140	SQ FT	4.41	8.60	13.01
17	ROSA AURORA	2 BL 1 LA	140	SQ FT	4.41	8.60	13.01
18	PARADISO BROWN	2 BL 1 LA	140	SQ FT	4.41	8.60	13.01
19	ROJO OLICANTE	2 BL 1 LA	140	SQ FT	4.41	8.60	13.01
20	MISTY GREY	2 BL 1 LA	140	SQ FT	4.41	7.60	12.01
21	PERLATO ROYALE	2 BL 1 LA	140	SQ FT	4.41	7.60	12.01
22	DUCHESSA	2 BL 1 LA	140	SQ FT	4.41	7.60	12.01
23	MOCHA CREMA	2 BL 1 LA	140	SQ FT	4.41	7.60	12.01
24	NOBLE IVORY	2 BL 1 LA	140	SQ FT	4.41	6.40	10.81
25	ROYAL BEIGE	2 BL 1 LA	140	SQ FT	4.41	6.40	10.81
	TRAVERTINE TILES 12"X12"X3/8"						
26	PERSIAN RED	2 BL 1 LA	140	SQ FT	4.41	17.10	21.51
27	SPANISH RED	2 BL 1 LA	140	SQ FT	4.41	8.60	13.01
28	IVORY	2 BL 1 LA	140	SQ FT	4.41	7.60	12.01
29	ROMAN	2 BL 1 LA	140	SQ FT	4.41	6.40	10.81
30	MOCHA	2 BL 1 LA	140	SQ FT	4.41	6.40	10.81
31	GOLDEN	2 BL 1 LA	140	SQ FT	4.41	6.40	10.81
32	ROMAN (SAWN 12"X24")	2 BL 1 LA	140	SQ FT	4.41	6.40	10.81
33	NAVONA	2 BL 1 LA	140	SQ FT	4.41	6.40	10.81
	MARBLE & TRAVERTINE TILES 6"X12"X3/8"						
34	BRAZILLIAN BLUE	2 BL 1 LA	140	SQ FT	4.41	31.00	35.41
35	DAKOTA MAHOGANY	2 BL 1 LA	140	SQ FT	4.41	20.50	24.91
36	ONYX	2 BL 1 LA	140	SQ FT	4.41	18.40	22.81
37	CLASSIC CREMO	2 BL 1 LA	140	SQ FT	4.41	13.10	17.51
38	PERLATO SICILIA	2 BL 1 LA	140	SQ FT	4.41	8.60	13.01
39	STATUARY VEINS	2 BL 1 LA	140	SQ FT	4.41	8.60	13.01
40	NEGRO MARQUINA	2 BL 1 LA	140	SQ FT	4.41	8.60	13.01
41	ROMAN	2 BL 1 LA	140	SQ FT	4.41	6.30	10.71
42	ANTIQUE	2 BL 1 LA	140	SQ FT	4.41	6.30	10.71
43	GOLDEN	2 BL 1 LA	140	SQ FT	4.41	6.30	10.71
44	WHITE CARRARA	2 BL 1 LA	140	SQ FT	4.41	6.00	10.41
	POLISHED MARBLE TILE 6"X6"X3/8"						
45	ROSSO FRANCIA	2 BL 1 LA	140	SQ FT	4.41	16.05	20.46
46	VERDE ISSORIE	2 BL 1 LA	140	SQ FT	4.41	13.95	18.36
47	BRECCIA PERNICE	2 BL 1 LA	140	SQ FT	4.41	9.65	14.06
48	RASOTICA	2 BL 1 LA	140	SQ FT	4.41	9.65	14.06
49	RED VERONA	2 BL 1 LA	140	SQ FT	4.41	8.60	13.01
50	CALACATA CREMO	2 BL 1 LA	140	SQ FT	4.41	8.60	13.01
51	PARADISO	2 BL 1 LA	140	SQ FT	4.41	8.60	13.01
52	SERPEGGIANTE	2 BL 1 LA	140	SQ FT	4.41	8.10	12.51
53	VERDE ELEGANCE	2 BL 1 LA	140	SQ FT	4.41	7.55	11.96
54	BLACK ELEGANCE	2 BL 1 LA	140	SQ FT	4.41	7.55	11.96
55	FORMOSA RED	2 BL 1 LA	140	SQ FT	4.41	7.55	11.96
56	MISTY GREY	2 BL 1 LA	140	SQ FT	4.41	7.55	11.96
57	MID GREEN	2 BL 1 LA	140	SQ FT	4.41	7.55	11.96
58	IMPERIAL WHITE	2 BL 1 LA	140	SQ FT	4.41	7.55	11.96
59	IVORY TRAVERTINE	2 BL 1 LA	140	SQ FT	4.41	6.50	10.91
60	ROMAN TRAVERTINE	2 BL 1 LA	140	SQ FT	4.41	6.50	10.91

FINISHES

LINE	DESCRIPTION	OUTPUT CREW	PER DAY	UNIT	LABOR	MATERIAL	TOTAL
	GRANITE TILES 12"X12"X3/8"						
1	BRASILIAN BLUE (12"X12"X3/4")	2 BL 1 LA	140	SQ FT	4.41	42.00	46.41
2	ABSOLUTE BLACK (24"X24"1/2")	2 BL 1 LA	140	SQ FT	4.41	26.25	30.66
3	VIOLET PARADISO (24"X24"X3/8")	2 BL 1 LA	140	SQ FT	4.41	26.25	30.66
4	MARINA PEARL (BLUE)	2 BL 1 LA	140	SQ FT	4.41	22.05	26.46
5	EMERAL PEARL	2 BL 1 LA	140	SQ FT	4.41	21.00	25.41
6	RUBY RED (12"X24"X3/8")	2 BL 1 LA	140	SQ FT	4.41	21.00	25.41
7	BALTIC BROWN	2 BL 1 LA	140	SQ FT	4.41	17.85	22.26
8	IMPALA BLACK	2 BL 1 LA	140	SQ FT	4.41	17.85	22.26
9	ANDES BLACK	2 BL 1 LA	140	SQ FT	4.41	13.65	18.06
10	JUPARANA	2 BL 1 LA	140	SQ FT	4.41	13.65	18.06
11	LUNA PEARL	2 BL 1 LA	140	SQ FT	4.41	13.65	18.06
12	ROSA PORRINO	2 BL 1 LA	140	SQ FT	4.41	13.65	18.06
13	GOLDEN PAULISTA	2 BL 1 LA	140	SQ FT	4.41	13.65	18.06
14	INDIAN RED	2 BL 1 LA	140	SQ FT	4.41	13.65	18.06
15	VERDE FOUNTAIN	2 BL 1 LA	140	SQ FT	4.41	13.65	18.06
	AGGLOMERATE MARBLE TILE 12"X12"X3/8" MARBLE MATERIAL FORMED INTO BLOCKS WITH EPOXY RESINS						
16	ONICE CALIFORNIA	2 BL 1 LA	140	SQ FT	4.41	6.98	11.39
17	TRAVERTINE CALIFORNIA	2 BL 1 LA	140	SQ FT	4.41	6.50	10.91
18	PORTORA FINE	2 BL 1 LA	140	SQ FT	4.41	6.50	10.91
19	VERDE	2 BL 1 LA	140	SQ FT	4.41	6.50	10.91
20	BRECCIA AURORA	2 BL 1 LA	140	SQ FT	4.41	5.90	10.31
21	ROSSO FRANCIA	2 BL 1 LA	140	SQ FT	4.41	5.90	10.31
22	BOTTICINO	2 BL 1 LA	140	SQ FT	4.41	5.90	10.31
23	VERDE SERPENTINO	2 BL 1 LA	140	SQ FT	4.41	5.90	10.31
24	ROJO GRANADA	2 BL 1 LA	140	SQ FT	4.41	5.90	10.31
	SPLIT FACE - SAWN BACK 2" X 8"						
25	YELLOW SIENA	2 BL 1 LA	140	SQ FT	4.41	5.90	10.31
26	PERLATO SICILIA	2 BL 1 LA	140	SQ FT	4.41	5.90	10.31
27	RED VERONA	2 BL 1 LA	140	SQ FT	4.41	4.85	9.26
28	CREMO DELICATO	2 BL 1 LA	140	SQ FT	4.41	4.85	9.26
29	ROMAN TRAVERTINE	2 BL 1 LA	140	SQ FT	4.41	4.50	8.91
30	WHITE CARRARA	2 BL 1 LA	140	SQ FT	4.41	4.50	8.91
	MARBLE QUARRIES 1/4" THICK (MARBLE TILE FIBERGLASS - EPOXY REINFORCED)						
31	1'X2' (30CMX60CM) WHITE CARRARA	1 TS	70	SQ FT	3.01	14.30	17.31
32	2'X2' (60CMX60CM) WHITE CARRARA	1 TS	60	SQ FT	3.51	15.45	18.96
33	2'X4' (60CMX120CM) WHITE CARRARA	1 TS	45	SQ FT	4.68	16.60	21.28
34	2'X2' (60CMX60CM) BLACK MARQUINIA	1 TS	60	SQ FT	3.51	18.90	22.41
35	2'X2' (60CMX60CM) ROMAN TRAVERTINE	1 TS	60	SQ FT	3.51	19.95	23.46
36	2'X2' (60CMX60CM) BEIGE	1 TS	60	SQ FT	3.51	17.75	21.26
37	2'X2' (60CMX60CM) RED ALICANTE	1 TS	60	SQ FT	3.51	18.90	22.41
38	2'X2' (60CMX60CM) GREEN AOSTA	1 TS	60	SQ FT	3.51	21.10	24.61
39	1'X2' (30CMX60CM) ONYX SICILIAN	1 TS	70	SQ FT	3.01	40.75	43.76
	MARBLE TILES						
40	3/8" AMBER ONYX 12"X12"	1 TS	70	SQ FT	3.01	6.43	9.44
41	3/8" VERDE ANTICO 12"X12"	1 TS	70	SQ FT	3.01	6.95	9.96
42	3/8" ROSE 12"X12"	1 TS	70	SQ FT	3.01	5.88	8.89
43	3/8" TOPAZ 12"X12"	1 TS	70	SQ FT	3.01	5.78	8.79
44	1/2" PARADISE GOLD 12"X12"	1 TS	70	SQ FT	3.01	5.99	9.00
45	1/2" TRAVERTINE-NAVONA 12"X12"	1 TS	70	SQ FT	3.01	4.94	7.95
46	1/2" ROSE DELMONTE 14"X14"(1.36 SF)	1 TS	80	SQ FT	2.63	6.43	9.06
47	3/8" NEGRO MARQUINA 15"X15"(1.56 SF)	1 TS	85	SQ FT	2.48	5.88	8.36
48	1/2" L102 LIGHT 16"X16"(1.78 SF)	1 TS	90	SQ FT	2.34	6.53	8.87
49	3/8" PARADISE LIGHT 18"X18"(2.25 SF)	1 TS	90	SQ FT	2.34	5.99	8.33
50	3/8" TRAVERTINE 18"X18"(2.25 SF)	1 TS	90	SQ FT	2.34	5.15	7.49
51	1/2" PARADISE ROSE 18"X18"(2.25 SF)	1 TS	90	SQ FT	2.34	6.83	9.17
52	1/2" ROSE AURORA 18"X18"(2.25 SF)	1 TS	90	SQ FT	2.34	6.41	8.75
53	1/2" PARADISE GOLD 20"X20"(2.78 SF)	1 TS	90	SQ FT	2.34	6.83	9.17
54	1/2" ROSE DELMONTE 24"X24"(4 SF)	1 TS	90	SQ FT	2.34	6.62	8.96
55	3/4" ESTERMOZ 24"X72"(12 SF)	1 TS 1 LA	80	SQ FT	4.79	8.61	13.40
56	3/4" ROSE DELMONTE 24"X72"(12 SF)	1 TS 1 LA	80	SQ FT	4.79	9.14	13.93
57	3/4" PARADISE ROSE 30"X84"(17.5 SF)	1 TS 1 LA	80	SQ FT	4.79	8.51	13.30

1988 DODGE UNIT COST DATA

9 FINISHES

LINE	DESCRIPTION	OUTPUT CREW	PER DAY	UNIT	UNIT COSTS LABOR	MATERIAL	TOTAL
	GRANITE TILES						
1	3/8" ABSOLUTE BLACK 12"X12"	1 TS	70	SQ FT	3.01	11.50	14.51
2	3/8" RUBY RED 12"X12"	1 TS	70	SQ FT	3.01	11.24	14.25
3	3/8" MULTICOLOR 12"X12"	1 TS	70	SQ FT	3.01	9.40	12.41
4	3/8" AFRICAN BLACK 12"X12"	1 TS	70	SQ FT	3.01	8.77	11.78
5	1/2" RED BONITO 12"X12"	1 TS	70	SQ FT	3.01	11.66	14.67
6	1/2" GREY SPECKLE 12"X12"	1 TS	70	SQ FT	3.01	6.74	9.75
7	1/2" PEPPER GRAY 12"X12"	1 TS	70	SQ FT	3.01	6.62	9.63
	SLATE TILE 3/8" VERMONT GAGED GRADE						
8	MULTI-COLOR	2 BL 1 LA	110	SQ FT	5.61	1.93	7.54
9	GREEN GRAY	2 BL 1 LA	110	SQ FT	5.61	1.95	7.56
10	MOTTLE PURPLE	2 BL 1 LA	110	SQ FT	5.61	2.10	7.71
11	RED	2 BL 1 LA	110	SQ FT	5.61	3.51	9.12
12	BLACK	2 BL 1 LA	110	SQ FT	5.61	2.31	7.92
13	IRREGULAR MULTI-COLOR V	2 BL 1 LA	100	SQ FT	6.17	1.18	7.35
14	RED SLATE	2 BL 1 LA	110	SQ FT	5.61	1.68	7.29
15	SLATE CIRCLES 36" DIAM	2 BL 1 LA	30	EACH	20.57	29.93	50.50
	SLATE STOCK PENNSYLVANIA INCL SAWING & FINISH						
16	1/2" SLATE	2 BL 1 LA	100	SQ FT	6.17	17.98	24.15
17	1" SLATE	2 BL 1 LA	60	SQ FT	10.28	18.42	28.70
18	1 1/2" SLATE	2 BL 1 LA	50	SQ FT	12.34	20.95	33.29
19	2" SLATE	2 BL 1 LA	48	SQ FT	12.86	24.48	37.34
	** CARPETING & PADDING *						
20	CARPET INSTALLATION TACKLESS			SQ YD	5.10		5.10
21	CARPET INSTALLATION GLUED W/ADHESIVE			SQ YD	5.67		5.67
22	NYLON-COMMERCIAL TIGHT WEAVE JUTE			SQ YD		16.28	16.28
23	NYLON-COMMERCIAL TIGHT WEAVE RUBBER			SQ YD		17.12	17.12
	PADDING						
24	JUTE 40 OZ			SQ YD		1.58	1.58
25	JUTE & HAIR 50 OZ			SQ YD		1.74	1.74
26	HAIR 50 OZ			SQ YD		1.81	1.81
	RUBBER WAFFLE						
27	72 OZ			SQ YD		1.81	1.81
28	100 OZ			SQ YD		1.97	1.97
	RUBBER SLAB						
29	72 OZ			SQ YD		1.81	1.81
30	88 OZ			SQ YD		2.21	2.21
	URETHANE						
31	1.5 LBS			SQ YD		1.58	1.58
32	2.0 LBS			SQ YD		1.81	1.81
33	2.5 LBS			SQ YD		1.89	1.89
	CARPET						
	NYLON PLUSH						
34	INDOOR-OUTDOOR TYPE OZITE			SQ YD		10.29	10.29
35	NYLON SCULPTURE			SQ YD		10.48	10.48
36	INDOOR-OUTDOOR TYPE NYLON			SQ YD		14.18	14.18
37	POLYESTER SHAG/SCULPTURED			SQ YD		15.23	15.23
38	ACRYLIC PLUSH			SQ YD		15.75	15.75
39	NYLON SHAG			SQ YD		16.17	16.17
40	NYLON COMMERCIAL ANTRON LOOP			SQ YD		19.11	19.11
41	ACRYLIC COMMERCIAL WEAVE			SQ YD		19.11	19.11
42	WOOL CLOSE WEAVE			SQ YD		23.84	23.84
43	WOOL PLUSH AND SHAG			SQ YD		33.39	33.39
	** CONDUCTIVE FLOORING **						
	VINYL BASE						
44	4"	1 CP	230	LN FT	0.95	0.47	1.42
45	6"	1 CP	230	LN FT	0.95	0.58	1.53
	RUBBER BASE						
46	4"	1 CP	230	LN FT	0.95	0.70	1.65
47	6"	1 CP	230	LN FT	0.95	1.26	2.21
48	NON-SLIP RUBBER TREADS	1 CP	108	LN FT	2.02	6.85	8.87
49	CORRUGATED RUBBER MATS	1 CP	736	SQ FT	0.30	5.31	5.61
50	GRIT STRIPE 1" WIDE FOOT/WHEEL GRIP	1 CP	837	LN FT	0.26	0.30	0.56
51	GRIT STRIP 4" WIDE FOOT/WHEEL GRIP	1 CP	750	LN FT	0.29	1.60	1.89

FINISHES

LINE	DESCRIPTION	OUTPUT CREW		PER DAY	UNIT	UNIT COSTS LABOR	MATERIAL	TOTAL
	STAIR TREADS AND RISERS							
1	MOLDED RUBBER TREADS W/NOSING	1 CP		90	LN FT	2.42	2.63	5.05
2	ALUMINUM NOSING	1 CP		90	LN FT	2.42	1.79	4.21
3	RUBBER NOSING	1 CP		78	LN FT	2.79	1.83	4.62
4	SHEET LINOLEUM (.075)	1 CP		325	SQ FT	0.67	1.51	2.18
5	VINYL TILE 12"X12"X1/8"	1 CP		480	SQ FT	0.45	1.97	2.42
6	RUBBER TILE 12"X12"X1/8"	1 CP		480	SQ FT	0.45	2.04	2.49
	SHEET VINYL							
7	.080 HIGH CHEMICAL RESISTANT	1 TS	1 LA	900	SQ FT	0.43	4.05	4.48
8	.080 SHEET VINYL	1 TS	1 LA	900	SQ FT	0.43	2.46	2.89
9	.080 SAFETY GROVED	1 TS	1 LA	850	SQ FT	0.45	1.97	2.42
10	.091 DESIGNER TYPE	1 TS	1 LA	800	SQ FT	0.48	3.21	3.69
11	.106 EMBOSSED - SAFETY	1 TS	1 LA	850	SQ FT	0.45	3.32	3.77
12	.088 SKID RESISTENT	1 TS	1 LA	900	SQ FT	0.43	2.50	2.93
13	.100 SHEET VINYL SAFETY	1 TS	1 LA	900	SQ FT	0.43	3.36	3.79
14	.080 ACOUSTIC IMPACT	1 TS	1 LA	850	SQ FT	0.45	3.21	3.66
15	.080 CONDUCTIVE	1 TS	1 LA	800	SQ FT	0.48	5.57	6.05
16	.217 GYM FLOOR	1 TS	1 LA	1000	SQ FT	0.38	5.15	5.53
	COMPOSITION VINYL							
17	16"X16"	1 TS	1 LA	900	SQ FT	0.43	2.02	2.45
18	12"X12"	1 TS	1 LA	1000	SQ FT	0.38	1.62	2.00

** RESILIENT TILE FLOORING **

LINE	DESCRIPTION	CREW	PER DAY	UNIT	LABOR	MATERIAL	TOTAL
	ASPHALT TILE CEMENTED TO SLAB						
	9"X9"X1/8"						
19	COLOR GROUP "B"	1 CP	400	SQ FT	0.55	0.47	1.02
20	COLOR GROUP "C"	1 CP	400	SQ FT	0.55	0.53	1.08
21	COLOR GROUP "D"	1 CP	400	SQ FT	0.55	0.65	1.20
	9"X9"X3/16"						
22	COLOR GROUP "B"	1 CP	400	SQ FT	0.55	0.61	1.16
23	COLOR GROUP "C"	1 CP	400	SQ FT	0.55	0.71	1.26
24	COLOR GROUP "D"	1 CP	400	SQ FT	0.55	0.82	1.37
25	NON SLIP TILE	1 CP	400	SQ FT	0.55	0.61	1.16
26	GREASE PROOF 1/8"	1 CP	400	SQ FT	0.55	0.72	1.27
27	CORKTONE OR TWEED "C" GROUP 1/8"	1 CP	400	SQ FT	0.55	0.66	1.21
28	FELT UNDERLAY ON WOOD SUBFLOOR	1 CP	3500	SQ FT	0.06	0.15	0.21
	VINYL ASBESTOS TILE						
29	9"X9"X1/8"	1 CP	400	SQ FT	0.55	0.85	1.40
30	9"X9"X1/16"	1 CP	400	SQ FT	0.55	0.76	1.31
	VINYL TILE						
31	12"X12" TYPE A .08" THICK	1 CP	480	SQ FT	0.45	1.05	1.50
32	12"X12"X1/8" TYPE B	1 CP	480	SQ FT	0.45	1.68	2.13
33	12"X12"X1/8" TRAVERTINE	1 CP	480	SQ FT	0.45	2.02	2.47
34	12"X12"X1/8" FLORENTINE	1 CP	480	SQ FT	0.45	2.67	3.12
35	12"X12"X3/16" CONDUCTIVE	1 CP	480	SQ FT	0.45	4.01	4.46
	RUBBER TILE						
36	12"X12"X1/8"	1 CP	480	SQ FT	0.45	1.87	2.32
37	12"X12"X3/16"	1 CP	480	SQ FT	0.45	2.25	2.70
38	CORK TILE 1/8" THICK	1 CP	350	SQ FT	0.62	1.47	2.09

** RESILIENT SHEET FLOORING **

LINE	DESCRIPTION	CREW	PER DAY	UNIT	LABOR	MATERIAL	TOTAL
	LINOLEUM						
39	STANDARD GUAGE 3/32"	1 CP	275	SQ FT	0.79	0.80	1.59
40	HEAVY GAUGE 1/8"	1 CP	275	SQ FT	0.79	1.16	1.95
41	SHEET VINYL FLOORING	1 CP	325	SQ FT	0.67	2.75	3.42
42	SHEET RUBBER FLOORING	1 CP	325	SQ FT	0.67	1.68	2.35
	HANDICAPPED RELATED EQUIPMENT						
43	FLOOR VINYL ABRASIVE SHEET	1 CP	123	SQ FT	1.77	3.05	4.82

1988 DODGE UNIT COST DATA

9 FINISHES

LINE	DESCRIPTION	OUTPUT CREW	PER DAY	UNIT	LABOR	MATERIAL	TOTAL
	** RESILIENT TRIM **						
	ACRYLIC FLOORING						
1	1/4"	1 CM	160	SQ FT	1.32	1.91	3.23
2	1/8"	1 CM	180	SQ FT	1.17	1.51	2.68
3	MAGNESIUM OXYCHLORIDE FLOORS	1 CM	80	SQ FT	2.63	2.44	5.07
4	EPOXY MARBLE CHIP FLOORING	1 CM	80	SQ FT	2.63	2.46	5.09
5	EPOXY & SAND FLOOR	1 CM	90	SQ FT	2.34	2.14	4.48
	EPOXY TERRAZZO						
6	CHEMICAL RESISTANT	1 CM	50	SQ FT	4.21	3.44	7.65
7	NON CONDUCTIVE	1 CM	36	SQ FT	5.84	3.21	9.05
	CUPRIC OXYCHLORIDE						
8	SPARK PROOF	1 CM	70	SQ FT	3.01	2.60	5.61
9	ON RUBBER BOND COAT	1 CM	60	SQ FT	3.51	2.86	6.37
	MASTIC COATING, HEAVY DUTY 1 1/2"						
10	STANDARD	1 CM	90	SQ FT	2.34	2.33	4.67
11	ACID PROOF	1 CM	90	SQ FT	2.34	2.92	5.26
12	POLYESTER TOPPING 1/4" THICK	1 CM	20	SQ FT	10.52	4.62	15.14
13	POLYESTER W/MARBLE CHIPS 1/8" THICK	1 CM	90	SQ FT	2.34	2.26	4.60
14	POLYURETHANE W/VINYL CHIPS	1 CM	160	SQ FT	1.32	2.03	3.35
15	NEOPRENE TROWELLED 1/4" THICK	1 CM	40	SQ FT	5.26	3.78	9.04
	** CONCRETE TOPPING **						
	ADDITIVES FOR CONCRETE TOPPING						
	BONDING						
16	ACRYLIC LATEX (200-350 SF)			GAL		16.38	16.38
17	EPOXY RESIN (100-125 SF)			GAL		47.25	47.25
18	CARBON BLACK, 6# PER BAG OF CEMENT			LBS		1.05	1.05
19	COLORS ADDED, 6# PER BAG OF CEMENT			LBS		2.54	2.54
20	DUSTPROOFING 300 SF/GAL			GAL		9.41	9.41
21	CURING LIQUIDS 300 SF/GAL			GAL		4.85	4.85
22	SPARKPROOF OXYCHLORIDE TOPPING, 1/2"	1 CM	92	SQ FT	2.29	2.58	4.87
	GRANOLITHIC TOPPING 1:1:2						
	PLAIN						
23	1/2" THICK	1 CM	230	SQ FT	0.91	0.24	1.15
24	1"	1 CM	195	SQ FT	1.08	0.34	1.42
25	1 1/2"	1 CM	180	SQ FT	1.17	0.41	1.58
26	2"	1 CM	170	SQ FT	1.24	0.43	1.67
	WITH COLORING 1 1/2" THICK						
27	GREY	1 CM	145	SQ FT	1.45	0.74	2.19
28	GREEN	1 CM	145	SQ FT	1.45	0.84	2.29
	FLOOR ABRASIVES						
29	ALUMINUM OXIDE 1/4#/SF	1 CM	150	SQ FT	1.40	0.62	2.02
30	SILICON CARBIDE 1/4#/SF	1 CM	150	SQ FT	1.40	0.62	2.02
	METALLIC HARDENERS						
31	3/4#/SF	1 CM	140	SQ FT	1.50	0.69	2.19
32	1 #/SF	1 CM	140	SQ FT	1.50	0.95	2.45
	NON METALLIC HARDENERS						
33	1#/SF	1 CM	150	SQ FT	1.40	0.68	2.08
	HARDENERS WITH COLOR ADDED						
34	METALLIC	1 CM	135	SQ FT	1.56	1.33	2.89
35	NON METALLIC	1 CM	135	SQ FT	1.56	1.32	2.88
36	EMERY TOPPING 3/4"	1 CM	124	SQ FT	1.70	1.51	3.21
37	MONOROC TOPPING 3/4"	1 CM	140	SQ FT	1.50	1.43	2.93
	SEAMLESS FLOOR COVERING						
	SPECIALTY COATING (INT. OR EXT.)						
38	DECKS-PATIOS-WALKS: PEBBLESTONE EPOXY SEALED 1/2" TO 2"			SQ FT		2.79	2.79

FINISHES

LINE	DESCRIPTION	OUTPUT CREW	PER DAY	UNIT	LABOR	MATERIAL	TOTAL
1	LIGHT TO MEDIUM TRAFFIC (INT.) UTILITY ROOMS-HOMES-MUSEUMS-HOSPITALS - FLOOR CHIPS-URETHANE (40 MILS)			SQ FT		2.33	2.33
2	LIGHT TO MEDIUM TRAFFIC (INT. OR EXT.) FLOOR CHIPS-HOSPITALS-PROCESS PLANTS; WHERE SOLVENT ODORS NOT TOLERABLE- UNITHANE; 40 MILS			SQ FT		2.71	2.71
3	MEDIUM TO HEAVY INDUSTRIAL FLOORS (INT) RECREATIONAL-TERMINALS-PLANTS-SCHOOLS QUARTZ-URETHANE-EPOXY (75 MILS)			SQ FT		2.37	2.37
4	MEDIUM TO HEAVY (INT. OR EXT.) FOR MOST SEVERE TRAFFIC AREAS- EPOXY-(75 MILS)			SQ FT		2.71	2.71
	** SPECIAL COATINGS **						
5	VERMICULITE, SPRAYED 1/16" THICK	1 PA	338	SQ FT	0.61	0.25	0.86
6	PERLITE, SPRAYED 1/16" THICK	1 PA	338	SQ FT	0.61	0.26	0.87
7	VITREOUS CEMENT ENAMEL	1 PA	175	SQ FT	1.17	0.97	2.14
	GLAZED ELASTOMERIC COATINGS						
8	ACRYLIC FILLER & GLAZE	1 PA	220	SQ FT	0.93	0.61	1.54
9	EPOXY	1 PA	220	SQ FT	0.93	0.53	1.46
10	EXPOSED AGGREGATE 1/4"	1 PA	90	SQ FT	2.28	0.53	2.81
11	TROWELLED 1/2" TO 1"	1 PA	38	SQ FT	5.40	2.63	8.03
12	URETHANE ON ROUGH SURFACE, 3 COATS	1 PA	288	SQ FT	0.71	0.50	1.21
	COLORED VINYL						
13	GLAZE	1 CM	102	SQ FT	2.06	1.64	3.70
14	WITH CHIPS	1 CM	90	SQ FT	2.34	1.91	4.25
	FIRE PROOFING SPRAY ON METAL DECK COLUMNS BEAMS						
15	1 HOUR RATING	1 PA	330	SQ FT	0.62	0.19	0.81
16	2 HOUR RATING	1 PA	225	SQ FT	0.91	0.22	1.13
17	3 HOUR RATING	1 PA	175	SQ FT	1.17	0.28	1.45
	** PAINTING **						
	EXTERIOR PREPARATION						
18	SIDING/TRIM SAND/PUTTY	1 PA	1400	SQ FT	0.15	0.01	0.16
19	EXTERIOR TRIM SAND/PUTTY	1 PA	800	SQ FT	0.26	0.01	0.27
20	CLEAN EXTERIOR WALL STRIP PAINT	1 PA	700	SQ FT	0.29	0.05	0.34
21	SCRAPE LOOSE PAINT	2 LA	1400	SQ FT	0.25	0.09	0.34
22	GUTTER & DOWNSPOUT	1 PA	800	SQ FT	0.26	0.01	0.27
23	SASH	1 PA	150	LN FT	1.37	0.02	1.39
24	CAULKING WINDOWS DOORS	1 PA	40	EACH	5.13	1.12	6.25
	EXTERIOR PAINTING						
25	BACK PRIME SIDING	1 PA	2400	LN FT	0.09	0.04	0.13
26	WINDOW DOORS BRUSH 1 CT. OIL	1 PA	800	LN FT	0.26	0.05	0.31
27	COMP. SIDING BRUSH 1 CT. OIL	1 PA	840	SQ FT	0.24	0.06	0.30
28	COMP. SIDING BRUSH 2 CT. OIL	1 PA	880	SQ FT	0.23	0.05	0.28
29	COMP. SIDING BRUSH 3 CT. OIL	1 PA	1000	SQ FT	0.21	0.05	0.26
30	COMP. SIDING ROLL 1 CT. OIL	1 PA	1400	SQ FT	0.15	0.07	0.22
31	COMP. SIDING ROLL 2 CT. OIL	1 PA	1600	SQ FT	0.13	0.06	0.19
32	COMP. SIDING ROLL 3 CT. OIL	1 PA	2000	SQ FT	0.10	0.06	0.16
33	PLYWOOD PRM. BRUSH 1 CT. LATEX	1 PA	1600	SQ FT	0.13	0.04	0.17
34	PLYWOOD PRM. ROLL 1 CT. LATEX	1 PA	2400	SQ FT	0.09	0.04	0.13
35	PLYWOOD PRM. SPRAY 1 CT. LATEX	1 PA	3600	SQ FT	0.06	0.05	0.11
36	EXTERIOR TRIM BRUSH 1 CT. OIL	1 PA	640	SQ FT	0.32	0.05	0.37
37	EXTERIOR TRIM BRUSH 2 CT. OIL	1 PA	720	SQ FT	0.29	0.05	0.34
38	EXTERIOR TRIM BRUSH 3 CT. OIL	1 PA	760	SQ FT	0.27	0.04	0.31
39	EXTERIOR TRIM BRUSH 1 CT. LATEX	1 PA	640	SQ FT	0.32	0.06	0.38
40	EXTERIOR TRIM BRUSH 2 CT. LATEX	1 PA	740	SQ FT	0.28	0.05	0.33
41	EXTERIOR TRIM BRUSH 3 CT. LATEX	1 PA	780	SQ FT	0.26	0.04	0.30

FINISHES

LINE	DESCRIPTION				OUTPUT			UNIT COSTS		
					CREW	PER DAY	UNIT	LABOR	MATERIAL	TOTAL
1	FLOOR/PORCH/STEP	BRUSH	1 CT.	OIL	1 PA	1400	SQ FT	0.15	0.05	0.20
2	FLOOR/PORCH/STEP	BRUSH	2 CT.	OIL	1 PA	1800	SQ FT	0.11	0.04	0.15
3	FLOOR/PORCH/STEP	BRUSH	1 CT.	LATEX	1 PA	1400	SQ FT	0.15	0.05	0.20
4	FLOOR/PORCH/STEP	BRUSH	2 CT.	LATEX	1 PA	1800	SQ FT	0.11	0.04	0.15
5	FLOOR/PORCH/STEP	ROLL	1 CT.	OIL	1 PA	1800	SQ FT	0.11	0.05	0.16
6	FLOOR/PORCH/STEP	ROLL	2 CT.	OIL	1 PA	2240	SQ FT	0.09	0.04	0.13
7	FLOOR/PORCH/STEP	ROLL	1 CT.	LATEX	1 PA	1800	SQ FT	0.11	0.05	0.16
8	FLOOR/PORCH/STEP	ROLL	2 CT.	LATEX	1 PA	2240	SQ FT	0.09	0.04	0.13

PAINT SHINGLES (Rgh. Swn.) SIDING

LINE	DESCRIPTION			CREW	PER DAY	UNIT	LABOR	MATERIAL	TOTAL
9	BRUSH	1 CT.	OIL	1 PA	1200	SQ FT	0.17	0.12	0.29
10	BRUSH	2 CT.	OIL	1 PA	1600	SQ FT	0.13	0.12	0.25
11	BRUSH	1 CT.	STAIN	1 PA	1200	SQ FT	0.17	0.09	0.26
12	BRUSH	2 CT.	STAIN	1 PA	1200	SQ FT	0.17	0.09	0.26
13	ROLL	1 CT.	OIL	1 PA	1600	SQ FT	0.13	0.13	0.26
14	ROLL	2 CT.	OIL	1 PA	2000	SQ FT	0.10	0.13	0.23
15	ROLL	1 CT.	STAIN	1 PA	1600	SQ FT	0.13	0.07	0.20
16	ROLL	2 CT.	STAIN	1 PA	2000	SQ FT	0.10	0.06	0.16
17	SPRAY	1 CT.	OIL	1 PA	2800	SQ FT	0.07	0.13	0.20
18	SPRAY	2 CT.	OIL	1 PA	3200	SQ FT	0.06	0.13	0.19
19	SPRAY	1 CT.	STAIN	1 PA	3200	SQ FT	0.06	0.12	0.18
20	SPRAY	2 CT.	STAIN	1 PA	4000	SQ FT	0.05	0.12	0.17
21	CEDAR SHAKES	BRUSH	1 CT.	LATEX	1 PA	1600	SQ FT	0.13	0.06	0.19
22	CEDAR SHAKES	ROLL	1 CT.	LATEX	1 PA	2400	SQ FT	0.09	0.07	0.16
23	CEDAR SHAKES	SPRAY	1 CT.	LATEX	1 PA	3400	SQ FT	0.06	0.06	0.12
24	ROOF SHINGLE	BRUSH	1 CT.	OIL	1 PA	1100	SQ FT	0.19	0.16	0.35
25	ROOF SHINGLE	BRUSH	2 CT.	OIL	1 PA	1500	SQ FT	0.14	0.12	0.26
26	ROOF SHINGLE	BRUSH	1 CT.	STAIN	1 PA	1360	SQ FT	0.15	0.07	0.22
27	ROOF SHINGLE	BRUSH	2 CT.	STAIN	1 PA	1800	SQ FT	0.11	0.04	0.15
28	ROOF SHINGLE	ROLL	1 CT.	OIL	1 PA	2000	SQ FT	0.10	0.17	0.27
29	ROOF SHINGLE	ROLL	2 CT.	OIL	1 PA	2400	SQ FT	0.09	0.09	0.18
30	ROOF SHINGLE	ROLL	1 CT.	STAIN	1 PA	1120	SQ FT	0.18	0.09	0.27
31	ROOF SHINGLE	ROLL	2 CT.	STAIN	1 PA	1880	SQ FT	0.11	0.05	0.16
32	ROOF SHINGLE	SPRAY	1 CT.	OIL	1 PA	3520	SQ FT	0.06	0.14	0.20
33	ROOF SHINGLE	SPRAY	2 CT.	OIL	1 PA	4000	SQ FT	0.05	0.08	0.13
34	ROOF SHINGLE	SPRAY	1 CT.	STAIN	1 PA	4100	SQ FT	0.05	0.06	0.11
35	ROOF SHINGLE	SPRAY	2 CT.	STAIN	1 PA	4200	SQ FT	0.05	0.04	0.09

PAINTING CONCRETE- MASONRY AND STUCCO SURFACES

LINE	DESCRIPTION				CREW	PER DAY	UNIT	LABOR	MATERIAL	TOTAL
36	COMMON BRICK	BRUSH	1 CT.	LATEX	1 PA	800	SQ FT	0.26	0.06	0.32
37	COMMON BRICK	BRUSH	2 CT.	LATEX	1 PA	1120	SQ FT	0.18	0.06	0.24
38	COMMON BRICK	ROLL	1 CT.	LATEX	1 PA	2200	SQ FT	0.09	0.07	0.16
39	COMMON BRICK	ROLL	2 CT.	LATEX	1 PA	2600	SQ FT	0.08	0.06	0.14
40	COMMON BRICK	SPRAY	1 CT.	LATEX	1 PA	2400	SQ FT	0.09	0.09	0.18
41	COMMON BRICK	SPRAY	2 CT.	LATEX	1 PA	2800	SQ FT	0.07	0.08	0.15
42	FACE BRICK-SMOOTH	BRUSH	1 CT.	LATEX	1 PA	2000	SQ FT	0.10	0.04	0.14
43	FACE BRICK-SMOOTH	ROLL	1 CT.	LATEX	1 PA	2400	SQ FT	0.09	0.05	0.14
44	FACE BRICK-SMOOTH	ROLL	1 CT.	LATEX	1 PA	2400	SQ FT	0.09	0.05	0.14
45	FACE BRICK-SMOOTH	SPRAY	1 CT.	LATEX	1 PA	4000	SQ FT	0.05	0.06	0.11
46	FACE BRICK-SMOOTH	SPRAY	1 CT.	SILIC	1 PA	9000	SQ FT	0.02	0.40	0.42
47	CEMENT WALL	BRUSH	1 CT.	LATEX	1 PA	1200	SQ FT	0.17	0.08	0.25
48	CEMENT WALL	BRUSH	2 CT.	LATEX	1 PA	1600	SQ FT	0.13	0.06	0.19
49	CEMENT WALL	ROLL	1 CT.	LATEX	1 PA	2400	SQ FT	0.09	0.11	0.20
50	CEMENT WALL	ROLL	2 CT.	LATEX	1 PA	2800	SQ FT	0.07	0.08	0.15
51	CEMENT WALL	SPRAY	1 CT.	LATEX	1 PA	2800	SQ FT	0.07	0.12	0.19
52	CEMENT WALL	SPRAY	2 CT.	LATEX	1 PA	3600	SQ FT	0.06	0.09	0.15
53	STUCCO-TEXTURED	BRUSH	1 CT.	LATEX	1 PA	1100	SQ FT	0.19	0.08	0.27
54	STUCCO-TEXTURED	BRUSH	2 CT.	LATEX	1 PA	1400	SQ FT	0.15	0.06	0.21
55	STUCCO-TEXTURED	ROLL	1 CT.	LATEX	1 PA	2240	SQ FT	0.09	0.08	0.17
56	STUCCO-TEXTURED	ROLL	2 CT.	LATEX	1 PA	2680	SQ FT	0.08	0.07	0.15
57	STUCCO-TEXTURED	SPRAY	1 CT.	LATEX	1 PA	3200	SQ FT	0.06	0.07	0.13
58	STUCCO-TEXTURED	SPRAY	2 CT.	LATEX	1 PA	4000	SQ FT	0.05	0.05	0.10
59	CONCRETE FLR-STEPS	BRUSH	1 CT.	ENAMEL	1 PA	640	SQ FT	0.32	0.11	0.43
60	CONCRETE FLR-STEPS	BRUSH	2 CT.	ENAMEL	1 PA	900	SQ FT	0.23	0.08	0.31
61	CONCRETE FLR-STEPS	ROLL	1 CT.	ENAMEL	1 PA	1050	SQ FT	0.20	0.07	0.27
62	CONCRETE FLR-STEPS	ROLL	2 CT.	ENAMEL	1 PA	1500	SQ FT	0.14	0.06	0.20

FINISHES

LINE	DESCRIPTION				OUTPUT			UNIT COSTS		
					CREW	PER DAY	UNIT	LABOR	MATERIAL	TOTAL
PAINTING MISCELLANEOUS EXTERIOR ITEMS										
1	EXTERIOR CORNICE				1 PA	640	SQ FT	0.32	0.18	0.50
2	TRIM & MOLDINGS				1 PA	900	LN FT	0.23	0.18	0.41
3	PAINT CHAIN LINK FENCE	BRUSH	1 CT.	ENAMEL	1 PA	900	SQ FT	0.23	0.05	0.28
4	PAINT CHAIN LINK FENCE	BRUSH	2 CT.	ENAMEL	1 PA	1500	SQ FT	0.14	0.05	0.19
5	PAINT CHAIN LINK FENCE	ROLL	1 CT.	ENAMEL	1 PA	2240	SQ FT	0.09	0.06	0.15
6	PAINT CHAIN LINK FENCE	ROLL	2 CT.	ENAMEL	1 PA	2400	SQ FT	0.09	0.06	0.15
7	PAINT GUTTER/DOWNSP.	BRUSH	1 CT.	LATEX	1 PA	600	SQ FT	0.34	0.08	0.42
8	PAINT GUTTER/DOWNSP.	BRUSH	2 CT.	LATEX	1 PA	800	SQ FT	0.26	0.07	0.33
9	PAINT GUTTER/DOWNSP.	BRUSH	3 CT.	LATEX	1 PA	850	SQ FT	0.24	0.07	0.31
INTERIOR SURFACE PREPARATION										
10	SANDING	BEFORE 1 CT.			1 PA	2400	SQ FT	0.09	0.01	0.10
11	SAND & PUTTY	BEFORE 2 CT.			1 PA	1600	SQ FT	0.13	0.03	0.16
12	SPACKLE				1 PA	1000	SQ FT	0.21	0.05	0.26
13	WASH ENAMEL				1 PA	960	SQ FT	0.21	0.01	0.22
14	SAND-VARNISH				1 PA	960	SQ FT	0.21	0.03	0.24
15	WASH, SAND, FINISH				1 PA	1000	LN FT	0.21	0.02	0.23
16	WASH WALLS				1 PA	1600	SQ FT	0.13	0.01	0.14
17	BACK PRIME TRIM	BRUSH	1 CT.	LATEX	1 PA	1600	SQ FT	0.13	0.01	0.14
18	WASH & TOUCH UP	BRUSH	1 CT.	VARNISH	1 PA	1400	SQ FT	0.15	0.01	0.16
19	VARNISH	BRUSH	1 CT.		1 PA	900	SQ FT	0.23	0.03	0.26
20	WOOD WORK	BRUSH	2 CT.	STN-FILL	1 PA	520	SQ FT	0.39	0.04	0.43
21	WOOD WORK	BRUSH	2 CT.	WAX-POL.	1 PA	880	SQ FT	0.23	0.03	0.26
22	WOOD WORK		2ND CT.	POLISH	1 PA	1600	SQ FT	0.13	0.03	0.16
23	CABINETS	SPRAY-LACQUER			1 PA	2200	SQ FT	0.09	0.06	0.15
24	PAINT REMOVAL	LIQUID			1 PA	240	SQ FT	0.86	0.12	0.98
INTERIOR DOORS AND MILLWORK										
25	DOORS	BRUSH	1 CT.	LATEX	1 PA	1000	SQ FT	0.21	0.05	0.26
26	DOORS	BRUSH	2 CT.	LATEX	1 PA	1200	SQ FT	0.17	0.05	0.22
27	DOORS	BRUSH	3 CT.	LATEX	1 PA	1400	SQ FT	0.15	0.05	0.20
28	DOORS	ROLL	1 CT.	LATEX	1 PA	2200	SQ FT	0.09	0.05	0.14
29	DOORS	ROLL	2 CT.	LATEX	1 PA	2400	SQ FT	0.09	0.05	0.14
30	DOORS	ROLL	3 CT.	LATEX	1 PA	2500	SQ FT	0.08	0.05	0.13
31	DOORS	SPRAY	1 CT.	LATEX	1 PA	3200	SQ FT	0.06	0.06	0.12
32	DOORS	SPRAY	2 CT.	LATEX	1 PA	3200	SQ FT	0.06	0.06	0.12
33	DOORS	SPRAY	3 CT.	LATEX	1 PA	3200	SQ FT	0.06	0.06	0.12
34	MILLWORK TRIM	BRUSH	1 CT.	OIL	1 PA	1600	SQ FT	0.13	0.02	0.15
35	MILLWORK TRIM	BRUSH	2 CT.	OIL	1 PA	1200	SQ FT	0.17	0.02	0.19
36	MILLWORK TRIM	BRUSH	3 CT.	OIL	1 PA	1100	SQ FT	0.19	0.02	0.21
37	MILLWORK TRIM	BRUSH	1 CT.	STAIN	1 PA	1760	SQ FT	0.12	0.03	0.15
38	MILLWORK TRIM	BRUSH	1 CT.	SHELLAC	1 PA	1600	SQ FT	0.13	0.02	0.15
39	MILLWORK TRIM	BRUSH	1 CT.	VARNISH	1 PA	1400	SQ FT	0.15	0.03	0.18
40	MILLWORK TRIM	BRUSH	1 CT.	STN. FIL.	1 PA	520	SQ FT	0.39	0.03	0.42
41	MILLWORK TRIM	BRUSH	1 CT.	SHELLAC	1 PA	1600	SQ FT	0.13	0.03	0.16
42	MILLWORK TRIM	BRUSH	1 CT.	VARN-GL.	1 PA	1400	SQ FT	0.15	0.03	0.18
43	MILLWORK TRIM	BRUSH	1 CT.	VARN-FL.	1 PA	1500	SQ FT	0.14	0.04	0.18
FINISHING FLOORS										
44	BRUSH 1 CT.	OIL			1 PA	2400	SQ FT	0.09	0.05	0.14
45	BRUSH 2 CT.	OIL			1 PA	2400	SQ FT	0.09	0.04	0.13
46	BRUSH 1 CT.	LATEX			1 PA	2400	SQ FT	0.09	0.05	0.14
47	BRUSH 2 CT.	LATEX			1 PA	2400	SQ FT	0.09	0.04	0.13
48	ROLL 1 CT.	OIL			1 PA	3200	SQ FT	0.06	0.05	0.11
49	ROLL 2 CT.	OIL			1 PA	3200	SQ FT	0.06	0.04	0.10
50	ROLL 1 CT.	LATEX			1 PA	3200	SQ FT	0.06	0.05	0.11
51	ROLL 2 CT.	LATEX			1 PA	3200	SQ FT	0.06	0.04	0.10
52	BRUSH 1 CT.	PEN.-ST. WAX			1 PA	2400	SQ FT	0.09	0.04	0.13
53	BRUSH 2 CT.	PEN.-ST. WAX			1 PA	2400	SQ FT	0.09	0.03	0.12
54	ROLL 1 CT.	PEN.-ST. WAX			1 PA	3400	SQ FT	0.06	0.04	0.10
55	ROLL 2 CT.	PEN.-ST. WAX			1 PA	3400	SQ FT	0.06	0.04	0.10
56	BRUSH 1 CT.	SHELLAC			1 PA	2400	SQ FT	0.09	0.03	0.12
57	BRUSH 1 CT.	VARNISH			1 PA	2400	SQ FT	0.09	0.04	0.13
58	BRUSH 1 CT.	STAIN FIL.			1 PA	1600	SQ FT	0.13	0.04	0.17
59	SEAL 1 CT.	MAPLE/PINE			1 PA	3200	SQ FT	0.06	0.01	0.07
60	SEAL 2 CT.	MAPLE/PINE			1 PA	4000	SQ FT	0.05	0.01	0.06
61	SEAL 1 CT.	OAK			1 PA	3600	SQ FT	0.06	0.04	0.10
62	SEAL 2 CT.	OAK			1 PA	4000	SQ FT	0.05	0.04	0.09

FINISHES

LINE	DESCRIPTION				OUTPUT			UNIT COSTS		
					CREW	PER DAY	UNIT	LABOR	MATERIAL	TOTAL
1	WOOD BUFF/MACHINE				1 PA	3200	SQ FT	0.06	0.04	0.10
2	WOOD WAX-SEAL-POLISH				1 PA	1600	SQ FT	0.13	0.04	0.17
3	WOOD FILL				1 PA	1500	SQ FT	0.14	0.01	0.15
4	WAX & POLISH				1 PA	1600	SQ FT	0.13	0.01	0.14
5	CLEAN & TOUCH UP				1 PA	1100	SQ FT	0.19	0.05	0.24

INTERIOR WALL FINISHES

LINE	DESCRIPTION				CREW	PER DAY	UNIT	LABOR	MATERIAL	TOTAL
6	WALL BD. TEXT.	BRUSH	1 CT.	LATEX	1 PA	1200	SQ FT	0.17	0.08	0.25
7	WALL BD. TEXT.	ROLL	1 CT.	LATEX	1 PA	2400	SQ FT	0.09	0.09	0.18
8	WALL BD. SMOOTH	BRUSH	1 CT.	LATEX	1 PA	1200	SQ FT	0.17	0.12	0.29
9	WALL BD. SMOOTH	ROLL	1 CT.	LATEX	1 PA	2200	SQ FT	0.09	0.08	0.17
10	WALL BD. SMOOTH	BRUSH	PRIME	LATEX	1 PA	1400	SQ FT	0.15	0.02	0.17
11	WALL BD. SMOOTH	BRUSH	2nd CT.	LATEX	1 PA	1600	SQ FT	0.13	0.04	0.17
12	WALL BD. SMOOTH	BRUSH	3rd CT.	LATEX	1 PA	1800	SQ FT	0.11	0.04	0.15
13	WALL BD. SMOOTH	STIPPLING			1 PA	1600	SQ FT	0.13	0.03	0.16
14	WALL BD. SMOOTH	ROLL	PRIMER	LATEX	1 PA	2400	SQ FT	0.09	0.02	0.11
15	WALL BD. SMOOTH	ROLL	2nd CT.	LATEX	1 PA	2600	SQ FT	0.08	0.04	0.12
16	WALL BD. SMOOTH	ROll	3rd CT.	LATEX	1 PA	2500	SQ FT	0.08	0.04	0.12
17	WALL BD. SAND FIL.	BRUSH	PRIME	LATEX	1 PA	1280	SQ FT	0.16	0.04	0.20
18	WALL BD. SAND FIL.	BRUSH	2nd CT.	LATEX	1 PA	1400	SQ FT	0.15	0.04	0.19
19	WALL BD. SAND FIL.	BRUSH	3rd CT.	LATEX	1 PA	1520	SQ FT	0.14	0.04	0.18
20	WALL BD. SAND FIL.	ROLL	PRIMER	LATEX	1 PA	2000	SQ FT	0.10	0.04	0.14
21	WALL BD. SAND FIL.	ROLL	2nd CT.	LATEX	1 PA	2400	SQ FT	0.09	0.04	0.13
22	WALL BD. SAND FIL.	ROLL	3rd CT.	LATEX	1 PA	2400	SQ FT	0.09	0.04	0.13
23	WALL BD. SAND FIL.	SPRAY	PRIME	LATEX	1 PA	2400	SQ FT	0.09	0.03	0.12
24	WALL BD. SAND FIL.	SPRAY	2nd CT.	LATEX	1 PA	3000	SQ FT	0.07	0.04	0.11
25	WALL BD. SAND FIL.	SPRAY	3rd CT.	LATEX	1 PA	3200	SQ FT	0.06	0.04	0.10
26	DRYWALL	BRUSH	PRIME	LATEX	1 PA	1600	SQ FT	0.13	0.03	0.16
27	DRYWALL	BRUSH	2nd CT.	LATEX	1 PA	1800	SQ FT	0.11	0.04	0.15
28	DRYWALL	ROLL	PRIME	LATEX	1 PA	2800	SQ FT	0.07	0.03	0.10
29	DRYWALL	ROLL	2nd CT.	LATEX	1 PA	3200	SQ FT	0.06	0.04	0.10
30	DRYWALL	SPRAY	PRIME	LATEX	1 PA	5600	SQ FT	0.04	0.04	0.08
31	DRYWALL	SPRAY	2nd CT.	LATEX	1 PA	6800	SQ FT	0.03	0.05	0.08
32	PLASTER WALL-SMOOTH	BRUSH	PRIME	LATEX	1 PA	1600	SQ FT	0.13	0.03	0.16
33	PLASTER WALL-SMOOTH	BRUSH	2nd CT.	LATEX	1 PA	1800	SQ FT	0.11	0.04	0.15
34	PLASTER WALL-SMOOTH	ROLL	PRIME	LATEX	1 PA	2800	SQ FT	0.07	0.03	0.10
35	PLASTER WALL-SMOOTH	ROLL	2ND CT.	LATEX	1 PA	3200	SQ FT	0.06	0.05	0.11
36	PLASTER WALL-SMOOTH	SPRAY	PRIME	LATEX	1 PA	6400	SQ FT	0.03	0.03	0.06
37	PLASTER WALL-SMOOTH	SPRAY	2nd CT.	LATEX	1 PA	7200	SQ FT	0.03	0.05	0.08
38	WOOD WALL VENEER	SPRAY	1 CT.	LACQUER	1 PA	1800	SQ FT	0.11	0.03	0.14
39	WOOD WALL VENEER	SPRAY	2 CT.	LACQUER	1 PA	1800	SQ FT	0.11	0.03	0.14
40	WOOD WALL VENEER	BRUSH	1 CT.	PEN.-WX	1 PA	640	SQ FT	0.32	0.03	0.35
41	WOOD WALL VENEER	BRUSH	2 CT.	PEN.-WX	1 PA	960	SQ FT	0.21	0.03	0.24
42	SCAFFOLDING TO 14' HIGH				2 LA	1500	SQ FT	0.23	0.28	0.51
43	SCAFFOLDING TO 25' HIGH				2 LA	1300	SQ FT	0.27	0.28	0.55

PAINTING INTERIOR ACOUSTICAL CEILINGS

LINE	DESCRIPTION				CREW	PER DAY	UNIT	LABOR	MATERIAL	TOTAL
44	TILE-FIB.	ROLL	1 CT.	LATEX	1 PA	800	SQ FT	0.26	0.06	0.32
45	TILE-FIB.	ROLL	2nd CT.	LATEX	1 PA	1600	SQ FT	0.13	0.04	0.17
46	TILE-FIB.	SPRAY	1 CT.	LATEX	1 PA	2400	SQ FT	0.09	0.06	0.15
47	TILE-FIB.	SPRAY	2nd CT.	LATEX	1 PA	4800	SQ FT	0.04	0.04	0.08
48	TILE-MTL.	BRUSH	1 CT.	OIL	1 PA	800	SQ FT	0.26	0.05	0.31
49	TILE-MTL.	BRUSH	1 CT.	EPOXY	1 PA	800	SQ FT	0.26	0.07	0.33
50	TILE-MTL.	ROLL	1 CT.	OIL	1 PA	1600	SQ FT	0.13	0.05	0.18
51	TILE-MTL.	ROLL	1 CT.	EPOXY	1 PA	1600	SQ FT	0.13	0.08	0.21
52	TILE-MTL.	SPRAY	1 CT.	OIL	1 PA	4800	SQ FT	0.04	0.05	0.09
53	TILE-MTL.	SPRAY	1 CT.	EPOXY	1 PA	4800	SQ FT	0.04	0.09	0.13
54	SPRAY-ON	BRUSH	1 CT.	LATEX	1 PA	400	SQ FT	0.51	0.17	0.68
55	SPRAY-ON	BRUSH	2nd CT.	LATEX	1 PA	640	SQ FT	0.32	0.08	0.40
56	SPRAY-ON	ROLL	1 CT.	LATEX	1 PA	800	SQ FT	0.26	0.18	0.44
57	SPRAY-ON	ROLL	2nd CT.	LATEX	1 PA	1600	SQ FT	0.13	0.09	0.22
58	SPRAY-ON	SPRAY	1 CT.	LATEX	1 PA	2200	SQ FT	0.09	0.21	0.30
59	SPRAY-ON	SPRAY	2nd CT.	LATEX	1 PA	2400	SQ FT	0.09	0.11	0.20
60	CEILING FIBER	BRUSH	1 CT.		1 PA	1120	LN FT	0.18	0.12	0.30
61	CEILING FIBER	SPRAY	1 CT.		1 PA	3120	SQ FT	0.07	0.12	0.19
62	CEILING FIBER	ROLL	1 CT.		1 PA	2240	SQ FT	0.09	0.08	0.17
63	CEILING BEAMS				1 PA	2400	SQ FT	0.09	0.08	0.17
64	CEILING TEXT.	SPRAY			1 PA	1800	SQ FT	0.11	0.06	0.17

FINISHES

LINE	DESCRIPTION				OUTPUT			UNIT COSTS		
					CREW	PER DAY	UNIT	LABOR	MATERIAL	TOTAL
PAINTING CONCRETE AND MASONRY SURFACES										
1	CONCRETE MASONRY UNIT	BRUSH	PRIME	LATEX	1 PA	800	SQ FT	0.26	0.05	0.31
2	CONCRETE MASONRY UNIT	BRUSH	2nd CT.	LATEX	1 PA	1400	SQ FT	0.15	0.05	0.20
3	CONCRETE MASONRY UNIT	BRUSH	PRIME	OIL	1 PA	800	SQ FT	0.26	0.05	0.31
4	CONCRETE MASONRY UNIT	BRUSH	2nd CT.	OIL	1 PA	1400	SQ FT	0.15	0.05	0.20
5	CONCRETE MASONRY UNIT	BRUSH	PRIME	EPOXY	1 PA	800	SQ FT	0.26	0.07	0.33
6	CONCRETE MASONRY UNIT	BRUSH	2nd CT.	EPOXY	1 PA	1400	SQ FT	0.15	0.09	0.24
7	CONCRETE MASONRY UNIT	ROLL	PRIME	LATEX	1 PA	2000	SQ FT	0.10	0.06	0.16
8	CONCRETE MASONRY UNIT	ROLL	2nd CT.	LATEX	1 PA	2400	SQ FT	0.09	0.05	0.14
9	CONCRETE MASONRY UNIT	ROLL	PRIME	OIL	1 PA	800	SQ FT	0.26	0.06	0.32
10	CONCRETE MASONRY UNIT	ROLL	2nd CT.	OIL	1 PA	1400	SQ FT	0.15	0.06	0.21
11	CONCRETE MASONRY UNIT	ROLL	PRIME	EPOXY	1 PA	2000	SQ FT	0.10	0.08	0.18
12	CONCRETE MASONRY UNIT	ROLL	2nd CT.	EPOXY	1 PA	2400	SQ FT	0.09	0.11	0.20
13	WALL CONCRETE	SPRAY	1 CT.	SILCN	1 PA	7200	LN FT	0.03	0.36	0.39
14	WALL CONCRETE	SPRAY	1 CT.	SILCN	1 PA	6400	SQ FT	0.03	0.16	0.19
15	PRECAST BEAMS				1 PA	1400	SQ FT	0.15	0.44	0.59
16	STRUCTURAL SLAB				1 PA	2200	SQ FT	0.09	0.53	0.62
PAINTING TANKS, SILOS & HOPPERS										
17	BRUSH	PRIME	VINYL		1 PA	1400	SQ FT	0.15	0.10	0.25
18	BRUSH	2nd CT.	VINYL		1 PA	1800	SQ FT	0.11	0.22	0.33
19	BRUSH	PRIME	ZINC		1 PA	1400	SQ FT	0.15	0.12	0.27
20	BRUSH	PRIME	LATEX		1 PA	1400	SQ FT	0.15	0.05	0.20
21	BRUSH	2nd CT.	LATEX		1 PA	1800	SQ FT	0.11	0.05	0.16
22	BRUSH	PRIME	OIL		1 PA	1400	SQ FT	0.15	0.05	0.20
23	BRUSH	2nd CT.	OIL		1 PA	1800	SQ FT	0.11	0.05	0.16
24	BRUSH	PRIME	EPOXY		1 PA	1400	SQ FT	0.15	0.08	0.23
25	BRUSH	2nd CT.	EPOXY		1 PA	1800	SQ FT	0.11	0.07	0.18
26	ROLL	PRIME	LATEX		1 PA	2400	SQ FT	0.09	0.05	0.14
27	ROLL	2nd CT.	LATEX		1 PA	3200	SQ FT	0.06	0.05	0.11
28	ROLL	PRIME	OIL		1 PA	2400	SQ FT	0.09	0.06	0.15
29	ROLL	2nd CT.	OIL		1 PA	3200	SQ FT	0.06	0.05	0.11
30	ROLL	PRIME	EPOXY		1 PA	2400	SQ FT	0.09	0.08	0.17
31	ROLL	2nd CT.	EPOXY		1 PA	3200	SQ FT	0.06	0.07	0.13
32	SPRAY	PRIME	VINYL		1 PA	6000	SQ FT	0.03	0.25	0.28
33	SPRAY	2nd CT.	VINYL		1 PA	7200	SQ FT	0.03	0.28	0.31
34	SPRAY	PRIME	ZINC		1 PA	6000	SQ FT	0.03	0.10	0.13
35	SPRAY	2nd CT.	ZINC		1 PA	6000	SQ FT	0.03	0.10	0.13
36	SPRAY	PRIME	LATEX		1 PA	6000	SQ FT	0.03	0.07	0.10
37	SPRAY	2nd CT.	LATEX		1 PA	7200	SQ FT	0.03	0.06	0.09
38	SPRAY	PRIME	OIL		1 PA	6000	SQ FT	0.03	0.07	0.10
39	SPRAY	2nd CT.	OIL		1 PA	7200	SQ FT	0.03	0.06	0.09
40	SPRAY	PRIME	EPOXY		1 PA	6000	SQ FT	0.03	0.10	0.13
41	SPRAY	2nd CT.	EPOXY		1 PA	7200	SQ FT	0.03	0.09	0.12
INDUSTRIAL- PROTECTIVE COATINGS										
42	METAL SURFACE	3 CT.	EPOXY-RESIN		1 PA	220	SQ FT	0.93	0.14	1.07
43	METAL SURFACE	3 CT.	CHLOR-RUB		1 PA	245	SQ FT	0.84	0.16	1.00
44	METAL SURFACE	3 CT.	CL. TAR EPX.		1 PA	145	SQ FT	1.42	0.16	1.58
45	METAL SURFACE	3 CT.	ZINC SILIC.		1 PA	1200	SQ FT	0.17	0.13	0.30
GENERAL WATERPROOFING										
46	URETHANE-TAR-MEMBRANE				1 WP	250	SQ FT	0.78	0.25	1.03
47	ACRYLIC EMULSION MEMBRANE				1 WP	200	SQ FT	0.97	0.25	1.22
PAINTING STRUCTURAL STEEL										
48	BRUSH	PRIME	ZINC		1 PA	640	SQ FT	0.32	0.08	0.40
49	BRUSH	PRIME	LATEX		1 PA	640	SQ FT	0.32	0.05	0.37
50	BRUSH	2nd CT.	LATEX		1 PA	800	SQ FT	0.26	0.04	0.30
51	BRUSH	PRIME	OIL		1 PA	640	SQ FT	0.32	0.05	0.37
52	BRUSH	2nd CT.	OIL		1 PA	800	SQ FT	0.26	0.05	0.31
53	BRUSH	PRIME	EPOXY		1 PA	640	SQ FT	0.32	0.06	0.38
54	BRUSH	2nd CT.	EPOXY		1 PA	800	SQ FT	0.26	0.07	0.33

1988 DODGE UNIT COST DATA

9 FINISHES

LINE	DESCRIPTION	OUTPUT CREW	PER DAY	UNIT	UNIT COSTS LABOR	MATERIAL	TOTAL
1	ROLL PRIME ZINC	1 PA	1200	SQ FT	0.17	0.09	0.26
2	ROLL PRIME LATEX	1 PA	1200	SQ FT	0.17	0.05	0.22
3	ROLL 2nd CT. LATEX	1 PA	1600	SQ FT	0.13	0.05	0.18
4	ROLL PRIME OIL	1 PA	1200	SQ FT	0.17	0.06	0.23
5	ROLL 2nd CT. OIL	1 PA	1600	SQ FT	0.13	0.05	0.18
6	ROLL PRIME EPOXY	1 PA	1200	SQ FT	0.17	0.06	0.23
7	ROLL 2nd CT. EPOXY	1 PA	1600	SQ FT	0.13	0.08	0.21
8	SPRAY PRIME ZINC	1 PA	4000	SQ FT	0.05	0.11	0.16
9	SPRAY PRIME LATEX	1 PA	4000	SQ FT	0.05	0.07	0.12
10	SPRAY 2nd CT. LATEX	1 PA	5600	SQ FT	0.04	0.06	0.10
11	SPRAY PRIME OIL	1 PA	4000	SQ FT	0.05	0.07	0.12
12	SPRAY 2nd CT. OIL	1 PA	5600	SQ FT	0.04	0.06	0.10
13	SPRAY PRIME EPOXY	1 PA	4000	SQ FT	0.05	0.07	0.12
14	SPRAY 2nd CT. EPOXY	1 PA	5600	SQ FT	0.04	0.11	0.15
	PAINTING - PIPING (ONLY)						
15	BRUSH PRIME LATEX	1 PA	800	SQ FT	0.26	0.06	0.32
16	BRUSH 2nd CT. LATEX	1 PA	800	SQ FT	0.26	0.05	0.31
17	BRUSH PRIME OIL	1 PA	800	SQ FT	0.26	0.06	0.32
18	BRUSH 2nd CT. OIL	1 PA	800	SQ FT	0.26	0.05	0.31
19	BRUSH PRIME EPOXY	1 PA	800	SQ FT	0.26	0.09	0.35
20	BRUSH 2nd CT. EPOXY	1 PA	800	SQ FT	0.26	0.07	0.33
21	ROLL PRIME OIL	1 PA	1600	SQ FT	0.13	0.06	0.19
22	ROLL 2nd CT. OIL	1 PA	1600	SQ FT	0.13	0.05	0.18
23	SPRAY PRIME LATEX	1 PA	2400	SQ FT	0.09	0.13	0.22
24	SPRAY 2nd CT. LATEX	1 PA	2400	SQ FT	0.09	0.12	0.21
25	SPRAY PRIME OIL	1 PA	2400	SQ FT	0.09	0.13	0.22
26	SPRAY 2nd CT. OIL	1 PA	2400	SQ FT	0.09	0.12	0.21
27	SPRAY PRIME EPOXY	1 PA	2400	SQ FT	0.09	0.19	0.28
28	SPRAY 2nd CT. EPOXY	1 PA	2400	SQ FT	0.09	0.19	0.28
	** WALL COVERINGS **						
29	COPPER SHEETS .025" THICK	1 CP	140	SQ FT	1.56	4.26	5.82
	VINYL WALL COVERING						
30	7 OZ	1 PA	250	SQ FT	0.82	0.81	1.63
31	15 OZ	1 PA	250	SQ FT	0.82	1.00	1.82
32	24 OZ	1 PA	250	SQ FT	0.82	1.16	1.98
33	36 OZ	1 PA	250	SQ FT	0.82	1.28	2.10
	CORK TILES SOLID PATTERN						
34	12"X12"X1/8"	1 CP	186	SQ FT	1.17	1.26	2.43
35	12"X12"X1/4"	1 CP	186	SQ FT	1.17	1.32	2.49
	BASKET WEAVE						
36	12"X12"X1/8"	1 CP	150	SQ FT	1.45	2.31	3.76
37	12"X12"X1/4"	1 CP	150	SQ FT	1.45	4.01	5.46
	GRANULAR SURFACED						
38	12"X36"X1/2"	1 CP	325	SQ FT	0.67	0.70	1.37
39	12"X36"X1"	1 CP	325	SQ FT	0.67	0.90	1.57
	WALL PAPER AND SIZING - 36SF/ROLL						
40	5.00 ALLOWANCE	1 PA	382	SQ FT	0.54	0.15	0.69
41	10.00 ALLOWANCE	1 PA	370	SQ FT	0.56	0.29	0.85
42	20.00 ALLOWANCE	1 PA	320	SQ FT	0.64	0.59	1.23
	GRASS CLOTHS						
43	WITH LINING PAPER	1 PA	90	SQ FT	2.28	3.15	5.43
44	NO LINING PAPER	1 PA	100	SQ FT	2.05	3.13	5.18
	WOOD VENEER FLEXIBLE 36"X96" SHEETS						
45	BANGKOK TEAK	1 CP	240	SQ FT	0.91	1.49	2.40
46	AMERICAN BLACK WALNUT	1 CP	240	SQ FT	0.91	1.61	2.52
47	INDIAN ROSEWOOD	1 CP	240	SQ FT	0.91	1.76	2.67
	FLEXIBLE WOOD VENEER 1/32"						
48	PLAIN	1 PA	163	SQ FT	1.26	2.42	3.68
49	DECORATIVE	1 PA	163	SQ FT	1.26	3.98	5.24
50	GYPSUM COATED FABRIC W/ADHESIVE & COATING	1 PA	720	SQ YD	0.29	6.00	6.29

SPECIALTIES

LINE	DESCRIPTION	CREW	PER DAY	UNIT	LABOR	MATERIAL	TOTAL
	** CHALKBOARDS & TACKBOARDS **						
	CHALKBOARDS						
	TEMPERED HARDBOARD						
1	1/4"	1 CP	120	SQ FT	1.82	2.45	4.27
2	1/2"	1 CP	120	SQ FT	1.82	3.05	4.87
	STEEL ON						
3	1/4" PLYWOOD	1 CP	120	SQ FT	1.82	6.10	7.92
4	3/8" PLYWOOD	1 CP	120	SQ FT	1.82	6.40	8.22
5	1/2" HARDBOARD	1 CP	120	SQ FT	1.82	5.20	7.02
6	1/2" FIBERBOARD	1 CP	120	SQ FT	1.82	5.85	7.67
	SLATE						
7	3/8" TO 4' WIDE	1 CP	90	SQ FT	2.42	5.65	8.07
8	3/8" TO 4'6" WIDE	1 CP	90	SQ FT	2.42	6.60	9.02
9	3/8" TO 5' WIDE	1 CP	90	SQ FT	2.42	8.35	10.77
10	1/2" TO 4' WIDE	1 CP	85	SQ FT	2.56	7.30	9.86
11	1/2" TO 4'6" WIDE	1 CP	85	SQ FT	2.56	8.35	10.91
12	1/2" TO 5' WIDE	1 CP	85	SQ FT	2.56	8.95	11.51
13	TEMPERED GLASS	1 CP	120	SQ FT	1.82	15.45	17.27
14	SWING LEAF PANELS, INSTALLED 3'X4'			EACH		273.00	273.00
15	PORTABLE CHALKBOARD 4'X8'			EACH		618.00	618.00
16	CHALK TRAY, ALUMINUM	1 CP	100	LN FT	2.18	3.60	5.78
17	ALUMINUM TRIM	1 CP	150	LN FT	1.45	1.65	3.10
	TACKBOARDS - CORK						
	PLAIN						
18	1/8"	1 CP	150	SQ FT	1.45	2.70	4.15
19	1/4"	1 CP	150	SQ FT	1.45	3.25	4.70
	ON BURLAP						
20	1/8"	1 CP	150	SQ FT	1.45	3.30	4.75
21	1/4"	1 CP	150	SQ FT	1.45	3.60	5.05
	ON PLYWOOD						
22	1/8"	1 CP	150	SQ FT	1.45	5.85	7.30
23	1/4"	1 CP	150	SQ FT	1.45	6.70	8.15
	ON HARDBOARD						
24	1/8"	1 CP	150	SQ FT	1.45	5.55	7.00
25	1/4"	1 CP	150	SQ FT	1.45	5.95	7.40
26	FOR VINYL COVERING, ADD			SQ FT		0.56	0.56
	** PARTITIONS, TOILET AND SHOWER **						
	TOILET PARTITIONS						
	WALL HUNG						
27	PAINTED METAL	1 CP	2.9	EACH	75.17	381.00	456.17
28	PORCELAIN	1 CP	2.5	EACH	87.20	721.00	808.20
29	STAINLESS STEEL	1 CP	2.5	EACH	87.20	824.00	911.20
	FLOOR MOUNTED						
30	PAINTED METAL	1 CP	4.4	EACH	49.55	243.00	292.55
31	PORCELAIN	1 CP	3.5	EACH	62.29	494.00	556.29
32	STAINLESS STEEL	1 CP	2.9	EACH	75.17	572.00	647.17
33	CEILING MOUNTED PAINTED METAL	1 CP	3.5	EACH	62.29	243.00	305.29
	URINAL PARTITIONS						
	FLOOR MOUNTED						
34	PAINTED METAL	1 CP	7	EACH	31.14	132.00	163.14
35	PORCELAIN	1 CP	5.8	EACH	37.59	157.00	194.59
36	STAINLESS STEEL	1 CP	5.7	EACH	38.25	178.00	216.25
	WALL MOUNTED						
37	PAINTED METAL	1 CP	6	EACH	36.33	122.00	158.33
38	PORCELAIN	1 CP	4.8	EACH	45.42	178.00	223.42
39	STAINLESS STEEL	1 CP	4.6	EACH	47.39	204.00	251.39
	CRYSTALLINE (TOILET PARTITION)						
40	1 1/4"	2 CP 1 LA	150	SQ FT	4.06	8.50	12.56
41	1 1/2"	2 CP 1 LA	160	SQ FT	3.81	10.20	14.01
42	TOILET PARTITION, 7/8" (NOT INCL. HARDWARE)	2 CP 1 LA	60	SQ FT	10.15	18.35	28.50
43	MARBLE	1 CP	4.3	EACH	50.70	206.00	256.70
44	MARBLE	1 CP	3.2	EACH	68.13	268.00	336.13
45	SHOWER ENCLOSURE, 7/8"	2 CP 1 LA	55	SQ FT	11.07	19.60	30.67

1988 DODGE UNIT COST DATA

10 SPECIALTIES

LINE	DESCRIPTION	OUTPUT CREW	PER DAY	UNIT	LABOR	MATERIAL	TOTAL
	CUBICAL CURTAIN TRACK						
1	CEILING MOUNTED	1 CP	35	LN FT	6.23	3.15	9.38
2	SUSPENDED	1 CP	30	LN FT	7.27	4.65	11.92
3	TELESCOPIC BED CURTAIN	1 CP	60	SQ FT	3.63	7.75	11.38
4	FOLDING SCREENS	1 CP	80	SQ FT	2.73	6.20	8.93
	CUBICLE CURTAIN						
5	FIRE RESISTANT	1 CP	720	SQ FT	0.30	6.20	6.50
	DISPOSABLE						
6	9'X7'			EACH		8.45	8.45
7	15'X7'			EACH		13.80	13.80
	OFFICE CUBICLE						
	METAL 4' HIGH						
8	ENAMELED	1 CP	40	LN FT	5.45	42.25	47.70
9	VINYL COVERED	1 CP	35	LN FT	6.23	51.50	57.73
	METAL FREE STANDING						
10	5' HIGH ENAMELED	1 CP	35	LN FT	6.23	49.50	55.73
11	5' HIGH VINYL COVERED	1 CP	29	LN FT	7.52	68.00	75.52
12	6' HIGH	1 CP	30	LN FT	7.27	56.65	63.92
13	6' HIGH W/2'6" GLASS	1 CP	28	LN FT	7.79	67.00	74.79
	** LOUVERS **						
	STAMPED STEEL VANES, FIXED IN STEEL FRAME.						
	STANDARD SHAPES.						
14	4 TO 8 SF	2 SI	100	SQ FT	4.71	8.05	12.76
15	8 TO 12 SF	2 SI	150	SQ FT	3.14	7.05	10.19
16	OVER 12 SF	2 SI	200	SQ FT	2.36	6.45	8.81
	WITH MOVABLE VANES						
17	4 TO 8 SF	2 SI	90	SQ FT	5.24	10.50	15.74
18	8 TO 12 SF	2 SI	143	SQ FT	3.30	8.75	12.05
19	OVER 12 SF	2 SI	195	SQ FT	2.42	7.95	10.37
20	GALVANIZED, ADD MAT'L 15% LABOR 5%						
21	ALUMINUM, ADD MAT'L 75% LABOR 0%						
22	BRONZE, ADD MAT'L 200% LABOR 15%						
23	STAINLESS, ADD MAT'L 125% LABOR 10%						
	MOTORIZED, INCLUDING MOTOR OPERATOR WITH MECH AND ELEC. HOOK UP ONLY. ADD TO ABOVE						
24	4 TO 8 SF	1 EL	45	SQ FT	5.75	16.30	22.05
25	8 TO 12 SF	1 EL	75	SQ FT	3.45	9.80	13.25
26	12 TO 16 SF	1 EL	100	SQ FT	2.59	8.35	10.94
	** GUARDS **						
	MACHINE GUARDS, 2"X2"X1/8" ANGLE FRAME WITH EXPANDED METAL MESH. PREFABRICATED COSTS INCLUDING 2 SHOP COATS PAINT. NON-FLATTENED MESH.						
27	1/2" 16 GA	2 SI	150	SQ FT	3.14	8.30	11.44
28	1" 16 GA	2 SI	155	SQ FT	3.04	7.55	10.59
29	1 1/2" 16 GA	2 SI	160	SQ FT	2.95	7.45	10.40
30	1 1/2" 9 GA	2 SI	145	SQ FT	3.25	9.15	12.40
31	FOR FLATTENED MESH, ADD 10% TO MATERIAL.						
32	FOR GALVANIZED, ADD 30% TO MATERIAL & 10% TO LABOR.						
	WINDOW GUARDS, WELDED WIRE PREFABRICATED IN 2"X2"X1/8" ANGLE FRAME WITH 2 SHOP COATS						
33	2"X2" 9 GA	2 SI	150	SQ FT	3.14	3.45	6.59
34	2"X2" 6 GA	2 SI	145	SQ FT	3.25	3.90	7.15
35	2"X2" 4 GA	2 SI	140	SQ FT	3.37	4.50	7.87
36	FOR GALVANIZED, ADD 30% TO MATERIAL & 10% TO LABOR.						
37	FOR INDUSTRIAL PIVOTED OR OUTWARD PROJECTED, ADD 100% TO MATERIAL & 50% TO LABOR.						

SPECIALTIES   10

LINE	DESCRIPTION	CREW	PER DAY	UNIT	LABOR	MATERIAL	TOTAL
	WINDOW GUARDS STEEL BARS						
1	1/2" ROUND BARS	1 SI	150	SQ FT	1.57	5.35	6.92
2	5/8" ROUND BARS	1 SI	150	SQ FT	1.57	7.65	9.22
3	3/4" ROUND BARS	1 SI	150	SQ FT	1.57	8.20	9.77
4	CRIMPED MESH	1 SI	250	SQ FT	0.94	6.60	7.54
	GRILLES AND DECORATIVE LOUVERS						
5	BAKED ENAMEL STEEL	2 SI	150	SQ FT	3.14	12.60	15.74
6	ALUMINUM	2 SI	155	SQ FT	3.04	18.50	21.54
7	STAINLESS	2 SI	140	SQ FT	3.37	74.55	77.92
8	BRONZE	2 SI	130	SQ FT	3.62	50.40	54.02
	** ACCESS FLOORING **						
	ACCESS FLOORING FOR OFFICES OVER 60000 SF						
9	STEEL & CONCRETE PANELS W/STRINGERLESS UNDER						
10	STRUCTURE 8" FLOOR HEIGHT	2 CP	400	SQ FT	1.09	5.25	6.34
11	ADD FOR FACTORY APPLIED CARPET			SQ FT		2.85	2.85
12	ADD FOR CARPET TILE			SQ FT		3.80	3.80
	ACCESS FLOORING FOR COMPUTER ROOMS OVER 6000 SF						
13	STEEL & CONCRETE PANELS W/STRINGERLESS UNDER STRUCTURE 12" FINISH FLOOR HEIGHT	2 CP	400	SQ FT	1.09	5.90	6.99
14	ADD FOR HIGH PRESSURE LAMINATE			SQ FT		2.75	2.75
15	ADD FOR FACTORY APPLIED CARPET			SQ FT		3.00	3.00
16	ADD FOR SNAP ON STRINGER SYSTEM			SQ FT		0.55	0.55
17	PLYMETAL PANEL W/WOOD CORE W/STRINGERLESS UNDERSTRUCTURE 12" FINISH FLOOR HEIGHT	2 CP	350	SQ FT	1.25	4.35	5.60
18	ADD FOR HIGH PRESSURE LAMINATE			SQ FT		1.80	1.80
19	ADD FOR FACTORY APPLIED CARPET			SQ FT		2.00	2.00
20	ADD FOR SNAP ON STRINGER SYSTEM			SQ FT		0.62	0.62
	ACCESS FLOORING FOR COMPUTER ROOMS UNDER 6000 SF						
21	STEEL & CONCRETE PANELS W/STRINGERLESS UNDERSTRUCTURE 12" FINISH FLOOR HEIGHT	2 CP	350	SQ FT	1.25	7.45	8.70
22	ADD FOR PRESSURE LAMINATE			SQ FT		2.85	2.85
23	ADD FOR FACTORY APPLIED CARPET			SQ FT		3.15	3.15
24	ADD FOR SNAP ON STRINGER SYSTEM			SQ FT		0.57	0.57
25	PLYMETAL PANEL W/WOODCORE W/STRINGERLESS UNDERSTRUCTURE 12" FINISH FLOOR HEIGHT	2 CP	400	SQ FT	1.09	4.40	5.49
26	ADD FOR HIGH PRESSURE LAMINATE			SQ FT		1.95	1.95
27	ADD FOR FACTORY APPLIED CARPET			SQ FT		2.25	2.25
28	ADD FOR SNAP ON STRINGER SYSTEM			SQ FT		0.86	0.86
29	ADD FOR PERFORATED AIR FLOW PANEL W/O DAMPER			EACH		36.00	36.00
30	ADD FOR PERF. AIR FLOW PANEL W/DAMPER			EACH		47.00	47.00
31	ADD FOR 6"X18" GRILLES W/O DAMPER			EACH		35.00	35.00
32	ADD FOR 6"X18" GRILLES W/DAMPER			EACH		48.00	48.00
33	ADD FOR RAMPS			SQ FT		17.00	17.00
34	ADD FOR ALUMINUM HANDRAIL FLOOR MOUNTED			LN FT		33.00	33.00
35	ADD FOR ALUMINUM HANDRAIL WALL MOUNTED			LN FT		21.00	21.00
36	FOR GRILLES (6"X18")			EACH		46.00	46.00
	PREFABRICATED FIREPLACES						
	FREE STANDING CONTEMPORARY						
37	BLACK MATTE	1 CP	0.9	EACH	242.22	336.00	578.22
38	BLACK PORCELAIN	1 CP	0.9	EACH	242.22	378.00	620.22
39	COLOR PORCELAIN	1 CP	0.9	EACH	242.22	473.00	715.22
40	FLUE PIPE, 24" LONG	1 CP	20	EACH	10.90	35.00	45.90
41	ELECTRICAL, WALL MOUNTED	1 CP	0.9	EACH	242.22	357.00	599.22
42	TRADITIONAL W/MANTLE	1 CP	0.9	EACH	242.22	777.00	1,019
43	24" CASTIRON DAMPER			EACH		25.20	25.20
44	30" CASTIRON DAMPER			EACH		29.40	29.40
45	33" CASTIRON DAMPER			EACH		31.50	31.50
46	36" CASTIRON DAMPER			EACH		32.55	32.55
47	42" CASTIRON DAMPER			EACH		41.00	41.00
48	48" CASTIRON DAMPER			EACH		51.00	51.00
49	54" CASTIRON DAMPER			EACH		120.00	120.00
50	60" CASTIRON DAMPER			EACH		156.00	156.00
51	72" CASTIRON DAMPER			EACH		212.00	212.00

1988 DODGE UNIT COST DATA

10 SPECIALTIES

LINE	DESCRIPTION	CREW	PER DAY	UNIT	LABOR	MATERIAL	TOTAL
1	30" X 16" VESTAL DAMPER			EACH		84.00	84.00
2	33" X 20" VESTAL DAMPER			EACH		100.00	100.00
3	36" X 20" VESTAL DAMPER			EACH		119.00	119.00
4	CHIMNEY TOP DAMPER - 9" X 13" & 13" X 13"			EACH		59.00	59.00
5	CHIMNEY TOP DAMPER - 13" X 18"			EACH		77.00	77.00
6	METAL CHIMNEY TOP-8"X8" & 8"X 13"			EACH		36.00	36.00
7	METAL CHIMNEY TOP - 13" X 17"			EACH		40.00	40.00
8	CLEANOUT DOOR CAST IRON - 8" X 8"			EACH		8.40	8.40
9	CLEANOUT DOOR CAST IRON - 12" X 12"			EACH		22.00	22.00
	FIREPLACE FORMS FOR BRICKWORK, NO BRICKWORK						
10	30"	1 BL	2.5	EACH	88.80	244.00	332.80
11	48"	1 BL	2	EACH	111.00	347.00	458.00
12	60"	1 BL	1.7	EACH	130.59	399.00	529.59
	CLEAN OUT DOORS						
13	8"X3"	1 CM	6	EACH	35.07	19.00	54.07
14	12"X10"	1 CM	5	EACH	42.08	32.50	74.58
	** FIREPLACE ACCESSORIES **						
	CLEAN OUT DOORS AND FRAMES, CAST IRON						
15	8"X8"	2 SI	50	EACH	9.42	15.00	24.42
16	12"X12"	2 SI	40	EACH	11.78	28.00	39.78
17	18"X18"	2 SI	33	EACH	14.28	57.00	71.28
18	20"X24"	2 SI	27	EACH	17.45	93.00	110.45
19	24"X30"	2 SI	22	EACH	21.42	184.00	205.42
	CHIMNEY SCREENS						
	GALVANIZED						
20	8"X8" FLUE	2 SI	50	EACH	9.42	14.20	23.62
21	13"X13" FLUE	2 SI	40	EACH	11.78	34.65	46.43
22	24"X24" FLUE	2 SI	25	EACH	18.85	78.75	97.60
	STAINLESS STEEL						
23	8"X8" FLUE	2 SI	45	EACH	10.47	79.80	90.27
24	13"X13" FLUE	2 SI	38	EACH	12.40	210.00	222.40
25	24"X24" FLUE	2 SI	23	EACH	20.49	483.00	503.49
	** FIREPLACE EQUIPMENT **						
26	FOLDING SCREENS, 56"X34"			EACH		75.60	75.60
27	RECESSED SCREENS, 50"X33"			EACH		91.35	91.35
28	ANDIRONS, 20" HIGH			SET		56.70	56.70
29	FIRESET, STAND, POKER, BRUSH, SHOVEL			SET		50.40	50.40
30	ELECTRIC LOG			EACH		33.60	33.60
31	CAST IRON GRATE			EACH		31.50	31.50
32	BELLOWS			EACH		39.90	39.90
33	FIREPLACE DAMPERS	1 BL	8	EACH	27.75	65.10	92.85
34	FRANKLIN EARLY AMERICAN	1 CP	0.9	EACH	242.22	515.00	757.22
	CHURCH STEEPLE METAL FRAMED & CLAD						
35	BASE 3'6" SQ HEIGHT 20'	MAT'L 1 HE 2 SI	1	EACH	874.48	3,465	4,644
		EQUIP 1 LA				305.00	
36	BASE 5'6" SQ HEIGHT 20'	MAT'L 1 HE 2 SI	0.9	EACH	971.64	4,725	6,002
		EQUIP 1 LA				305.00	
37	BASE 6'6" HEIGHT 40' OCTAGONAL	MAT'L 1 HE 2 SI	0.8	EACH	1309.40	9,030	10,644
		EQUIP 2 LA				305.00	
38	BASE 4'6" SQ HEIGHT 31' W/CROSS	MAT'L 1 HE 2 SI	1	EACH	1047.52	13,230	14,583
		EQUIP 2 LA				305.00	
39	BASE 7'6" HEIGHT 49' OCTAGONAL	MAT'L 1 HE 2 SI	0.7	EACH	1496.46	20,370	22,328
		EQUIP 2 LA				462.00	
	REDWOOD CUPOLAS						
	ALUMINUM ROOF						
40	24"X24"X25"	2 CP	4	EACH	109.00	73.50	182.50
41	30"X30"X30"	2 CP	3.2	EACH	136.25	103.00	239.25
42	35"X35"X33"	2 CP	2.8	EACH	155.71	152.00	307.71
43	22"X22"X33"	2 CP	4.3	EACH	101.40	126.00	227.40
	COPPER ROOF						
44	30"X30"X30"	2 CP	3.2	EACH	136.25	131.00	267.25
45	35"X35"X33"	2 CP	2.8	EACH	155.71	184.00	339.71
46	22"X22"X33"	2 CP	4.3	EACH	101.40	155.00	256.40
47	31"X31"X51"	2 CP	3	EACH	145.33	309.00	454.33

SPECIALTIES 10

LINE	DESCRIPTION		CREW	PER DAY	UNIT	LABOR	MATERIAL	TOTAL
	CUPOLA METAL FRAMED & CLAD							
1	BASE 7' OCTAGONAL OPEN HOUSING 28'	MAT'L EQUIP	1 HE 1 LA	1 SI	1 EACH	638.88	4,830 462.00	5,931
2	BASE 7' OCTAGONAL CLOSED HOUSING 18'	MAT'L EQUIP	1 HE 1 LA	1 SI	0.8 EACH	798.60	7,823 578.00	9,200
3	BASE 12' SQ CLOSED HOUSING 42'-CLOCK	MAT'L EQUIP	1 HE 3 LA	3 SI	0.2 EACH	7,281	46,725 730.00	54,736
	CUPOLA RESIDENTIAL - REDWOOD							
4	ALUMINUM ROOF 22"X22"X33" HIGH		1 CP		5 EACH	43.60	143.00	186.60
5	ALUMINUM ROOF 24"X24"X25" HIGH		1 CP		5 EACH	43.60	89.00	132.60
6	COPPER ROOF 35"X35"X33" HIGH		1 CP		4 EACH	54.50	205.00	259.50
	** FLAGPOLES **							
	ALUMINUM FLAGPOLE INSTALLED W/BASE							
7	20'				EACH		1,200	1,200
8	30'				EACH		1,600	1,600
9	40'				EACH		2,300	2,300
10	50'				EACH		3,000	3,000
11	60'				EACH		4,800	4,800
12	70'				EACH		6,000	6,000
13	80'				EACH		6,400	6,400
	STEEL FLAGPOLE INSTALLED W/BASE							
14	20'				EACH		945.00	945.00
15	30'				EACH		1,365	1,365
16	50'				EACH		3,170	3,170
17	70'				EACH		5,260	5,260
	FIBERGLASS FLAGPOLE INSTALLED W/BASE							
18	20'				EACH		935.00	935.00
19	30'				EACH		1,365	1,365
	WOOD (FIR) FLAGPOLE INSTALLED W/BASE							
20	20'				EACH		735.00	735.00
21	30'				EACH		1,040	1,040
	OUTRIGGER WALL POLES INSTALLED W/BASE							
22	8'				EACH		882.00	882.00
23	10'				EACH		1,029	1,029
24	12'				EACH		1,365	1,365
25	15' SUPPORTED				EACH		1,890	1,890
26	20' SUPPORTED				EACH		2,100	2,100
	** IDENTIFING DEVICES **							
	ALUMINUM LETTERING SATIN FINISH							
27	2" HIGH 1" THICK		1 CP		25 EACH	8.72	10.80	19.52
28	4" HIGH 1" THICK		1 CP		20 EACH	10.90	18.40	29.30
29	6" HIGH 1" THICK		1 CP		18 EACH	12.11	27.70	39.81
30	8" HIGH 1" THICK		1 CP		16 EACH	13.63	33.10	46.73
31	10" HIGH 2" THICK		1 CP		14 EACH	15.57	44.10	59.67
32	12" HIGH 2" THICK		1 CP		12 EACH	18.17	58.80	76.97
33	14" HIGH 2" THICK		1 CP		10 EACH	21.80	65.10	86.90
34	16" HIGH 2" THICK		1 CP		8 EACH	27.25	70.35	97.60
	BRONZE LETTERING SATIN FINISH							
35	2" HIGH 1" THICK		1 CP		25 EACH	8.72	23.10	31.82
36	4" HIGH 1" THICK		1 CP		20 EACH	10.90	31.50	42.40
37	6" HIGH 1" THICK		1 CP		18 EACH	12.11	66.15	78.26
38	8" HIGH 1" THICK		1 CP		16 EACH	13.63	72.45	86.08
39	10" HIGH 2" THICK		1 CP		14 EACH	15.57	92.40	107.97
40	12" HIGH 2" THICK		1 CP		12 EACH	18.17	107.00	125.17
41	14" HIGH 2" THICK		1 CP		10 EACH	21.80	116.00	137.80
42	16" HIGH 2" THICK		1 CP		8 EACH	27.25	121.00	148.25
	BAKED ENAMEL FINISH							
43	6" HIGH 1" THICK		1 CP		18 EACH	12.11	30.50	42.61
44	8" HIGH 1" THICK		1 CP		16 EACH	13.63	37.75	51.38
45	10" HIGH 2" THICK		1 CP		14 EACH	15.57	47.25	62.82
46	12" HIGH 2" THICK		1 CP		12 EACH	18.17	57.75	75.92

10 SPECIALTIES

LINE	DESCRIPTION	OUTPUT CREW	PER DAY	UNIT	LABOR	MATERIAL	TOTAL
	DIRECTORY BOARDS, GLASS COVERED WITH CHANGEABLE LETTERS						
	INTERIOR TYPE						
1	ALUMINUM 5 SQ FT	1 CP	0.5	EACH	436.00	609.00	1,045
2	ALUMINUM 12 SQ FT	1 CP	0.5	EACH	436.00	966.00	1,402
3	STAINLESS STEEL 5 SQ FT	1 CP	0.5	EACH	436.00	819.00	1,255
4	STAINLESS STEEL 12 SQ FT	1 CP	0.5	EACH	436.00	1,155	1,591
5	BRONZE 5 SQ FT	1 CP	0.5	EACH	436.00	1,050	1,486
6	BRONZE 12 SQ FT	1 CP	0.5	EACH	436.00	1,470	1,906
	WEATHERPROOF OUTDOOR TYPE						
7	ALUMINUM 5 SQ FT	1 CP	1.1	EACH	198.18	1,315	1,513
8	ALUMINUM 12 SQ FT	1 CP	1.1	EACH	198.18	1,545	1,743
9	STAINLESS STEEL 5 SQ FT	1 CP	1.1	EACH	198.18	1,575	1,773
10	STAINLESS STEEL 12 SQ FT	1 CP	1.1	EACH	198.18	1,870	2,068
11	BRONZE 5 SQ FT	1 CP	1.1	EACH	198.18	1,890	2,088
12	BRONZE 12 SQ FT	1 CP	1.1	EACH	198.18	2,100	2,298
	WEATHERPROOF OUTDOOR TYPE ILLUMINATED						
13	ALUMINUM 20 SQ FT			EACH		4,705	4,705
14	ALUMINUM 25 SQ FT			EACH		5,355	5,355
	BULLETIN BOARD 3 1/2"X3 1/2" ALUMINUM TUBING LIGHTS, 2 LETTER SETS						
15	DOUBLE FACED, HEADER 72"X18"X7", BULLETIN 72"X32"X7"	1 SM 1 LA	2.5	EACH	166.91	2,111	2,278
16	SINGLE FACE, HORIZONTAL BOARD 72"X46"X4"	1 SM	8	EACH	30.53	1,124	1,155
	PLAQUES						
	ALUMINUM						
17	10"X12" (140 LETTERS)	1 CP	6	EACH	36.33	139.00	175.33
18	12"X18" (175 LETTERS)	1 CP	5	EACH	43.60	242.00	285.60
19	18"X24" (250 LETTERS)	1 CP	2.4	EACH	90.83	431.00	521.83
20	36"X48" (600 LETTERS)	1 CP	0.9	EACH	242.22	1,596	1,838
	BRONZE						
21	10"X12" (140 LETTERS)	1 CP	6	EACH	36.33	170.00	206.33
22	12"X18" (175 LETTERS)	1 CP	5	EACH	43.60	284.00	327.60
23	18"X24" (250 LETTERS)	1 CP	2.4	EACH	90.83	523.00	613.83
24	36"X48" (600 LETTERS)	1 CP	0.9	EACH	242.22	1,680	1,922
	PAINTED SIGNS						
25	STREET SIGNS 24"X6"			EACH		15.75	15.75
26	CRISS CROSS FRAME W/4 PL 18"X4 1/2"			EACH		42.00	42.00
27	STANDARD STEEL POST, 2 1/2" DIA X 11' LONG			EACH		31.50	31.50
	STOP SIGN						
28	PLAIN			EACH		21.00	21.00
29	REFLECTOR TYPE			EACH		65.00	65.00
	R.R. SIGN						
30	PLAIN			EACH		26.25	26.25
31	REFLECTOR TYPE			EACH		86.00	86.00
32	THREE DIMENSIONAL SIGNS			SQ FT		22.00	22.00
	PLASTIC SINGLE FACED EXTERIOR SIGNS, ALUMINUM FRAMED, ILLUMINATED 7" DEEP						
33	2'X2'	2 CP	8.7	EACH	50.11	357.00	407.11
34	2'X4'	2 CP	8	EACH	54.50	515.00	569.50
35	2'X8'	2 CP	4.3	EACH	101.40	798.00	899.40
36	2'X12'	2 CP	3.6	EACH	121.11	1,103	1,224
37	2'X20'	2 CP	2.6	EACH	167.69	1,964	2,132
38	4'X4'	2 CP	5.8	EACH	75.17	735	810.17
39	4'X10'	2 CP	3.5	EACH	124.57	1,586	1,711
40	4'X20'	2 CP	1.9	EACH	229.47	2,835	3,064
41	6'X10'	2 CP	2.4	EACH	181.67	2,048	2,230
42	6'X20'	4 CP	2	EACH	436.00	3,780	4,216
43	8'X10'	4 CP	2.2	EACH	396.36	2,835	3,231
44	8'X16'	4 CP	1.7	EACH	512.94	4,100	4,613
45	8'X20'	4 CP	1.2	EACH	726.67	5,040	5,767
	TURNSTILES						
46	GATE TYPE W/HORIZONTAL BARS 7' HIGH			EACH		2,205	2,205
	PEDESTAL TYPE						
47	W/VERTICLE ARMS			EACH		788.00	788.00
48	W/SWIVEL ARMS			EACH		1,260	1,260

SPECIALTIES

LINE	DESCRIPTION	OUTPUT CREW	PER DAY	UNIT	LABOR	MATERIAL	TOTAL
	TURNSTILES						
1	NON-REGISTERING-ONE WAY			EACH		1,113	1,113
2	PORTABLE REGISTERING-TWO WAY			EACH		1,428	1,428
	** LOCKERS **						
	METAL LOCKERS						
	SINGLE TIER LOCKERS						
3	12"X12"X60" (1-UNIT)	1 CP		20 EACH	10.90	102.00	112.90
4	12"X12"X60" (3 UNIT)	1 CP		15 EACH	14.53	258.00	272.53
5	12"X15"X60" (1-UNIT)	1 CP		20 EACH	10.90	110.00	120.90
6	12"X15"X60" (3-UNIT)	1 CP		15 EACH	14.53	268.00	282.53
7	12"X18"X60" (1-UNIT)	1 CP		22 EACH	9.91	113.00	122.91
8	12"X18"X60" (3-UNIT)	1 CP		16 EACH	13.63	288.00	301.63
9	12"X12"X72" (1-UNIT)	1 CP		22 EACH	9.91	117.00	126.91
10	12"X12"X72" (3-UNIT)	1 CP		16 EACH	13.63	293.00	306.63
11	12"X15"X72" (1-UNIT)	1 CP		22 EACH	9.91	124.00	133.91
12	12"X15"X72" (3-UNIT)	1 CP		16 EACH	13.63	309.00	322.63
13	12"X18"X72" (1-UNIT)	1 CP		22 EACH	9.91	134.00	143.91
14	12"X18"X72" (3-UNIT)	1 CP		16 EACH	13.63	342.00	355.63
15	15"X18"X72" (1-UNIT)	1 CP		22 EACH	9.91	140.00	149.91
16	15"X18"X72" (3-UNIT)	1 CP		16 EACH	13.63	363.00	376.63
17	18"X18"X72" (1-UNIT)	1 CP		22 EACH	9.91	149.00	158.91
18	18"X18"X72" (3-UNIT)	1 CP		16 EACH	13.63	379.00	392.63
19	18"X21"X72" (1-UNIT)	1 CP		22 EACH	9.91	0.00	9.91
20	18"X21"X72" (3-UNIT)	1 CP		16 EACH	13.63	0.00	13.63
21	DOUBLE TIER LOCKERS						
22	12"X12"X36" (1-UNIT 2 OPNGS)	1 CP		18 EACH	12.11	64.00	76.11
23	12"X12"X36" (3-UNIT 6 OPNGS)	1 CP		12 EACH	18.17	163.00	181.17
24	12"X15"X36" (1-UNIT 2 OPNGS)	1 CP		18 EACH	12.11	55.00	67.11
25	12"X15"X36" (3-UNIT 6 OPNGS)	1 CP		12 EACH	18.17	171.00	189.17
26	12"X18"X36" (1-UNIT 2 OPNGS)	1 CP		18 EACH	12.11	71.00	83.11
27	12"X18"X36" (3-UNIT 6 OPNGS)	1 CP		12 EACH	18.17	176.00	194.17
28	12"X12"X30" (1-UNIT 2 OPNGS)	1 CP		18 EACH	12.11	61.00	73.11
29	12"X12"X30" (3-UNIT 6 OPNGS)	1 CP		12 EACH	18.17	155.00	173.17
30	12"X15"X36" (1-UNIT 2 OPNGS)	1 CP		18 EACH	12.11	71.00	83.11
31	12"X15"X36" (3-UNIT 6 OPNGS)	1 CP		12 EACH	18.17	185.00	203.17
	MULTIPLE TIER LOCKERS						
32	12"X12"X12" (1-UNIT 5 OPNGS)	1 CP		24 EACH	9.08	28.00	37.08
33	12"X12"X12" (3-UNIT 15 OPNGS)	1 CP		20 EACH	10.90	75.00	85.90
34	12"X15"X12" (1-UNIT 5 OPNGS)	1 CP		24 EACH	9.08	30.00	39.08
35	12"X15"X12" (3-UNIT 15 OPNGS)	1 CP		20 EACH	10.90	78.00	88.90
36	12"X12"X12" (1-UNIT 6 OPNGS)	1 CP		25 EACH	8.72	26.00	34.72
37	12"X12"X12" (3-UNIT 18 OPNGS)	1 CP		20 EACH	10.90	73.00	83.90
38	12"X15"X12" (1-UNIT 6 OPNGS)	1 CP		25 EACH	8.72	28.00	36.72
39	12"X15"X12" (3-UNIT 18 OPNGS)	1 CP		20 EACH	10.90	75.00	85.90
40	12"X18"X12" (1-UNIT 6 OPNGS)	1 CP		25 EACH	8.72	31.00	39.72
41	12"X18"X12" (3-UNIT 18 OPNGS)	1 CP		20 EACH	10.90	80.00	90.90
	7-PERSON LOCKER						
42	7-18"X21"X78" & 1-18"X21"X60"	1 CP 1 LA		10 EACH	39.10	419.00	458.10
	8-PERSON LOCKER						
43	8-18"X21"X12" & 2-18"X21"X60"	1 CP 1 LA		20 EACH	19.55	589.00	608.55
44	LOCKER BENCHES 70"X9 1/2" X 18	1 CP 1 LA		20 EACH	19.55	148.00	167.55
45	LOCKER BENCHES 94" X 9 1/2" X 18"	1 CP 1 LA		18 EACH	21.72	183.00	204.72
46	FLAT KEY LOCK FOR LOCKERS	1 CP		20 EACH	10.90	4.65	15.55
47	NUMBER PLATES 2 3/4" X 1" FOR BASKETS & LOCKERS	1 CP		50 EACH	4.36	0.57	4.93
48	LOCKER RACK 16-PERSON (OVERALL 69" X 18" X 78")						
	16-12"X18"X12"	1 CP 1 LA		4 EACH	97.76	512.00	609.76
	BASKET RACKS						
49	21 BASKETS 40"X13"X68"	1 CP 1 LA		20 EACH	19.55	494.00	513.55

10 SPECIALTIES

LINE	DESCRIPTION		CREW	OUTPUT PER DAY	UNIT	LABOR	MATERIAL	TOTAL
	EXPANDED METAL LOCKERS	SINGLE TIER						
1	12"X12"X60"	(1-UNIT 1 OPNG)	1 CP	15	EACH	14.53	195.00	209.53
2	12"X12"X60"	(2-UNIT 2 OPNGS)	1 CP	12	EACH	18.17	324.00	342.17
3	12"X18"X60"	(1-UNIT 1 OPNG)	1 CP	14	EACH	15.57	231.00	246.57
4	12"X18"X60"	(2-UNIT 2 OPNGS)	1 CP	11	EACH	19.82	363.00	382.82
5	15"X15"X60"	(1-UNIT 1 OPNG)	1 CP	14	EACH	15.57	216.00	231.57
6	15"X15"X60"	(2-UNIT 2 OPNGS)	1 CP	10	EACH	21.80	361.00	382.80
7	18"X18"X60"	(1-UNIT 1 OPNG)	1 CP	14	EACH	15.57	251.00	266.57
8	18"X18"X60"	(2-UNIT 2 OPNGS)	1 CP	10	EACH	21.80	412.00	433.80
	EXPANDED METAL LOCKERS	DOUBLE TIER						
9	12"X12"X30	(1-UNIT 2 OPNGS)	1 CP	12	EACH	18.17	121.00	139.17
10	12"X12"X30"	(2-UNIT 4 OPNGS)	1 CP	9	EACH	24.22	204.00	228.22
11	12"X18"X30"	(1-UNIT 2 OPNGS)	1 CP	12	EACH	18.17	138.00	156.17
12	12"X18"X30"	(2-UNIT 4 OPNGS)	1 CP	9	EACH	24.22	227.00	251.22
13	15"X18"X30"	(1-UNIT 2 OPNGS)	1 CP	12	EACH	18.17	144.00	162.17
14	15"X18"X30"	(2-UNIT 4 OPNGS)	1 CP	9	EACH	24.22	242.00	266.22
15	12"X12"X36"	(1-UNIT 2 OPNGS)	1 CP	12	EACH	18.17	124.00	142.17
16	12"X12"X36"	(2 UNIT 4 OPNGS)	1 CP	9	EACH	24.22	211.00	235.22
17	12"X18"X36"	(1-UNIT 2 OPNGS)	1 CP	11	EACH	19.82	143.00	162.82
18	12"X18"X30"	(2-UNIT 4 OPNGS)	1 CP	8	EACH	27.25	233.00	260.25
19	15"X18"X36"	(1-UNIT 2 OPNGS)	1 CP	11	EACH	19.82	149.00	168.82
20	15"X18"X36"	(2-UNIT 4 OPNGS)	1 CP	8	EACH	27.25	247.00	274.25
	EXPANDED METAL LOCKERS	TRIPLE TIER						
21	12"X12"X20"	(1-UNIT 3 OPNGS)	1 CP	10	EACH	21.80	103.00	124.80
22	12"X12"X20"	(2-UNIT 6 OPNGS)	1 CP	8	EACH	27.25	185.00	212.25
23	12"X18"X20"	(1-UNIT 3 OPNGS)	1 CP	10	EACH	21.80	116.00	137.80
24	12"X18"X20"	(2 UNIT 6 OPNGS)	1 CP	8	EACH	27.25	200.00	227.25
25	15"X18"X20"	(1-UNIT 3 OPNGS)	1 CP	10	EACH	21.80	122.00	143.80
26	15"X18"X20"	(2-UNIT 6 OPNGS)	1 CP	8	EACH	27.25	211.00	238.25
27	12"X12"X24"	(1-UNIT 3 OPNGS)	1 CP	10	EACH	21.80	103.00	124.80
28	12"X12"X24"	(2 UNIT 6 OPNGS)	1 CP	8	EACH	27.25	181.00	208.25
29	12"X18"X24"	(1-UNIT 3 OPNGS)	1 CP	10	EACH	21.80	116.00	137.80
30	12"X18"X24"	(2-UNIT 6 OPNGS)	1 CP	8	EACH	27.25	198.00	225.25
31	15"X18"X24"	(1-UNIT 3 OPNGS)	1 CP	10	EACH	21.80	123.00	144.80
32	15"X18"X24"	(2 UNIT 6 OPNGS)	1 CP	8	EACH	27.25	211.00	238.25
	EXPANDED METAL LOCKERS	MULTIPLE TIER						
33	12"X12"X15"	(1-UNIT 4 OPNGS)	1 CP	9	EACH	24.22	52.00	76.22
34	12"X12"X15"	(2 UNIT 8 OPNGS)	1 CP	7	EACH	31.14	87.00	118.14
35	12"X18"X15"	(1-UNIT 4 OPNGS)	1 CP	9	EACH	24.22	55.00	79.22
36	12"X18"X15"	(2-UNIT 8 OPNGS)	1 CP	7	EACH	31.14	91.00	122.14
37	15"X18"X15"	(1-UNIT 4 OPNGS)	1 CP	9	EACH	24.22	55.00	79.22
38	15"X18"X15"	(2-UNITS 8 OPNGS)	1 CP	6	EACH	36.33	105.00	141.33
39	12"X12"X12"	(1-UNIT 5 OPNGS)	1 CP	9	EACH	24.22	41.00	65.22
40	12"X12"X12"	(2 UNIT 10 OPNGS)	1 CP	6	EACH	36.33	69.00	105.33
41	12"X18"X12"	(1-UNIT 5 OPNGS)	1 CP	8	EACH	27.25	49.00	76.25
42	12"X18"X12"	(2-UNIT 10 OPNGS)	1 CP	6	EACH	36.33	79.00	115.33
43	15"X18"X12"	(1-UNIT 5 OPNGS)	1 CP	8	EACH	27.25	54.00	81.25
44	15"X18"X12"	(2-UNIT 10 OPNGS)	1 CP	6	EACH	36.33	87.00	123.33
45	12"X12"X12"	(1-UNIT 6 OPNGS)	1 CP	8	EACH	27.25	40.00	67.25
46	12"X12"X12"	(2-UNIT 12 OPNGS)	1 CP	6	EACH	36.33	66.00	102.33
47	12"X18"X12"	(1-UNIT 6 OPNGS)	1 CP	8	EACH	27.25	46.00	73.25
48	12"X18"X12"	(2-UNIT 12 OPNGS)	2 CP	6	EACH	72.67	76.00	148.67
49	15"X18"X12"	(1-UNIT 6 OPNGS)	1 CP	8	EACH	27.25	52.00	79.25
50	15"X18"X12"	(2-UNIT 12 OPNGS)	2 CP	6	EACH	72.67	87.00	159.67
51	12"X12"X9"	(1-UNIT 8 OPNG)	1 CP	8	EACH	27.25	39.00	66.25
52	12"X12"X9"	(2-UNIT 16 OPNG)	2 CP	6	EACH	72.67	69.00	141.67
53	12"X18"X9"	(1-UNIT 8 OPNG)	1 CP	8	EACH	27.25	45.00	72.25
54	12"X18"X9"	(2-UNIT 16 OPNG)	2 CP	6	EACH	72.67	76.00	148.67
55	15"X18"X9"	(1-UNIT 8 OPNG)	1 CP	8	EACH	27.25	98.00	125.25
56	15"X18"X9"	(2 UNITS 16 OPNG)	1 CP	6	EACH	36.33	88.00	124.33
57	12"X12"X8"	(1-UNIT 9 OPNG)	1 CP	8	EACH	27.25	38.00	65.25
58	12"X12"X8"	(2-UNIT 18 OPNG)	2 CP	6	EACH	72.67	67.00	139.67
59	12"X18"X8"	(1-UNIT 9 OPNG)	1 CP	8	EACH	27.25	43.00	70.25
60	12"X18"X8"	(2 UNIT 18 OPNG)	2 CP	6	EACH	72.67	74.00	146.67
61	LOCK BUILT-IN W/MASTER KEY COMBINATION		1 CP	50	EACH	4.36	7.71	12.07

SPECIALTIES

LINE	DESCRIPTION	CREW	PER DAY	UNIT	LABOR	MATERIAL	TOTAL
	** FIREFIGHTING DEVICES **						
	FIRE EXTINGUISHERS CO2						
1	5 LB W/HOSE AND HORN			EACH		103.00	103.00
2	10 LB W/HOSE AND HORN			EACH		142.00	142.00
3	20 LB W/HOSE AND HORN			EACH		175.00	175.00
4	50 LB CART MOUNTED			EACH		692.00	692.00
5	100 LB CART MOUNTED			EACH		1,589	1,589
	DRY CHEMICAL ENAMELED STEEL						
6	2 1/2 LB			EACH		41.00	41.00
7	5 LB			EACH		53.00	53.00
8	10 LB			EACH		94.00	94.00
9	20 LB			EACH		142.00	142.00
10	30 LB			EACH		160.00	160.00
11	200 LB CART MOUNTED			EACH		1,635	1,635
12	300 LB CART MOUNTED			EACH		1,975	1,975
	DRY CHEMICAL ALUMINUM						
13	5 LB			EACH		77.00	77.00
14	10 LB			EACH		133.00	133.00
15	20 LB			EACH		160.00	160.00
16	WATER, CO2 PRESSURIZED S.S. 2 1/2 GAL.			EACH		77.00	77.00
	FIRE EXTINGUISHER CABINETS, 8" DEEP						
	ENAMELED STEEL						
17	12"X27"	1 CP	4.6	EACH	47.39	81.00	128.39
18	16"X38"	1 CP	4.2	EACH	51.90	118.00	169.90
	ALUMINUM						
19	12"X27"	1 CP	4.6	EACH	47.39	122.00	169.39
20	16"X38"	1 CP	4.2	EACH	51.90	162.00	213.90
	STAINLESS STEEL						
21	12"X27"	1 CP	4.6	EACH	47.39	277.00	324.39
22	16"X38"	1 CP	4.2	EACH	51.90	379.00	430.90
	FIRE HOSE CABINETS, 9" DEEP 30"X36"						
23	PAINTED STEEL	1 CP	3.5	EACH	62.29	111.00	173.29
24	ALUMINUM	1 CP	3.5	EACH	62.29	142.00	204.29
25	STAINLESS STEEL	1 CP	3.5	EACH	62.29	366.00	428.29
	** POSTAL SPECIALTIES **						
	LETTER SLOT						
26	RESIDENTIAL	1 CP	14	EACH	15.57	26.00	41.57
27	POST OFFICE TYPE	1 CP	7	EACH	31.14	155.00	186.14
28	POST OFFICE COUNTER WINDOW, W/GRILLE	1 CP	2	EACH	109.00	475.00	584.00
29	MAIL DROP - BRASS DOOR TYPE 8-3/16" X 2-1/8"	1 CP	8	EACH	27.25	40.00	67.25
	SURFACE FRAME FOR MAIL BOXES						
30	4 BOX	2 SM	2.5	EACH	195.39	22.00	217.39
31	6 BOX	2 SM	2.3	EACH	212.38	28.00	240.38
32	8 BOX	2 SM	2	EACH	244.24	37.00	281.24
	MAIL CHUTE W/GLASS FRONT						
33	14"X15" ALUMINUM	1 SM	16	LN FT	15.27	118.00	133.27
34	14"X9" ALUMINUM	1 SM	16	LN FT	15.27	136.00	151.27
35	9"X3 1/2" ALUMINUM	1 SM	16	LN FT	15.27	66.00	81.27
36	9"X3 1/2" BRONZE	1 SM	16	LN FT	15.27	109.00	124.27
37	9"X3 1/2" STAINLESS STEEL	1 SM	16	LN FT	15.27	106.00	121.27
	MAIL BOXES						
	HORIZONTAL REAR LOADING ALUMINUM						
38	SINGLE 15"X4"X5"	1 CP	28	EACH	7.79	44.00	51.79
39	DOUBLE 15"X6"X5"	1 CP	23	EACH	9.48	82.00	91.48
40	TRIPLE 15"X12"X5"	1 CP	18	EACH	12.11	124.00	136.11
	HORIZONTAL FRONT LOADING ALUMINUM						
41	SINGLE 15"X4"X5"	1 CP	28	EACH	7.79	47.00	54.79
42	DOUBLE 15"X6"X5"	1 CP	23	EACH	9.48	92.00	101.48
43	TRIPLE 15"X12"X5"	1 CP	18	EACH	12.11	135.00	147.11
	VERTICAL SINGLE FRONT LOADING						
44	ALUMINUM	1 CP	31	EACH	7.03	44.00	51.03
45	STAINLESS STEEL	1 CP	31	EACH	7.03	87.00	94.03

10 SPECIALTIES

LINE	DESCRIPTION	OUTPUT CREW		PER DAY	UNIT	LABOR	MATERIAL	TOTAL
	MAIL BOX - FOR APARTMENTS - ALUMINUM W/LOCKS							
1	4 BOX	1 SM		5	EACH	48.85	61.00	109.85
2	6 BOX	1 SM		4.5	EACH	54.28	97.00	151.28
3	8 BOX	1 SM		4	EACH	61.06	124.00	185.06
4	LOBBY COLLECTION BOX ALUMINUM	1 SM		1	EACH	244.24	1,768	2,012
5	SERVICE WINDOW W/ SHELF	1 CP		5	EACH	43.60	235.00	278.60
	** PARTITIONS, MESH **							
	WOVEN WIRE PANELS - 5' WIDE							
	10 GA 1 1/2" DIAMOND MESH							
6	7' HIGH	1 CP	1 LA	3.7	EACH	105.69	155.00	260.69
7	8' HIGH	1 CP	1 LA	3.3	EACH	118.50	177.00	295.50
8	10' HIGH	1 CP	1 LA	2.6	EACH	150.40	341.00	491.40
9	12' HIGH	1 CP	1 LA	2.2	EACH	177.75	416.00	593.75
	W/ HALF OF PANEL 16 GA. SHEET METAL BASE							
10	7' HIGH	1 CP	1 LA	2.9	EACH	134.84	328.00	462.84
11	8' HIGH	1 CP	1 LA	2.5	EACH	156.42	367.00	523.42
12	10' HIGH	1 CP	1 LA	2	EACH	195.52	471.00	666.52
13	12' HIGH	1 CP	1 LA	1.7	EACH	230.02	556.00	786.02
	6 GA. WIRE 2" DIAMOND MESH							
14	7' HIGH	1 CP	1 LA	1.9	EACH	205.81	248.00	453.81
15	8' HIGH	1 CP	1 LA	1.6	EACH	244.40	278.00	522.40
16	10' HIGH	1 CP	1 LA	1.3	EACH	300.80	342.00	642.80
17	12' HIGH	1 CP	1 LA	1.1	EACH	355.49	416.00	771.49
18	16' HIGH	1 CP	1 LA	0.8	EACH	488.80	545.00	1,034
19	20' HIGH	1 CP	1 LA	0.7	EACH	558.63	797.00	1,356
	FOLDING, SCISSOR TYPE							
20	5' HIGH STEEL				LN FT		93.00	93.00
21	7' HIGH STEEL				LN FT		104.00	104.00
22	5' HIGH ALUMINUM				LN FT		137.00	137.00
23	7' HIGH ALUMINUM				LN FT		147.00	147.00
	** PARTITIONS, DEMOUNTABLE **							
	METAL PARTITIONS 8'6"							
	ENAMELED							
24	PLAIN	1 CP		24	LN FT	9.08	81.00	90.08
25	W/ 2'6" OF GLASS	1 CP		22	LN FT	9.91	87.00	96.91
	VINYL COVERED							
26	PLAIN	1 CP		16	LN FT	13.63	102.00	115.63
27	W/ 2'6" OF GLASS	1 CP		14	LN FT	15.57	113.00	128.57
	GYPSUM PARTITIONS 8'6"X2 1/4"							
28	PLAIN	1 CP		14.1	LN FT	15.46	18.30	33.76
29	PAINTED	1 CP		11.2	LN FT	19.46	19.15	38.61
30	VINYL COVERED	1 CP		10.2	LN FT	21.37	33.90	55.27
	HARDBOARD PARTITION 8'6"X2 3/4"							
31	ENAMELED	1 CP		18.2	LN FT	11.98	45.75	57.73
32	VINYL COVERED	1 CP		18	LN FT	12.11	58.25	70.36
	DOORS							
33	HOLLOW METAL	1 CP		1	EACH	218.00	165.00	383.00
34	HARDWOOD	1 CP		0.9	EACH	242.22	183.00	425.22
	HARDWARE							
35	KEYED	1 CP		4	EACH	54.50	115.00	169.50
36	NON-KEYED	1 CP		4	EACH	54.50	108.00	162.50
	PARTITIONS DEMOUNTABLE INTERLOCK ALUMINUM FRAME							
	RAIL 5'6" HI-GLASS 24"							
37	VINYL FINISH	1 CP		275	SQ FT	0.79	3.90	4.69
38	PLASTIC LAMINATE FINISH	1 CP		275	SQ FT	0.79	6.60	7.39
39	BURLAP FINISH	1 CP		275	SQ FT	0.79	5.70	6.49
	FULL WALL							
40	VINYL FINISH	1 CP		188	SQ FT	1.16	3.50	4.66
41	PLASTIC LAMINATE FINISH	1 CP		188	SQ FT	1.16	6.35	7.51
42	BURLAP FINISH	1 CP		188	SQ FT	1.16	4.95	6.11
43	GLASS W/18" CHAIR RAIL	1 CP	1 GL	80	SQ FT	5.51	4.15	9.66

SPECIALTIES 10

LINE	DESCRIPTION	OUTPUT CREW	PER DAY	UNIT	LABOR	MATERIAL	TOTAL
	DOORS						
	HUNG						
1	3'X7'	1 CP	3.2	EACH	68.13	265.00	333.13
2	3'X8'	1 CP	2.8	EACH	77.86	302.00	379.86
3	3'X10'	1 CP	2.3	EACH	94.78	383.00	477.78
4	3'X12'	1 CP	1.9	EACH	114.74	463.00	577.74
	** PARTITIONS, RETRACTABLE **						
	LEAF TYPE PARTITIONS						
5	WOOD	1 CP	15	SQ FT	14.53	12.70	27.23
6	STEEL	1 CP	15	SQ FT	14.53	25.90	40.43
7	ALUMINUM	1 CP	15	SQ FT	14.53	11.85	26.38
	GATES, ACCORDION TYPE, FLAT BAR CONSTRUCTION						
8	STEEL W/1 SHOP COAT	2 SI	75	SQ FT	6.28	9.30	15.58
9	GALVANIZED	2 SI	70	SQ FT	6.73	13.00	19.73
10	STAINLESS STEEL	2 SI	60	SQ FT	7.85	64.90	72.75
11	ALUMINUM	2 SI	65	SQ FT	7.25	14.05	21.30
12	BRONZE	2 SI	50	SQ FT	9.42	44.35	53.77
	ORNAMENTAL DESIGN, ADD 50-100% TO MATERIAL & 20-30% TO LABOR						
	ELECTRIC OPERATION, INSTALL & CONNECT MOTOR						
13	100 SF	1 EL	300	SQ FT	0.86	5.35	6.21
14	200 SF	1 EL	500	SQ FT	0.52	4.05	4.57
15	300 SF	1 EL	600	SQ FT	0.43	3.65	4.08
	FOLDING PARTITIONS, ACCORDION						
16	RESIDENTIAL WOOD	1 CP	65	SQ FT	3.35	6.55	9.90
	COMMERCIAL						
17	STANDARD	1 CP	50	SQ FT	4.36	8.15	12.51
18	HEAVY DUTY	1 CP	29	SQ FT	7.52	13.95	21.47
	FOR ELECTRIC OPERATION ADD			SQ FT		5.80	5.80
	SLIDING						
19	3'X7'	1 CP	3	EACH	72.67	395.00	467.67
20	3'X8'	1 CP	2.6	EACH	83.85	449.00	532.85
21	3'X10'	1 CP	2.1	EACH	103.81	566.00	669.81
22	3'X12'	1 CP	1.8	EACH	121.11	681.00	802.11
	COILING PARTITIONS						
23	SINGLE COIL, WOOD	1 CP	30	SQ FT	7.27	13.60	20.87
24	DOUBLE COIL, ACOUSTICAL	1 CP	15	SQ FT	14.53	30.15	44.68
	GATES, MANUALLY OPERATED						
	ROLL UP MESH TYPE						
25	ALUMINUM			SQ FT		32.25	32.25
26	STEEL			SQ FT		28.00	28.00
	** STORAGE SHELVING **						
	SINGLE SHELF W/BRACKETS, BAKED ENAMEL STEEL						
	ON MASONRY						
27	10"	1 CP	59	LN FT	3.69	4.10	7.79
28	12"	1 CP	55	LN FT	3.96	4.25	8.21
29	15"	1 CP	52	LN FT	4.19	4.60	8.79
30	18"	1 CP	49	LN FT	4.45	6.00	10.45
31	24"	1 CP	46	LN FT	4.74	7.40	12.14
	ON DRYWALL						
32	10"	1 CP	44	LN FT	4.95	4.10	9.05
33	12"	1 CP	40.6	LN FT	5.37	4.30	9.67
34	15"	1 CP	38.5	LN FT	5.66	4.65	10.31
35	18"	1 CP	36.2	LN FT	6.02	6.05	12.07
36	24"	1 CP	34	LN FT	6.41	7.55	13.96
	MULTIPLE SHELF UNITS, BAKED ENAMEL STEEL						
	FOUR SHELVES						
37	12"	1 CP	11.1	LN FT	19.64	34.00	53.64
38	15"	1 CP	10.2	LN FT	21.37	35.00	56.37
39	18"	1 CP	9.6	LN FT	22.71	38.00	60.71
40	24"	1 CP	9	LN FT	24.22	40.00	64.22

1988 DODGE UNIT COST DATA

10 SPECIALTIES

LINE	DESCRIPTION	CREW	PER DAY	UNIT	LABOR	MATERIAL	TOTAL
	SEVEN SHELVES						
1	12"	1 CP	8.9	LN FT	24.49	47.00	71.49
2	15"	1 CP	8.2	LN FT	26.59	52.00	78.59
3	18"	1 CP	7.7	LN FT	28.31	56.00	84.31
4	24"	1 CP	7.2	LN FT	30.28	58.00	88.28
	** SUN CONTROL DEVICES **						
	SUN SHADES, EXPANDED OR PERFORATED ORNAMENTAL						
5	ALUMINUM	2 ST	130	SQ FT	3.62	12.40	16.02
6	COLORED ALUMINUM	2 SI	125	SQ FT	3.77	17.45	21.22
7	STAINLESS	2 SI	110	SQ FT	4.28	27.05	31.33
8	BRONZE	2 SI	100	SQ FT	4.71	32.25	36.96
	AWNINGS (RESIDENTIAL), ALUMINUM ENAMEL FINISH						
	WITHOUT SIDES						
9	30"	1 CP	21	EACH	10.38	22.25	32.63
10	36"	1 CP	16.4	EACH	13.29	27.00	40.29
11	42"	1 CP	14.8	EACH	14.73	29.00	43.73
	WITH SIDES						
12	30"	1 CP	20	EACH	10.90	36.00	46.90
13	36"	1 CP	15.7	EACH	13.89	38.00	51.89
14	42"	1 CP	15.1	EACH	14.44	44.00	58.44
	CANOPIES (RESIDENTIAL), ALUMINUM ENAMEL FINISH WITH POSTS INCLUDED						
15	200 SF	1 CP	1	EACH	218.00	643.00	861.00
16	214 SF	1 CP	0.8	EACH	272.50	842.00	1,115
	CANOPIES (COMMERCIAL) ALUMINUM						
17	W/POSTS			SQ FT		6.45	6.45
18	W/BUILT UP ROOF & POSTS			SQ FT		10.90	10.90
19	WALL HUNG			SQ FT		6.25	6.25
	TELEPHONE CUBICLE						
20	INDOOR BOOTH W/SEAT	1 CP	1	EACH	218.00	1,560	1,778
21	OUT DOOR	1 CP	1.1	EACH	198.18	1,456	1,654
	TELEPHONE ENCLOSURE						
22	FULL HEIGHT			EACH		1,179	1,179
23	SHELF-DESK TYPE			EACH		468.00	468.00
	SHELF TYPE						
24	WALL MOUNTED	1 CP	1.9	EACH	114.74	666.00	780.74
25	POST MOUNTED	1 CP	1.5	EACH	145.33	686.00	831.33
	TOILET AND BATH ACCESSORIES						
26	LIQUID SOAP DISPENSOR (SS) VERTICAL VALVE	1 CP	10	EACH	21.80	34.30	56.10
27	POWDERED SOAP DISPENSOR-CHROME	1 CP	10	EACH	21.80	14.05	35.85
28	LATHER SOAP DISPENSER (SS) HOOD	1 CP	10	EACH	21.80	21.40	43.20
29	DETERGENT-COTTON DISPENSER (SS) HOOD	1 CP	10	EACH	21.80	20.30	42.10
30	FOOT OPERATED HOSPITAL DISPENSER (SS)	1 CP	8	EACH	27.25	44.95	72.20
31	PUSH-UP LIQUID SOAP DISPENSER (CHROME)	1 CP	10	EACH	21.80	8.10	29.90
32	COMB. SOAP DISPENSER, SHELF, SINGLE VALVE	1 CP	8	EACH	27.25	68.55	95.80
33	SOAP LEAF DISPENSER (SS)	1 CP	10	EACH	21.80	103.00	124.80
34	POWDERED SOAP DISPENSER (CHROME)	1 CP	10	EACH	21.80	13.90	35.70
	HAND DRYER						
35	115V - 230V - 60 HZ, AC	1 EL	8	EACH	32.37	296.00	328.37
	HAIR DRYER						
36	115V-230V 60HZ, AC	1 EL	8	EACH	32.37	296.00	328.37
	MISCELLANEOUS						
37	CIRCULAR WALL URN (SS)	1 CP	20	EACH	10.90	45.75	56.65
38	FACIAL TISSUE RECEPTACLE (SS) 1 1/2 GAL CAP	1 CP	24	EACH	9.08	27.25	36.33
39	PAPER TOWEL DISPENSER (SS)	1 CP	22	EACH	9.91	38.50	48.41
40	SINGLE ROLL TOILET TISSUE HOLDER	1 CP	50	EACH	4.36	7.70	12.06
41	TOILET TISSUE CABINET (SS)	1 CP	20	EACH	10.90	18.40	29.30
42	WASTE RECEPTACLE (SS)	1 CP	10	EACH	21.80	158.00	179.80
43	FEMININE NAPKIN DISPOSAL (SS)	1 CP	20	EACH	10.90	24.85	35.75
44	WASTE RECEPTACLE (SS) 20 GAL CAP	1 CP	20	EACH	10.90	90.00	100.90
45	WALL URN ON WALL PLATE 11' WIDE (SS)	1 CP	15	EACH	14.53	56.00	70.53
46	ASH TRAY & WASTE RECEPTACLE (SS)	1 CP	10	EACH	21.80	150.00	171.80
47	NAPKIN DISPENSER - COIN MECHANISM	1 CP	10	EACH	21.80	232.00	253.80

SPECIALTIES

LINE	DESCRIPTION	CREW	OUTPUT PER DAY	UNIT	LABOR	MATERIAL	TOTAL
1	THICK WALL SS	1 CP	12	EACH	18.17	79.00	97.17
2	SURFACE MTD FOLDED TOILET PAPER HOLDER SS	1 CP	12	EACH	18.17	67.00	85.17
3	RECESSED SHELF 5"X16" SS	1 CP	10	EACH	21.80	79.00	100.80
4	SHELF W/TOOTHBRUSH HOLDER SS	1 CP	8	EACH	27.25	102.00	129.25
5	SHELF W/4 HOOKS SS 17"X8"	1 CP	8	EACH	27.25	171.00	198.25
6	SURFACE MOUNTED SOAP DISH SS 7"X5"	1 CP	10	EACH	21.80	40.50	62.30
7	CLOTHES HOOK 4 EA SS 8"X5 1/2"	1 CP	10	EACH	21.80	85.00	106.80
8	RECESSED TUMBLER HOLDER SS	1 CP	12	EACH	18.17	36.50	54.67
9	24" X 48", SHELF 5" X 48"	1 CP	5	EACH	43.60	146.00	189.60
10	48" X 24", SHELF 5" X 48"	1 CP	4	EACH	54.50	180.00	234.50
11	60" X 24", SHELF 5" X 60"	1 CP	4	EACH	54.50	220.00	274.50
	MULTI-PURPOSE UNITS						
12	FLUSH MIRROR, SHELF & LIQUID SOAP DISPENSER	1 CP	4	EACH	54.50	146.00	200.50
13	TOWEL DISPENSOR, MIRROR, SHELF, SOAP DISPEN-						
14	SOR	1 CP	3	EACH	72.67	173.00	245.67
15	RECESSED (SS) MEDICINE CABINET W/TILT MIRROR	1 CP	3	EACH	72.67	233.00	305.67
16	PAPER TOWEL DISPENSER (SS) 12" X 26" GLASS	1 CP	2	EACH	109.00	248.00	357.00
17	MEDICINE CABINET 16" X 26" GLASS	1 CP	8	EACH	27.25	60.00	87.25
	SAFETY GRAB BARS - EXPOSED MOUNTING						
18	1" STRAIGHT BAR 12"	1 CP	10	EACH	21.80	15.60	37.40
19	1" STRAIGHT BAB 16"	1 CP	10	EACH	21.80	16.45	38.25
20	1" STRAIGHT BAR 18"	1 CP	10	EACH	21.80	16.85	38.65
21	1" STRAIGHT BAR 24"	1 CP	10	EACH	21.80	18.20	40.00
22	1" STRAIGHT BAR 30"	1 CP	10	EACH	21.80	19.45	41.25
23	1" STRAIGHT BAR 42"	1 CP	9	EACH	24.22	22.05	46.27
24	HORIZONTAL TUB GRAB BAR - WALL TO FLOOR WITH						
25	SOCKET	1 CP	6	EACH	36.33	37.00	73.33
26	LAVATORY, GOOSENECK, FOOT CONTROL, WASTE RECEPTACLE, TOWEL & CUP DISPENSER, MIRROR, LIGHT, OUTLET SHELF, SOAP DISPENSER 16"X54"	1 CP 1 LA	4	EACH	97.76	1030.00	1,128
27	WHEELCHAIR LAVATORY, GOOSENECK, WRIST BLADES, MIRROR, TOWEL & CUP DISPENSER, INT. SHELVES LIQUID SOAP DISPENSER	1 CP 1 LA	3	EACH	130.35	759.00	889.35
	SHOWERS						
	GLASS SLIDING DOORS W/CHROME ON						
28	BRASS FRAME	1 CP	3.5	EACH	62.29	707.00	769.29
29	ALUMINUM FRAME	1 CP	4.4	EACH	49.55	239.00	288.55
30	PLASTIC SLIDING DOORS ON ALUMINUM FRAME	1 CP	8	EACH	27.25	128.00	155.25
	SHOWER STALLS						
31	ENAMELED STEEL	1 CP	1.4	EACH	155.71	643.00	798.71
32	PORCELAIN	1 CP	1.2	EACH	181.67	649.00	830.67
33	STAINLESS STEEL	1 CP	1.1	EACH	198.18	1,446	1,644
34	GRAB BAR SHOWER OR URINAL	1 CP	4.6	EACH	47.39	162.00	209.39
35	SHOWER SEAT RETRACTABLE	1 CP	4.6	EACH	47.39	269.00	316.39
	SLIDING DOORS, 2 MIRROR TYPE PLATE GLASS						
36	ILLUMINATED, 2 SIDES 35"X20"	1 CP 1 EL	6	EACH	79.49	182.00	261.49
37	ILLUMINATED, OVERHEAD 31"X22"	1 CP 1 EL	6	EACH	79.49	179.00	258.49
	SINGLE MIRROR DOOR 14"X18"						
	PLATE GLASS						
38	ILLUMINATED	1 CP 1 EL	8	EACH	59.62	94.00	153.62
39	NON-ILLUMINATED	1 CP	10	EACH	21.80	39.50	61.30
	WINDOW GLASS						
40	ILLUMINATED	1 CP 1 EL	8	EACH	59.62	107.00	166.62
41	NON-ILLUMINATED	1 CP 1 LA	10	EACH	39.10	48.00	87.10
	MIRRORS STAINLESS STEEL FRAMELESS						
42	16"X20"	1 CP	8	EACH	27.25	25.25	52.50
43	16"X24"	1 CP	8	EACH	27.25	30.60	57.85
44	18"X24"	1 CP	8	EACH	27.25	34.40	61.65
45	18"X30"	1 CP	8	EACH	27.25	42.85	70.10
46	24"X30"	1 CP	7	EACH	31.14	56.90	88.04
47	24"X36"	1 CP	7	EACH	31.14	68.55	99.69
48	48"X24"	1 CP	7	EACH	31.14	92.05	123.19

10 SPECIALTIES

LINE	DESCRIPTION	OUTPUT CREW	PER DAY	UNIT	LABOR	MATERIAL	TOTAL
	STAINLESS STEEL CHANNEL FRAMED GLASS MIRROR SHELF						
	A COMBINATIONS						
1	16"X20" W/5"X16" SHELF	1 CP	8	EACH	27.25	38.25	65.50
2	16"X24" W/5"X16" SHELF	1 CP	8	EACH	27.25	39.85	67.10
3	18"X24" W/5"X18" SHELF	1 CP	8	EACH	27.25	50.15	77.40
4	18"X36" W/5"X18" SHELF	1 CP	8	EACH	27.25	63.15	90.40
5	20"X26" W/5"X20" SHELF	1 CP	7	EACH	31.14	52.00	83.14
6	24"X24" W/5"X24" SHELF	1 CP	7	EACH	31.14	53.55	84.69
7	24"X36" W/5"X24" SHELF	1 CP	7	EACH	31.14	74.90	106.04
	GLASS MIRROR - SHELF COMBINATION UNIT						
8	16"X24" ; SHELF 5"X16"	1 CP	6	EACH	36.33	65.30	101.63
9	18"X24" ; SHELF 5"X18"	1 CP	6	EACH	36.33	71.25	107.58
10	24"X24" ; SHELF 5"X24"	1 CP	6	EACH	36.33	84.55	120.88
	TOILET ACCESSORIES FOR MAXIMUM SECURITY FACILITY WALL THICKNESS UP TO 8", SECURED FROM REAR						
11	FRAMELESS MIRROR FROST 11X17" SS	1 CP	8	EACH	27.25	53.55	80.80
12	FRAMED MIRROR-SS,ACRYLIC OR						
13	TEMPERED GLASS 12"X16"	1 CP	8	EACH	27.25	85.70	112.95
	** SCALES **						
	PORTABLE BEAM SCALES, INSTALLED						
14	1000#			EACH		750.00	750.00
15	2600#			EACH		4,100	4,100
16	6500#			EACH		4,900	4,900
	PLATFORM SCALES, INSTALLED						
	MECHANICAL						
17	5 TON			EACH		11,000	11,000
18	10 TON			EACH		11,900	11,900
	ELECTRIC						
19	5 TON			EACH		16,300	16,300
20	10 TON			EACH		17,600	17,600
	TRUCK, AXLE TYPE INSTALLED						
21	MECHANICAL			EACH		17,800	17,800
22	MECHANICAL / ELECTRICAL			EACH		20,100	20,100
23	ELECTRICAL			EACH		28,000	28,000
	TRUCK PLATFORM SCALES INSTALLED						
	MECHANICAL						
24	50 TON			EACH		34,400	34,400
25	60 TON			EACH		36,100	36,100
26	80 TON			EACH		41,500	41,500
	MECHANICAL / ELECTRICAL						
27	50 TON			EACH		42,300	42,300
28	60 TON			EACH		43,400	43,400
29	80 TON			EACH		45,000	45,000
30	100 TON			EACH		49,500	49,500
31	125 TON			EACH		55,300	55,300
	ELECTRICAL						
32	50 TON			EACH		51,400	51,400
33	60 TON			EACH		52,000	52,000
34	80 TON			EACH		52,600	52,600
35	100 TON			EACH		54,000	54,000
36	125 TON			EACH		60,800	60,800

SPECIALTIES

LINE	DESCRIPTION	CREW	PER DAY	UNIT	LABOR	MATERIAL	TOTAL
	** WARDROBE SPECIALTIES **						
	WARDROBES						
	HOSPITAL						
1	BAKED ENAMEL STEEL	1 CP	2.7	EACH	80.74	270.00	350.74
2	HARDWOOD	1 CP	2.7	EACH	80.74	283.00	363.74
3	PLASTIC LAMINATE	1 CP	2.7	EACH	80.74	305.00	385.74
4	STAINLESS STEEL	1 CP	2.7	EACH	80.74	572.00	652.74
	DORMITORY						
5	HARDWOOD	1 CP	2.7	EACH	80.74	232.00	312.74
6	PLASTIC LAMINATE	1 CP	2.7	EACH	80.74	252.00	332.74
	HAT & COAT RACKS						
	SINGLE TIER						
7	STEEL	1 CP	44	LN FT	4.95	26.00	30.95
8	ALUMINUM	1 CP	44	LN FT	4.95	31.00	35.95
	DOUBLE TIER						
9	STEEL	1 CP	35.7	LN FT	6.11	41.00	47.11
10	ALUMINUM	1 CP	35.7	LN FT	6.11	52.00	58.11

11 EQUIPMENT

LINE	DESCRIPTION	OUTPUT CREW	PER DAY	UNIT	LABOR	MATERIAL	TOTAL
	OFFICE SAFES						
	CAPACITY WEIGHT RATING						
1	7 CU FT 750 LB 1 HR			EACH		1,320	1,320
2	4.5 CU FT 820 LB 2 HR			EACH		1,680	1,680
3	8 CU FT 1000 LB 2 HR			EACH		2,200	2,200
4	8 CU FT 1450 LB 4 HR			EACH		2,600	2,600
5	18 CU FT 2400 LB 4 HR			EACH		3,800	3,800
	FLOOR SAFES						
	CLASS C						
6	1.3 CU FT			EACH		300.00	300.00
7	1.9 CU FT			EACH		350.00	350.00
8	5.2 CU FT			EACH		1,200	1,200
	CLASS D						
9	1 CU FT			EACH		200.00	200.00
	DATA BANK SAFE						
10	82"X62"X36"			EACH		7,800	7,800
	OUTDOOR TELLER WINDOWS						
11	TELLER WINDOWS						
12	WALK UP 1-TELLER	1 CP	1.5	EACH	145.33	4,700	4,845
13	WALK UP 2-TELLER	1 CP 1 LA	1.5	EACH	260.69	5,600	5,861
14	DRIVE UP MOTORIZED DRAWER	1 CP 1 LA	1.3	EACH	300.80	8,600	8,901
15	DEPOSITORY ENVELOPE ONLY	1 CP	4	EACH	54.50	900.00	954.50
16	DEPOSITORY ENVELOPE & BAG AUTOMATIC	1 CP	2	EACH	109.00	1,470	1,579
17	CASH DISPENSING AUTOMATIC TELLER	1 CP 1 LA 1 EL	0.5	EACH	1,300	48,000	49,300
	** ECCLESIASTICAL EQUIPMENT **						
	BAPTISTRY FIBERGLASS						
18	2'0" DEEP TANK			SQ FT		43.00	43.00
19	3'6" DEEP TANK			SQ FT		46.00	46.00
20	1'0" DEEP TANK			SQ FT		49.00	49.00
21	AUTOMATIC WATER HEATER & DISCHARGE PUMP ADD			EACH		660.00	660.00
22	CONSOLE CONTROL LEVEL-HEAT-DRAIN ADD			EACH		1,500	1,500
23	5/8" PLEXIGLASS VISION PANELS ADD			SQ FT		21.00	21.00
24	LECTERN (AVERAGE)			EACH		400.00	400.00
25	PULPITS (AVERAGE)			EACH		1,100	1,100
26	ALTAR (AVERAGE)			EACH		1,500	1,500
	** LIBRARY EQUIPMENT **						
27	MAGAZINE RACK 60"X48"			EACH		840.00	840.00
28	DICTIONARY STAND			EACH		510.00	510.00
	LISTENING TABLES						
29	60"X30"			EACH		280.00	280.00
30	48" DIAMETER			EACH		300.00	300.00
	CHARGING DESK						
31	HARDWOOD TOP	1 CP	7	LN FT	31.14	240.00	271.14
32	FORMICA TOP	1 CP	6.8	LN FT	32.06	260.00	292.06
	CARD CATALOGUE UNITS						
33	30 DRAWER	1 CP	1	EACH	218.00	1,700	1,918
34	60 DRAWER	1 CP	0.8	EACH	272.50	3,700	3,973
35	10 DRAWER	1 CP	1.2	EACH	181.67	500.00	681.67
36	15 DRAWER	1 CP	1	EACH	218.00	730.00	948.00
	MAGAZINE RACK 8 SHELVES						
37	42"X18"X60"			EACH		220.00	220.00
	BOOK STACKS, METAL SINGLE FACE (SF/FACE) 42" HIGH						
38	9" SHELF	1 CP	46	SQ FT	4.74	24.00	28.74
39	12" SHELF	1 CP	44	SQ FT	4.95	26.00	30.95

EQUIPMENT

LINE	DESCRIPTION	OUTPUT CREW	PER DAY	UNIT	LABOR	MATERIAL	TOTAL
	84" HIGH						
1	9" SHELF	1 CP	68	SQ FT	3.21	17.00	20.21
2	12" SHELF	1 CP	66	SQ FT	3.30	18.00	21.30
	CARRELS						
3	HARDWOOD SINGLE	1 CP	3.5	EACH	62.29	500.00	562.29
4	HARDWOOD DOUBLE	1 CP	3.5	EACH	62.29	790.00	852.29
5	METAL SINGLE	1 CP	3.4	EACH	64.12	570.00	634.12
	** THEATER & STAGE EQUIPMENT **						
	STAGE EQUIPMENT						
6	COLLEGE LARGE PROFESSIONAL PLAYING ARTS			SQ FT		390.00	390.00
7	COLLEGES & HIGH SCHOOLS			SQ FT		240.00	240.00
8	MEDIUM JR HIGH SCHOOLS			SQ FT		200.00	200.00
9	MINIMUM MULTIPURPOSE			SQ FT		70.00	70.00
10	FOOTLIGHTS			LN FT		95.00	95.00
	LIGHTING						
	BORDER LIGHTS						
11	SINGLE ROW			LN FT		62.00	62.00
12	DOUBLE ROW			LN FT		140.00	140.00
13	SPOTLIGHT QUARTZ HALOGEN			EACH		1,300	1,300
14	SPOTLIGHT CARBON ARC			EACH		4,000	4,000
15	FLOODLIGHT			EACH		140.00	140.00
16	FLOOR POCKET PLUG 4 OUTLETS 100 AMP			EACH		150.00	150.00
17	WALL POCKET PLUG 2 OUTLETS 100 AMP			EACH		160.00	160.00
	LECTERN						
	STEEL FLOOR TYPE						
18	23"X13"X44"			EACH		50.00	50.00
	WOOD FLOOR TYPE W/LIGHT						
19	25"X17"X44"			EACH		220.00	220.00
	STEEL TABLE TOP TYPE						
20	19"X12"X13"			EACH		48.00	48.00
	DRAPERY						
	CURTAIN TRACK						
21	STRAIGHT			LN FT		20.00	20.00
22	CURVED			LN FT		27.00	27.00
	CURTAINS						
23	MAIN VELOUR			SQ FT		1.40	1.40
24	DROPS VELOUR			SQ FT		4.50	4.50
25	WINGS VELOUR			SQ FT		2.50	2.50
26	SOUND PROOFING			SQ FT		2.00	2.00
	** COMMERCIAL EQUIPMENT **						
27	BARBER POLE			EACH		325.00	325.00
28	DISPLAY - STORAGE CABINETS (AVERAGE)			LN FT		48.00	48.00
29	LATHER MACHINE			EACH		152.00	152.00
30	BARBER'S CHAIR			EACH		1,840	1,840
31	HAIR DRYER			EACH		410.00	410.00
	PORTABLE TABLES						
32	CASH REGISTER ATV DOCUMENTER			EACH		4,000	4,000
33	CASH DRAWER ATV DOCUMENTER			EACH		400.00	400.00
	LAUNDRY EQUIPMENT						
	COIN OPERATED						
34	EXTRACTOR			EACH		400.00	400.00
35	WASHER 10 LB			EACH		880.00	880.00
36	WASHER 20 LB			EACH		2,200	2,200
37	DRY CLEANER 20 LB			EACH		16,000	16,000
38	DRYER			EACH		1,200	1,200
	PRESSERS						
39	AIR OPERATORED			EACH		3,700	3,700
40	HAND OPERATED			EACH		3,100	3,100
41	IRONER 48"			EACH		2,000	2,000
42	CHANGE MACHINE			EACH		890.00	890.00

11 EQUIPMENT

LINE	DESCRIPTION	OUTPUT CREW	PER DAY	UNIT	LABOR	MATERIAL	TOTAL
	** SCHOOL EQUIPMENT **						
	PROJECTOR STANDS, SHELF 18"X24"						
1	42" HIGH			EACH		95.00	95.00
2	31" HIGH			EACH		90.00	90.00
3	FILMSTRIP CABINET, 4 DRAWER, 360 FILMS			EACH		160.00	160.00
4	EDP TAPE OR 16MM FILM RACK 36"X88"X12"			EACH		370.00	370.00
5	CASSETTE STORAGE CABINET, 480 CASSETTES			EACH		120.00	120.00
6	OVERHEAD PROJECTOR DESK W/DRAWER 38"X18"X30"			EACH		150.00	150.00
	PROJECTION SCREENS						
7	MANUAL OPERATED AVERAGE QUALITY	1 CP	250	SQ FT	0.87	3.30	4.17
8	MANUAL OPERATED GOOD QUALITY	2 CP	400	SQ FT	1.09	5.25	6.34
9	ELECTRIC OPERATED	2 CP	370	SQ FT	1.18	11.65	12.83
	** SERVICE STATION EQUIPMENT **						
10	GASOLINE PUMPS	1 CP	0.8	EACH	272.50	1,540	1,813
	COMPRESSORS, ELECTRIC						
11	1 HP	1 CP	0.6	EACH	363.33	1,600	1,963
12	5 HP	1 CP	0.4	EACH	545.00	3,400	3,945
13	8,000#	1 CP	0.2	EACH	1,090	2,450	3,540
14	11,000#	1 CP	0.1	EACH	2,180	3,800	5,980
15	24,000#	2 CP	0.1	EACH	4,360	6,400	10,760
16	LUBRICATION EQUIPMENT	1 CP	0.2	SET	1,090	2,240	3,330
	** PARKING LOT EQUIPMENT **						
	PARKING EQUIPMENT						
17	FULL PARKING LOT NEON SIGN CABINET	1 EL	6	EACH	43.16	800.00	843.16
	TRAFFIC DETECTORS						
18	PRESSURE			EACH		500.00	500.00
19	MAGNETIC			EACH		600.00	600.00
20	AUTOGATE CABINET W/10' ARM	1 EL 1 LA	2	EACH	216.00	2,800	3,016
	GATES, AUTOMATIC						
21	ONE WAY	1 EL 1 CP	4	EACH	119.24	2,600	2,719
22	TWO WAY	1 EL 1 CP	4	EACH	119.24	3,200	3,319
23	TICKET BOX			EACH		260.00	260.00
24	TICKET DISPENSER CABINET COMPUTER OPERATED	1 EL 1 LA	2	EACH	216.00	4,200	4,416
	AUTOMATED DIRVE-IN TRAFFIC CONTROL SYSTEM MICROPROCESSOR CONTROL LOGIC PANEL (2) TELLER CONTROLS, TRAFFIC SIGN AND VEHICLE DETECTOR						
25	2 DRIVE UP STATIONS 1 WAITING LANE			LP SM		3,800	3,800
26	2 DRIVE UP STATIONS 2 WAITING LANE			LP SM		5,600	5,600
27	2 DRIVE UP STATIONS 3 WAITING LANE			LP SM		7,400	7,400
28	4 DRIVE UP STATIONS 1 WAITING LANE			LP SM		4,900	4,900
29	4 DRIVE UP STATIONS 2 WAITING LANE			LP SM		6,700	6,700
30	4 DRIVE UP STATIONS 3 WAITING LANE			LP SM		8,500	8,500
31	6 DRIVE UP STATIONS 1 WAITING LANE			LP SM		6,000	6,000
32	6 DRIVE UP STATIONS 2 WAITING LANE			LP SM		7,800	7,800
33	6 DRIVE UP STATIONS 3 WAITING LANE			LP SM		9,600	9,600
34	8 DRIVE UP STATIONS 1 WAITING LANE			LP SM		7,100	7,100
35	8 DRIVE UP STATIONS 2 WAITING LANE			LP SM		8,900	8,900
36	8 DRIVE UP STATIONS 3 WAITING LANE			LP SM		10,700	10,700
	MANAGEMENT INFORMATION PRINTER			LP SM		1,890	1,890
	** TRUCK ENTRY EQUIPMENT **						
	DOCK RAILINGS 1 1/4" STEEL PIPE 42" HIGH						
37	4' LONG SECTION			EACH		40.00	40.00
38	6' LONG SECTION			EACH		46.00	46.00
39	7' LONG SECTION			EACH		50.00	50.00
40	8' LONG SECTION			EACH		52.00	52.00

EQUIPMENT

LINE	DESCRIPTION	CREW	PER DAY	UNIT	LABOR	MATERIAL	TOTAL
	DOCK EDGE LEVELER (2-5 QUANITY)						
1	66" STEEL			EACH		600.00	600.00
2	72" STEEL			EACH		710.00	710.00
3	66" ALUMINUM			EACH		920.00	920.00
4	72" ALUMINUM			EACH		1,100	1,100
5	66" STEEL HYDRAULIC			EACH		1,400	1,400
6	72" STEEL HYDRAULIC			EACH		1,580	1,580
7	66" ALUMINUM HYDRAULIC			EACH		1,750	1,750
8	72" ALUMINUM HYDRAULIC			EACH		1,900	1,900
	HYDRAULIC LOADING FULLY EQUIPPED						
9	48"X96" 5000 LBS			EACH		4,900	4,900
10	72"X96" 5000 LBS			EACH		5,100	5,100
11	84"X96" 5000 LBS			EACH		5,800	5,800
12	96"X96" 5000 LBS			EACH		5,900	5,900
13	72"X108" 5000 LBS			EACH		5,800	5,800
14	84"X108" 5000 LBS			EACH		5,900	5,900
15	96"X108" 5000 LBS			EACH		6,200	6,200
16	72"X120" 5000 LBS			EACH		6,000	6,000
17	84"X120" 5000 LBS			EACH		6,200	6,200
18	96"X120" 5000 LBS			EACH		5,400	5,400
19	72"X96" 8000 LBS			EACH		7,900	7,900
20	84"X96" 8000 LBS			EACH		8,200	8,200
21	96"X96" 8000 LBS			EACH		8,600	8,600
22	72"X108" 8000 LBS			EACH		8,100	8,100
23	72"X96" 12000LBS			EACH		10,000	10,000
24	84"X96" 12000LBS			EACH		10,500	10,500
25	96"X96" 12000LBS			EACH		10,700	10,700
26	72"X120" 12000LBS			EACH		10,400	10,400
27	84"X120" 12000LBS			EACH		10,700	10,700
	HYDRAULIC PORTABLE SCISSOR DOCK LIFT						
28	72"X72" 4000 LBS			EACH		6,300	6,300
29	72"X96" 4000 LBS			EACH		6,400	6,400
30	84"X96" 4000 LBS			EACH		6,800	6,800
31	72"X120" 4000 LBS			EACH		7,300	7,300
32	72"X72" 6000 LBS			EACH		6,900	6,900
33	84"X96" 6000 LBS			EACH		7,500	7,500
34	72"X120" 6000 LBS			EACH		8,000	8,000
35	84"X96" 8000 LBS			EACH		8,800	8,800
36	84"X120" 8000 LBS			EACH		9,700	9,700
	ALUMINUM WALKWAYS 42" HANDRAIL, CURB						
37	8' LONG			EACH		920.00	920.00
38	12' LONG			EACH		1,290	1,290
39	14' LONG			EACH		1,520	1,520
40	16' LONG			EACH		1,760	1,760
	TRUCK DOCK BOARDS DIAMOND TREAD						
41	24"X48"			EACH		270.00	270.00
42	24"X60"			EACH		350.00	350.00
43	36"X48"			EACH		345.00	345.00
44	36"X60"			EACH		550.00	550.00
45	60"X48"			EACH		560.00	560.00
46	60"X60"			EACH		980.00	980.00
47	72"X48"			EACH		740.00	740.00
48	60"X60"			EACH		1,150	1,150
	CURTAIN DOORS STANDARD GRADE PVC 8"WIDE STRIPS						
49	3'X7'			EACH		118.00	118.00
50	4'X8'			EACH		175.00	175.00
51	8'X8'			EACH		470.00	470.00
	CURTAIN DOORS PVC 12" WIDE STRIPS						
52	8'X8'			EACH		475.00	475.00
53	8'X10'			EACH		610.00	610.00
54	10'X10'			EACH		740.00	740.00
55	10'X12'			EACH		890.00	890.00

1988 DODGE UNIT COST DATA

EQUIPMENT

LINE	DESCRIPTION	CREW	PER DAY	UNIT	LABOR	MATERIAL	TOTAL
	CURTAIN DOORS PVC 16" STRIPS						
1	10'X10'			EACH		890.00	890.00
2	10'X12'			EACH		1,050	1,050
3	12'X10'			EACH		1,070	1,070
4	12'X12'			EACH		1,260	1,260
	DOCK BUMPERS						
5	4 1/2" DEEP HORIZONTAL			EACH		33.00	33.00
6	6" DEEP HORIZONTAL			EACH		48.00	48.00
7	4 1/2" DEEP VERTICAL			EACH		64.00	64.00
8	6" DEEP VERTICAL			EACH		78.00	78.00
	** DETENTION-PRISON-SECURITY EQUIPMENT **						
9	CELL BLOCK ENTRANCE DOOR 7'5"X4' FULL ELECTRIC LOCKING DEVICE, FRAME & HARDWARE			EACH		2,500	2,500
	STANDARD CORRIDOR CELL DOORS						
10	FOR 4"-8" WALL			EACH		2,350	2,350
11	FOR 10" OR MORE			EACH		2,600	2,600
12	PASS PROOF THRESHOLD			EACH		92.00	92.00
	PLATE DOORS						
13	OPEN HEARTH W/OBSERVE PANEL			EACH		2,300	2,300
14	TOOL RESISTANT W/OBSERVE PANEL			EACH		2,500	2,500
15	W/ELECTRO MECHANICAL LOCK			EACH		3,400	3,400
16	DOUBLE 1/8"			EACH		2,600	2,600
17	GRATING DOOR IN BENT PLATE FRAME			EACH		2,330	2,330
18	CORRIDOR GRATING W/FULL ELECTRIC OPERATING DOOR MINIMUM WIDTH 5'4"			EACH		5,630	5,630
19	STANDARD CELL DOOR W/MANUAL SLIDE 5' WIDTH SNAP DEAD LOCK HAND PULL GRATED			EACH		2,800	2,800
20	DOOR CONTROL CONSOLE COST FOR EACH DOOR CONTROLLED 14 GA STAINLESS STEEL			EACH		200.00	200.00
	DETENTION EQUIPMENT FURNISHINGS & EQUIPMENT						
21	FREE STANDING BUNK			EACH		340.00	340.00
22	FREE STANDING DOUBLE BUNK			EACH		610.00	610.00
23	WALL MOUNTED BUNK			EACH		270.00	270.00
24	COMBINATION BUNK TABLE-SEATS			EACH		1,310	1,310
25	DESK INSTITUTIONAL W/STAINLESS STEEL SEAT			EACH		980.00	980.00
26	4-MEN TABLE-BENCH UNIT			EACH		880.00	880.00
27	6-MAN TABLE-BENCH UNIT			EACH		1,000	1,000
28	8-MAN TABLE-BENCH UNIT			EACH		1,360	1,360
29	SINGLE WALL MOUNTED TABLE & SEAT			EACH		240.00	240.00
30	4-MAN PEDESTAL TABLE & SEAT			EACH		1,640	1,640
31	6-MAN PEDESTAL TABLE & SEAT			EACH		2,300	2,300
32	8-MAN PEDESTAL TABLE & SEAT			EACH		2,950	2,950
33	4-MAN PEDESTAL TABLE, SS TOP & SEATS			EACH		2,955	2,955
34	8-MAN PEDESTAL TABLE, SS TOP & SEATS			EACH		4,200	4,200
35	FLOOR MOUNTED STOOL			EACH		165.00	165.00
36	WALL MOUNTED STOOL			EACH		370.00	370.00
37	MIRROR SMALL			EACH		57.00	57.00
38	MIRROR LARGE			EACH		74.00	74.00
39	LIGHT FIXTURE RECESS INCANDESCENT			EACH		470.00	470.00
40	LIGHT FIXTURE SURFACE MOUNTED INCANDESCENT			EACH		600.00	600.00
41	LIGHT FIXTURE SURFACE MOUNTED FLOURESCENT			EACH		1,000	1,000
42	OBSERVATION PANELS PLATE MOUNTED W/GLASS			EACH		215.00	215.00
43	SPEAKING DEVICES PLATE MOUNTED			EACH		175.00	175.00
44	OBSERVATION PANEL & SPEAKING PANEL SHUTTER			EACH		140.00	140.00
45	FOOD PASS FOR HOLLOW METAL-STEEL DOOR			EACH		480.00	480.00
46	PISTOL LOCKER 3-UNIT HINGED DOORS			EACH		2,400	2,400
47	PISTOL LOCKER 9-UNIT, HINGED DOORS			EACH		3,660	3,660
48	PISTOL LOCKER 12-UNIT, HINGED DOORS			EACH		4,400	4,400

EQUIPMENT 11

LINE	DESCRIPTION	OUTPUT CREW	PER DAY	UNIT	LABOR	MATERIAL	TOTAL
	DETENTION LOCKS-MECHANICAL						
1	DEAD LOCKS KEYED 1 OR 2 SIDES			EACH		162.00	162.00
2	SPRING LOCK KEYED 1-SIDE			EACH		175.00	175.00
3	SLIDING DOOR AUTO DEAD LOCK KEYED 2-SIDES			EACH		305.00	305.00
4	COMBINATION SPRING-DEAD LOCK KEYED 2-SIDES			EACH		280.00	280.00
5	AUTOMATIC SPRING-DEADLOCK KEYED 1 OR 2 SIDES			EACH		350.00	350.00
6	DEAD LOCK 6-TUMBLER KEYED 1 OR 2 SIDES			EACH		220.00	220.00
	CREMONE BOLT SET-DETENTION TYPE						
7	BOLT W/SNAPLOCK ACTIVE KEYED 1 OR 2 SIDES			EACH		940.00	940.00
	ELECTRO-MECHANICAL DEADLOCK FOR SWINGING DOORS						
8	DEADLOCK KEYED 1 OR 2 SIDES			EACH		1,040	1,040
	ELECTRO-MECHANICAL LOCK FOR SLIDING DOORS						
9	KEY LOCKED 1 OR 2 SIDES			EACH		775.00	775.00
	ELECTRO-MECHANICAL GATE LOCK						
10	LOOK FOR SLIDING GATES			EACH		1,150	1,150
11	LOCK FOR SWINGING GATES KEYED 1 OR 2 SIDES			EACH		1,230	1,230
	INSTITUTIONAL MORTISE LOCK-MECHANICAL						
12	SPRINGBOLT ONLY MORTISE LOCK			EACH		390.00	390.00
13	DEADBOLT ONLY MORTISE LOCK			EACH		490.00	490.00
14	DEADBOLT & SPRINGBOLT MORTISE LOCK			EACH		560.00	560.00
	CREMONE BOLT W/INSTITUTIONAL CYLINDER						
15	CREMONE BOLT ACTIVE KEYED 1 SIDE			EACH		830.00	830.00
16	CREMONE BOLT ACTIVE KEYED 2-SIDES			EACH		950.00	950.00
17	CREMONE BOLT INACTIVE 1-SIDE			EACH		810.00	810.00
18	CREMONE BOLT INACTIVE KEYED BOTH SIDES			EACH		930.00	930.00
	ELECTRO-MECHANICAL INSTITUTIONAL DEADLOCK FOR SWINGING DOORS						
19	DEAD LOCK KEYED 1-SIDE			EACH		820.00	820.00
20	DEAD LOCK KEYED BOTH-SIDES			EACH		960.00	960.00
21	ELECTRIC DEADLOCK			EACH		460.00	460.00
22	CONTROL SWITCHES MOMENTARY PUSHBUTTON						
23	LO AMP			EACH		65.00	65.00
24	CONTROL SWITCHES MOMENTARY PUSHBUTTON-W/						
25	RED OR GREEN INDICATOR LAMPS			EACH		92.00	92.00
26	ROTARY SWITCHES 2-POSITION 10 AMP			EACH		81.00	81.00
27	KEY SWITCHES 2-POSITION 10 AMP			EACH		110.00	110.00
28	3-POSITION PARACENTRIC KEYSWITCH 15 AMP			EACH		370.00	370.00
	** SOIL AND WASTE SYSTEM **						
	SUMP PUMPS						
29	25 GPM	2 PL	1	EACH	529.92	1,350	1,880
30	25 GPM DUPLEX	2 PL	1	EACH	529.92	1,750	2,280
31	50 GPM	2 PL	1	EACH	529.92	1,770	2,300
32	50 GPM DUPLEX	2 PL	1	EACH	529.92	3,180	3,710
33	75 GPM	2 PL	0.5	EACH	1,060	1,920	2,980
34	75 GPM DUPLEX	2 PL	0.5	EACH	1,060	3,640	4,700
35	100 GPM	2 PL	0.5	EACH	1,060	2,120	3,180
36	100 GPM DUPLEX	2 PL	0.5	EACH	1,060	4,190	5,250
37	200 GPM DUPLEX	2 PL	0.3	EACH	1,766	5,500	7,266
38	300 GPM DUPLEX	2 PL	0.2	EACH	2,650	6,400	9,050
	EJECTORS, WITH CONTROLS AND BASIN. NO ELECTRIC						
39	50 GPM DUPLEX	2 PL	1	EACH	529.92	3,270	3,800
40	75 GPM DUPLEX	2 PL	1	EACH	529.92	3,720	4,250
41	100 GPM DUPLEX	2 PL	1.5	EACH	353.28	4,360	4,713
42	150 GPM DUPLEX	2 PL	1.5	EACH	353.28	4,700	5,053
43	200 GPM DUPLEX	2 PL	3.5	EACH	151.41	5,700	5,851
44	250 GPM DUPLEX	2 PL	4.5	EACH	117.76	6,120	6,238
45	300 GPM DUPLEX	2 PL	5.5	EACH	96.35	6,480	6,576
46	350 GPM DUPLEX	2 PL	6	EACH	88.32	9,110	9,198
47	400 GPM DUPLEX	2 PL	6.5	EACH	81.53	10,300	10,382
48	500 GPM DUPLEX	2 PL	7	EACH	75.70	11,700	11,776

1988 DODGE UNIT COST DATA

EQUIPMENT

LINE	DESCRIPTION	CREW	PER DAY	UNIT	LABOR	MATERIAL	TOTAL
1	750 GPM DUPLEX	2 PL	8	EACH	66.24	12,700	12,766
2	50 GPM SIMPLEX	2 PL	1	EACH	529.92	990.00	1,520
3	75 GPM SIMPLEX	2 PL	1	EACH	529.92	1,430	1,960
4	100 GPM SIMPLEX	2 PL	1	EACH	529.92	1,860	2,390
5	150 GPM SIMPLEX	2 PL	1.5	EACH	353.28	2,900	3,253
	** RESTAURANT AND FOOD SERVICE EQUIPMENT **						
	DISH DISPENSERS						
6	12 OZ			EACH		1,510	1,510
7	18 OZ			EACH		1,840	1,840
8	28 OZ			EACH		2,500	2,500
9	TRAY DISPENSER 200 CAPACITY			EACH		560.00	560.00
	SILVERWARE DISPENSER CABINETS						
10	SINGLE TIER			EACH		490.00	490.00
11	DOUBLE TIER			EACH		890.00	890.00
12	SILVERWARE DISPENSING CART			EACH		970.00	970.00
	FAST FOOD RESTAURANT EQUIPMENT						
13	SEISMIC SAFE WITH SENSOR			EACH		800.00	800.00
14	MUSIC SYSTEM BACKGROUND FOR 3000 SF AREA			EACH		910.00	910.00
15	MENU BOARD 2'X6' URETHANE LIGHT BOX 5 DIV			EACH		480.00	480.00
16	BAR UNITS (AVERAGE)			LN FT		50.00	50.00
	BANQUET FOOD SERVICE CABINETS						
17	NON-INSULATED & HEATED, 24 TRAY 45"X28"X60"			EACH		1,910	1,910
	HEATED & INSULATED						
18	18 TRAY 48"X28"X67"			EACH		3,020	3,020
19	DOUBLE DOOR, 200 MEAL 64"X28"X72"			EACH		3,800	3,800
	REFRIGERATOR W/LIFT OUT RACKS						
20	INSULATED 27"X33"X69"			EACH		3,140	3,140
21	NON-INSULATED, 90 MEAL 28"X34"X69"			EACH		1,950	1,950
22	SERVING COUNTER W/LIFT OUT RACKS, SNEEZE GUARD, PANS 18"X26" 50"X40"X51"			EACH		3,340	3,340
23	CARVING STATION 30"X30"X36"			EACH		1,300	1,300
24	SALAD BAR, TOP SECTION ONLY, 72"X30"X29"			EACH		1,770	1,770
25	REFRIGERATED SALAD BAR 72"X30"X53"			EACH		4,700	4,700
26	REFRIGERATED, DROP IN COLD PAN 67"X22"X24"			EACH		2,600	2,600
27	UTILITY TABLE 72"X30"X53"			EACH		1,900	1,900
28	CASHIER STAND 30"X30"X36"			EACH		780.00	780.00
	HOT FOOD COUNTER W/INDIVIDUAL						
29	DROP IN HOT WELLS 72"X30"X53"			EACH		3,290	3,290
30	HEATED DROP IN UNITS 22"X65"			EACH		1,620	1,620
31	SANITARY GUARD, PLASTIC 61"X49"X51"			EACH		2,300	2,300
	MOVABLE CABINETS						
	HOT-COLD PROOF, NON-INSULATED, 35						
32	PANS 18"X18" 21"X31"X69"			EACH		1,120	1,120
	HOT PROOF						
33	35 PANS 18"X26" 21"X31"X69"			EACH		1,300	1,300
34	NON-INSULATED, 32 PANS 18"X26" 21"X31"X69"			EACH		1,360	1,360
35	NON-INSULATED, 34 PANS 18"X26" 21"X31"X69"			EACH		1,460	1,460
36	W/LIFT OUT RACKS, UNIVERSAL INTERIOR 25"X31"X57"			EACH		1,660	1,660

EQUIPMENT

LINE	DESCRIPTION	CREW	PER DAY	UNIT	LABOR	MATERIAL	TOTAL
	SUPER SIZE PROOF, W/LIFT OUT RACKS						
1	34 PANS 23"X23" 28"X34"X69"			EACH		1,560	1,560
2	INSULATED, 34 PANS 23"X23" 28"X38"X69"			EACH		1,980	1,980
3	INSULATED, 9 SET UNIVERSAL ANGLES 27"X33"X54"			EACH		1,850	1,850
4	HEAT & HOLD, INSULATED, 12 SET UNIVERSAL ANGLES 27"X33"X69"			EACH		3,100	3,100
5	SUPER, INSULATED, 34 PANS 18"X26" 23"X33"X69"			EACH		3,380	3,380
6	ALL PURPOSE, NON-INSULATED, 16 PANS 18"X26" 26"X37"X57"			EACH		1,800	1,800
7	REFRIGERATED, INSULATED, 9 SET UNIVERSAL ANGLES 27"X33"X69"			EACH		2,970	2,970
	INFRA-RED FOOD WARMERS						
8	TABLE SERVERS 17"X21" 500 WATTS SINGLE HOOD			EACH		450.00	450.00
9	TABLE SERVERS 32"X22" 1100 WATTS DOUBLE HOOD			EACH		560.00	560.00
10	MULTIPLE LAMP (6) FOOD WARMER, SELF STANDING			EACH		600.00	600.00
11	PULL DOWN FOOD WARMER LAMP, 250 WATTS, R40			EACH		137.00	137.00
12	HOODED WARMERS (4 LAMPS), 1000 WATTS, 48" LONG			EACH		290.00	290.00
13	QUARTZ TUBE HEATER, 750 WATTS, 24" LONG			EACH		245.00	245.00
	CABINETS-STORAGE TRANSPORT & BUSSING						
	FOOD SERVICE CABINETS						
14	NON INSULATED-NON-HEATER 46"X28"X60" 16TRAY			EACH		1,970	1,970
15	INSULATED & HEATED 48"X28"X60" 18 TRAY			EACH		3,100	3,100
16	HEATED & INSULATED 58"X28"X72" 128 MEAL CAP			EACH		4,200	4,200
17	BANQUET REFRIG CABINET 27"X33"X69"			EACH		3,200	3,200
18	DUAL RACK CABINETS 26"X37"X65"FOR 16"X25"						
19	PANS (20 EA)			EACH		1,660	1,660
20	HOT PROOF CABINETS CORRUG-ANGLE LEDGE FOR 35 PANS 18"X26" CART SIZE 21"X31"X69" INSULATED			EACH		1,300	1,300
21	INSULATED SUPER SIZE PROOF CABINETS LIFT OUT RACKS 23"X23"-34 PAN-SIZE 28"X38"X69"			EACH		2,040	2,040
22	HOT CABINETS INSULATED LIFT OUT RACKS CORRUG 18"X26" PANS 34 CAP CART 23"X33"X69"			EACH		2,290	2,290
23	SUPER HOT CABINET INSULATED-LIFT OUT RACKS 18"X26" PANS 34 CAP CART 22"X33"X69"			EACH		3,420	3,420
24	REFRIGERATED-INSULATED LIFT OUT RACKS SLIDE OUT 9 EA CART SIZE 27"X33"X69"			EACH		3,020	3,020
	REFRIGERATORS, WALL MOUNTED						
	1 DOOR						
25	1.5 CU FT			EACH		1,090	1,090
26	2.3 CU FT			EACH		1,350	1,350
27	3.2 CU FT			EACH		1,380	1,380
28	4.3 CU FT			EACH		1,540	1,540
	2 DOORS						
29	7 CU FT			EACH		2,180	2,180
30	10 CU FT			EACH		2,360	2,360
	STORAGE FREEZER BASE MOUNTED 1 DOOR						
31	3.2 CU FT			EACH		2,140	2,140
32	6.4 CU FT			EACH		2,790	2,790
33	9.4 CU FT			EACH		3,640	3,640
	PROCESS FREEZER						
34	5 CU FT			EACH		3,310	3,310
35	9 CU FT			EACH		4,070	4,070
	BEVERAGE COOLER						
36	60"X27"X38"			EACH		3,150	3,150
37	72"X27"X38"			EACH		3,300	3,300

11 EQUIPMENT

LINE	DESCRIPTION	OUTPUT			UNIT COSTS		
		CREW	PER DAY	UNIT	LABOR	MATERIAL	TOTAL
1	PROOFING CABINET			EACH		1,370	1,370
2	PASTRY STORAGE CABINET			EACH		690.00	690.00
3	BOWL STAND			EACH		910.00	910.00
4	HEATED BUN DRAWER			EACH		700.00	700.00
5	REFRIGERATED DISPLAY UNIT			EACH		2,600	2,600
6	REFRIGERATOR UNDERCOUNTER			EACH		600.00	600.00
7	WALK-IN COOLER 8'X10'X7'			EACH		3,540	3,540
8	WALK-IN COOLER 8'X14'X7'			EACH		4,600	4,600
9	FREEZER 1-DOOR 3 SHELF			EACH		1,290	1,290
10	FREEZER 2-DOOR			EACH		1,660	1,660
	SPECIAL EQUIPMENT						
	WINE STORAGE VAULT PREFAB REDWOOD TEMP CONTROL 6'-8" HIGH						
11	2'X4' 156 BOTTLE CAPACITY	1 CP	1	EACH	218.00	3,400	3,618
12	3'-4"X4'-0" 312 BOTTLE CAPACITY	1 CP	0.9	EACH	242.22	3,700	3,942
13	4'-6"X6'-6" 614 BOTTLE CAPACITY	1 CP	0.6	EACH	363.33	5,100	5,463
14	6'-6"X6'-6" 844 BOTTLE CAPACITY	1 CP	0.5	EACH	436.00	6,000	6,436
15	6'-6"X9'-6" 1364 BOTTLE CAPACITY	1 CP	0.4	EACH	545.00	9,200	9,745
16	6'-6"X12'-6" 1940 BOTTLE CAPACITY	1 CP	0.3	EACH	726.67	10,000	10,727
	JUICE EXTRACTORS						
17	SMALL			EACH		75.00	75.00
18	LARGE			EACH		310.00	310.00
	MIXERS						
19	20 QT			EACH		1,450	1,450
20	30 QT			EACH		2,600	2,600
21	60 QT			EACH		4,200	4,200
	PEELERS						
22	SMALL			EACH		770.00	770.00
23	LARGE			EACH		2,000	2,000
	SLICERS						
24	SMALL			EACH		1,300	1,300
25	LARGE			EACH		2,900	2,900
	TOASTERS						
26	4 SLOT			EACH		360.00	360.00
27	360 SLICES/HR			EACH		660.00	660.00
28	720 SLICES/HR			EACH		860.00	860.00
	WORKTABLES, STAINLESS STEEL						
29	10 SF			EACH		750.00	750.00
30	12 SF			EACH		1,000	1,000
31	15 SF			EACH		1,240	1,240
32	CARVING STATION 30"X30"X36"			EACH		1,340	1,340
33	SANDWICH TABLE			EACH		2,080	2,080
34	CAN OPENER CART			EACH		1,120	1,120
35	MIXER 20 QT BOWL			EACH		1,850	1,850
36	FOOD CUTTER			EACH		2,800	2,800
	WARMING UNITS						
37	ELECTRIC CONVECTION OVEN ROLL-IN RACK MODEL 61"X31"X63" DUAL MOTOR SS MODEL			EACH		12,100	12,100
38	HEATED ROLL-IN CABINET INSTAMATIC OVEN INSTAMATIC CONVECTION OVEN SS SCHOOL LUNCH TYPE 61"X31"X63"			EACH EACH		3,600 12,500	3,600 12,500
39	WARMING CABINET (CAP 7-12"X20" PANS) 18"X25"X36" SS INTERIOR			EACH		1,380	1,380
40	COOK HOLD OVEN (CAP 7-12"X20"PANS) SS 18"X25"X36" DUAL WATTAGE 3000-4000 W			EACH		2,450	2,450
41	WARMING CABINET DUAL WATTAGE 1000-2000W (CAP 7-18"X26" PANS) 23"X30"X36"			EACH		1,610	1,610
42	COUNTER TOP INSTAMATIC ELECTRIC CONNECT OVEN 23"X25"X21"			EACH		1,390	1,390

EQUIPMENT 11

LINE	DESCRIPTION	OUTPUT CREW	PER DAY	UNIT	LABOR	MATERIAL	TOTAL
1	CONVECTION OVEN CABINETS W/REMOVABLE CORRUG.SIDE RACK INSERTS 23"X37"X77"			EACH		4,500	4,500
	FRYERS						
2	65 #/HR			EACH		1,695	1,695
3	200 #/HR			EACH		2,860	2,860
	GRIDDLES						
4	18"X24"			EACH		810.00	810.00
5	24"X36"			EACH		1,480	1,480
6	24"X72"			EACH		2,800	2,800
	INFRA-RED BROILERS						
7	79000 BTU			EACH		3,200	3,200
8	90000 BTU			EACH		5,200	5,200
9	INFRA-RED FRYERS (25#/HR)			EACH		2,000	2,000
	MICRO WAVE OVENS						
10	PUSHBUTTON TIMER 110-125 VOLTS 700WATTS			EACH		760.00	760.00
11	DIAL TIMER 110-125 VOLTS 700WATTS			EACH		750.00	750.00
12	10-BUTTON PROGRAM 110-125 VOLTS 1000WATTS			EACH		1,500	1,500
13	VARIABLE POWER 208-240 VOLTS 1400WATTS			EACH		2,180	2,180
14	10-BUTTON PROGRAM 208-240 VOLTS 1400WATTS			EACH		1,910	1,910
15	BUTTON/DIAL COMBO.208-240 VOLTS 2000WATTS			EACH		3,870	3,870
	STEAM COOKERS						
	STEAM SUPPLY						
16	50 - 100 SERVINGS/HR			EACH		2,240	2,240
17	100 - 200 SERVINGS/HR			EACH		2,970	2,970
	GAS SUPPLY						
18	50 - 100 SERVINGS/HR			EACH		2,190	2,190
19	100 - 200 SERVINGS/HR			EACH		2,970	2,970
	ELECTRIC SUPPLY						
20	50 - 100 SERVINGS/HR			EACH		2,240	2,240
21	100 - 200 SERVINGS/HR			EACH		2,900	2,900
	STEAM KETTLES, STAINLESS STEEL						
22	20 GAL			EACH		3,980	3,980
23	40 GAL			EACH		4,900	4,900
	COFFEE MAKERS						
24	240 CUPS/HR			EACH		1,430	1,430
25	700 CUPS/HR			EACH		2,550	2,550
26	WAFFLE BAKER 2 UNIT			EACH		270.00	270.00
27	ROLL WARMER			EACH		1,280	1,280
28	STEAM TABLE			LN FT		300.00	300.00
29	RANGE GAS 2-BURNER			EACH		760.00	760.00
30	RANGE GAS 4-BURNER			EACH		1,060	1,060
31	OPEN FRYER NATURAL GAS			EACH		980.00	980.00
32	PRESSURIZED FRYER 50 LB CAPACITY			EACH		4,000	4,000
33	CONVECTION OVEN			EACH		1,510	1,510
34	STEEL JACKETED KETTLE 20 GAL			EACH		1,770	1,770
35	STEEL JACKETED KETTLE 60 GAL			EACH		2,700	2,700
	HOODS						
36	7' CANOPY HOOD & FILTER			EACH		1,800	1,800
37	8' CANOPY HOOD & FILTER			EACH		1,970	1,970
38	9' CANOPY & HOOD			EACH		2,060	2,060
39	10' CANOPY & HOOD			EACH		2,160	2,160
40	12' CANOPY & HOOD			EACH		2,290	2,290
41	EXHAUST HOOD			EACH		380.00	380.00
42	CABINET SERVING COUNTER INSUL LIFT OUT RACKS 16 MEAL CAP. 40"X35"X51" PAN 18"X26"			EACH		3,500	3,500
43	SALAD BAR 72"X30"X53" W/SNEEZE GUARD			EACH		2,300	2,300
44	REFRIG. SALAD BAR 72"X30"X53" W/GUARD			EACH		4,830	4,830
45	REFRIG.DROP IN COLD PAN 67"X22"X24"			EACH		2,700	2,700
46	CASHIERS STAND 30"X30"X36"			EACH		800.00	800.00

11 EQUIPMENT

LINE	DESCRIPTION	OUTPUT CREW	PER DAY	UNIT	LABOR	MATERIAL	TOTAL
1	HOT FOOD COUNTERS W/INDIVIDUAL DROP IN HOT WELLS 72"X30"X53"			EACH		3,400	3,400
2	HEATED DROP IN UNITS 22"X65" (OPNG)			EACH		1,690	1,690
3	TABLE SERVER BASES HEATED & INSUL 22"X30"X5"			EACH		350.00	350.00
4	COLD KEEPER KIT FOR TABLE SERVERS 12"X20"X2"			EACH		280.00	280.00
5	HEAT & SERVE INFRA-RED FOOD WARMER 18"X26" 18'X24" FOR 18"X26" PAN			EACH		235.00	235.00
6	HEAT WELL DROP IN COUNTER 17"X24"X23"			EACH		2,170	2,170
7	COOKER & SOUP WARMER 20 QT 14"X17"X12"			EACH		430.00	430.00
8	CORRUGATED NON-INSULATED FOR PAN 18"X26" 40 EA 20"X 27"X69"			EACH		690.00	690.00
9	ANGLE LEDGED NON-INSULATED FOR 18"X26" PAN CAP 20 PANS 20"X27"X 69"			EACH		900.00	900.00
10	ALL PURPOSE REVERSE ANGLE LIFT OUT RACK NON-INSULATED PAN 18"X26" 10 CAP 28"X34"X57"						
11	CORRUGATED NON-INSULATED COLD CABINETS 40 PAN 18"X26" SIZE 21"X31"X69"			EACH		800.00	800.00
	COFFEE WARMER						
12	2 BURNER			EACH		110.00	110.00
13	3 BURNER			EACH		200.00	200.00
	CREAM DISPENSERS						
14	2 QT			EACH		320.00	320.00
15	6 QT			EACH		1,015	1,015
	FOOD DISPLAY CARTS						
16	UTILITY			EACH		260.00	260.00
17	DISPLAY WITH PLASTIC DOME			EACH		410.00	410.00
18	ICED DISPLAY WITH PLASTC DOME			EACH		475.00	475.00
19	SALAD DISPLAY WITH PLASTC DOME			EACH		855.00	855.00
	TRAY DELIVERY CARTS						
20	2 COMPARTMENT			EACH		3,050	3,050
21	3 COMPARTMENT			EACH		4,050	4,050
	ALUMINUM RACKS, PORTABLE, 20 CAPACITY						
22	NARROW OPENING			EACH		480.00	480.00
23	WIDE OPENING			EACH		410.00	410.00
	HOT CABINETS - TRAY/PAN						
24	INSULATED			EACH		2,500	2,500
25	NON-INSULATED			EACH		1,670	1,670
26	DISPLAY UNIT HEATED 5'			EACH		2,300	2,300
27	PACKING TABLE 60"			EACH		1,960	1,960
28	HEATED DISPLAY CABINET 2-TIER 5'			EACH		2,300	2,300
29	CASHIERS UNIT			EACH		3,720	3,720
30	HOT FOOD UNIT 49"			EACH		2,900	2,900
31	COLD FOOD UNIT 49"			EACH		2,640	2,640
32	UTILITY UNIT 49"			EACH		1,940	1,940
33	BUSSING CARTS LIFT OUT RACKS NON-INSULATED PANS 18"X26"-SIZE CART 24"X32"X69"			EACH		970.00	970.00
	DISHWASHERS, RACK TYPE						
34	SINGLE TANK, 190 RACKS/HR			EACH		7,090	7,090
35	DOUBLE TANK, 234 RACKS/HR			EACH		10,700	10,700
36	DOUBLE TANK, 265 RACKS/HR			EACH		12,400	12,400
37	DISHWASHER, AUTOMATIC 1000 MEALS/HR			EACH		38,000	38,000
38	SILVERWARE WASHER AND DRYER			EACH		2,350	2,350
39	GLASS WASHER			EACH		420.00	420.00
40	CAN WASHER			EACH		1,420	1,420
41	TRAY CONVEYORS			LN FT		85.00	85.00

EQUIPMENT   11

LINE	DESCRIPTION	OUTPUT CREW	OUTPUT PER DAY	UNIT	UNIT COSTS LABOR	UNIT COSTS MATERIAL	UNIT COSTS TOTAL
	STAINLESS STEEL SINKS						
1	1 COMPARTMENT			EACH		730.00	730.00
2	2 COMPARTMENT			EACH		1,480	1,480
3	3 COMPARTMENT			EACH		1,630	1,630
	DISPOSALS						
4	100 GAL/HR			EACH		1,000	1,000
5	120 GAL/HR			EACH		1,350	1,350
6	250 GAL/HR			EACH		3,320	3,320
7	BUSSING CART WITH ACCESSORIES			EACH		1,250	1,250
	WASTE COMPACTORS, FOR PLASTIC BAGS						
8	16" LONG			EACH		10,000	10,000
9	20" LONG			EACH		12,000	12,000
	ICE MAKERS						
10	50 #/DAY			EACH		2,510	2,510
11	225 #/DAY			EACH		3,390	3,390
12	500 #/DAY			EACH		5,100	5,100
	WATER COOLER						
13	14 GAL/HR			EACH		2,780	2,780
14	29 GAL/HR			EACH		3,270	3,270
15	50 GAL/HR			EACH		3,740	3,740
	ICE BINS						
16	140#			EACH		675.00	675.00
17	200#			EACH		880.00	880.00
18	DISPENSER, CARBONATED - MULTIPLE			EACH		2,900	2,900
19	SODA FOUNTAIN			LN FT		1,200	1,200
20	BEVERAGE CART			EACH		1,100	1,100
21	ICE CUBE MAKER A/C REMOTE			EACH		1,530	1,530
22	SODA DISPENSER 9 GALLON CAP. W/COMPRESSOR			EACH		790.00	790.00
	RANGE HOODS						
23	CANOPY-DECORATOR TYPE (FILTERED AREA) 170 SQ INS DUCT FREE	1 EL	6	EACH	43.16	200.00	243.16
24	DUCTED HOOD 2 SPEED MOTOR PUSH CONTROL LITED 17 1/2"X30"X5" 160 CFM	1 EL	9	EACH	28.77	105.00	133.77
	** RESIDENTIAL EQUIPMENT **						
	CENTRAL VACUUM CLEANING SYSTEM						
25	10 OUTLET			SYS		2,100	2,100
26	15 OUTLET			SYS		2,690	2,690
	VACUUM CLEANER						
27	3 OPENINGS	1 CP	0.8	LP SM	272.50	770.00	1,043
28	5 OPENINGS	1 CP	0.6	LP SM	363.33	920.00	1,283
29	10 OPENINGS	1 CP	0.4	LP SM	545.00	1,060	1,605
	30" FREE STANDING RANGE (GAS) PORCELAIN OVEN						
30	W/SOLID OVEN DOOR	2 LA	6	EACH	57.68	246.00	303.68
31	W/BLACK GLASS DOOR	2 LA	6	EACH	57.68	294.00	351.68
32	W/BLACK GLASS WINDOW DOOR, CLOCK W/4 HR. TIMER	2 LA	6	EACH	57.68	328.00	385.68
33	W/WINDOW DOOR, CLOCK W/4 HR. TIMER, 3 TEMP. CLICK VALVES	2 LA	6	EACH	57.68	330.00	387.68
34	W/BLACK GLASS WINDOW DOOR, CLOCK W/ 4 HR. TIMER, 3 TEMP. CLICK VALVES, CHROME BURNER PANS	2 LA	6	EACH	57.68	368.00	425.68
35	W/BLACK GLASS WINDOW DOOR, CLOCK W/ 4 HR. TIMER, 3 TEMP. CLICK VALVES, CHROME BURNER PANS, PILOTLESS IGNITION	2 LA	6	EACH	57.68	420.00	477.68

EQUIPMENT

LINE	DESCRIPTION	OUTPUT			UNIT COSTS		
		CREW	PER DAY	UNIT	LABOR	MATERIAL	TOTAL
	CONTINUOUS CLEAN OVEN						
1	W/BLACK GLASS WINDOW DOOR, CLOCK W/4 HR. TIMER, CHROME BURNER PANS	2 LA	6	EACH	57.68	344.00	401.68
2	W/WINDOW DOOR, CLOCK W/4 HR. TIMER, 3 TEMP. CLICK VALVES	2 LA	6	EACH	57.68	354.00	411.68
3	W/BLACK GLASS WINDOW DOOR, CLOCK W/4 HR. TIMER, 3 TEMP. CLICK VALVES, CHROME BURNER PANS	2 LA	6	EACH	57.68	370.00	427.68
4	W/BLACK WINDOW DOOR, DIGITAL CLOCK TIMER (DELAYED START, COOK, OFF), 3 TEMP. CLICK VALVES, CHROME BURNER PANS, PILOTLESS IGNITION	2 LA	6	EACH	57.68	446.00	503.68
	SELF CLEAN OVEN						
5	W/BLACK GLASS DOOR, ANALOG CLOCK TIMER (DELAYED START, COOK, OFF), 3 TEMP. CLICK VALVES, CHROME BURNER PANS, PILOTLESS IGNITION	2 LA	6	EACH	57.68	542.00	599.68
6	W/BLACK GLASS WINDOW DOOR, DIGITAL CLOCK TIMER (DELAYED START, COOK, OFF), 3 TEMP. CLICK VALVES, CHROME BURNER PANS, PILOTLESS IGNITION	2 LA	6	EACH	57.68	632.00	689.68
	DOUBLE OVEN						
7	W/TOP MICRO WAVE & CONTINUOUS CLEAN LOWER OVENS, BLACK GLASS WINDOW DOOR, CLOCK W/4 HR. TIMER, PILOTLESS IGNITION	2 LA	6	EACH	57.68	532.00	589.68
8	W/2 CONTINUOUS CLEAN OVENS, BLACK GLASS WINDOW DOORS, CLOCK W/4 HR. TIMER, 3 TEMP. CLICK VALVES, CHROME BURNER PANS, PILOTLESS IGNITION	2 LA	6	EACH	57.68	622.00	679.68
9	W/CONTINUOUS CLEAN UPPER & SELF CLEAN LOWER OVENS, BLACK GLASS WINDOW DOORS, DIGITAL CLOCK TIMER; DELAYED START, COOK, OFF, 3 TEMP. CLICK VALVES, CHROME BURNER PANS, PILOTLESS IGNITION	2 LA	6	EACH	57.68	850.00	907.68
10	W/MICROWAVE UPPER & SELF-CLEAN LOWER OVENS, DIGITAL CLOCK TIMER; DELAYED START, COOK, OFF, 3 TEMP. CLICK VALVE, CHROME BURNER PAN, PILOTLESS IGNITION, AUTO. TEMP. CONTROL PROBE, RECIPES PROGRAMMABLE	2 LA	6	EACH	57.68	1,320	1,378
	36" FREE STANDING RANGE (GAS)						
11	W/PORCELAIN OVEN, WINDOW DOOR, CLOCK W/4 HR. TIMER, 3 TEMP. CLICK VALVES, GRIDDLE & 5TH BURNER KIT	2 LA	6	EACH	57.68	452.00	509.68
12	W/CONTINUOUS CLEAN OVEN, WINDOW DOOR, CLOCK W/4 HR. TIMER, 3 TEMP. CLICK VALVES, PILOTLESS IGNITION, GRIDDLE & 5TH BURNER KIT	2 LA	6	EACH	57.68	514.00	571.68
	24" DROP IN RANGE (GAS)						
13	W/PORCELAIN OVEN, BLACK GLASS DOOR, CLOCK W/4 HR. TIMER, PILOTLESS IGNITION	2 CP	3	EACH	145.33	458.00	603.33
14	W/CONTINUOUS CLEAN OVEN, BLACK GLASS WINDOW DOOR, DIGITAL CLOCK TIMER (DELAYED START, COOK, OFF), CHROME BURNER PANS, PILOTLESS IGNITION	2 CP	3	EACH	145.33	530.00	675.33
	30" SLIDE-IN RANGE (GAS)						
15	W/PORCELAIN OVEN, BLACK GLASS OVEN DOOR, CLOCK W/4 HR. TIMER, CHROME BURNER PANS, PILOTLESS IGNITION	2 CP	3	EACH	145.33	342.00	487.33

EQUIPMENT

LINE	DESCRIPTION	OUTPUT CREW	PER DAY	UNIT	LABOR	MATERIAL	TOTAL
1	W/CONTINUOUS CLEAN OVEN, BLACK GLASS WINDOW DOOR, CHROME BURNER PANS, PILOTLESS IGNITION	2 CP	3	EACH	145.33	372.00	517.33
2	W/SELF CLEANING OVEN, BLACK GLASS WINDOW DOOR, DIGITAL CLOCK TIMER (DELAYED START, COOK, OFF), CHROME BURNER PANS, PILOTLESS IGNITION	2 CP	3	EACH	145.33	558.00	703.33
	BUILT IN COOK-TOP W/PORCELAIN TOP & INTERIOR (GAS, 30")						
3	W/STANDARD PILOTS	2 LA	7	EACH	49.44	118.00	167.44
4	W/CHROME BURNER PANS, PILOTLESS IGNITION FOR CHROME TOP, ADD $8.00	2 LA	7	EACH	49.44	152.00	201.44
	BUILT IN COOK-TOP W/PORCELAIN TOP & INTERIOR (GAS, 36")						
5	W/CHROME BURNER PANS, PILOTLESS IGNITION	2 LA	7	EACH	49.44	178.00	227.44
6	W/CHROME BURNER PANS, PILOTLESS IGNITION, NON-STICK GRIDDLE W/COVER FOR CHROME TOP, ADD $9.00	2 LA	7	EACH	49.44	224.00	273.44
	BUILT-IN WALL OVENS (GAS, 24") SINGLE OVEN TYPE (PORCELAIN)						
7	W/BLACK GLASS WINDOW DOOR, DIGITAL CLOCK TIMER, (DELAYED START, COOK, OFF)	2 LA	3	EACH	115.36	444.00	559.36
	TWO OVEN TYPE						
8	W/2 PORCELAIN OVENS, BLACK GLASS WINDOW DOORS, DIGITAL CLOCK TIMER (DELAYED START, COOK, OFF)	2 LA	3	EACH	115.36	686.00	801.36
9	W/2 CONTINUOUS CLEAN OVENS, BLACK GLASS WINDOW DOORS, DIGITAL CLOCK TIMER (DELAYED START, COOK, OFF)	2 LA	3	EACH	115.36	730.00	845.36
	BAKE UPPER-LOWER BROILER TYPE						
10	PORCELAIN OVEN, BLACK GLASS WINDOW DOORS, CLOCK TIMER	2 LA	3	EACH	115.36	372.00	487.36
11	W/CONTINUOUS CLEAN OVEN BLACK GLASS WINDOW DOORS, CLOCK W/4 HR. TIMER	2 LA	3	EACH	115.36	396.00	511.36
12	W/CONTINUOUS CLEAN OVEN, BLACK GLASS WINDOW DOORS, DIGITAL CLOCK TIMER (DELAYED START, COOK, OFF), CONTROL PANEL LIGHT	2 LA	3	EACH	115.36	460.00	575.36
	30" FREE STANDING RANGE (ELECTRIC) PORCELAIN OVEN TYPE						
13	W/SOLID OVEN DOOR	2 LA	6	EACH	57.68	242.00	299.68
14	W/BLACK GLASS DOOR	2 LA	6	EACH	57.68	268.00	325.68
15	W/BLACK GLASS DOOR, CLOCK W/4 HR. TIMER	2 LA	6	EACH	57.68	298.00	355.68
16	W/WINDOW DOOR, CLOCK TIMER; (DELAYED START, COOK, OFF)	2 LA	6	EACH	57.68	316.00	373.68
17	W/BLACK GLASS OVEN DOOR, DIGITAL CLOCK TIMER (DELAYED START, COOK, OFF)	2 LA	6	EACH	57.68	338.00	395.68
	CONTINUOUS CLEAN OVEN						
18	W/BLACK GLASS DOOR, 1 HR. TIMER	2 LA	6	EACH	57.68	346.00	403.68
19	W/BLACK GLASS WINDOW DOOR, 1 HR. TIMER	2 LA	6	EACH	57.68	348.00	405.68
20	W/BLACK GLASS WINDOW DOOR, DIGITAL CLOCK TIMER (DELAYED START, COOK, OFF)	2 LA	6	EACH	57.68	374.00	431.68
	SELF CLEAN TYPE						
21	W/SOLID DOOR, ANALOG CLOCK TIMER (DELAYED START, COOK, OFF)	2 LA	6	EACH	57.68	360.00	417.68
22	W/BLACK GLASS DOOR, ANALOG CLOCK TIMER (DELAYED START, COOK, OFF)	2 LA	6	EACH	57.68	378.00	435.68
23	W/BLACK GLASS WINDOW DOOR, DIGITAL CLOCK TIMER (DELAYED START, COOK, OFF)	2 LA	6	EACH	57.68	482.00	539.68

1988 DODGE UNIT COST DATA

11 EQUIPMENT

LINE	DESCRIPTION	OUTPUT CREW	PER DAY	UNIT	LABOR	MATERIAL	TOTAL
	DOUBLE OVEN TYPE (MICRO WAVE TOP)						
1	W/CONTINUOUS CLEAN LOWER OVEN, BLACK GLASS WINDOW DOOR, CLOCK W/4 HR. TIMER	2 LA	6	EACH	57.68	484.00	541.68
2	W/SELF CLEAN LOWER OVEN, BLACK GLASS DOOR, CLOCK W/4 HR. TIMER	2 LA	6	EACH	57.68	568.00	625.68
3	W/SELF CLEAN LOWER OVEN, BLACK GLASS DOOR, DIGITAL CLOCK TIMER DELAYED START, COOK, OFF, MICRO WAVE TIMER, VARIABLE POWER, RECIPES PROGRAMMABLE, AUTOMATIC TEMPERATURE PROBE	2 LA	6	EACH	57.68	1,164	1,222
	24" DROP-IN RANGE (ELECTRIC)						
4	W/PORCELAIN OVEN, BLACK GLASS WINDOW DOOR, 4 HR. CLOCK TIMER, CHROME TOP	2 CP	3	EACH	145.33	344.00	489.33
5	W/CONTINUOUS CLEAN OVEN, ANALOG CLOCK TIMER (DELAYED START, COOK, OFF), CHROME TOP	2 CP	3	EACH	145.33	416.00	561.33
6	W/SELF CLEAN OVEN, BLACK GLASS WINDOW DOOR, DIGITAL CLOCK TIMER, DELAYED START, COOK, OFF, CHROME TOP	2 CP	3	EACH	145.33	522.00	667.33
	BUILT-IN COOKTOP (ELECTRIC)						
7	W/30" COOKTOP, STANDARD SURFACE UNITS	1 LA	4	EACH	43.26	116.00	159.26
8	W/30" COOKTOP, DELUXE SURFACE UNITS	1 LA	4	EACH	43.26	150.00	193.26
9	W/36" COOKTOP, STANDARD SURFACE UNITS	1 LA	4	EACH	43.26	152.00	195.26
10	W/36" COOKTOP, DELUXE SURFACE UNITS, NO-STICK GRIDDLE	1 LA	4	EACH	43.26	230.00	273.26
	BUILT-IN OVEN (ELECTRIC) 24"						
11	W/PORCELAIN OVEN, BLACK GLASS WINDOW DOOR, ANALOG CLOCK TIMER (DELAYED START, COOK, OFF)	2 CP	3	EACH	145.33	282.00	427.33
12	W/SELF CLEAN OVEN, BLACK GLASS WINDOW DOOR, DIGITAL CLOCK TIMER (DELAYED START, COOK, OFF)	2 CP	3	EACH	145.33	436.00	581.33
13	W/CONTINUOUS CLEAN UPPER & LOWER OVENS, BLACK GLASS WINDOW DOORS, ANALOG CLOCK TIMER (DELAYED START, COOK, OFF)	2 CP	3	EACH	145.33	442.00	587.33
14	W/SELF CLEAN UPPER & PORCELAIN LOWER OVENS, BLACK GLASS WINDOW DOORS, DIGITAL CLOCK TIMER (DELAYED START, COOK, OFF)	2 CP	3	EACH	145.33	612.00	757.33
	BUILT-IN OVEN (ELECTRIC) 27"						
15	W/SELF-CLEAN OVEN, BLACK GLASS WINDOW DOOR, DIGITAL CLOCK TIMER (DELAYED START, COOK, OFF)	2 CP	3	EACH	145.33	448.00	593.33
16	W/MICRO WAVE TOP & SELF CLEAN LOWER OVENS, BLACK GLASS WINDOW DOOR, DIGITAL CLOCK TIMER, (DELAYED START, COOK, OFF)	2 CP	3	EACH	145.33	554.00	699.33
17	W/SELF-CLEAN TOP & PORCELAIN LOWER OVENS, BLACK GLASS WINDOW DOORS, DIGITAL CLOCK TIMER (DELAYED START, COOK, OFF)	2 CP	3	EACH	145.33	634.00	779.33
	INDUCTION COOKTOP (CERAMIC)						
18	W/INSTANT ON-OFF, AUTO OFF	2 LA	5	EACH	69.22	1,054	1,123
	30" MODULAR COOKTOP (BUILT-IN)						
19	W/2 STANDARD COIL ELEMENTS, 2 COIL GRILL ELEMENT, DOUBLE CONVERTIBLE	2 LA	4	EACH	86.52	224.00	310.52
20	W/1 STANDARD & 1 HI-SPEED COIL UNIT, 2 COIL GRILL ELEMENT, SINGLE CONVERT. FOR STAINLESS STEEL HOOD ADD $173.00	2 LA	4	EACH	86.52	234.00	320.52

EQUIPMENT 11

LINE	DESCRIPTION	OUTPUT CREW	PER DAY	UNIT	LABOR	MATERIAL	TOTAL
	DOWNDRAFT TYPE VENTING						
1	W/1 STANDARD & 1 HI-SPEED COIL ELEMENT 2 COIL GRILL ELEMENT SINGLE CONVERT.	2 LA	4	EACH	86.52	292.00	378.52
2	W/2 COIL GRILL, DOUBLE CONVERTIBLE	2 LA	4	EACH	86.52	306.00	392.52
	OPTIONAL MODULES & ACESSORIES						
3	OPEN COIL ELEMENT			EACH		66.00	66.00
4	SOLID ELEMENT			EACH		84.00	84.00
5	GRILL			EACH		55.00	55.00
6	NON-STICK GRIDDLE (USE W/GRILL)			EACH		32.00	32.00
7	COVER (GRIDDLE/GRILL)			EACH		12.00	12.00
	MICRO WAVE OVENS (COUNTERTOP)						
8	W/1.4 CU. FT. CAP., VARIABLE COOK POWER, 25 MIN. TIMER	1 EL	3	EACH	86.32	276.00	362.32
9	W/1.4 CU. FT. CAP., AUTO. TEMP. SENSOR CONTROL, SOLID STATE DIGITAL TIMER (100 MIN.)	1 EL	3	EACH	86.32	334.00	420.32
	RANGE HOODS (VENTED) 30"						
10	W/2 SPEAD FAN, HORIZ. OR VERT. EXHAUST	1 CP 1 EL 1 SM	3	EACH	240.40	48.00	288.40
11	W/2 VARIABLE SPEAD FANS, HORIZ. OR VERT. EXHAUST	1 CP 1 EL 1 SM	3	EACH	240.40	82.00	322.40
	RANGE HOODS (VENTED) 36"						
12	W/2 SPEAD FAN, HORIZ. OR VERT. EXHAUST	1 CP 1 EL 1 SM	3	EACH	240.40	48.00	288.40
13	W/2 VARIABLE SPEAD FANS, HORIZ. OR VERT. EXHAUST	1 CP 1 EL 1 SM	3	EACH	240.40	86.00	326.40
	RANGE HOODS (NON-VENTED) W/2 SPEED FAN						
14	30"	1 CP 1 EL 1 SM	3	EACH	240.40	48.00	288.40
15	36"	1 CP 1 EL 1 SM	3	EACH	240.40	54.00	294.40
	ADD $13.00 FOR STAINLESS STEEL						
	RANGE HOOD, 36" HIGH VOLUME						
16	W/HORIZ. OR VERT. EXHAUST, STAINLESS STEEL ONLY	1 CP 1 EL 1 SM	3	EACH	240.40	178.00	418.40
	TRASH COMPACTOR (12")						
17	W/2.5 TON COMPACT FORCE, AUTHORIZED USE ONLY, DOOR CLOSED ONLY OPERATION	1 CP	4	EACH	54.50	356.00	410.50
	DISHWASHER, BUILT-IN (24")						
18	W/2 WASH LEVELS, 6 CYCLES	1 EL 1 PL	3	EACH	174.64	224.00	398.64
19	W/3 WASH LEVELS, 7 CYCLES	1 EL 1 PL	3	EACH	174.64	268.00	442.64
20	W/3 WASH LEVELS, 10 CYCLES QUIET OPERATION, SANITIZE CYCLE	1 EL 1 PL	3	EACH	174.64	294.00	468.64
21	W/3 WASH LEVELS, 16 CYCLES, QUIET OPERATION, FORCED AIR DRY	1 EL 1 PL	3	EACH	174.64	342.00	516.64
	DISPOSERS						
22	W/ 1/3 H.P. THERMAL PROTECTED MOTOR, CONTINUOUS FOOD OPERATION, HARDENED STEEL GRIND RING	1 EL 1 PL	4	EACH	130.98	49.00	179.98
23	W/ 1/2 H.P. THERMAL PROTECTED MOTOR, CONTINUOUS FOOD OPERATION, QUIET OPERATION	1 EL 1 PL	4	EACH	130.98	66.00	196.98
24	W/ 1/2 H.P. THERMAL PROTECTED MOTOR, CONTINUOUS FOOD OPERATION, STAINLESS STEEL GRIND RING & SINK STOPPER, QUIET OPERATION	1 EL 1 PL	4	EACH	130.98	84.00	214.98

11 EQUIPMENT

LINE	DESCRIPTION	OUTPUT CREW	PER DAY	UNIT	LABOR	MATERIAL	TOTAL
	REFRIGERATORS (NO FROST)						
1	14.0 CU. FT. W/TOP FREEZER	2 LA	8	EACH	43.26	488.00	531.26
2	16.6 CU. FT. W/TOP FREEZER	2 LA	8	EACH	43.26	524.00	567.26
	OPTIONAL ICE MAKER, ADD $68.00						
3	18.6 CU. FT. W/TOP FREEZER, BUILT-IN ICE MAKER	2 LA	8	EACH	43.26	692.00	735.26
4	24.0 CU. FT. SIDE BY SIDE, BUILT-IN ICE MAKER, ICE & WATER DOOR SERVICE	2 LA	8	EACH	43.26	1,158	1,201
	** DISAPPEARING STAIRS **						
	PINE FOLDING						
5	8'6" HIGH	1 CP	3	EACH	72.67	116.00	188.67
6	9'6" HIGH	1 CP	3	EACH	72.67	138.00	210.67
	HEAVY DUTY, PIVOTED STAIRS						
7	8'6" HIGH	1 CP	2	EACH	109.00	546.00	655.00
8	16' HIGH	1 CP	1.2	EACH	181.67	728.00	909.67
	AUTOMATIC ELECTRIC STAIRS						
	WOOD						
9	8'	1 CP	0.5	EACH	436.00	2,750	3,186
10	9'	1 CP	0.5	EACH	436.00	2,376	2,812
11	10'	2 CP	0.9	EACH	484.44	2,482	2,966
12	11'	2 CP	0.9	EACH	484.44	2,494	2,978
	ALUMINUM						
13	8'	2 CP	0.8	EACH	545.00	5,200	5,745
14	9'	2 CP	0.8	EACH	545.00	5,344	5,889
15	10'	2 CP	0.8	EACH	545.00	5,626	6,171
16	11'	2 CP	0.6	EACH	726.67	6,188	6,915
17	14'	2 CP	0.5	EACH	872.00	7,978	8,850
18	18'	2 CP	0.4	EACH	1,090	8,766	9,856
	KITCHEN UNIT COMBINATION COMPACT RANGE - REFRIGERATOR ,SINK COMBINATION UNITS.						
19	30" SINK-REFRIGERATOR			EACH		748.00	748.00
20	30" ELECTRIC / GAS RANGE - REFRIGERATOR			EACH		836.00	836.00
21	30" SINK-ELECTRIC / GAS RANGE - REFRIGERATOR			EACH		876.00	876.00
22	30" ELECTRIC WALL OVEN - ANY COMBINATION			EACH		1,320	1,320
23	30" MICROWAVE OVEN - ANY COMBINATION			EACH		1,434	1,434
24	30" WALL CABINET			EACH		96.00	96.00
25	39" SINK-ELECTRIC GAS RANGE - REFRIGERATOR						
26	STORAGE			EACH		910.00	910.00
27	39" WALL CABINET			EACH		108.00	108.00
28	42" SINK-ELECTRIC / GAS RANGE - REFRIGERATOR - STORAGE COMPARTMENT			EACH		952.00	952.00
29	48" SINK-ELECTRIC / GAS RANGE / OVEN REFRIG.			EACH		1,274	1,274
30	51" SINK-ELECTRIC / GAS RANGE / OVEN REFRIG.			EACH		1,310	1,310
31	54" SINK-ELECTRIC / GAS RANGE / OVEN REFRIG.			EACH		1,348	1,348
32	60" SINK-ELECTRIC / GAS RANGE / OVEN REFRIGERATOR & STORAGE COMPARTMENT			EACH		1,346	1,346
33	63" SINK-ELECTRIC / GAS RANGE / OVEN-REFRIGERATOR / STORAGE COMPARTMENT - SIDE SPLASHES			EACH		1,390	1,390
34	72" SINK-ELECTRIC / GAS RANGE / OVEN - REFRIGERATOR			EACH		1,434	1,434
35	REFRIGERATOR - 6.5CF 24" X 34'/2" - FOR UNDERCOUNTER			EACH		438.00	438.00
36	ELECTRIC RANGE REFRIGERATOR - WALNUT GRAIN						
37	29" X 36"			EACH		1,222	1,222
38	SINK - REFRIGERATOR - WALNUT GRAIN 29" X 36"			EACH		1,240	1,240

EQUIPMENT

LINE	DESCRIPTION	OUTPUT CREW	PER DAY	UNIT	LABOR	MATERIAL	TOTAL
1	SINK - ELECTRIC RANGE - REFRIGERATOR -WAL-						
2	NUT GRAIN 48" X 36"			EACH		1,392	1,392
	ACCESSORIES						
3	WASTE DISPOSAL 1/3 HP			EACH		108.00	108.00
4	DUCTLESS RANGE HOOD 6" X 24" X 7"			EACH		108.00	108.00
5	ICE MAKER FOR 6.5 CF REFRIGERATOR			EACH		132.00	132.00
6	ELECTRIC IGNITION FOR 2 BURNER GAS UNIT			EACH		44.00	44.00
7	MICROWAVE OVEN WALL UNIT 27" X 16"			EACH		560.00	560.00
8	DARKROOM TIMER			EACH		102.00	102.00
	* GYMNASIUM EQUIPMENT *						
	SCORE BOARD						
9	MANUAL			EACH		2,614	2,614
10	ELECTRIC			EACH		5,972	5,972
	BASKETBALL BACKSTOPS						
	WALL MOUNTED						
11	STATIONARY			EACH		748.00	748.00
12	SWING-UP			EACH		1,328	1,328
13	SUSPENDED, MANUAL OPERATION			EACH		2,142	2,142
14	PORTABLE, HYDRAULIC			EACH		666.00	666.00
15	PARALLEL BARS			SET		652.00	652.00
16	CHEST PULLEY WEIGHTS			EACH		288.00	288.00
17	UNEVEN BARS			SET		636.00	636.00
	BALANCE BEAM						
18	HIGH			EACH		410.00	410.00
19	LOW			EACH		140.00	140.00
20	SIDE HORSE			EACH		480.00	480.00
21	BUCK			EACH		358.00	358.00
22	STALL BARS DOUBLE SECTION			EACH		422.00	422.00
23	HORIZONTAL BAR			EACH		644.00	644.00
24	PEG BOARDS			EACH		162.00	162.00
25	SPRING BOARD			EACH		318.00	318.00
26	VAULTING BOX			EACH		598.00	598.00
27	EXERCISE CHAIR			EACH		1,538	1,538
28	TREADMILL			EACH		706.00	706.00
29	ROWING MACHINE			EACH		556.00	556.00
30	REHABILITATION LOOM			EACH		1,070	1,070
	THERAPY EQUIPMENT						
31	MOISTURE HEAT THERAPY UNIT			EACH		3,300	3,300
32	PARAFIN BATH			EACH		1,548	1,548
	HYDROMASSAGE						
33	UNDERWATER THERAPY UNIT			EACH		10,338	10,338
34	WHIRLPOOL BATH			EACH		2,444	2,444
35	TREATMENT AND WADING TANK			EACH		13,800	13,800
36	INTERMITTENT TRACTION MACHINE			EACH		1,196	1,196
37	DRAFTING OR ART TABLE 36"X60"X37"			EACH		154.00	154.00
	DRAWING DESK						
38	24"X30"X30" HIGH			EACH		142.00	142.00
39	24"X30"X37" HIGH			EACH		154.00	154.00
40	BLUEPRINT FILE CABINET, 5 DRAWER 40"X28"X18"			EACH		282.00	282.00
	** LABORATORY EQUIPMENT **						
	TABLE UNITS						
41	STONE TOP			LN FT		126.00	126.00
42	PLASTIC TOP			LN FT		152.00	152.00
43	STAINLESS TOP			LN FT		282.00	282.00
	OPEN BENCH UNITS						
44	STONE TOP			LN FT		74.00	74.00
45	PLASTIC TOP			LN FT		90.00	90.00
46	STAINLESS TOP			LN FT		226.00	226.00

11 EQUIPMENT

LINE	DESCRIPTION	OUTPUT CREW	PER DAY	UNIT	LABOR	MATERIAL	TOTAL
	DRAWER CUPBOARD UNITS						
1	STONE TOP			LN FT		318.00	318.00
2	PLASTIC TOP			LN FT		392.00	392.00
3	STAINLESS TOP			LN FT		520.00	520.00
	SINK UNITS						
4	STONE TOP			EACH		312.00	312.00
5	PLASTIC TOP			EACH		384.00	384.00
6	STAINLESS TOP			EACH		496.00	496.00
7	WALL CASES			SQ FT		508.00	508.00
8	FUME HOODS			EACH		3,400	3,400
	SPECIMEN CABINETS						
	HERBARIUM						
9	26 OPENINGS			EACH		560.00	560.00
10	12 OPENINGS			EACH		334.00	334.00
	ZOOLOGICAL						
11	9 TRAYS			EACH		860.00	860.00
12	18 TRAYS			EACH		1,222	1,222
	ENTOMOLOGY						
13	12 DRAWERS			EACH		742.00	742.00
14	25 DRAWERS			EACH		1,428	1,428
15	GEOLOGY 16 TRAYS			EACH		696.00	696.00
16	CENTRIFUGE			EACH		364.00	364.00
	LABORATORY EQUIPMENT AND APPARATUS						
17	TISSUE CULTURE ENCLOSURE			EACH		1,650	1,650
18	BLOOD DRAWING CHAIR W/CABINET			EACH		1,150	1,150
19	KJELDAHL HOODED COMBINATION 6-UNIT BLOWER EXHAUST			EACH		12,500	12,500
20	KJELDAHL DIGESTION UNIT 6-UNIT ELECTRIC BLOWER EXHAUST			EACH		4,400	4,400
21	KJELDAHL DISTILLATION UNIT 6-UNIT ELECTRIC			EACH		3,630	3,630
22	KJELDAHL DIGESTION APPARATUS 2-UNIT 115 VOLT			EACH		1,380	1,380
23	KJELDAHL DISTILLATION APPARATUS 2-UNIT 115 VOLT			EACH		1,380	1,380
24	BASIC-47 LABORATORY HOOD W/MOTOR/BLOWER			EACH		2,000	2,000
25	RAPID DIGESTOR-25 STRAIGHT TUBES			EACH		4,080	4,080
26	RAPID DIGESTOR-4			EACH		1,430	1,430
27	FUME SCRUBBER			EACH		2,300	2,300
28	FUME REMOVAL SYSTEM-25 PLACE			EACH		1,550	1,550
29	FIBERGLASS-28 LABORATORY HOOD W/MOTOR/BLOWER			EACH		1,600	1,600
30	CRUDE FIBER APPARATUS 6-UNIT 115 VOLT			EACH		3,500	3,500
31	GOLDFISCH FAT EXTRACTOR 6-UNIT			EACH		4,350	4,350
32	ACID STORAGE CABINET W/WORK SURFACE-3'			EACH		1,200	1,200
33	SOLVENT STORAGE CABINET-3'			EACH		930.00	930.00
34	PURIFIER CLEAN BENCH-3'			EACH		2,250	2,250
35	PURIFIER CLEAN BENCH-6'			EACH		3,950	3,950
36	PURIFIER-3 CLASS II SAFETY CABINET			EACH		4,000	4,000
37	STEAM SCRUBBER MOBILE UNIT			EACH		3,080	3,080
38	STEAM SCRUBBER UNDERCOUNTER UNIT			EACH		2,880	2,880
39	FLASK SCRUBBER MOBILE UNIT			EACH		4,300	4,300
40	FLASK SCRUBBER UNDERCOUNTER UNIT			EACH		4,000	4,000
41	FLASK SCRUBBER FREESTANDING UNIT			EACH		4,200	4,200
42	TITATION UNIT			EACH		4,850	4,850
43	PROTECTOR-48 FIBERGLASS HOOD W/MOTOR/BLOWER			EACH		2,820	2,820
44	PROTECTOR-48 FIBERGLASS HOOD ADD AIR W/O MOTOR/BLOWER W/EP LIGHT AND FIXTURES			EACH		2,500	2,500

EQUIPMENT

LINE	DESCRIPTION	CREW	PER DAY	UNIT	LABOR	MATERIAL	TOTAL
1	RADIOISOTOPE-48 LABORATORY HOOD			EACH		5,900	5,900
2	PVC PERCHLORIC-48 LABORATORY HOOD			EACH		6,700	6,700
3	ACID STORAGE CABINET W/WORK SURFACE-4'			EACH		1,450	1,450
4	BACTERIOLOGICAL GLOVE BOX			EACH		5,400	5,400
5	RADIOISOTOPE GLOVE BOX			EACH		6,300	6,300
6	CONTROLLED ATMOSPHERE GLOVE BOX			EACH		5,500	5,500
7	CHEMICAL CARCINOGEN GLOVE BOX			EACH		6,650	6,650
8	BIOLOGICAL SAFETY CABINET W/REMOTE MOTOR/BLOWER			EACH		5,200	5,200
9	SWIRLAWAY FUME SCRUBBER			EACH		9,630	9,630
10	PROTECTOR-60 FIBERGLASS HOOD W/MOTOR/BLOWER			EACH		3,200	3,200
11	RADIOISOTOPE-60 LABORATORY HOOD			EACH		7,000	7,000
12	PERCHLORIC HOOD BASE CABINET			EACH		1,250	1,250
13	CORNER LABORATORY HOOD W/O MOTOR/BLOWER			EACH		2,880	2,880
14	CORNER LABORATORY HOOD W/EP MOTOR/BLOWER AND LIGHT			EACH		3,600	3,600
15	FUME ADSORBER-2			EACH		1,950	1,950
16	18" PROTECTOR WORK STATION W/BUILT-IN CHARCOAL FILTER			EACH		3,150	3,150
17	MICRO KJELDAHL DIGESTION UNIT W/GLASS MANIFOLD 115 VOLT			EACH		825.00	825.00
18	24" PROTECTOR STATION W/REMOTE MOTOR/BLOWER			EACH		2,050	2,050
19	TEFLON COATED STEEL BLOWER			EACH		1,280	1,280
20	FIBERGLASS LOW PRESSURE BLOWER			EACH		1,080	1,080
21	FIBERGLASS HIGH PRESSURE BLOWER			EACH		3,030	3,030
22	PERCHLORIC ACID AIR EJECTOR			EACH		7,700	7,700
23	PVC BLOWER			EACH		2,000	2,000
24	COATED STEEL BLOWER			EACH		1,260	1,260
25	PROTECTOR-72 FIBERGLASS HOOD W/MOTOR/BLOWER			EACH		3,600	3,600
26	PROTECTOR-72 FIBERGLASS HOOD ADD-AIR W/O MOTOR/BLOWER			EACH		2,780	2,780
27	PERCHLORIC ACID-72 LABORATORY HOOD			EACH		8,500	8,500
28	PVC HOOD BASE CABINET W/WORK SURFACE-6'			EACH		2,300	2,300
29	WATER PRO WORK STATION FREESTANDING UNIT			EACH		7,500	7,500
30	WATER PRO WORK STATION W/ULTRAFILTER FREESTANDING UNIT			EACH		8,500	8,500
31	WATER PRO WORK STATION UNDERCOUNTER UNIT			EACH		7,500	7,500
32	WATER PRODIGY			EACH		3,000	3,000
33	PROTECTOR-96 LAB HOOD W/HORIZONTAL SASH			EACH		4,480	4,480
34	PROTECTOR ACID/SOLVENT STORAGE CABINET W/WORK SURFACE-8'			EACH		3,000	3,000
	** MEDICAL EQUIPMENT **						
	INSTRUMENT CABINETS						
35	FLOOR MOUNTED			EACH		642.00	642.00
36	WALL MOUNTED			EACH		214.00	214.00
37	SUPPLY CABINET, FLOOR MOUNTED			EACH		620.00	620.00
38	NURSES STATION			LN FT		236.00	236.00
	CHART DESK						
39	30 CHART			EACH		810.00	810.00
40	40 CHART			EACH		832.00	832.00
	CHART FILE CABINETS						
41	30 CHART			EACH		758.00	758.00
42	40 CHART			EACH		808.00	808.00
43	GLASS SECURITY DOORS			SET		1,652	1,652
44	ROLL UP DOOR			EACH		242.00	242.00
	NARCOTIC LOCKER						
45	0.4 CU FT			EACH		492.00	492.00
46	1.7 CU FT			EACH		9,282	9,282

11 EQUIPMENT

LINE	DESCRIPTION		CREW	PER DAY	UNIT	LABOR	MATERIAL	TOTAL
1	CASSETTE HOLDER				EACH		134.00	134.00
2	CASSETTE PASS BOX				EACH		418.00	418.00
	SCRUB STATION							
3	1 BAY S/S				EACH		4,680	4,680
4	4 BAY S/S				EACH		6,100	6,100
5	SURGICAL INSTRUMENT CONSOLE				EACH		3,660	3,660
	HOSPITAL EQUIPMENT							
6	SANITIZATION FLUSHER BED PANS				EACH		3,468	3,468
7	SONIC INSTRUMENT CLEANER				EACH		11,600	11,600
	SURGICAL LIGHT							
8	SURFACE MOUNTED				EACH		3,320	3,320
9	PORTABLE				EACH		3,396	3,396
10	HYDROTHERAPY BATH W/PUMP				EACH		9,860	9,860
11	CUBICLE CURTAIN & TRACK				EACH		208.00	208.00
	TELEMETRY							
12	4 BED SYSTEM				EACH		17,600	17,600
13	8 BED SYSTEM				EACH		33,100	33,100
	CABINETS							
14	BASE COUNTER				LN FT		200.00	200.00
15	WALL				LN FT		124.00	124.00
16	PATIENTS WARDROBE				LN FT		210.00	210.00
	BLOOD BANK EQUIPMENT							
17	COUNTERTOP FREEZERS				EACH		1,474	1,474
18	RECORDERS				EACH		3,160	3,160
19	REFRIGERATOR PASS THRU				EACH		1,250	1,250
20	WASHERS				EACH		10,500	10,500
21	DRYERS				EACH		6,180	6,180
22	SAFE DEPOSIT BOXES				EACH		58.00	58.00
23	TEMPERATURE ALARMS				EACH		398.00	398.00
	NURSING SERVICE CARTS							
24	UTILITY	36"X18"X32"	1 LA	12	EACH	14.42	2,280	2,294
25	CENTRAL SUPPLY	57"X25"X55"	1 LA	6	EACH	28.84	860.00	888.84
26	MEDICATION	39"X33"X20"	1 LA	5	EACH	34.61	912.00	946.61
27	MEDICATION	39"X55"X20"	1 LA	4	EACH	43.26	1,714	1,757
28	CASSETTE TRANSPORT W/LOCK	57"X58"X24"	1 LA	6	EACH	28.84	1,260	1,289
	HOUSEKEEPING CARTS							
29	TRASH/SOILED LINEN, 1000#	46"X30"X54"	1 LA	6	EACH	28.84	824.00	852.84
30	DOLLY, HEAVY DUTY PLATFORM	40"X22"X23"	1 LA	6	EACH	28.84	230.00	258.84
31	LINEN, 30 BED	60"X26"X52"	1 LA	5	EACH	34.61	344.00	378.61
	STERILIZERS							
32	STEAM/GAS	24"X36"X60"			EACH		93,700	93,700
33	GAS/CRYOTHERM	24"X36"X60"			EACH		72,100	72,100
34	LAB GEN PURPOSE MEDIUM BULK	24"X36"X48"			EACH		33,400	33,400
35	LAB GEN PURPOSE LARGE BULK	62"X84"X84"			EACH		86,800	86,800
36	RECTANGULAR HI VACUUM	24"X36"X48"			EACH		43,700	43,700
37	RECTANGULAR ETHYLENE OXIDE	24"X36"X48"			EACH		40,800	40,800
38	PORTABLE STEAM	15"X18"X16"			EACH		1,524	1,524
39	CYLINDRICAL STEAM 20" DIA 38" LONG				EACH		12,360	12,360
40	WASHER, STERILIZER, HYDROCLAVE	16"X16"X26"			EACH		13,800	13,800
	LABORATORY GLASSWARE	16"X16"X26"						
41	WASHER / STEAM	16"X16"X26"			EACH		18,700	18,700
42	DRYER / STEAM	16"X16"X26"			EACH		7,670	7,670
43	AERATORS, GAS, RECTANGULAR	24"X36"X60"			EACH		4,950	4,950
	EXAMINING TABLES							
44	FIXED				EACH		840.00	840.00
45	ADJUSTABLE				EACH		5,000	5,000
46	TREATMENT CABINET				EACH		360.00	360.00
47	TREATMENT STOOLS				EACH		262.00	262.00
48	SCALE - COMPLETE				EACH		286.00	286.00
49	RECOVERY COUCH				EACH		476.00	476.00

EQUIPMENT

LINE	DESCRIPTION	CREW	PER DAY	UNIT	LABOR	MATERIAL	TOTAL
	RADIOLOGY EQUIPMENT						
1	X-RAY MACHINE						
2	TELESCOPING			EACH		27,200	27,200
3	CHEST			EACH		10,500	10,500
	FILM ILLUMINATOR						
4	1 PANEL			EACH		229.00	229.00
5	2 PANELS			EACH		366.00	366.00
6	4 PANELS			EACH		595.00	595.00
7	RADIATION SCREEN, 15 SF			EACH		281.00	281.00
	LEAD LINED DRYWALL-STANDARD 4'X8", 5/8" SHEET WITH LEAD UP TO 7'-PANELS						
8	1/32" THICK LEAD	1 CP 1 LA		10 EACH	39.10	50.00	89.10
9	1/16" THICK LEAD	1 CP 1 LA		10 EACH	39.10	80.00	119.10
10	3/32" THICK LEAD	1 CP 1 LA		10 EACH	39.10	115.00	154.10
11	1/8" THICK LEAD	1 CP 1 LA		10 EACH	39.10	150.00	189.10
	INCLUDES ALL ATTACHMENTS, ACCESSORIES AND MISC. SHEET LEAD FOR ELECTRICAL OUTLETS & DUCTWORK						
	LEAD LINED VIEW WINDOWS WITH LEAD GLASS 1/16" EQUIVALENT						
12	GLASS SIZE 12"X16" ALUMINUM FRAME	1 CP		10 EACH	21.80	225.00	246.80
13	GLASS SIZE 18"X24" ALUMINUM FRAME	1 CP		9 EACH	24.22	315.00	339.22
14	GLASS SIZE 24"X24" ALUMINUM FRAME	1 CP		9 EACH	24.22	390.00	414.22
15	GLASS SIZE 24"X36" ALUMINUM FRAME	1 CP		8 EACH	27.25	630.00	657.25
16	GLASS SIZE 36"X36" ALUMINUM FRAME	1 CP		7 EACH	31.14	1,030	1,061
17	GLASS SIZE 36"X48" ALUMINUM FRAME	1 CP 1 LA		6 EACH	65.17	1,500	1,565
18	GLASS SIZE 12"X16" HOLLOW METAL FRAME	1 CP		10 EACH	21.80	250.00	271.80
19	GLASS SIZE 18"X24" HOLLOW METAL FRAME	1 CP		9 EACH	24.22	360.00	384.22
20	GLASS SIZE 24"X24" HOLLOW METAL FRAME	1 CP		9 EACH	24.22	430.00	454.22
21	GLASS SIZE 24"X36" HOLLOW METAL FRAME	1 CP		8 EACH	27.25	730.00	757.25
22	GLASS SIZE 36"X36" HOLLOW METAL FRAME	1 CP		7 EACH	31.14	1,110	1,141
23	GLASS SIZE 36"X48" HOLLOW METAL FRAME	1 CP 1 LA		6 EACH	65.17	1,420	1,485
	LEAD CORE WOOD DOORS-NO HARDWARE, UNFIN. AVAILABLE IN OAK-BIRCH OR PLASTIC LAMINATE						
24	1/32" LEAD 3'X7'	1 CP		5 EACH	43.60	235.00	278.60
25	1/16" LEAD 3'X7'	1 CP		5 EACH	43.60	285.00	328.60
26	3/32" LEAD 3'X7'	1 CP		5 EACH	43.60	350.00	393.60
27	1/8" LEAD 3'X7'	1 CP		5 EACH	43.60	425.00	468.60
28	1/4" LEAD 3'X7'	1 CP		5 EACH	43.60	725.00	768.60
29	1/32" LEAD 4'X7'	1 CP		5 EACH	43.60	270.00	313.60
30	1/16" LEAD 4'X7'	1 CP		5 EACH	43.60	345.00	388.60
31	3/32" LEAD 4'X7'	1 CP		5 EACH	43.60	425.00	468.60
32	1/8" LEAD 4'X7'	1 CP		5 EACH	43.60	505.00	548.60
33	1/4" LEAD 4'X7'	1 CP		5 EACH	43.60	950.00	993.60
	SURGERY EQUIPMENT						
	OPERATING TABLE						
34	DELIVERY & OBSTETRICAL			EACH		5,840	5,840
35	SURGICAL, ECONOMICAL			EACH		9,970	9,970
36	SURGICAL, EXPENSIVE			EACH		20,100	20,100
37	PORTABLE X-RAY MACHINE			EACH		28,600	28,600
	INCUBATORS						
38	ISOLATION			EACH		2,610	2,610
39	SURGERY			EACH		1,320	1,320
40	NURSERY			EACH		1,070	1,070
	PATIENT CARE EQUIPMENT						
41	ICE STATION, 36" WIDE			EACH		5,840	5,840
42	NOURISHMENT & ICE STATION, 72" WIDE			EACH		4,520	4,520
	MEDI-PREP STATION						
43	48" WIDE			EACH		5,660	5,660
44	72" WIDE			EACH		6,380	6,380

1988 DODGE UNIT COST DATA

11 EQUIPMENT

LINE	DESCRIPTION	OUTPUT CREW	PER DAY	UNIT	LABOR	MATERIAL	TOTAL
	MOBILE SERVICE EQUIPMENT						
	CABINETS, DIMENSIONS HEIGHT-WIDTH-DEPTH						
1	DELIVER & STORAGE, 35 TRAYS 63"X22"X28"	1 LA	6	EACH	28.84	700.00	728.84
2	HAND CARRY, 12 TRAYS 22"X22"X28"	1 LA	6	EACH	28.84	236.00	264.84
3	BUSSING, DISH/GLASS RACK 36"X33"X18"	1 LA	4	EACH	43.26	530.00	573.26
4	DISH STACKER 32"X20"X20"	1 LA	4	EACH	43.26	304.00	347.26
5	DISH DELIVERY/STORAGE 44"X26"X35"	1 LA	4	EACH	43.26	670.00	713.26
6	COFFE W/2 GAL THERMAL JUG 36"X20"	1 LA	5	EACH	34.61	740.00	774.61
7	HEATED, NON-INSUL., 28 TRAY 64"X24"X61"	1 LA	5	EACH	34.61	1,190	1,225
8	HEATED, INSULATED 72"X28"X32"	1 LA	5	EACH	34.61	1,830	1,865
	DENTAL						
	CHAIRS						
9	ELECTRIC - DELUXE			EACH		5,030	5,030
10	ELECTRIC - ECONOMY			EACH		4,090	4,090
11	HYDRAULIC			EACH		2,998	2,998
12	CONSOLE COMPLETE W/ACCESSORIES			EACH		4,094	4,094
13	X-RAY UNIT-MOBILE-FLOOR-WALL MTD			EACH		3,110	3,110
14	LIGHT ATTACHED TO DRILL			EACH		700.00	700.00
15	STERILIZER			EACH		1,177	1,177
16	TOOL & BIT CABINET			EACH		1,224	1,224
17	PLASTER BENCH-DENTAL TECHNICIAN			LN FT		264.00	264.00
18	BOILOUT PACKING & CURING BENCH			LN FT		334.00	334.00
19	CASTING & SOLDERING BENCH			LN FT		312.00	312.00
20	5 DRAWER BENCH			LN FT		248.00	248.00
	MORTUARY EQUIPMENT						
21	AUTOPSY TABLE			EACH		6,200	6,200
	MORTUARY REFRIGERATOR						
	STANDARD						
22	1 CELL			EACH		8,280	8,280
23	4 CELL			EACH		15,200	15,200
	ROLL IN						
24	1 CELL			EACH		8,130	8,130
25	4 CELL			EACH		18,000	18,000
	** SUNKEN TUBS & WHIRLPOOLS **						
26	5' TUB W/O WHIRLPOOL	1 PL 1 LA	1.5	EACH	292.00	1,036	1,328
27	5' TUB W/WHIRLPOOL	1 PL 1 LA 1 EL	1	EACH	696.96	2,072	2,769
28	6' TUB W/O WHIRLPOOL	1 PL 1 LA	1.5	EACH	292.00	1,330	1,622
29	6' TUB W/WHIRLPOOL	1 PL 1 LA 1 EL	1	EACH	696.96	2,800	3,497
30	5' BATH W/HEADREST & DECK W/O WHIRLPOOL	1 PL 1 LA	1.5	EACH	292.00	1,300	1,592
31	5' BATH W/HEADREST & DECK W/WHIRLPOOL	1 PL 1 LA 1 EL	1	EACH	696.96	3,000	3,697
32	6' BATH W/HEADREST & DECK W/O WHIRLPOOL	1 PL 1 LA	1.5	EACH	292.00	1,490	1,782
33	6' BATH W/HEADREST & DECK W/WHIRLPOOL TUB	1 PL 1 LA 1 EL	1	EACH	696.96	3,318	4,015
34	TUB OVERSIZED 4'X6' W/O WHIRLPOOL	1 PL 1 LA	1.5	EACH	292.00	1,434	1,726
35	TUB OVERSIZED 4'X6' W/WHIRLPOOL	1 PL 1 LA 1 EL	1	EACH	696.96	3,316	4,013
36	TUB OVERSIZED 5'X7' W/O WHIRLPOOL	1 PL 1 LA	1.5	EACH	292.00	1,694	1,986
37	TUB OVERSIZED 5'X7' W/WHIRLPOOL BATH, SHOWER, HYDROMASSAGE UNIT	1 PL 1 LA 1 EL	1	EACH	696.96	3,546	4,243
38	RECTANGLE DEEP SOAKING TUB W/O WHIRLPOOL	1 PL 1 LA	1.5	EACH	292.00	1,570	1,862
39	RECTANGLE DEEP SOAKING TUB W/WHIRLPOOL	1 PL 1 LA 1 EL	1	EACH	696.96	3,316	4,013
40	RECTANGLE DEEP SOAKING 2 SEAT TUB W/O WHIRL	1 PL 1 LA	1.5	EACH	292.00	1,434	1,726
41	RECTANGLE DEEP SOAKING 2-SEAT TUB W/WHIRL W/PUMP, FILTER, HEATER & JETS	1 PL 1 LA	1.5	EACH	292.00	1,456	1,748

EQUIPMENT

LINE	DESCRIPTION	OUTPUT CREW	PER DAY	UNIT	LABOR	MATERIAL	TOTAL
1	CORNER DESIGN TUB 2-PERSON BATH W/O WHIRL	1 PL 1 LA	1.5	EACH	292.00	1,694	1,986
2	CORNER DESIGN TUB 2-PERSON BATH W/WHIRL	1 PL 1 LA 1 EL	1	EACH	696.96	3,546	4,243
3	CIRCLE DESIGN 2-PERSON W/SEATS W/O WHIRL	1 PL 1 LA	1.5	EACH	292.00	1,882	2,174
4	CIRCLE DESIGN 2-PERSON W/SEATS W/WHIRL	1 PL 1 LA 1 EL	1	EACH	696.96	3,982	4,679
	TUB SHOWER MODULES 3/16" ACRYLIC REINFORCED RESIN FIBERGLASS						
5	5' TUB SHOWER W/BUILT-IN SEAT OR GRAB BAR	1 PL 1 LA	1	EACH	438.00	940.00	1,378
6	4' TUB SHOWER W/BUILT-IN SEAT	1 PL 1 LA	1	EACH	438.00	898.00	1,336
7	3' SHOWER	1 PL 1 LA	1	EACH	438.00	858.00	1,296
	TUB SHOWER MODULE W/WHIRLPOOL WITH 4 CHROME JETS 3/4" HP-30 MINUTE TIMER						
8	5' TUB SHOWER WHIRLPOOL W/SEAT OR GRAB BAR	1 PL 1 LA 1 EL	1	EACH	696.96	2,764	3,461
	TUB SHOWER MODULE W/STEAM GENERATOR W/VAPOR PROOF LITE-TIMER INCLUDED						
9	5' TUB SHOWER W/SEAT OR GRAB BAR	1 PL 1 LA 1 EL	1	EACH	696.96	3,316	4,013
10	4' TUB SHOWER W/SEAT OR GRAB BAR	1 PL 1 LA 1 EL	1	EACH	696.96	3,161	3,858
11	3' TUB SHOWER W/SEAT	1 PL 1 LA 1 EL	1	EACH	696.96	2,942	3,639

12 FURNISHINGS

LINE	DESCRIPTION	OUTPUT CREW	PER DAY	UNIT	UNIT COSTS LABOR	MATERIAL	TOTAL
	** CABINETS & FIXTURES **						
	WARDROBES						
	FIBERBOARD						
1	48" WIDE			EACH		340.00	340.00
2	60" WIDE			EACH		443.00	443.00
	STEEL W/HINGED DOORS						
3	36" WIDE			EACH		301.00	301.00
4	42" WIDE			EACH		338.00	338.00
5	48" WIDE			EACH		377.00	377.00
	STEEL W/SLIDING DOORS						
6	36" WIDE			EACH		290.00	290.00
7	42" WIDE			EACH		323.00	323.00
8	48" WIDE			EACH		354.00	354.00
	CLOSET ROD - TELESCOPING 1" DIA STEEL						
9	30" TO 48"	1 CP	24	EACH	9.08	2.85	11.93
10	48" TO 72"	1 CP	24	EACH	9.08	3.55	12.63
11	72" TO 120"	1 CP	24	EACH	9.08	7.70	16.78
	DOOR MIRRORS - 1/4" PLATE GLASS						
12	16"X68"	2 GL	17	EACH	26.19	29.00	55.19
13	22"X68"	2 GL	13	EACH	34.25	37.00	71.25
	CASEWORK METAL FOR HOSPITALS,SCHOOLS & FACTORIES						
14	WALL UNIT SINGLE DOOR 18"HI-ADJ SHELF METAL DOOR 24" WIDE	1 CP	4	EACH	54.50	158.00	212.50
15	WALL UNIT SINGLE DOOR 30"HI 2-ADJ SHELF METAL DOOR 24" WIDE	1 CP	3	EACH	72.67	460.00	532.67
16	CORNER UNIT 30" HI 3-ADJ SHELVES METAL DOORS 26" WIDE	1 CP	3	EACH	72.67	366.00	438.67
17	WALL UNIT DOUBLE DOOR 30"HI 2 ADJ SHELVES METAL DOORS 48" WIDE	1 CP	4	EACH	54.50	291.00	345.50
18	WALL UNIT DOUBLE DOOR 48"HI 3 ADJ SHELVES METAL DOORS 48" WIDE	1 CP	3	EACH	72.67	458.00	530.67
19	WALL UNIT SLIDING DOORS 30"HI 2-ADJ SHELVES METAL DOOR 48" WIDE	1 CP	5	EACH	43.60	333.00	376.60
20	WALL UNIT SLIDING DOOR 48"HI 3 ADJ SHELVES METAL DOORS 48" WIDE	1 CP	3	EACH	72.67	589.00	661.67
21	BASE UNIT FULL HEIGHT DOORS 30-1/2"HI 1-ADJ SHELF, DOUBLE 48" WIDE DOORS	1 CP	4	EACH	54.50	293.00	347.50
22	BASE UNIT FULL HEIGHT DOORS 30-1/2"HI WITH 1 ADJ SHELF DOUBLE SLIDE DOORS 48" WIDE	1 CP	4	EACH	54.50	433.00	487.50
23	CORNER UNIT 30-1/2"HI 1-ADJ SHELF 42" WIDE	1 CP	4	EACH	54.50	366.00	420.50
24	BASE UNIT W/1-DRAWER 30-1/2"HI 1-ADJ SHELF DOUBLE DOOR 48" WIDE	1 CP	4	EACH	54.50	293.00	347.50
25	BASE DRAWER UNITS 30-1/2"HI 2-DRAWER 48" WIDE	1 CP	4	EACH	54.50	458.00	512.50
26	BASE DRAWER UNIT 30-1/2"HI 3-DRAWERS 48" WIDE	1 CP	4	EACH	54.50	510.00	564.50
27	BASE DRAWER UNITS 30-1/2"HI 4 DRAWERS 48" WIDE	1 CP	3	EACH	72.67	530.00	602.67
28	BASE DRAWER UNITS 30-1/2"HI 6-DRAWERS 48" WIDE	1 CP	3	EACH	72.67	593.00	665.67
29	BASE DRAWER UNIT COMBO 30-1/2"HI 4 DRAWER 1-ADJ SHELF, 48" WIDE	1 CP	3	EACH	72.67	543.00	615.67
30	BASE UNIT SINK CUPBOARD 30-1/2"HI NO SHELF DOUBLE DOORS 49" WIDE	1 CP	3	EACH	72.67	406.00	478.67

FURNISHINGS   12

LINE	DESCRIPTION	OUTPUT CREW	PER DAY	UNIT	LABOR	MATERIAL	TOTAL
	STORAGE W/DOORS - METAL						
1	24"X30"			LN FT		51.00	51.00
2	24"X36"			LN FT		56.00	56.00
	CLASSROOM CABINETS, PREFABRICATED						
3	1 DOOR	1 CP	3.7	EACH	58.92	262.00	320.92
4	2 DOOR	1 CP	3.7	EACH	58.92	320.00	378.92
	TEACHERS CLOSET-METAL -7" DEEP						
5	24"X24"			EACH		142.00	142.00
6	24"X30"			EACH		158.00	158.00
7	24"X36"			EACH		183.00	183.00
8	24"X48"			EACH		241.00	241.00
	MAP STORAGE - METAL						
9	36"X36"X30"			EACH		530.00	530.00
10	36"X36"X36"			EACH		634.00	634.00
11	48"X36"X30"			EACH		736.00	736.00
12	48"X36"X36"			EACH		874.00	874.00
	** DISPLAY CASES **						
	FREE STANDING, GLASS TOP AND FRONT, ILLUMINATED 22" DEEP X 38" HIGH						
	ALUMINUM FRAMED						
13	48" LONG			EACH		919.00	919.00
14	60" LONG			EACH		930.00	930.00
15	72" LONG			EACH		998.00	998.00
	STAINLESS STEEL FRAMED						
16	48" LONG			EACH		1,395	1,395
17	60" LONG			EACH		1,435	1,435
18	72" LONG			EACH		1,525	1,525
	WALL MOUNTED, GLASS FRONT, ILLUMINATED						
19	ALUMINUM FRAME			SQ FT		63.00	63.00
20	STAINLESS STEEL FRAME			SQ FT		94.00	94.00
	** SCHOOL INSTITUTIONAL LABORATORY FURNITURE **						
	FURNISHED AND INSTALLED W/O ELECTRIC AND GAS						
	DEMO TABLES						
21	72"X24"X36"			EACH		703.00	703.00
22	140"X31"X36" W/DESK STATION			EACH		3,850	3,850
23	132"X48"X36" W/SINK			EACH		4,133	4,133
24	144"X34"X36" W/SINK			EACH		3,607	3,607
25	144"X31"X36" W/SINK			EACH		3,545	3,545
26	132"X48"X36" W/SINK (DOUBLE GAS)			EACH		4,203	4,203
27	159"X54"X36" W/SINK (DOUBLE GAS)			EACH		5,436	5,436
	PROJECT TABLE W/O GAS & ELECTRIC						
28	72"X48"X30"			EACH		544.00	544.00
	DEMO AND PROJECT CENTER						
29	162"X54"X36"			EACH		4,782	4,782
30	144"X54"X36" W/CABINETS			EACH		3,560	3,560
	STORAGE CASE						
31	47"X21 5/8"X83"			EACH		904.00	904.00
32	35"X15 3/4"X83"			EACH		725.00	725.00
33	24"X21 5/8"X83"			EACH		616.00	616.00
	DISPLAY-STORAGE CASE						
34	47"X21 5/8"X83"			EACH		872.00	872.00
	OPEN STORAGE CASE (NO DOOR)						
35	47"X15 3/4"X83"			EACH		824.00	824.00
	SAFETY GOGGLES CABINET W/DOORS						
36	25"X12"X25"			EACH		800.00	800.00
	SAFETY CENTER (2/SAFETY SHOWER & EYEWASH)						
37	35"X21 5/8"X83"			EACH		1,469	1,469
	FUME HOOD						
38	72"X32 3/4"X92"			EACH		4,616	4,616

1988 DODGE UNIT COST DATA

12 FURNISHINGS

LINE	DESCRIPTION	CREW	PER DAY	UNIT	LABOR	MATERIAL	TOTAL
	ISLAND FUME HOOD						
1	60"X32"X84"			EACH		4,668	4,668
	SINK CENTER W/TOP-SINK & BASIN						
2	47"X30"X36"			EACH		1,086	1,086
	GLASSWARE DRY RACK						
3	20"X30"			EACH		224.00	224.00
	WALL COUNTER						
4	47"X30"X36"			EACH		867.00	867.00
5	47"X24"X36"			EACH		826.00	826.00
6	35"X24"X36"			EACH		682.00	682.00
7	24"X24"X36"			EACH		534.00	534.00
8	24"X30"X36"			EACH		554.00	554.00
9	18"X24"X36"			EACH		487.00	487.00
10	47"X24"X36" (CAB)			EACH		1,089	1,089
11	47"X24"X36" (2 DOOR)			EACH		626.00	626.00
12	35"X24"X36" (2 DOOR)			EACH		551.00	551.00
13	47"X24"X29" (2 DOOR)			EACH		626.00	626.00
	WALL CABINET						
14	47"X12"X30 1/2"			EACH		445.00	445.00
15	35"X12"X30 1/2"			EACH		375.00	375.00
16	47"X12"X30 1/2" (GLASS DOORS)			EACH		442.00	442.00
17	35"X12"X30 1/2" (GLASS DOORS)			EACH		375.00	375.00
	RINSE AWAY SINK CENTER						
18	70 1/2"X24"X36"			EACH		1,821	1,821
	RINSE AWAY SINK CENTER W/SAFETY SPRAY						
19	70 1/2"X24"X36"			EACH		2,090	2,090
	RINSE AWAY SINK CENTER W/SAFETY SPRAY AND SEDIMENT TRAP						
20	114"X24"X36"			EACH		2,979	2,979
	4 STUDENT CHEMISTRY LAB STATION						
21	56"X67"X36"			EACH		3,858	3,858
	STUDENT PHYSICS LAB TABLE						
22	72"X48"X30"			EACH		755.00	755.00
	4 STUDENT PHYSICS LAB TABLE						
23	72"X48"X30"			EACH		1,066	1,066
	4 STUDENT BIOLOGY LAB TABLE						
24	56"X67"X30"			EACH		2,964	2,964
	ISLAND TABLE						
25	96"X54"X36"			EACH		3,158	3,158
	MOBILE COUNTER						
26	36"X24"X36"			EACH		737.00	737.00
	MOBILE SORTING STATION						
27	47"X24"X36"			EACH		984.00	984.00
	SCALE BALANCE STATION W/SLAB						
28	36"X24"X36"			EACH		1,378	1,378
	BOOK AND MAGAZINE CASE						
29	47"X12"X82 3/4"			EACH		560.00	560.00
	BOOK SHELVING						
30	35"X12"X82 3/4"			EACH		409.00	409.00
	TOTE TRAY STORAGE CASE (60 TRAYS)						
31	47"X21 5/8"X83"			EACH		2,229	2,229
	TEACHER CABINET						
32	35"X21 5/8"X83"			EACH		926.00	926.00
33	35"X15 3/4"X83"			EACH		926.00	926.00
	COMPARTMENT STORAGE CASE						
34	47"X21 5/8"X83"			EACH		1,341	1,341
	GLASS TUBING CASE						
35	24"X15 3/4"X83"			EACH		720.00	720.00
	CHEMICAL SAFETY UNIT						
36	43"X18"X65"			EACH		1,141	1,141
	COMPUTER STATION W/KNEE SPACE						
37	80"X27"X29"			EACH		1,177	1,177

FURNISHINGS 12

LINE	DESCRIPTION	CREW	PER DAY	UNIT	LABOR	MATERIAL	TOTAL
	TABLE						
1	48"X24"X29"			EACH		314.00	314.00
2	96"X48"X29"			EACH		922.00	922.00
3	60"X24"X29"			EACH		237.00	237.00
	TOTE TRAY COUNTER						
4	47"X24"X36"			EACH		1,015	1,015
	BOOK SHELVING W/PLAS. LAM TOP						
5	30"X12"X30"			EACH		377.00	377.00
6	47"X12"X30"			EACH		412.00	412.00
	SLIDING CHALK BOARD & STORAGE ASSEMBLY						
7	94"X22"X83"			EACH		3,991	3,991
	PORTABLE CHALK BOARD						
8	72"X28"X73"			EACH		800.00	800.00
	SKELETON CABINET						
9	24"X16"X83"			EACH		638.00	638.00
	MICROSCOPE CASE (SOLID DOORS)						
10	47"X16"X83"			EACH		983.00	983.00
	MARINE STUDY STATION						
11	37"X24"X36"			EACH		1,361	1,361
	CLIMATARIUM						
12	56"X27"X24"			EACH		7,465	7,465
	PORTA PLANT STUDY						
13	56"X28"X71"			EACH		1,346	1,346
	PLANT STUDY CENTER						
14	26"X30"X60"			EACH		1,075	1,075
	GERMINATION CENTER						
15	72"X24"X36"			EACH		889.00	889.00
	POTTING BENCH						
16	61"X24"X29			EACH		2,128	2,128
	SOIL CART						
17	16"X16"X24"			EACH		738.00	738.00
	BASE CABINET						
18	47"X18"X36"			EACH		563.00	563.00
19	35"X24"X36"			EACH		533.00	533.00
20	35"X18"X36"			EACH		587.00	587.00
21	24"X18"X36"			EACH		664.00	664.00
	BI-LEVEL 2 STUDENT LAB TABLE W/IMPRINTED TOP (MATH TABLES ETC.)						
22	54"X20"X30"			EACH		805.00	805.00
23	54"X20"X36"			EACH		805.00	805.00
	STUDENT DISCOVERY CENTER W/IMPRINTED TOP						
24	47"X47"X27"			EACH		1,470	1,470
25	47"X47"X37"			EACH		1,470	1,470
	MODULAR WALL MOUNTED DISPLAY AND STORAGE ASSEMBLY						
26	15'6"X20"X97"			EACH		3,902	3,902
	VERTICAL APPARATUS DISPLAY CENTER W/PANELS						
27	47"X47"X7"			EACH		2,697	2,697
	HORIZONTAL APPARATUS DISPLAY CENTER						
28	47"X46"X7"			EACH		2,219	2,219
	42 DRAWER STORAGE CABINET						
29	47"X22"X83"			EACH		2,022	2,022
	CARRY ALL STORAGE CABINET (28 CARRY ALLS)						
30	47"X22"X83"			EACH		1,670	1,670
	BIO-MARINE STUDY CENTER						
31	33"X32"X49"			EACH		3,620	3,620
	EARTH SCIENCE STUDY CENTER						
32	61"X24"X42"			EACH		1,639	1,639
	ILLUMINATED SPECIMEN DISPLAY CASE						
33	35"X16"X30"			EACH		492.00	492.00

1988 DODGE UNIT COST DATA

12 FURNISHINGS

LINE	DESCRIPTION	OUTPUT CREW	PER DAY	UNIT	LABOR	MATERIAL	TOTAL
	** CABINETS **						
	KITCHEN CABINETS						
	WALL						
1	ECONOMICAL			LN FT		30.00	30.00
2	AVERAGE			LN FT		42.00	42.00
3	LUXURY			LN FT		54.00	54.00
	BASE						
4	ECONOMICAL			LN FT		68.00	68.00
5	AVERAGE			LN FT		85.00	85.00
6	LUXURY			LN FT		94.00	94.00
	VANITY UNITS, W/PLASTIC EXTERIOR FINISH						
	CONTEMPORARY STYLE (WHITE) W/MOLDED DOORS						
7	24" BASE	1 CP	4.5	EACH	48.44	124.00	172.44
8	30" BASE	1 CP	3.5	EACH	62.29	127.00	189.29
9	36" BASE	1 CP	3	EACH	72.67	129.00	201.67
	SPANISH STYLE (DARK OAK) W/PANELED DOORS						
10	24" BASE	1 CP	3.6	EACH	60.56	120.00	180.56
11	30" BASE	1 CP	2.8	EACH	77.86	124.00	201.86
12	36" BASE	1 CP	2.4	EACH	90.83	143.00	233.83
	CLASSIC STYLE (WHITE OR CHERRY) W/LOUVERED DOORS						
13	24" BASE	1 CP	3.6	EACH	60.56	119.00	179.56
14	30" BASE	1 CP	2.8	EACH	77.86	131.00	208.86
15	36" BASE	1 CP	2.4	EACH	90.83	149.00	239.83
	VANITY UNITS, W/WOOD EXTERIOR FINISH						
	FRENCH STYLE (WHITE) W/PANELED DOORS						
16	24" BASE	1 CP	3.6	EACH	60.56	138.00	198.56
17	30" BASE	1 CP	2.8	EACH	77.86	150.00	227.86
18	36" BASE	1 CP	2.4	EACH	90.83	158.00	248.83
19	42" BASE	1 CP	2	EACH	109.00	168.00	277.00
20	60" BASE	1 CP	1.6	EACH	136.25	263.00	399.25
	COLONIAL STYLE (OAK OR WALNUT) PLAIN DOORS						
21	24" BASE	1 CP	3.6	EACH	60.56	73.00	133.56
22	30" BASE	1 CP	2.8	EACH	77.86	76.00	153.86
23	36" BASE	1 CP	2.4	EACH	90.83	94.00	184.83
24	48" BASE	1 CP	2	EACH	109.00	116.00	225.00
	VANITY TOPS						
	ACRYLIC MARBLE - SHELL SHAPED BOWL						
25	FOR BASE SIZE 24"	1 CP	8	EACH	27.25	59.00	86.25
26	FOR BASE SIZE 30"	1 CP	6.4	EACH	34.06	66.00	100.06
27	FOR BASE SIZE 36"	1 CP	5.3	EACH	41.13	71.00	112.13
28	FOR BASE SIZE 42"	1 CP	4.5	EACH	48.44	80.00	128.44
29	FOR BASE SIZE 48"	1 CP	4	EACH	54.50	87.00	141.50
	CULTURED MARBLE TOP SHELL OR OVAL BOWL						
30	FOR BASE SIZE 24"	1 CP	8	EACH	27.25	94.00	121.25
31	FOR BASE SIZE 30"	1 CP	6.4	EACH	34.06	105.00	139.06
32	FOR BASE SIZE 36"	1 CP	5.3	EACH	41.13	118.00	159.13
	** BLINDS, CORNICES, & SHADES **						
	CORNICE						
33	MAHOGANY			LN FT		3.60	3.60
34	REDWOOD			LN FT		2.55	2.55
	ALUMINUM LOUVERED EXTERIOR BLINDS, 1'4" WIDE						
35	3' LONG	1 CP	7.9	PAIR	27.59	46.00	73.59
36	4' LONG	1 CP	7.9	PAIR	27.59	52.00	79.59
37	6' LONG	1 CP	7.9	PAIR	27.59	61.00	88.59
	NYLON LOUVERED EXTERIOR BLINDS, 1'4" WIDE						
38	5' LONG	1 CP	7.9	PAIR	27.59	58.00	85.59
39	6' LONG	1 CP	7.9	PAIR	27.59	60.00	87.59
	VENETIAN BLINDS, INTERIOR						
	ALUMINUM						
40	1" SLATS	1 CP	460	SQ FT	0.47	2.18	2.65
41	2" SLATS	1 CP	460	SQ FT	0.47	1.52	1.99
	STEEL						
42	1" SLATS	1 CP	460	SQ FT	0.47	1.79	2.26
43	2" SLATS	1 CP	460	SQ FT	0.47	1.07	1.54

FURNISHINGS

LINE	DESCRIPTION	OUTPUT CREW	PER DAY	UNIT	LABOR	MATERIAL	TOTAL
	VERTICAL BLINDS						
1	PVC	1 CP	460	SQ FT	0.47	1.98	2.45
2	ALUMINUM	1 CP	460	SQ FT	0.47	2.25	2.72
	SHADES						
3	COTTON	1 CP	460	SQ FT	0.47	1.06	1.53
4	VINYL	1 CP	460	SQ FT	0.47	0.79	1.26
5	ALUMINUM	1 CP	460	SQ FT	0.47	2.37	2.84
	TRAVERSE RODS,						
6	FIBERGLASS			LN FT		1.41	1.41
7	STEEL			LN FT		2.93	2.93
8	ALUMINUM			LN FT		4.04	4.04
	DRAPERY FABRIC						
9	FIBERGLASS			SQ FT		1.02	1.02
10	COTTON			SQ FT		1.33	1.33
	** FURNITURE **						
11	HARDWOOD PEWS			LN FT		40.00	40.00
	ADD FOR						
12	PADDED SEAT			LN FT		21.00	21.00
13	FULL UPHOLSTERY			LN FT		30.00	30.00
14	KNEELERS			LN FT		17.00	17.00
	DESKS						
15	WOOD			EACH		183.00	183.00
16	METAL			EACH		270.00	270.00
	DORMITORY UNITS						
	STUDIO BEDS						
17	30" WIDE			EACH		189.00	189.00
18	39" WIDE			EACH		241.00	241.00
	BEDS, INCLUDING MATTRESS						
19	54"X75"			EACH		505.00	505.00
20	60"X80"			EACH		695.00	695.00
	CHAIRS, AVERAGE PRICES						
21	POLYPROPYLENE			EACH		33.10	33.10
22	FIBERGLASS			EACH		45.35	45.35
23	PEDESTAL FIBERGLASS			EACH		86.95	86.95
24	DINING ROOM			EACH		77.20	77.20
25	DINETTE			EACH		67.40	67.40
26	LIVING ROOM			EACH		170.00	170.00
27	LIVING ROOM RECLINING			EACH		401.00	401.00
28	ROCKING			EACH		216.00	216.00
	SOFA						
29	ECONOMY			EACH		330.00	330.00
30	AVERAGE			EACH		502.00	502.00
31	DELUXE			EACH		764.00	764.00
	SOFA BED						
32	ECONOMY			EACH		395.00	395.00
33	AVERAGE			EACH		594.00	594.00
34	DELUXE			EACH		857.00	857.00
35	NIGHT STAND, 3 DRAWER			EACH		204.00	204.00
36	CHEST, 3 DRAWER			EACH		235.00	235.00
37	DOUBLE DRESSER, 8 DRAWER			EACH		426.00	426.00
38	BOOKCASE CABINET			EACH		273.00	273.00
	COCKTAIL TABLES						
39	ECONOMY			EACH		168.00	168.00
40	AVERAGE			EACH		504.00	504.00
41	DELUXE			EACH		506.00	506.00
	CLASSROOM SEATING						
42	STUDENT DESKS			EACH		50.00	50.00
43	DESK CHAIR UNITS			EACH		82.00	82.00

12 FURNISHINGS

LINE	DESCRIPTION	OUTPUT CREW	PER DAY	UNIT	LABOR	MATERIAL	TOTAL
	STEEL FILES 24"						
	STANDARD						
1	2 DRAWER W/O LOCKS			EACH		90.00	90.00
2	4 DRAWER W/O LOCKS			EACH		134.00	134.00
3	2 DRAWER W/LOCKS			EACH		91.00	91.00
4	4 DRAWER W/LOCKS			EACH		134.00	134.00
	FIREPROOF						
5	2 DRAWER			EACH		416.00	416.00
6	4 DRAWER			EACH		697.00	697.00
	** RUGS & MATS **						
	WOOL RUGS						
7	SHAG			SQ YD		41.60	41.60
8	SCULPTURED			SQ YD		40.40	40.40
9	PLUSH			SQ YD		37.00	37.00
	NYLON RUGS						
10	SHAG			SQ YD		19.95	19.95
11	SCULPTURED			SQ YD		16.50	16.50
12	PLUSH			SQ YD		13.85	13.85
	PADDING						
13	LIGHT			SQ YD		2.02	2.02
14	MEDIUM			SQ YD		3.19	3.19
15	HEAVY			SQ YD		4.73	4.73
	PLASTIC FLOOR MATS						
16	45"X53"			EACH		72.00	72.00
17	48"X60"			EACH		88.00	88.00
	FLOOR MATS						
	BLACK RUBBER						
18	1/4"			SQ FT		10.50	10.50
19	1/2"			SQ FT		16.80	16.80
	WITH COLORS						
20	1/4"			SQ FT		15.50	15.50
21	1/2"			SQ FT		20.15	20.15
22	SAFETY WALK STRIPS			SQ FT		4.15	4.15
	** SEATING **						
23	STACKING CHAIRS			EACH		41.50	41.50
	AUDITORIUM SEATING						
24	PLASTIC			SEAT		47.50	47.50
25	METAL			SEAT		58.00	58.00
26	WOOD			SEAT		63.00	63.00
27	UPHOLSTERED			SEAT		92.00	92.00
28	FOR TABLET ARMS, ADD			SEAT		26.00	26.00
29	STADIUM SEATING			EACH		67.10	67.10
30	FOR ARMS AND BACKS, ADD			EACH		62.00	62.00
	BLEACHERS						
31	STEEL FRAME-WOOD SEATS			SEAT		49.70	49.70
32	DE-MOUNTABLE STEEL AND WOOD			SEAT		50.15	50.15
	SEATING SPORTS AREAS						
33	STEEL W/O BACKS			LN FT		24.45	24.45
34	STEEL W/BACKS			LN FT		35.00	35.00
35	WOOD FRAME THROUGHOUT W/O BACKS			LN FT		10.40	10.40
36	FIBERGLASS W/O BACKS			LN FT		15.10	15.10
37	FIBERGLASS W/BACKS			LN FT		23.90	23.90
38	BLEACHER WOOD-METAL STAND			EACH		39.50	39.50
39	BLEACHER FIBERGLASS STAND			EACH		47.30	47.30
40	WOOD FRAME THROUGHOUT W/BACKS			LN FT		12.95	12.95
41	PRECAST CONCRETE W/O BACKS			LN FT		15.20	15.20
42	PRECAST CONCRETE W/BACKS			LN FT		25.60	25.60
43	TELESCOPIC SEATS (MIN 500 SEATS)			EACH		32.65	32.65

FURNISHINGS

LINE	DESCRIPTION	OUTPUT CREW	OUTPUT PER DAY	UNIT	LABOR	MATERIAL	TOTAL
	BLEACHERS, TELESCOPING						
	MANUAL OPERATION						
1	15 TIER			SEAT		45.00	45.00
2	20 TIER			SEAT		49.60	49.60
3	30 TIER			SEAT		67.60	67.60
	POWER OPERATION						
4	20 TIER			SEAT		57.20	57.20
5	30 TIER			SEAT		78.00	78.00

13 SPECIAL CONSTRUCTION

LINE	DESCRIPTION	OUTPUT			UNIT COSTS		
		CREW	PER DAY	UNIT	LABOR	MATERIAL	TOTAL
	** AIR SUPPORTED STRUCTURES, SHELL & ANCHORING **						
	NYLON						
1	50'X100'			SQ FT		6.65	6.65
2	60'X100'			SQ FT		6.28	6.28
3	60'X140'			SQ FT		5.00	5.00
4	80'X200'			SQ FT		4.22	4.22
5	100'X200'			SQ FT		3.76	3.76
6	100'X300'			SQ FT		3.30	3.30
	FIBERGLASS						
7	60'X120'			SQ FT		9.50	9.50
8	100'X200'			SQ FT		4.10	4.10
	DACRON						
9	100'X200'			SQ FT		6.20	6.20
10	120'X160'			SQ FT		6.05	6.05
11	120'X200'			SQ FT		4.84	4.84
	AIR LOCK LENGTH 15'						
12	DOOR SIZE 10'X10'			EACH		4,080	4,080
13	DOOR SIZE 12'X12'			EACH		4,900	4,900
14	DOOR SIZE 15'X15'			EACH		6,610	6,610
	** INTEGRATED CEILING **						
	INTEGRATED CEILING T-BAR MINERAL FIBER TILE						
15	55 FOOT CANDLES			SQ FT		3.50	3.50
16	70 FOOT CANDLES			SQ FT		4.06	4.06
17	85 FOOT CANDLES			SQ FT		4.25	4.25
18	100 FOOT CANDLES			SQ FT		4.40	4.40
	** BOWLING ALLEYS **						
	BOWLING ALLEYS, COMPLETE						
19	10 LANE			LP SM		27,900	27,900
20	20 LANE			LP SM		49,200	49,200
21	50 LANE			LP SM		104,500	104,500
	** AUDIOMETRIC ROOMS **						
	ANECHOIC CHAMBERS (NET AREAS)						
	200 CYCLE/SEC						
22	25 SQ FT			SQ FT		960.00	960.00
23	35 SQ FT			SQ FT		750.00	750.00
24	50 SQ FT			SQ FT		660.00	660.00
25	60 SQ FT			SQ FT		605.00	605.00
26	70 SQ FT			SQ FT		530.00	530.00
27	80 SQ FT			SQ FT		460.00	460.00
	150 CYCLE/SEC						
28	25 SQ FT			SQ FT		1,100	1,100
29	50 SQ FT			SQ FT		745.00	745.00
30	80 SQ FT			SQ FT		570.00	570.00
	100 CYCLE/SEC						
31	25 SQ FT			SQ FT		1,490	1,490
32	50 SQ FT			SQ FT		920.00	920.00
33	80 SQ FT			SQ FT		735.00	735.00
	AUDIOMETRIC BOOTHS STEEL WALLED 2", MAGNET SEALED DOOR, DOUBLE GLAZED ACOUSTIC GLASS, PREWIRED ELECTRIC LIGHT, FAN FORCED AIR VENT AND VIBRATION ISOLATORS.						
34	3'-4"X2'-8"X5'-4"	1 CP 1 LA	4	EACH	97.76	2,590	2,688
35	3'-4"X2'-8"X5'-4"	1 CP 1 LA	4	EACH	97.76	2,910	3,008
36	3'-4"X3'-6"X6'-9"	1 CP 1 LA	3	EACH	130.35	3,560	3,690
37	CLEAN ROOMS			SQ FT		80.00	80.00
	CORKBOARD IN MASTIC ON WALLS						
38	2"	1 AW	210	SQ FT	1.15	1.90	3.05
39	3"	1 AW	165	SQ FT	1.46	2.46	3.92

SPECIAL CONSTRUCTION 13

LINE	DESCRIPTION	OUTPUT CREW	PER DAY	UNIT	UNIT COSTS LABOR	MATERIAL	TOTAL
	SOLID						
1	4"	1 AW	135	SQ FT	1.78	4.08	5.86
2	6"	1 AW	100	SQ FT	2.41	5.30	7.71
	DOUBLE 2"						
3	CEILINGS	1 AW	90	SQ FT	2.68	5.50	8.18
4	FLOORS	1 AW	110	SQ FT	2.19	5.06	7.25
	COOLER DOOR AND FRAME						
5	30" WIDE	1 CP	0.9	EACH	242.22	1,214	1,456
6	36" WIDE	1 CP	0.9	EACH	242.22	1,070	1,312
	FREEZER DOOR AND FRAME						
7	30" WIDE	1 CP	0.9	EACH	242.22	1,970	2,212
8	36" WIDE	1 CP	0.9	EACH	242.22	2,130	2,372
9	FREEZER DOOR AND TRACK, SLIDING 8'X9'	1 CP	0.8	EACH	272.50	5,000	5,273
10	FREEZER DOOR, MOTOR OPERATED 8'X9'	1 CP 1 EL	0.6	EACH	794.93	9,500	10,295
	WALK-IN COOLER FOAM INSULATION WITH FLOOR 8'6" HIGH ALUMINUM INTERIOR & EXTERIOR						
11	6'X12'			EACH		7,820	7,820
12	8'X12'			EACH		8,540	8,540
13	10'X15'			EACH		11,400	11,400
14	10'X20'			EACH		13,600	13,600
15	12'X12'			EACH		11,000	11,000
16	12'X15'			EACH		13,600	13,600
17	12'X20'			EACH		15,300	15,300
	ENVIRONMENTAL ROOM PRE-FAB- STAINLESS STEEL-AC.						
18	6'X8' 0 TO 40 DEGREES	2 SM 2 LA 1 EL	0.5	EACH	2,187	20,600	22,787
19	10'X10' 0 TO 40 DEGREES	2 SM 2 LA 1 EL	0.6	EACH	1,823	25,600	27,423
20	14'X14' 0 TO 40 DEGREES	2 SM 2 LA 1 EL	0.6	EACH	1,823	37,400	39,223
21	6'X8' 15 TO 40 DEGREES	2 SM 2 LA 1 EL	0.5	EACH	2,187	17,100	19,287
22	10'X10' 15 TO 40 DEGREES	2 SM 2 LA 1 EL	0.6	EACH	1,823	20,700	22,523
23	12'X12' 15 TO 40 DEGREES	2 SM 2 LA 1 EL	0.6	EACH	1,823	23,500	25,323
24	14'X14' 15 TO 40 DEGREES	2 SM 2 LA 1 EL	0.6	EACH	1,823	28,800	30,623
25	HUMIDITY CONTROL ADD	1 EL	2	EACH	129.48	1,970	2,099
	COLD STORAGE REFRIGERATION EQUIPMENT AND INSTALLATION -COST IN SQ FT AREA						
26	COOLERS UP TO 50 DEGREES	1 SM 2 LA 1 EL	90	SQ FT	9.44	10.20	19.64
27	CHILLERS UP 0 DEGREES	1 SM 2 LA 1 EL	70	SQ FT	12.13	11.20	23.33
28	FREEZERS UP TO 15 DEGREES BELOW ZERO	1 SM 2 LA 1 EL	60	SQ FT	14.15	12.40	26.55
29	SHARP FREEZERS UP TO 30 DEGREES BELOW ZERO	1 SM 2 LA 1 EL	50	SQ FT	16.99	13.30	30.29
	PREFAB ALUMINUM COOLERS COMPLETE W/REFRIGER EQUIP-WIRING FLOORS-WALLS & CEILING INSULATED						
30	COOLERS 8'X8' POLYSTYRENE 3" THICK	1 SM 2 LA 1 EL	1	EACH	849.28	5,370	6,219
31	COOLERS 10'X10' POLYSTYRENE 3" THICK	1 SM 2 LA 1 EL	1	EACH	849.28	5,560	6,409
32	COOLERS 12'X12' POLYSTYRENE 3" THICK	1 SM 2 LA 1 EL	0.8	EACH	1,062	6,900	7,962
33	FREEZERS 8'X8' URETHANE 3" THICK	1 SM 2 LA 1 EL	1	EACH	849.28	5,350	6,199
34	FREEZERS 12'X12' URETHANE 3" THICK	1 SM 2 LA 1 EL	0.9	EACH	943.64	8,560	9,504
35	FREEZERS 12'X12' URETHANE 4" THICK	1 SM 2 LA 1 EL	0.8	EACH	1,062	9,400	10,462

1988 DODGE UNIT COST DATA

13 SPECIAL CONSTRUCTION

LINE	DESCRIPTION		OUTPUT			UNIT COSTS		
			CREW	PER DAY	UNIT	LABOR	MATERIAL	TOTAL
	SAUNA ROOMS (PRECUT) 7' HIGH COMPLETE W/HEATER CONTROLS-ROCKS AND ACCESSORIES							
1	4'X4'	2200 WATT HEATER	1 CP	1 LA	2 EACH	195.52	1,550	1,746
2	4'X5'	4500 WATT HEATER	1 CP	1 LA	2 EACH	195.52	1,920	2,116
3	4'X6'	6000 WATT HEATER	1 CP	1 LA	2 EACH	195.52	2,180	2,376
4	5'X7'	6000 WATT HEATER	1 CP	1 LA	2 EACH	195.52	2,260	2,456
5	6'X6'	6000 WATT HEATER	1 CP	1 LA	2 EACH	195.52	2,380	2,576
6	6'X7'	6000 WATT HEATER	1 CP	1 LA	2 EACH	195.52	2,500	2,696
7	6'X8'	8000 WATT HEATER	1 CP	1 LA	2 EACH	195.52	2,830	3,026
8	8'X8'	10500 WATT HEATER	1 CP	1 LA	1.5 EACH	260.69	3,050	3,311
9	8'X10'	10500 WATT HEATER	1 CP	1 LA	1.5 EACH	260.69	3,510	3,771
10	8'X12'	12000 WATT HEATER	1 CP	1 LA	1.5 EACH	260.69	3,950	4,211
11	10'X10'	12000 WATT HEATER	1 CP	1 LA	1 EACH	391.04	4,090	4,481
12	10'X12'	14400 WATT HEATER	1 CP	1 LA	1 EACH	391.04	4,350	4,741
13	12'X12'	14400 WATT HEATER	1 CP	1 LA	1 EACH	391.04	4,600	4,991
	ADDITIVES:							
14	DOOR TEMP. SAFETY GLASS 15"X65"-24"X48"-PREHUNG				LP SM		300.00	300.00
	TIMER LIGHT SWITCH CONTROL CONTACTOR				8 EACH		200.00	200.00
	SAUNA ROOM (STANDARD) 7' HIGH CPMPLETE W/HEATER ROCKS, CONTROLS, THERMOMETER, LIGHT FIXTURE 1" T&G REDWOOD WALLS & CEILING, BENCH, DUCKBOARD 1X4, PREHUNG DOOR, DOUBLE GLAZED							
15	4'X6'		2 CP		1.5 EACH	290.67	3,824	4,115
16	5'X6'		2 CP		1.5 EACH	290.67	4,064	4,355
17	5'X7'		2 CP		1.5 EACH	290.67	4,616	4,907
18	5'X8'		2 CP		1.5 EACH	290.67	5,176	5,467
19	6'X6'		2 CP		1.5 EACH	290.67	4,688	4,979
20	6'X7'		2 CP		1.5 EACH	290.67	5,216	5,507
21	6'X8'		2 CP		1.4 EACH	311.43	5,232	5,543
22	6'X9'		2 CP		1.4 EACH	311.43	5,824	6,135
23	6'X10'		2 CP		1.4 EACH	311.43	6,116	6,427
24	7'X7'		2 CP		1.4 EACH	311.43	5,416	5,727
25	7'X8'		2 CP		1.4 EACH	311.43	5,808	6,119
26	7'X9'		2 CP		1.4 EACH	311.43	6,328	6,639
27	7'X10'		2 CP		1.4 EACH	311.43	6,716	7,027
28	8'X8'		2 CP		1.2 EACH	363.33	6,344	6,707
29	8'X9'		2 CP		1.2 EACH	363.33	6,776	7,139
30	8'X10'		2 CP		1.2 EACH	363.33	7,184	7,547
31	8'X11'		2 CP		1.2 EACH	363.33	7,632	7,995
32	8'X12'		2 CP		1.2 EACH	363.33	8,032	8,395
33	9'X9'		2 CP		1.0 EACH	436.00	7,360	7,796
34	9'X10'		2 CP		1.0 EACH	436.00	7,664	8,100
35	9'X11'		2 CP		1.0 EACH	436.00	8,072	8,508
36	9'X12'		2 CP		1.0 EACH	436.00	8,492	8,928
37	10'X10'		2 CP		0.8 EACH	545.00	8,088	8,633
38	10'X11'		2 CP		0.8 EACH	545.00	8,520	9,065
39	10'X12'		2 CP		0.8 EACH	545.00	8,984	9,529
40	10'X13'		2 CP		0.8 EACH	545.00	7,960	8,505
41	10'X14'		2 CP		0.8 EACH	545.00	9,888	10,433
42	11'X11'		2 CP		0.8 EACH	545.00	8,976	9,521
43	11'X12'		2 CP		0.8 EACH	545.00	9,432	9,977
44	12'X12'		2 CP		0.8 EACH	545.00	9,888	10,433
	** STEAM ROOM SYSTEMS **							
	SINGLE PHASE BOILER W/INSTRUCTION PLATE, TIMER & STEAM HEAD							
45	18"X9"X10" SERVES UP TO 80'3" 5 KW		1 PL		1.5 EACH	176.64	890.00	1,067
46	18"X11"X10" SERVES UP TO 140'3" 6 KW		1 PL		1.5 EACH	176.64	980.00	1,157
47	18"X15"X10" SERVES UP TO 300'3" 8.5 KW		1 PL		1.5 EACH	176.64	1,154	1,331
48	ROOM TEMPERATURE CONTROLLER ADD		1 PL		8 EACH	33.12	111.00	144.12

SPECIAL CONSTRUCTION 13

LINE	DESCRIPTION	OUTPUT CREW	PER DAY	UNIT	LABOR	MATERIAL	TOTAL
	** STORAGE VAULTS **						
	VAULT DOOR & FRAME						
	3'X6'						
1	1 HR	1 SI	0.6	EACH	392.67	2,390	2,783
2	2 HR	1 SI	0.6	EACH	392.67	2,990	3,383
3	3 HR	1 SI	0.5	EACH	471.20	3,490	3,961
4	4 HR	1 SI	0.5	EACH	471.20	4,070	4,541
5	6 HR	1 SI	0.4	EACH	589.00	5,370	5,959
	3'6"X7'0"						
6	1 HR	1 SI	0.6	EACH	392.67	3,150	3,543
7	2 HR	1 SI	0.6	EACH	392.67	3,380	3,773
8	4 HR	1 SI	0.5	EACH	471.20	5,600	6,071
9	6 HR	1 SI	0.4	EACH	589.00	5,330	5,919
	** VIBRATION PADS **						
10	LEAD AND ASBESTOS 1"	2 SI	22	SQ FT	21.42	17.00	38.42
11	NEOPRENE PAD 1"	2 SI	22	SQ FT	21.42	40.00	61.42
12	VINYL PADS - FELT SURFACE - 1" THICK	2 SI	22	SQ FT	21.42	36.00	57.42
	RADIATION PROTECTION 4 LB LEAD LINED						
13	LATH			SQ FT		16.00	16.00
14	WINDOW			SQ FT		128.00	128.00
15	ELECTROMAGNETIC SHIELDING			SQ FT		94.00	94.00
16	RADIO FREQUENCY SHIELDING			SQ FT		218.00	218.00
	** PRE-ENGINEERED BUILDINGS **						
	FRAME AND ENCLOSURE ONLY ON PREPARED FOUNDATIONS COSTS BASED ON SQ FT OF FLOOR AREA. GALVANIZED SIDING AND ROOFING						
17	26 GA 16' TO EAVES	4 SI	200	SQ FT	4.71	5.30	10.01
18	26 GA 20' TO EAVES	4 SI	180	SQ FT	5.24	6.10	11.34
19	24 GA 16' TO EAVES	4 SI	195	SQ FT	4.83	6.26	11.09
20	24 GA 20' TO EAVES	4 SI	175	SQ FT	5.39	7.48	12.87
	DOORS, 1 3/8" WITH FRAMES AND HARDWARE						
21	3'X7' SINGLE	4 SI	5	EACH	188.48	426.00	614.48
22	6'X7' DOUBLE	4 SI	4	EACH	235.60	582.00	817.60
23	6'X8' DOUBLE	4 SI	3.8	EACH	248.00	614.00	862.00
24	8'X10' SLIDING	4 SI	2.5	EACH	376.96	680.00	1,057
25	8'X12' SLIDING	4 SI	2.2	EACH	428.36	756.00	1,184
	WINDOWS, GLAZED, W/O SCREEN						
26	3'X3' SLIDING	4 SI	15	EACH	62.83	130.00	192.83
27	3'X6' SLIDING	4 SI	12	EACH	78.53	182.00	260.53
28	3'X4' PROJECTED	4 SI	15	EACH	62.83	118.00	180.83
29	5'X5' PROJECTED	4 SI	11	EACH	85.67	216.00	301.67
	** SPACE FRAME SYSTEM **						
	SMALL JOB - 1000 - 2000 SQ FT TRUE SURFACE						
30	SQUARE TUBE 2"X2" OR 3"						
31	MODULE 6'X6'	5 SI 1 HE	400	SQ FT	3.52	20.00	23.52
32	MODULE 8'X8'	5 SI 1 HE	500	SQ FT	2.82	17.00	19.82
33	TUBING, SPHERICAL HUBS TAPERED						
34	MODULE 6'X6'	5 SI 1 HE	350	SQ FT	4.02	34.00	38.02
35	MODULE 8'X8'	5 SI 1 HE	400	SQ FT	3.52	30.00	33.52
	MID TO LARGE 5000 - 10000 SQ FT TRUE SURFACE						
36	SQUARE TUBE 2"X2" OR 3"						
37	MODULE 6'X6'	5 SI 1 HE	500	SQ FT	2.82	15.00	17.82
38	MODULE 8'X8'	5 SI 1 HE	500	SQ FT	2.82	12.90	15.72
39	MODULE 10'X10'	5 SI 1 HE	500	SQ FT	2.82	15.10	17.92

1988 DODGE UNIT COST DATA

13 SPECIAL CONSTRUCTION

LINE	DESCRIPTION	OUTPUT CREW	PER DAY	UNIT	UNIT COSTS LABOR	MATERIAL	TOTAL
1	TUBING, SPHERICAL HUBS TAPERED						
2	MODULE 6'X6'	5 SI 1 HE	300	SQ FT	4.69	25.70	30.39
3	MODULE 8'X8'	5 SI 1 HE	300	SQ FT	4.69	21.40	26.09
4	MODULE 10'X10'	5 SI 1 HE	300	SQ FT	4.69	19.20	23.89
5	CRANE - @ 900.00 PER DAY						
6	HANGERS, GALVANIZED ROOF & WALLS			SQ FT		11.50	11.50
	TICKET BOOTHS, NOT INCLUDING FOUNDATIONS GALVANIZED STEEL						
7	20 SQ FT			EACH		1,880	1,880
8	35 SQ FT			EACH		4,260	4,260
	METAL STORAGE BUILDINGS						
9	137 CU FT			EACH		204.00	204.00
10	320 CU FT			EACH		316.00	316.00
11	515 CU FT			EACH		416.00	416.00
12	636 CU FT			EACH		595.00	595.00
13	747 CU FT			EACH		690.00	690.00
	ALUMINUM SHELL BLDG (GALVANIZED ROOF) FOUNDATION & INSTALLATION NOT INCLUDED						
14	12'X10'X7'			EACH		1,520	1,520
15	14'X10'X7'			EACH		1,440	1,440
16	20'X20'X7'			EACH		3,480	3,480
17	24'X20'X7'			EACH		3,920	3,920
18	20'X35'X8.4'			EACH		6,440	6,440
19	24'X35'X8.4'			EACH		6,900	6,900
	ACOUSTICAL IN PLANT BUILDING PREFAB UNIT METAL						
20	4'X6' MAT'L	1 SI 1 LA	1	EACH	667.60	5,090	6,098
	EQUIP	1 EL				340.00	
21	6'X8' MAT'L	1 SI 1 LA	1	EACH	667.60	5,940	6,948
	EQUIP	1 EL				340.00	
22	8'X12' MAT'L	1 SI 1 LA	1	EACH	667.60	9,100	10,108
	EQUIP	1 EL				340.00	
	** SOLAR ENCLOSURES **						
	GLASS TO GROUND 1-BAY CURVED EAVE WIDTH X LENGTH - SINGLE TEMPERED						
23	33 1/3"X96 1/8" SINGLE TEMPERED	1 CP 1 LA	1 GL	0.5 EACH	1,227	1,250	2,477
24	33 1/3"X126 5/8" SINGLE TEMPERED	1 CP 1 LA	1 GL	0.5 EACH	1,227	1,520	2,747
25	33 1/3"X187 5/8" SINGLE TEMPERED	1 CP 1 LA	1 GL	0.5 EACH	1,227	2,080	3,307
26	33 1/2"X218 1/8" SINGLE TEMPERED	1 CP 1 LA	1 GL	0.4 EACH	1,534	2,360	3,894
27	33 1/3"X248 5/8" SINGLE TEMPERED	1 CP 1 LA	1 GL	0.4 EACH	1,534	2,650	4,184
28	33 1/2"X279 1/8" SINGLE TEMPERED	1 CP 1 LA	1 GL	0.4 EACH	1,534	2,920	4,454
	WIDTH X LENGTH DOUBLED-TEMPERED						
29	33 1/3"X96 1/8" DOUBLE-TEMPERED	1 CP 1 LA	1 GL	0.4 EACH	1,534	1,730	3,264
30	33 1/3"X126 5/8" DOUBLED-TEMPERED	1 CP 1 LA	1 GL	0.4 EACH	1,534	2,120	3,654
31	33 1/3"X187 5/8" DOUBLE-TEMPERED	1 CP 1 LA	1 GL	0.3 EACH	2,046	2,910	4,956
32	33 1/3"X218 1/8" DOUBLE-TEMPERED	1 CP 1 LA	1 GL	0.3 EACH	2,046	3,300	5,346
33	33 1/3"X248 5/8" DOUBLE TEMPERED	1 CP 1 LA	1 GL	0.3 EACH	2,046	3,700	5,746
34	33 1/3"X279 1/8" DOUBLE TEMPERED	1 CP 1 LA	1 GL	0.3 EACH	2,046	4,050	6,096

SPECIAL CONSTRUCTION   13

LINE	DESCRIPTION	OUTPUT			UNIT COSTS		
		CREW	PER DAY	UNIT	LABOR	MATERIAL	TOTAL
	GLASS TO GROUND 2 BAY CURVED						
	WIDTH X LENGTH - SINGLE TEMPERED						
1	64"X96 1/8" SINGLE TEMPERED	1 CP 1 LA	1 GL	0.4 EACH	1,534	1,460	2,994
2	64"X126 5/8" SINGLE TEMPERED	1 CP 1 LA	1 GL	0.4 EACH	1,534	1,680	3,214
3	64"X187 5/8" SINGLE TEMPERED	1 CP 1 LA	1 GL	0.4 EACH	1,534	2,310	3,844
4	64"X218 1/8" SINGLE TEMPERED	1 CP 1 LA	1 GL	0.4 EACH	1,534	2,630	4,164
5	64"X248 5/8" SINGLE TEMPERED	1 CP 1 LA	1 GL	0.3 EACH	2,046	2,950	4,996
6	64"X279 1/8" SINGLE TEMPERED	1 CP 1 LA	1 GL	0.3 EACH	2,046	3,260	5,306
	WIDTH & LENGTH DOUBLED TEMPERED						
7	64"X96 1/8" DOUBLED TEMPERED	1 CP 1 LA	1 GL	0.4 EACH	1,534	1,983	3,517
8	64"X126 5/8" DOUBLE TEMPERED	1 CP 1 LA	1 GL	0.4 EACH	1,534	2,350	3,884
9	64"X187 5/8" DOUBLE TEMPERED	1 CP 1 LA	1 GL	0.3 EACH	2,046	3,240	5,286
10	64"X218 1/8" DOUBLE TEMPERED	1 CP 1 LA	1 GL	0.3 EACH	2,046	3,680	5,726
11	64"X248 5/8" DOUBLE TEMPERED	1 CP 1 LA	1 GL	0.3 EACH	2,046	4,130	6,176
12	64"X279 1/8" DOUBLE TEMPERED	1 CP 1 LA	1 GL	0.3 EACH	2,046	4,960	7,006
	GLASS TO GROUND 3 BAY CURVED						
	WIDTH X LENGTH SINGLE TEMPERED						
13	94 1/2"X96 1/8" SINGLE TEMPERED	1 CP 1 LA	1 GL	0.4 EACH	1,534	1,655	3,189
14	94 1/2"X126 5/8" SINGLE TEMPERED	1 CP 1 LA	1 GL	0.4 EACH	1,534	1,980	3,514
15	94 1/2"X187 5/8" SINGLE TEMPERED	1 CP 1 LA	1 GL	0.4 EACH	1,534	2,765	4,299
16	94 1/2"X218 1/8" SINGLE TEMPERED	1 CP 1 LA	1 GL	0.3 EACH	2,046	3,160	5,206
17	94 1/2"X248 5/8" SINGLE TEMPERED	1 CP 1 LA	1 GL	0.3 EACH	2,046	3,550	5,596
18	94 1/2"X279 1/8" SINGLE TEMPERED	1 CP 1 LA	1 GL	0.3 EACH	2,046	3,950	5,996
	WIDTH X LENGTH DOUBLE TEMPERED						
19	94 1/2"X96 1/8" DOUBLE TEMPERED	1 CP 1 LA	1 GL	0.3 EACH	2,046	2,310	4,356
20	94 1/2"X126 5/8" DOUBLE TEMPERED	1 CP 1 LA	1 GL	0.3 EACH	2,046	2,770	4,816
21	94 1/2"X187 5/8" DOUBLED TEMPERED	1 CP 1 LA	1 GL	0.3 EACH	2,046	3,870	5,916
22	94 1/2"X218 1/8" DOUBLED TEMPERED	1 CP 1 LA	1 GL	0.3 EACH	2,046	4,420	6,466
23	94 1/2"X248 5/8" DOUBLE TEMPERED	1 CP 1 LA	1 GL	0.3 EACH	2,046	4,970	7,016
24	94 1/2"X279 1/8" DOUBLE TEMPERED	1 CP 1 LA	1 GL	0.3 EACH	2,046	5,910	7,956
	GLASS TO GROUND 4 BAY CURVE						
	WIDTH X LENGTH SINGLE-TEMPERED						
25	125"X96 1/8" SINGLE TEMPERED	1 CP 1 LA	1 GL	0.3 EACH	2,046	1,890	3,936
26	125"X126 5/8" SINGLE TEMPERED	1 CP 1 LA	1 GL	0.3 EACH	2,046	2,340	4,386
27	125"X187 5/8" SINGLE TEMPERED	1 CP 1 LA	1 GL	0.3 EACH	2,046	3,280	5,326
28	125"X218 1/8" SINGLE TEMPERED	1 CP 1 LA	1 GL	0.3 EACH	2,046	3,750	5,796
29	125"X248 5/8" SINGLE TEMPERED	1 CP 1 LA	1 GL	0.3 EACH	2,046	4,230	6,276
30	125"X279 1/8" SINGLE TEMPERED	1 CP 1 LA	1 GL	0.3 EACH	2,046	4,680	6,726

13 SPECIAL CONSTRUCTION

LINE	DESCRIPTION			CREW	OUTPUT PER DAY	UNIT	LABOR	MATERIAL	TOTAL
	WIDTH X LENGTH	DOUBLE TEMPERED							
1	125"X96 1/8"	DOUBLE TEMPERED		1 CP 1 LA	1 GL	0.3 EACH	2,046	2,650	4,696
2	125"X126 5/8"	DOUBLE TEMPERED		1 CP 1 LA	1 GL	0.3 EACH	2,046	3,280	5,326
3	125"X187 5/8"	DOUBLE TEMPERED		1 CP 1 LA	1 GL	0.3 EACH	2,046	4,600	6,646
4	125"X218 1/8"	DOUBLE TEMPERED		1 CP 1 LA	1 GL	0.3 EACH	2,046	5,260	7,306
5	125"X248 5/8"	DOUBLE TEMPERED		1 CP 1 LA	1 GL	0.3 EACH	2,046	5,910	7,956
	SUNROOM-METAL FRAMED 1" TEMP. INSUL. GLASS CLEAR CURVED-KNEEWALL LENGTH 7'-11 1/4'								
	WIDTH HT	GABLE (EA)	ADDITIONAL BAYS						
6	2'8" 6'0"	$ 374	$ 550	2 CP 1 LA		0.5 EACH	1,218	2,172	3,390
7	5'2" 6'8"	$ 655	$ 638	2 CP 1 LA		0.35 EACH	1,740	2,462	4,202
8	7'9" 7'4"	$ 946	$ 752	2 CP 1 LA		0.25 EACH	2,436	2,822	5,258
9	10'4" 8'0"	$ 1316	$ 860	2 CP 1 LA		0.25 EACH	2,436	3,186	5,622
10	12'11" 8'7"	$ 1700	$ 1118	2 CP 1 LA		0.2 EACH	3,045	4,030	7,075
	FOR GLASS TO GROUND ADD 7%								
	EXTRA HIGH TYPE	GABLE (EA)	ADDITIONAL BAYS						
11	2'8" 10'0"	$ 584	$ 690	2 CP 1 LA		0.35 EACH	1,740	2,662	4,402
12	5'2" 10'8"	$ 902	$ 812	2 CP 1 LA		0.25 EACH	2,436	3,058	5,494
13	7'9" 11'4"	$ 1358	$ 944	2 CP 1 LA		0.25 EACH	2,436	3,504	5,940
14	10'4" 11'11"	$ 1065	$ 1082	2 CP 1 LA		0.2 EACH	3,045	3,968	7,013
15	12'11" 12'7"	$ 2388	$ 1267	2 CP 1 LA		0.2 EACH	3,045	4,552	7,597
16	2'8" 15'0"	$ 908	$ 942	2 CP 1 LA		0.25 EACH	2,436	3,524	5,960
17	5'2" 15'11"	$ 1300	$ 1008	2 CP 1 LA		0.2 EACH	3,045	3,750	6,795
18	7'9" 16'7"	$ 1907	$ 1115	2 CP 1 LA		0.2 EACH	3,045	4,270	7,315
	FOR STRAIGHT EAVE DEDUCT 7%								
	ADDITIVES								
19	3 BAY BRONZE TINT GLASS FRONT		$168. LP SM						
20	EACH BAY BRONZE TINT FRONT		$ 56. EACH						
21	GABLE END TINTED GLASS		$ 84. EACH						
22	QUILT SUNSHADE (MOTORIZED)		$360. BAY						
23	VENTILATING FAN		$950. EACH						
24	PATIO SLIDE DOOR & SCREEN 5'WIDE		$296. EACH						
25	30" WINDOW AND SCREEN		$190. EACH						
26	CONCRETE PERIMETER WALL		$ 26. LF						
	** SOLAR ROOM ** REDWOOD FRAMING-MORTISE & TENON JOINTS 7/8" CLEAR TEMPERED INSULATING GLASS, AWNING VENT WINDOWS, MODULAR 36" BAYS. (NO FOUNDATIONS)								
	LENGTH								
27	6'7 3/4"	(3X12X76)		2 CP 1 LA		0.5 EACH	1,218	2,160	3,378
28	12'7 3/8"	(3X12X76)		2 CP 1 LA		0.4 EACH	1,523	3,050	4,573
29	18'7 3/4"	(3X18X76)		2 CP 1 LA		0.33 EACH	1,846	4,000	5,846
30	24'7 3/4"	(3X24X76)		2 CP 1 LA		0.29 EACH	2,100	4,900	7,000
31	27'7 3/4"	(3X27X76)		2 CP 1 LA		0.25 EACH	2,436	5,400	7,836
32	30'7 3/4"	(3X30X76)		2 CP 1 LA		0.2 EACH	3,045	6,000	9,045
33	36'7 3/4"	(3X36X76)		2 CP 1 LA		0.17 EACH	3,583	6,800	10,383
34	6'7 3/4"	(6X12X76)		2 CP 1 LA		0.37 EACH	1,646	2,980	4,626
35	12'7 3/8"	(6X12X76)		2 CP 1 LA		0.28 EACH	2,175	4,400	6,575
36	18'7 3/4"	(6X18X76)		2 CP 1 LA		0.23 EACH	2,648	5,800	8,448
37	24'7 3/4"	(6X24X76)		2 CP 1 LA		0.19 EACH	3,205	7,200	10,405
38	27'7 3/4"	(6X27X76)		2 CP 1 LA		0.17 EACH	3,583	7,900	11,483
39	30'7 3/4"	(6X30X76)		2 CP 1 LA		0.14 EACH	4,350	8,600	12,950
40	36'7 3/4"	(6X36X76)		2 CP 1 LA		0.11 EACH	5,537	10,000	15,537
41	6'7 3/4"	(9X12X76)		2 CP 1 LA		0.24 EACH	2,538	4,600	7,138
42	12'7 3/8"	(9X12X76)		2 CP 1 LA		0.19 EACH	3,205	6,400	9,605
43	18'7 3/4"	(9X18X76)		2 CP 1 LA		0.17 EACH	3,583	8,100	11,683
44	24'7 3/4"	(9X24X76)		2 CP 1 LA		0.14 EACH	4,350	9,900	14,250
45	27'7 3/4"	(9X27X76)		2 CP 1 LA		0.13 EACH	4,685	10,700	15,385
46	30'7 3/4"	(9X30X76)		2 CP 1 LA		0.1 EACH	6,090	11,600	17,690
47	36'7 3/4"	(9X36X76)		2 CP 1 LA		0.8 EACH	761.30	13,400	14,161

SPECIAL CONSTRUCTION

LINE	DESCRIPTION	CREW		PER DAY	UNIT	LABOR	MATERIAL	TOTAL
1	6'7 3/4" (12X12X76)	2 CP	1 LA	0.18	EACH	3,384	6,000	9,384
2	12'7 3/8" (12X12X76)	2 CP	1 LA	0.15	EACH	4,060	8,040	12,100
3	18'7 3/4" (12X18X76)	2 CP	1 LA	0.13	EACH	4,685	10,000	14,685
4	24'7 3/4" (12X24X76)	2 CP	1 LA	0.12	EACH	5,075	12,000	17,075
5	27'7 3/4" (12X27X76)	2 CP	1 LA	0.1	EACH	6,090	13,000	19,090
6	30'7 3/4" (12X30X76)	2 CP	1 LA	0.08	EACH	7,613	14,000	21,613
7	36'7 3/4" (12X36X76)	2 CP	1 LA	0.07	EACH	8,701	16,000	24,701
	FOR ALUMINUM GLAZING ADD 15% TO MATERIALS							
8	FOR BRONZE GLAZING PER END WALL BAY				EACH		168.00	168.00
9	FOR BRONZE GLAZING PER FRONT WALL BAY				EACH		82.00	82.00
10	FOR BRONZE GLAZING PER ROOF BAY				EACH		155.00	155.00
11	FOR SOLAR COOL GLAZING PER END WALL BAY				EACH		238.00	238.00
12	FOR SOLAR COOL GLAZING PER FRONT WALL BAY				EACH		106.00	106.00
13	FOR SOLAR COOL GLAZING PER ROOF BAY				EACH		215.00	215.00
14	FOR TRIPLE PANE PER END WALL BAY				EACH		105.00	105.00
15	FOR TRIPLE PANE PER FRONT WALL BAY				EACH		45.00	45.00
16	FOR TRIPLE PANE PER ROOF BAY				EACH		90.00	90.00
17	FOR CONCRETE PERIMETER WALL ADD				L.F.		26.00	26.00
	SOLAR SKYLIGHT KIT PER BAY							
18	MANUAL OPERATION	1 CP		4	EACH	54.50	700.00	754.50
19	MOTORIZED OPERATION	1 CP	1 EL	7	EACH	68.14	1,050	1,118
	SOLAR ENCLOSURE ACCESSORIES							
20	PATIO DOOR SINGLE TEMPERED	1 CP	1 LA	5	EACH	78.21	150.00	228.21
21	PATIO DOOR DOUBLED TEMPERED	1 CP	1 LA	5	EACH	78.21	197.00	275.21
22	SWING DOOR SINGLE TEMPERED	1 CP	1 LA	4	EACH	97.76	610.00	707.76
23	SWING DOOR DOUBLE TEMPERED	1 CP	1 LA	4	EACH	97.76	748.00	845.76
24	SKY VENT SINGLE TEMPERED	1 CP	1 LA	5	EACH	78.21	280.00	358.21
25	SKY VENT DOUBLE TEMPERED	1 CP 1 LA	1 GL	5	EACH	122.74	338.00	460.74
	GREENHOUSE, BASED ON SQ FT OF FLOOR							
26	LEAN-TO				SQ FT		24.20	24.20
27	FREE STANDING				SQ FT		25.50	25.50
28	LONG SPAN				SQ FT		39.40	39.40
29	FOR 1/4" TEMPERED GLASS ADD				SQ FT		8.10	8.10
30	FOR HEATING ADD				SQ FT		5.20	5.20
31	FOR COOLING ADD				SQ FT		3.95	3.95

** SPECIAL PURPOSE ROOMS & BUILDINGS **

MOVABLE OFFICES BOOTHS PREFAB W/6" CANOPY W/DOOR
COUNTER ELECTRIC FIXTURE & HEATER

LINE	DESCRIPTION	CREW		PER DAY	UNIT	LABOR	MATERIAL	TOTAL
32	3'X4'	1 SI	2 LA	1	EACH	581.68	1,950	2,532
33	4'X4'	1 SI	2 LA	1	EACH	581.68	2,090	2,672
34	4'X8'	1 SI	2 LA	0.9	EACH	646.31	3,040	3,686
35	5'X10'	1 SI	2 LA	0.8	EACH	727.10	4,600	5,327
36	6'X8'	1 SI	2 LA	0.8	EACH	727.10	4,820	5,547
37	8'X10'	1 SI	2 LA	0.7	EACH	830.97	6,080	6,911
38	5'X8' W/RESTROOM	1 SI 1 PL	2 LA	0.8	EACH	1,058	5,570	6,628
39	5'X12' W/RESTROOM	1 SI 1 PL	2 LA	0.8	EACH	1,058	7,280	8,338
	BLEACHERS, W/TREATED WOOD SEATS AND WALKS							
40	STEEL FRAME				SEAT		50.30	50.30
41	REINFORCED CONCRETE				SEAT		58.90	58.90
42	DE-MOUNTABLE STEEL AND WOOD				SEAT		65.30	65.30
43	REINFORCED CONCRETE				SEAT		67.10	67.10
	GRANDSTAND							
44	ALUMINUM				SEAT		157.00	157.00
45	STEEL & PLASTIC				SEAT		95.00	95.00

** SWIMMING POOLS **

LINE	DESCRIPTION	UNIT	LABOR	MATERIAL	TOTAL
46	RESIDENTIAL	SQ FT		28.50	28.50
47	MOTEL	SQ FT		35.50	35.50
48	MUNICIPAL	SQ FT		38.00	38.00

13 SPECIAL CONSTRUCTION

LINE	DESCRIPTION	CREW	PER DAY	UNIT	LABOR	MATERIAL	TOTAL
	DIVING STAND						
	1 METER						
1	GALVANIZED			EACH		2,320	2,320
2	STAINLESS			EACH		3,840	3,840
	3 METER						
3	GALVANIZED			EACH		4,540	4,540
4	STAINLESS			EACH		7,590	7,590
	DIVING BOARDS						
5	ALUMINUM			EACH		1,778	1,778
6	FIBERGLASS			EACH		1,390	1,390
	LIFE GUARD CHAIRS						
7	GALVANIZED			EACH		975.00	975.00
8	STAINLESS			EACH		1,470	1,470
	LADDERS						
	GALVANIZED						
9	2 TREAD			EACH		350.00	350.00
10	3 TREAD			EACH		395.00	395.00
11	4 TREAD			EACH		405.00	405.00
	STAINLESS						
12	2 TREAD			EACH		690.00	690.00
13	3 TREAD			EACH		710.00	710.00
14	4 TREAD			EACH		790.00	790.00
15	SWIM AND DIVE PLATFORMS	2 SI 1 LA	375	SQ FT	1.72	19.90	21.62
	HEATERS (FOR POOLS), GAS (NOT INCLUDING PIPING)						
16	500 MBH			EACH		2,000	2,000
17	1000 MBH			EACH		2,430	2,430
18	1500 MBH			EACH		3,400	3,400
19	2000 MBH			EACH		3,890	3,890
20	3000 MBH			EACH		5,830	5,830
21	4000 MBH			EACH		7,780	7,780
22	6000 MBH			EACH		11,600	11,600
	POOL COVERS						
23	POLYETHYLENE			SQ FT		0.58	0.58
24	VINYL			SQ FT		0.99	0.99
	FILTERING SYSTEM						
25	20'X30' POOL			EACH		1,460	1,460
26	20'X35' POOL			EACH		1,710	1,710
27	20'X40' POOL			EACH		2,030	2,030
28	30'X30' POOL			EACH		2,890	2,890
29	30'X40' POOL			EACH		4,056	4,056
30	30'X50' POOL			EACH		5,850	5,850
31	40'X60' POOL			EACH		11,000	11,000
32	40'X80' POOL			EACH		15,900	15,900
33	SPA WITH FULL ENCLOSED DOOR STEAM GENERATOR 3/4" HP PUMP 4 CHROME JETS VAPOR PROOF LITE 5' TUB SHOWER W/WHIRLPOOL AND STEAM	1 PL 1 LA 1 EL	0.8	EACH	871.20	5,000	5,871
	WASTE DISPOSAL UNITS						
	INCINERATORS, NOT INCLUDING CHIMNEY, PIPING, OR ELECTRICAL WORK. COMMERCIAL TYPE						
	GAS FIRED W/SCRUBBER						
34	50 LBS/HR			EACH		9,780	9,780
35	100 LBS/HR			EACH		14,500	14,500
36	150 LBS/HR			EACH		17,300	17,300
37	300 LBS/HR			EACH		20,200	20,200
38	500 LBS/HR			EACH		31,000	31,000
39	600 LBS/HR			EACH		38,100	38,100
40	1000 LBS/HR			EACH		81,000	81,000
	ELECTRIC						
41	100 LBS/HR			EACH		17,900	17,900
42	200 LBS/HR			EACH		22,500	22,500
43	400 LBS/HR			EACH		35,700	35,700
44	1000 LBS/HR			EACH		86,700	86,700

SPECIAL CONSTRUCTION 13

LINE	DESCRIPTION	CREW	PER DAY	UNIT	LABOR	MATERIAL	TOTAL
	INCINERATORS AND WASTE HANDLING SYSTEM INCLUDING CHIMNEY AUTOMATIC FEEDERS CONTROLS						
1	220 LBS/HR			EACH		22,200	22,200
2	380 LBS/HR			EACH		29,100	29,100
3	580 LBS/HR			EACH		43,800	43,800
4	780 LBS/HR			EACH		56,800	56,800
5	HEAT RECOVERY UNIT			EACH		76,100	76,100
	INCINERATORS COMM/INDUST STEEL W/FOUNDATIONS						
6	100 LBS/HR			EACH		89,000	89,000
7	200 LBS/HR			EACH		12,000	12,000
8	300 LBS/HR			EACH		20,900	20,900
9	400 LBS/HR			EACH		26,700	26,700
10	500 LBS/HR			EACH		30,400	30,400
11	600 LBS/HR			EACH		36,800	36,800
	** STORAGE TANKS **						
	LIGHT DUTY SKID DRAWN TANKS						
12	290 GAL D 3'-2" L 5'-0"	1 PF 1 LA	8	EACH	55.13	206.00	261.13
13	550 GAL D 4'-0" L 6'-0"	1 PF 1 LA	5	EACH	88.21	354.00	442.21
14	1000 GAL D 4'-0" L 10'-9"	1 PF 1 LA	3	EACH	147.01	820.00	967.01
	OIL STORAGE TANKS BASEMENT						
15	275 GAL 27X44X60	1 PF 1 LA	4	EACH	110.26	133.00	243.26
16	230 GAL 22X44X60	1 PF 1 LA	5	EACH	88.21	156.00	244.21
	OIL STORAGE TANKS HORIZONTAL UNDERGROUND AND ABOVE GROUND FUEL STORAGE TANKS						
17	185 GAL D 3'-2" L 3'-4"	1 PF 1 LA	8	EACH	55.13	133.00	188.13
18	285 GAL D 3'-2" L 5'-0"	1 PF 1 LA	4	EACH	110.26	164.00	274.26
19	550 GAL D 4'-0" L 6'-0"	1 PF 1 LA	2	EACH	220.52	290.00	510.52
20	1000 GAL D 4'-0" L 10'-9"	2 PF 2 LA	4	EACH	220.52	634.00	854.52
21	1500 GAL D 5'-4" L 9'-0"	2 PF 2 LA	3.5	EACH	252.02	825.00	1,077
22	2000 GAL D 5'-4" L 12'-0"	2 PF 2 LA	3	EACH	294.03	1,026	1,320
23	2500 GAL D 5'-0" L 15'-0"	2 PF 2 LA	2.5	EACH	352.83	1,308	1,661
24	3000 GAL D 5'-4" L 18'-0"	2 PF 2 LA	2	EACH	441.04	1,420	1,861
25	3500 GAL D 5'-4" L 21'-0"	2 PF 2 LA	1.5	EACH	588.05	1,576	2,164
26	4000 GAL D 5'-4" L 24'-0"	2 PF 2 LA	1	EACH	882.08	1,800	2,682
	FUEL STORAGE TANKS HORIZONTAL ABOVE GROUND						
27	4000 GAL D 8'-0" L 10'-6"	2 PF 2 LA 1 HE	0.2	EACH	5,562	2,370	7,932
28	5000 GAL D 8'-0" L 23'-10"	2 PF 2 LA 1 HE	1	EACH	1,112	3,200	4,312
29	6000 GAL D 6'-0" L 28'-8"	2 PF 2 LA 1 HE	0.2	EACH	5,562	2,580	8,142
30	8000 GAL D 8'-0" L 21'-4"	4 PF 2 LA 1 HE	1	EACH	1,648	3,740	5,388
31	10000 GAL D 8'-0" L 26'-8"	2 PF 2 LA 1 HE	0.6	EACH	1,854	4,550	6,404
32	12000 GAL D 8'-0" L 32'-0"	2 PF 2 LA 1 HE	0.5	EACH	2,225	5,030	7,255
33	20000 GAL D 10'-6" L 31'-0"	2 PF 2 LA 1 HE	0.4	EACH	2,781	7,600	10,381
34	25000 GAL D 10'-6" L 33'-9"	2 PF 2 LA 1 HE	0.3	EACH	3,708	8,500	12,208
35	30000 GAL D 10'-6" L 46'-6"	2 PF 2 LA 1 HE	0.2	EACH	5,562	11,700	17,262
	FUEL STORAGE TANKS VERTICAL ABOVE GROUND						
36	4000 GAL D 8'-0" H 10'-6"	2 PF 2 LA 1 HE	2	EACH	556.16	2,520	3,076
37	5000 GAL D 8'-0" H 13'-4"	2 PF 2 LA 1 HE	1	EACH	1,112	2,640	3,752
38	8000 GAL D 10'-0" H 14'-0"	2 PF 2 LA 1 HE	0.8	EACH	1,390	3,380	4,770
39	10000 GAL D 10'-0" H 17'-0"	2 PF 2 LA 1 HE	0.6	EACH	1,854	3,890	5,744
40	15000 GAL D 10'-0" H 25'-6"	2 PF 2 LA 1 HE	0.5	EACH	2,225	5,870	8,095

1988 DODGE UNIT COST DATA

13 SPECIAL CONSTRUCTION

LINE	DESCRIPTION	CREW	PER DAY	UNIT	LABOR	MATERIAL	TOTAL
	FUEL STORAGE TANK HORIZONTAL UNDERGROUND						
1	5000 GAL D 6'-0" L 23'-10"	4 PF 3 LA	3.5	EACH	454.61	2,660	3,115
2	6000 GAL D 6'-0" L 28'-8"	4 PF 3 LA	3	EACH	530.37	3,000	3,530
3	8000 GAL D 8'-0" L 21'-4"	4 PF 3 LA	2	EACH	795.56	4,030	4,826
4	10000 GAL D 8'-0" L 26'-8"	4 PF 3 LA	1.8	EACH	883.96	4,780	5,664
5	12000 GAL D 8'-0" L 32'-0"	4 PF 3 LA	1.5	EACH	1,061	5,790	6,851
6	15000 GAL D 8'-0" L 40'-0"	4 PF 3 LA	1	EACH	1,591	7,280	8,871
7	20000 GAL D 10'-6" L 31'-0"	4 PF 3 LA	0.8	EACH	1,989	8,680	10,669
8	25000 GAL D 10'-6" L 38'-9"	4 PF 3 LA	0.6	EACH	2,652	10,900	13,552
9	30000 GAL D 10'-6" L 46'-6"	4 PF 3 LA	0.4	EACH	3,978	12,400	16,378
	PROTECTED STEEL UNDERGROUND TANK FUEL STORAGE						
	SPECIAL GALVANIC ANODES-COAL TAR EPOXY PAINT						
10	290 GAL D 3'-2" L 5'-0"	2 PF 1 LA	5	EACH	141.81	560.00	701.81
11	550 GAL D 4'-0" L 6'-0"	2 PF 1 LA	3	EACH	236.35	730.00	966.35
12	1000 GAL D 4'-0" L 10'-9"	2 PF 1 LA	1	EACH	709.04	1,130	1,839
13	2000 GAL D 5'-4" L 12'-0"	2 PF 1 LA	0.8	EACH	886.30	1,710	2,596
14	2500 GAL D 5'-4" L 15'-0"	2 PF 1 LA	0.5	EACH	1,418	1,930	3,348
15	4000 GAL D 5'-4" L 24'-0"	2 PF 1 LA	0.4	EACH	1,773	3,000	4,773
16	6000 GAL D 8'-0" L 16'-0"	4 PF 3 LA	3	EACH	530.37	4,440	4,970
17	8000 GAL D 8'-0" L 21'-4"	4 PF 3 LA	2	EACH	795.56	5,290	6,086
18	12000 GAL D 10'-0" L 20'-6"	4 PF 3 LA	1.5	EACH	1,061	6,130	7,191
19	15000 GAL D 10'-0" L 25'-6"	5 PF 4 LA	1	EACH	2,032	9,400	11,432
20	20000 GAL D 10'-0" L 34'-0"	5 PF 4 LA	0.8	EACH	2,540	11,900	14,440
21	25000 GAL D 10'-6" L 38'-9"	5 PF 4 LA	0.6	EACH	3,387	16,800	20,187
22	30000 GAL D 10'-6" L 46'-6"	5 PF 4 LA	0.4	EACH	5,080	19,700	24,780
	** SOLAR STORAGE TANKS **						
	SOLAR WATER HEATING STORAGE TANKS W/BACK UP HEATING-GLASS LINED TANKS-BTU INPUT 1000'S, 70 DEGREE RISE, 1/2" GAS, 3" VENT W/BURNER, PILOT						
23	25"X69" (R20) 73 GAL GAS ASSIST	1 PL	3	EACH	88.32	662.00	750.32
24	28"X72" (R17) 115 GAL GAS ASSIST	1 PL	3	EACH	88.32	764.00	852.32
25	23"X50" (R20) 52 GAL ELEC 4.5 KW	1 PL	3	EACH	88.32	263.00	351.32
26	25"X50" (R20) 66 GAL ELEC 4.5 KW	1 PL	3	EACH	88.32	287.00	375.32
27	27"X53" (R20) 82 GAL ELEC 4.5 KW	1 PL	2.5	EACH	105.98	334.00	439.98
28	28"X66" (R17) 120 GAL ELEC 4.5 KW	1 PL	2.5	EACH	105.98	480.00	585.98
	STORAGE TANKS W/TP RELIEF VALVE						
29	21"X50" (R12) 52 GAL	1 PL	4	EACH	66.24	224.00	290.24
30	23"X52" (R12) 66 GAL	1 PL	4	EACH	66.24	247.00	313.24
31	25"X53" (R12) 82 GAL	1 PL	3.5	EACH	75.70	276.00	351.70
32	27"X66" (R12) 120 GAL	1 PL	3	EACH	88.32	425.00	513.32
33	CONTROL MODULE, CLOSED SYSTEM - HEAT EXCHANGER	1 EL	2	EACH	129.48	1,223	1,352
	CONTROL PACKAGE - WATER HEATING						
34	CLOSED SYSTEM BACK DRAIN	1 PL	2	EACH	132.48	742.00	874.48
35	CLOSED SYSTEM RECIRCULATING	1 PL	4	EACH	66.24	318.00	384.24
36	OPEN SYSTEM	1 PL	4	EACH	66.24	262.00	328.24
	SOLAR PANELS DOMESTIC HOT WATER						
	COPPER ABSORBER PLATES-DOMESTIC HOT WATER						
37	36"X96" SINGLE GLAZED	1 PL 1 LA	3	EACH	146.00	386.00	532.00
38	48"X96" SINGLE GLAZED	1 PL 1 LA	2.5	EACH	175.20	473.00	648.20
39	48"X120" SINGLE GLAZED	1 PL 1 LA	2	EACH	219.00	591.00	810.00
40	48"X144" SINGLE GLAZED	1 PL 1 LA	1.5	EACH	292.00	710.00	1,002
	BLACK CHROME						
41	36"X96" SINGLE GLAZED	1 PL 1 LA	3	EACH	146.00	423.00	569.00
42	48"X96" SINGLE GLAZED	1 PL 1 LA	2.5	EACH	175.20	543.00	718.20
43	48"X120" SINGLE GLAZED	1 PL 1 LA	2	EACH	219.00	679.00	898.00
44	48"X144" SINGLE GLAZED	1 PL 1 LA	1.5	EACH	292.00	817.00	1,109
	POOL TYPE ALL COPPER ABSORBER W/D-TUBE (4) BARE						
45	36"X120" UNGLAZED	1 PL 1 LA	2	EACH	219.00	530.00	749.00
	WARM AIR ROOF MOUNTED BLACK CHROME ALUM ABSORBER						
46	48"X96" SINGLE GLAZED	1 PL 1 LA	2	EACH	219.00	587.00	806.00

SPECIAL CONSTRUCTION 13

LINE	DESCRIPTION	OUTPUT CREW	PER DAY	UNIT	LABOR	MATERIAL	TOTAL
	WARM AIR VERTICAL WALL MOUNTED SELECTIVE BLACK NICKEL ALUMINUM ABSORBER						
1	36"X78" COLLECTOR	1 PL 1 LA	2	EACH	219.00	350.00	569.00
2	FAN KIT	1 EL	4	EACH	64.74	160.00	224.74
3	48"X96" COLLECTOR	1 PL 1 LA	2	EACH	219.00	496.00	715.00
4	FAN KIT	1 EL	4	EACH	64.74	196.00	260.74
5	MOUNTING KITS - TILT MOUNT W/ADJ. POLES	1 PL 1 LA	2	EACH	219.00	55.00	274.00
	DUCT COILS-HOT WATER						
6	12"X15" 750 CFM 6 COLLECTORS 3.6 6PM					110.00	110.00
7	15"X20" 1200 CFM 8-12 COLLECTORS 7.2 6PM					141.00	141.00
8	22"X27" 2000 CFM 16 COLLECTORS 14.4 6PM					200.00	200.00
9	22"X32" 2500 CFM 20 COLLECTORS 14.4 6PM					220.00	220.00
	COLLECTOR PANEL (10 YR WARRANTY) ALL COPPER ABSORBER PLATE, CHROME COATING LOW BINDER FIBERGLASS, HI-TEMP INSUL. LOW IRON TEMPERED GLASS						
10	47"X97"X4"	1 PL 1 LA	2	EACH	219.00	484.00	703.00
11	47"X121"X4"	1 PL 1 LA	2	EACH	219.00	606.00	825.00
12	MOUNTING KIT ALL HARDWARE	1 PL 1 LA	1	EACH	438.00	300.00	738.00
13	CONTROL MODULE-FORCED CIRCULATION HEAT EXCHANGER, PUMP & ASSEMBLED CONTROLS, DOMESTIC HOT WATER, CLOSED LOOP, 5 EXTERNAL HEAT EXCHANGERS - FLUID	1 PL 1 LA	1	EACH	438.00	937.00	1,375
14	DOMESTIC HOT WATER & SPA-CLOSED LOOP, 5 EXTERNAL HEAT EXCHANGERS - FLUID	1 PL 1 LA	0.5	EACH	876.00	2,130	3,006
15	DOMESTIC HOT WATER & SPA-CLOSED LOOP, 10 EXTERNAL HEAT EXCHANGERS - FLUID	1 PL 1 LA	0.5	EACH	876.00	3,084	3,960
16	SENSOR WIRE 18/2 500' SPOOL WRAPPED-JACKETED			EACH		23.00	23.00
	SOLAR STORAGE HEATERS, REC, GPM 240V, 18.45 WATTS 240V, 4.5 KW						
17	22"X59" 65 GAL	1 PL 1 LA	3	EACH	146.00	277.00	423.00
18	24"X59" 80 GAL	1 PL 1 LA	3	EACH	146.00	310.00	456.00
19	28"X52" 100 GAL	1 PL 1 LA	2.5	EACH	175.20	390.00	565.20
20	28"X62" 120 GAL	1 PL 1 LA	2.5	EACH	175.20	465.00	640.20
	WITH HEAT EXCHANGER & BACK-UP ELEMENT						
21	22"X59" 65 GAL	1 PL 1 LA	3	EACH	146.00	557.00	703.00
22	28"X52" 100 GAL	1 PL 1 LA	2.5	EACH	175.20	635.00	810.20
23	28"X62" 120 GAL	1 PL 1 LA	2.5	EACH	175.20	712.00	887.20
	STORAGE TANKS FOR PORTABLE WATER COLLECTOR 6 KW, BOOSTER TANK W/ELECTRIC BACK-UP ELEMENT R-16.67						
24	24"X53" 66 GAL	1 PL	4	EACH	66.24	284.00	350.24
25	24"X63" 82 GAL	1 PL	3.5	EACH	75.70	320.00	395.70
26	28"X63" 120 GAL	1 PL	3	EACH	88.32	482.00	570.32
	HEAT EXCHANGER 4.5 KW, R-16.67 W/ELECTRIC BACK-UP ELEMENT						
27	28"X53" 82 GAL	1 PL	4	EACH	66.24	530.00	596.24
28	28"X70" 120 GAL	1 PL	3	EACH	88.32	672.00	760.32
29	RESERVOIR TANK KITS USED ON 240V, DIFFERENTIAL CONTROL SENSOR & PUMP	1 PL	4	EACH	66.24	190.00	256.24
	CONTROLLERS - DIFFERENTIAL TEMPERATURE						
30	W/RECIRCULATION			EACH		58.00	58.00
31	W/DRAIN DOWN FREEZE PROTECTION			EACH		81.00	81.00
32	SWIM POOL & SPA 1 OUTPUT			EACH		103.00	103.00
33	SWIM POOL & SPA 2 OUTPUT			EACH		139.00	139.00
34	LED READOUT			EACH		204.00	204.00
35	OUTPUT MODULES-LOW VOLTAGE			EACH		16.00	16.00
36	SENSORS FREEZE SNAP SWITCHES			EACH		13.00	13.00
37	DOWN DRAIN VALVE 1/2" COPPER SWEAT CONNECTIONS 115 V, 2-7 WATTS, FREEZE PROTECTION			EACH		120.00	120.00

1988 DODGE UNIT COST DATA

13 SPECIAL CONSTRUCTION

LINE	DESCRIPTION	OUTPUT			UNIT COSTS		
		CREW	PER DAY	UNIT	LABOR	MATERIAL	TOTAL
	FLOW METERS W/POLYSULFONE METER BODY						
1	1/2" 240 DEGREE F			EACH		34.00	34.00
2	3/4" 240 DEGREE F			EACH		39.00	39.00
	FLOW METERS W/SOLDER JOINT ADAPTORS						
3	1/2" 240 DEGREE F			EACH		41.00	41.00
4	3/4" 240 DEGREE F			EACH		48.00	48.00
5	THERMOMETORS .5-10 GPM 240 DEGREES 1/2" & 3/4"			EACH		51.00	51.00
	PIPE INSULATION POLYETHYLENE FOAM 6' LENGTH 3/4" WALL THICKNESS						
6	1/2" COPPER			LF		0.24	0.24
7	5/8" COPPER			LF		0.35	0.35
8	3/4" COPPER			LF		0.32	0.32
9	1" COPPER			LF		0.35	0.35
10	1 1/4" COPPER			LF		0.36	0.36
11	1 1/2" COPPER			LF		0.49	0.49
12	2" COPPER			LF		0.57	0.57

CONVEYING SYSTEMS

LINE	DESCRIPTION	OUTPUT			UNIT COSTS		
		CREW	PER DAY	UNIT	LABOR	MATERIAL	TOTAL
	** DUMBWAITERS **						
	ELECTRIC OPERATED, EQUIPMENT AND STAINLESS STEEL						
1	CAR W/1000# CAPACITY. 3 STOP, 30' HIGH			EACH		5,400	5,400
2	ADD FOR EACH ADDITIONAL STOP			EACH		900.00	900.00
3	ADD FOR EACH ADDITIONAL 200# CAPACITY			EACH		400.00	400.00
	HAND OPERATED, EQUIPMENT AND STAINLESS STEEL CAR						
4	WITH 1000# CAPACITY. 3 STOP, 30' HIGH			EACH		2,350	2,350
5	ADD FOR EACH ADDITIONAL STOP			EACH		600.00	600.00
6	ADD FOR EACH ADDITIONAL 200# CAPACITY			EACH		300.00	300.00
	DUMBWAITERS HAND OPERATED (NO SHAFT)						
7	50 LB 2 STOPS			EACH		2,184	2,184
8	50 LB 3 STOPS			EACH		2,963	2,963
9	100 LB 2 STOPS			EACH		2,688	2,688
10	100 LB 3 STOPS			EACH		3,392	3,392
11	200 LB 2 STOPS			EACH		2,920	2,920
12	200 LB 3 STOPS			EACH		4,040	4,040
	** ELEVATORS **						
	ELEVATOR CARS						
	PASSENGER CENTER OPENINGS						
13	2000# CAP CAB 6'4"X4'5" DOOR 3'0"X7'0"			EACH		2,665	2,665
14	2500# CAP CAB 7'0"X5'0" DOOR 3'6"X7'0"			EACH		2,686	2,686
15	3000# CAP CAB 7'0"X5'0" DOOR 3'6"X7'0"			EACH		2,861	2,861
16	3500# CAP CAB 7'0"X6'2" DOOR 3'6"X7'0"			EACH		2,980	2,980
17	4000# CAP CAB 8'6"X6'2" DOOR 4'0"X7'0"			EACH		3,755	3,755
	HOSPITAL, TWO SPEED W/SIDE SLIDE						
18	4000# CAP DOOR 4'0"X7'0"			EACH		3,282	3,282
19	4000# CAP W/REAR OPNG DOOR 4'0"X7'0"			EACH		4,171	4,171
20	4500# CAP DOOR 4'0"X7'0"			EACH		3,418	3,418
21	1500# CAP W/REAR OPNG DOOR 4'0"X7'0"			EACH		4,700	4,700
	ADDITIVE COST						
	DOOR FRONTS						
22	STAINLESS STEEL MAT'L			LP SM		231.00	672.00
	EQUIP					441.00	
23	BAKED ENAMEL MAT'L			LP SM		66.00	198.00
	EQUIP					132.00	
	HANDRAILS						
24	STAINLESS STEEL 3/8"X2" MAT'L			LP SM		258.00	672.00
	EQUIP					414.00	
25	WOOD 3/4"X6" MAT'L			LP SM		355.00	901.00
	EQUIP					546.00	
26	STAINLESS STEEL TUBULAR MAT'L			LP SM		529.00	1,151
	EQUIP					622.00	
27	BUMPER RAIL 1"X12" MAT'L			LP SM		750.00	1,613
	EQUIP					863.00	
	CEILINGS						
28	PERIMETER LIGHTING MAT'L			LP SM		242.00	631.00
	EQUIP					389.00	
29	REVERSED SUSPENDED MAT'L			LP SM		456.00	1,250
	EQUIP					794.00	
30	ACRYLIC SUSPENDED MAT'L			LP SM		120.00	362.00
	EQUIP					242.00	
31	DOWN LIGHTS MAT'L			LP SM		1,376	3,239
	EQUIP					1,863	
32	PRISMATIC CUBES MAT'L			LP SM		1,218	3,268
	EQUIP					2,050	
33	PRISMATIC CELL QUADRA MAT'L			LP SM		1,376	3,768
	EQUIP					2,392	
34	PRISMATIC TEXTURED MAT'L			LP SM		1,212	3,218
	EQUIP					2,006	
35	ACRYLIC EGG CRATE MAT'L			LP SM		1,376	2,974
	EQUIP					1,598	
36	ACRYLIC RODS 2" DIAMETER MAT'L			LP SM		1,069	2,340
	EQUIP					1,271	
37	ALUMINUM EGG CRATE W/TRANS PANEL MAT'L			LP SM		914.00	2,500
	EQUIP					1,586	

14 CONVEYING SYSTEMS

LINE	DESCRIPTION	OUTPUT CREW	PER DAY	UNIT	LABOR	MATERIAL	TOTAL
	GEARLESS SELECTIVE COLLECTIVE 10' FLOOR HT. STANDARD CAR & DOOR BUILT IN ALLOWANCES INCLUDE CAB $7500, ENTRANCE $600 PER ENTRANCE. 5 SPEED, 500 FPM.						
1	PASSENGER CAPACITY 2500 LBS			LP SM		143,000	143,000
2	PASSENGER CAPACITY 3000 LBS			LP SM		144,000	144,000
3	PASSENGER CAPACITY 3500 LBS			LP SM		145,000	145,000
4	PASSENGER CAPACITY 4000 LBS			LP SM		146,000	146,000
5	SERVICE HOSPITAL 4000 & 4500 LBS			LP SM		149,000	149,000
6	FOR 11-30 STOPS ADD PER STOP			LP SM		4,200	4,200
7	FOR DUPLEX DEDUCT PER CAR FROM BASIC PRICE			LP SM		6,000	6,000
8	FOR MULTI-CAR DEDUCT PER CAR FROM BASIC PRICE (6 CARS IN GROUPS-MAXIMUM)			LP SM		5,500	5,500
	COST OPTIONS						
9	AUXILIARY CAR OPERATING PANEL ADD					800.00	800.00
10	HOSPITAL TYPE REAR EXTRA DOOR ADD (PLUS $3000 PER OPENING)					7,000	7,000
	GEARED SELECTIVE COLLECTIVE 10' FLOOR HT STANDARD CAR & DOOR, BUILT IN CAB ALLOWANCE $5000 AND $600 FOR EACH ENTRANCE, 5 STOP BASIC						
11	PASSENGER CAPACITY 2000 LBS 200 FPM			LP SM		87,000	87,000
12	PASSENGER CAPACITY 2000 LBS 350 FPM			LP SM		89,000	89,000
13	PASSENGER CAPACITY 2500 LBS 200 FPM			LP SM		88,000	88,000
14	PASSENGER CAPACITY 2500 LBS 350 FPM			LP SM		92,000	92,000
15	PASSENGER CAPACITY 3000 LBS 200 FPM			LP SM		89,000	89,000
16	PASSENGER CAPACITY 3000 LBS 350 FPM			LP SM		92,000	92,000
17	PASSENGER CAPACITY 3500 LBS 200 FPM			LP SM		93,000	93,000
18	PASSENGER CAPACITY 3500 LBS 350 FPM			LP SM		97,000	97,000
19	SERVICE HOSPITAL 4000 LBS 200 FPM			LP SM		96,000	96,000
20	SERVICE HOSPITAL 4000 LBS 350 FPM			LP SM		101,000	101,000
21	SERVICE HOSPITAL 4500 LBS 200 FPM			LP SM		98,000	98,000
22	SERVICE HOSPITAL 4500 LBS 350 FPM			LP SM		102,000	102,000
23	FOR 6-15 STOPS ADD PER STOP			LP SM		4,000	4,000
24	FOR DUPLEX DEDUCT FROM BASIC PRICE			LP SM		3,000	3,000
	ESCALATOR BASIC 90 FPM SATIN STAINLESS STEEL						
25	12' RISE, STANDARD BALUSTRADE WIDTH 32"			LP SM		88,000	88,000
26	12' RISE, STANDARD BALUSTRADE WIDTH 40"			LP SM		90,000	90,000
27	12' RISE, STANDARD BALUSTRADE WIDTH 48"			LP SM		92,000	92,000
28	12' RISE, GLASS BALUSTRADE WIDTH 32"			LP SM		86,000	86,000
29	12' RISE, GLASS BALUSTRADE WIDTH 40"			LP SM		87,500	87,500
30	12' RISE, GLASS BALUSTRADE WIDTH 48"			LP SM		90,000	90,000
31	14' RISE, STANDARD BALUSTRADE WIDTH 32"			LP SM		92,000	92,000
32	14' RISE, STANDARD BALUSTRADE WIDTH 40"			LP SM		94,000	94,000
33	14' RISE, STANDARD BALUSTRADE WIDTH 48"			LP SM		96,000	96,000
34	14' RISE, GLASS BALUSTRADE WIDTH 32"			LP SM		90,000	90,000
35	14' RISE, GLASS BALUSTRADE WIDTH 40"			LP SM		91,500	91,500
36	14' RISE, GLASS BALUSTRADE WIDTH 48"			LP SM		94,000	94,000
37	16' RISE, STANDARD BALUSTRADE WIDTH 32"			LP SM		96,000	96,000
38	16' RISE, STANDARD BALUSTRADE WIDTH 40"			LP SM		98,000	98,000
39	16' RISE, STANDARD BALUSTRADE WIDTH 48"			LP SM		100,000	100,000
40	16' RISE, GLASS BALUSTRADE WIDTH 32"			LP SM		94,000	94,000
41	16' RISE, GLASS BALUSTRADE WIDTH 40"			LP SM		95,500	95,500
42	16' RISE, GLASS BALUSTRADE WIDTH 48"			LP SM		98,000	98,000
43	18' RISE, STANDARD BALUSTRADE WIDTH 32"			LP SM		100,000	100,000
44	18' RISE, STANDARD BALUSTRADE WIDTH 40"			LP SM		102,000	102,000
45	18' RISE, STANDARD BALUSTRADE WIDTH 48"			LP SM		104,000	104,000

CONVEYING SYSTEMS

LINE	DESCRIPTION	OUTPUT CREW	PER DAY	UNIT	LABOR	MATERIAL	TOTAL
1	18' RISE, GLASS BALUSTRADE WIDTH 32"			LP SM		98,000	98,000
2	18' RISE, GLASS BALUSTRADE WIDTH 40"			LP SM		99,500	99,500
3	18' RISE, GLASS BALUSTRADE WIDTH 48"			LP SM		102,000	102,000
4	20' RISE, STANDARD BALUSTRADE WIDTH 32"			LP SM		105,000	105,000
5	20' RISE, STANDARD BALUSTRADE WIDTH 40"			LP SM		107,000	107,000
6	20' RISE, STANDARD BALUSTRADE WIDTH 48"			LP SM		109,000	109,000
7	20' RISE, GLASS BALUSTRADE WIDTH 32"			LP SM		103,000	103,000
8	20' RISE, GLASS BALUSTRADE WIDTH 40"			LP SM		104,500	104,500
9	20' RISE, GLASS BALUSTRADE WIDTH 48"			LP SM		107,000	107,000
10	21' RISE, STANDARD BALUSTRADE WIDTH 32"			LP SM		107,000	107,000
11	21' RISE, STANDARD BALUSTRADE WIDTH 40"			LP SM		109,000	109,000
12	21' RISE, STANDARD BALUSTRADE WIDTH 48"			LP SM		111,000	111,000
13	21' RISE, GLASS BALUSTRADE WIDTH 32"			LP SM		105,000	105,000
14	21' RISE, GLASS BALUSTRADE WIDTH 40"			LP SM		106,500	106,500
15	21' RISE, GLASS BALUSTRADE WIDTH 48"			LP SM		109,000	109,000
	ELEVATORS (NO CABS)						
	HYDRAULIC PASSENGER						
16	2000# CAPACITY 100 FEET/MIN			LP SM		26,500	26,500
17	2000# CAPACITY 125 FEET/MIN			LP SM		26,800	26,800
18	2000# CAPACITY 150 FEET/MIN			LP SM		27,100	27,100
19	2500# CAPACITY 100 FEET/MIN			LP SM		30,500	30,500
20	2500# CAPACITY 125 FEET/MIN			LP SM		27,900	27,900
21	2500# CAPACITY 150 FEET/MIN			LP SM		28,800	28,800
22	3000# CAPACITY 100 FEET/MIN			LP SM		29,000	29,000
23	3000# CAPACITY 125 FEET/MIN			LP SM		30,100	30,100
24	3000# CAPACITY 150 FEET/MIN			LP SM		31,800	31,800
25	3500# CAPACITY 100 FEET/MIN			LP SM		32,700	32,700
26	3500# CAPACITY 125 FEET/MIN			LP SM		33,300	33,300
27	3500# CAPACITY 150 FEET/MIN			LP SM		35,000	35,000
28	ADD FOR EA FLOOR UP TO 5 FLOORS			LP SM		6,950	6,950
	HYDRAULIC HOSPITAL UP TO 2 FLOORS						
29	4000# CAPACITY 80 FEET/MIN			LP SM		30,000	30,000
30	4000# CAPACITY 100 FEET/MIN			LP SM		30,400	30,400
31	4000# CAPACITY 125 FEET/MIN			LP SM		31,000	31,000
32	ADD FOR EA FLOOR UP TO 5 FLOORS			LP SM		7,425	7,425
	HOISTS AND LIFTS						
33	BED HOIST MOTORIZED 8' FREE STANDING	1 CP	0.4	EACH	545.00	3,470	4,015
34	BED HOIST CEIL-MTD MOTOR 8' RAIL	1 CP	0.4	EACH	545.00	3,935	4,480
35	WATER POWERED BATH CHAIR LIFT	1 PL 1 CP	0.8	EACH	603.70	3,815	4,419
36	RAMP PORTABLE 5' LONG	1 CP	6	EACH	36.33	485.00	521.33
37	HOME ELEVATOR 10' TRAVEL 2-STOP	2 CP 1 LA	0.3	EACH	2,030	7,500	9,530
38	HOME ELEVATOR 28' TRAVEL 4-STOP	2 CP 1 LA	0.3	EACH	2,030	8,340	10,370
39	STAIR LIFT RESIDENTIAL	1 CP 1 LA	1	EACH	391.04	2,885	3,276
	** MOVING STAIRS **						
	METAL BALUSTRADE						
	32" WIDE						
40	10'			EACH		80,300	80,300
41	15'			EACH		87,100	87,100
42	20'			EACH		99,100	99,100
43	25'			EACH		110,700	110,700
	48" WIDE						
44	10'			EACH		84,700	84,700
45	15'			EACH		91,800	91,800
46	20'			EACH		99,100	99,100
47	25'			EACH		106,100	106,100
	GLASS PANELED BALUSTRADE						
	32" WIDE						
48	10'			EACH		84,000	84,000
49	15'			EACH		91,600	91,600
50	20'			EACH		101,000	101,000
51	25'			EACH		111,100	111,100

1988 DODGE UNIT COST DATA

14 CONVEYING SYSTEMS

LINE	DESCRIPTION	CREW	PER DAY	UNIT	LABOR	MATERIAL	TOTAL
	48" WIDE						
1	10'			EACH		103,200	103,200
2	15'			EACH		118,400	118,400
3	20'			EACH		130,800	130,800
4	25'			EACH		140,800	140,800
	POWER RAMPS, 15 DEGREE INCLINE						
5	36" WIDE			LN FT		816.00	816.00
6	48" WIDE			LN FT		1,030	1,030
7	54" WIDE			LN FT		1,081	1,081
	POWER WALKS,						
8	36" WIDE			LN FT		683.00	683.00
9	48" WIDE			LN FT		930.00	930.00
10	54" WIDE			LN FT		970.00	970.00
	** LIFTS AND WALKS **						
11	CHAIR LIFTS, PER STORY			STORY		38,600	38,600
12	SIDEWALK LIFTS, HYDRAULIC W/5'X5' PLATFORM 2000# CAPACITY, 20 FPM, 10' STORY HEIGHT			EACH		27,300	27,300
	AUTO LIFTS HYDRAULIC W/8000# CAPACITY 1 POST						
13	SWIVEL ARM			EACH		25,500	25,500
14	ROLL ON			EACH		3,860	3,860
	2 POST, HEAVY DUTY						
15	10000#			EACH		4,250	4,250
16	20000#			EACH		4,870	4,870
17	28000#			EACH		7,280	7,280
18	41000#			EACH		8,980	8,980
	** MATERIAL HANDLING **						
	CONVEYORS 1 3/8" STEEL ROLLER						
19	12" WIDE			LN FT		25.75	25.75
20	24" WIDE			LN FT		30.60	30.60
	2" STEEL ROLLER						
21	12" WIDE			LN FT		30.80	30.80
22	36" WIDE			LN FT		46.00	46.00
	CONVEYOR BELTS						
23	14" WIDE 10' STORY HEIGHT			EACH		3,620	3,620
24	24" WIDE 10' STORY HEIGHT			EACH		5,345	5,345
25	14" WIDE 15' STORY HEIGHT			EACH		4,300	4,300
26	24" WIDE 15' STORY HEIGHT			EACH		7,520	7,520
	CART TRANSPORTATION, OVERHEAD POWER OPERATED						
27	CHAIN CONVEYOR FOR 150 #/LF CAPACITY			LN FT		84.00	84.00
28	MANUAL, 100 #/LF MONORAIL			LN FT		19.40	19.40
29	MANUAL, 200 #/LF CHANNEL			LN FT		30.60	30.60
30	CARTS, 500 LBS CAPACITY			EACH		352.00	352.00
	** CHUTES **						
	LINEN CHUTES STAINLESS STEEL DIAMETER DUCT WITH SUPPORTS						
31	18"			LN FT		43.25	43.25
32	24"			LN FT		48.00	48.00
33	30"			LN FT		60.70	60.70
	TRASH CHUTES 18 GA GALVANIZED DIAMETER DUCTS WITH SUPPORTS						
34	18"			LN FT		78.00	78.00
35	24"			LN FT		82.00	82.00
36	30"			LN FT		86.00	86.00
37	36"			LN FT		96.00	96.00

CONVEYING SYSTEMS

LINE	DESCRIPTION	OUTPUT CREW	PER DAY	UNIT	LABOR	MATERIAL	TOTAL
	STAINLESS STEEL 18" DIAM DUCT W/SUPPORTS						
1	24"			LN FT		88.00	88.00
2	30"			LN FT		90.00	90.00
3	36"			LN FT		96.00	96.00
4	ALUMINUM	1 SM	1.2	EACH	203.53	481.00	684.53
5	STAINLESS STEEL	1 SM	1.2	EACH	203.53	750.00	953.53
6	REFUSE HOPPER, ALUMINIZED STEEL	1 SM	1.2	EACH	203.53	1,016	1,220
7	DISINFECTING AND SANITIZING UNIT	1 SM	4	EACH	61.06	214.00	275.06
	LINEN CONVEYOR SYSTEM						
8	20'			EACH		12,400	12,400
9	40'			EACH		15,200	15,200
10	60'			EACH		24,400	24,400
11	80'			EACH		34,900	34,900
	** PNEUMATIC TUBES **						
	AUTOMATIC SYSTEM, MULTIZONE, COMPUTERIZED WITH C.R.T. DISPLAY						
	4" TUBE						
12	15-25 STATIONS			STN		12,385	12,385
13	26-35 STATIONS			STN		11,985	11,985
14	36-45 STATIONS			STN		11,740	11,740
	6" OR 4"X7" TUBES						
15	5 -15 STATIONS			STN		14,700	14,700
16	15-25 STATIONS			STN		14,720	14,720
17	26-35 STATIONS			STN		14,535	14,535
18	36-45 STATIONS			STN		14,485	14,485
	PRICE INCLUDES ALL GALV. TUBING, STATIONS, CONTROLS, INTERCHANGE UNITS, EXHAUSTER UNITS CRT DISPLAY, LOW VOLTAGE WIRING & INSTALL.						
	AUTOMATIC SYSTEM, SINGLE ZONE, SOLID STATE RELAY CONTROLS						
	4" TUBE						
19	5 -15 STATIONS			STN		9,640	9,640
20	11-15 STATIONS			STN		9,405	9,405
21	16-20 STATIONS			STN		9,240	9,240
	6" OR 4"X7" TUBES						
22	5 -15 STATIONS			STN		11,025	11,025
23	11-15 STATIONS			STN		10,800	10,800
24	16-20 STATIONS			STN		10,100	10,100
	PRICE INCLUDES ALL PLASTIC TUBING, CONTROLS, INTERCHANGE, EXHAUSTER UNITS & LOW VOLTAGE WIRING.						
	SINGLE POINT TO POINT SYSTEMS (2 STATIONS) ONLY SOLID STATE CONTROLS						
25	2" TUBING			EACH		3,510	3,510
26	3" TUBING			EACH		4,245	4,245
27	4" TUBING			EACH		4,990	4,990
28	6" TUBING			EACH		6,865	6,865
	** HOIST & CRANES **						
	HOISTS						
29	1/2 TON	1 SI	1	EACH	235.60	1,120	1,356
30	1 TON	1 SI	1	EACH	235.60	1,510	1,746
31	3 TON	2 SI	1	EACH	471.20	3,070	3,541
32	5 TON	2 SI	1	EACH	471.20	3,860	4,331
33	7 1/2 TON	3 SI	1	EACH	706.80	5,890	6,597
34	10 TON	3 SI	1	EACH	706.80	6,325	7,032
35	VERTICAL POWER OPTION	6 EL	1	EACH	1,554	7,340	8,894
36	HORIZONTAL POWER OPTION	4 EL	1	EACH	1,036	2,100	3,136
	ASH HOIST						
37	HAND			EACH		2,580	2,580
38	ELECTRIC			EACH		3,700	3,700

14 CONVEYING SYSTEMS

LINE	DESCRIPTION	OUTPUT CREW	PER DAY	UNIT	UNIT COSTS LABOR	MATERIAL	TOTAL
	CONVEYING & HOISTING						
1	AIR HOIST 1 TON 30' LIFT			EACH		6,590	6,590
2	JOB CRANE 1 TON PORTABLE			EACH		2,040	2,040
3	MONORAIL 200 LB FOOT CHANNEL			LN FT		28.00	28.00
4	MONORAIL TROLLEY 2 TON			EACH		249.00	249.00
5	MANLIFTS 3 STOPS			EACH		9,700	9,700
6	CONVEYOR BELT			LN FT		430.00	430.00
7	CONVEYOR HORIZONTAL MAIL & BAGGAGE			LN FT		1,035	1,035
	BRIDGE CRANE						
8	125 TON 76' SPAN 75' LIFT			EACH		300,000	300,000
9	30 TON 141' SPAN 76' LIFT			EACH		735,000	735,000
10	25 TON 100' SPAN 100' LIFT			EACH		675,000	675,000
11	6 TON			EACH		146,400	146,400
12	2 TON			EACH		74,000	74,000
13	CRANE 12 TON 69' SPAN 95' HOOK LIFT			EACH		182,400	182,400
14	20 TON HOIST			EACH		32,000	32,000
15	50 TON HOIST			EACH		110,000	110,000

MECHANICAL

LINE	DESCRIPTION	OUTPUT CREW	PER DAY	UNIT	LABOR	MATERIAL	TOTAL
	** PIPE & PIPE FITTINGS **						
	BLACK STEEL PIPE, SCHEDULE 40 WITH MALLEABLE FITTINGS EVERY 10' AND HANGERS INCLUDED.						
1	1/4" IPS	2 PL	160	LN FT	3.31	1.90	5.21
2	3/8" IPS	2 PL	150	LN FT	3.53	2.05	5.58
3	1/2" IPS	2 PL	100	LN FT	5.30	1.99	7.29
4	3/4" IPS	2 PL	90	LN FT	5.89	2.24	8.13
5	1" IPS	2 PL	85	LN FT	6.23	2.74	8.97
6	1 1/4" IPS	2 PL	80	LN FT	6.62	3.36	9.98
7	1 1/2" IPS	2 PL	70	LN FT	7.57	3.63	11.20
8	2" IPS	2 PL	60	LN FT	8.83	4.69	13.52
9	2 1/2" IPS	2 PL	55	LN FT	9.63	7.46	17.09
10	3" IPS	2 PL	50	LN FT	10.60	9.67	20.27
11	4" IPS	3 PL	50	LN FT	15.90	14.83	30.73
12	5" IPS	3 PL	40	LN FT	19.87	25.26	45.13
13	6" IPS	3 PL	35	LN FT	22.71	28.60	51.31
14	FOR SCHEDULE 80 ADD 25% TO MATERIAL PRICE						
	BLACK STEEL PIPE, SCHEDULE 40 WITH CAST IRON STEAM PATTERN FITTINGS EVERY 10' AND HANGERS INCLUDED.						
15	1/4" IPS	2 PF	160	LN FT	3.35	1.90	5.25
16	3/8" IPS	2 PF	150	LN FT	3.57	2.05	5.62
17	1/2" IPS	2 PF	100	LN FT	5.36	2.05	7.41
18	3/4" IPS	2 PF	90	LN FT	5.96	2.27	8.23
19	1" IPS	2 PF	85	LN FT	6.31	2.75	9.06
20	1 1/4" IPS	2 PF	80	LN FT	6.70	3.35	10.05
21	1 1/2" IPS	2 PF	70	LN FT	7.66	3.64	11.30
22	2" IPS	2 PF	60	LN FT	8.93	4.70	13.63
23	2 1/2" IPS	2 PF	55	LN FT	9.75	7.32	17.07
24	3" IPS	2 PF	50	LN FT	10.72	9.53	20.25
25	4" IPS	3 PF	50	LN FT	16.08	14.37	30.45
26	5" IPS	3 PF	40	LN FT	20.10	23.46	43.56
27	6" IPS	3 PF	35	LN FT	22.97	26.27	49.24
28	8" IPS	4 PF	40	LN FT	26.80	41.87	68.67
29	FOR SCHEDULE 80 ADD 25% TO MATERIAL PRICE						
	BLACK STEEL PIPE, SCHEDULE 40 WITH WELDED FITTING EVERY 10' AND HANGER AND WELDING MATERIAL INCLUDED.						
30	2 1/2" IPS	2 PF	40	LN FT	13.40	7.66	21.06
31	3" IPS	3 PF	60	LN FT	13.40	9.67	23.07
32	4" IPS	3 PF	50	LN FT	16.08	12.85	28.93
33	5" IPS	3 PF	40	LN FT	20.10	22.10	42.20
34	6" IPS	3 PF	38	LN FT	21.16	23.46	44.62
35	8" IPS	4 PF	40	LN FT	26.80	34.53	61.33
36	10" IPS	4 PF	38	LN FT	28.21	58.72	86.93
37	12" IPS	4 PF	30	LN FT	35.73	72.78	108.51
38	14" A-53 - 3/8" WALL, O.D.	6 PF	30	LN FT	53.60	91.90	145.50
39	16" A-53 - 3/8" WALL, O.D.	6 PF	28	LN FT	57.43	105.00	162.43
40	18" A-53 - 3/8" WALL, O.D.	6 PF	20	LN FT	80.40	149.00	229.40
41	20" A-53 - 3/8" WALL, O.D.	6 PF	18	LN FT	89.33	183.00	272.33
42	24" A-53 - 3/8" WALL, O.D.	6 PF	15	LN FT	107.20	272.00	379.20
43	FOR SCHEDULE 80 ADD 30% TO MATERIAL PRICE AND 25% TO LABOR COST.						
	BRASS PIPE, THREADLESS WITH FITTING EVERY 10', HANGERS, AND SOLDER MATERIALS.						
44	3/8" IPS	2 PL	110	LN FT	4.82	3.47	8.29
45	1/2" IPS	2 PL	100	LN FT	5.30	4.75	10.05
46	3/4" IPS	2 PL	90	LN FT	5.89	6.46	12.35
47	1" IPS	2 PL	80	LN FT	6.62	9.12	15.74
48	1 1/4" IPS	2 PL	70	LN FT	7.57	13.70	21.27
49	1 1/2" IPS	2 PL	60	LN FT	8.83	15.88	24.71
50	2" IPS	2 PL	55	LN FT	9.63	20.38	30.01
51	2 1/2" IPS	2 PL	50	LN FT	10.60	30.42	41.02
52	3" IPS	2 PL	40	LN FT	13.25	42.92	56.17
53	4" IPS	3 PL	50	LN FT	15.90	54.33	70.23
54	5" IPS	3 PL	40	LN FT	19.87	86.48	106.35
55	6" IPS	3 PL	30	LN FT	26.50	106.00	132.50

MECHANICAL

LINE	DESCRIPTION	CREW	PER DAY	UNIT	LABOR	MATERIAL	TOTAL
	BRASS PIPE, RED WITH BRASS FITTING EVERY 10' AND HANGERS INCLUDED						
1	1/2" IPS	2 PL	100	LN FT	5.30	1.74	7.04
2	3/4" IPS	2 PL	90	LN FT	5.89	8.66	14.55
3	1" IPS	2 PL	85	LN FT	6.23	11.54	17.77
4	1 1/4" IPS	2 PL	80	LN FT	6.62	14.06	20.68
5	1 1/2" IPS	2 PL	70	LN FT	7.57	17.72	25.29
6	2" IPS	2 PL	60	LN FT	8.83	26.76	35.59
7	2 1/2" IPS	2 PL	55	LN FT	9.63	37.90	47.53
8	3" IPS	2 PL	50	LN FT	10.60	49.95	60.55
9	4" IPS	3 PL	50	LN FT	15.90	90.35	106.25
10	5" IPS	3 PL	40	LN FT	19.87	120.00	139.87
11	6" IPS	3 PL	35	LN FT	22.71	164.00	186.71
	CAST IRON PIPE, EXTRA HEAVY WITH FITTING EVERY 10', LEAD, OAKUM, AND HANGERS INCLUDED						
12	2" B&S	2 PL	60	LN FT	8.83	5.25	14.08
13	3" B&S	2 PL	50	LN FT	10.60	7.70	18.30
14	4" B&S	2 PL	40	LN FT	13.25	10.58	23.83
15	5" B&S	2 PL	30	LN FT	17.66	13.79	31.45
16	6" B&S	2 PL	25	LN FT	21.20	15.98	37.18
17	8" B&S	2 PL	20	LN FT	26.50	27.70	54.20
18	10" B&S	2 PL	14	LN FT	37.85	47.70	85.55
19	12" B&S	2 PL	11	LN FT	48.17	61.53	109.70
20	15" B&S	2 PL	10	LN FT	52.99	95.72	148.71
21	FOR SERVICE WEIGHT DEDUCT 20% FROM MATERIAL.						
	HIGH SILICON CAST IRON SOIL PIPE, HUBLESS WITH FITTING EVERY 7' AND HANGERS INCLUDED.						
22	1 1/2"	2 PL	100	LN FT	5.30	4.12	9.42
23	2"	2 PL	100	LN FT	5.30	5.20	10.50
24	3"	2 PL	80	LN FT	6.62	5.57	12.19
25	4"	2 PL	75	LN FT	7.07	7.04	14.11
26	5"	2 PL	70	LN FT	7.57	10.53	18.10
27	6"	2 PL	50	LN FT	10.60	12.24	22.84
28	8"	2 PL	40	LN FT	13.25	20.90	34.15
	HIGH SILICON IRON PIPE, ACID RESISTANT HUB & SPIGOT TYPE WITH FITTING EVERY 7', HANGERS, OAKUM, LEAD INCLUDED.						
29	2" B&S	2 PL	60	LN FT	8.83	27.54	36.37
30	3" B&S	2 PL	50	LN FT	10.60	39.52	50.12
31	4" B&S	2 PL	40	LN FT	13.25	55.10	68.35
32	6" B&S	2 PL	25	LN FT	21.20	91.31	112.51
33	8" B&S	2 PL	20	LN FT	26.50	165.00	191.50
	HIGH SILICON IRON PIPE, ACID RESISTANT HUBLESS TYPE WITH FITTING EVERY 7', HANGER AND CLAMPS INCLUDED.						
34	1 1/2"	2 PL	100	LN FT	5.30	25.34	30.64
35	2"	2 PL	100	LN FT	5.30	29.14	34.44
36	3"	2 PL	80	LN FT	6.62	39.18	45.80
37	4"	2 PL	75	LN FT	7.07	48.75	55.82
	COPPER TUBING, TYPE DWV WITH DRAINAGE FITTING EVERY 10', HANGERS, AND SOLDER INCLUDED.						
38	1 1/4"	2 PL	100	LN FT	5.30	2.34	7.64
39	1 1/2"	2 PL	100	LN FT	5.30	2.74	8.04
40	2"	2 PL	90	LN FT	5.89	3.47	9.36
41	3"	2 PL	75	LN FT	7.07	5.28	12.35
42	4"	2 PL	60	LN FT	8.83	10.64	19.47
	COPPER TUBING, TYPE K WITH FITTING EVERY 10' HANGERS, AND SOLDER INCLUDED.						
43	3/8"	2 PL	130	LN FT	4.08	0.75	4.83
44	1/2"	2 PL	120	LN FT	4.42	0.92	5.34
45	3/4"	2 PL	100	LN FT	5.30	1.69	6.99
46	1"	2 PL	80	LN FT	6.62	2.25	8.87
47	1 1/4"	2 PL	75	LN FT	7.07	2.87	9.94
48	1 1/2"	2 PL	70	LN FT	7.57	3.68	11.25
49	2"	2 PL	65	LN FT	8.15	5.76	13.91
50	2 1/2"	2 PL	50	LN FT	10.60	7.19	17.79
51	3"	2 PL	40	LN FT	13.25	9.64	22.89
52	4"	2 PL	30	LN FT	17.66	15.72	33.38

MECHANICAL

LINE	DESCRIPTION	OUTPUT CREW	PER DAY	UNIT	LABOR	MATERIAL	TOTAL
1	5"	2 PL	24	LN FT	22.08	37.93	60.01
2	6"	2 PL	20	LN FT	26.50	54.49	80.99
3	FOR UNDERGROUND INSTALLATION DEDUCT 30% FROM LABOR & ADD FOR EXCAVATION.						
	COPPER TUBING, TYPE L WITH FITTING EVERY 10', HANGERS, AND SOLDER INCLUDED.						
4	1/4"	2 PL	130	LN FT	4.08	0.65	4.73
5	3/8"	2 PL	130	LN FT	4.08	0.97	5.05
6	1/2"	2 PL	120	LN FT	4.42	1.28	5.70
7	3/4"	2 PL	100	LN FT	5.30	1.77	7.07
8	1"	2 PL	80	LN FT	6.62	2.38	9.00
9	1 1/4"	2 PL	75	LN FT	7.07	2.57	9.64
10	1 1/2"	2 PL	70	LN FT	7.57	3.03	10.60
11	2"	2 PL	65	LN FT	8.15	4.69	12.84
12	2 1/2"	2 PL	50	LN FT	10.60	5.86	16.46
13	3"	2 PL	40	LN FT	13.25	7.82	21.07
14	4"	2 PL	30	LN FT	17.66	12.96	30.62
15	5"	2 PL	20	LN FT	26.50	32.96	59.46
16	6"	2 PL	20	LN FT	26.50	42.00	68.50
	COPPER TUBING, TYPE M WITH FITTING EVERY 10', HANGERS, AND SOLDER INCLUDED.						
17	3/8"	2 PL	150	LN FT	3.53	0.64	4.17
18	1/2"	2 PL	140	LN FT	3.79	0.82	4.61
19	3/4"	2 PL	120	LN FT	4.42	1.30	5.72
20	1"	2 PL	110	LN FT	4.82	1.90	6.72
21	1 1/4"	2 PL	90	LN FT	5.89	2.73	8.62
22	1 1/2"	2 PL	85	LN FT	6.23	3.58	9.81
23	2"	2 PL	80	LN FT	6.62	4.37	10.99
24	2 1/2"	2 PL	70	LN FT	7.57	4.91	12.48
25	3"	2 PL	60	LN FT	8.83	6.97	15.80
26	4"	2 PL	50	LN FT	10.60	11.90	22.50
27	5"	2 PL	40	LN FT	13.25	29.61	42.86
28	6"	2 PL	25	LN FT	21.20	36.44	57.64
	GALVANIZED PIPE, SCHEDULE 40 WITH MALLEABLE FITTING EVERY 10' AND HANGERS INCLUDED.						
29	3/8" IPS	2 PL	150	LN FT	3.53	2.00	5.53
30	1/2" IPS	2 PL	100	LN FT	5.30	2.10	7.40
31	3/4" IPS	2 PL	90	LN FT	5.89	2.37	8.26
32	1" IPS	2 PL	85	LN FT	6.23	2.89	9.12
33	1 1/4" IPS	2 PL	80	LN FT	6.62	3.52	10.14
34	1 1/2" IPS	2 PL	70	LN FT	7.57	4.19	11.76
35	2" IPS	2 PL	60	LN FT	8.83	4.92	13.75
36	2 1/2" IPS	2 PL	55	LN FT	9.63	7.81	17.44
37	3" IPS	2 PL	50	LN FT	10.60	10.38	20.98
38	4" IPS	3 PL	50	LN FT	15.90	15.44	31.34
39	5" IPS	3 PL	40	LN FT	19.87	37.50	57.37
40	6" IPS	3 PL	35	LN FT	22.71	43.14	65.85
41	FOR SCHEDULE 80 ADD 25% TO MATERIAL PRICE						
	GALVANIZED PIPE, SCHEDULE 40 WITH GALV. CI DRAINAGE PATTERN FITTING EVERY 10' AND HANGERS INCLUDED.						
42	1 1/4" IPS	2 PL	80	LN FT	6.62	3.47	10.09
43	1 1/2" IPS	2 PL	65	LN FT	8.15	4.10	12.25
44	2" IPS	2 PL	60	LN FT	8.83	5.56	14.39
45	2 1/2" IPS	2 PL	56	LN FT	9.46	10.02	19.48
46	3" IPS	2 PL	50	LN FT	10.60	12.32	22.92
47	4" IPS	2 PL	48	LN FT	11.04	19.15	30.19
48	5" IPS	2 PL	40	LN FT	13.25	43.06	56.31
49	6" IPS	2 PL	35	LN FT	15.14	49.52	64.66
50	8" IPS	4 PL	40	LN FT	26.50	87.98	114.48
51	10" IPS	4 PL	35	LN FT	30.28	124.60	154.88
52	12" IPS	4 PL	30	LN FT	35.33	173.70	209.03
53	FOR SCHEDULE 80 ADD 25% TO MATERIAL PRICE						

1988 DODGE UNIT COST DATA

MECHANICAL

LINE	DESCRIPTION	OUTPUT CREW	PER DAY	UNIT	UNIT COSTS LABOR	MATERIAL	TOTAL
	NICKEL ALLOY PIPE, STD W/GALV CI FITTINGS EVERY 10', HANGERS INCLUDED						
1	1 1/4" IPS	2 PL	80	LN FT	6.62	3.15	9.77
2	1 1/2" IPS	2 PL	65	LN FT	8.15	3.80	11.95
3	2" IPS	2 PL	60	LN FT	8.83	4.04	12.87
4	2 1/2" IPS	2 PL	56	LN FT	9.46	6.74	16.20
5	3" IPS	2 PL	50	LN FT	10.60	8.93	19.53
6	4" IPS	2 PL	45	LN FT	11.78	13.74	25.52
	GALVANIZED PIPE, SCHEDULE 40, W/STEAM PATTERN FTG EVERY 10', HANGERS INCLUDED						
7	1 1/4" IPS	2 PL	80	LN FT	6.62	3.27	9.89
8	1 1/2" IPS	2 PL	65	LN FT	8.15	3.90	12.05
9	2" IPS	2 PL	60	LN FT	8.83	4.57	13.40
10	2 1/2" IPS	2 PL	56	LN FT	9.46	7.26	16.72
11	3" IPS	2 PL	50	LN FT	10.60	9.66	20.26
12	4" IPS	2 PL	45	LN FT	11.78	14.36	26.14
13	5" IPS	2 PL	40	LN FT	13.25	34.86	48.11
14	6" IPS	2 PL	35	LN FT	15.14	40.11	55.25
15	8" IPS	4 PL	40	LN FT	26.50	58.25	84.75
	GLASS PIPE, LABORATORY DRAIN LINE WITH COUPLING EVERY 10', HANGERS, AND CLAMPS INCLUDED.						
16	1 1/2"	1 PL 1 LA	115	LN FT	3.81	4.06	7.87
17	2"	1 PL 1 LA	90	LN FT	4.87	5.42	10.29
18	3"	1 PL 1 LA	80	LN FT	5.48	7.60	13.08
19	4"	1 PL 1 LA	60	LN FT	7.30	13.30	20.60
20	6"	1 PL 1 LA	55	LN FT	7.96	22.73	30.69
21	FOR UNDERGROUND ADD 5% TO MAT'L PLUS EXCAV.						
	GLASS PIPE, BEADED, PRESSURE WITH COMPRESSION COUPLING EVERY 10' HANGERS INCLUDED.						
22	1/2" MAX 8' LGTH 2 COUPLINGS REQD	1 PL 1 LA	80	LN FT	5.48	4.51	9.99
23	3/4" MAX 8' LGTH 2 COUPLINGS REQD	1 PL 1 LA	75	LN FT	5.84	5.50	11.34
24	1"	1 PL 1 LA	75	LN FT	5.84	4.67	10.51
25	1 1/2"	1 PL 1 LA	70	LN FT	6.26	5.60	11.86
26	2"	1 PL 1 LA	60	LN FT	7.30	9.06	16.36
27	3"	1 PL 1 LA	50	LN FT	8.76	12.41	21.17
28	4"	1 PL 1 LA	45	LN FT	9.73	17.80	27.53
29	6"	1 PL 1 LA	40	LN FT	10.95	30.55	41.50
	GLASS PIPE CONICAL WITH FLANGE EVERY 10' HANGERS INCLUDED						
30	1"	1 PL 1 LA	65	LN FT	6.74	7.14	13.88
31	1 1/2"	1 PL 1 LA	60	LN FT	7.30	9.29	16.59
32	2"	1 PL 1 LA	50	LN FT	8.76	11.88	20.64
33	3"	1 PL 1 LA	40	LN FT	10.95	19.12	30.07
34	4"	1 PL 1 LA	35	LN FT	12.51	27.70	40.21
35	6"	1 PL 1 LA	30	LN FT	14.60	46.98	61.58
	PLASTIC PIPE, DWV TYPE WITH FITTING EVERY 10' AND HANGERS INCLUDED.						
36	1 1/4" IPS	2 PL	130	LN FT	4.08	1.94	6.02
37	1 1/2" IPS	2 PL	120	LN FT	4.42	2.11	6.53
38	2" IPS	2 PL	116	LN FT	4.57	2.20	6.77
39	3" IPS	2 PL	110	LN FT	4.82	3.65	8.47
40	4" IPS	2 PL	100	LN FT	5.30	4.24	9.54
41	6" IPS	2 PL	90	LN FT	5.89	8.66	14.55
	PLASTIC PIPE, SCHEDULE 40 PVC PRESSURE PIPE WITH FITTING EVERY 10', HANGERS, AND SOLVENT INCLUDED.						
42	1/2" IPS	2 PL	150	LN FT	3.53	2.68	6.21
43	3/4" IPS	2 PL	140	LN FT	3.79	2.80	6.59
44	1" IPS	2 PL	135	LN FT	3.93	2.82	6.75
45	1 1/4" IPS	2 PL	130	LN FT	4.08	3.31	7.39
46	1 1/2" IPS	2 PL	90	LN FT	5.89	3.60	9.49
47	2" IPS	2 PL	80	LN FT	6.62	3.82	10.44
48	2 1/2" IPS	2 PL	68	LN FT	7.79	5.62	13.41
49	3" IPS	2 PL	55	LN FT	9.63	6.14	15.77
50	4" IPS	2 PL	45	LN FT	11.78	7.60	19.38
51	6" IPS	2 PL	33	LN FT	16.06	13.64	29.70

MECHANICAL

LINE	DESCRIPTION	CREW	PER DAY	UNIT	LABOR	MATERIAL	TOTAL
	ACID WASTE POLYPRO PIPE						
1	2"	1 PF	50	LN FT	5.36	5.08	10.44
2	3"	1 PF	40	LN FT	6.70	7.40	14.10
3	4"	1 PF	30	LN FT	8.93	9.83	18.76
	T&C PLASTIC PIPE, SCHEDULE 80, PVC PRESSURE, W/FTG EVERY 10', HANGERS INCLUDED						
4	1/2" IPS	2 PL	100	LN FT	5.30	2.35	7.65
5	3/4" IPS	2 PL	90	LN FT	5.89	3.09	8.98
6	1" IPS	2 PL	75	LN FT	7.07	3.60	10.67
7	1 1/4" IPS	2 PL	70	LN FT	7.57	3.98	11.55
8	1 1/2" IPS	2 PL	65	LN FT	8.15	4.92	13.07
9	2" IPS	2 PL	60	LN FT	8.83	5.04	13.87
10	2 1/2" IPS	2 PL	42	LN FT	12.62	6.34	18.96
11	3" IPS	2 PL	35	LN FT	15.14	7.50	22.64
12	4" IPS	2 PL	23	LN FT	23.04	9.66	32.70
13	6" IPS	2 PL	14	LN FT	37.85	16.34	54.19
	STAINLESS STEEL TUBING, WITH FITTING EVERY 10' HANGERS, AND SOLDER INCLUDED.						
14	1/2"	2 PL	50	LN FT	10.60	3.42	14.02
15	3/4"	2 PL	60	LN FT	8.83	4.06	12.89
16	1"	2 PL	50	LN FT	10.60	6.18	16.78
17	1 1/4"	2 PL	50	LN FT	10.60	7.78	18.38
18	1 1/2"	2 PL	40	LN FT	13.25	8.84	22.09
19	2"	2 PL	40	LN FT	13.25	10.00	23.25
20	3"	2 PL	40	LN FT	13.25	18.46	31.71
	STAINLESS STEEL PIPE, SCHEDULE 40 TYPE 304 WITH SCREWED FITTING EVERY 10' AND HANGERS INCLUDED.						
21	3/8"	2 PL	80	LN FT	6.62	2.00	8.62
22	1/2"	2 PL	60	LN FT	8.83	2.50	11.33
23	3/4"	2 PL	50	LN FT	10.60	4.00	14.60
24	1"	2 PL	50	LN FT	10.60	5.00	15.60
25	1 1/4"	2 PL	50	LN FT	10.60	7.00	17.60
26	1 1/2"	2 PL	40	LN FT	13.25	8.00	21.25
27	2"	2 PL	40	LN FT	13.25	9.50	22.75
28	2 1/2"	2 PL	40	LN FT	13.25	16.00	29.25
29	3"	2 PL	40	LN FT	13.25	20.00	33.25
30	4"	3 PL	40	LN FT	19.87	26.00	45.87
31	FOR TYPE 316 STAINLESS ADD 35% TO MATERIAL						
	** VALVES **						
	GATE VALVE , BRONZE 125 LB RATING, THREADED OR SOLDER ENDS.						
32	1/4"	1 PL	20	EACH	13.25	8.93	22.18
33	3/8"	1 PL	20	EACH	13.25	8.94	22.19
34	1/2"	1 PL	20	EACH	13.25	9.80	23.05
35	3/4"	1 PL	19	EACH	13.95	11.50	25.45
36	1"	1 PL	18	EACH	14.72	16.60	31.32
37	1 1/4"	1 PL	14	EACH	18.93	25.70	44.63
38	1 1/2"	1 PL	12	EACH	22.08	30.38	52.46
39	2"	1 PL	10	EACH	26.50	40.18	66.68
40	2 1/2"	1 PL	8	EACH	33.12	100.50	133.62
41	3"	1 PL	7	EACH	37.85	131.00	168.85
42	FOR 150 LB RATING, ADD 20% TO MATERIAL						
43	FOR 200 LB RATING, ADD 100% TO MATERIAL						
	GATE VALVE, BRONZE 150 LB FLANGED ENDS						
44	1"	1 PL	12	EACH	22.08	149.00	171.08
45	1 1/4"	1 PL	11	EACH	24.09	196.00	220.09
46	1 1/2"	1 PL	10	EACH	26.50	247.00	273.50
47	2"	1 PL	8	EACH	33.12	405.00	438.12
48	2 1/2"	1 PL	7	EACH	37.85	534.00	571.85
49	3"	2 PL	12	EACH	44.16	647.00	691.16

15 MECHANICAL

LINE	DESCRIPTION	OUTPUT CREW	OUTPUT PER DAY	UNIT	LABOR	MATERIAL	TOTAL
	GATE VALVE, I.B.B.M. 125 LB THREADED ENDS						
1	1"	1 PL	10	EACH	26.50	148.00	174.50
2	2 1/2"	1 PL	6	EACH	44.16	161.00	205.16
3	3"	1 PL	4	EACH	66.24	191.00	257.24
4	4"	2 PL	2.5	EACH	211.97	260.00	471.97
5	6"	2 PL	2	EACH	264.96	421.00	685.96
	GATE VALVE, I.B.B.M. 125 LB FLANGED NON RISING STEM						
6	2"	1 PL	5	EACH	52.99	125.00	177.99
7	2 1/2"	1 PL	4	EACH	66.24	135.00	201.24
8	3"	1 PL	3	EACH	88.32	160.00	248.32
9	4"	2 PL	5	EACH	105.98	213.00	318.98
10	5"	2 PL	4.8	EACH	110.40	355.00	465.40
11	6"	2 PL	4	EACH	132.48	451.00	583.48
12	8"	2 PL	3	EACH	176.64	574.00	750.64
13	10"	3 PL	3	EACH	264.96	1,133	1,398
14	12"	3 PL	2.5	EACH	317.95	1,608	1,926
15	FOR 250 LB RATING ADD 50% TO MATERIAL.						
	GATE VALVE, I.B.B.M. 125 LB FLANGED O.S.&Y.						
16	2"	1 PL	5	EACH	52.99	99.00	151.99
17	2 1/2"	1 PL	4	EACH	66.24	108.00	174.24
18	3"	1 PL	3	EACH	88.32	120.00	208.32
19	4"	2 PL	5	EACH	105.98	176.00	281.98
20	5"	2 PL	4.8	EACH	110.40	291.00	401.40
21	6"	2 PL	4	EACH	132.48	312.00	444.48
22	8"	2 PL	3	EACH	176.64	512.00	688.64
23	10"	3 PL	3	EACH	264.96	914.00	1,179
24	12"	3 PL	2.5	EACH	317.95	1,168	1,486
25	FOR 250 LB RATING ADD 50% TO MATERIAL						
	GLOBE VALVE, 125 LB BRONZE THREADED OR SOLDER ENDS.						
26	1/4"	1 PL	20	EACH	13.25	12.04	25.29
27	3/8"	1 PL	20	EACH	13.25	12.04	25.29
28	1/2"	1 PL	20	EACH	13.25	15.27	28.52
29	3/4"	1 PL	19	EACH	13.95	21.78	35.73
30	1"	1 PL	18	EACH	14.72	28.37	43.09
31	1 1/4"	1 PL	14	EACH	18.93	41.54	60.47
32	1 1/2"	1 PL	12	EACH	22.08	49.02	71.10
33	2"	1 PL	10	EACH	26.50	73.95	100.45
34	2 1/2"	1 PL	8	EACH	33.12	133.00	166.12
35	3"	1 PL	7	EACH	37.85	189.00	226.85
36	FOR 150 LB ADD 45% TO MATERIAL; 200 LB ADD 65%, & 300 LB ADD 140% TO MATERIAL.						
	GLOBE VALVE, I.B.B.M. 125 LB FLANGED ENDS						
37	2"	1 PL	5	EACH	52.99	213.00	265.99
38	2 1/2"	1 PL	4	EACH	66.24	225.00	291.24
39	3"	1 PL	3	EACH	88.32	265.00	353.32
40	4"	2 PL	5	EACH	105.98	380.00	485.98
41	5"	2 PL	4.8	EACH	110.40	680.00	790.40
42	6"	2 PL	4	EACH	132.48	680.00	812.48
43	8"	2 PL	3	EACH	176.64	1,333	1,510
44	10"	3 PL	3	EACH	264.96	2,149	2,414
	FOR 250 LB RATING, ADD 45% TO MATERIAL						
	CHECK VALVE, BRONZE 125 LB SWING TYPE WITH THREADED OR SOLDER ENDS.						
45	1/4"	1 PL	20	EACH	13.25	9.70	22.95
46	3/8"	1 PL	20	EACH	13.25	9.84	23.09
47	1/2"	1 PL	20	EACH	13.25	9.84	23.09
48	3/4"	1 PL	19	EACH	13.95	13.02	26.97
49	1"	1 PL	18	EACH	14.72	19.36	34.08
50	1 1/4"	1 PL	14	EACH	18.93	27.00	45.93
51	1 1/2"	1 PL	12	EACH	22.08	32.00	54.08
52	2"	1 PL	10	EACH	26.50	46.90	73.40
53	2 1/2"	1 PL	8	EACH	33.12	96.05	129.17
54	3"	1 PL	7	EACH	37.85	142.00	179.85
55	FOR 150 LB ADD 20% TO MATERIAL; 200 LB ADD 25%, & 300 LB ADD 45% TO MATERIAL.						

MECHANICAL

LINE	DESCRIPTION	OUTPUT			UNIT COSTS		
		CREW	PER DAY	UNIT	LABOR	MATERIAL	TOTAL
	CHECK VALVE, BRONZE 125 LB HORIZONTAL LIFT TYPE WITH THREADED ENDS.						
1	1/4"	1 PL	20	EACH	13.25	6.00	19.25
2	3/8"	1 PL	20	EACH	13.25	6.00	19.25
3	1/2"	1 PL	20	EACH	13.25	6.70	19.95
4	3/4"	1 PL	19	EACH	13.95	8.15	22.10
5	1"	1 PL	18	EACH	14.72	10.92	25.64
6	1 1/4"	1 PL	14	EACH	18.93	13.70	32.63
7	1 1/2"	1 PL	12	EACH	22.08	18.10	40.18
8	2"	1 PL	10	EACH	26.50	25.90	52.40
9	FOR 150 LB ADD 20% TO MATERIAL; 200 LB ADD 50%, & 300 LB ADD 65% TO MATERIAL.						
	CHECK VALVE, I.B.B.M. SWING TYPE FLANGED ENDS.						
10	2"	1 PL	5	EACH	52.99	70.22	123.21
11	2 1/2"	1 PL	4	EACH	66.24	89.60	155.84
12	3"	1 PL	3	EACH	88.32	97.60	185.92
13	4"	2 PL	5	EACH	105.98	152.00	257.98
14	5"	2 PL	4.8	EACH	110.40	262.00	372.40
15	6"	2 PL	4	EACH	132.48	303.00	435.48
16	8"	2 PL	3	EACH	176.64	494.00	670.64
17	10"	3 PL	3	EACH	264.96	870.00	1,135
18	12"	3 PL	3	EACH	264.96	1,353	1,618
	CHECK VALVE, I.B.B.M. HORIZONTAL LIFT TYPE WITH FLANGED ENDS.						
19	3"	1 PL	3	EACH	88.32	160.00	248.32
20	4"	2 PL	5	EACH	105.98	243.00	348.98
21	5"	2 PL	4.8	EACH	110.40	398.00	508.40
22	6"	2 PL	4	EACH	132.48	459.00	591.48
	ANGLE VALVE, BRONZE 125 LB WITH THREADED OR SOLDER ENDS.						
23	1/4"	1 PL	20	EACH	13.25	10.70	23.95
24	3/8"	1 PL	20	EACH	13.25	12.04	25.29
25	1/2"	1 PL	20	EACH	13.25	12.38	25.63
26	3/4"	1 PL	19	EACH	13.95	16.45	30.40
27	1"	1 PL	18	EACH	14.72	21.68	36.40
28	1 1/4"	1 PL	14	EACH	18.93	28.80	47.73
29	1 1/2"	1 PL	12	EACH	22.08	37.50	59.58
30	2"	1 PL	10	EACH	26.50	56.60	83.10
31	2 1/2"	1 PL	8	EACH	33.12	101.00	134.12
32	3"	1 PL	7	EACH	37.85	209.00	246.85
33	FOR 150 LB ADD 60% TO MATERIAL; 200 LB ADD 80%, & 300 LB ADD 160% TO MATERIAL.						
	ANGLE VALVE; I.B.B.M. 125 LB WITH FLANGED ENDS.						
34	2"	1 PL	5	EACH	52.99	263.00	315.99
35	2 1/2"	1 PL	4	EACH	66.24	283.00	349.24
36	3"	1 PL	3	EACH	88.32	297.00	385.32
37	4"	2 PL	5	EACH	105.98	425.00	530.98
38	5"	2 PL	4.8	EACH	110.40	840.00	950.40
39	6"	2 PL	4	EACH	132.48	854.00	986.48
40	8"	2 PL	3	EACH	176.64	1,420	1,597
41	10"	3 PL	3	EACH	264.96	2,110	2,375
	PLUG COCKS, BRONZE 125 LB SQUARE, FLAT, AND TEE HEAD WITH THREADED ENDS.						
42	1/4"	1 PL	20	EACH	13.25	12.90	26.15
43	3/8"	1 PL	20	EACH	13.25	12.90	26.15
44	1/2"	1 PL	20	EACH	13.25	15.27	28.52
45	3/4"	1 PL	19	EACH	13.95	22.16	36.11
46	1"	1 PL	18	EACH	14.72	27.60	42.32
47	1 1/4"	1 PL	14	EACH	18.93	35.40	54.33
48	1 1/2"	1 PL	12	EACH	22.08	48.20	70.28
49	2"	1 PL	10	EACH	26.50	79.40	105.90
50	2 1/2"	1 PL	8	EACH	33.12	127.00	160.12
51	3"	1 PL	7	EACH	37.85	197.00	234.85

1988 DODGE UNIT COST DATA

15 MECHANICAL

LINE	DESCRIPTION	CREW	PER DAY	UNIT	LABOR	MATERIAL	TOTAL
	GAS SERVICE VALVE, BRONZE LOW PRESSURE WITH THREADED ENDS.						
1	1/4"	1 PL	20	EACH	13.25	7.02	20.27
2	3/8"	1 PL	20	EACH	13.25	7.45	20.70
3	1/2"	1 PL	20	EACH	13.25	8.06	21.31
4	3/4"	1 PL	19	EACH	13.95	9.10	23.05
5	1"	1 PL	18	EACH	14.72	11.86	26.58
6	1 1/4"	1 PL	14	EACH	18.93	19.88	38.81
7	1 1/2"	1 PL	12	EACH	22.08	26.50	48.58
8	2"	1 PL	10	EACH	26.50	39.70	66.20
	PLUG COCKS, IRON W/ BRASS PLUG & THREADED ENDS						
9	1/2"	1 PL	20	EACH	13.25	16.45	29.70
10	3/4"	1 PL	19	EACH	13.95	19.05	33.00
11	1"	1 PL	18	EACH	14.72	23.02	37.74
12	1 1/4"	1 PL	14	EACH	18.93	28.80	47.73
13	1 1/2"	1 PL	12	EACH	22.08	35.70	57.78
14	2"	1 PL	10	EACH	26.50	50.30	76.80
15	2 1/2"	1 PL	8	EACH	33.12	79.20	112.32
16	3"	1 PL	7	EACH	37.85	106.00	143.85
17	4"	1 PL	3	EACH	88.32	200.00	288.32
	PLUG COCKS, IRON WITH BRASS PLUG AND FLANGED ENDS.						
18	2"	1 PL	5	EACH	52.99	100.00	152.99
19	2 1/2"	1 PL	4	EACH	66.24	149.00	215.24
20	3"	1 PL	3	EACH	88.32	187.00	275.32
21	4"	2 PL	5	EACH	105.98	288.00	393.98
	DRAIN VALVE, HOSE END BRONZE GATE VALVE 200 LB THREADED ENDS.						
22	3/4"	1 PL	19	EACH	13.95	36.58	50.53
23	1"	1 PL	18	EACH	14.72	46.28	61.00
24	1 1/4"	1 PL	14	EACH	18.93	63.50	82.43
25	1 1/2"	1 PL	12	EACH	22.08	69.96	92.04
26	2"	1 PL	10	EACH	26.50	99.02	125.52
27	2 1/2"	1 PL	8	EACH	33.12	171.00	204.12
28	FOR CAP AND CHAIN ADD 15% TO MATERIAL.						
	STOP & WASTE VALVE, BRONZE THREADED OR SOLDER						
29	1/4"	1 PL	25	EACH	10.60	4.02	14.62
30	3/8"	1 PL	25	EACH	10.60	3.98	14.58
31	1/2"	1 PL	25	EACH	10.60	3.98	14.58
32	3/4"	1 PL	25	EACH	10.60	4.32	14.92
33	1"	1 PL	25	EACH	10.60	13.33	23.93
	BOILER DRAIN MALE BY HOSE END						
34	1/2"	1 PL	25	EACH	10.60	3.06	13.66
35	3/4"	1 PL	25	EACH	10.60	3.64	14.24
	PLUG VALVE, LUBRICATED 200 LB WRENCH OPERATED WITH THREADED ENDS.						
36	1/2"	1 PL	11	EACH	24.09	73.40	97.49
37	3/4"	1 PL	10	EACH	26.50	73.40	99.90
38	1"	1 PL	10	EACH	26.50	87.18	113.68
39	1 1/4"	1 PL	9	EACH	29.44	105.00	134.44
40	1 1/2"	1 PL	8	EACH	33.12	111.00	144.12
41	2"	1 PL	7	EACH	37.85	132.00	169.85
42	2 1/2"	1 PL	3	EACH	88.32	203.00	291.32
43	3"	1 PL	2	EACH	132.48	248.00	380.48
44	FOR 400 LB RATING ADD 20% TO MATERIAL						
	PLUG VALVE, 200 LB WRENCH OPERATED WITH FLANGED ENDS						
45	1"	1 PL	8	EACH	33.12	105.00	138.12
46	1 1/4"	1 PL	6	EACH	44.16	125.00	169.16
47	1 1/2"	1 PL	5	EACH	52.99	132.00	184.99
48	2"	1 PL	4	EACH	66.24	155.00	221.24
49	2 1/2"	1 PL	3	EACH	88.32	230.00	318.32
50	3"	1 PL	2	EACH	132.48	282.00	414.48
51	4"	2 PL	3	EACH	176.64	357.00	533.64

MECHANICAL

LINE	DESCRIPTION	CREW	PER DAY	UNIT	LABOR	MATERIAL	TOTAL
	PLUG VALVE, 200 LB GEAR OPERATED WITH FLANGED ENDS						
1	6"	2 PL	2	EACH	264.96	1,728	1,993
2	8"	2 PL	1.8	EACH	294.40	2,640	2,934
3	10"	3 PL	2.4	EACH	331.20	3,960	4,291
4	12"	3 PL	2	EACH	397.44	5,420	5,817
5	14"	3 PL	1.8	EACH	441.60	7,200	7,642
6	16"	4 PL	1	EACH	1,060	7,700	8,760
7	18"	4 PL	0.8	EACH	1,325	12,900	14,225
	BUTTERFLY VALVES, 150 LB WAFER BODY, LEVER OPERATED, RUBBER SEAT, S.S. DISC & STEM.						
8	2"	1 PF	3	EACH	89.33	95.00	184.33
9	2 1/2"	1 PF	3	EACH	89.33	109.00	198.33
10	3"	1 PF	2.5	EACH	107.20	118.00	225.20
11	4"	2 PF	2.5	EACH	214.40	132.00	346.40
12	5"	2 PF	1.5	EACH	357.33	191.00	548.33
13	6"	2 PF	1	EACH	536.00	234.00	770.00
14	8"	2 PF	0.8	EACH	670.00	322.00	992.00
15	10"	2 PF	0.5	EACH	1,072	498.00	1,570
16	12"	2 PF	0.4	EACH	1,340	718.00	2,058
	BUTTERFLY VALVE, 150 LB WAFER BODY, GEAR OPERATED, RUBBER SEAT, S.S. DISC & STEM.						
17	2"	1 PF	3	EACH	89.33	166.00	255.33
18	2 1/2"	1 PF	3	EACH	89.33	180.00	269.33
19	3"	1 PF	2.5	EACH	107.20	190.00	297.20
20	4"	1 PF	2.5	EACH	107.20	200.00	307.20
21	5"	1 PF	1	EACH	268.00	273.00	541.00
22	6"	2 PF	1	EACH	536.00	306.00	842.00
23	8"	2 PF	0.8	EACH	670.00	402.00	1,072
24	10"	2 PF	0.5	EACH	1,072	564.00	1,636
25	12"	2 PF	0.4	EACH	1,340	790.00	2,130
26	14"	3 PF	0.6	EACH	1,340	936.00	2,276
27	16"	3 PF	0.5	EACH	1,608	1,200	2,808
	PRESSURE RELIEF VALVE						
28	1/2"	1 PF	15	EACH	17.87	20.90	38.77
29	3/4"	1 PF	15	EACH	17.87	28.50	46.37
30	1"	1 PF	15	EACH	17.87	47.74	65.61
31	1 1/4"	1 PF	14	EACH	19.14	89.80	108.94
32	1 1/2"	1 PF	13	EACH	20.62	170.00	190.62
	PRESSURE REDUCING VALVE, WATER						
33	1/2"	1 PL	15	EACH	17.66	24.21	41.87
34	3/4"	1 PL	15	EACH	17.66	31.55	49.21
	FLOW CONTROL VALVE, STRAIGHT PATTERN						
35	3/4"	1 PF	18	EACH	14.89	20.17	35.06
36	1"	1 PF	16	EACH	16.75	21.78	38.53
37	1 1/4"	1 PF	14	EACH	19.14	26.63	45.77
38	1 1/2"	1 PF	12	EACH	22.33	43.18	65.51
39	2"	1 PF	10	EACH	26.80	61.75	88.55
	** PIPE SPECIALTIES **						
	STRAINERS, Y-TYPE IRON BODY 125 LB WITH SCREWED ENDS						
40	1/2"	1 PF	14	EACH	19.14	14.00	33.14
41	3/4"	1 PF	12	EACH	22.33	15.92	38.25
42	1"	1 PF	10	EACH	26.80	18.64	45.44
43	1 1/4"	1 PF	9	EACH	29.78	23.00	52.78
44	1 1/2"	1 PF	8	EACH	33.50	27.90	61.40
45	2"	1 PF	6	EACH	44.67	43.14	87.81
46	2 1/2"	1 PF	4	EACH	67.00	78.30	145.30
47	3"	2 PF	6	EACH	89.33	116.00	205.33

15 MECHANICAL

LINE	DESCRIPTION	OUTPUT CREW	PER DAY	UNIT	LABOR	MATERIAL	TOTAL
	STRAINERS, Y-TYPE IRON BODY 125 LB WITH FLANGED ENDS						
1	2"	1 PF	5	EACH	53.60	73.00	126.60
2	2 1/2"	1 PF	4	EACH	67.00	75.00	142.00
3	3"	2 PF	5	EACH	107.20	86.00	193.20
4	4"	2 PF	4	EACH	134.00	154.00	288.00
5	5"	2 PF	3	EACH	178.67	317.00	495.67
6	6"	2 PF	2	EACH	268.00	328.00	596.00
7	8"	2 PF	1	EACH	536.00	528.00	1,064
8	10"	3 PF	1.5	EACH	536.00	904.00	1,440
9	12"	3 PF	1	EACH	804.00	1,125	1,929
	VACUUM BREAKERS						
10	1/2"	1 PL	11	EACH	24.09	12.22	36.31
11	3/4"	1 PL	10	EACH	26.50	14.28	40.78
12	1"	1 PL	10	EACH	26.50	22.60	49.10
13	1 1/4"	1 PL	9	EACH	29.44	37.46	66.90
14	1 1/2"	1 PL	8	EACH	33.12	43.60	76.72
	** MECHANICAL SUPPORTING DEVICES **						
	TUBING HANGERS						
15	1/2"	1 PL	60	EACH	4.42	1.64	6.06
16	3/4"	1 PL	50	EACH	5.30	1.82	7.12
17	1"	1 PL	45	EACH	5.89	2.08	7.97
18	1 1/4"	1 PL	40	EACH	6.62	2.22	8.84
19	1 1/2"	1 PL	35	EACH	7.57	2.36	9.93
20	2"	1 PL	30	EACH	8.83	2.96	11.79
	TUBING STRAPS, 2 HOLE SOLID COPPER						
21	1/2"	1 PL	80	EACH	3.31	0.09	3.40
22	3/4"	1 PL	70	EACH	3.79	0.21	4.00
23	1"	1 PL	60	EACH	4.42	0.22	4.64
24	1 1/4"	1 PL	50	EACH	5.30	0.26	5.56
25	1 1/2"	1 PL	40	EACH	6.62	0.28	6.90
26	2"	1 PL	30	EACH	8.83	0.30	9.13
	CLEVIS TYPE, ADJUSTABLE WITH ROD						
27	3/4"	1 PL	40	EACH	6.62	8.06	14.68
28	1"	1 PL	40	EACH	6.62	8.13	14.75
29	1 1/4"	1 PL	38	EACH	6.97	8.29	15.26
30	1 1/2"	1 PL	35	EACH	7.57	8.40	15.97
31	2"	1 PL	30	EACH	8.83	8.69	17.52
32	2 1/2"	1 PL	28	EACH	9.46	9.59	19.05
33	3"	1 PL	26	EACH	10.19	10.22	20.41
34	4"	1 PL	22	EACH	12.04	12.38	24.42
35	5"	1 PL	18	EACH	14.72	13.82	28.54
36	6"	1 PL	14	EACH	18.93	14.74	33.67
37	8"	1 PL	10	EACH	26.50	25.00	51.50
	RISER CLAMPS						
38	1/2"	1 PL	50	EACH	5.30	3.12	8.42
39	3/4"	1 PL	50	EACH	5.30	3.14	8.44
40	1"	1 PL	45	EACH	5.89	3.15	9.04
41	1 1/4"	1 PL	40	EACH	6.62	3.98	10.60
42	1 1/2"	1 PL	38	EACH	6.97	4.27	11.24
43	2"	1 PL	35	EACH	7.57	4.37	11.94
44	2 1/2"	1 PL	30	EACH	8.83	4.57	13.40
45	3"	1 PL	25	EACH	10.60	4.89	15.49
46	4"	1 PL	23	EACH	11.52	6.05	17.57
47	5"	1 PL	20	EACH	13.25	6.18	19.43
48	6"	1 PL	18	EACH	14.72	8.98	23.70
49	8"	1 PL	14	EACH	18.93	10.34	29.27
50	10"	1 PL	10	EACH	26.50	16.54	43.04

MECHANICAL

LINE	DESCRIPTION	OUTPUT CREW	PER DAY	UNIT	LABOR	MATERIAL	TOTAL
	ADJUSTABLE ROLLER HANGER, CLEVIS TYPE NO ROD						
1	1"	1 PF	30	EACH	8.93	7.82	16.75
2	1 1/4"	1 PF	29	EACH	9.24	8.42	17.66
3	1 1/2"	1 PF	27	EACH	9.93	8.68	18.61
4	2"	1 PF	25	EACH	10.72	9.36	20.08
5	2 1/2"	1 PF	23	EACH	11.65	9.38	21.03
6	3"	1 PF	20	EACH	13.40	9.72	23.12
7	4"	1 PF	18	EACH	14.89	13.68	28.57
8	5"	1 PF	16	EACH	16.75	16.10	32.85
9	6"	1 PF	15	EACH	17.87	20.18	38.05
10	8"	1 PF	10	EACH	26.80	30.42	57.22
	SPLIT RING WITH SOCKET NO ROD						
11	1/2"	1 PL	40	EACH	6.62	4.20	10.82
12	3/4"	1 PL	36	EACH	7.36	4.32	11.68
13	1"	1 PL	34	EACH	7.79	4.45	12.24
14	1 1/4"	1 PL	32	EACH	8.28	4.62	12.90
15	1 1/2"	1 PL	30	EACH	8.83	5.26	14.09
16	2"	1 PL	28	EACH	9.46	5.32	14.78
17	2 1/2"	1 PL	26	EACH	10.19	9.10	19.29
18	3"	1 PL	24	EACH	11.04	10.78	21.82
19	4"	1 PL	20	EACH	13.25	13.94	27.19
20	5"	1 PL	16	EACH	16.56	17.88	34.44
21	6"	1 PL	14	EACH	18.93	25.90	44.83
22	8"	1 PL	10	EACH	26.50	33.80	60.30
	THREADED ROD, NO LABOR						
23	3/8"			LN FT		0.62	0.62
24	1/2"			LN FT		0.98	0.98
25	3/4"			LN FT		2.58	2.58
26	1"			LN FT		6.00	6.00
	WATER METERS						
27	3/4"	2 PL	8	EACH	66.24	114.00	180.24
28	1"	2 PL	8	EACH	66.24	161.00	227.24
29	1 1/2"	2 PL	8	EACH	66.24	307.00	373.24
30	2"	2 PL	8	EACH	66.24	452.00	518.24
	BOOSTER PUMPS AND CONTROLS						
31	100 GPM	2 PL 1 LA	0.5	EACH	1,406	16,246	17,652
32	150 GPM	2 PL 1 LA	0.5	EACH	1,406	17,344	18,750
33	200 GPM	2 PL 1 LA	0.4	EACH	1,757	18,440	20,197
34	250 GPM	2 PL 1 LA	0.4	EACH	1,757	19,100	20,857
35	300 GPM	2 PL 1 LA	0.3	EACH	2,343	20,530	22,873
36	400 GPM	2 PL 1 LA	0.3	EACH	2,343	21,490	23,833
37	500 GPM	2 PL 1 LA	0.2	EACH	3,515	23,220	26,735

** INSULATIONS FOR MECHANICAL TRADE **

LINE	DESCRIPTION	CREW	PER DAY	UNIT	LABOR	MATERIAL	TOTAL
	FLEX-BOARD #450 FIBERGLASS BENDABLE FOR TANKS, DUCTS, LARGE PIPES						
	ASJ (WHITE OUT)						
38	1" THICK			SQ FT		0.75	0.75
39	2" THICK			SQ FT		0.98	0.98
	CORRUGATED ALUMINUM 10"X36"						
40	1" THICK			SQ FT		0.98	0.98
41	2" THICK			SQ FT		1.24	1.24
	CALCIUM SILICATE, SECTIONAL PIPE INSULATION WITH CANVAS JACKET, PASTED AND BANDED PIPE SIZE						
42	3/4" & 1" 1" THICK	1 PF	86	LF	3.12	1.53	4.65
43	1 1/4" 1" THICK	1 PF	86	LF	3.12	1.57	4.69
44	1 1/2" 1" THICK	1 PF	86	LF	3.12	1.62	4.74
45	2" 1" THICK	1 PF	80	LF	3.35	1.89	5.24
46	2 1/2" 1" THICK	1 PF	80	LF	3.35	2.04	5.39
47	3" 1" THICK	1 PF	76	LF	3.53	2.16	5.69
48	4" 1" THICK	1 PF	70	LF	3.83	2.50	6.33
49	6" 1" THICK	1 PF	66	LF	4.06	3.02	7.08
50	8" 1" THICK	1 PF	46	LF	5.83	4.50	10.33
51	10" 1" THICK	1 PF	40	LF	6.70	5.46	12.16

MECHANICAL

LINE	DESCRIPTION	CREW	OUTPUT PER DAY	UNIT	LABOR	MATERIAL	TOTAL
1	3/4" & 1" 1 1/2" THICK	1 PF	76	LF	3.53	1.72	5.25
2	1 1/4" 1 1/2" THICK	1 PF	76	LF	3.53	2.08	5.61
3	1 1/2" 1 1/2" THICK	1 PF	76	LF	3.53	2.18	5.71
4	2" 1 1/2" THICK	1 PF	70	LF	3.83	2.37	6.20
5	2 1/2" 1 1/2" THICK	1 PF	70	LF	3.83	2.58	6.41
6	3" 1 1/2" THICK	1 PF	70	LF	3.83	2.75	6.58
7	4" 1 1/2" THICK	1 PF	66	LF	4.06	3.20	7.26
8	6" 1 1/2" THICK	1 PF	56	LF	4.79	3.74	8.53
9	8" 1 1/2" THICK	1 PF	36	LF	7.44	7.24	14.68
10	10" 1 1/2" THICK	1 PF	30	LF	8.93	8.60	17.53
11	12" 1 1/2" THICK	1 PF	20	LF	13.40	9.66	23.06
12	3/4" & 1" 2" THICK	1 PF	70	LF	3.83	2.96	6.79
13	1 1/4" 2" THICK	1 PF	66	LF	4.06	3.25	7.31
14	1 1/2" 2" THICK	1 PF	66	LF	4.06	3.40	7.46
15	2" 2" THICK	1 PF	66	LF	4.06	3.57	7.63
16	2 1/2" 2" THICK	1 PF	66	LF	4.06	3.82	7.88
17	3" 2" THICK	1 PF	60	LF	4.47	4.12	8.59
18	4" 2" THICK	1 PF	60	LF	4.47	4.83	9.30
19	6" 2" THICK	1 PF	56	LF	4.79	6.15	10.94
20	8" 2" THICK	1 PF	30	LF	8.93	9.15	18.08
21	10" 2" THICK	1 PF	20	LF	13.40	10.92	24.32
22	12" 2" THICK	1 PF	16	LF	16.75	12.20	28.95
	CALCIUM SILICATE BLOCK (UP TO 12000 F)						
23	1"	1 PF	16	SQ FT	16.75	2.35	19.10
24	1 1/2"	1 PF	13	SQ FT	20.62	2.58	23.20
25	2"	1 PF	12	SQ FT	22.33	3.27	25.60
26	3"	1 PF	10	SQ FT	26.80	5.08	31.88
	BOILER INSULATION						
27	1 1/2" CALCIUM SILICATE & CEMENT FINISH	1 PF	26	SQ FT	10.31	3.04	13.35
28	2" FIBERGLASS	1 PF	40	SQ FT	6.70	1.93	8.63
	BREECHING						
29	2" CALCIUM SILICATE & 1/2"CEMENT FIN	1 PF	26	SQ FT	10.31	3.96	14.27
	FIBROUS GLASS BLANKET-HOT DUCTS (UP TO 250 F)						
30	1" 3/4" DENSITY	1 PF	400	SQ FT	0.67	0.19	0.86
31	1 1/2" 3/4" DENSITY	1 PF	360	SQ FT	0.74	0.27	1.01
32	2" 3/4" DENSITY	1 PF	350	SQ FT	0.77	0.36	1.13
	FIBERGLASS BLANKET-COLD DUCTS						
33	1" FOIL REINF KRAFT 3/4 DENSITY/CF	1 PF	400	SQ FT	0.67	0.17	0.84
34	1 1/2" FOIL REINF KRAFT 3/4 DENSITY/CF	1 PF	360	SQ FT	0.74	0.20	0.94
35	2" FOIL REINF KRAFT 3/4 DENSITY/CF	1 PF	350	SQ FT	0.77	0.27	1.04
36	3" FOIL REINF KRAFT 3/4 DENSITY/CF	1 PF	340	SQ FT	0.79	0.39	1.18
37	1/2" ASPHALT KRAFT 2 DENSITY/CF	1 PF	440	SQ FT	0.61	0.27	0.88
38	1" ASPHALT KRAFT 1 1/2 DENSITY/CF	1 PF	400	SQ FT	0.67	0.31	0.98
39	1 1/2" ASPHALT KRAFT 1 1/2 DENSITY/CF	1 PF	360	SQ FT	0.74	0.33	1.07
40	2" ASPHALT KRAFT 1 1/2 DENSITY/CF	1 PF	350	SQ FT	0.77	0.46	1.23
41	1" ASPHALT KRAFT 3 DENSITY/CF	1 PF	110	SQ FT	2.44	0.55	2.99
42	1 1/2" ASPHALT KRAFT 3 DENSITY/CF	1 PF	80	SQ FT	3.35	0.71	4.06
43	2" ASPHALT KRAFT 3 DENSITY/CF	1 PF	70	SQ FT	3.83	0.82	4.65
	EXPOSED DUCTWORK-WEATHER						
44	MINERAL WOOL 1" & SLATE JACKET 55 LB.	1 PF	64	SQ FT	4.19	1.28	5.47
45	MINERAL WOOL 2" & SLATE JACKET 55 LB.	1 PF	56	SQ FT	4.79	1.72	6.51
46	FOAMED CELLULAR GLASS BLOCK 1 1/2" THICK	1 PF	50	SQ FT	5.36	1.53	6.89
47	FLEX-FOAM PLASTIC 3/4" THICK	1 PF	96	SQ FT	2.79	1.84	4.63
48	FLEX-FOAM PLASTIC 1" THICK	1 PF	96	SQ FT	2.79	2.24	5.03
	MINERAL FIBER BLANKETS 8 LBS/CF METAL MESH 1"HEX WIRE 2-SIDES SIZE 24"X48"						
49	1" THICK			SQ FT		0.87	0.87
50	2" THICK			SQ FT		1.16	1.16
51	3" THICK			SQ FT		1.52	1.52
52	4" THICK			SQ FT		1.81	1.81
53	5" THICK			SQ FT		2.28	2.28

MECHANICAL

LINE	DESCRIPTION	OUTPUT CREW	PER DAY	UNIT	LABOR	MATERIAL	TOTAL
	DUCT INSULATION						
1	RECTANGULAR	2 AW	350	SQ FT	1.38	0.90	2.28
2	ROUND	2 AW	300	SQ FT	1.61	0.92	2.53
	DUCT LINING RECTANGULAR						
3	DUCTS	2 AW	350	SQ FT	1.38	0.58	1.96
	** SPRINKLER SYSTEM **						
	SPRINKLER HEADS						
4	PENDANT	1 PL	7	EACH	37.85	2.88	40.73
5	UPRIGHT	1 PL	7.1	EACH	37.32	2.46	39.78
	ALARM VALVE						
6	4" WET	2 PL	0.5	EACH	1,060	256.00	1,316
7	6" WET	2 PL	0.4	EACH	1,325	293.00	1,618
8	4" DRY	2 PL	0.5	EACH	1,060	533.00	1,593
9	6" DRY	2 PL	0.4	EACH	1,325	618.00	1,943
	SPRINKLER SYSTEM COMPLETE BASED ON THE NUMBER OF HEADS						
10	ORDINARY HAZARD	1 PL	2.6	EACH	101.91	36.49	138.40
11	EXTRA HAZARD	1 PL	2.2	EACH	120.44	47.44	167.88
	BASED ON AREA						
12	ORDINARY HAZARD	1 PL	260	SQ FT	1.02	0.36	1.38
13	EXTRA HAZARD	1 PL	220	SQ FT	1.20	0.48	1.68
	FIRE PUMPS, ELECTRIC INCLUDING CONTROLLER AND JOCKEY PUMP.						
14	500 GPM	2 PL	0.2	EACH	2,650	9,692	12,342
15	750 GPM	2 PL	0.2	EACH	2,650	10,050	12,700
16	1000 GPM	2 PL	0.1	EACH	5,299	11,140	16,439
17	FOR DUPLEX INSTALLATION, ADD 60% TO MATERIAL AND 40% TO LABOR.						
	FIRE HOSE, LINEN						
18	1 1/2" DIAMETER			LN FT		1.24	1.24
19	2 1/2" DIAMETER			LN FT		1.94	1.94
20	FIRE HOSE NOZZLE, CHROME			EACH		23.00	23.00
	HALON FIRE PROTECTION						
21	HALON BOTTLE PLAIN 100 LBS			EACH		1,520	1,520
22	SPLIT FAN NOZZLE			EACH		30.00	30.00
23	ELECTRICAL CONTROL HEAD			EACH		490.00	490.00
24	PRESS OPERATED SWITCH			EACH		160.00	160.00
25	REMOTE CONTROL SWITCH			EACH		44.00	44.00
26	COMBINATION RR/FT FIRE DETECTOR			EACH		120.00	120.00
27	2" CHECK VALVE			EACH		220.00	220.00
28	2" FLEX LOOP			EACH		140.00	140.00
29	1/4" FLEX LOOP			EACH		32.00	32.00
	HALON FIRE SUPRESSION SYSTEM						
30	EXTINGUISHING AGENT 200 LB HALON	1 EL	3	EACH	86.32	3,070	3,156
31	EXTINGUISHING AGENT 75 LB CO2 CYLINDER	1 EL	4	EACH	64.74	830.00	894.74
32	NOZZLE-HALON 1 1/2", 3"X5" CO2	1 EL	2	EACH	129.48	42.00	171.48
33	CONTROL STATION-SINGLE ZONE W/BATTERIES	1 EL	1	EACH	258.96	1,230	1,489
34	CONTROL STATION-MULTI ZONE W/BATTERIES	1 EL	0.5	EACH	517.92	2,400	2,918
35	STAND BY POWER 10"X10"X17"	1 EL	0.25	EACH	1,036	626.00	1,662
36	SIGNAL DEVICE	1 EL	0.10	EACH	2,590	39.00	2,629
37	HEAT & TEMPERATURE DETECTORS	1 EL	0.10	EACH	2,590	39.00	2,629
38	RELEASE	1 EL	0.10	EACH	2,590	188.00	2,778

MECHANICAL

LINE	DESCRIPTION	OUTPUT CREW	PER DAY	UNIT	UNIT COSTS LABOR	MATERIAL	TOTAL
	** STANDPIPE & FIREHOSE STATIONS **						
	SIAMESE CONNECTIONS, INCLUDING SILLCOCK, PLUGS, AND CHAINS						
	POLISHED BRASS						
1	4"X2 1/2"X2 1/2"	1 PL	0.8	EACH	331.20	373.00	704.20
2	6"X2 1/2"X2 1/2"	1 PL	0.7	EACH	378.51	446.00	824.51
3	4"X3"X3"	1 PL	0.8	EACH	331.20	446.00	777.20
4	6"X3"X3"	1 PL	0.7	EACH	378.51	538.00	916.51
	CHROME PLATED						
5	4"X2 1/2"X2 1/2"	1 PL	0.8	EACH	331.20	427.00	758.20
6	6"X2 1/2"X2 1/2"	1 PL	0.7	EACH	378.51	505.00	883.51
7	4"X3"X3"	1 PL	0.8	EACH	331.20	493.00	824.20
8	6"X3"X3"	1 PL	0.7	EACH	378.51	582.00	960.51
	FIRE HOSE CABINETS WITH GLASS DOOR, 2 1/2" ANGLE VALVE, REDUCING COUPLING, 125' HOSE, RACK, NIPPLE, AND NOZZLE.						
9	ALUMINUM CABINET	1 PL	1	EACH	264.96	377.00	641.96
10	STEEL CABINET	1 PL	1	EACH	264.96	355.00	619.96
11	STAINLESS STEEL CABINET	1 PL	1	EACH	264.96	495.00	759.96
	FIRE HOSE RACKS, INCLUDING 1 1/2" ANGLE VALVE, & HOSE, AND COUPLING						
	RED ENAMEL RACK						
12	50' HOSE	1 PL	1.5	EACH	176.64	141.00	317.64
13	75' HOSE	1 PL	1.4	EACH	189.26	176.00	365.26
14	100' HOSE	1 PL	1.3	EACH	203.82	212.00	415.82
	CHROME PLATED RACK						
15	50' HOSE	1 PL	1.5	EACH	176.64	167.00	343.64
16	75' HOSE	1 PL	1.4	EACH	189.26	213.00	402.26
17	100' HOSE	1 PL	1.3	EACH	203.82	246.00	449.82
	FIRE HOSE RACKS, INCLUDING 2 1/2" ANGLE VALVE, HOSE, AND COUPLING						
	RED ENAMEL RACK						
18	50' HOSE	1 PL	1.5	EACH	176.64	235.00	411.64
19	75' HOSE	1 PL	1.4	EACH	189.26	280.00	469.26
20	100' HOSE	1 PL	1.3	EACH	203.82	338.00	541.82
	CHROME PLATED RACK						
21	50' HOSE	1 PL	1.5	EACH	176.64	276.00	452.64
22	75' HOSE	1 PL	1.4	EACH	189.26	348.00	537.26
23	100' HOSE	1 PL	1.3	EACH	203.82	400.00	603.82
	HUMP TYPE RACKS WITH 1 1/2" HOSE						
24	50' HOSE	1 PL	1.5	EACH	176.64	180.00	356.64
25	100' HOSE	1 PL	1.3	EACH	203.82	234.00	437.82
26	200' HOSE	1 PL	1.1	EACH	240.87	280.00	520.87
	ROOF MANIFOLDS, ROUGH BRASS WITH VALVES, CAPS, AND CHAINS						
	2 WAY W/175# VALVE						
27	4"X2 1/2"X2 1/2"	1 PL	0.8	EACH	331.20	276.00	607.20
28	5"X2 1/2"X2 1/2"	1 PL	0.8	EACH	331.20	296.00	627.20
29	6"X2 1/2"X2 1/2"	1 PL	0.7	EACH	378.51	320.00	698.51
	2 WAY W/300# VALVE						
30	4"X2 1/2"X2 1/2"	1 PL	0.8	EACH	331.20	328.00	659.20
31	5"X2 1/2"X2 1/2"	1 PL	0.8	EACH	331.20	356.00	687.20
32	6"X2 1/2"X2 1/2"	1 PL	0.7	EACH	378.51	376.00	754.51
	3 WAY W/175# VALVE						
33	4"X2 1/2"X2 1/2"	1 PL	0.8	EACH	331.20	450.00	781.20
34	5"X2 1/2"X2 1/2"	1 PL	0.8	EACH	331.20	470.00	801.20
35	6"X2 1/2"X2 1/2"	1 PL	0.7	EACH	378.51	490.00	868.51
	3 WAY W/300# VALVE						
36	4"X2 1/2"X2 1/2"	1 PL	0.8	EACH	331.20	530.00	861.20
37	5"X2 1/2"X2 1/2"	1 PL	0.8	EACH	331.20	560.00	891.20
38	6"X2 1/2"X2 1/2"	1 PL	0.7	EACH	378.51	590.00	968.51
	FIRE DEPARTMENT VALVES, 175# 2 1/2"						
39	EXPOSED	1 PL	3	EACH	88.32	168.00	256.32
40	IN ALUMINUM CABINET	1 PL	2	EACH	132.48	240.00	372.48
41	IN STEEL CABINET	1 PL	2	EACH	132.48	218.00	350.48
42	IN STAINLESS STEEL CABINET	1 PL	2	EACH	132.48	280.00	412.48
43	FOR 300# RATING ADD 10% TO MATERIAL						

MECHANICAL

LINE	DESCRIPTION	CREW	PER DAY	UNIT	LABOR	MATERIAL	TOTAL
	FOG NOZZLES, POLISHED BRASS						
1	1/1/2"	1 PL	10	EACH	26.50	54.00	80.50
2	2 1/2"	1 PL	8	EACH	33.12	104.00	137.12
	FLOOR DRAINS, CAST IRON						
3	3"	1 PL	5	EACH	52.99	44.00	96.99
4	4"	1 PL	5	EACH	52.99	65.00	117.99
5	5"	1 PL	4	EACH	66.24	110.00	176.24
	FUNNEL DRAINS						
6	3"	1 PL	4	EACH	66.24	74.00	140.24
7	4"	1 PL	4	EACH	66.24	75.00	141.24
	ACID NEUTRALIZING TANKS						
8	50 GAL	2 PL	3.4	EACH	155.86	472.00	627.86
9	250 GAL	2 PL	1	EACH	529.92	1,048	1,578
10	500 GAL	2 PL	0.8	EACH	662.40	2,054	2,716
	ACID RESISTANT FLOOR DRAIN						
11	3"	1 PL	5	EACH	52.99	116.00	168.99
12	4"	1 PL	5	EACH	52.99	127.00	179.99
	** ROOF DRAINAGE **						
	CAST IRON ROOF DRAIN						
	DOME TOP						
13	3"	1 PL	3	EACH	88.32	65.00	153.32
14	4"	1 PL	3	EACH	88.32	66.00	154.32
15	5"	1 PL	2.5	EACH	105.98	97.00	202.98
16	6"	1 PL	2.5	EACH	105.98	99.00	204.98
	DECK TYPE						
17	3"	1 PL	3	EACH	88.32	99.00	187.32
18	4"	1 PL	3	EACH	88.32	102.00	190.32
19	5"	1 PL	2.5	EACH	105.98	122.00	227.98
20	6"	1 PL	2.5	EACH	105.98	125.00	230.98
	SCUPPER DRAIN, CAST IRON						
21	2"	1 PL	5.2	EACH	50.95	49.00	99.95
22	3"	1 PL	5	EACH	52.99	50.00	102.99
23	4"	1 PL	4.5	EACH	58.88	52.00	110.88
	AREA DRAIN, CAST IRON						
24	2"	1 PL	5	EACH	52.99	48.00	100.99
25	3"	1 PL	5	EACH	52.99	49.00	101.99
26	4"	1 PL	5	EACH	52.99	51.00	103.99
27	FOR DECK CLAMP ADD 20% TO MATERIAL						
	** PLUMBING FIXTURES **						
	SINKBOWLS						
	PORCELAIN STEEL						
28	24"X21"X7 1/4"	1 PL	5	EACH	52.99	63.00	115.99
29	32"X21"X7 1/4"	1 PL	5	EACH	52.99	77.00	129.99
	STAINLESS STEEL						
30	33"X22"X7 1/4" DOUBLE	1 PL	4	EACH	66.24	130.00	196.24
31	25"X22"X7" SINGLE	1 PL	5	EACH	52.99	94.00	146.99
32	33"X22"X6 1/2" ECONOMY SINGLE	1 PL	5	EACH	52.99	87.00	139.99
33	BAR SINK STAINLESS STEEL W/GOOSENECK FAUCET AND STRAINER 2 HOLE LEDGE 15"X15"X5 1/2" DEEP	1 PL	6	EACH	44.16	64.00	108.16
34	BAR SINK CUSTOM STAINLESS STEEL 25"X14"	1 PL	5	EACH	52.99	107.00	159.99
35	FAUCETS AND FITTINGS	1 PL	10	EACH	26.50	45.00	71.50
36	VANITY BOWL PORCELAIN STEEL 18" DIAMETER	1 PL	6	EACH	44.16	56.00	100.16
37	VANITY BOWL PORCELAIN STEEL 19"X16" OVAL	1 PL	5	EACH	52.99	63.00	115.99
38	VANITY FITTINGS NO DRIP TYPE	1 PL	10	EACH	26.50	48.00	74.50
	WATER CLOSET						
	FLOOR MOUNTED W/FLUSH VALVE						
39	REGULAR	1 PL	2	EACH	132.48	257.00	389.48
40	ELONGATED	1 PL	2	EACH	132.48	280.00	412.48

1988 DODGE UNIT COST DATA

MECHANICAL

LINE	DESCRIPTION	CREW	PER DAY	UNIT	LABOR	MATERIAL	TOTAL
	FLOOR MOUNTED TANK TYPE						
1	REGULAR	1 PL	1.5	EACH	176.64	310.00	486.64
2	ELONGATED	1 PL	1.5	EACH	176.64	212.00	388.64
	WALL MOUNTED W/FLUSH VALVE						
3	REGULAR	1 PL	2	EACH	132.48	377.00	509.48
4	ELONGATED	1 PL	2	EACH	132.48	392.00	524.48
	WALL MOUNTED TANK TYPE						
5	REGULAR	1 PL	1.5	EACH	176.64	376.00	552.64
6	ELONGATED	1 PL	1.5	EACH	176.64	396.00	572.64
	WALL MOUNTED TYPES INCLUDE CARRIER.						
	URINALS						
7	PEDESTAL TYPE W/FLUSH VALVE	1 PL	2	EACH	132.48	412.00	544.48
8	WALL HUNG W/FLUSH VALVE	1 PL	2	EACH	132.48	426.00	558.48
9	STALL TYPE W/FLUSH VALVE	1 PL	1.6	EACH	165.60	390.00	555.60
10	WALL HUNG TANK TYPE	1 PL	1.5	EACH	176.64	306.00	482.64
11	FLOOR MOUNTED TANK TYPE	1 PL	1.5	EACH	176.64	358.00	534.64
	LAVATORIES, WALL HUNG WITH SHELF AND CARRIER						
12	VITREOUS CHING 20"X18"	1 PL	2.1	EACH	126.17	306.00	432.17
13	ENAMELED CAST IRON 20"X18"	1 PL	2	EACH	132.48	316.00	448.48
14	VITREOUS CHINA CORNER TYPE 17"X17"	1 PL	1.8	EACH	147.20	200.00	347.20
15	VITREOUS CHINA PRISON TYPE 14"X13"	1 PL	1.4	EACH	189.26	296.00	485.26
16	STAINLESS STEEL PRISON TYPE	1 PL	1.3	EACH	203.82	362.00	565.82
17	VITREOUS CHINA HOSPITAL TYPE	1 PL	1.6	EACH	165.60	340.00	505.60
	LAVATORIES, COUNTER TOP TYPE						
18	VITREOUS CHINA 22"X19"	1 PL	2	EACH	132.48	174.00	306.48
19	ENAMELED CAST IRON 20"X18"	1 PL	1.9	EACH	139.45	180.00	319.45
20	ENAMELED CAST IRON 18" DIA.	1 PL	2.2	EACH	120.44	212.00	332.44
21	ENAMELED STEEL 18" DIA.	1 PL	2.3	EACH	115.20	125.00	240.20
22	FOR COLOR, ADD 15% TO MATERIAL						
	BATH TUBS						
23	ENAMELED CAST IRON RECESSED	2 PL	1.8	EACH	294.40	484.00	778.40
24	ENAMELED CAST IRON CORNER TYPE	2 PL	1.9	EACH	278.91	838.00	1,117
25	ENAMELED STEEL RECESSED	2 PL	2	EACH	264.96	296.00	560.96
26	FIBERGLASS W/WALLS	2 PL	1	EACH	529.92	607.00	1,137
27	INSTITUTIONAL TYPE W/PEDESTAL	2 PL	0.8	EACH	662.40	968.00	1,630
28	FOR GALVANIZED BODY ADD 40% TO MATERIAL						
29	FOR COLOR, ADD 15% TO MATERIAL						
	SHOWER RECEPTORS AND TRIM						
30	32"X48" TERRAZZO	1 PL	2	EACH	132.48	148.00	280.48
31	36"X36" TERRAZZO	1 PL	2	EACH	132.48	125.00	257.48
32	32"X48" CAST STONE	1 PL	2	EACH	132.48	150.00	282.48
33	36"X36" CAST STONE	1 PL	2	EACH	132.48	137.00	269.48
34	32"X32" FIBERGLASS	1 PL	2.1	EACH	126.17	129.00	255.17
35	48"X36" FIBERGLASS	1 PL	1.7	EACH	155.86	153.00	308.86
	PLUMBING FIXTURES-VICTORIAN PERIOD						
36	PEDESTAL SINK-VITREOUS CHINA-32"X24"X20"						
37	12" WIDE SPREAD FAUCET	1 PL	2	EACH	132.48	415.00	547.48
38	SHOWER/TUB COMBO, SHOWER HEAD & BRACKET	1 PL	2	EACH	132.48	362.00	494.48
39	SHOWER CURTAIN RING OVERHEAD	1 PL	6	EACH	44.16	134.00	178.16
40	SHOWER/TUB, 3 CONTROL SHOWER HEADS	1 PL	2	EACH	132.48	670.00	802.48
41	TUB HAND SHOWER UNIT	1 PL	6	EACH	44.16	284.00	328.16
42	TUB FILL FAUCET FOR CLAWFOOT TUB	1 PL	8	EACH	33.12	155.00	188.12
43	WIDE SPREAD FAUCET W/SWIVEL ARM	1 PL	6	EACH	44.16	360.00	404.16
44	WIDE SPREAD GOOSENECK FAUCET	1 PL	6	EACH	44.16	258.00	302.16
45	4" CENTERSET FAUCET W/POP UP DRAIN	1 PL	6	EACH	44.16	252.00	296.16
46	WATER CLOSET OAK LOWROY BRASS ELBOW	1 PL	2	EACH	132.48	670.00	802.48
47	SINGLE HOLE FAUCET W/4" SWING SPOUT	1 PL	6	EACH	44.16	242.00	286.16
48	PULL CHAIN WATER CLOSET-OAK-CHINA BOWL	1 PL	2	EACH	132.48	775.00	907.48
49	DECK MOUNT KITCHEN FAUCET 8" OC	1 PL	6	EACH	44.16	305.00	349.16

MECHANICAL 15

LINE	DESCRIPTION		CREW	OUTPUT PER DAY	UNIT	LABOR	MATERIAL	TOTAL
1	FAUCET GOOSENECK SINGLE HOLE		1 PL	6	EACH	44.16	252.00	296.16
2	CONCEALED KITCHEN FAUCET 9" SWING SPOUT							
	& HANDSPRAY UNIT		1 PL	4	EACH	66.24	359.00	425.24
3	TOWEL BAR 24" BRASS		1 PL	10	EACH	26.50	36.00	62.50
4	TOILET PAPER HOLDER-BRASS		1 PL	12	EACH	22.08	21.00	43.08
	HANDICAPPED INSTITUTIONAL BATH & SHOWER UNITS BARRIER FREE							
5	SHOWER W/MOLDED SEAT	36X84X41"	3 PL	3	EACH	264.96	773.00	1,038
6	SHOWER WHEEL CHAIR USE	48X84X53"	3 PL	3	EACH	264.96	1,180	1,445
7	SHOWER WHEEL CHAIR USE	36X84X60"	3 PL	3	EACH	264.96	800.00	1,065
8	TUB SHOWER	31X84X60"	3 PL	3	EACH	264.96	848.00	1,113
9	HOSPITAL-INSTIT. TUB SHOWER	31X84X54"	4 PL	2.5	EACH	423.94	730.00	1,154
10	HOSPITAL-INSTIT. TUB SHOWER	31X84X60"	4 PL	2.5	EACH	423.94	660.00	1,084
11	INSTITUTIONAL SHOWER	36X84X41"	3 PL	3	EACH	264.96	676.00	940.96
12	INSTITUTIONAL CORNER SHOWER	36X36X14-3/4"	3 PL	2.7	EACH	294.40	758.00	1,052
13	HANDICAPPED SHOWER-WHEEL CHAIR	36X84X72"	3 PL	3	EACH	264.96	1,188	1,453
14	INSTITUTIONAL TUB SHOWER W/SEAT MOLDED INTEGRAL							
15	36X84X72"		3 PL	3	EACH	264.96	1,174	1,439
16	FOR COLORS ADD $40.00 TO MATERIAL COST							
	SHOWERS AND TUB SHOWERS MOLDED ACRYLIC							
17	STANDARD MODULE	72X36X84"	3 PL	3	EACH	264.96	816.00	1,081
18	SHOWER & TUB W/STEAM PACKAGE GENERATOR DOME LITE		3 PL	2	EACH	397.44	1,220	1,617
19	STANDARD W/WHIRLPOOL PACKAGE, JETS, SUCTION, AIR							
20	CONTROLS AND PUMP		3 PL	2	EACH	397.44	1,684	2,081
21	STANDARD WITH STEAM & WHIRLPOOL PACKAGE		2 PL	1.5	EACH	353.28	2,706	3,059
22	STANDARD MODULE W/SHOWER UNIT	48X34X84"	2 PL	3	EACH	176.64	364.00	540.64
23	STANDARD SHOWER MODULE W/STEAM	48X34X84"	2 PL	2.5	EACH	211.97	1,460	1,672
24	CORNER SHOWER UNIT	31X33X84"	2 PL	4	EACH	132.48	386.00	518.48
	WHIRLPOOL BATHS W/STANDARD CHROME FITTINGS MOLDED ACRYLIC UNITS							
25	34X60X25" 1/3 HP 4 JETS 60 GAL		2 PL	1.5	EACH	353.28	1,122	1,475
26	36X72X26" 3/4 HP 4 JETS 60 GAL		2 PL	1.5	EACH	353.28	1,228	1,581
27	42X60X26" 1 HP 6 JETS 70 GAL		2 PL	1.5	EACH	353.28	1,442	1,795
28	42X27X26" 1 HP 6 JETS 88 GAL		2 PL	1.5	EACH	353.28	1,616	1,969
29	60X60X26" 1 HP 6 JETS 90 GAL		2 PL	1.4	EACH	378.51	1,660	2,039
30	60X73X26" 1 HP 6 JETS 134 GAL		2 PL	1.4	EACH	378.51	1,748	2,127
31	60X84X26" 1-1/2 HP 6 JETS 190 GAL		2 PL	1.4	EACH	378.51	1,874	2,253
32	60X84X37" 1-1/2 HP 5 JETS 200 GAL		3 PL	1.3	EACH	611.45	2,470	3,081
33	ADDITIVES GOLD TRIM PACKAGE + $485/UNIT							
34	ADDITIVE ANTIQUE BRASS $315/UNIT							
	BATHS MOLDED ACRYLIC							
35	34X60X25"		2 PL	3	EACH	176.64	468.00	644.64
36	36X72X26"		2 PL	3	EACH	176.64	512.00	688.64
37	42X60X26"		2 PL	2.5	EACH	211.97	810.00	1,022
38	42X72X26"		2 PL	2.5	EACH	211.97	986.00	1,198
39	60X60X26"		2 PL	2.3	EACH	230.40	1,050	1,280
40	60X73X26"		2 PL	2.2	EACH	240.87	1,114	1,355
41	60X84X26"		2 PL	2.2	EACH	240.87	1,258	1,499
42	60X84X37		2 PL	2	EACH	264.96	1,492	1,757
	SINKS WITH DRAIN BOARDS - CAST IRON							
43	SINGLE COMPARTMENT		1 PL	1.5	EACH	176.64	324.00	500.64
44	DOUBLE COMPARTMENT		1 PL	1.3	EACH	203.82	378.00	581.82
	STAINLESS STEEL							
45	SINGLE COMPARTMENT		1 PL	1.6	EACH	165.60	488.00	653.60
46	DOUBLE COMPARTMENT		1 PL	1.5	EACH	176.64	618.00	794.64
47	SCRUB UP SINKS		1 PL	2	EACH	132.48	504.00	636.48
	SERVICE SINK							
48	24"X20" ENAMELED CAST IRON		1 PL	2	EACH	132.48	570.00	702.48
49	22"X18" VITREOUS CHINA		1 PL	2	EACH	132.48	528.00	660.48
50	28"X28" FLOOR TYPE		1 PL	2	EACH	132.48	570.00	702.48
51	FLOOR SINK, CAST IRON 12"X12"		1 PL	1	EACH	264.96	174.00	438.96

1988 DODGE UNIT COST DATA

15 MECHANICAL

LINE	DESCRIPTION	OUTPUT CREW	PER DAY	UNIT	LABOR	MATERIAL	TOTAL
	DRINKING FOUNTAINS						
	SURFACE MOUNTED						
1	STAINLESS STEEL	1 PL	4	EACH	66.24	296.00	362.24
2	VITREOUS CHINA	1 PL	4	EACH	66.24	236.00	302.24
	SEMI-RECESSED						
3	STAINLESS STEEL	1 PL	4	EACH	66.24	528.00	594.24
4	VITREOUS CHINA	1 PL	4	EACH	66.24	330.00	396.24
5	REMOTE CHILLER	2 PL	5	EACH	105.98	1,520	1,626
6	CUSPIDOR, SEMI-RECESSED	1 PL	2	EACH	132.48	624.00	756.48
	WATER COOLERS, STAINLESS STEEL						
7	FLOOR MOUNTED	1 PL	3	EACH	88.32	588.00	676.32
8	WALL HUNG	1 PL	2	EACH	132.48	576.00	708.48
9	SEMI-RECESSED	1 PL	2	EACH	132.48	674.00	806.48
	KITCHEN SINKS						
	PORCELAIN-STEEL						
10	SINGLE BOWL 24"X21"X7 1/4"	1 PL	1.5	EACH	176.64	28.90	205.54
11	DOUBLE BOWL 32"X21"X7 1/4"	1 PL	1.5	EACH	176.64	35.10	211.74
	STAINLESS STEEL						
12	SINGLE BOWL 25"X22"X6 1/2"	1 PL	1.5	EACH	176.64	144.00	320.64
13	DOUBLE BOWL 33"X22"X6 1/2"	1 PL	1.5	EACH	176.64	218.00	394.64
14	HOME BAR SINK -SGL BOWL W/ICE BUCKET CHOPPING BLOCK & GOOSENECK FAUCET	1 PL	1.5	EACH	176.64	202.00	378.64
	SINK FAUCETS -CHROME PLATED BRASS						
	STANDARD						
15	W/O SPRAY	1 PL	10	EACH	26.50	55.58	82.08
16	W/SPRAY	1 PL	9	EACH	29.44	71.90	101.34
	SINGLE LEVER TYPE						
17	W/SWIVEL SPRAY	1 PL	10	EACH	26.50	70.38	96.88
18	W/HOSE SPRAY	1 PL	9	EACH	29.44	68.88	98.32
	WASHFOUNTAIN BOWL & PEDESTAL CIRCULAR W/FOOT CONTROL						
	54"						
19	PRECAST TERRAZZO	2 PL	1.7	EACH	311.72	1,052	1,364
20	FIBERGLASS	2 PL	2	EACH	264.96	1,308	1,573
21	STAINLESS STEEL	2 PL	2	EACH	264.96	1,348	1,613
	36"						
22	PRECAST TERRAZZO	2 PL	2	EACH	264.96	926.00	1,191
23	ENAMELED STEEL	2 PL	2.3	EACH	230.40	734.00	964.40
24	FIBERGLASS	2 PL	2.3	EACH	230.40	1,040	1,270
25	STAINLESS STEEL	2 PL	2.3	EACH	230.40	1,072	1,302
	WASHFOUNTAIN BOWL & PEDESTAL SEMI-CIRCULAR W/FOOT CONTROL						
	54"						
26	PRECAST TERRAZZO	2 PL	1.7	EACH	311.72	1,024	1,336
27	ENAMELED STEEL	2 PL	2	EACH	264.96	818.00	1,083
28	FIBERGLASS	2 PL	2	EACH	264.96	1,154	1,419
29	STAINLESS STEEL	2 PL	2	EACH	264.96	1,186	1,451
	36"						
30	PRECAST TERRAZZO	2 PL	2	EACH	264.96	866.00	1,131
31	ENAMELED STEEL	2 PL	2.3	EACH	230.40	654.00	884.40
32	FIBERGLASS	2 PL	2.3	EACH	230.40	926.00	1,156
33	STAINLESS STEEL	2 PL	2.3	EACH	230.40	954.00	1,184
	WASHFOUNTAIN COUNTER DUAL TYPE VINYL CLAD PANEL						
	ENAMELED STEEL						
34	STANDARD BOWL	2 PL	2	EACH	264.96	402.00	666.96
35	BOWL W/BACK SPLASH	2 PL	2	EACH	264.96	468.00	732.96
	STAINLESS STEEL						
36	STANDARD BOWL	2 PL	2	EACH	264.96	492.00	756.96
37	BOWL W/BACK SPLASH	2 PL	2	EACH	264.96	526.00	790.96

MECHANICAL

LINE	DESCRIPTION		CREW	PER DAY	UNIT	LABOR	MATERIAL	TOTAL
	PEDESTAL DRINKING FOUNTAIN PRECAST TERRAZZO W/VOLUME CONTROL & VALVES							
1	SINGLE STREAM		2 PL	2	EACH	264.96	192.00	456.96
2	MULTI-STREAM		2 PL	2	EACH	264.96	366.00	630.96
	SHOWER SYSTEM W/HOT & COLD VALVES							
3	COLUMN SHOWER 5 PERSON		2 PL	3	EACH	176.64	770.00	946.64
4	MULTI SHOWER STALL 5 PERSONS W/COMPTS		1 PL 1 SM	1	EACH	509.20	1,440	1,949
	SHOWERS SAFETY TYPES							
	DRENCH							
5	FREE STANDING		1 PL	2	EACH	132.48	228.00	360.48
6	HORIZONTAL SUPPLY		1 PL	2	EACH	132.48	106.00	238.48
7	VERTICAL SUPPLY		1 PL	2	EACH	132.48	106.00	238.48
	EYE WASH FIXTURE							
8	FREE STANDING		2 PL	4	EACH	132.48	194.00	326.48
9	WALL MOUNTED		2 PL	4	EACH	132.48	146.00	278.48
10	UNMOUNTED		2 PL	4	EACH	132.48	130.00	262.48
11	PORTABLE		1 PL	4	EACH	66.24	374.00	440.24
12	COUNTER TOP MOUNTED		1 PL	2	EACH	132.48	286.00	418.48
13	DECK MOUNTED		1 PL	2	EACH	132.48	144.00	276.48
14	COMBINATION EYE WASH/DRENCH FREE STANDING		2 PL	4	EACH	132.48	448.00	580.48
	HOSE SPRAY UNIT							
15	UNMOUNTED		1 PL	3	EACH	88.32	107.00	195.32
16	TANK MOUNTED		2 PL	4	EACH	132.48	374.00	506.48
17	COUNTERTOP MOUNTED		1 PL	2	EACH	132.48	148.00	280.48
	HOT WATER CIRCULATORS							
	IRON BODY							
18	3/4" - 1 1/2"	1/12 HP	2 PL	6	EACH	88.32	144.00	232.32
19	2"	1/6 HP	2 PL	5	EACH	105.98	256.00	361.98
20	2 1/2"	1/4 HP	2 PL	4	EACH	132.48	360.00	492.48
21	3"	1/3 HP	2 PL	4	EACH	132.48	512.00	644.48
22	3"	1 HP	2 PL	4	EACH	132.48	866.00	998.48
	BRONZE BODY							
23	3/4" - 1 1/2"	1/12 HP	2 PL	6	EACH	88.32	226.00	314.32
24	1 1/2"	1/6 HP	2 PL	5	EACH	105.98	338.00	443.98
25	2"	1/6 HP	2 PL	5	EACH	105.98	464.00	569.98
26	2 1/2"	1/4 HP	2 PL	4	EACH	132.48	658.00	790.48
27	3"	1/3 HP	2 PL	4	EACH	132.48	838.00	970.48
28	3"	1/2 HP	2 PL	4	EACH	132.48	864.00	996.48
29	3"	3/4 HP	2 PL	4	EACH	132.48	950.00	1,082
30	3"	1 HP	2 PL	4	EACH	132.48	1,380	1,512
	HOT WATER CIRCULATORS, EXTERNAL OVERLOAD PROTECTION NEEDED							
	IRON BODY							
31	3"	1/2 HP	2 PL	4	EACH	132.48	520.00	652.48
32	3"	3/4 HP	2 PL	4	EACH	132.48	610.00	742.48
33	3"	1 HP	2 PL	4	EACH	132.48	866.00	998.48
	BRONZE BODY							
34	3"	1/2 HP	2 PL	4	EACH	132.48	862.00	994.48
35	3"	3/4 HP	2 PL	4	EACH	132.48	950.00	1,082
36	3"	1 HP	2 PL	4	EACH	132.48	1,380	1,512
	HOT WATER HEATER, GAS FIRED RESIDENTIAL TYPE INCLUDING NORMAL ACCESSORIES.							
37	20 GAL CAPACITY		2 PL	4	EACH	132.48	252.00	384.48
38	30 GAL CAPACITY		2 PL	4	EACH	132.48	265.00	397.48
39	40 GAL CAPACITY		2 PL	4	EACH	132.48	286.00	418.48
40	50 GAL CAPACITY		2 PL	3.5	EACH	151.41	508.00	659.41
41	75 GAL CAPACITY		2 PL	3	EACH	176.64	526.00	702.64
42	100 GAL CAPACITY		2 PL	2.5	EACH	211.97	798.00	1,010
	ELECTRIC RESIDENTIAL STORAGE HEATER, TWO ELEMENTS.							
43	20 GAL CAPACITY		2 PL	5	EACH	105.98	212.00	317.98
44	30 GAL CAPACITY		2 PL	4.5	EACH	117.76	234.00	351.76
45	40 GAL CAPACITY		2 PL	4	EACH	132.48	254.00	386.48
46	52 GAL CAPACITY		2 PL	4	EACH	132.48	278.00	410.48
47	66 GAL CAPACITY		2 PL	3.5	EACH	151.41	390.00	541.41
48	82 GAL CAPACITY		2 PL	3.5	EACH	151.41	410.00	561.41

15 MECHANICAL

LINE	DESCRIPTION	OUTPUT CREW	PER DAY	UNIT	LABOR	MATERIAL	TOTAL
	HOT WATER HEATERS, GAS FIRED, COMMERCIAL, GLASS LINES, 100 DEGREE RISE						
1	50 GAL 65 MBH 55 GAL/HR	2 PL	3	EACH	176.64	536.00	712.64
2	75 GAL 85 MBH 71 GAL/HR	2 PL	3	EACH	176.64	740.00	916.64
3	100 GAL 100 MBH 84 GAL/HR	2 PL	3	EACH	176.64	934.00	1,111
4	89 GAL 155 MBH 130 GAL/HR	2 PL	2	EACH	264.96	1,310	1,575
5	100 GAL 197 MBH 166 GAL/HR	3 PL	2	EACH	397.44	1,418	1,815
6	86 GAL 199 MBH 167 GAL/HR	3 PL	2	EACH	397.44	1,390	1,787
7	84 GAL 251 MBH 211 GAL/HR	3 PL	1.8	EACH	441.60	1,520	1,962
8	100 GAL 270 MBH 227 GAL/HR	3 PL	1.8	EACH	441.60	1,580	2,022
9	75 GAL 365 MBH 307 GAL/HR	3 PL	1.5	EACH	529.92	2,080	2,610
10	9 GAL 50 MBH 40 GAL/HR	2 PL	3	EACH	176.64	622.00	798.64
	WATER HEATER, INCLUDING CONTROLS						
	STEAM FIRED						
11	30 GPM	2 PL	0.5	EACH	1,060	3,634	4,694
12	65 GPM	2 PL	0.3	EACH	1,766	5,608	7,374
13	100 GPM	2 PL	0.15	EACH	3,533	6,860	10,393
14	1100-2800 GPH	2 PL	0.13	EACH	4,076	5,950	10,026
15	3000-7000 GPH	2 PL	0.13	EACH	4,076	9,620	13,696
16	8000-13000 GPH	2 PL	0.1	EACH	5,299	13,960	19,259
17	14000 GPH	2 PL	0.07	EACH	7,570	17,200	24,770
	ELECTRIC						
18	110 GPH	2 PL	0.2	EACH	2,650	4,060	6,710
19	220 GPH	2 PL	0.12	EACH	4,416	4,880	9,296
20	294 GPH	2 PL	0.1	EACH	5,299	5,680	10,979
21	368 GPH	2 PL	0.08	EACH	6,624	7,030	13,654
22	553 GPH	2 PL	0.07	EACH	7,570	8,900	16,470
23	738 GPH	2 PL	0.07	EACH	7,570	12,000	19,570
24	1107 GPH	2 PL	0.06	EACH	8,832	13,600	22,432
	GAS FIRED						
25	3757 GPH	2 PL	0.06	EACH	8,832	7,850	16,682
26	6257 GPH	2 PL	0.05	EACH	10,598	9,980	20,578
27	8757 GPH	2 PL	0.05	EACH	10,598	12,500	23,098
28	1125 GPH	2 PL	0.05	EACH	10,598	12,600	23,198
29	1375 GPH	2 PL	0.04	EACH	13,248	14,600	27,848
30	1625 GPH	2 PL	0.04	EACH	13,248	16,900	30,148
31	1875 GPH	2 PL	0.04	EACH	13,248	19,100	32,348
32	2125 GPH	2 PL	0.04	EACH	13,248	23,400	36,648
	WATER CHILLERS, DOMESTIC INCLUDING CIRCULATOR AND CONTROLS						
33	10 GPH 120 PERSONS PER HOUR	2 PL	2	EACH	264.96	770.00	1,035
34	24 GPH 288 PERSONS PER HOUR	2 PL	0.7	EACH	757.03	940.00	1,697
35	38 GPH 456 PERSONS PER HOUR	2 PL	0.3	EACH	1,766	1,380	3,146
	SHALLOW WELL PUMP						
36	1/3 HP LESS TANK	1 PL	2	EACH	132.48	176.00	308.48
37	1/2 HP LESS TANK	1 PL	2	EACH	132.48	202.00	334.48
38	1/3 HP W/12 GAL TANK	2 PL	2	EACH	264.96	262.00	526.96
39	1/2 HP W/12 GAL TANK	2 PL	2	EACH	264.96	290.00	554.96
40	1/3 HP W/30 GAL TANK	2 PL	2	EACH	264.96	292.00	556.96
41	1/2 HP W/30 GAL TANK	2 PL	2	EACH	264.96	370.00	634.96
42	1/3 HP W/42 GAL TANK	2 PL	1.5	EACH	353.28	373.00	726.28
43	1/2 HP W/42 GAL TANK	2 PL	1.5	EACH	353.28	378.00	731.28
	CONVERTIBLE PUMPS						
44	1/3 HP LESS TANK	1 PL	2	EACH	132.48	177.00	309.48
45	1/2 HP LESS TANK	1 PL	2	EACH	132.48	204.00	336.48
46	3/4 HP LESS TANK	1 PL	1.5	EACH	176.64	236.00	412.64
47	1 HP LESS TANK	1 PL	1.5	EACH	176.64	270.00	446.64
48	1/3 HP W/12 GAL TANK	1 PL	2	EACH	132.48	267.00	399.48
49	1/2 HP W/12 GAL TANK	1 PL	2	EACH	132.48	295.00	427.48
50	1/3 HP W/30 GAL TANK	2 PL	2	EACH	264.96	298.00	562.96
51	1/2 HP W/30 GAL TANK	2 PL	2	EACH	264.96	324.00	588.96
52	1/3 HP W/42 GAL TANK	2 PL	1.5	EACH	353.28	336.00	689.28
53	1/2 HP W/42 GAL TANK	2 PL	1.5	EACH	353.28	364.00	717.28
	EJECTOR PACKAGE FOR CONVERTIBLE PUMP						
54	0' TO 25' RANGE	1 PL	4	EACH	66.24	27.10	93.34
55	2" SINGLE PIPE 20' TO 100' RANGE	2 PL	6	EACH	88.32	69.20	157.52
56	2 1/2" SINGLE PIPE 20' TO 100' RANGE	2 PL	4	EACH	132.48	91.10	223.58
57	3" SINGLE PIPE 20' TO 100' RANGE	2 PL	2	EACH	264.96	100.00	364.96

MECHANICAL 15

LINE	DESCRIPTION	CREW	PER DAY	UNIT	LABOR	MATERIAL	TOTAL
	MULTI STAGE CONVERTIBLE PUMPS						
1	1/2 HP LESS TANK	1 PL	1.5	EACH	176.64	420.00	596.64
2	3/4 HP LESS TANK	1 PL	1.5	EACH	176.64	432.00	608.64
3	1 HP LESS TANK	2 PL	2	EACH	264.96	456.00	720.96
4	1 1/2 HP LESS TANK	2 PL	1	EACH	529.92	540.00	1,070
	EJECTOR PACKAGE FOR MULTI STAGE PUMPS						
5	2" SINGLE PIPE 50' TO 140' RANGE	2 PL	2	EACH	264.96	69.20	334.16
6	2 1/2" SINGLE PIPE 50' TO 160' RANGE	2 PL	1.5	EACH	353.28	91.20	444.48
7	3" SINGLE PIPE 50' TO 160' RANGE	2 PL	1	EACH	529.92	102.00	631.92
	SHALLOW WELL JET PUMP						
8	1/2 HP LESS TANK	1 PL	2	EACH	132.48	264.00	396.48
9	3/4 HP LESS TANK	1 PL	1.5	EACH	176.64	279.00	455.64
10	1 HP LESS TANK	1 PL	1	EACH	264.96	337.00	601.96
11	1/3 HP W/5 GAL TANK	1 PL	2	EACH	132.48	266.00	398.48
12	1/2 HP W/20 GAL TANK	2 PL	2	EACH	264.96	397.00	661.96
13	1/3 HP W/12 GAL TANK	2 PL	2	EACH	264.96	310.00	574.96
14	1/2 HP W/12 GAL TANK	2 PL	2	EACH	264.96	340.00	604.96
15	1/3 HP W/42 GAL TANK	2 PL	1.5	EACH	353.28	426.00	779.28
16	1/2 HP W/42 GAL TANK	2 PL	1.5	EACH	353.28	430.00	783.28
	DEEP WELL JET PUMP						
17	1/3 HP LESS TANK	2 PL	2	EACH	264.96	213.00	477.96
18	1/2 HP LESS TANK	2 PL	2	EACH	264.96	245.00	509.96
19	3/4 HP LESS TANK	2 PL	1.5	EACH	353.28	279.00	632.28
20	1 HP LESS TANK	2 PL	1	EACH	529.92	337.00	866.92
21	1/3 HP W/12 GAL TANK	2 PL	2	EACH	264.96	290.00	554.96
22	1/2 HP W/12 GAL TANK	2 PL	2	EACH	264.96	337.00	601.96
23	1/2 HP W/20 GAL TANK	2 PL	2	EACH	264.96	375.00	639.96
24	1/3 HP W/42 GAL TANK	2 PL	1.5	EACH	353.28	415.00	768.28
25	1/2 HP W/42 GAL TANK	2 PL	1	EACH	529.92	433.00	962.92
	JET PUMP INJECTORS						
26	2" SINGLE PIPE	1 PL	8	EACH	33.12	53.90	87.02
27	2 1/2" SINGLE PIPE	1 PL	4	EACH	66.24	67.16	133.40
28	3" SINGLE PIPE	1 PL	2	EACH	132.48	68.10	200.58
29	4" TWO PIPE	2 PL	1.5	EACH	794.88	48.70	843.58
	SUBMERSIBLE UNITS, 5 GPM SERIES						
30	1/4 HP 115 V	2 PL	2	EACH	264.96	398.00	662.96
31	1/3 HP 115 V	2 PL	2	EACH	264.96	426.00	690.96
32	1/2 HP 115 V	2 PL	1.5	EACH	353.28	490.00	843.28
33	3/4 HP 230 V	2 PL	1.5	EACH	353.28	616.00	969.28
34	1 HP 230 V	2 PL	1	EACH	529.92	814.00	1,344
35	1 1/2 HP 230 V	2 PL	0.8	EACH	662.40	1,058	1,720
	SUBMERSIBLE CABLE						
36	2 WIRE #12	1 PL 1 EL	457	LN FT	1.15	0.28	1.43
37	2 WIRE #10	1 PL 1 EL	400	LN FT	1.31	0.38	1.69
38	3 WIRE #14	1 PL 1 EL	533	LN FT	0.98	0.26	1.24
39	3 WIRE #12	1 PL 1 EL	400	LN FT	1.31	0.39	1.70
40	3 WIRE #10	1 PL 1 EL	320	LN FT	1.64	0.56	2.20
41	3 WIRE #8	1 PL 1 EL	267	LN FT	1.96	1.61	3.57
	** HOT WATER EQUIPMENT **						
	EXPANSION TANKS (ASME) INCLUDING GAUGE GLASS TAPPINGS PAINTED						
42	15 GAL	2 PF	16	EACH	33.50	160.00	193.50
43	30 GAL	2 PF	11	EACH	48.73	193.00	241.73
44	40 GAL	2 PF	10	EACH	53.60	222.00	275.60
45	60 GAL	2 PF	9	EACH	59.56	296.00	355.56
46	80 GAL	2 PF	8	EACH	67.00	348.00	415.00
47	100 GAL	2 PF	8	EACH	67.00	398.00	465.00
48	120 GAL	2 PF	7	EACH	76.57	480.00	556.57
49	144 GAL	2 PF	7	EACH	76.57	512.00	588.57
50	180 GAL	2 PF	7	EACH	76.57	700.00	776.57
51	230 GAL	2 PF	6	EACH	89.33	784.00	873.33
52	280 GAL	2 PF	5	EACH	107.20	990.00	1,097

MECHANICAL

LINE	DESCRIPTION	OUTPUT CREW	PER DAY	UNIT	LABOR	MATERIAL	TOTAL
	AIR-SEPARATORS (ASME), IN LINE TYPE						
	SCREWED ENDS						
1	2" IPS	2 PF	3.3	EACH	162.42	380.00	542.42
2	2 1/2" IPS	2 PF	2.5	EACH	214.40	408.00	622.40
3	3" IPS	2 PF	1.7	EACH	315.29	540.00	855.29
	FLANGED						
4	4" IPS	2 PF	1.4	EACH	382.86	730.00	1,113
5	5" IPS	2 PF	1.25	EACH	428.80	944.00	1,373
6	6" IPS	2 PF	1.1	EACH	487.27	1,134	1,621
7	8" IPS	2 PF	1	EACH	536.00	1,360	1,896
8	10" IPS	2 PF	0.8	EACH	670.00	1,770	2,440
	CIRCULATORS, IN LINE TYPE						
	IRON BODY						
9	3/4" - 1 1/2" IPS 1/12 HP	2 PF	6	EACH	89.33	143.00	232.33
10	2" IPS 1/6 HP	2 PF	5	EACH	107.20	252.00	359.20
11	2 1/2" IPS 1/4 HP	2 PF	5	EACH	107.20	356.00	463.20
12	3" IPS 1/3 HP	2 PF	4	EACH	134.00	505.00	639.00
13	3" IPS 1 HP	2 PF	4	EACH	134.00	854.00	988.00
	BRONZE BODY						
14	3/4" - 1 1/2" IPS 1/12 HP	2 PF	6	EACH	89.33	223.00	312.33
15	1 1/2" IPS 1/6 HP	2 PF	6	EACH	89.33	334.00	423.33
16	2" IPS 1/6 HP	2 PF	5	EACH	107.20	456.00	563.20
17	2 1/2" IPS 1/4 HP	2 PF	4	EACH	134.00	650.00	784.00
18	3" IPS 1/3 HP	2 PF	4	EACH	134.00	826.00	960.00
19	3" IPS 1/2 HP	2 PF	4	EACH	134.00	850.00	984.00
20	3" IPS 3/4 HP	2 PF	4	EACH	134.00	938.00	1,072
21	3" IPS 1 HP	2 PF	4	EACH	134.00	1,360	1,494
	HOT WATER PUMPS, CENTRIFUGAL, BASE MOUNTED END SUCTION.						
	DISCHARGE HORSEPOWER						
22	1 1/2" 1	2 PF	1	EACH	536.00	1,085	1,621
23	2 1/2" 1	2 PF	1	EACH	536.00	1,178	1,714
24	2" 1 1/2	2 PF	1	EACH	536.00	1,241	1,777
25	2 1/2" 2	2 PF	0.8	EACH	670.00	1,306	1,976
26	2 1/2" 5	2 PF	0.7	EACH	765.71	2,048	2,814
27	3" 2	2 PF	0.6	EACH	893.33	2,151	3,044
28	3" 5	2 PF	0.5	EACH	1,072	2,258	3,330
29	3" 15	2 PF	0.5	EACH	1,072	2,370	3,442
30	4" 5	2 PF	0.4	EACH	1,340	2,489	3,829
31	4" 10	2 PF	0.4	EACH	1,340	2,846	4,186
32	6" 20	2 PF	0.3	EACH	1,787	3,109	4,896
33	6" 25	2 PF	0.3	EACH	1,787	3,264	5,051
34	8" 40	2 PF	0.25	EACH	2,144	5,087	7,231
35	8" 75	2 PF	0.2	EACH	2,680	8,761	11,441
36	8" 100	2 PF	0.2	EACH	2,680	11,289	13,969
37	10" 100	2 PF	0.15	EACH	3,573	11,852	15,425
38	12" 100	2 PF	0.1	EACH	5,360	12,446	17,806
	HOT WATER CONVERTORS, INCLUDING HANGING MATERIAL						
39	30 GPM	2 PF	0.5	EACH	1,072	1,690	2,762
40	60 GPM	2 PF	0.4	EACH	1,340	2,056	3,396
41	100 GPM	2 PF	0.3	EACH	1,787	2,454	4,241
42	200 GPM	2 PF	0.3	EACH	1,787	3,652	5,439
43	300 GPM	2 PF	0.2	EACH	2,680	6,009	8,689
44	500 GPM	2 PF	0.1	EACH	5,360	6,803	12,163
	WATER SERVICE PUMPS 50' NOMINAL HEAD						
45	20 GPM	2 PF	0.8	EACH	670.00	340.00	1,010
46	30 GPM	2 PF	0.8	EACH	670.00	510.00	1,180
47	40 GPM	2 PF	0.8	EACH	670.00	570.00	1,240
48	60 GPM	2 PF	0.8	EACH	670.00	800.00	1,470
49	90 GPM	2 PF	0.8	EACH	670.00	900.00	1,570
50	120 GPM	2 PF	0.8	EACH	670.00	1,100	1,770
51	200 GPM	3 PF	1	EACH	804.00	1,500	2,304
52	300 GPM	3 PF	1	EACH	804.00	2,000	2,804
53	400 GPM	3 PF	1	EACH	804.00	2,200	3,004
54	600 GPM	3 PF	1	EACH	804.00	2,500	3,304
55	1000 GPM	4 PF	0.9	EACH	1,191	3,300	4,491

MECHANICAL

LINE	DESCRIPTION	OUTPUT CREW	PER DAY	UNIT	LABOR	MATERIAL	TOTAL
	WATER HEATERS						
	ELECTRIC						
1	40 GAL			EACH		184.05	184.05
2	80 GAL			EACH		338.35	338.35
3	GAS 40 GAL			EACH		202.55	202.55
	** MEDICAL RELATED PIPING-SPECIAL **						
	MANIFOLD NITROGEN & OXYGEN						
4	5 CYLINDER	1 PF	1.6	EACH	167.50	1,339	1,507
5	10 CYLINDER	1 PF	1.6	EACH	167.50	2,266	2,434
	GAS VACUUM OUTLETS						
6	WALL	1 PF	4	EACH	67.00	53.56	120.56
7	CEILING	1 PF	4	EACH	67.00	65.92	132.92
8	SHUT OFF VALVE W/BOX 1/2"	1 PF	2	EACH	134.00	133.90	267.90
9	SHUT OFF VALVE W/O BOX 1"	1 PF	2	EACH	134.00	76.22	210.22
10	SHUT OFF VALVE W/O BOX 1-1/4"	1 PF	2	EACH	134.00	103.00	237.00
11	ALARM CONTROL BOX W/LIQUID	1 PF	2	EACH	134.00	206.00	340.00
12	ALARM PANEL	1 PF	1.2	EACH	223.33	721.00	944.33
	MEDICAL VACUUM PUMPS						
13	30 CFM 5 HP	1 PF	1.2	EACH	223.33	9,270	9,493
14	60 CFM 10 HP	1 PF	1.1	EACH	243.64	11,330	11,574
15	AIR COMPRESSOR W/DRYER	1 PF	1.4	EACH	191.43	8,858	9,049
	MEDICAL GAS PIPE						
16	3/4 " COPPER	1 PF	80	LN FT	3.35	2.88	6.23
17	1" COPPER	1 PF	64	LN FT	4.19	4.01	8.20
18	1-1/4" COPPER	1 PF	64	LN FT	4.19	5.35	9.54
19	1-1/2" COPPER	1 PF	60	LN FT	4.47	6.59	11.06
	STAINLESS STEEL MEDICAL GAS PIPE NON-SPOOLED FOR TYPE 316 STAINLESS ADD 35% TO MATERIAL TYPE 10 SEAMLESS						
20	1/2" SCH. 10	1 PF	96	LN FT	2.79	5.15	7.94
21	3/4" SCH. 10	1 PF	80	LN FT	3.35	6.18	9.53
22	1" SCH. 10	1 PF	64	LN FT	4.19	9.06	13.25
23	1-1/2" SCH. 10	1 PF	60	LN FT	4.47	12.77	17.24
24	2" SCH. 10	1 PF	56	LN FT	4.79	15.24	20.03
25	1/2" SCH. 40	1 PF	96	LN FT	2.79	6.18	8.97
26	3/4" SCH. 40	1 PF	80	LN FT	3.35	8.03	11.38
27	1" SCH. 40	1 PF	80	LN FT	3.35	8.24	11.59
28	1-1/4" SCH. 40	1 PF	65	LN FT	4.12	13.90	18.02
29	1-1/2" SCH. 40	1 PF	60	LN FT	4.47	15.96	20.43
30	2" SCH. 40	1 PF	56	LN FT	4.79	19.57	24.36
	** COMPRESSED AIR EQUIPMENT **						
	AIR COMPRESSORS WITH RECEIVER						
	SINGLE UNIT						
31	1 HP	2 PL	0.8	EACH	662.40	608.00	1,270
32	1 1/2 HP	2 PL	0.7	EACH	757.03	720.00	1,477
33	2 HP	2 PL	0.5	EACH	1,060	784.00	1,844
34	3 HP	2 PL	0.5	EACH	1,060	990.00	2,050
	DUPLEX UNIT						
35	1 HP	2 PL	0.5	EACH	1,060	901.00	1,961
36	1 1/2 HP	2 PL	0.4	EACH	1,325	1,632	2,957
37	2 HP	2 PL	0.3	EACH	1,766	1,742	3,508
38	3 HP	2 PL	0.25	EACH	2,120	1,892	4,012
39	5 HP	2 PL	0.2	EACH	2,650	2,003	4,653
40	10 HP	2 PL	0.2	EACH	2,650	3,862	6,512
41	REFRIGERATED AIR DRYERS, PER 100 CFM INSTALLED	1 PL	0.8	CCFM	331.20	432.60	763.80
	AIR PRESSURE REGULATORS						
42	3/4"	1 PL	5	EACH	52.99	63.35	116.34
43	1"	1 PL	5	EACH	52.99	67.05	120.04
44	1 1/4"	1 PL	4	EACH	66.24	174.17	240.41
45	1 1/2"	1 PL	4	EACH	66.24	181.28	247.52

1988 DODGE UNIT COST DATA

15 MECHANICAL

LINE	DESCRIPTION	OUTPUT			UNIT COSTS		
		CREW	PER DAY	UNIT	LABOR	MATERIAL	TOTAL
	** VACUUM EQUIPMENT **						
	VACUUM PUMPS WITH ONE RECEIVER						
	SINGLE UNIT						
1	1/2 HP	2 PL	0.8	EACH	662.40	716.00	1,378
2	1 HP	2 PL	0.6	EACH	883.20	1,452	2,335
3	1 1/2 HP	2 PL	0.6	EACH	883.20	1,679	2,562
4	2 HP	2 PL	0.5	EACH	1,060	2,042	3,102
5	3 HP	2 PL	0.3	EACH	1,766	2,416	4,182
6	5 HP	2 PL	0.3	EACH	1,766	2,791	4,557
	DUPLEX UNIT						
7	1/2 HP	2 PL	0.5	EACH	1,060	876.00	1,936
8	1 HP	2 PL	0.5	EACH	1,060	2,278	3,338
9	1 1/2 HP	2 PL	0.3	EACH	1,766	2,863	4,629
10	2 HP	2 PL	0.25	EACH	2,120	3,187	5,307
11	3 HP	2 PL	0.25	EACH	2,120	3,477	5,597
12	5 HP	2 PL	0.25	EACH	2,120	4,126	6,246
	** MANIFOLDS **						
	MEDICAL GAS MANIFOLDS, PRICE INCLUDES CONTROL PANEL FOR WALL MOUNTING.						
13	2 CYLINDER CAPACITY	2 PL	1.5	EACH	353.28	273.00	626.28
14	4 CYLINDER CAPACITY	2 PL	1.25	EACH	423.94	935.00	1,359
15	6 CYLINDER CAPACITY	2 PL	1.1	EACH	481.75	816.00	1,298
16	8 CYLINDER CAPACITY	2 PL	1	EACH	529.92	1,099	1,629
17	10 CYLINDER CAPACITY	2 PL	0.8	EACH	662.40	1,366	2,028
18	12 CYLINDER CAPACITY	2 PL	0.8	EACH	662.40	1,644	2,306
19	14 CYLINDER CAPACITY	2 PL	0.7	EACH	757.03	1,904	2,661
20	16 CYLINDER CAPACITY	2 PL	0.7	EACH	757.03	2,185	2,942
21	18 CYLINDER CAPACITY	2 PL	0.6	EACH	883.20	2,451	3,334
22	20 CYLINDER CAPACITY	2 PL	0.6	EACH	883.20	2,724	3,607
23	32 CYLINDER CAPACITY	2 PL	0.5	EACH	1,060	4,367	5,427
24	40 CYLINDER CAPACITY	2 PL	0.5	EACH	1,060	5,455	6,515
25	48 CYLINDER CAPACITY	2 PL	0.4	EACH	1,325	6,529	7,854
	** OUTLETS **						
	MEDICAL GAS OUTLETS						
	RECESSED WALL MOUNTED						
26	SINGLE OUTLET	1 PL	3	EACH	88.32	50.00	138.32
27	DOUBLE OUTLET	1 PL	2	EACH	132.48	89.00	221.48
28	TRIPLE OUTLET	1 PL	1.6	EACH	165.60	122.00	287.60
29	QUADRUPLE OUTLET	1 PL	1.3	EACH	203.82	160.00	363.82
	CEILING TYPE, SQUARE (FIXED)						
30	4 OUTLETS	2 PL	2	EACH	264.96	444.00	708.96
31	5 OUTLETS	2 PL	1.9	EACH	278.91	534.00	812.91
32	6 OUTLETS	2 PL	1.8	EACH	294.40	628.00	922.40
33	8 OUTLETS	2 PL	1.6	EACH	331.20	678.00	1,009
	CEILING TYPE, SQUARE (RETRACTABLE)						
34	4 OUTLETS	2 PL	1.7	EACH	311.72	1,043	1,355
35	6 OUTLETS	2 PL	1.4	EACH	378.51	1,134	1,513
36	8 OUTLETS	2 PL	1.2	EACH	441.60	1,245	1,687
	CEILING TYPE, ROUND (FIXED)						
37	2 OUTLETS	2 PL	2	EACH	264.96	309.00	573.96
38	4 OUTLETS	2 PL	1.9	EACH	278.91	378.00	656.91
39	6 OUTLETS	2 PL	1.8	EACH	294.40	422.00	716.40
	ZONE VALVES WITH BOX						
40	1/4"	1 PL	3.6	EACH	73.60	45.00	118.60
41	3/8"	1 PL	3.5	EACH	75.70	53.00	128.70
42	1/2"	1 PL	3.2	EACH	82.80	57.00	139.80
43	3/4"	1 PL	2.5	EACH	105.98	65.00	170.98
44	1"	1 PL	2.3	EACH	115.20	91.00	206.20
45	1 1/4"	1 PL	2	EACH	132.48	123.00	255.48
46	1 1/2"	1 PL	1.7	EACH	155.86	135.00	290.86
47	2"	1 PL	1.3	EACH	203.82	161.00	364.82

MECHANICAL

LINE	DESCRIPTION				OUTPUT			UNIT COSTS		
					CREW	PER DAY	UNIT	LABOR	MATERIAL	TOTAL
	UPFLOW GAS SYSTEMS HIGH EFFICIENCY W/COND. UNIT, EVAP. COIL, FURNACE, COIL CASTING									
	SEER	COOL BTUH	HEAT BTUH	TONS						
1	9	18300	45000	1 1/2	2 SM	1.2	EACH	407.07	1,374	1,781
2	8.8	23000	75000	2	2 SM	1	EACH	488.48	1,534	2,022
3	8.65	29400	75000	2 1/2	2 SM	1	EACH	488.48	1,652	2,140
4	8.2	36000	75000	3	2 SM	1	EACH	488.48	1,898	2,386
5	8.25	43000	100000	3 1/2	2 SM	0.8	EACH	610.60	2,214	2,825
6	8.25	49000	100000	4	2 SM	0.8	EACH	610.60	2,384	2,995
7	8.3	59000	125000	5	2 SM	0.8	EACH	610.60	2,972	3,583
	HIGH EFFICIENCY PLUS SYSTEM									
8	9.55	20400	45000	1 1/2	2 SM	1.3	EACH	375.75	1,576	1,952
9	9.0	23800	75000	2	2 SM	1	EACH	488.48	1,688	2,176
10	9.0	30400	75000	2 1/2	2 SM	1	EACH	488.48	1,798	2,286
11	9	35800	75000	3	2 SM	1	EACH	488.48	1,966	2,454
12	9	42500	100000	3 1/2	2 SM	0.8	EACH	610.60	2,286	2,897
13	9	47500	100000	4	2 SM	0.8	EACH	610.60	2,578	3,189
14	8.05	57500	125000	5	2 SM	0.8	EACH	610.60	3,042	3,653
	HIGH ADVANTAGE EFFICIENCY SYSTEM									
15	11.05	24600	75000	2	2 SM	1	EACH	488.48	2,012	2,500
16	10.5	29200	75000	2 1/2	2 SM	1	EACH	488.48	2,316	2,804
17	11.15	36800	75000	3	2 SM	1	EACH	488.48	2,648	3,136
18	11.3	42000	100000	3 1/2	2 SM	0.8	EACH	610.60	3,162	3,773
19	10.55	48500	100000	4	2 SM	0.6	EACH	814.13	3,418	4,232
20	10.4	56500	125000	5	2 SM	0.6	EACH	814.13	4,160	4,974
	HIGH EFFICIENCY DELUXE SYSTEM									
21	10.0	17500	45000	1 1/2	2 SM	1	EACH	488.48	2,232	2,720
22	11.05	24600	75000	2	2 SM	1	EACH	488.48	2,358	2,846
23	10.5	29200	75000	2 1/2	2 SM	1	EACH	488.48	2,734	3,222
24	10.6	36600	75000	3	2 SM	1	EACH	488.48	3,230	3,718
25	11.0	39500	100000	3 1/2	2 SM	0.8	EACH	610.60	3,778	4,389
26	10.55	48500	100000	4	2 SM	0.6	EACH	814.13	4,088	4,902
27	10.4	56500	125000	5	2 SM	0.6	EACH	814.13	4,996	5,810
	HORIZONTAL GAS SYSTEMS W/COND. UNIT, EVAP. COIL, FURNACE, COIL CASING, HIGH EFFICIENCY SYSTEM									
28	9.10	18500	75000	1 1/2	2 SM	1	EACH	488.48	1,554	2,042
29	9.0	24600	75000	2	2 SM	0.8	EACH	610.60	1,625	2,236
30	8.65	29600	75000	2 1/2	2 SM	0.8	EACH	610.60	1,776	2,387
31	8.3	36600	75000	3	2 SM	0.8	EACH	610.60	2,006	2,617
32	8.3	44000	95000	3 1/2	2 SM	0.6	EACH	814.13	2,315	3,129
33	8.35	50000	95000	4	2 SM	0.6	EACH	814.13	2,484	3,298
34	8.35	59500	95000	5	2 SM	0.6	EACH	814.13	2,896	3,710
	GAS FURNACE-UPFLOW STANDARD									
	HEATING BTUH INPUT/CFM									
35	60,000	1200			2 SM	0.8	EACH	610.60	573.00	1,184
36	125,000	1600			2 SM	0.7	EACH	697.83	765.00	1,463
37	150,000	2000			2 SM	0.6	EACH	814.13	1,049	1,863
	COUNTERFLOW STANDARD									
38	45,000	800			2 SM	0.8	EACH	610.60	670.00	1,281
39	75,000	1200			2 SM	0.6	EACH	814.13	693.00	1,507
40	100,000	1600			2 SM	0.6	EACH	814.13	782.00	1,596
41	100,000	2000			2 SM	0.6	EACH	814.13	946.00	1,760
42	125,000	2000			2 SM	0.6	EACH	814.13	976.00	1,790
	HORIZONTAL STANDARD									
43	115,000	1600			2 SM	0.6	EACH	814.13	822.00	1,636
44	135,000	1800			2 SM	0.6	EACH	814.13	1,118	1,932
45	155,000	2000			2 SM	0.6	EACH	814.13	1,346	2,160
	UPFLOW-INDUCED DRAFT									
46	45,000	800			2 SM	0.6	EACH	814.13	1,213	2,027
47	60,000	1200			2 SM	0.6	EACH	814.13	1,257	2,071
48	75,000	1600			2 SM	0.6	EACH	814.13	1,316	2,130
49	100,000	2000			2 SM	0.5	EACH	976.96	1,374	2,351
50	120,000	2000			2 SM	0.5	EACH	976.96	1,494	2,471

MECHANICAL

LINE	DESCRIPTION				OUTPUT CREW	PER DAY	UNIT	UNIT COSTS LABOR	MATERIAL	TOTAL
	COUNTER FLOW-INDUCED DRAFT									
1	60,000	1200			2 SM	0.6	EACH	814.13	1,224	2,038
2	75,000	1600			2 SM	0.6	EACH	814.13	1,266	2,080
3	100,000	2000			2 SM	0.5	EACH	976.96	1,335	2,312
4	120,000	2000			2 SM	0.5	EACH	976.96	1,502	2,479
	HORIZONTAL-INDUCED DRAFT									
5	60,000	1400			2 SM	0.5	EACH	976.96	985.00	1,962
6	75,000	1400			2 SM	0.5	EACH	976.96	990.00	1,967
7	95,000	1600			2 SM	0.5	EACH	976.96	1,057	2,034
8	95,000	2000			2 SM	0.5	EACH	976.96	1,113	2,090
	UPFLOW DELUX-HIGH EFFICIENCY									
9	45,000	1400	93.3(AFUE)		2 SM	0.6	EACH	814.13	1,705	2,519
10	60,000	1400	92.2(AFUE)		2 SM	0.5	EACH	976.96	1,825	2,802
11	75,000	1400	91.9(AFUE)		2 SM	0.5	EACH	976.96	1,852	2,829
12	100,000	1600	90.5(AFUE)		2 SM	0.5	EACH	976.96	2,047	3,024
13	100,000	2000	90.3(AFUE)		2 SM	0.4	EACH	1,221	2,242	3,463
	ELECTRIC HEATING SYSTEMS W/COND. UNIT EVAP. COIL FURNACE HIGH EFFICIENCY SYSTEM									
	SEER	COOL BTUH	KW	TONS						
14	9.0/9.05	20400/20400	10	1 1/2	2 SM	1	EACH	488.48	1,352	1,840
15	8.8/8.55	23000/23200	10	2	2 SM	0.8	EACH	610.60	1,423	2,034
16	8.65/8.65	29400/29200	15	2 1/2	2 SM	0.8	EACH	610.60	1,668	2,279
17	8.25/8.20	36400/36000	20	3	2 SM	0.6	EACH	814.13	1,915	2,729
18	8.25/8.25	43000/43000	20	3 1/2	2 SM	0.6	EACH	814.13	2,239	3,053
19	8.25/8.25	49000/49000	20	4	2 SM	0.5	EACH	976.96	2,408	3,385
20	8.3/8.25	59000/59000	20	5	2 SM	0.5	EACH	976.96	3,027	4,004
	HIGH EFFICIENCY PLUS SYSTEM									
21	9.55/9.55	20400/20400	10	1 1/2	2 SM	0.8	EACH	610.60	1,554	2,165
22	9.0/9.0	23800/24000	10	2	2 SM	0.7	EACH	697.83	1,576	2,274
23	9.0/9.0	30400/30200	15	2 1/2	2 SM	0.7	EACH	697.83	1,815	2,513
24	9.0/9.0	35800/35400	15	3	2 SM	0.6	EACH	814.13	1,982	2,796
25	9.0/9.0	42500/43000	20	3 1/2	2 SM	0.6	EACH	814.13	2,311	3,125
26	9.0/9.0	47500/47500	20	4	2 SM	0.5	EACH	976.96	2,512	3,489
27	9.0/9.0	57500/57000	20	5	2 SM	0.5	EACH	976.96	3,053	4,030
	HIGH EFFICIENCY ADVANTAGE SYSTEM									
28	11.05	24600	10	2	2 SM	0.7	EACH	697.83	1,841	2,539
29	10.5	29200	15	2 1/2	2 SM	0.7	EACH	697.83	2,273	2,971
30	11.15	36800	15	3	2 SM	0.6	EACH	814.13	2,604	3,418
31	11.3	42000	20	3 1/2	2 SM	0.6	EACH	814.13	3,124	3,938
32	10.55	48500	20	4	2 SM	0.5	EACH	976.96	3,380	4,357
33	10.4	56500	20	5	2 SM	0.5	EACH	976.96	4,144	5,121
	HIGH EFFICIENCY DELUXE SYSTEMS									
34	10.0	17500	10	1 1/2	2 SM	0.7	EACH	697.83	2,139	2,837
35	11.05	24600	10	2	2 SM	0.7	EACH	697.83	2,186	2,884
36	10.5	29200	15	2 1/2	2 SM	0.6	EACH	814.13	2,690	3,504
37	10.6	36600	15	3	2 SM	0.6	EACH	814.13	3,177	3,991
38	11.0	39500	20	3 1/2	2 SM	0.5	EACH	976.96	3,739	4,716
39	10.55	48500	20	4	2 SM	0.5	EACH	976.96	4,050	5,027
40	10.4	56500	20	5	2 SM	0.5	EACH	976.96	4,979	5,956
	HEAT PUMP SYSTEM, WITH OUT DOOR UNIT INDOOR COIL-AIR HANDLER HIGH EFFICIENCY SYSTEM									
	SEER	COOL BTUH	AUX KW	TONS						
41	8.6-2.7	16800	10	1 1/2	2 SM 1 PF	1	EACH	756.48	1,928	2,684
42	8.6-2.8	23000	10	2	2 SM 1 PF	1	EACH	756.48	2,150	2,906
43	8.6-2.8	29200	15	2 1/2	2 SM 1 PF	0.8	EACH	945.60	2,431	3,377
44	8.9-2.9	34400	15	3	2 SM 1 PF	0.8	EACH	945.60	2,594	3,540
	HIGH EFFICIENCY PLUS SYSTEM									
45	9.75-2.85	17000	10	1 1/2	2 SM 1 PF	0.8	EACH	945.60	1,947	2,893
46	9.25-2.9	23400	10	2	2 SM 1 PF	0.8	EACH	945.60	2,283	3,229
47	9.2-2.85	29400	15	2 1/2	2 SM 1 PF	0.7	EACH	1,081	2,445	3,526
48	9.3-3.0	34400	15	3	2 SM 1 PF	0.7	EACH	1,081	2,856	3,937
49	9.0-2.8	40000	20	3 1/2	2 SM 1 PF	0.7	EACH	1,081	3,202	4,283
50	9.0-2.8	47500	20	4	2 SM 1 PF	0.6	EACH	1,261	3,433	4,694
51	9.0-3.0	59000	20	5	2 SM 1 PF	0.6	EACH	1,261	4,094	5,355

MECHANICAL

LINE	DESCRIPTION				CREW	OUTPUT PER DAY	UNIT	LABOR	MATERIAL	TOTAL
	HIGH EFFICIENCY DELUXE SYSTEM									
1	11.65-3.1	18500	10	1 1/2	2 SM	1 PF	0.8 EACH	945.60	2,979	3,925
2	11.6-3.2	24800	10	2	2 SM	1 PF	0.8 EACH	945.60	3,173	4,119
3	12.2-3.4	30200	15	2 1/2	2 SM	1 PF	0.7 EACH	1,081	3,549	4,630
4	11.0-3.18	36800	15	3	2 SM	1 PF	0.7 EACH	1,081	4,088	5,169
5	11.75-3.3	42500	20	3 1/2	2 SM	1 PF	0.7 EACH	1,081	4,840	5,921
6	11.25-3.52	49500	20	4	2 SM	1 PF	0.6 EACH	1,261	5,096	6,357
7	10.85-3.2	58500	20	5	2 SM	1 PF	0.6 EACH	1,261	5,760	7,021
	ROOFTOP PACKAGE GAS HEATING UNITS SIDE OR DOWN DISCHARGE - SINGLE PHASE									
	SEER/EER.	COOL/HEAT BTUH	TONS	AFUE						
8	8.7	19000/50000	1 1/2	78.2%	1 SM	1 PF	1.3 EACH	394.03	2,145	2,539
9	8.6	23400/50000	2	78.2%	1 SM	1 PF	1.3 EACH	394.03	2,175	2,569
10	8.6	23400/75000	2	78.0%	1 SM	1 PF	1.3 EACH	394.03	2,181	2,575
11	8.6	30400/50000	2 1/2	78.8%	1 SM	1 PF	1 EACH	512.24	2,442	2,954
12	8.6	30400/75000	2 1/2	78.5%	1 SM	1 PF	1 EACH	512.24	2,470	2,982
13	8.7	35200/50000	3	78.3%	1 SM	1 PF	0.9 EACH	569.16	2,476	3,045
14	8.7	35200/75000	3	78.2%	1 SM	1 PF	0.9 EACH	569.16	2,503	3,072
15	8.6	39500/75000	3 1/2	79.1%	1 SM	1 PF	0.8 EACH	640.30	3,018	3,658
16	8.6	39500/100000	3 1/2	79.3%	1 SM	1 PF	0.8 EACH	640.30	3,229	3,869
17	8.7	49000/75000	4	76.6%	1 SM	1 PF	0.8 EACH	640.30	3,538	4,178
18	8.7	49000/125000	4	78.3%	1 SM	1 PF	0.8 EACH	640.30	3,680	4,320
19	8.5	60000/100000	5	77.2%	1 SM	1 PF	0.8 EACH	640.30	3,719	4,359
20	8.5	60000/125000	5	78.4%	1 SM	1 PF	0.8 EACH	640.30	4,147	4,787
21	8.5	60000/150000	5	78.2%	1 SM	1 PF	0.8 EACH	640.30	4,765	5,405
	THREE PHASE									
22	8.4	35200/50000	3	N/A	1 SM	1 PF	0.9 EACH	569.16	2,503	3,072
23	8.4	35200/75000	3	N/A	1 SM	1 PF	0.9 EACH	569.16	2,531	3,100
24	8.1	39500/75000	3 1/2	N/A	1 SM	1 PF	0.8 EACH	640.30	3,046	3,686
25	8.1	39500/100000	3 1/2	N/A	1 SM	1 PF	0.8 EACH	640.30	3,257	3,897
26	8.2	49000/75000	4	N/A	1 SM	1 PF	0.8 EACH	640.30	3,566	4,206
27	8.2	49000/125000	4	N/A	1 SM	1 PF	0.8 EACH	640.30	3,708	4,348
28	8.0	60000/100000	5	N/A	1 SM	1 PF	0.8 EACH	640.30	3,747	4,387
29	8.0	60000/125000	5	N/A	1 SM	1 PF	0.8 EACH	640.30	4,175	4,815
30	8.0	60000/150000	5	N/A	1 SM	1 PF	0.8 EACH	640.30	4,793	5,433
	PACKAGED AIR CONDITIONERS - COOLING ONLY SIDE OR DOWN DISCHARGE - SINGLE PHASE									
	SEER/EER	COOLING BTUH	TONS							
31	8.6	30,400	2 1/2		2 SM		1 EACH	488.48	1,808	2,296
32	8.7	35,200	3		2 SM		1 EACH	488.48	1,942	2,430
33	8.6	39,500	3 1/2		2 SM		0.9 EACH	542.76	2,156	2,699
34	8.7	49,000	4		2 SM		0.9 EACH	542.76	2,642	3,185
35	8.5	60,000	5		2 SM		0.9 EACH	542.76	3,268	3,811
	THREE PHASE									
36	8.4	35,200	3		2 SM		1 EACH	488.48	1,975	2,463
37	8.1	39,500	3 1/2		2 SM		0.9 EACH	542.76	2,183	2,726
38	8.2	49,000	4		2 SM		0.9 EACH	542.76	2,670	3,213
39	8.0	60,000	5		2 SM		0.9 EACH	542.76	3,296	3,839
	PACKAGED AIR CONDITIONERS COOLING ONLY SIDE DISCHARGE ONLY - SINGLE PHASE									
40	8.85	17,100	1 1/2		2 SM		1 EACH	488.48	1,566	2,054
41	9.10	23,600	1		2 SM		1 EACH	488.48	1,568	2,056
42	8.75	28,800	2 1/2		2 SM		1 EACH	488.48	1,875	2,363
43	8.60	35,600	3		2 SM		1 EACH	488.48	1,976	2,464
44	8.75	41,500	3 1/2		2 SM		0.9 EACH	542.76	2,306	2,849
45	8.80	47,000	4		2 SM		0.9 EACH	542.76	2,578	3,121
46	8.80	60,000	5		2 SM		0.9 EACH	542.76	3,246	3,789
	THREE PHASE									
47	8.25	35,600	3		2 SM		1 EACH	488.48	2,004	2,492
48	8.25	41,500	3 1/2		2 SM		0.9 EACH	542.76	2,334	2,877
49	8.25	47,000	4		2 SM		0.9 EACH	542.76	2,606	3,149
50	8.20	60,000	5		2 SM		0.9 EACH	542.76	3,274	3,817

MECHANICAL

LINE	DESCRIPTION				OUTPUT			UNIT COSTS		
					CREW	PER DAY	UNIT	LABOR	MATERIAL	TOTAL
	PACKAGED HEAT PUMPS SIDE DISCHARGE ONLY									
	SINGLE PHASE									
	SEER/EER	COOLING BTUH	TONS	COP						
1	8.75	19,000	1 1/2	2.80	2 SM	1	EACH	488.48	1,958	2,446
2	9.00	24,000	2	2.80	2 SM	1	EACH	488.48	2,122	2,610
3	8.60	30,800	2 1/2	2.80	2 SM	1	EACH	488.48	2,314	2,802
4	8.85	36,400	3	2.80	2 SM	1	EACH	488.48	2,756	3,244
5	8.05	41,500	3 1/2	2.74	2 SM	0.9	EACH	542.76	3,474	4,017
6	8.15	49,000	4	2.74	2 SM	0.9	EACH	542.76	3,606	4,149
7	8.10	50,000	5	2.74	2 SM	0.9	EACH	542.76	4,172	4,715
	THREE PHASE									
8	8.20	36,400	3	2.80	2 SM	1	EACH	488.48	2,790	3,278
9	7.70	41,500	3 1/2	2.84	2 SM	0.9	EACH	542.76	3,508	4,051
10	7.70	49,000	4	2.84	2 SM	0.9	EACH	542.76	3,636	4,179
11	7.90	58,000	5	2.84	2 SM	0.9	EACH	542.76	4,190	4,733
	AUXILIARY HEATER KITS									
12	SINGLE PHASE 5 KW				1 EL	8	EACH	32.37	148.00	180.37
13	SINGLE PHASE 10 KW				1 EL	5	EACH	51.79	192.00	243.79
14	SINGLE PHASE 15 KW				1 EL	5	EACH	51.79	274.00	325.79
15	SINGLE PHASE 20 KW				1 EL	4	EACH	64.74	342.00	406.74
16	THREE PHASE 7.5 KW				1 EL	5	EACH	51.79	206.00	257.79
17	THREE PHASE 10.0 KW				1 EL	5	EACH	51.79	224.00	275.79
18	THREE PHASE 15.0 KW				1 EL	5	EACH	51.79	290.00	341.79
19	THREE PHASE 20.0 KW				1 EL	4	EACH	64.74	376.00	440.74
	MULTI-ZONE ROOF TOP UNITS WITH GAS HEATING AND ELECTRIC COOLING, WITH ECONOMIZER SECTION.									
20	4500 CFM	10.0 TONS			1 PF 1 SM	0.6	EACH	853.73	9,300	10,154
21	6000 CFM	12.5 TONS			1 PF 1 SM	0.6	EACH	853.73	11,450	12,304
22	7500 CFM	15.0 TONS			1 PF 1 SM	0.6	EACH	853.73	13,500	14,354
23	10000 CFM	22.0 TONS			1 PF 1 SM	0.5	EACH	1,024	19,200	20,224
24	11500 CFM	25.0 TONS			1 PF 1 SM	0.5	EACH	1,024	21,600	22,624
25	15000 CFM	33.0 TONS			1 PF 1 SM	0.5	EACH	1,024	27,900	28,924
26	18000 CFM	40.0 TONS			1 PF 1 SM	0.5	EACH	1,024	23,200	24,224
27	19000 CFM	42.0 TONS			1 PF 1 SM	0.5	EACH	1,024	35,000	36,024
28	FOR OIL FIRED HEATING ADD						EACH		1,598	1,598
29	ELECTRIC HEATING DEDUCT 10%									
	SINGLE ZONE A/C UNITS WITHOUT HEAT									
30	2500 CFM				1 PF 1 SM	0.8	EACH	640.30	3,900	4,540
31	3700 CFM				1 PF 1 SM	0.7	EACH	731.77	4,470	5,202
32	5000 CFM				1 PF 1 SM	0.7	EACH	731.77	5,940	6,672
33	7500 CFM				1 PF 1 SM	0.7	EACH	731.77	8,640	9,372
34	10000 CFM				1 PF 1 SM	0.6	EACH	853.73	10,800	11,654
35	15000 CFM				1 PF 1 SM	0.6	EACH	853.73	15,100	15,954
36	20000 CFM				1 PF 1 SM	0.6	EACH	853.73	17,800	18,654
37	25000 CFM				1 PF 1 SM	0.5	EACH	1,024	22,300	23,324
38	30000 CFM				1 PF 1 SM	0.5	EACH	1,024	26,100	27,124
39	40000 CFM				1 PF 1 SM	0.5	EACH	1,024	33,600	34,624
	SINGLE ZONE H & V UNIT WITH COIL AND FILTER									
40	3000 CFM				1 PF 1 SM	0.8	EACH	640.30	1,920	2,560
41	5000 CFM				1 PF 1 SM	0.8	EACH	640.30	3,090	3,730
42	7500 CFM				1 PF 1 SM	0.8	EACH	640.30	4,050	4,690
43	10000 CFM				1 PF 1 SM	0.7	EACH	731.77	5,780	6,512
44	20000 CFM				1 PF 1 SM	0.6	EACH	853.73	8,580	9,434
45	30000 CFM				1 PF 1 SM	0.6	EACH	853.73	13,000	13,854
46	40000 CFM				1 PF 1 SM	0.5	EACH	1,024	18,800	19,824
	MULTI-ZONE A/C UNIT WITH COILS AND FILTERS									
47	4000 CFM				1 PF 2 SM	0.7	EACH	1,081	6,050	7,131
48	6000 CFM				1 PF 2 SM	0.7	EACH	1,081	8,670	9,751
49	7500 CFM				1 PF 2 SM	0.7	EACH	1,081	11,490	12,571
50	10000 CFM				1 PF 2 SM	0.6	EACH	1,261	14,400	15,661
51	15000 CFM				1 PF 2 SM	0.6	EACH	1,261	20,000	21,261
52	20000 CFM				1 PF 2 SM	0.6	EACH	1,261	23,680	24,941
53	30000 CFM				1 PF 2 SM	0.5	EACH	1,513	32,750	34,263
54	40000 CFM				1 PF 2 SM	0.5	EACH	1,513	41,600	43,113

MECHANICAL 15

LINE	DESCRIPTION	OUTPUT CREW	PER DAY	UNIT	LABOR	MATERIAL	TOTAL
	WITH COOLING						
1	24000 BTUH 2.0 TONS	1 PF 1 SM	1	EACH	512.24	1,000	1,512
2	36000 BTUH 3.0 TONS	1 PF 1 SM	1	EACH	512.24	1,430	1,942
3	60000 BTUH 5.0 TONS	1 PF 1 SM	1	EACH	512.24	2,090	2,602
	** BOILERS AND EQUIPMENT **						
	GAS PACKAGED INDUCED DRAFT WATER BOILER VERY HIGH EFFICIENCY						
4	87.0 EFFICIENCY (AFUE) 59 MBTUH	2 PL	1.2	EACH	441.60	1,300	1,742
5	87.1 EFFICIENCY (AFUE) 87 MBTUH	2 PL	1.0	EACH	529.92	1,438	1,968
6	87.3 EFFICIENCY (AFUE) 117 MBTUH	2 PL	1.0	EACH	529.92	1,644	2,174
7	87.4 EFFICIENCY (AFUE) 147 MBTUH	2 PL	1.0	EACH	529.92	1,884	2,414
	FOR PROPANE ADD 1.027% FOR EACH UNIT						
	GAS PACKAGED INDUCED DRAFT WATER BOILER HIGH EFFICIENCY						
8	82.4 EFFICIENCY (AFUE) 55 MBTUH	2 PL	1.2	EACH	441.60	1,098	1,540
9	82.3 EFFICIENCY (AFUE) 82 MBTUH	2 PL	1.0	EACH	529.92	1,182	1,712
10	82.2 EFFICIENCY (AFUE) 109 MBTUH	2 PL	1.0	EACH	529.92	1,334	1,864
11	82.2 EFFICIENCY (AFUE) 137 MBTUH	2 PL	1.0	EACH	529.92	1,518	2,048
	FOR PROPANE ADD 1.032% FOR EACH UNIT						
	GAS WATER BOILER STANDARD MODEL NATURAL GAS						
12	52 MBH INPUT	2 PL	1.2	EACH	441.60	698.00	1,140
13	70 MBH INPUT	2 PL	1.0	EACH	529.92	804.00	1,334
14	105 MBH INPUT	2 PL	1.0	EACH	529.92	890.00	1,420
15	140 MBH INPUT	2 PL	1.0	EACH	529.92	1,024	1,554
16	175 MBH INPUT	2 PL	0.90	EACH	588.80	1,210	1,799
17	210 MBH INPUT	2 PL	0.80	EACH	662.40	1,374	2,036
18	245 MBH INPUT	2 PL	0.80	EACH	662.40	1,524	2,186
	FOR STANDARD MODEL MILLVOLT STANDARD PILOT ADD 1.032% FOR EACH UNIT FOR HIGH EFFICIENCY MODEL NATURAL GAS ADD 1.12% FOR EACH UNIT						
	WATER-STEAM GAS BOILER STANDARD MODEL STANDING PILOT-NATURAL GAS						
19	75 MBH INPUT	2 PL	1.0	EACH	529.92	840.00	1,370
20	100 MBH INPUT	2 PL	1.0	EACH	529.92	938.00	1,468
21	125 MBH INPUT	2 PL	1.0	EACH	529.92	1,084	1,614
22	150 MBH INPUT	2 PL	1.0	EACH	529.92	1,186	1,716
23	175 MBH INPUT	2 PL	0.90	EACH	588.80	1,316	1,905
24	200 MBH INPUT	2 PL	0.80	EACH	662.40	1,436	2,098
25	250 MBH INPUT	2 PL	0.80	EACH	662.40	1,636	2,298
26	300 MBH INPUT	2 PL	0.75	EACH	706.56	1,836	2,543
	FOR HIGH EFFICIENCY, ELECTRONIC PILOT NATURAL GAS ADD 1.08% FOR EACH UNIT						
	GAS BOILER-WATER-STEAM STANDARD, WATER, STEAM, NATURAL OR PROPANE GAS						
27	WATER 350 MBH INPUT	2 PL	0.75	EACH	706.56	1,888	2,595
28	WATER 400 MBH INPUT	2 PL	0.75	EACH	706.56	2,082	2,789
29	STEAM 350 MBH INPUT	2 PL	0.65	EACH	815.26	2,044	2,859
30	STEAM 400 MBH INPUT	2 PL	0.65	EACH	815.26	2,246	3,061
	HIGH EFFICIENCY NATURAL OR PROPANE GAS						
31	WATER 350 MBH INPUT	2 PL	0.75	EACH	706.56	1,988	2,695
32	WATER 350 MBH INPUT	2 PL	0.75	EACH	706.56	2,182	2,889
33	WATER 450 MBH INPUT	2 PL	0.65	EACH	815.26	2,484	3,299
34	WATER 500 MBH INPUT	2 PL	0.65	EACH	815.26	2,656	3,471
35	WATER 550 MBH INPUT	2 PL	0.65	EACH	815.26	2,848	3,663
36	STEAM 350 MBH INPUT	2 PL	0.65	EACH	815.26	2,144	2,959
37	STEAM 400 MBH INPUT	2 PL	0.65	EACH	815.26	2,338	3,153
38	STEAM 450 MBH INPUT	2 PL	0.60	EACH	883.20	2,640	3,523
39	STEAM 500 MBH INPUT	2 PL	0.60	EACH	883.20	2,812	3,695
40	STEAM 550 MBH INPUT	2 PL	0.60	EACH	883.20	3,004	3,887

MECHANICAL

LINE	DESCRIPTION	OUTPUT			UNIT COSTS		
		CREW	PER DAY	UNIT	LABOR	MATERIAL	TOTAL
	GAS PACKAGED WATER BOILER-STANDARD NATURAL OR PROPANE GAS						
1	260 MBH INPUT	2 PL	0.80	EACH	662.40	1,320	1,982
2	325 MBH INPUT	2 PL	0.75	EACH	706.56	1,612	2,319
3	390 MBH INPUT	2 PL	0.75	EACH	706.56	1,910	2,617
	FOR HIGH EFFICIENCY ADD 1.07% TO EACH UNIT						
	GAS BOILER, STEAM WATER-HIGH EFFICIENCY ELECTRONIC CONTROL NATURAL OR PROPANE GAS						
4	WATER 650 MBH INPUT	3 PF 1 LA	0.50	EACH	1,954	3,870	5,824
5	WATER 780 MBH INPUT	3 PF 1 LA	0.45	EACH	2,171	4,504	6,675
6	WATER 910 MBH INPUT	3 PF 1 LA	0.40	EACH	2,443	4,968	7,411
7	WATER 1040 MBH INPUT	3 PF 1 LA	0.38	EACH	2,571	5,576	8,147
8	WATER 1170 MBH INPUT	3 PF 1 LA	0.35	EACH	2,792	6,078	8,870
9	WATER 1300 MBH INPUT	3 PF 1 LA	0.30	EACH	3,257	6,652	9,909
10	WATER 1430 MBH INPUT	3 PF 1 LA	0.30	EACH	3,257	7,222	10,479
11	WATER 1560 MBH INPUT	3 PF 1 LA	0.28	EACH	3,489	7,540	11,029
12	WATER 1690 MBH INPUT	3 PF 1 LA	0.28	EACH	3,489	8,120	11,609
13	WATER 1820 MBH INPUT	3 PF 1 LA	0.28	EACH	3,489	8,700	12,189
14	WATER 1950 MBH INPUT	3 PF 1 LA	0.25	EACH	3,908	9,280	13,188
15	WATER 2080 MBH INPUT	3 PF 1 LA	0.25	EACH	3,908	9,860	13,768
16	WATER 2210 MBH INPUT	3 PF 1 LA	0.25	EACH	3,908	10,440	14,348
17	WATER 2340 MBH INPUT	3 PF 1 LA	0.25	EACH	3,908	11,020	14,928
18	WATER 2470 MBH INPUT	3 PF 1 LA	0.22	EACH	4,441	11,600	16,041
19	WATER 2600 MBH INPUT	3 PF 1 LA	0.22	EACH	4,441	12,180	16,621
20	WATER 2730 MBH INPUT	3 PF 1 LA	0.22	EACH	4,441	12,760	17,201
21	WATER 2860 MBH INPUT	3 PF 1 LA	0.22	EACH	4,441	13,340	17,781
	FOR STEAM ADD 0.98% TO EACH UNIT						
	BOILER, STEAM/WATER LIGHT OIL, PRESSURIZED FORCED AIR DRAFT						
22	GAS 996 MBH INPUT	3 PF 1 LA	0.40	EACH	2,443	5,488	7,931
23	GAS 1010 MBH INPUT	3 PF 1 LA	0.38	EACH	2,571	5,488	8,059
24	GAS 1357 MBH INPUT	3 PF 1 LA	0.35	EACH	2,792	6,415	9,207
25	GAS 1703 MBH INPUT	3 PF 1 LA	0.30	EACH	3,257	7,558	10,815
26	GAS 2049 MBH INPUT	3 PF 1 LA	0.30	EACH	3,257	8,482	11,739
27	GAS 2396 MBH INPUT	3 PF 1 LA	0.28	EACH	3,489	9,432	12,921
28	GAS 2713 MBH INPUT	3 PF 1 LA	0.28	EACH	3,489	10,408	13,897
29	GAS 2886 MBH INPUT	3 PF 1 LA	0.28	EACH	3,489	11,312	14,801
30	GAS 3103 MBH INPUT	3 PF 1 LA	0.25	EACH	3,908	11,752	15,660
31	GAS 3392 MBH INPUT	3 PF 1 LA	0.25	EACH	3,908	12,870	16,778
32	GAS 3753 MBH INPUT	3 PF 1 LA	0.20	EACH	4,885	13,710	18,595
33	GAS 4113 MBH INPUT	3 PF 1 LA	0.28	EACH	3,489	14,556	18,045
34	GAS 4474 MBH INPUT	3 PF 1 LA	0.15	EACH	6,514	15,614	22,128
35	GAS 4763 MBH INPUT	3 PF 1 LA	0.15	EACH	6,514	16,452	22,966
36	GAS 5124 MBH INPUT	3 PF 1 LA	0.15	EACH	6,514	17,308	23,822
37	GAS 5485 MBH INPUT	3 PF 1 LA	0.12	EACH	8,142	18,427	26,569
38	GAS 5845 MBH INPUT	3 PF 1 LA	0.12	EACH	8,142	19,268	27,410
	BOILER STEAM/WATER GAS PRESSURIZED FORCED AIR DRAFT						
39	GAS 996 MBH INPUT	3 PF 1 LA	0.42	EACH	2,326	6,264	8,590
40	GAS 1010 MBH INPUT	3 PF 1 LA	0.40	EACH	2,443	6,264	8,707
41	GAS 1357 MBH INPUT	3 PF 1 LA	0.38	EACH	2,571	7,250	9,821
42	GAS 1703 MBH INPUT	3 PF 1 LA	0.35	EACH	2,792	8,478	11,270
43	GAS 2049 MBH INPUT	3 PF 1 LA	0.35	EACH	2,792	9,578	12,370
44	GAS 2396 MBH INPUT	3 PF 1 LA	0.35	EACH	2,792	10,612	13,404
45	GAS 2497 MBP INPUT	3 PF 1 LA	0.32	EACH	3,053	11,514	14,567
46	GAS 2713 MBH INPUT	3 PF 1 LA	0.32	EACH	3,053	12,026	15,079
47	GAS 3103 MBH INPUT	3 PF 1 LA	0.28	EACH	3,489	13,070	16,559
48	GAS 3392 MBH INPUT	3 PF 1 LA	0.28	EACH	3,489	13,912	17,401
49	GAS 3753 MBH INPUT	3 PF 1 LA	0.28	EACH	3,489	15,050	18,539
50	GAS 4113 MBH INPUT	3 PF 1 LA	0.20	EACH	4,885	15,730	20,615
51	GAS 4474 MBH INPUT	3 PF 1 LA	0.18	EACH	5,428	16,766	22,194
52	GAS 4763 MBH INPUT	3 PF 1 LA	0.18	EACH	5,428	17,726	23,154
53	GAS 4979 MBH INPUT	3 PF 1 LA	0.18	EACH	5,428	18,760	24,188
54	GAS 5124 MBH INPUT	3 PF 1 LA	0.18	EACH	5,428	18,760	24,188
55	GAS 5485 MBH INPUT	3 PF 1 LA	0.15	EACH	6,514	19,600	26,114
56	GAS 5845 MBH INPUT	3 PF 1 LA	0.15	EACH	6,514	20,578	27,092

MECHANICAL

LINE	DESCRIPTION	OUTPUT CREW	PER DAY	UNIT	LABOR	MATERIAL	TOTAL
	BOILER STEAM/WATER-GAS/LIGHT OIL PRESSURIZED FORCED AIR DRAFT						
1	GAS 996 MBH INPUT	3 PF 1 LA	0.40	EACH	2,443	6,670	9,113
2	GAS 1010 MBH INPUT	3 PF 1 LA	0.38	EACH	2,571	6,670	9,241
3	GAS 1357 MBH INPUT	3 PF 1 LA	0.35	EACH	2,792	7,642	10,434
4	GAS 1703 MBH INPUT	3 PF 1 LA	0.33	EACH	2,961	8,950	11,911
5	GAS 2049 MBH INPUT	3 PF 1 LA	0.33	EACH	2,961	10,020	12,981
6	GAS 2396 MBH INPUT	3 PF 1 LA	0.33	EACH	2,961	11,028	13,989
7	GAS 2497 MBP INPUT	3 PF 1 LA	0.30	EACH	3,257	11,954	15,211
8	GAS 2713 MBH INPUT	3 PF 1 LA	0.30	EACH	3,257	12,250	15,507
9	GAS 3103 MBH INPUT	3 PF 1 LA	0.25	EACH	3,908	13,154	17,062
10	GAS 3392 MBH INPUT	3 PF 1 LA	0.25	EACH	3,908	14,480	18,388
11	GAS 3753 MBH INPUT	3 PF 1 LA	0.25	EACH	3,908	15,320	19,228
12	GAS 4113 MBH INPUT	3 PF 1 LA	0.18	EACH	5,428	16,230	21,658
13	GAS 4474 MBH INPUT	3 PF 1 LA	0.15	EACH	6,514	17,323	23,837
14	GAS 4763 MBH INPUT	3 PF 1 LA	0.15	EACH	6,514	18,162	24,676
15	GAS 4979 MBH INPUT	3 PF 1 LA	0.15	EACH	6,514	19,002	25,516
16	GAS 5124 MBH INPUT	3 PF 1 LA	0.15	EACH	6,514	19,344	25,858
17	GAS 5485 MBH INPUT	3 PF 1 LA	0.13	EACH	7,516	20,620	28,136
18	GAS 5845 MBH INPUT	3 PF 1 LA	0.13	EACH	7,516	21,460	28,976
	PACKAGED ELECTRIC HYDRONIC WATER BOILER						
19	51 MBU 15 KW	1 PL 1 EL	1.0	EACH	523.92	1,472	1,996
20	68 MBU 20 KW	1 PL 1 EL	1.0	EACH	523.92	1,570	2,094
21	85 MBU 15 KW	1 PL 1 EL	1.0	EACH	523.92	1,700	2,224
	ELECTRIC HYDRONIC WATER BOILER						
22	82 MBU 24 KW	1 PL 1 EL	1.0	EACH	523.92	1,404	1,928
23	109 MBU 32 KW	1 PL 1 EL	1.0	EACH	523.92	1,538	2,062
24	137 MBU 40 KW	1 PL 1 EL	1.0	EACH	523.92	1,672	2,196
	ELECTRIC BOILER FOR HOT WATER OR STEAM						
25	STEAM 55 MBU	1 PL 1 EL	1.2	EACH	436.60	2,392	2,829
26	STEAM 82 MBU	1 PL 1 EL	1.0	EACH	523.92	2,424	2,948
27	STEAM 109 MBU	1 PL 1 EL	1.0	EACH	523.92	2,458	2,982
28	STEAM 137 MBU	1 PL 1 EL	1.0	EACH	523.92	2,490	3,014
29	STEAM 164 MBU	1 PL 1 EL	1.0	EACH	523.92	2,640	3,164
30	STEAM 218 MBU	1 PL 1 EL	0.90	EACH	582.13	2,942	3,524
31	STEAM 273 MBU	1 PL 1 EL	0.90	EACH	582.13	3,248	3,830
32	STEAM 328 MBU	1 PL 1 EL	0.85	EACH	616.38	3,554	4,170
33	WATER 164 MBU	1 PL 1 EL	1.0	EACH	523.92	2,572	3,096
34	WATER 191 MBU	1 PL 1 EL	0.90	EACH	582.13	2,644	3,226
35	WATER 218 MBU	1 PL 1 EL	0.90	EACH	582.13	2,718	3,300
36	WATER 273 MBU	1 PL 1 EL	0.90	EACH	582.13	2,858	3,440
37	WATER 328 MBU	1 PL 1 EL	0.85	EACH	616.38	3,000	3,616
38	WATER 382 MBU	1 PL 1 EL	0.80	EACH	654.90	3,142	3,797
39	WATER 436 MBU	1 PL 1 EL	0.80	EACH	654.90	3,384	4,039
	CONDENSATE PUMPS, INCLUDING RECEIVER, PUMPS, AND STANDARD CONTROLS. DUPLEX						
40	15 GPM	2 PF	1	EACH	536.00	1,340	1,876
41	25 GPM	2 PF	0.8	EACH	670.00	2,680	3,350
42	30 GPM	2 PF	0.7	EACH	765.71	2,020	2,786
43	40 GPM	2 PF	0.6	EACH	893.33	2,660	3,553
44	50 GPM	2 PF	0.6	EACH	893.33	3,280	4,173
45	60 GPM	2 PF	0.5	EACH	1,072	3,860	4,932
46	75 GPM	2 PF	0.4	EACH	1,340	4,480	5,820
47	100 GPM	2 PF	0.4	EACH	1,340	5,100	6,440
48	120 GPM	2 PF	0.3	EACH	1,787	5,530	7,317
49	150 GPM	2 PF	0.3	EACH	1,787	5,880	7,667
50	200 GPM	2 PF	0.2	EACH	2,680	6,980	9,660
51	300 GPM	2 PF	0.1	EACH	5,360	7,980	13,340
	FUEL OIL PUMPS						
52	1 GPM OR 0.5 HP	2 PF	1	EACH	536.00	250.00	786.00
53	5 GPM OR 1.5 HP	2 PF	0.5	EACH	1,072	270.00	1,342
54	10 GPM OR 3.0 HP	2 PF	0.5	EACH	1,072	1,090	2,162
55	20 GPM OR 5.0 HP	2 PF	0.5	EACH	1,072	1,480	2,552
56	35 GPM OR 7.5 HP	2 PF	0.5	EACH	1,072	1,615	2,687
57	50 GPM OR 10.0 HP	2 PF	0.5	EACH	1,072	1,850	2,922

MECHANICAL

LINE	DESCRIPTION	CREW	PER DAY	UNIT	LABOR	MATERIAL	TOTAL
	** WARM AIR FURNACES **						
	GAS FURNACES						
	HEATING ONLY						
1	75000 BTUH	1 PF 1 SM	0.8	EACH	640.30	412.00	1,052
2	100000 BTUH	1 PF 1 SM	0.6	EACH	853.73	470.00	1,324
3	125000 BTUH	1 PF 1 SM	0.6	EACH	853.73	600.00	1,454
4	150000 BTUH	1 PF 1 SM	0.6	EACH	853.73	647.00	1,501
5	200000 BTUH	1 PF 1 SM	0.5	EACH	1,024	780.00	1,804
	ELECTRIC FURNACE						
6	10 KW	1 SM	1.3	EACH	187.88	342.00	529.88
7	16 KW	1 SM	1.3	EACH	187.88	370.00	557.88
8	21 KW	1 SM	1.3	EACH	187.88	458.00	645.88
9	28 KW	1 SM	1.3	EACH	187.88	550.00	737.88
	OIL FIRED FURNACES						
10	85000 BTU	1 PF 1 SM	1.3	EACH	394.03	630.00	1,024
11	100000 BTU	1 PF 1 SM	1	EACH	512.24	715.00	1,227
12	125000 BTU	1 PF 1 SM	1	EACH	512.24	740.00	1,252
13	150000 BTU	1 PF 1 SM	0.8	EACH	640.30	780.00	1,420
14	200000 BTU	1 PF 1 SM	0.8	EACH	640.30	1,100	1,740
15	250000 BTU	1 PF 1 SM	0.8	EACH	640.30	1,340	1,980
16	300000 BTU	1 PF 1 SM	0.6	EACH	853.73	1,600	2,454
	FLOOR FURNACE (GAS-CALIFORNIA APPROVED) W/WALL THERMOSTAT, SELF GENERATING, STANDING PILOT, 1/2" GAS CONNECTION						
17	32500 BTU INPUT 32"X20"	1 PL	4	EACH	66.24	546.00	612.24
18	45000 BTU INPUT 34"X22"	1 PL	4	EACH	66.24	577.00	643.24
19	65000 BTU INPUT 34"X30"	1 PL	4	EACH	66.24	672.00	738.24
	FYRE LOGS-GAS W/SELF GENERATING WALL THERMOSTAT						
20	30000 BTU INPUT	1 PL	8	EACH	33.12	340.00	373.12
21	40000 BTU INPUT	1 PL	8	EACH	33.12	382.00	415.12
	WALL FURNACE (GAS) RECESS STUD TYPE GRAVITY VENT BUILT IN DIAL (THERMOSTAT)						
22	25000 BTU INPUT SINGLE WALL	1 PL	4	EACH	66.24	352.00	418.24
23	35000 BTU INPUT SINGLE WALL	1 PL	4	EACH	66.24	268.00	334.24
24	50000 BTU INPUT DUAL WALL	1 PL	4	EACH	66.24	364.00	430.24
	WALL FURNACE (GAS) COUNTERFLOW, VERTICAL VENTED, 24 V THERMOSTAT						
25	35000 & 50000 BTU	1 PL	4	EACH	66.24	470.00	536.24
26	45000 & 65000 BTU	1 PL	4	EACH	66.24	476.00	542.24
	BLOWER TYPE - DIRECT THRU WALL VENTED						
27	40000 BTU	1 PL	4	EACH	66.24	520.00	586.24
28	55000 BTU	1 PL	4	EACH	66.24	560.00	626.24
29	65000 BTU	1 PL	4	EACH	66.24	572.00	638.24
	RECESSED GRAVITY - TOP VENT						
30	20000 BTU SINGLE	1 PL	4	EACH	66.24	272.00	338.24
31	25000 BTU SINGLE	1 PL	4	EACH	66.24	274.00	340.24
32	35000 BTU SINGLE	1 PL	4	EACH	66.24	289.00	355.24
33	50000 BTU SINGLE	1 PL	4	EACH	66.24	400.00	466.24
	UNIT HEATERS-GAS FIRED, 115 V, GO CYCLE, SINGLE PHASE-PROPELLER, ALUMINIZED HEAT EXCHANGER TUBES-BLOWER TYPE						
34	4" VENT	2 PL	2.5	EACH	211.97	470.00	681.97
35	5" VENT	2 PL	2.5	EACH	211.97	489.00	700.97
36	6" VENT	2 PL	2.5	EACH	211.97	584.00	795.97
37	7" VENT	2 PL	2.5	EACH	211.97	657.00	868.97
38	8" VENT	2 PL	2	EACH	264.96	801.00	1,066
39	9" VENT	2 PL	2	EACH	264.96	1,050	1,315
40	10" VENT	2 PL	2	EACH	264.96	1,233	1,498
	FOR STAINLESS STEEL TUBING ADD 11% TO MATERIAL						

MECHANICAL

LINE	DESCRIPTION	OUTPUT CREW	PER DAY	UNIT	LABOR	MATERIAL	TOTAL
	GAS FIRED DUCT FURNACES-LOW VOLT. 24 V AC SUPPLY						
1	5" VENT	2 PL	2.5	EACH	211.97	544.00	755.97
2	6" VENT	2 PL	2.5	EACH	211.97	556.00	767.97
3	7" VENT	2 PL	2.5	EACH	211.97	598.00	809.97
4	8" VENT	2 PL	2	EACH	264.96	763.00	1,028
5	9" VENT	2 PL	2	EACH	264.96	892.00	1,157
6	10" VENT	2 PL	2	EACH	264.96	992.00	1,257
	** CHILLED WATER SYSTEM **						
	FAN COIL UNITS, WITH CABINET						
	2 PIPE SYSTEM						
7	260 CFM	2 PF	1	EACH	536.00	398.00	934.00
8	340 CFM	2 PF	1	EACH	536.00	414.00	950.00
9	475 CFM	2 PF	1	EACH	536.00	438.00	974.00
10	710 CFM	2 PF	1	EACH	536.00	486.00	1,022
11	950 CFM	2 PF	1	EACH	536.00	844.00	1,380
12	1050 CFM	2 PF	1	EACH	536.00	884.00	1,420
13	2000 CFM	2 PF	0.9	EACH	595.56	922.00	1,518
	4 PIPE SYSTEM						
14	260 CFM	2 PF	0.7	EACH	765.71	560.00	1,326
15	340 CFM	2 PF	0.7	EACH	765.71	584.00	1,350
16	475 CFM	2 PF	0.7	EACH	765.71	610.00	1,376
17	710 CFM	2 PF	0.6	EACH	893.33	666.00	1,559
18	950 CFM	2 PF	0.6	EACH	893.33	1,088	1,981
19	1050 CFM	2 PF	0.6	EACH	893.33	1,154	2,047
20	1200 CFM	2 PF	0.6	EACH	893.33	1,228	2,121
	INDUCTION UNITS, INCLUDING LOCAL PIPING						
21	75 - 250 CFM	1 PF 1 SM	2	EACH	256.12	455.00	711.12
22	250 - 350 CFM	1 PF 1 SM	2	EACH	256.12	485.00	741.12
23	350 - 450 CFM	1 PF 1 SM	1.7	EACH	301.32	516.00	817.32
24	450 - 700 CFM	1 PF 1 SM	1.4	EACH	365.89	572.00	937.89
25	700 - 900 CFM	1 PF 1 SM	1.25	EACH	409.79	602.00	1,012
26	900 - 1100 CFM	1 PF 1 SM	1	EACH	512.24	662.00	1,174
	CHILLERS						
	AIR COOLED RECIPROCATING (NO CONDENSER)						
27	10 TONS	3 PF 1 HE	0.8	EACH	1,293	8,740	10,033
28	20 TONS	3 PF 1 HE	0.8	EACH	1,293	10,800	12,093
29	30 TONS	3 PF 1 HE	0.7	EACH	1,477	12,600	14,077
30	40 TONS	3 PF 1 HE	0.7	EACH	1,477	15,900	17,377
31	50 TONS	3 PF 1 HE	0.4	EACH	2,586	18,800	21,386
32	60 TONS	3 PF 1 HE	0.4	EACH	2,586	21,600	24,186
33	80 TONS	4 PF 1 HE	0.4	EACH	3,256	27,200	30,456
34	100 TONS	4 PF 1 HE	0.4	EACH	3,256	31,000	34,256
35	120 TONS	4 PF 1 HE	0.4	EACH	3,256	38,600	41,856
36	150 TONS	5 PF 1 HE	0.3	EACH	5,234	50,700	55,934
37	180 TONS	5 PF 1 HE	0.3	EACH	5,234	55,400	60,634
38	200 TONS	5 PF 1 HE	0.3	EACH	5,234	60,100	65,334
	PACKAGED AIR COOLED RECIPROCATING CHILLERS WITH COMPRESSOR						
39	20 TONS	3 PF 1 HE	0.8	EACH	1,293	14,200	15,493
40	30 TONS	3 PF 1 HE	0.8	EACH	1,293	18,260	19,553
41	40 TONS	3 PF 1 HE	0.8	EACH	1,293	21,200	22,493
42	50 TONS	3 PF 1 HE	0.7	EACH	1,477	22,200	23,677
43	60 TONS	3 PF 1 HE	0.7	EACH	1,477	28,600	30,077
44	80 TONS	4 PF 1 HE	0.5	EACH	2,604	37,000	39,604
45	100 TONS	4 PF 1 HE	0.5	EACH	2,604	42,600	45,204
	HEAT RECOVERY AIR COOLED RECIPROCATING CHILLERS WITH COMPRESSOR						
46	40 TONS	3 PF 1 HE	0.5	EACH	2,068	23,900	25,968
47	50 TONS	3 PF 1 HE	0.4	EACH	2,586	27,500	30,086
48	60 TONS	3 PF 1 HE	0.3	EACH	3,447	30,300	33,747
49	75 TONS	4 PF 1 HE	0.3	EACH	4,341	34,500	38,841
50	100 TONS	4 PF 1 HE	0.3	EACH	4,341	39,300	43,641

MECHANICAL

LINE	DESCRIPTION	OUTPUT CREW	PER DAY	UNIT	UNIT COSTS LABOR	MATERIAL	TOTAL
	HEAT RECOVERY WATER COOLED RECIPROCATING CHILLERS WITH CONDENSERS						
1	40 TONS	3 PF 1 HE	0.5	EACH	2,068	23,600	25,668
2	50 TONS	3 PF 1 HE	0.4	EACH	2,586	28,100	30,686
3	60 TONS	3 PF 1 HE	0.3	EACH	3,447	30,990	34,437
4	100 TONS	4 PF 1 HE	0.3	EACH	4,341	43,400	47,741
	WATER COOLED RECRIPROCATING CHILLERS WITH CONDENSERS						
5	10 TONS	3 PF 1 HE	0.7	EACH	1,477	9,590	11,067
6	20 TONS	3 PF 1 HE	0.6	EACH	1,724	11,160	12,884
7	30 TONS	3 PF 1 HE	0.6	EACH	1,724	13,560	15,284
8	40 TONS	3 PF 1 HE	0.5	EACH	2,068	17,150	19,218
9	50 TONS	3 PF 1 HE	0.4	EACH	2,586	20,570	23,156
10	60 TONS	3 PF 1 HE	0.4	EACH	2,586	22,870	25,456
11	80 TONS	4 PF 1 HE	0.3	EACH	4,341	29,700	34,041
12	100 TONS	4 PF 1 HE	0.3	EACH	4,341	32,100	36,441
13	120 TONS	4 PF 1 HE	0.3	EACH	4,341	41,880	46,221
14	150 TONS	5 PF 1 HE	0.3	EACH	5,234	54,400	59,634
15	180 TONS	5 PF 1 HE	0.3	EACH	5,234	59,000	64,234
16	200 TONS	5 PF 1 HE	0.3	EACH	5,234	68,800	74,034
	CENTRIFUGAL CHILLERS WATER COOLED SINGLE CONDENSER						
17	80 TONS	4 PF 1 HE	0.3	EACH	4,341	51,840	56,181
18	130 TONS	4 PF 1 HE	0.3	EACH	4,341	54,400	58,741
19	160 TONS	4 PF 1 HE	0.2	EACH	6,511	55,100	61,611
20	180 TONS	5 PF 1 HE	0.3	EACH	5,234	59,260	64,494
21	230 TONS	5 PF 1 HE	0.2	EACH	7,851	62,080	69,931
22	280 TONS	5 PF 1 HE	0.2	EACH	7,851	68,350	76,201
23	360 TONS	6 PF 1 HE	0.2	EACH	9,191	76,200	85,391
24	460 TONS	6 PF 1 HE	0.2	EACH	9,191	94,000	103,191
	COOLING TOWERS FOR CHILLER COMPRESSORS CROSS FLOW INDUCED DRAFT-PROPELLER DRIVE						
25	100 TONS	4 PF 1 HE	0.5	EACH	2,604	4,202	6,806
26	200 TONS	4 PF 1 HE	0.3	EACH	4,341	7,790	12,131
27	300 TONS	5 PF 1 HE	0.2	EACH	7,851	1,014	8,865
28	400 TONS	5 PF 1 HE	0.2	EACH	7,851	11,580	19,431
29	600 TONS	6 PF 1 HE	0.2	EACH	9,191	15,990	25,181
30	800 TONS	6 PF 1 HE	0.2	EACH	9,191	18,900	28,091
31	1000 TONS	6 PF 1 HE	0.1	EACH	18,382	21,500	39,882
	COUNTERFLOW FORCED DRAFT-CENTRIFUGAL BLOWER						
32	100 TONS	4 PF 1 HE	1.5	EACH	868.16	6,460	7,328
33	200 TONS	4 PF 1 HE	0.9	EACH	1,447	12,600	14,047
34	300 TONS	5 PF 1 HE	0.8	EACH	1,963	14,660	16,623
35	400 TONS	5 PF 1 HE	0.7	EACH	2,243	19,550	21,793
36	600 TONS	6 PF 1 HE	0.4	EACH	4,596	28,100	32,696
37	800 TONS	6 PF 1 HE	0.3	EACH	6,127	37,450	43,577
38	1000 TONS	6 PF 1 HE	0.2	EACH	9,191	46,950	56,141
	HEAT PUMP, AIR TO AIR W/SUPPLEMENTAL ELECTRIC HEATERS THRU WALL UNITS						
39	1 TON	2 PF	2	EACH	268.00	995.00	1,263
40	1.5 TON	2 PF	2	EACH	268.00	1,230	1,498
41	2 TON	2 PF	2	EACH	268.00	1,510	1,778
	PACKAGE ROOF TOP UNIT W/ROOF CURBS						
42	2 TON	1 SM 1 PF	1.3	EACH	394.03	1,330	1,724
43	3 TON	1 SM 1 PF	1.3	EACH	394.03	1,690	2,084
44	5 TON	1 SM 1 PF	1	EACH	512.24	2,530	3,042
45	7.5 TON	1 SM 1 PF	0.7	EACH	731.77	4,230	4,962
46	10 TON	1 SM 1 PF	0.7	EACH	731.77	5,490	6,222
47	15 TON	1 SM 1 PF	0.6	EACH	853.73	9,600	10,454
48	20 TON	1 SM 1 PF	0.5	EACH	1,024	12,440	13,464

MECHANICAL

LINE	DESCRIPTION	OUTPUT CREW	PER DAY	UNIT	UNIT COSTS LABOR	MATERIAL	TOTAL
	SPLIT SYSTEM HEAT PUMPS, AIR TO AIR W/AIR HANDLER, REMOTE CONDENSING UNIT, CONNECTING PIPE & SUPPLEMENTAL ELECTRIC HEATERS						
1	2 TON	1 SM 1 PF	1.3	EACH	394.03	1,524	1,918
2	3 TON	1 SM 1 PF	1	EACH	512.24	1,842	2,354
3	5 TON	1 SM 1 PF	0.7	EACH	731.77	3,062	3,794
4	7.5 TON	1 SM 1 PF	0.6	EACH	853.73	5,290	6,144
5	10 TON	1 SM 1 PF	0.5	EACH	1,024	6,780	7,804
6	15 TON	1 SM 1 PF	0.5	EACH	1,024	8,570	9,594
7	20 TON	1 SM 1 PF	0.4	EACH	1,281	10,470	11,751
	HEAT PUMP SYSTEMS HIGH EFFICIENCY SYSTEM: W/OUTDOOR UNIT, INDOOR COIL, AIR HANDLER						
	COOLING BTUH / AUX KW / SEER-COP						
8	18700 / 10 / 8.0-2.75	1 SM 1 PF	1.3	EACH	394.03	1,000	1,394
9	24800 / 10 / 8.0-2.55	1 SM 1 PF	1.2	EACH	426.87	1,064	1,491
10	30600 / 15 / 8.2-2.85	1 SM 1 PF	1	EACH	512.24	1,246	1,758
11	36800 / 15 / 8.0-2.65	1 SM 1 PF	0.9	EACH	569.16	1,336	1,905
12	42500 / 20 / 8.2-2.77	1 SM 1 PF	0.8	EACH	640.30	1,620	2,260
13	49500 / 20 / 8.3-2.81	1 SM 1 PF	0.8	EACH	640.30	1,775	2,415
14	56500 / 20 / 8.1-2.89	1 SM 1 PF	0.7	EACH	731.77	2,120	2,852
	HIGH EFFICENCY DELUXE SYSTEMS						
15	18200 / 10 / 11.2-3.25	1 SM 1 PF	1.3	EACH	394.03	1,498	1,892
16	24200 / 10 / 10.8-3.35	1 SM 1 PF	1.2	EACH	426.87	1,592	2,019
17	30000 / 15 / 10.6-3.25	1 SM 1 PF	1	EACH	512.24	1,760	2,272
18	36800 / 15 / 10.5-3.15	1 SM 1 PF	0.9	EACH	569.16	2,020	2,589
19	42500 / 20 / 11.2-3.35	1 SM 1 PF	0.8	EACH	640.30	2,390	3,030
20	49500 / 20 / 10.5-3.25	1 SM 1 PF	0.8	EACH	640.30	2,510	3,150
21	60000 / 20 / 10.5-3.2	1 SM 1 PF	0.7	EACH	731.77	2,867	3,599
	HEAT PUMP ACCESSORIES						
22	THERMOSTAT MANUAL CHANGE OVER W/SUB BASE	1 EL	5	EACH	51.79	45.00	96.79
23	THERMOSTAT PROGRAMABLE	1 EL	5	EACH	51.79	110.00	161.79
24	HEAT PUMP MONITOR	1 EL	3	EACH	86.32	58.00	144.32
25	FOSSIL FUEL KIT OUTDOOR/INDOOR TEMP.ACTIVATED	1 EL	3	EACH	86.32	48.00	134.32
	SELF CONTAINED PACKAGED AIR CONDITIONERS						
	TONS / COOLING BTUH / SEER-EER						
26	1 1/2 / 17100 / 8.85	2 SM	1.3	EACH	375.75	818.00	1,194
27	2 / 23600 / 9.10	2 SM	1.2	EACH	407.07	848.00	1,255
28	2 1/2 / 28800 / 8.75	2 SM	1	EACH	488.48	978.00	1,466
29	3 / 35600 / 8.60	2 SM	0.9	EACH	542.76	1,098	1,641
30	3 / 35600 / 3-PHASE / 8.25	2 SM	0.9	EACH	542.76	1,542	2,085
31	3 1/2 / 41500 / 8.75	2 SM	0.8	EACH	610.60	1,192	1,803
32	3 1/2 / 41500 / 8.25	2 SM	0.8	EACH	610.60	1,208	1,819
33	4 / 47000 / 8.80	2 SM	0.8	EACH	610.60	1,384	1,995
34	4 / 47000 / 3-PHASE / 8.25	2 SM	0.8	EACH	610.60	1,404	2,015
35	5 / 60000 / 8.0	2 SM	0.7	EACH	697.83	1,606	2,304
36	5 / 60000 / 3-PHASE / 8.20	2 SM	0.7	EACH	697.83	1,618	2,316
	SELF CONTAINED HEAT PUMPS						
37	1 1/2 / 19000 / 8.75 / 2.80	2 SM	1.3	EACH	375.75	918.00	1,294
38	2 / 25600 / 7.90 / 2.75	2 SM	1.2	EACH	407.07	1,120	1,527
39	2 1/2 / 30400 / 8.35 / 2.65	2 SM	1	EACH	488.48	1,372	1,860
40	3 / 38500 / 8.35 / 2.70	2 SM	0.9	EACH	542.76	1,610	2,153
41	3 / 38500 / 3-PHASE / 7.90 / 2.80	2 SM	0.9	EACH	542.76	1,624	2,167
42	3 1/2 / 41500 / 8.05 / 2.75	2 SM	0.8	EACH	610.60	1,748	2,359
43	3 1/2 / 41500 / 3-PHASE / 7.70 / 2.90	2 SM	0.8	EACH	610.60	1,764	2,375
44	4 / 49000 / 8.15 / 2.75	2 SM	0.8	EACH	610.60	1,850	2,461
45	4 / 49000 / 3-PHASE / 7.90 / 2.90	2 SM	0.8	EACH	610.60	1,866	2,477
46	5 / 58000 / 8.10 / 2.75	2 SM	0.7	EACH	697.83	2,388	3,086
47	5 / 58000 / 3-PHASE / 7.9 / 2.90	2 SM	0.7	EACH	697.83	2,408	3,106
	** PACKAGED ROOM AIR CONDITIONERS **						
	WINDOW UNITS						
48	6000 BTU			EACH		480.00	480.00
49	8000 BTU			EACH		530.00	530.00
50	10000 BTU			EACH		610.00	610.00
51	15000 BTU			EACH		730.00	730.00
52	20000 BTU			EACH		790.00	790.00

1988 DODGE UNIT COST DATA

15 MECHANICAL

LINE	DESCRIPTION	CREW	PER DAY	UNIT	LABOR	MATERIAL	TOTAL
	HUMIDIFIERS						
1	5 GAL			EACH		151.00	151.00
2	10 GAL			EACH		188.00	188.00
3	12 GAL			EACH		224.00	224.00
4	17 GAL			EACH		314.00	314.00
	AUXILIARY HEATING & COOLING						
	DUCT TYPE HUMIDIFIERS-MEASURE LBS/HR						
5	50	2 PF	5.3	EACH	101.13	816.00	917.13
6	100	2 PF	5.3	EACH	101.13	954.00	1,055
7	200	2 PF	5.3	EACH	101.13	1,325	1,426
8	300	2 PF	3.6	EACH	148.89	1,484	1,633
9	500	2 PF	3.6	EACH	148.89	1,590	1,739
10	1000	2 PF	2.8	EACH	1,501	2,014	3,515
	** HUMIDITY CONTROL EQUIPMENT **						
	STEAM TYPE HUMIDIFIER, DUCT MOUNTED						
11	50 LBS/HR	2 PF	1	EACH	536.00	706.00	1,242
12	75 LBS/HR	2 PF	1	EACH	536.00	748.00	1,284
13	100 LBS/HR	2 PF	1	EACH	536.00	794.00	1,330
14	150 LBS/HR	2 PF	1	EACH	536.00	838.00	1,374
15	200 LBS/HR	2 PF	0.8	EACH	670.00	1,074	1,744
16	300 LBS/HR	2 PF	0.7	EACH	765.71	1,055	1,821
17	500 LBS/HR	2 PF	0.6	EACH	893.33	1,374	2,267
18	750 LBS/HR	2 PF	0.5	EACH	1,072	1,398	2,470
19	1000 LBS/HR	2 PF	0.4	EACH	1,340	1,470	2,810
20	PAN TYPE HUMIDIFIER, 50 GPD	1 PF 1 SM	1.5	EACH	341.49	666.00	1,007
	DEHUMIDIFIERS						
21	14 PINT			EACH		196.00	196.00
22	20 PINT			EACH		240.00	240.00
23	25 PINT			EACH		262.00	262.00
24	30 PINT			EACH		294.00	294.00
	** STEAM TERMINAL UNITS **						
	UNIT VENTILATORS, INCLUDING LOCAL PIPING						
25	750 CFM	2 PF	0.4	EACH	1,340	1,238	2,578
26	1000 CFM	2 PF	0.4	EACH	1,340	1,624	2,964
27	1250 CFM	2 PF	0.4	EACH	1,340	1,836	3,176
28	1500 CFM	2 PF	0.4	EACH	1,340	2,020	3,360
29	2000 CFM	2 PF	0.35	EACH	1,531	2,692	4,223
	CONVECTORS, INCLUDING LOCAL PIPING.						
30	6700 BTUH	2 PF	2.5	EACH	214.40	174.00	388.40
31	7300 BTUH	2 PF	2	EACH	268.00	178.00	446.00
32	8200 BTUH	2 PF	2	EACH	268.00	200.00	468.00
33	8900 BTUH	2 PF	1.7	EACH	315.29	209.00	524.29
34	9800 BTUH	2 PF	1.4	EACH	382.86	238.00	620.86
35	12000 BTUH	2 PF	1.25	EACH	428.80	256.00	684.80
36	15000 BTUH	2 PF	1.1	EACH	487.27	292.00	779.27
37	16200 BTUH	2 PF	1	EACH	536.00	324.00	860.00
	UNIT HEATERS, INCLUDING LOCAL PIPING						
38	45000 BTUH	2 PF	8	EACH	67.00	484.00	551.00
39	60000 BTUH	2 PF	8	EACH	67.00	506.00	573.00
40	80000 BTUH	2 PF	6.5	EACH	82.46	552.00	634.46
41	100000 BTUH	2 PF	6	EACH	89.33	580.00	669.33
42	125000 BTUH	2 PF	5.5	EACH	97.45	622.00	719.45
43	150000 BTUH	2 PF	4.5	EACH	119.11	712.00	831.11
44	200000 BTUH	2 PF	3	EACH	178.67	848.00	1,027
45	250000 BTUH	2 PF	2.5	EACH	214.40	1,038	1,252
46	300000 BTUH	2 PF	2	EACH	268.00	1,212	1,480
47	350000 BTUH	2 PF	1.5	EACH	357.33	1,434	1,791
48	400000 BTUH	2 PF	1	EACH	536.00	1,562	2,098

MECHANICAL   15

LINE	DESCRIPTION			CREW	OUTPUT PER DAY	UNIT	LABOR	MATERIAL	TOTAL
	CABINET HEATERS, INCLUDING LOCAL PIPING								
1	300 CFM			2 PF	2	EACH	268.00	336.00	604.00
2	400 CFM			2 PF	2	EACH	268.00	434.00	702.00
3	500 CFM			2 PF	2	EACH	268.00	444.00	712.00
4	600 CFM			2 PF	1.7	EACH	315.29	476.00	791.29
5	750 CFM			2 PF	1.4	EACH	382.86	598.00	980.86
6	1000 CFM			2 PF	1.25	EACH	428.80	752.00	1,181
7	1250 CFM			2 PF	1.1	EACH	487.27	862.00	1,349
8	1500 CFM			2 PF	1	EACH	536.00	1,042	1,578
	** GAS FIRED EQUIPMENT **								
	PROP-FAN TYPE HEATERS INCLUDES HANGING MATL								
9	50000 BTU			2 PF	5.3	EACH	101.13	366.00	467.13
10	100000 BTU			2 PF	5.3	EACH	101.13	436.00	537.13
11	200000 BTU			2 PF	4.5	EACH	119.11	666.00	785.11
12	300000 BTU			2 PF	4	EACH	134.00	868.00	1,002
13	400000 BTU			2 PF	3.5	EACH	153.14	1,206	1,359
14	500000 BTU			2 PF	3.2	EACH	167.50	1,302	1,470
15	600000 BTU			2 PF	2	EACH	268.00	1,422	1,690
16	750000 BTU			2 PF	1.3	EACH	412.31	1,648	2,060
	BLOWER TYPE HEATERS INCLUDES HANGING MATERIAL								
17	50000 BTU			2 PF	3.2	EACH	167.50	648.00	815.50
18	100000 BTU			2 PF	2.7	EACH	198.52	718.00	916.52
19	200000 BTU			2 PF	2	EACH	268.00	974.00	1,242
20	300000 BTU			2 PF	1.8	EACH	297.78	1,186	1,484
21	400000 BTU			2 PF	1.8	EACH	297.78	1,604	1,902
22	500000 BTU			2 PF	1.3	EACH	412.31	1,872	2,284
23	600000 BTU			2 PF	1.3	EACH	412.31	1,986	2,398
24	750000 BTU			2 PF	0.8	EACH	670.00	2,082	2,752
25	1000000 BTU			2 PF	0.8	EACH	428.80	2,988	3,417
	INFRA-RED HEATERS GAS FIRED SUSPENDED UNITS								
26	12000 BTUH			2 PF	7	EACH	76.57	226.00	302.57
27	24000 BTUH			2 PF	7	EACH	76.57	298.00	374.57
28	30000 BTUH			2 PF	6	EACH	89.33	380.00	469.33
29	45000 BTUH			2 PF	5	EACH	107.20	498.00	605.20
30	50000 BTUH			2 PF	5	EACH	107.20	532.00	639.20
31	60000 BTUH			2 PF	4	EACH	134.00	552.00	686.00
32	75000 BTUH			2 PF	4	EACH	134.00	608.00	742.00
33	80000 BTUH			2 PF	4	EACH	134.00	642.00	776.00
34	90000 BTUH			2 PF	2.5	EACH	214.40	652.00	866.40
35	100000 BTUH			2 PF	2.5	EACH	214.40	694.00	908.40
36	130000 BTUH			2 PF	2	EACH	268.00	770.00	1,038
37	160000 BTUH			2 PF	2	EACH	268.00	944.00	1,212
	DEAERATORS, COMPLETE WITH CONTROLS, PUMPS, ETC.								
38	3500 LBS/HR			2 PL	0.2	EACH	2,650	19,400	22,050
39	6000 LBS/HR			2 PF	0.17	EACH	3,153	20,400	23,553
40	10000 TO 16000 LBS/HR			2 PF	0.13	EACH	4,123	26,900	31,023
41	16000 TO 30000 LBS/HR			2 PF	0.11	EACH	4,873	30,300	35,173
42	30000 TO 45000 LBS/HR			2 PF	0.1	EACH	5,360	37,000	42,360
	AIR HANDLING UNITS								
		HP	CFM						
43	HEAT	2	1500	2 SM	0.9	EACH	542.76	1,880	2,423
44	HEAT COOL	2	1500	2 SM 2 PF	0.9	EACH	1,138	2,190	3,328
45	HEAT	3	3000	2 SM	0.9	EACH	542.76	2,400	2,943
46	HEAT COOL	3	3000	2 SM 2 PF	0.9	EACH	1,138	3,760	4,898
47	HEAT	5	4000	2 SM 2 PF	0.9	EACH	1,138	2,820	3,958
48	HEAT COOL	5	4000	2 SM 2 PF	0.9	EACH	1,138	4,180	5,318
49	HEAT	5	5000	2 SM 2 PF	0.9	EACH	1,138	3,230	4,368
50	HEAT COOL	5	5000	2 SM 2 PF	0.9	EACH	1,138	4,590	5,728
51	HEAT	7.5	6000	2 SM 2 PF	0.9	EACH	1,138	3,650	4,788
52	HEAT COOL	7.5	6000	2 SM 2 PF	0.9	EACH	1,138	5,120	6,258
53	HEAT	7.5	7000	2 SM 2 PF	0.9	EACH	1,138	4,070	5,208
54	HEAT COOL	7.5	7000	2 SM 2 PF	0.9	EACH	1,138	5,640	6,778

MECHANICAL

LINE	DESCRIPTION				CREW		OUTPUT PER DAY	UNIT	LABOR	MATERIAL	TOTAL
1	HEAT		10	8500	3 SM	2 PF	0.7	EACH	1,812	4,800	6,612
2	HEAT	COOL	10	8500	3 SM	2 PF	0.7	EACH	1,812	6,270	8,082
3	HEAT		10	10500	3 SM	2 PF	0.7	EACH	1,812	5,320	7,132
4	HEAT	COOL	10	10500	3 SM	2 PF	0.7	EACH	1,812	5,850	7,662
5	HEAT		15	12500	4 SM	2 PF	0.7	EACH	2,161	6,270	8,431
6	HEAT	COOL	15	12500	4 SM	2 PF	0.7	EACH	2,161	7,940	10,101
7	HEAT		20	15500	4 SM	2 PF	0.7	EACH	2,161	7,830	9,991
8	HEAT	COOL	20	15500	4 SM	2 PF	0.7	EACH	2,161	9,610	11,771
9	HEAT		20	17500	4 SM	2 PF	0.4	EACH	3,782	9,800	13,582
10	HEAT	COOL	20	17500	4 SM	2 PF	0.4	EACH	3,782	10,000	13,782
11	HEAT		25	20500	4 SM	2 PF	0.4	EACH	3,782	10,800	14,582
12	HEAT	COOL	25	20500	4 SM	2 PF	0.4	EACH	3,782	13,400	17,182
13	HEAT		25	25000	4 SM	2 PF	0.4	EACH	3,782	13,100	16,882
14	HEAT	COOL	25	25000	4 SM	2 PF	0.4	EACH	3,782	15,300	19,082
15	HEAT		30	31500	4 SM	2 PF	0.4	EACH	3,782	16,400	20,182
16	HEAT	COOL	30	31500	4 SM	2 PF	0.4	EACH	3,782	18,400	22,182

CABINET BLOWERS   AIR HANDLING

LINE	CFM		CREW		PER DAY	UNIT	LABOR	MATERIAL	TOTAL
17	8000	CFM	3 SM	2 PF	1.4	EACH	906.23	1,600	2,506
18	10000	CFM	3 SM	2 PF	1.4	EACH	906.23	2,700	3,606
19	20000	CFM	4 SM	2 PF	2.5	EACH	605.18	5,300	5,905

AIR HANDLING EQUIPMENT
1/4 HP 3 PHASE UNITS

LINE	CFM	FPM	CREW	PER DAY	UNIT	LABOR	MATERIAL	TOTAL
20	640	2618	2 SM	4.6	EACH	106.19	530.00	636.19
21	940	2604	2 SM	4.6	EACH	106.19	570.00	676.19

1/3 HP UNITS

22	1280	3774	2 SM	4.6	EACH	106.19	590.00	696.19
23	2760	4950	2 SM	4.6	EACH	106.19	670.00	776.19
24	3200	4173	2 SM	4	EACH	122.12	790.00	912.12
25	4070	3694	2 SM	4	EACH	122.12	940.00	1,062
26	1050	3325	2 SM	4	EACH	122.12	524.00	646.12
27	1170	2373	2 SM	4	EACH	122.12	836.00	958.12
28	2380	3382	2 SM	4	EACH	122.12	668.00	790.12
29	2440	4501	2 SM	3	EACH	162.83	564.00	726.83
30	2880	3859	2 SM	3	EACH	162.83	668.00	830.83
31	5030	3251	3 SM	3.6	EACH	203.53	1,254	1,458

1/2 HP UNIT

32	7000	3449	3 SM	3.6	EACH	203.53	1,672	1,876

3/4 HP UNIT

33	11300	3232	3 SM	3.3	EACH	222.04	2,820	3,042

1 HP UNIT

34	3890	6769	3 SM	3.3	EACH	222.04	678.00	900.04
35	6120	2400	3 SM	3.3	EACH	222.04	3,030	3,252

2 HP UNIT

36	8460	6721	3 SM	3	EACH	244.24	992.00	1,236
37	10970	5906	3 SM	3	EACH	244.24	1,358	1,602
38	13000	5456	3 SM	3	EACH	244.24	1,776	2,020
39	18330	4488	3 SM	3	EACH	244.24	2,800	3,044

3 HP UNIT

40	11250	4854	3 SM	2.7	EACH	271.38	1,880	2,151
41	12470	6620	3 SM	2.7	EACH	271.38	1,514	1,785
42	21720	5131	3 SM	2.7	EACH	271.38	2,978	3,249

5 HP UNIT

43	18490	7405	3 SM	2.5	EACH	293.09	2,090	2,383
44	30130	5681	3 SM	2.5	EACH	293.09	3,130	3,423

7-1/2 HP UNIT

45	31110	6965	3 SM	2.2	EACH	333.05	3,200	3,533
46	35470	6533	3 SM	2.2	EACH	333.05	3,400	3,733

10 HP UNIT

47	39400	7172	4 SM	2.7	EACH	361.84	3,400	3,762

MECHANICAL

LINE	DESCRIPTION		CREW	PER DAY	UNIT	LABOR	MATERIAL	TOTAL
	EXHAUST UTILITY SETS W/VIBRATION ELIMINATORS							
1	1000	CFM	2 SM	2.1	EACH	232.61	940.00	1,173
2	2000	CFM	2 SM	2.1	EACH	232.61	1,360	1,593
3	4000	CFM	2 SM	2.1	EACH	232.61	1,516	1,749
4	10000	CFM	2 SM	1.1	EACH	444.07	2,400	2,844
5	20000	CFM	2 SM	1.1	EACH	444.07	3,230	3,674
6	30000	CFM	2 SM	0.9	EACH	542.76	5,120	5,663
7	40000	CFM	3 SM	1.2	EACH	610.60	6,580	7,191
8	60000	CFM	3 SM	1.2	EACH	610.60	9,820	10,431
9	80000	CFM	4 SM	1.3	EACH	751.51	12,800	13,552
	LOW PRESSURE SUPPLY FANS							
10	1000	CFM	2 SM	2.1	EACH	232.61	1,150	1,383
11	2000	CFM	2 SM	2.1	EACH	232.61	1,560	1,793
12	4000	CFM	2 SM	2.1	EACH	232.61	1,724	1,957
13	6000	CFM	2 SM	2.1	EACH	232.61	2,610	2,843
14	10000	CFM	2 SM	1.1	EACH	444.07	2,718	3,162
15	20000	CFM	2 SM	1.1	EACH	444.07	3,760	4,204
16	30000	CFM	2 SM	0.9	EACH	542.76	5,640	6,183
17	40000	CFM	3 SM	1.2	EACH	610.60	7,520	8,131
18	60000	CFM	3 SM	1.2	EACH	610.60	11,390	12,001
	HIGH PRESSURE SUPPLY FANS							
19	2000	CFM	2 SM	2.1	EACH	232.61	1,560	1,793
20	4000	CFM	2 SM	2.1	EACH	232.61	2,090	2,323
21	10000	CFM	2 SM	1.1	EACH	444.07	3,240	3,684
22	20000	CFM	2 SM	1.1	EACH	444.07	5,205	5,649
23	30000	CFM	2 SM	0.9	EACH	542.76	6,370	6,913
24	40000	CFM	3 SM	1.2	EACH	610.60	9,190	9,801
25	60000	CFM	3 SM	1.2	EACH	610.60	14,600	15,211
	MIXING BOXES CONSTANT VOLUME							
26	200	CFM			EACH		356.00	356.00
27	350	CFM			EACH		386.00	386.00
28	550	CFM			EACH		438.00	438.00
29	850	CFM			EACH		522.00	522.00
30	1400	CFM			EACH		616.00	616.00
31	2400	CFM			EACH		816.00	816.00
32	3200	CFM			EACH		960.00	960.00
33	5000	CFM			EACH		1,148	1,148
	AIR TERMINAL UNITS-REHEAT COILS 1" STATIC PRESS							
34	SIZE 7 400-650 CFM 1.1 SF COIL				EACH		354.00	354.00
35	SIZE 8 600-850 CFM 1.6 SF COIL				EACH		396.00	396.00
36	SIZE 9 800-1050 CFM 2.8 SF COIL				EACH		500.00	500.00
37	SIZE 10 600-1000 CFM 2.0 SF COIL				EACH		512.00	512.00
38	SIZE 12 1200-1800 CFM 2.1 SF COIL				EACH		730.00	730.00
	AIR TERMINAL UNITS CONSTANT VOLUME-1-DUCT							
39	200	CFM					150.00	150.00
40	350	CFM			EACH		264.00	264.00
41	500	CFM			EACH		306.00	306.00
42	800	CFM			EACH		378.00	378.00
43	1600	CFM			EACH		464.00	464.00
44	2400	CFM			EACH		526.00	526.00
45	3000	CFM			EACH		580.00	580.00
46	4000	CFM			EACH		642.00	642.00
	REHEAT COILS							
47	1/2	SF			EACH		158.00	158.00
48	1	SF			EACH		190.00	190.00
49	2	SF			EACH		232.00	232.00
50	3	SF			EACH		274.00	274.00
51	4	SF			EACH		316.00	316.00
	PROPELLER FANS, INCLUDING LOUVER							
52	100	CFM	2 SM	6	EACH	81.41	164.00	245.41
53	425	CFM	2 SM	6	EACH	81.41	232.00	313.41
54	715	CFM	2 SM	5.5	EACH	88.81	354.00	442.81
55	1130	CFM	2 SM	4.8	EACH	101.77	494.00	595.77
56	3130	CFM	2 SM	4.5	EACH	108.55	604.00	712.55
57	5030	CFM	2 SM	4	EACH	122.12	770.00	892.12

MECHANICAL

LINE	DESCRIPTION	CREW	PER DAY	UNIT	LABOR	MATERIAL	TOTAL
	ROOF VENTILATORS - TURBINE TYPE						
1	6" DIA	2 SM	24	EACH	20.35	82.00	102.35
2	8" DIA	2 SM	23	EACH	21.24	84.00	105.24
3	10" DIA	2 SM	23	EACH	21.24	88.00	109.24
4	12" DIA	2 SM	22	EACH	22.20	89.00	111.20
5	14" DIA	2 SM	20	EACH	24.42	99.00	123.42
6	16" DIA	2 SM	18	EACH	27.14	125.00	152.14
7	18" DIA	2 SM	15	EACH	32.57	140.00	172.57
8	20" DIA	2 SM	12	EACH	40.71	169.00	209.71
9	24" DIA	2 SM	8	EACH	61.06	216.00	277.06
10	30" DIA	2 SM	5	EACH	97.70	412.00	509.70
11	36" DIA	2 SM	5	EACH	97.70	434.00	531.70
12	42" DIA	2 SM	2	EACH	244.24	810.00	1,054
13	48" DIA	2 SM	2	EACH	244.24	952.00	1,196
	ROOF OR WALL EXHAUSTERS						
14	325 CFM	2 SM	3.5	EACH	139.57	195.00	334.57
15	875 CFM	2 SM	3	EACH	162.83	512.00	674.83
16	3000 CFM	2 SM	2	EACH	244.24	1,008	1,252
17	6800 CFM	2 SM	1.5	EACH	325.65	1,170	1,496
18	8570 CFM	2 SM	1	EACH	488.48	1,472	1,960
19	12300 CFM	2 SM	1	EACH	488.48	1,884	2,372
20	16900 CFM	2 SM	1	EACH	488.48	2,866	3,354
21	20000 CFM	2 SM	0.6	EACH	814.13	3,382	4,196
22	36000 CFM	2 SM	0.5	EACH	976.96	6,024	7,001
23	50000 CFM	2 SM	0.4	EACH	1,221	8,358	9,579
	* AIR DISTRIBUTION *						
	RETURN AIR FANS, INCLUDING MOTOR						
24	500 CFM	2 SM	1	EACH	488.48	270.00	758.48
25	2500 CFM	2 SM	0.9	EACH	542.76	1,356	1,899
26	3000 CFM	2 SM	0.8	EACH	610.60	1,626	2,237
27	10000 CFM	2 SM	0.6	EACH	814.13	3,212	4,026
28	40000 CFM	2 SM	0.2	EACH	2,442	10,120	12,562
29	50000 CFM	2 SM	0.1	EACH	4,885	12,740	17,625
	SUPPLY AIR FANS, INCLUDES SETTING IN CASING						
30	800 CFM	2 SM	1.5	EACH	325.65	1,722	2,048
31	1500 CFM	2 SM	1.2	EACH	407.07	1,924	2,331
32	2350 CFM	2 SM	1.1	EACH	444.07	2,074	2,518
33	9200 CFM	2 SM	0.9	EACH	542.76	3,788	4,331
34	12350 CFM	2 SM	0.8	EACH	610.60	4,570	5,181
35	17000 CFM	2 SM	0.6	EACH	814.13	5,200	6,014
36	20000 CFM	2 SM	0.4	EACH	1,221	5,850	7,071
37	30000 CFM	2 SM	0.3	EACH	1,628	9,910	11,538
38	40000 CFM	2 SM	0.2	EACH	2,442	12,400	14,842
39	50000 CFM	2 SM	0.1	EACH	4,885	15,600	20,485
	** AIR DISTRIBUTION DUCT SYSTEM **						
	SHEET METAL RECTANGULAR DUCTWORK W/FITTINGS FABRICATION-SHOP DWNGS & ERECTION						
	LOW PRESSURE						
40	26 GA	2 SM	220	LBS	2.22	0.39	2.61
41	24 GA	2 SM	210	LBS	2.33	0.38	2.71
42	22 GA	2 SM	200	LBS	2.44	0.37	2.81
43	20 GA	2 SM	200	LBS	2.44	0.36	2.80
44	18 GA	2 SM	190	LBS	2.57	0.35	2.92
45	16 GA	2 SM	180	LBS	2.71	0.35	3.06
	MEDIUM PRESSURE						
46	24 GA	2 SM	210	LBS	2.33	0.38	2.71
47	22 GA	2 SM	200	LBS	2.44	0.37	2.81
48	20 GA	2 SM	200	LBS	2.44	0.36	2.80
49	18 GA	2 SM	190	LBS	2.57	0.35	2.92
50	16 GA	2 SM	180	LBS	2.71	0.35	3.06
	HIGH PRESSURE						
51	22 GA	2 SM	200	LBS	2.44	0.37	2.81
52	20 GA	2 SM	200	LBS	2.44	0.36	2.80
53	18 GA	2 SM	190	LBS	2.57	0.35	2.92
54	16 GA	2 SM	180	LBS	2.71	0.35	3.06

MECHANICAL

LINE	DESCRIPTION	OUTPUT CREW	PER DAY	UNIT	LABOR	MATERIAL	TOTAL
	COLD ROLLED SHEETS (48"X120") COMM.QUAL.OILED						
1	16 GA			LBS		0.34	0.34
2	20 GA			LBS		0.34	0.34
	HOT ROLLED SHEETS (48"X120") DRY MILL EDGE						
3	10 GA			LBS		0.29	0.29
4	12 GA			LBS		0.30	0.30
5	16 GA			LBS		0.31	0.31
	ALUMINUM SHEETS ROLLER LEVELED LOCKFORMER QUAL						
6	.025 22 GA			LBS		1.10	1.10
7	.032 20 GA			LBS		1.08	1.08
8	.040 18 GA			LBS		1.07	1.07
9	.050 16 GA			LBS		1.06	1.06
	MICROFLEX STEEL SHEETS						
10	.015 28 GA			LBS		1.30	1.30
11	.018 26 GA			LBS		1.26	1.26
	LINE VOLTAGE TYPE						
12	SPDT	1 EL	3.5	EACH	73.99	56.00	129.99
13	SPST	1 EL	3.5	EACH	73.99	53.00	126.99
14	DPDT	1 EL	3.5	EACH	73.99	60.00	133.99
	THERMOSTATS						
15	1 STAGE HEAT OR COOL GAS/ELECTRIC W/SUB BASE	1 EL	3.9	EACH	66.40	42.00	108.40
16	1 STAGE HEAT/COOL-GAS ONLY W/SUB BASE	1 EL	3.9	EACH	66.40	35.00	101.40
17	1 STAGE HEAT-2-STAGE COOL W/SUB BASE	1 EL	3.9	EACH	66.40	67.00	133.40
18	2 STAGE HEAT-1-STAGE COOL W/SUB BASE	1 EL	3.9	EACH	66.40	66.00	132.40
19	2 STAGE HEAT & COOL W/SUB BASE	1 EL	3.9	EACH	66.40	74.00	140.40
20	SINGLE PROGRAMABLE SET BACK & SUB BASE	1 EL	2.5	EACH	103.58	69.00	172.58
21	MULTIPLE PROGRAMABLE SET BACK W/SUB BASE	1 EL	2.5	EACH	103.58	99.00	202.58
	PROPORTIONING TYPE						
22	ONE POTENTIOMETER	1 EL	6	EACH	43.16	60.00	103.16
23	TWO POTENTIOMETER	1 EL	6	EACH	43.16	64.00	107.16
	UNIT HEATERS, INCLUDING LOCAL PIPING.						
24	45000 BTUH	2 PF	8	EACH	67.00	542.00	609.00
25	60000 BTUH	2 PF	8	EACH	67.00	622.00	689.00
26	80000 BTUH	2 PF	6.5	EACH	82.46	644.00	726.46
27	100000 BTUH	2 PF	6	EACH	89.33	726.00	815.33
28	125000 BTUH	2 PF	5.5	EACH	97.45	758.00	855.45
29	150000 BTUH	2 PF	4.5	EACH	119.11	838.00	957.11
30	200000 BTUH	2 PF	3	EACH	178.67	896.00	1,075
31	250000 BTUH	2 PF	2.5	EACH	214.40	1,028	1,242
32	300000 BTUH	2 PF	2	EACH	268.00	1,350	1,618
33	350000 BTUH	2 PF	1.5	EACH	357.33	1,554	1,911
34	400000 BTUH	2 PF	1	EACH	536.00	1,598	2,134
	CABINET HEATER, INCLUDING LOCAL PIPING						
35	300 CFM	2 PF	2	EACH	268.00	458.00	726.00
36	400 CFM	2 PF	2	EACH	268.00	476.00	744.00
37	500 CFM	2 PF	2	EACH	268.00	506.00	774.00
38	600 CFM	2 PF	1.7	EACH	315.29	550.00	865.29
39	750 CFM	2 PF	1.4	EACH	382.86	884.00	1,267
40	1000 CFM	2 PF	1.25	EACH	428.80	920.00	1,349
41	1250 CFM	2 PF	1.1	EACH	487.27	968.00	1,455
42	1500 CFM	2 PF	1	EACH	536.00	996.00	1,532
	MAKE UP AIR UNITS, INCLUDING LOCAL PIPING.						
43	1400 CFM	2 PF	0.3	EACH	1,787	3,200	4,987
44	3000 CFM	2 PF	0.3	EACH	1,787	4,750	6,537
45	4500 CFM	2 PF	0.3	EACH	1,787	5,600	7,387
46	6000 CFM	2 PF	0.3	EACH	1,787	6,900	8,687
47	7500 CFM	2 PF	0.3	EACH	1,787	8,100	9,887
48	10000 CFM	2 PF	0.25	EACH	2,144	9,200	11,344
49	15000 CFM	2 PF	0.25	EACH	2,144	13,100	15,244
50	18000 CFM	2 PF	0.25	EACH	2,144	18,600	20,744
51	27000 CFM	2 PF	0.2	EACH	2,680	20,200	22,880

15 MECHANICAL

LINE	DESCRIPTION	OUTPUT CREW	PER DAY	UNIT	LABOR	MATERIAL	TOTAL
	** TEMPERED AIR TERMINAL UNITS **						
	DUAL DUCT MIXING BOXES						
1	100 - 200 CFM	2 SM	4	EACH	122.12	318.00	440.12
2	200 - 350 CFM	2 SM	4	EACH	122.12	330.00	452.12
3	350 - 500 CFM	2 SM	3.9	EACH	125.25	348.00	473.25
4	500 - 750 CFM	2 SM	3.8	EACH	128.55	358.00	486.55
5	750 - 1000 CFM	2 SM	3.5	EACH	139.57	388.00	527.57
6	1000 - 1250 CFM	2 SM	3.4	EACH	143.67	418.00	561.67
7	1250 - 1500 CFM	2 SM	3.3	EACH	148.02	438.00	586.02
8	1500 - 2500 CFM	2 SM	3.2	EACH	152.65	574.00	726.65
9	2500 - 5000 CFM	2 SM	3.1	EACH	157.57	836.00	993.57
	AIR TERMINAL UNITS - SINGLE DUCT						
10	100 CFM	2 SM	4	EACH	122.12	258.00	380.12
11	300 CFM	2 SM	4	EACH	122.12	274.00	396.12
12	500 CFM	2 SM	3.9	EACH	125.25	286.00	411.25
13	750 CFM	2 SM	3.5	EACH	139.57	300.00	439.57
14	1000 CFM	2 SM	3	EACH	162.83	356.00	518.83
15	1250 CFM	2 SM	2.9	EACH	168.44	365.00	533.44
16	1500 CFM	2 SM	2.5	EACH	195.39	375.00	570.39
17	1750 CFM	2 SM	2	EACH	244.24	440.00	684.24
18	2000 CFM	2 SM	1.8	EACH	271.38	508.00	779.38
	TERMINAL REHEAT UNITS						
19	100 CFM	1 SM 1 PF	2.2	EACH	232.84	410.00	642.84
20	300 CFM	1 SM 1 PF	2.1	EACH	243.92	430.00	673.92
21	500 CFM	1 SM 1 PF	2	EACH	256.12	456.00	712.12
22	750 CFM	1 SM 1 PF	1.9	EACH	269.60	476.00	745.60
23	1000 CFM	1 SM 1 PF	1.8	EACH	284.58	552.00	836.58
24	1250 CFM	1 SM 1 PF	1.5	EACH	341.49	564.00	905.49
25	1500 CFM	1 SM 1 PF	1.1	EACH	465.67	576.00	1,042
26	1750 CFM	1 SM 1 PF	1	EACH	512.24	670.00	1,182
27	2000 CFM	1 SM 1 PF	0.9	EACH	569.16	766.00	1,335
	REHEAT COILS, HOT WATER OR STEAM						
28	100 CFM	2 PF	2	EACH	268.00	130.00	398.00
29	200 CFM	2 PF	1.8	EACH	297.78	136.00	433.78
30	300 CFM	2 PF	1.5	EACH	357.33	143.00	500.33
31	500 CFM	2 PF	1.3	EACH	412.31	176.00	588.31
32	750 CFM	2 PF	1.2	EACH	446.67	188.00	634.67
33	1000 CFM	2 PF	1	EACH	536.00	196.00	732.00
34	1200 CFM	2 PF	0.9	EACH	595.56	242.00	837.56
35	1500 CFM	2 PF	0.8	EACH	670.00	268.00	938.00
36	2000 CFM	2 PF	0.7	EACH	765.71	308.00	1,074
	AUXILIARY HEATER UNITS						
	SINGLE PHASE						
37	5 KW	1 SM 1 EL	6.8	EACH	74.00	62.00	136.00
38	10 KW	1 SM 1 EL	6.8	EACH	74.00	95.00	169.00
39	15 KW	1 SM 1 EL	6.8	EACH	74.00	136.00	210.00
40	20 KW	1 SM 1 EL	6.8	EACH	74.00	175.00	249.00
41	25 KW	1 SM 1 EL	4.9	EACH	102.69	223.00	325.69
	3-PHASE						
42	10 KW	1 SM 1 EL	4.9	EACH	102.69	95.00	197.69
43	15 KW	1 SM 1 EL	4.9	EACH	102.69	136.00	238.69
44	20 KW	1 SM 1 EL	4.9	EACH	102.69	176.00	278.69
45	25 KW	1 SM 1 EL	4.3	EACH	117.02	224.00	341.02
	460 VOLT						
46	12 KW	1 SM 1 EL	3.9	EACH	129.03	149.00	278.03
47	20 KW	1 SM 1 EL	3.9	EACH	129.03	180.00	309.03
48	24 KW	1 SM 1 EL	3.9	EACH	129.03	225.00	354.03
49	32 KW	1 SM 1 EL	3.9	EACH	129.03	302.00	431.03
50	SMALL TO 30 INCHES	1 SM	12	EACH	20.35	28.00	48.35
51	MEDIUM 30-60 INCHES	1 SM	10	EACH	24.42	71.00	95.42
52	LARGE OVER 60 INCHES	1 SM	8	EACH	30.53	138.00	168.53
	REGISTERS						
53	SMALL TO 30 INCHES	1 SM	11	EACH	22.20	36.00	58.20
54	MEDIUM 30-60 INCHES	1 SM	9	EACH	27.14	86.00	113.14
55	LARGE OVER 60 INCHES	1 SM	7	EACH	34.89	136.00	170.89

MECHANICAL

LINE	DESCRIPTION	CREW	PER DAY	UNIT	LABOR	MATERIAL	TOTAL
	DIFFUSERS						
1	SMALL TO 12" DIAMETER	1 SM	10	EACH	24.42	79.00	103.42
2	MEDIUM 12"-24" DIAMETER	1 SM	7	EACH	34.89	97.00	131.89
3	LARGE OVER 24" DIAMETER	1 SM	6	EACH	40.71	163.00	203.71
	LINEAR DIFFUSERS						
4	1 SLOT	1 SM	32	LN FT	7.63	18.60	26.23
5	2 SLOT	1 SM	32	LN FT	7.63	24.08	31.71
6	3 SLOT	1 SM	23	LN FT	10.62	28.80	39.42
7	4 SLOT	1 SM	21	LN FT	11.63	33.30	44.93
	TROFFER AIR BOOT						
8	INSULATED	1 SM	8	EACH	30.53	47.00	77.53
9	NON-INSULATED	1 SM	8	EACH	30.53	35.00	65.53
	** CONTROLS & INSTRUMENTATION **						
	AQUASTATS						
10	IMMERSION TYPE	1 EL	4.9	EACH	52.85	34.00	86.85
11	SURFACE TYPE	1 EL	4	EACH	64.74	26.00	90.74
	DAMPER OPERATORS						
12	TWO POSITION, SPRING RETURN	1 EL	3.5	EACH	73.99	78.88	152.87
13	POSITION TYPE W/LOW VOLT. CONTROLLER	1 EL	3	EACH	86.32	128.00	214.32
14	MODULATING TYPE	1 EL	3	EACH	86.32	158.00	244.32
15	HUMIDSTATS, 20 TO 80% RANGE	1 EL	2.5	EACH	103.58	26.65	130.23
	MOTORIZED VALVES, MODULATING TYPE						
16	1/2"	1 EL	3.5	EACH	73.99	228.00	301.99
17	3/4"	1 EL	3	EACH	86.32	246.00	332.32
18	1"	1 EL	2.8	EACH	92.49	287.00	379.49
19	1 1/4"	1 EL	2.7	EACH	95.91	319.00	414.91
20	1 1/2"	1 EL	2.5	EACH	103.58	383.00	486.58
21	2"	1 EL	2.4	EACH	107.90	470.00	577.90
22	2 1/2"	1 EL	2.3	EACH	112.59	537.00	649.59
23	3"	1 EL	1.6	EACH	161.85	649.00	810.85
	RELAYS						
	LOW VOLTAGE TYPE						
24	SPDT	1 EL	3.5	EACH	73.99	33.00	106.99
25	SPST	1 EL	3.5	EACH	73.99	35.00	108.99
26	DPDT	1 EL	3.5	EACH	73.99	37.00	110.99

16 ELECTRICAL

LINE	DESCRIPTION	OUTPUT CREW	LABOR UNITS	UNIT	UNIT COSTS LABOR	MATERIAL	TOTAL
	** WIRING DEVICES **						
	DEVICES COMPLETE, INCLUDING BOXES, COVERS, S.S. PLATES, & OTHER FITTINGS AS REQUIRED AND SUFFICIENT CONDUIT & WIRE FOR AVERAGE RUNS.						
1	SINGLE POLE SWITCH	1 EL	2.1	EACH	67.98	32.02	100.00
2	THREE WAY SWITCH	1 EL	4.4	EACH	142.43	58.20	200.63
3	MOMENTARY CONTACT SWITCH	1 EL	4.5	EACH	145.67	82.56	228.23
4	EXPLOSION PROOF SWITCH	1 EL	6.1	EACH	197.46	108.60	306.06
5	DUPLEX RECEPTACLE	1 EL	2.3	EACH	74.45	40.10	114.55
6	EXPLOSION PROOF RECEPTACLE	1 EL	7.9	EACH	255.72	228.40	484.12
7	LIGHTING OUTLET, SURFACE	1 EL	2.6	EACH	84.16	21.66	105.82
8	LIGHTING OUTLET, RECESSED	1 EL	2.9	EACH	93.87	25.20	119.07
9	CAST IRON FLOOR OUTLET	1 EL	3	EACH	97.11	86.20	183.31
	** RACEWAYS AND FITTINGS **						
	GALVANIZED CONDUIT						
	RUN IN SLAB OR UNDERGROUND						
10	3/4"	1 EL	5	CLF	161.85	99.53	261.38
11	1"	1 EL	5.5	CLF	178.04	133.26	311.30
12	1 1/4"	1 EL	6	CLF	194.22	175.35	369.57
13	1 1/2"	1 EL	6.5	CLF	210.41	229.16	439.57
14	2"	1 EL	8	CLF	258.96	313.62	572.58
15	2 1/2"	1 EL	13	CLF	420.81	517.02	937.83
16	3"	1 EL	15.5	CLF	501.74	700.00	1,202
17	3 1/2"	1 EL	17	CLF	550.29	923.00	1,473
18	4"	1 EL	23	CLF	744.51	1,084	1,829
19	5"	1 EL	32.5	CLF	1,052	2,377	3,429
20	6"	1 EL	43	CLF	1,392	3,359	4,751
	RUN EXPOSED						
21	1/2"	1 EL	6.5	CLF	210.41	103.00	313.41
22	3/4"	1 EL	7.8	CLF	252.49	122.00	374.49
23	1"	1 EL	8	CLF	258.96	157.00	415.96
24	1 1/4"	1 EL	8.5	CLF	275.15	224.00	499.15
25	1 1/2"	1 EL	9.5	CLF	307.52	265.00	572.52
26	2"	1 EL	13.5	CLF	437.00	359.00	796.00
27	2 1/2"	1 EL	18.5	CLF	598.85	588.00	1,187
28	3"	1 EL	22.5	CLF	728.33	776.00	1,504
29	3 1/2"	1 EL	26	CLF	841.62	1,010	1,852
30	4"	1 EL	36	CLF	1,165	1,182	2,347
	GALVANIZED BUSHINGS						
31	1/2"	1 EL	18	C	582.66	17.47	600.13
32	3/4"	1 EL	25	C	809.25	24.96	834.21
33	1"	1 EL	30	C	971.10	40.35	1,011
34	1 1/4"	1 EL	33	C	1,068	56.68	1,125
35	1 1/2"	1 EL	37	C	1,198	82.68	1,280
36	2"	1 EL	50	C	1,619	128.96	1,747
37	2 1/2"	1 EL	65	C	2,104	288.00	2,392
38	3"	1 EL	75	C	2,428	356.00	2,784
39	3 1/2"	1 EL	85	C	2,751	732.00	3,483
40	4"	1 EL	100	C	3,237	893.00	4,130
41	5"	1 EL	140	C	4,532	1,872	6,404
42	6"	1 EL	190	C	6,150	3,359	9,509
	GALVANIZED LOCKNUTS						
43	1/2"			C		10.40	10.40
44	3/4"			C		15.90	15.90
45	1"			C		27.98	27.98
46	1 1/4"			C		35.66	35.66
47	1 1/2"			C		53.04	53.04
48	2"			C		77.26	77.26
49	2 1/2"			C		195.50	195.50
50	3"			C		250.00	250.00
51	3 1/2"			C		424.00	424.00
52	4"			C		530.00	530.00
53	5"			C		1,133	1,133
54	6"			C		1,976	1,976

ELECTRICAL 16

LINE	DESCRIPTION	OUTPUT CREW	LABOR UNITS	UNIT	UNIT COSTS LABOR	MATERIAL	TOTAL
	GALVANIZED ELBOWS						
1	1/2"	1 EL	20	C	647.40	222.00	869.40
2	3/4"	1 EL	25	C	809.25	268.00	1,077
3	1"	1 EL	35	C	1,133	397.00	1,530
4	1-1/4"	1 EL	55	C	1,780	574.00	2,354
5	1-1/2"	1 EL	50	C	1,619	715.00	2,334
6	2"	1 EL	75	C	2,428	1,054	3,482
7	2-1/2"	1 EL	140	C	4,532	2,090	6,622
8	3"	1 EL	180	C	5,827	3,125	8,952
9	3-1/2"	1 EL	230	C	7,445	5,413	12,858
10	4"	1 EL	290	C	9,387	6,277	15,664
11	5"	1 EL	350	C	11,330	16,370	27,700
12	6"	1 EL	450	C	14,567	22,176	36,743
	INTERMEDIATE CONDUIT GALVANIZED EXPOSED						
13	3/4"	1 EL	5	CLF	161.85	101.00	262.85
14	1"	1 EL	5.5	CLF	178.04	130.00	308.04
15	1-1/4"	1 EL	6	CLF	194.22	189.00	383.22
16	1-1/2"	1 EL	6.5	CLF	210.41	222.00	432.41
17	2"	1 EL	8	CLF	258.96	302.00	560.96
18	2-1/2"	1 EL	13	CLF	420.81	484.00	904.81
19	3"	1 EL	15.5	CLF	501.74	650.00	1,152
20	3-1/2"	1 EL	17	CLF	550.29	880.00	1,430
21	4"	1 EL	23	CLF	744.51	1,028	1,773
	GALVANIZED COUPLINGS						
22	1/2"			C		75.00	75.00
23	3/4"			C		95.00	95.00
24	1"			C		133.00	133.00
25	1 1/4"			C		167.00	167.00
26	1 1/2"			C		210.00	210.00
27	2"			C		278.00	278.00
28	2 1/2"			C		658.00	658.00
29	3"			C		898.00	898.00
30	3 1/2"			C		1,202	1,202
31	4"			C		1,265	1,265
32	5"			C		2,860	2,860
33	6"			C		3,798	3,798
	GALVANIZED BEAM CLAMPS						
34	1/2"	1 EL	6	C	194.22	169.00	363.22
35	3/4"	1 EL	7	CLF	226.59	186.00	412.59
36	1"	1 EL	10	C	323.70	202.00	525.70
37	1 1/4"	1 EL	25	C	809.25	267.00	1,076
38	1 1/2"	1 EL	25	C	809.25	302.00	1,111
39	2"	1 EL	35	C	1,133	391.00	1,524
40	2 1/2"	1 EL	35	C	1,133	516.00	1,649
41	3"	1 EL	50	C	1,619	640.00	2,259
42	3 1/2"	1 EL	50	C	1,619	730.00	2,349
43	4"	1 EL	75	C	2,428	811.00	3,239
	ALUMINUM CONDUIT, RUN EXPOSED						
44	1/2"	1 EL	6	CLF	194.22	81.00	275.22
45	3/4"	1 EL	7	CLF	226.59	105.00	331.59
46	1"	1 EL	9.5	CLF	307.52	138.00	445.52
47	1 1/4"	1 EL	10	CLF	323.70	198.00	521.70
48	1 1/2"	1 EL	10.5	CLF	339.89	243.00	582.89
49	2"	1 EL	11	CLF	356.07	329.00	685.07
50	2 1/2"	1 EL	14	CLF	453.18	520.00	973.18
51	3"	1 EL	16.5	CLF	534.11	688.00	1,222
52	3 1/2"	1 EL	19	CLF	615.03	872.00	1,487
53	4"	1 EL	23.5	CLF	760.70	1,042	1,803
	EMT CONDUIT, RUN EXPOSED						
54	1/2"	1 EL	5.8	CLF	187.75	48.45	236.20
55	3/4"	1 EL	6.5	CLF	210.41	65.28	275.69
56	1"	1 EL	7	CLF	226.59	90.36	316.95
57	1 1/4"	1 EL	7.5	CLF	242.78	139.00	381.78
58	1 1/2"	1 EL	8	CLF	258.96	166.00	424.96
59	2"	1 EL	8.5	CLF	275.15	220.00	495.15
60	2-1/2"	1 EL	9	CLF	291.33	553.00	844.33
61	3"	1 EL	11	CLF	356.07	706.00	1,062
62	4"	1 EL	16	CLF	517.92	1,088	1,606

1988 DODGE UNIT COST DATA

16 ELECTRICAL

LINE	DESCRIPTION	CREW	LABOR UNITS	UNIT	LABOR	MATERIAL	TOTAL
	EMT ELBOWS						
1	1 1/4"	1 EL	35	C	1,133	292.00	1,425
2	1 1/2"	1 EL	50	C	1,619	369.00	1,988
3	2"	1 EL	60	C	1,942	592.00	2,534
4	2-1/2"	1 EL	90	C	2,913	1,678	4,591
5	3"	1 EL	125	C	4,046	2,615	6,661
6	4"	1 EL	190	C	6,150	4,124	10,274
	EMT COMPRESSION CONNECTORS						
7	1/2"	1 EL	16.3	C	527.63	64.16	591.79
8	3/4"	1 EL	21.5	C	695.96	88.70	784.66
9	1"	1 EL	27.5	C	890.18	146.00	1,036
10	1 1/4"	1 EL	30	C	971.10	284.00	1,255
11	1 1/2"	1 EL	35	C	1,133	417.00	1,550
12	2"	1 EL	40	C	1,295	600.00	1,895
13	2-1/2"	1 EL	50	C	1,619	1,880	3,499
14	3"	1 EL	65	C	2,104	2,587	4,691
15	4"	1 EL	90	C	2,913	3,910	6,823
	EMT COMPRESSION COUPLING						
16	1/2"			C		77.37	77.37
17	3/4"			C		107.00	107.00
18	1"			C		172.00	172.00
19	1 1/4"			C		310.00	310.00
20	1 1/2"			C		452.00	452.00
21	2"			C		614.00	614.00
22	2-1/2"			C		2,347	2,347
23	3"			C		2,932	2,932
24	4"			C		4,693	4,693
	PVC CONDUIT, HEAVY WALL						
25	1/2"	1 EL	4.5	CLF	145.67	19.26	164.93
26	3/4"	1 EL	5	CLF	161.85	26.36	188.21
27	1"	1 EL	5.5	CLF	178.04	37.34	215.38
28	1 1/4"	1 EL	6	CLF	194.22	60.10	254.32
29	1 1/2"	1 EL	7.3	CLF	236.30	74.54	310.84
30	2"	1 EL	10	CLF	323.70	99.32	423.02
31	2 1/2"	1 EL	14	CLF	453.18	162.00	615.18
32	3"	1 EL	16	CLF	517.92	227.00	744.92
33	3 1/2"	1 EL	20	CLF	647.40	280.00	927.40
34	4"	1 EL	27	CLF	873.99	334.00	1,208
35	5"	1 EL	36	CLF	1,165	504.00	1,669
36	6"	1 EL	48	CLF	1,554	634.00	2,188
	PVC ELBOWS						
37	1/2"	1 EL	22.5	C	728.33	113.00	841.33
38	3/4"	1 EL	25	C	809.25	161.00	970.25
39	1"	1 EL	27.5	C	890.18	254.00	1,144
40	1 1/4"	1 EL	40	C	1,295	328.00	1,623
41	1 1/2"	1 EL	45	C	1,457	487.00	1,944
42	2"	1 EL	70	C	2,266	658.00	2,924
43	2 1/2"	1 EL	125	C	4,046	1,159	5,205
44	3"	1 EL	150	C	4,856	2,232	7,088
45	3 1/2"	1 EL	200	C	6,474	2,907	9,381
46	4"	1 EL	250	C	8,093	3,644	11,737
47	5"	1 EL	350	C	11,330	5,310	16,640
48	6"	1 EL	450	C	14,567	6,240	20,807
	PVC ADAPTERS						
49	1/2"	1 EL	17.5	C	566.48	26.26	592.74
50	3/4"	1 EL	20	C	647.40	48.36	695.76
51	1"	1 EL	25	C	809.25	60.94	870.19
52	1 1/4"	1 EL	45	C	1,457	77.74	1,534
53	1 1/2"	1 EL	60	C	1,942	94.53	2,037
54	2"	1 EL	75	C	2,428	136.00	2,564
55	2 1/2"	1 EL	90	C	2,913	230.00	3,143
56	3"	1 EL	100	C	3,237	335.00	3,572
57	3 1/2"	1 EL	125	C	4,046	440.00	4,486
58	4"	1 EL	175	C	5,665	577.00	6,242
59	5"	1 EL	200	C	6,474	1,134	7,608
60	6"	1 EL	300	C	9,711	1,365	11,076

ELECTRICAL

LINE	DESCRIPTION	OUTPUT CREW	LABOR UNITS	UNIT	UNIT COSTS LABOR	MATERIAL	TOTAL
	PVC EXPANSION FITTINGS						
1	1/2"			C		1,062	1,062
2	3/4"			C		1,086	1,086
3	1"			C		1,092	1,092
4	1 1/4"			C		1,097	1,097
5	1 1/2"			C		1,102	1,102
6	2"			C		1,238	1,238
7	2 1/2"			C		1,672	1,672
8	3"			C		2,184	2,184
9	3 1/2"			C		2,542	2,542
10	4"			C		3,149	3,149
	PVC BELL ENDS						
11	1"	1 EL	15	C	485.55	152.00	637.55
12	1 1/4"	1 EL	17.5	C	566.48	183.00	749.48
13	1 1/2"	1 EL	20	C	647.40	183.00	830.40
14	2"	1 EL	25	C	809.25	286.00	1,095
15	2 1/2"	1 EL	37.5	C	1,214	300.00	1,514
16	3"	1 EL	47.5	C	1,538	334.00	1,872
17	3 1/2"	1 EL	60	C	1,942	362.00	2,304
18	4"	1 EL	75	C	2,428	398.00	2,826
19	5"	1 EL	95	C	3,075	614.00	3,689
20	6"	1 EL	120	C	3,884	676.00	4,560
	TRANSITE CONDUIT, TYPE I						
21	4"	1 EL	10	CLF	323.70	90.00	413.70
22	5"	1 EL	11	CLF	356.07	126.00	482.07
	TRANSITE ELBOWS						
23	4"	1 EL	160	C	5,179	2,600	7,779
24	5"	1 EL	175	C	5,665	2,912	8,577
25	6"	1 EL	170	C	5,503	3,120	8,623
	TRANSITE ADAPTERS						
26	2"	1 EL	45	C	1,457	296.00	1,753
27	3"	1 EL	65	C	2,104	296.00	2,400
28	3 1/2"	1 EL	75	C	2,428	296.00	2,724
29	4"	1 EL	90	C	2,913	296.00	3,209
30	5"	1 EL	140	C	4,532	436.00	4,968
31	6"	1 EL	190	C	6,150	560.00	6,710
	TRANSITE BELL ENDS						
32	2"	1 EL	45	C	1,457	504.00	1,961
33	3"	1 EL	65	C	2,104	572.00	2,676
34	3 1/2"	1 EL	75	C	2,428	624.00	3,052
35	4"	1 EL	90	C	2,913	624.00	3,537
36	5"	1 EL	140	C	4,532	780.00	5,312
37	6"	1 EL	190	C	6,150	988.00	7,138
	FIBER DUCT, TYPE I						
38	2"	1 EL	7.2	CLF	233.06	98.00	331.06
39	3"	1 EL	8.1	CLF	262.20	119.00	381.20
40	4"	1 EL	9	CLF	291.33	176.00	467.33
41	5"	1 EL	10	CLF	323.70	193.00	516.70
42	6"	1 EL	11	CLF	356.07	242.00	598.07
	FIBER ELBOWS						
43	2"	1 EL	9	C	291.33	1,102	1,393
44	3"	1 EL	10	C	323.70	1,185	1,509
45	4"	1 EL	12	C	388.44	1,610	1,998
46	5"	1 EL	13	C	420.81	2,518	2,939
47	6"	1 EL	14	C	453.18	2,706	3,159
	FIBER ADAPTERS						
48	2"	1 EL	45	C	1,457	237.00	1,694
49	3"	1 EL	65	C	2,104	264.00	2,368
50	4"	1 EL	90	C	2,913	310.00	3,223
51	5"	1 EL	140	C	4,532	465.00	4,997
52	6"	1 EL	190	C	6,150	614.00	6,764

ELECTRICAL

LINE	DESCRIPTION	CREW	LABOR UNITS	UNIT	LABOR	MATERIAL	TOTAL
	FIBER BELL ENDS						
1	2"	1 EL	45	C	1,457	239.00	1,696
2	3"	1 EL	65	C	2,104	267.00	2,371
3	4"	1 EL	90	C	2,913	329.00	3,242
4	5"	1 EL	140	C	4,532	469.00	5,001
5	6"	1 EL	190	C	6,150	618.00	6,768
	PLASTIC SPACERS						
6	2"	1 EL	10	C	323.70	40.40	364.10
7	3"	1 EL	10	C	323.70	45.53	369.23
8	3 1/2"	1 EL	10	C	323.70	48.74	372.44
9	4"	1 EL	10	C	323.70	48.74	372.44
10	5"	1 EL	10	C	323.70	54.42	378.12
11	6"	1 EL	10	C	323.70	63.27	386.97
	GALV. RIGID CONDUIT, IN SLAB OR UNDERGROUND BASED ON 100' RUN WITH 2 ELLS, 4 COUPLINGS, 4 LOCKNUTS, AND 2 BUSHINGS.						
12	3/4"	1 EL	5.5	CLF	178.04	108.00	286.04
13	1"	1 EL	6.1	CLF	197.46	146.00	343.46
14	1 1/4"	1 EL	6.7	CLF	216.88	193.00	409.88
15	1 1/2"	1 EL	8.2	CLF	265.43	233.00	498.43
16	2"	1 EL	11.5	CLF	372.26	313.00	685.26
17	2 1/2"	1 EL	17.1	CLF	553.53	516.00	1,070
18	3"	1 EL	19.6	CLF	634.45	699.00	1,333
19	3 1/2"	1 EL	24.8	CLF	802.78	923.00	1,726
20	4"	1 EL	32.8	CLF	1,062	1,149	2,211
21	5"	1 EL	42.3	CLF	1,369	2,378	3,747
22	6"	1 EL	56	CLF	1,813	3,212	5,025
	GALV. RIGID CONDUIT, EXPOSED, BASED ON 100' RUN WITH FITTINGS AND HANGERS.						
23	1/2"	1 EL	7.9	CLF	255.72	103.00	358.72
24	3/4"	1 EL	9.4	CLF	304.28	124.00	428.28
25	1"	1 EL	9.9	CLF	320.46	158.00	478.46
26	1 1/4"	1 EL	14	CLF	453.18	225.00	678.18
27	1 1/2"	1 EL	15.6	CLF	504.97	265.00	769.97
28	2"	1 EL	22	CLF	712.14	360.00	1,072
29	2 1/2"	1 EL	29.2	CLF	945.20	578.00	1,523
30	3"	1 EL	37.2	CLF	1,204	776.00	1,980
31	3 1/2"	1 EL	42.2	CLF	1,366	1,010	2,376
32	4"	1 EL	58.2	CLF	1,884	1,182	3,066
	PLASTIC CONDUIT, IN SLAB OR UNDERGROUND BASED ON 100' RUN WITH 2 ADAPTERS AND 13 SPACERS						
33	3 1/2"	1 EL	9.5	CLF	307.52	268.00	575.52
34	4"	1 EL	9.9	CLF	320.46	314.00	634.46
35	5"	1 EL	10.7	CLF	346.36	496.00	842.36
36	6"	1 EL	11.6	CLF	375.49	658.00	1,033
	ALUMINUM CONDUIT EXPOSED, BASED ON 100' RUN WITH FITTINGS & HANGERS.						
37	1/2"	1 EL	7.3	CLF	236.30	82.00	318.30
38	3/4"	1 EL	8.4	CLF	271.91	106.00	377.91
39	1"	1 EL	11.1	CLF	359.31	138.00	497.31
40	1 1/4"	1 EL	13.8	CLF	446.71	199.00	645.71
41	1 1/2"	1 EL	16.5	CLF	534.11	243.00	777.11
42	2"	1 EL	18.6	CLF	602.08	329.00	931.08
43	2 1/2"	1 EL	23.1	CLF	747.75	521.00	1,269
44	3"	1 EL	29.3	CLF	948.44	688.00	1,636
45	3 1/2"	1 EL	37.2	CLF	1,204	873.00	2,077
46	4"	1 EL	49	CLF	1,586	1,042	2,628
	EMT CONDUIT EXPOSED, BASED ON 100' RUN WITH FITTINGS.						
47	1/2"	1 EL	6.9	CLF	223.35	49.00	272.35
48	3/4"	1 EL	7.8	CLF	252.49	66.00	318.49
49	1"	1 EL	8.5	CLF	275.15	90.00	365.15
50	1 1/4"	1 EL	12.4	CLF	401.39	139.00	540.39
51	1 1/2"	1 EL	13.3	CLF	430.52	167.00	597.52
52	2"	1 EL	15.3	CLF	495.26	220.00	715.26
53	2-1/2"	1 EL	18	CLF	582.66	553.00	1,136
54	3"	1 EL	22.5	CLF	728.33	706.00	1,434
55	4"	1 EL	31.8	CLF	1,029	1,088	2,117

ELECTRICAL 16

LINE	DESCRIPTION	OUTPUT CREW	LABOR UNITS	UNIT	LABOR	MATERIAL	TOTAL
	TRANSITE CONDUIT, IN SLAB OR UNDERGROUND BASED ON 100' RUN WITH 2 ADAPTERS AND 13 SPACERS.						
1	3 1/2"	1 EL	10.4	CLF	336.65	90.00	426.65
2	4"	1 EL	10.8	CLF	349.60	102.00	451.60
3	5"	1 EL	11.7	CLF	378.73	140.00	518.73
4	6"	1 EL	12.6	CLF	407.86	182.00	589.86
	INTERMEDIATE CONDUIT IN SLAB						
5	1/2"	1 EL	4	CLF	129.48	75.15	204.63
6	3/4"	1 EL	4.9	CLF	158.61	94.70	253.31
7	1"	1 EL	6.3	CLF	203.93	133.00	336.93
8	1 1/4"	1 EL	6.6	CLF	213.64	166.00	379.64
9	1 1/2"	1 EL	7.2	CLF	233.06	210.00	443.06
10	2"	1 EL	8.5	CLF	275.15	278.00	553.15
11	2 1/2"	1 EL	11.8	CLF	381.97	658.00	1,040
12	3"	1 EL	14.4	CLF	466.13	898.00	1,364
13	3 1/2"	1 EL	18	CLF	582.66	1,202	1,785
14	4"	1 EL	22.5	CLF	728.33	1,265	1,993
	INTERMEDIATE ELBOWS IN SLAB						
15	1/2"	1 EL	0.3	EACH	9.71	1.95	11.66
16	3/4"	1 EL	0.3	EACH	9.71	2.56	12.27
17	1"	1 EL	0.3	EACH	9.71	3.70	13.41
18	1 1/4"	1 EL	0.4	EACH	12.95	5.18	18.13
19	1 1/2"	1 EL	5.8	EACH	187.75	6.54	194.29
20	2"	1 EL	6.8	EACH	220.12	9.43	229.55
21	2 1/2"	1 EL	11.7	EACH	378.73	18.27	397.00
22	3"	1 EL	16.2	EACH	524.39	27.96	552.35
23	3 1/2"	1 EL	20.7	EACH	670.06	49.38	719.44
24	4"	1 EL	26.1	EACH	844.86	57.29	902.15
	INTERMEDIATE COUPLING IN SLAB						
25	1/2"			EACH		0.75	0.75
26	3/4"			EACH		0.95	0.95
27	1"			EACH		1.33	1.33
28	1 1/4"			EACH		1.67	1.67
29	1 1/2"			EACH		2.11	2.11
30	2"			EACH		2.78	2.78
31	2 1/2"			EACH		6.58	6.58
32	3"			EACH		8.98	8.98
33	3 1/2"			EACH		12.02	12.02
34	4"			EACH		12.65	12.65
	GREENFIELD CONDUIT						
35	1/2"	1 EL	4.5	CLF	145.67	25.72	171.39
36	3/4"	1 EL	6	CLF	194.22	33.64	227.86
37	1"	1 EL	7.5	CLF	242.78	68.26	311.04
38	1 1/4"	1 EL	12.5	CLF	404.63	86.39	491.02
39	1 1/2"	1 EL	15	CLF	485.55	111.00	596.55
40	2"	1 EL	17.5	CLF	566.48	145.00	711.48
41	2 1/2"	1 EL	25	CLF	809.25	168.00	977.25
42	3"	1 EL	35	CLF	1,133	210.00	1,343
	GREENFIELD CONNECTORS						
43	1/2"	1 EL	10	C	323.70	84.22	407.92
44	3/4"	1 EL	12	C	388.44	88.60	477.04
45	1"	1 EL	14	C	453.18	213.00	666.18
46	1 1/4"	1 EL	18	C	582.66	341.00	923.66
47	1 1/2"	1 EL	23	C	744.51	474.00	1,219
48	2"	1 EL	35	C	1,133	674.00	1,807
49	2 1/2"	1 EL	50	C	1,619	1,280	2,899
50	3"	1 EL	65	C	2,104	1,782	3,886
	SEALTITE CONDUIT						
51	1/2"	1 EL	7	CLF	226.59	174.00	400.59
52	3/4"	1 EL	9	CLF	291.33	228.00	519.33
53	1"	1 EL	12	CLF	388.44	353.00	741.44
54	1 1/4"	1 EL	20	CLF	647.40	478.00	1,125
55	1 1/2"	1 EL	22.5	CLF	728.33	680.00	1,408
56	2"	1 EL	25	CLF	809.25	829.00	1,638
57	2 1/2"	1 EL	35	CLF	1,133	1,580	2,713
58	3"	1 EL	50	CLF	1,619	2,191	3,810
59	4"	1 EL	75	CLF	2,428	3,099	5,527

1988 DODGE UNIT COST DATA

16 ELECTRICAL

LINE	DESCRIPTION	CREW	LABOR UNITS	UNIT	LABOR	MATERIAL	TOTAL
	SEALTITE FITTINGS (CONNECTORS)						
1	1/2"	1 EL	12	C	388.44	163.00	551.44
2	3/4"	1 EL	15	C	485.55	233.00	718.55
3	1"	1 EL	20	C	647.40	342.00	989.40
4	1 1/4"	1 EL	25	C	809.25	588.00	1,397
5	1 1/2"	1 EL	30	C	971.10	837.00	1,808
6	2"	1 EL	50.8	C	1,644	1,536	3,180
7	2 1/2"	1 EL	75	C	2,428	7,398	9,826
8	3"	1 EL	100	C	3,237	8,328	11,565
9	4"	1 EL	150	C	4,856	9,864	14,720
	CONDULET & COVER, TYPE LB						
10	1/2"	1 EL	0.6	EACH	19.42	4.08	23.50
11	3/4"	1 EL	0.7	EACH	22.66	4.90	27.56
12	1"	1 EL	0.9	EACH	29.13	7.20	36.33
13	1 1/4"	1 EL	1.5	EACH	48.56	10.86	59.42
14	1 1/2"	1 EL	1.8	EACH	58.27	13.48	71.75
15	2"	1 EL	2.3	EACH	74.45	22.46	96.91
	CABLE TRAYS, ALUMINUM CABLE LADDER 3" DEEP, BASED ON 100' RUN, 1 ELL AND 13 HANGERS.						
16	6"	1 EL	0.3	LN FT	9.71	7.57	17.28
17	12"	1 EL	0.3	LN FT	9.71	10.67	20.38
18	24"	1 EL	0.4	LN FT	12.95	11.75	24.70
	UNDERFLOOR DUCT, BASED ON 100' RUN INCLUDING ONE JUNCTION BOX AND FITTINGS.						
19	2"	1 EL	6.7	CLF	216.88	639.00	855.88
20	4"	1 EL	6.7	CLF	216.88	988.00	1,205
21	HIGH TENSION FLOOR OUTLET	1 EL	2.1	EACH	67.98	37.10	105.08
22	LOW TENSION FLOOR OUTLET	1 EL	1.5	EACH	48.56	22.80	71.36
23	HEADER DUCT, BASED ON 100' RUN INCLUDING ONE PANEL RISER FITTING & CUTTING OF FLOOR	1 EL	0.2	LN FT	6.47	56.00	62.47
	SCREW COVER DUCT, BASED ON 10' OF DUCT WITH 1 COUPLING, 2 END CAPS & ANCHORS.						
24	2 1/2"	1 EL	0.4	LN FT	12.95	7.10	20.05
25	4"	1 EL	0.5	LN FT	16.19	7.83	24.02
26	6"	1 EL	0.6	LN FT	19.42	14.30	33.72
27	8"	1 EL	0.7	LN FT	22.66	22.57	45.23
	WIREMOLD, BASED ON 100' RUN INCLUDING WIREWAY, FITTINGS, ANCHORS, & 50' HOME RUN.						
28	#500 W/2 ELLS, 2 CIRCUITS	1 EL	0.1	LN FT	3.24	0.84	4.08
29	#700 W/2 ELLS, 2 CIRCUITS	1 EL	0.1	LN FT	3.24	0.90	4.14
30	#1000 W/2 ELLS, 2 CIRCUITS	1 EL	0.1	LN FT	3.24	1.93	5.17
31	#2000 W/1 ELL, 17 2027GB RECP, 2 CIRCUITS	1 EL	0.2	LN FT	6.47	2.09	8.56
32	#3000 W/1 ELL, 20 5262 RECP, 4 CIRCUITS	1 EL	0.3	LN FT	9.71	7.30	17.01
33	#4000 W/2000' WIRE	1 EL	0.3	LN FT	9.71	5.74	15.45
34	#6000 W/10000' WIRE	1 EL	0.1	LN FT	3.24	14.45	17.69
	** CONDUCTORS **						
	COPPER WIRE - THHN & THWN						
35	# 14 SOLID	1 EL	6	MLF	194.22	48.64	242.86
36	# 12 SOLID	1 EL	6.3	MLF	203.93	66.54	270.47
37	# 10 SOLID	1 EL	9	MLF	291.33	110.00	401.33
38	# 14 STRANDED	1 EL	6	MLF	194.22	57.60	251.82
39	# 12 STRANDED	1 EL	6.3	MLF	203.93	78.44	282.37
40	# 10 STRANDED	1 EL	9	MLF	291.33	138.00	429.33
41	# 8 STRANDED	1 EL	11	MLF	356.07	14.00	370.07
42	# 6 STRANDED	1 EL	11.5	MLF	372.26	323.00	695.26
43	# 4 STRANDED	1 EL	14	MLF	453.18	520.00	973.18
44	# 2 STRANDED	1 EL	15	MLF	485.55	922.00	1,408
45	# 1 STRANDED	1 EL	17	MLF	550.29	1,208	1,758
46	# 1/0 STRANDED	1 EL	20	MLF	647.40	1,453	2,100
47	# 2/0 STRANDED	1 EL	25	MLF	809.25	1,664	2,473
48	# 3/0 STRANDED	1 EL	27	MLF	873.99	2,040	2,914
49	# 4/0 STRANDED	1 EL	30	MLF	971.10	2,537	3,508
50	# 250/000 STRANDED	1 EL	32	MLF	1,036	2,873	3,909
51	# 350/000 STRANDED	1 EL	35	MLF	1,133	3,824	4,957
52	# 500/000 STRANDED	1 EL	45	MLF	1,457	5,400	6,857

ELECTRICAL

LINE	DESCRIPTION	OUTPUT CREW	LABOR UNITS	UNIT	LABOR	MATERIAL	TOTAL
	COPPER WIRE - TW						
1	# 14 SOLID	1 EL	6	MLF	194.22	49.26	243.48
2	# 12 SOLID	1 EL	6.3	MLF	203.93	69.96	273.89
3	# 10 SOLID	1 EL	9	MLF	291.33	108.00	399.33
4	# 14 STRANDED	1 EL	6	MLF	194.22	58.50	252.72
5	# 12 STRANDED	1 EL	6.3	MLF	203.93	81.50	285.43
6	# 10 STRANDED	1 EL	9	MLF	291.33	124.00	415.33
7	# 8 STRANDED	1 EL	11	MLF	356.07	211.00	567.07
	COPPER WIRE - XHHW						
8	# 8	1 EL	11	MLF	356.07	267.00	623.07
9	# 6	1 EL	11.5	MLF	372.26	315.00	687.26
10	# 4	1 EL	14	MLF	453.18	504.00	957.18
11	# 2	1 EL	15	MLF	485.55	747.00	1,233
12	# 1	1 EL	17	MLF	550.29	1,020	1,570
13	# 1/0	1 EL	20	MLF	647.40	1,206	1,853
14	# 2/0	1 EL	25	MLF	809.25	1,440	2,249
15	# 3/0	1 EL	27	MLF	873.99	1,770	2,644
16	# 4/0	1 EL	30	MLF	971.10	2,190	3,161
17	# 250/000	1 EL	32	MLF	1,036	2,803	3,839
18	# 300/000	1 EL	34	MLF	1,101	3,447	4,548
19	# 350/000	1 EL	35	MLF	1,133	3,677	4,810
20	# 400/000	1 EL	38.5	MLF	1,246	4,300	5,546
21	# 500/000	1 EL	45	MLF	1,457	5,361	6,818
22	# 600/000	1 EL	50	MLF	1,619	9,089	10,708
23	# 750/000	1 EL	54	MLF	1,748	11,050	12,798
	ALUMINUM WIRE - THW						
24	# 8	1 EL	9	MLF	291.33	86.56	377.89
25	# 6	1 EL	10	MLF	323.70	129.00	452.70
26	# 4	1 EL	12	MLF	388.44	172.00	560.44
27	# 2	1 EL	13	MLF	420.81	230.00	650.81
28	# 1	1 EL	14	MLF	453.18	335.00	788.18
29	# 1/0	1 EL	18	MLF	582.66	381.00	963.66
30	# 2/0	1 EL	20	MLF	647.40	449.00	1,096
31	# 3/0	1 EL	21	MLF	679.77	539.00	1,219
32	# 4/0	1 EL	23	MLF	744.51	630.00	1,375
33	# 250/000	1 EL	25	MLF	809.25	748.00	1,557
34	# 300/000	1 EL	26	MLF	841.62	984.00	1,826
35	# 350/000	1 EL	27	MLF	873.99	1,062	1,936
36	# 400/000	1 EL	29	MLF	938.73	1,155	2,094
37	# 500/000	1 EL	30	MLF	971.10	1,354	2,325
38	# 600/000	1 EL	35	MLF	1,133	1,628	2,761
39	# 750/000	1 EL	41	MLF	1,327	1,988	3,315
	WIRE, THW & RHW, IN SLAB OR UNDERGROUND BASED ON SINGLE CONDUCTOR 1000' RUN WITH 2 CONNECTIONS.						
	THW 600 VOLT (STRANDED)						
40	# 12	1 EL	6.3	MLF	203.93	95.00	298.93
41	# 10	1 EL	9	MLF	291.33	143.00	434.33
42	# 8	1 EL	11	MLF	356.07	238.00	594.07
43	# 6	1 EL	11.5	MLF	372.26	314.00	686.26
44	# 4	1 EL	14	MLF	453.18	490.00	943.18
45	# 3	1 EL	14.5	MLF	469.37	596.00	1,065
46	# 2	1 EL	15	MLF	485.55	727.00	1,213
47	# 1	1 EL	17	MLF	550.29	956.00	1,506
48	# 1/0	1 EL	20	MLF	647.40	1,126	1,773
49	# 2/0	1 EL	25	MLF	809.25	1,369	2,178
50	# 3/0	1 EL	27	MLF	873.99	1,685	2,559
51	# 4/0	1 EL	30.5	MLF	987.29	2,080	3,067
52	# 250/000	1 EL	32	MLF	1,036	2,526	3,562
53	# 300/000	1 EL	34	MLF	1,101	3,244	4,345
54	# 350/000	1 EL	35	MLF	1,133	3,433	4,566
55	# 400/000	1 EL	38.5	MLF	1,246	4,183	5,429
56	# 500/000	1 EL	45	MLF	1,457	4,736	6,193
	RHW						
57	# 4/0	1 EL	32.5	MLF	1,052	2,223	3,275
58	# 250/000	1 EL	34	MLF	1,101	2,997	4,098
59	# 300/000	1 EL	36.5	MLF	1,182	3,473	4,655
60	# 350/000	1 EL	37.5	MLF	1,214	3,962	5,176
61	# 400/000	1 EL	50	MLF	1,619	4,510	6,129
62	# 500/000	1 EL	53.5	MLF	1,732	5,305	7,037
63	# 750/000	1 EL	72	MLF	2,331	9,257	11,588

16 ELECTRICAL

LINE	DESCRIPTION	CREW	LABOR UNITS	UNIT	LABOR	MATERIAL	TOTAL
	WIRE, 5 KV & 15 KV IN SLAB OR UNDERGROUND BASED ON SINGLE CONDUCTOR 1000' RUN WITH 2 STRESS CONES AND CONNECTIONS.						
	5KV						
1	# 6	1 EL	22	MLF	712.14	985.00	1,697
2	# 4	1 EL	23	MLF	744.51	1,215	1,960
3	# 2	1 EL	26	MLF	841.62	1,471	2,313
4	# 2/0	1 EL	48	MLF	1,554	2,562	4,116
5	# 4/0	1 EL	60	MLF	1,942	3,331	5,273
6	# 250/000	1 EL	65	MLF	2,104	3,796	5,900
7	# 350/000	1 EL	75	MLF	2,428	4,659	7,087
8	# 500/000	1 EL	83	MLF	2,687	5,626	8,313
	15KV						
9	# 2	1 EL	23	MLF	744.51	1,824	2,569
10	# 2/0	1 EL	28	MLF	906.36	2,562	3,468
11	# 4/0	1 EL	60	MLF	1,942	3,331	5,273
12	# 250/000	1 EL	65	MLF	2,104	3,796	5,900
13	# 350/000	1 EL	75	MLF	2,428	4,659	7,087
14	# 500/000	1 EL	83	MLF	2,687	5,626	8,313
	FLOOR BOX AND RECEPTACLE						
15	1 GANG	1 EL	1.3	EACH	42.08	58.74	100.82
16	2 GANG	1 EL	1.8	EACH	58.27	90.83	149.10
17	3 GANG	1 EL	2.8	EACH	90.64	115.00	205.64
	JUNCTION BOXES						
18	4"X4"X4"	1 EL	0.8	EACH	25.90	3.83	29.73
19	6"X6"X4"	1 EL	0.9	EACH	29.13	5.45	34.58
20	8"X8"X4"	1 EL	1	EACH	32.37	7.50	39.87
21	12"X12"X4"	1 EL	1.3	EACH	42.08	12.68	54.76
	RECEPTACLES UNDERFLOOR						
22	LOW DENSITY 5' OC	1 EL	200	SQ FT	6,474	1.12	6,475
23	HIGH DENSITY 5' OC	1 EL	170	SQ FT	5,503	1.25	5,504
24	LOW DENSITY 7' OC	1 EL	230	SQ FT	7,445	0.99	7,446
25	HIGH DENSITY 7' OC	1 EL	160	SQ FT	5,179	1.09	5,180
26	TELEPOLES-UTILIZING ROMEX LOW DENSITY	1 EL	550	SQ FT	17,804	0.32	17,804
27	TELEPOLES-UTILIZING ROMEX HIGH DENSITY	1 EL	230	SQ FT	7,445	0.64	7,446
28	TELEPOLES-UTILIZING EMT LOW DENSITY	1 EL	320	SQ FT	10,358	0.34	10,359
29	TELEPOLES-UTILIZING EMT HIGH DENSITY	1 EL	200	SQ FT	6,474	0.68	6,475
30	CONDUIT SYSTEM WITH FLOOR BOX LOW DENSITY	1 EL	650	SQ FT	21,041	0.34	21,041
31	CONDUIT SYSTEM WITH FLOOR BOX HIGH DENSITY	1 EL	270	SQ FT	8,740	0.64	8,741
32	POWER SYSTEM UNDER CARPET UP TO 5 FEEDS LOW	1 EL	1300	SQ FT	42,081	0.64	42,082
33	POWER SYSTEM UNDER CARPET UP TO 5 FEEDS HIGH	1 EL	700	SQ FT	22,659	1.25	22,660
	JUNCTION BOXES						
	STANDARD						
34	12"X18"X4"	1 EL	1	EACH	32.37	17.17	49.54
35	15"X18"X4"	1 EL	1.5	EACH	48.56	20.23	68.79
36	12"X12"X6"	1 EL	1	EACH	32.37	15.14	47.51
37	12"X15"X6"	1 EL	1.5	EACH	48.56	17.47	66.03
38	12"X18"X6"	1 EL	1.5	EACH	48.56	19.98	68.54
39	15"X18"X6"	1 EL	1.5	EACH	48.56	23.29	71.85
40	18"X18"X6"	1 EL	1.8	EACH	58.27	26.67	84.94
41	18"X24"X6"	1 EL	2.5	EACH	80.93	43.28	124.21
42	24"X24"X6"	1 EL	3	EACH	97.11	53.89	151.00
	WEATHERPROOF ALUMINUM						
43	6"X6"X4"	1 EL	1	EACH	32.37	56.40	88.77
44	6"X8"X6"	1 EL	1	EACH	32.37	87.20	119.57
45	12"X6"X6"	1 EL	1.3	EACH	42.08	134.00	176.08
46	12"X6"X8"	1 EL	1.3	EACH	42.08	157.00	199.08
47	12"X12"X8"	1 EL	2	EACH	64.74	255.00	319.74
48	12"X18"X10"	1 EL	3.3	EACH	106.82	599.00	705.82
49	12"X24"X6"	1 EL	3.5	EACH	113.30	572.00	685.30
50	16"X16"X6"	1 EL	3.3	EACH	106.82	463.00	569.82
51	16"X18"X8"	1 EL	4	EACH	129.48	649.00	778.48
52	16"X18"X10"	1 EL	4.8	EACH	155.38	836.00	991.38
53	18"X18"X6"	1 EL	4.3	EACH	139.19	649.00	788.19
54	18"X18"X12"	1 EL	5	EACH	161.85	1,018	1,180
55	18"X36"X8"	1 EL	6	EACH	194.22	1,495	1,689
56	24"X36"X14"	1 EL	10	EACH	323.70	2,205	2,529

ELECTRICAL 16

LINE	DESCRIPTION	OUTPUT CREW	LABOR UNITS	UNIT	LABOR	MATERIAL	TOTAL
	CAST IRON						
1	15"X9"X4"	1 EL	1	EACH	32.37	144.00	176.37
2	15"X10"X6"	1 EL	1.3	EACH	42.08	224.00	266.08
3	16"X4"X4"	1 EL	1	EACH	32.37	128.00	160.37
4	16"X10"X8"	1 EL	1.3	EACH	42.08	280.00	322.08
5	16"X12"X6"	1 EL	1.3	EACH	42.08	273.00	315.08
6	16"X16"X6"	1 EL	2	EACH	64.74	384.00	448.74
7	18"X6"X4"	1 EL	1.3	EACH	42.08	156.00	198.08
8	18"X8"X6"	1 EL	1.3	EACH	42.08	224.00	266.08
9	18"X8"X4"	1 EL	1.3	EACH	42.08	270.00	312.08
10	18"X12"X8"	1 EL	2	EACH	64.74	376.00	440.74
11	18"X14"X6"	1 EL	2	EACH	64.74	380.00	444.74
12	18"X16"X6"	1 EL	2	EACH	64.74	410.00	474.74
13	18"X18"X10"	1 EL	3.3	EACH	106.82	752.00	858.82
14	20"X10"X6"	1 EL	1.5	EACH	48.56	360.00	408.56
15	20"X20"X6"	1 EL	2.5	EACH	80.93	714.00	794.93
16	24"X8"X8"	1 EL	2	EACH	64.74	405.00	469.74
17	24"X12"X8"	1 EL	2.3	EACH	74.45	537.00	611.45
18	24"X16"X6"	1 EL	2.3	EACH	74.45	523.00	597.45
19	24"X18"X10"	1 EL	3.3	EACH	106.82	834.00	940.82
20	24"X18"X6"	1 EL	3.3	EACH	106.82	598.00	704.82
21	24"X24"X6"	1 EL	3.3	EACH	106.82	853.00	959.82
22	24"X24"X10"	1 EL	4	EACH	129.48	1,150	1,279
23	24"X24"X12"	1 EL	5	EACH	161.85	1,350	1,512
24	28"X12"X8"	1 EL	2.5	EACH	80.93	688.00	768.93
25	30"X18"X12"	1 EL	1.5	EACH	48.56	1,370	1,419
26	30"X24"X12"	1 EL	5	EACH	161.85	1,580	1,742
	WIRE CONNECTORS "BUGS"						
27	# 8	1 EL	50	C	1,619	159.00	1,778
28	# 6	1 EL	60	C	1,942	178.00	2,120
29	# 4	1 EL	70	C	2,266	216.00	2,482
30	# 2	1 EL	80	C	2,590	326.00	2,916
31	# 1 - # 1/0	1 EL	125	C	4,046	413.00	4,459
32	# 2/0 - # 250/000	1 EL	250	C	8,093	1,070	9,163
33	# 300/000 - # 350/000	1 EL	300	C	9,711	2,085	11,796
34	# 400/000 - # 500/000	1 EL	400	C	12,948	2,718	15,666
	** ELECTRICAL SUPPORT DEVICES **						
	TRANSFORMERS, 277/480 V, 120/208 V INCLUDING RACK AND CONNECTIONS.						
35	6 KVA	1 EL	8	EACH	258.96	415.00	673.96
36	9 KVA	1 EL	9	EACH	291.33	550.00	841.33
37	15 KVA	1 EL	10.2	EACH	330.17	820.00	1,150
38	30 KVA	1 EL	14	EACH	453.18	1,140	1,593
39	45 KVA	1 EL	22	EACH	712.14	1,310	2,022
40	75 KVA	1 EL	24	EACH	776.88	1,950	2,727
41	112.5 KVA	1 EL	30	EACH	971.10	2,800	3,771
42	150 KVA	1 EL	36	EACH	1,165	3,400	4,565
43	225 KVA	1 EL	48	EACH	1,554	4,700	6,254
44	300 KVA	1 EL	60	EACH	1,942	6,370	8,312
45	500 KVA	1 EL	80	EACH	2,590	9,680	12,270
	BUS DUCT, BASED ON 100' RUN WITH CABLE TAP BOX, END CAP, ELL, AND 11 HANGERS.						
46	225 AMPS	1 EL	0.5	LN FT	16.19	57.90	74.09
47	400 AMPS	1 EL	0.6	LN FT	19.42	83.30	102.72
48	600 AMPS	1 EL	0.6	LN FT	19.42	100.00	119.42
49	800 AMPS	1 EL	0.7	LN FT	22.66	130.00	152.66
50	1000 AMPS	1 EL	0.8	LN FT	25.90	160.00	185.90
51	1350 AMPS	1 EL	0.8	LN FT	25.90	215.00	240.90
52	1600 AMPS	1 EL	0.9	LN FT	29.13	252.00	281.13
53	2000 AMPS	1 EL	1	LN FT	32.37	320.00	352.37
54	2500 AMPS	1 EL	1.2	LN FT	38.84	390.00	428.84
55	3000 AMPS	1 EL	1.4	LN FT	45.32	470.00	515.32
56	4000 AMPS	1 EL	1.8	LN FT	58.27	630.00	688.27
57	5000 AMPS	1 EL	2	LN FT	64.74	830.00	894.74

1988 DODGE UNIT COST DATA

16 ELECTRICAL

LINE	DESCRIPTION	OUTPUT CREW	LABOR UNITS	UNIT	LABOR	MATERIAL	TOTAL
	BUS DUCT PLUG IN UNITS, FUSIBLE INCLUDING FUSES AND MOUNTING.						
	250V						
1	30 AMPS	1 EL	1.8	EACH	58.27	200.00	258.27
2	60 AMPS	1 EL	2.2	EACH	71.21	215.00	286.21
3	100 AMPS	1 EL	3	EACH	97.11	285.00	382.11
4	200 AMPS	1 EL	5.1	EACH	165.09	470.00	635.09
5	400 AMPS	1 EL	11.5	EACH	372.26	1,150	1,522
	600V						
6	30 AMPS	1 EL	2	EACH	64.74	214.00	278.74
7	60 AMPS	1 EL	2.4	EACH	77.69	220.00	297.69
8	100 AMPS	1 EL	3.3	EACH	106.82	302.00	408.82
9	200 AMPS	1 EL	5.6	EACH	181.27	490.00	671.27
10	400 AMPS	1 EL	13	EACH	420.81	1,150	1,571
	BUS DUCT PLUG IN UNITS, CIRCUIT BREAKER INCL. UNIT AND MOUNTING - 250V						
11	30 AMPS	1 EL	1.8	EACH	58.27	246.00	304.27
12	60 AMPS	1 EL	2.3	EACH	74.45	294.00	368.45
13	100 AMPS	1 EL	6.3	EACH	203.93	294.00	497.93
14	200 AMPS	1 EL	14.5	EACH	469.37	912.00	1,381
15	400 AMPS	1 EL	14.5	EACH	469.37	1,718	2,187
	** PANEL BOARDS **						
	LIGHT/RECEPTACLE PANELS - 30-1 POLE						
16	208V BOLT-ON	1 EL	18	EACH	582.66	716.00	1,299
17	208V E-FRAME	1 EL	18	EACH	582.66	770.00	1,353
18	277V	1 EL	21	EACH	679.77	1,580	2,260
	ISOLATION PANELS, INCLUDING TRANSFORMER, REMOTE. DETECTOR, 150' OF CONDUIT, LOCKNUTS, BUSHING AND WIRE.						
19	3 KVA	1 EL	27	EACH	873.99	2,880	3,754
20	5 KVA	1 EL	29.6	EACH	958.15	2,940	3,898
21	7.5 KVA	1 EL	34.9	EACH	1,130	4,600	5,730
22	10 KVA	1 EL	37.1	EACH	1,201	5,400	6,601
	SAFETY SWITCHES WITH 3 FUSETRON FUSES, HARDWARE AND MOUNTING						
	250 VOLT						
23	30 AMP	1 EL	2.6	EACH	84.16	71.37	155.53
24	60 AMP	1 EL	3.5	EACH	113.30	127.00	240.30
25	100 AMP	1 EL	3.8	EACH	123.01	187.00	310.01
26	200 AMP	1 EL	6.1	EACH	197.46	316.00	513.46
27	400 AMP	1 EL	10.4	EACH	336.65	730.00	1,067
	600 VOLT						
28	30 AMP	1 EL	3.1	EACH	100.35	117.00	217.35
29	60 AMP	1 EL	4	EACH	129.48	139.00	268.48
30	100 AMP	1 EL	4.3	EACH	139.19	260.00	399.19
31	200 AMP	1 EL	7.1	EACH	229.83	372.00	601.83
32	400 AMP	1 EL	11.4	EACH	369.02	965.00	1,334
	SAFETY SWITCHES, NON FUSIBLE WITH HARDWARE AND MOUNTING						
	250 VOLT						
33	30 AMP	1 EL	4	EACH	129.48	33.23	162.71
34	60 AMP	1 EL	4.5	EACH	145.67	43.88	189.55
35	100 AMP	1 EL	5	EACH	161.85	102.00	263.85
36	200 AMP	1 EL	7.5	EACH	242.78	189.00	431.78
37	400 AMP	1 EL	12	EACH	388.44	458.00	846.44
	600 VOLT						
38	30 AMP	1 EL	4	EACH	129.48	58.30	187.78
39	60 AMP	1 EL	4.5	EACH	145.67	104.00	249.67
40	100 AMP	1 EL	5	EACH	161.85	166.00	327.85
41	200 AMP	1 EL	7.5	EACH	242.78	256.00	498.78
42	400 AMP	1 EL	12	EACH	388.44	570.00	958.44

ELECTRICAL 16

LINE	DESCRIPTION	CREW	LABOR UNITS	UNIT	LABOR	MATERIAL	TOTAL
	SAFETY SWITCHES NEMA 3R WITH 3 FUSETRON FUSES HARDWARE AND MOUNTING						
	250 VOLT						
1	30 AMP	1 EL	2.8	EACH	90.64	98.00	188.64
2	60 AMP	1 EL	4	EACH	129.48	156.00	285.48
3	100 AMP	1 EL	4.6	EACH	148.90	225.00	373.90
4	200 AMP	1 EL	6.8	EACH	220.12	308.00	528.12
5	400 AMP	1 EL	12.2	EACH	394.91	686.00	1,081
	600 VOLT						
6	30 AMP	1 EL	3.3	EACH	106.82	158.00	264.82
7	60 AMP	1 EL	4.5	EACH	145.67	186.00	331.67
8	100 AMP	1 EL	5.1	EACH	165.09	290.00	455.09
9	200 AMP	1 EL	7.8	EACH	252.49	398.00	650.49
10	400 AMP	1 EL	12.2	EACH	394.91	937.00	1,332
	SAFETY SWITCHES NEMA 3R NON-FUSIBLE WITH HARDWARE AND MOUNTING						
11	30 AMP	1 EL	3.3	EACH	106.82	88.00	194.82
12	60 AMP	1 EL	4.5	EACH	145.67	154.00	299.67
13	100 AMP	1 EL	5.1	EACH	165.09	216.00	381.09
14	200 AMP	1 EL	7.8	EACH	252.49	262.00	514.49
15	400 AMP	1 EL	12.2	EACH	394.91	650.00	1,045
	CIRCUIT BREAKERS MOLDED CASE NO ENCLOSURE						
	250 VOLT						
16	15 THRU 60 AMP	1 EL	1.1	EACH	35.61	95.00	130.61
17	70 THRU 100 AMP	1 EL	2.1	EACH	67.98	134.00	201.98
18	125 THRU 225 AMP	1 EL	3	EACH	97.11	498.00	595.11
	600 VOLT						
19	15 THRU 100 AMP	1 EL	1.4	EACH	45.32	426.00	471.32
20	100 THRU 225 AMP	1 EL	3.5	EACH	113.30	498.00	611.30
21	200 THRU 400 AMP	1 EL	9.3	EACH	301.04	888.00	1,189
22	500 THRU 600 AMP	1 EL	9.5	EACH	307.52	1,455	1,763
23	700 THRU 800 AMP	1 EL	10.5	EACH	339.89	1,677	2,017
24	900 THRU 1000 AMP	1 EL	14.5	EACH	469.37	2,090	2,559
	CIRCUIT BREAKER MOLDED CASE ENCLOSED						
	250 VOLT						
25	15 THRU 50 AMP	1 EL	3.8	EACH	123.01	177.00	300.01
26	70 THRU 100 AMP	1 EL	4.6	EACH	148.90	215.00	363.90
	600 VOLT						
27	15 THRU 60 AMP	1 EL	4	EACH	129.48	308.00	437.48
28	70 THRU 100 AMP	1 EL	5.2	EACH	168.32	344.00	512.32
29	125 THRU 225 AMP	1 EL	6.4	EACH	207.17	567.00	774.17
30	200 THRU 400 AMP	1 EL	8.8	EACH	284.86	980.00	1,265
31	500 THRU 600 AMP	1 EL	16	EACH	517.92	1,630	2,148
32	700 THRU 800 AMP	1 EL	19	EACH	615.03	2,100	2,715
33	900 THRU 1000 AMP	1 EL	22	EACH	712.14	2,660	3,372
	** MOTORS & MOTOR CONTROLS **						
	MOTOR CONNECTIONS, INCLUDING CONDUIT, FITTINGS, FLEXIBLE CONNECTIONS & WIRE. STARTER FURNISHED BY OTHERS.						
34	3/4"	1 EL	7.9	EACH	255.72	84.00	339.72
35	1"	1 EL	10	EACH	323.70	134.00	457.70
36	1 1/4"	1 EL	12.5	EACH	404.63	232.00	636.63
37	1 1/2"	1 EL	16.1	EACH	521.16	320.00	841.16
38	2"	1 EL	21.4	EACH	692.72	564.00	1,257
39	2 1/2"	1 EL	26.9	EACH	870.75	1,048	1,919
40	3"	1 EL	32.9	EACH	1,065	1,399	2,464
	STARTERS FURNISH ONLY						
41	0			EACH		134.00	134.00
42	1			EACH		150.00	150.00
43	2			EACH		273.00	273.00
44	3			EACH		440.00	440.00
45	4			EACH		963.00	963.00
46	5			EACH		2,293	2,293

1988 DODGE UNIT COST DATA

16 ELECTRICAL

LINE	DESCRIPTION	OUTPUT CREW	LABOR UNITS	UNIT	UNIT COSTS LABOR	MATERIAL	TOTAL
	INSTALLED ONLY						
1	0	1 EL	7.9	EACH	255.72		255.72
2	1	1 EL	12.5	EACH	404.63		404.63
3	2	1 EL	16.1	EACH	521.16		521.16
4	3	1 EL	21.4	EACH	692.72		692.72
5	4	1 EL	26.9	EACH	870.75		870.75
6	5	1 EL	32.9	EACH	1,065		1,065
	CONTACTORS, INSTALLED AS PART OF PANELBOARD.						
7	30 AMP	1 EL	2	EACH	64.74	243.00	307.74
8	60 AMP	1 EL	3	EACH	97.11	488.00	585.11
9	75 AMP	1 EL	3	EACH	97.11	647.00	744.11
10	100 AMP	1 EL	4	EACH	129.48	752.00	881.48
11	150 AMP	1 EL	5	EACH	161.85	1,079	1,241
12	200 AMP	1 EL	6	EACH	194.22	1,546	1,740
13	300 AMP	1 EL	7	EACH	226.59	2,780	3,007
14	400 AMP	1 EL	8	EACH	258.96	7,300	7,559
	** LIGHTING **						
	COMMERCIAL FLORESCENT FIXTURES (RAPID START) SURFACE MOUNTED						
15	2 LT 4'	1 EL	1.2	EACH	38.84	79.00	117.84
16	2 LT 8'	1 EL	2.6	EACH	84.16	155.00	239.16
17	4 LT 4'	1 EL	1.5	EACH	48.56	123.00	171.56
	PENDANT						
18	2 LT 4'	1 EL	2	EACH	64.74	87.00	151.74
19	2 LT 8'	1 EL	1.5	EACH	48.56	170.00	218.56
20	4 LT 4'	1 EL	1.2	EACH	38.84	137.00	175.84
	SURFACE MOUNTED						
21	2 LT 4' (DAMP)	1 EL	1.2	EACH	38.84	58.00	96.84
22	2 LT 4' (WET)	1 EL	1.3	EACH	42.08	60.00	102.08
23	2 LT 8' (DAMP)	1 EL	1.3	EACH	42.08	103.00	145.08
24	2 LT 8' (WET)	1 EL	1.4	EACH	45.32	105.00	150.32
	WALL MOUNTED						
25	2 LT 2'	1 EL	1	EACH	32.37	80.00	112.37
26	2 LT 3'	1 EL	1	EACH	32.37	93.00	125.37
27	2 LT 4'	1 EL	1	EACH	32.37	93.00	125.37
	RECESSED IN GRID .110" PRISMATIC ACRYLIC LENS STATIC UNIT						
28	2'X2' 2 LT	1 EL	1.5	EACH	48.56	69.00	117.56
29	2'X4' 2 LT	1 EL	1.6	EACH	51.79	72.00	123.79
30	2'X4' 3 LT	1 EL	1.7	EACH	55.03	89.00	144.03
31	2'X4' 4 LT	1 EL	1.8	EACH	58.27	89.00	147.27
	FOR HEAT REMOVAL ADD $5.00 EACH						
	WRAP AROUND ACRYLIC LENS (RAPID START)						
32	4' 2 LT	1 EL	1.2	EACH	38.84	54.00	92.84
33	8' 4 LT	1 EL	2.6	EACH	84.16	123.00	207.16
34	4' 4 LT	1 EL	1.5	EACH	48.56	86.00	134.56
	SURFACE MODULAR .110" LENS PRISMATIC ACRYLIC LENS						
35	2'X2' 2 LT	1 EL	1.2	EACH	38.84	76.00	114.84
36	1'X4' 2 LT	1 EL	1.2	EACH	38.84	68.00	106.84
37	2'X4' 2 LT	1 EL	1.3	EACH	42.08	80.00	122.08
38	2'X4' 4 LT	1 EL	1.6	EACH	51.79	90.00	141.79
	SPECIFICATION GRADE POLYESTER ENAMEL						
39	4' 2 LT	1 EL	1.5	EACH	48.56	62.00	110.56
40	8' 4 LT	1 EL	1.9	EACH	61.50	117.00	178.50
	HINGED LOUVER W/30 DEGREE & 20 DEGREE L SHIELDING IN WHITE ENAMEL RAPID START SLIMLINE HIGH OUTPUT LAMPS						
41	4' UNIT	1 EL	1.5	EACH	48.56	29.00	77.56
42	8' UNIT	1 EL	1.9	EACH	61.50	57.00	118.50

ELECTRICAL

16

LINE	DESCRIPTION	OUTPUT			UNIT COSTS		
		CREW	LABOR UNITS	UNIT	LABOR	MATERIAL	TOTAL
	POWER GROOVE LAMPS						
1	4' UNIT	1 EL	1.7	EACH	55.03	30.00	85.03
2	8' UNIT	1 EL	2.2	EACH	71.21	60.00	131.21
	COMPETITIVE GRADE BAKED WHITE ENAMEL						
3	4' 2 LT	1 EL	1.5	EACH	48.56	48.00	96.56
4	8' 4 LT	1 EL	1.9	EACH	61.50	78.00	139.50
	FLORESCENT TROFFERS SPECIFICATION GRADE ON GRID CEILING .125" EXTRUDED ACRYLIC						
	PLASTIC LENS						
5	1'X4' 2 TUBE	1 EL	1.8	EACH	58.27	49.00	107.27
6	2'X4' 2 TUBE	1 EL	1.9	EACH	61.50	63.00	124.50
7	2'X4' 4 TUBE	1 EL	2.0	EACH	64.74	71.00	135.74
8	4'X4' 4 TUBE	1 EL	2.1	EACH	67.98	212.00	279.98
	INJECTED MOLDED PRISM ACRYLIC LENS						
9	1'X4' 2 TUBE	1 EL	1.8	EACH	58.27	71.00	129.27
10	2'X4' 2 TUBE	1 EL	1.9	EACH	61.50	99.00	160.50
11	2'X4' 4 TUBE	1 EL	2.0	EACH	64.74	107.00	171.74
12	4'X4' 4 TUBE	1 EL	2.1	EACH	67.98	212.00	279.98
	FLORESCENT TROFFERS SPECIFICATION GRADE FLANGE TYPE .125" EXTRUDED ACRYLIC						
	PRISMATIC LENS						
13	1'X4' 2 TUBE	1 EL	1.8	EACH	58.27	54.00	112.27
14	2'X2' 2 TUBE	1 EL	1.5	EACH	48.56	53.00	101.56
15	2'X4' 2 TUBE	1 EL	1.9	EACH	61.50	65.00	126.50
16	2'X4' 3 TUBE	1 EL	2	EACH	64.74	75.00	139.74
17	2'X4' 4 TUBE	1 EL	2	EACH	64.74	74.00	138.74
18	4'X4' 4 TUBE	1 EL	2.1	EACH	67.98	168.00	235.98
19	4'X4' 6 TUBE	1 EL	2.2	EACH	71.21	200.00	271.21
	INJECTED MOLDED PRISM LENS						
20	1'X4' 2 TUBE	1 EL	1.8	EACH	58.27	71.00	129.27
21	2'X2' 2 TUBE	1 EL	1.5	EACH	48.56	70.00	118.56
22	2'X4' 2 TUBE	1 EL	1.9	EACH	61.50	98.00	159.50
23	2'X4' 3 TUBE	1 EL	2	EACH	64.74	102.00	166.74
24	2'X4' 4 TUBE	1 EL	2	EACH	64.74	107.00	171.74
25	4'X4' 4 TUBE	1 EL	2.1	EACH	67.98	265.00	332.98
26	4'X4' 6 TUBE	1 EL	2.2	EACH	71.21	288.00	359.21
	FLORESCENT AIR HANDLING TROFFERS SPECIFICATION GRADE-GRID TYPE .125" EXTRUDED ACRYLIC LENS						
	PRISMATIC LENS						
27	1'X4' 2 TUBE	1 EL	1.8	EACH	58.27	74.00	132.27
28	2'X2' 2 TUBE	1 EL	1.5	EACH	48.56	75.00	123.56
29	2'X4' 2 TUBE	1 EL	1.9	EACH	61.50	88.00	149.50
30	2'X4' 3 TUBE	1 EL	2	EACH	64.74	103.00	167.74
31	2'X4' 4 TUBE	1 EL	2	EACH	64.74	104.00	168.74
	INJECTED MOLDED PRISM LENS						
32	1'X4' 2 TUBE	1 EL	1.8	EACH	58.27	86.00	144.27
33	2'X2' 2 TUBE	1 EL	1.5	EACH	48.56	97.00	145.56
34	2'X4' 2 TUBE	1 EL	1.9	EACH	61.50	112.00	173.50
35	2'X4' 3 TUBE	1 EL	2	EACH	64.74	127.00	191.74
36	2'X4' 4 TUBE	1 EL	2	EACH	64.74	128.00	192.74
	FLORESCENT AIR HANDLING TROFFERS SPECIFICATION GRADE-FLANGED TYPE .125" EXTRUDED ACRYLIC						
	PRISMATIC LENS						
37	1'X4' 2 TUBE	1 EL	1.8	EACH	58.27	98.00	156.27
38	2'X2' 2 TUBE	1 EL	1.5	EACH	48.56	95.00	143.56
39	2'X4' 2 TUBE	1 EL	1.9	EACH	61.50	112.00	173.50
40	2'X4' 3 TUBE	1 EL	2	EACH	64.74	127.00	191.74
41	2'X4' 4 TUBE	1 EL	2	EACH	64.74	129.00	193.74
	INJECTED MOLDED PRISM LENS						
42	1'X4' 2 TUBE	1 EL	1.8	EACH	58.27	110.00	168.27
43	2'X2' 2 TUBE	1 EL	1.5	EACH	48.56	107.00	155.56
44	2'X4' 2 TUBE	1 EL	1.9	EACH	61.50	136.00	197.50
45	2'X4' 3 TUBE	1 EL	2	EACH	64.74	151.00	215.74
46	2'X4' 4 TUBE	1 EL	2	EACH	64.74	153.00	217.74

1988 DODGE UNIT COST DATA

16 ELECTRICAL

LINE	DESCRIPTION				OUTPUT			UNIT COSTS		
					CREW	LABOR UNITS	UNIT	LABOR	MATERIAL	TOTAL
	PARABOLIC LOUVER FLUORESCENT AIR HANDLING									
	TROFFERS GRID TYPE CEILING									
1	1'X4'	2	TUBE		1 EL	1.8	EACH	58.27	67.00	125.27
2	20"X4'	2	TUBE		1 EL	1.9	EACH	61.50	72.00	133.50
3	20"X4'	2	TUBE		1 EL	2	EACH	64.74	89.00	153.74
4	2'X4'	2	TUBE		1 EL	2	EACH	64.74	89.00	153.74
5	2'X4'	3	TUBE		1 EL	2	EACH	64.74	89.00	153.74
6	2'X2'	2	TUBE		1 EL	1.5	EACH	48.56	69.00	117.56
7	3'X3'	4	TUBE		1 EL	2.1	EACH	67.98	234.00	301.98
8	3'X3'	6	TUBE		1 EL	2.1	EACH	67.98	253.00	320.98
9	4'X4'	6	TUBE		1 EL	2.2	EACH	71.21	261.00	332.21
10	4'X4'	8	TUBE		1 EL	2.2	EACH	71.21	272.00	343.21
	SURFACE MOUNTED METAL SIDE FLUORESCENT									
	FIXTURE SPECIFICATION GRADE .125" EXTRUDED									
	ACRYLIC PRISMATIC LENS									
11	1'X4'	2	TUBE		1 EL	1.2	EACH	38.84	52.00	90.84
12	2'X2'	2	TUBE		1 EL	1.2	EACH	38.84	50.00	88.84
13	2'X4'	2	TUBE		1 EL	1.3	EACH	42.08	84.00	126.08
14	2'X4'	4	TUBE		1 EL	1.5	EACH	48.56	81.00	129.56
15	4'X4'	4	TUBE		1 EL	2.3	EACH	74.45	217.00	291.45
16	4'X4'	6	TUBE		1 EL	2.5	EACH	80.93	236.00	316.93
17	4'X4'	8	TUBE		1 EL	2.6	EACH	84.16	245.00	329.16
	INJECTED MOLDED ACRYLIC PRISM LENS									
18	1'X4'	2	TUBE		1 EL	1.2	EACH	38.84	66.00	104.84
19	2'X2'	2	TUBE		1 EL	1.2	EACH	38.84	64.00	102.84
20	2'X4'	2	TUBE		1 EL	1.3	EACH	42.08	100.00	142.08
21	2'X4'	4	TUBE		1 EL	1.5	EACH	48.56	107.00	155.56
22	4'X4'	4	TUBE		1 EL	2.3	EACH	74.45	220.00	294.45
23	4'X4'	6	TUBE		1 EL	2.5	EACH	80.93	239.00	319.93
24	4'X4'	8	TUBE		1 EL	2.6	EACH	84.16	248.00	332.16
	FLUORESCENT STRIP LAMPS-FIXTURES									
25	2'	1	TUBE	TRIGGER START	1 EL	0.9	EACH	29.13	22.00	51.13
26	2'	2	TUBE	TRIGGER START	1 EL	0.9	EACH	29.13	28.00	57.13
27	4'	1	TUBE	RAPID START	1 EL	1	EACH	32.37	26.00	58.37
28	4'	2	TUBE	RAPID START	1 EL	1	EACH	32.37	26.00	58.37
29	8'	2	TUBE	RAPID START	1 EL	1.3	EACH	42.08	37.00	79.08
30	8'	4	TUBE	RAPID START	1 EL	1.4	EACH	45.32	52.00	97.32
31	4'	1	TUBE	SLIMLINE	1 EL	1	EACH	32.37	47.00	79.37
32	4'	2	TUBE	SLIMLINE	1 EL	1.0	EACH	32.37	59.00	91.37
33	6'	1	TUBE	SLIMLINE	1 EL	1.1	EACH	35.61	37.00	72.61
34	6'	2	TUBE	SLIMLINE	1 EL	1.1	EACH	35.61	37.00	72.61
35	8'	1	TUBE	SLIMLINE	1 EL	1.2	EACH	38.84	37.00	75.84
36	8'	2	TUBE	SLIMLINE	1 EL	1.3	EACH	42.08	37.00	79.08
37	8'	4	TUBE	SLIMLINE	1 EL	1.4	EACH	45.32	103.00	148.32
38	16'	2	TUBE	SLIMLINE	1 EL	2.7	EACH	87.40	61.00	148.40
39	4'	1	TUBE	HIGH OUTPUT	1 EL	1.2	EACH	38.84	66.00	104.84
40	4'	2	TUBE	HIGH OUTPUT	1 EL	1.2	EACH	38.84	67.00	105.84
41	8'	1	TUBE	HIGH OUTPUT	1 EL	1.6	EACH	51.79	67.00	118.79
42	8'	2	TUBE	HIGH OUTPUT	1 EL	1.6	EACH	51.79	67.00	118.79
43	16'	2	TUBE	HIGH OUTPUT	1 EL	3.4	EACH	110.06	90.00	200.06
44	4'	1	TUBE	POWER GROOVE	1 EL	1.3	EACH	42.08	100.00	142.08
45	4'	2	TUBE	POWER GROOVE	1 EL	1.3	EACH	42.08	105.00	147.08
46	8'	1	TUBE	POWER GROOVE	1 EL	1.6	EACH	51.79	110.00	161.79
47	8'	2	TUBE	POWER GROOVE	1 EL	1.6	EACH	51.79	112.00	163.79
48	16'	2	TUBE	POWER GROOVE	1 EL	3.4	EACH	110.06	127.00	237.06
	INDUSTRIAL HID FIXTURES SPECIFICATION GRADE									
49	100W		BANTAM UNIT		1 EL	3	EACH	97.11	181.00	278.11
50	175W		BANTAM UNIT		1 EL	3	EACH	97.11	147.00	244.11
51	250W		BANTAM UNIT		1 EL	3	EACH	97.11	156.00	253.11
	ENCLOSED GASKETED PETROLUX REFACTOR WET									
	HAZARD SITE									
52	100W				1 EL	2.5	EACH	80.93	161.00	241.93
53	170W				1 EL	2.5	EACH	80.93	165.00	245.93
54	250W				1 EL	2	EACH	64.74	177.00	241.74

ELECTRICAL

LINE	DESCRIPTION	CREW	LABOR UNITS	UNIT	LABOR	MATERIAL	TOTAL
1	400W PRISM PACK	1 EL	2	EACH	64.74	181.00	245.74
2	400W TWIN PRISM PACK	1 EL	2	EACH	64.74	309.00	373.74
3	100W PRISM PACK	1 EL	2	EACH	64.74	219.00	283.74
	DECORATOR SHIELDS						
4	SMALL ROUND	1 EL	0.5	EACH	16.19	42.00	58.19
5	LARGE ROUND	1 EL	0.5	EACH	16.19	67.00	83.19
6	SMALL SQUARE	1 EL	0.5	EACH	16.19	71.00	87.19
7	LARGE SQUARE	1 EL	0.5	EACH	16.19	71.00	87.19
8	SMALL HEX	1 EL	0.5	EACH	16.19	54.00	70.19
9	LARGE HEX	1 EL	0.5	EACH	16.19	86.00	102.19
	OPEN WITH CLEAR ALUMINUM REFLECTOR						
10	75 W	1 EL	1.5	EACH	48.56	215.00	263.56
11	100W	1 EL	1.5	EACH	48.56	231.00	279.56
12	175W	1 EL	1.5	EACH	48.56	270.00	318.56
13	250W	1 EL	1.5	EACH	48.56	304.00	352.56
	ELLIPSOIDAL REFLECTOR LOW BRIGHTNESS CONE						
14	100W	1 EL	1.5	EACH	48.56	216.00	264.56
15	175W	1 EL	1.5	EACH	48.56	287.00	335.56
16	250W	1 EL	1.5	EACH	48.56	303.00	351.56
17	400W	1 EL	1.5	EACH	48.56	366.00	414.56
	SQUARE REGRESSED LENS HORIZ. LAMP FULL REFLECTOR						
18	100W	1 EL	1.5	EACH	48.56	181.00	229.56
19	175W	1 EL	1.5	EACH	48.56	212.00	260.56
	ROUND REGRESSED LENS HORIZ. LAMP FULL REFLECTOR						
20	100W	1 EL	1.5	EACH	48.56	179.00	227.56
21	175W	1 EL	1.5	EACH	48.56	217.00	265.56
	ROUND REGRESSED LENS VERTICAL LAMP						
22	100W	1 EL	1.5	EACH	48.56	279.00	327.56
23	175W	1 EL	1.5	EACH	48.56	266.00	314.56
24	200W	1 EL	1.5	EACH	48.56	319.00	367.56
	CLEAR CONOID REFLECTOR						
25	175W R40	1 EL	2	EACH	64.74	270.00	334.74
	WALL WASH UNIT						
26	175W R40 M.V.	1 EL	2	EACH	64.74	141.00	205.74
	ADJUSTABLE ACCENT LAMP						
27	175W R40	1 EL	2	EACH	64.74	144.00	208.74
	GRID MOUNTED UNIT 2'X2'						
28	175W	1 EL	1.5	EACH	48.56	157.00	205.56
29	250W	1 EL	1.5	EACH	48.56	166.00	214.56
30	400W	1 EL	1.5	EACH	48.56	175.00	223.56
	RECESSED INCANDESCENT FIXTURES						
	RECESSED ROUND BLACK MIW GROOVE						
31	50 R 20	1 EL	2	EACH	64.74	51.00	115.74
32	75 R 30	1 EL	2	EACH	64.74	55.00	119.74
33	150 PAR 38	1 EL	1.8	EACH	58.27	61.00	119.27
	RECESSED ROUND "A" LAMP DOWNLIGHT						
34	100W	1 EL	2	EACH	64.74	83.00	147.74
35	150W	1 EL	2	EACH	64.74	95.00	159.74
36	200W	1 EL	2	EACH	64.74	97.00	161.74
	RECESSED SQUARE RELAMPLITE TRIM						
37	100W	1 EL	2.1	EACH	67.98	35.00	102.98
38	150W	1 EL	2.1	EACH	67.98	47.00	114.98
39	200W	1 EL	2	EACH	64.74	83.00	147.74
40	300W	1 EL	2	EACH	64.74	83.00	147.74
	SURFACE COMMERCIAL INCANDESCENT FIXTURES						
	CEILING MOUNTED						
41	75 R 40	1 EL	1.5	EACH	48.56	41.00	89.56
42	160 R 40	1 EL	1.5	EACH	48.56	53.00	101.56
43	300 R 40	1 EL	1.4	EACH	45.32	96.00	141.32

1988 DODGE UNIT COST DATA

16 ELECTRICAL

LINE	DESCRIPTION	CREW	LABOR UNITS	UNIT	LABOR	MATERIAL	TOTAL
	WALL BRACKET						
1	100W	1 EL	1.5	EACH	48.56	22.00	70.56
2	200W	1 EL	1.5	EACH	48.56	42.00	90.56
	LITE FORM						
3	100W	1 EL	1.5	EACH	48.56	69.00	117.56
	ACRYLIC PRISMATIC DRUM						
4	2' 60W	1 EL	1	EACH	32.37	56.00	88.37
5	2' 75W	1 EL	1	EACH	32.37	61.00	93.37
	INCANDESCENT EXIT SIGNS THINLINE PROFILE SERIES WITH 50000 HOUR LAMPS						
6	TOP OR END MOUNTED	1 EL	1	EACH	32.37	68.00	100.37
7	PENDANT MOUNTED	1 EL	1	EACH	32.37	88.00	120.37
8	REPLACEMENT LAMP	1 EL	5	PER C	161.85	3.90	165.75
	INCANDESCENT TRAC-LITE 2-CIRCUIT						
	STARTER TRAC W/LIVE END FEED						
9	4' SURFACE MTD W/O FIXTURE	1 EL	1.2	EACH	38.84	43.00	81.84
10	4' RECESSED W/O FIXTURE	1 EL	1.3	EACH	42.08	77.00	119.08
11	8' SURFACE MTD W/O FIXTURE	1 EL	1.6	EACH	51.79	71.00	122.79
12	8' RECESSED W/O FIXTURE	1 EL	1.7	EACH	55.03	125.00	180.03
	JOINER TRAC SECTION W/COUPLER						
13	8' SURFACE MTD W/O FIXTURE	1 EL	1.8	EACH	58.27	70.00	128.27
14	8' RECESSED W/O FIXTURE	1 EL	1.9	EACH	61.50	120.00	181.50
15	BASIC UNIT WITH LAMP SURFACE W/O FIXTURE	1 EL	1.3	EACH	42.08	35.00	77.08
	WHITE CYLINDRICAL UNIT W/LAMP SURFACE						
16	W/O FIXTURE	1 EL	1.3	EACH	42.08	58.00	100.08
17	WALL WASHER W/QUARTZ LAMP SURFACE W/O FIXTURE	1 EL	1.3	EACH	42.08	79.00	121.08
	INDUSTRIAL INCANCESCENT FIXTURES						
	PORCELAIN LAMP RECEPTACLE						
18	100W KEYLESS	1 EL	1	EACH	32.37	3.00	35.37
19	100W PULLCHAIN	1 EL	1	EACH	32.37	2.00	34.37
	PORCELAIN REFLECTOR						
20	100W	1 EL	1	EACH	32.37	18.00	50.37
21	150W	1 EL	1	EACH	32.37	20.00	52.37
22	200W	1 EL	1	EACH	32.37	22.00	54.37
23	300/500W	1 EL	1	EACH	32.37	27.00	59.37
	VAPOR LITE CLEAR GLOBE W/GUARD						
24	150W	1 EL	1.2	EACH	38.84	34.00	72.84
25	300W	1 EL	1.3	EACH	42.08	42.00	84.08
	EXPLOSION PROOF CLEAR GLOBE AND GUARD						
26	100-150W	1 EL	2.2	EACH	71.21	191.00	262.21
27	200-300W	1 EL	2.3	EACH	74.45	230.00	304.45
	EXTERIOR WALL BRACKET LIGHTS & SPOTS						
	WALL PACK						
28	150 W INCS	1 EL	2	EACH	64.74	95.00	159.74
29	35 W LPS	1 EL	2	EACH	64.74	179.00	243.74
30	70 W HPS	1 EL	2	EACH	64.74	182.00	246.74
31	100 W HPS	1 EL	2	EACH	64.74	195.00	259.74
32	100 W MV	1 EL	2	EACH	64.74	162.00	226.74
33	175 W MV	1 EL	2	EACH	64.74	174.00	238.74
	FLOOD LIGHT						
34	70 W HPS	1 EL	3	EACH	97.11	121.00	218.11
35	150 W HPS	1 EL	3	EACH	97.11	125.00	222.11
	POWER BEAMS						
36	200 W PAR 46	1 EL	3	EACH	97.11	130.00	227.11
37	300 W PAR 56	1 EL	2	EACH	64.74	56.00	120.74
38	500 W PAR 64	1 EL	2	EACH	64.74	58.00	122.74
39	1000W PAR 64 QTZ	1 EL	2.7	EACH	87.40	7.00	94.40

ELECTRICAL 16

LINE	DESCRIPTION	OUTPUT CREW	LABOR UNITS	UNIT	UNIT COSTS LABOR	MATERIAL	TOTAL
	EXTERIOR LUMINAIRES						
	HIGH PRESSURE SODIUM						
1	100 W	1 EL	3	EACH	97.11	485.00	582.11
2	150 W	1 EL	3	EACH	97.11	518.00	615.11
3	250 W	1 EL	3	EACH	97.11	708.00	805.11
4	400 W	1 EL	3.5	EACH	113.30	714.00	827.30
5	1000W	1 EL	4	EACH	129.48	1,178	1,307
	METAL HALIDE						
6	175 W	1 EL	3	EACH	97.11	482.00	579.11
7	400 W	1 EL	3.5	EACH	113.30	664.00	777.30
8	1000W	1 EL	4	EACH	129.48	966.00	1,095
	MERCURY VAPOR						
9	175 W	1 EL	3	EACH	97.11	410.00	507.11
10	250 W	1 EL	3	EACH	97.11	454.00	551.11
11	400 W	1 EL	3.5	EACH	113.30	574.00	687.30
12	1000W	1 EL	4	EACH	129.48	860.00	989.48
	HIGH PRESSURE SODIUM						
13	100 W	1 EL	3	EACH	97.11	352.00	449.11
14	150 W	1 EL	3	EACH	97.11	364.00	461.11
15	250 W	1 EL	3	EACH	97.11	400.00	497.11
16	400 W	1 EL	3.5	EACH	113.30	444.00	557.30
17	1000W	1 EL	4	EACH	129.48	644.00	773.48
	METAL HALIDE						
18	175 W	1 EL	3	EACH	97.11	358.00	455.11
19	250 W	1 EL	3	EACH	97.11	370.00	467.11
20	400 W	1 EL	3.5	EACH	113.30	376.00	489.30
21	1000W	1 EL	4	EACH	129.48	548.00	677.48
	MERCURY VAPOR						
22	175 W	1 EL	3	EACH	97.11	312.00	409.11
23	250 W	1 EL	3	EACH	97.11	327.00	424.11
24	400 W	1 EL	3.5	EACH	113.30	346.00	459.30
25	1000W	1 EL	4	EACH	129.48	518.00	647.48
	HIGH PRESSURE SODIUM						
26	400 W	1 EL	3.5	EACH	113.30	415.00	528.30
27	1000W	1 EL	4	EACH	129.48	482.00	611.48
	METAL HALIDE						
28	400 W	1 EL	3.5	EACH	113.30	404.00	517.30
29	1000W	1 EL	4	EACH	129.48	420.00	549.48
30	1500W	1 EL	4	EACH	129.48	464.00	593.48
	TUNGSTEN HALOGEN						
31	300 W	1 EL	3.5	EACH	113.30	66.00	179.30
32	500 W	1 EL	3.5	EACH	113.30	50.00	163.30
33	1000W	1 EL	4	EACH	129.48	84.00	213.48
34	1500W	1 EL	4	EACH	129.48	76.00	205.48
	HIGH PRESSURE SODIUM						
35	70 W	1 EL	3	EACH	97.11	264.00	361.11
36	100 W	1 EL	3	EACH	97.11	268.00	365.11
37	150 W	1 EL	3	EACH	97.11	270.00	367.11
	MERCURY VAPOR						
38	100 W	1 EL	3	EACH	97.11	225.00	322.11
39	175 W	1 EL	3	EACH	97.11	228.00	325.11
40	250 W	1 EL	3	EACH	97.11	234.00	331.11
41	400 W	1 EL	3.5	EACH	113.30	242.00	355.30
	HIGH PRESSURE SODIUM						
42	400 W	1 EL	1	EACH	32.37	485.00	517.37
	METAL HALIDE						
43	400 W	1 EL	1	EACH	32.37	454.00	486.37
44	1000W	1 EL	1	EACH	32.37	475.00	507.37
	MERCURY VAPOR						
45	400 W	1 EL	1	EACH	32.37	422.00	454.37
46	1000W	1 EL	1	EACH	32.37	468.00	500.37

1988 DODGE UNIT COST DATA

16 ELECTRICAL

LINE	DESCRIPTION	CREW	LABOR UNITS	UNIT	LABOR	MATERIAL	TOTAL
	AREA LIGHTING						
1	6' 1500 MA 3 LAMP	1 EL	3.5	EACH	113.30	352.00	465.30
2	6' 1500 MA 4 LAMP	1 EL	3.5	EACH	113.30	408.00	521.30
3	8' 1500 MA 4 LAMP	1 EL	4	EACH	129.48	475.00	604.48
4	8' 1500 MA 6 LAMP	1 EL	4	EACH	129.48	537.00	666.48
	FACADE LIGHT						
5	4' 800 MA	1 EL	3	EACH	97.11	124.00	221.11
6	6' 800 MA	1 EL	3.5	EACH	113.30	140.00	253.30
7	8' 800 MA	1 EL	4	EACH	129.48	160.00	289.48
8	4' 1500 MA	1 EL	3	EACH	97.11	144.00	241.11
9	6' 1500 MA	1 EL	3.5	EACH	113.30	160.00	273.30
10	8' 1500 MA	1 EL	4	EACH	129.48	180.00	309.48
	HIGH PRESSURE SODIUM						
11	100 W	1 EL	3	EACH	97.11	432.00	529.11
12	150 W	1 EL	3	EACH	97.11	438.00	535.11
13	250 W	1 EL	3	EACH	97.11	442.00	539.11
14	400 W	1 EL	3.5	EACH	113.30	612.00	725.30
	METAL HALIDE OR MERCURY						
15	175 W	1 EL	3	EACH	97.11	506.00	603.11
16	250 W	1 EL	3	EACH	97.11	514.00	611.11
17	400 W	1 EL	3.5	EACH	113.30	533.00	646.30
18	1000W	1 EL	4	EACH	129.48	776.00	905.48
	HIGH PRESSURE SODIUM						
19	70 W	1 EL	3	EACH	97.11	420.00	517.11
20	100 W	1 EL	3	EACH	97.11	424.00	521.11
21	150 W	1 EL	3	EACH	97.11	428.00	525.11
22	250 W	1 EL	3	EACH	97.11	460.00	557.11
23	400 W	1 EL	3.5	EACH	113.30	482.00	595.30
24	1000W	1 EL	4	EACH	129.48	675.00	804.48
	METAL HALIDE OR MERCURY						
25	175 W	1 EL	3	EACH	97.11	382.00	479.11
26	250 W	1 EL	3	EACH	97.11	395.00	492.11
27	400 W	1 EL	3.5	EACH	113.30	414.00	527.30
28	1000W	1 EL	4	EACH	129.48	600.00	729.48
	HIGH PRESSURE SODIUM						
29	100 W	1 EL	3	EACH	97.11	184.00	281.11
30	150 W	1 EL	3	EACH	97.11	186.00	283.11
31	250 W	1 EL	3	EACH	97.11	222.00	319.11
32	400 W	1 EL	3.5	EACH	113.30	290.00	403.30
	MERCURY VAPOR						
33	100 W	1 EL	3	EACH	97.11	172.00	269.11
34	175 W	1 EL	3	EACH	97.11	174.00	271.11
35	250 W	1 EL	3	EACH	97.11	206.00	303.11
36	400 W	1 EL	3.5	EACH	113.30	276.00	389.30
37	3 - 60 W	1 EL	2.7	EACH	87.40	510.00	597.40
38	150 PAR 38	1 EL	2.7	EACH	87.40	258.00	345.40
39	100 MV	1 EL	2.7	EACH	87.40	510.00	597.40
40	150 PAR 38	1 EL	2.7	EACH	87.40	366.00	453.40
41	175 2 MV	1 EL	2.7	EACH	87.40	688.00	775.40

ELECTRICAL

LINE	DESCRIPTION	CREW	LABOR UNITS	UNIT	LABOR	MATERIAL	TOTAL
	LANDSCAPE LIGHTING-LOW VOLTAGE						
	LUMINAIRES, REDWOOD, ACRYLIC DIFFUSERS						
1	12W-17" HIGH WALKWAY	1 EL	0.6	EACH	19.42	40.00	59.42
2	24W-22" HIGH WALKWAY	1 EL	0.6	EACH	19.42	50.00	69.42
3	24W-34" HIGH BOLLARD WALKWAY	1 EL	0.9	EACH	29.13	80.00	109.13
4	5"X5"X18" POST, 18W PRISM DIFFUSER	1 EL	0.9	EACH	29.13	102.00	131.13
5	5"X6"X18" 24W WALL	1 EL	1	EACH	32.37	49.00	81.37
6	7"X7"X13" 24W WALL	1 EL	1.1	EACH	35.61	58.00	93.61
7	12V, 50W, 5' HIGH POST-PREWIRED	1 EL	1.3	EACH	42.08	260.00	302.08
8	12V, 18W FLOODLIGHT - SEALED BEAM	1 EL	0.5	EACH	16.19	46.00	62.19
	LUMINAIRES PLASTIC, GLASS SHIELD 12V 18W						
9	SEALED BEAM	1 EL	0.5	EACH	16.19	30.00	46.19
10	6 W LAMP	1 EL	0.01	EACH	0.32	1.00	1.32
11	12W LAMP	1 EL	0.01	EACH	0.32	1.00	1.32
12	18W LAMP	1 EL	0.01	EACH	0.32	1.00	1.32
13	24W LAMP	1 EL	0.01	EACH	0.32	1.20	1.52
14	18W SEALED BEAM	1 EL	0.13	EACH	0.32	8.90	9.22
	** STANDBY ELECTRIC POWER SYSTEMS **						
	GASOLINE OR GAS FUELED						
	AIR COOLED						
15	4 KW	1 EL	2.6	EACH	84.16	3,412	3,496
16	7.5 KW	1 EL	4.9	EACH	158.61	3,800	3,959
17	10 KW	1 EL	6.6	EACH	213.64	4,410	4,624
18	15 KW	1 EL	9.9	EACH	320.46	6,980	7,300
	RADIATOR COOLED						
19	30 KW	1 EL	19.8	EACH	640.93	10,004	10,645
20	45 KW	1 EL	29.7	EACH	961.39	11,984	12,945
21	55 KW	1 EL	36.3	EACH	1,175	13,540	14,715
22	85 KW	1 EL	56.1	EACH	1,816	19,868	21,684
23	115 KW	1 EL	75.9	EACH	2,457	33,022	35,479
24	140 KW	1 EL	92.4	EACH	2,991	41,188	44,179
25	170 KW	1 EL	112	EACH	3,625	52,744	56,369
	EMERGENCY GENERATOR SYSTEM DIESEL FIRED FOR NFPA TYPE INSTALLATIONS						
26	OUTDOOR SET WITH AUTOMATIC TRANSFER SWITCH						
27	35 KW - 150 AMP SWITCH	1 EL	20	EACH	647.40	13,822	14,469
28	50 KW - 225 AMP SWITCH	1 EL	38	EACH	1,230	18,170	19,400
29	75 KW - 260 AMP SWITCH	1 EL	59	EACH	1,910	19,730	21,640
30	100 KW - 400 AMP SWITCH	1 EL	80	EACH	2,590	24,365	26,955
	INDOOR SET WITH AUTOMATIC TRANSFER SWITCH						
31	35 KW - 150 AMP SWITCH	1 EL	20	EACH	647.40	14,246	14,893
32	50 KW - 225 AMP SWITCH	1 EL	38	EACH	1,230	16,168	17,398
33	75 KW - 260 AMP SWITCH	1 EL	59	EACH	1,910	17,990	19,900
34	100 KW - 400 AMP SWITCH	1 EL	80	EACH	2,590	22,278	24,868
	ADDITIVES FOR STANDBY GENERATORS						
35	BATTERY CHARGER NFPA ALARMS			EACH		155.00	155.00
36	GENERATOR STRIP HEATERS			EACH		165.00	165.00
37	GENERATOR DUST FILTERS			EACH		440.00	440.00
38	NFPA ADDER FOR DAY TANK			EACH		368.00	368.00
39	AUTOMATIC START CONTROL PANEL			EACH		584.00	584.00
40	AUTOMATIC START PANEL (NFPA)			EACH		1,386	1,386
41	REMOTE ANNUNCIATOR			EACH		776.00	776.00
	** ALARM & DETECTION SYSTEM **						
	FIRE ALARM DEVICES						
42	BELLS	1 EL	5.4	EACH	174.80	97.00	271.80
	STATIONS						
43	PULL	1 EL	5.3	EACH	171.56	69.00	240.56
44	MARK TIME	1 EL	8.6	EACH	278.38	568.00	846.38

16 ELECTRICAL

LINE	DESCRIPTION	OUTPUT CREW	LABOR UNITS	UNIT	UNIT COSTS LABOR	MATERIAL	TOTAL
	DETECTORS						
1	SMOKE	1 EL	4.1	EACH	132.72	146.00	278.72
2	PYROALARM	1 EL	5.3	EACH	171.56	510.00	681.56
3	RATE OF RISE	1 EL	4.1	EACH	132.72	54.00	186.72
	CITY ALARM						
4	CURB CONNECT	1 EL	12.3	EACH	398.15	238.00	636.15
5	LEASE LINE	1 EL	8.6	EACH	278.38	132.00	410.38
6	FIRE/SMOKE ALARM PANEL	1 EL	32	EACH	1,036	1,376	2,412
7	ANNUNCIATOR PANEL	1 EL	9.6	EACH	310.75	606.00	916.75
8	HORNS - SINGLE	1 EL	4	EACH	129.48	91.00	220.48
9	HORNS - DOUBLE	1 EL	3.5	EACH	113.30	105.00	218.30
10	HORNS - RELAY	1 EL	3.5	EACH	113.30	168.00	281.30
	** CLOCKS **						
11	SINGLE FACE	1 EL	3.7	EACH	119.77	90.00	209.77
12	DOUBLE FACE	1 EL	3.4	EACH	110.06	255.00	365.06
13	MASTER CONTROL	1 EL	24	EACH	776.88	1,442	2,219
14	ATTENDANCE RECORDER	1 EL	2	EACH	64.74	184.00	248.74
	** TELEPHONE EQUIPMENT **						
	TELEPHONE WALL OUTLETS, INCLUDING BOX, PLASTER COVER, S.S. PLATE, FITTINGS, 50' CONDUIT, & DRAG WIRE.						
15	3/4"	1 EL	3.5	EACH	113.30	58.00	171.30
16	1"	1 EL	3.9	EACH	126.24	75.00	201.24
17	1 1/4"	1 EL	6.8	EACH	220.12	115.00	335.12
	TELEPHONE FLOOR OUTLET, INCLUDING BOX, FITTINGS, 50' CONDUIT AND DRAG WIRE.						
18	3/4"	1 EL	4.5	EACH	145.67	86.00	231.67
19	1"	1 EL	4.8	EACH	155.38	102.00	257.38
20	1 1/4"	1 EL	6.4	EACH	207.17	124.00	331.17
21	TELEPHONE CABINET, WITH LOCKING COVER, WOOD BACKING AND ANCHORS 24"X35"X4"	1 EL	4	EACH	129.48	215.00	344.48
	** NURSES' CALL SYSTEM **						
	WIRE (EXECUTONE)						
22	WS2	1 EL	10	MLF	323.70	50.00	373.70
23	WS5	1 EL	10	MLF	323.70	133.00	456.70
24	WS15	1 EL	15	MLF	485.55	799.00	1,285
25	WWC2	1 EL	8	MLF	258.96	126.00	384.96
26	W26VS	1 EL	15	MLF	485.55	113.00	598.55
27	WWC14	1 EL	15	MLF	485.55	542.00	1,028
28	WT2HD	1 EL	15	MLF	485.55	90.00	575.55
29	W28VS	1 EL	20	MLF	647.40	973.00	1,620
	PATIENT STATION						
30	VISUAL	1 EL	1.5	EACH	48.56	160.00	208.56
31	AUDIO	1 EL	2.5	EACH	80.93	357.00	437.93
32	EMERGENCY STATION	1 EL	1.5	EACH	48.56	54.00	102.56
33	DOME LIGHT	1 EL	1.5	EACH	48.56	39.00	87.56
	** COMMUNICATION SYSTEMS **						
	HOME COMMUNICATIONS SYSTEMS						
34	AM/FM MASTER RADIO INTERCOM	1 EL	4	EACH	129.48	409.00	538.48
35	RADIO INTERCOM, MASTER STATION, 3 INSIDE STATIONS, 1 DOOR SPEAKER, 1 TRANSFORMER	1 EL	5.3	EACH	171.56	525.00	696.56
36	AMPLIFIER FOR INTERCOM	1 EL	1.14	EACH	36.90	114.00	150.90
37	BUILT-IN DOOR SPEAKER & TONE BUTTON	1 EL	0.8	EACH	25.90	29.00	54.90
	BUSINESS COMMUNICATIONS SYSTEMS						
38	6 STATION, ALL MASTER TO REMOTE OR INTERMIX	1 EL	2	EACH	64.74	113.00	177.74
39	10 STATION, ALL MASTER	1 EL	2	EACH	64.74	154.00	218.74
40	10 STATION, ALL MASTER W/DESK CABINET	1 EL	2	EACH	64.74	161.00	225.74

ELECTRICAL

LINE	DESCRIPTION	CREW	LABOR UNITS	UNIT	LABOR	MATERIAL	TOTAL
	PAGING INTERCOM SYSTEM						
1	5 WATT, 40 OHM OUTPUT UNIT	1 EL	2	EACH	64.74	210.00	274.74
2	BOOSTER AMPLIFIER, 10 WATT OUTPUT, LOW & HIGH IMPEDENCE	1 EL	0.8	EACH	25.90	162.00	187.90
3	AM/FM TUNER FOR BACKGROUND MUSIC	1 EL	2	EACH	64.74	108.00	172.74
4	PAGING HORN, 15 WATTS	1 EL	0.8	EACH	25.90	40.00	65.90
5	TELEPHONE, WALL HUNG, 9 STATIONS	1 EL	1.6	EACH	51.79	88.00	139.79
	APARTMENT HOUSE COMMUNICATIONS						
6	APARTMENT STATION, 1 BUTTON LISTEN/TALK	1 EL	1.33	EACH	43.05	42.00	85.05
7	POWER PACK AMPLIFIER FOR APARTMENT INTERCOM, PROVIDES FOR AC BUZZING DOOR OPENER	1 EL	1.6	EACH	51.79	168.00	219.79
8	DUAL ENTRANCE TRANSFER RELAY	1 EL	2.7	EACH	87.40	298.00	385.40
9	ELECTRIC DOOR OPENER	1 EL	0.8	EACH	25.90	59.00	84.90
	** INTERCOM & PAGING **						
	INTERCOM AND PAGING - EMT CONDUIT						
10	3/4"	1 EL	6	CLF	194.22	66.00	260.22
11	1"	1 EL	9.6	CLF	310.75	91.00	401.75
12	TELETALK - 12 STATION	1 EL	16	EACH	517.92	810.00	1,328
13	RADIO TRANSMITTER	1 EL	24	EACH	776.88	8,600	9,377
14	INTERCOM CONSOLE	1 EL	24	EACH	776.88	11,400	12,177
15	SIGNAL LAMP	1 EL	1.25	EACH	40.46	32.00	72.46
16	SIGNAL CHIME	1 EL	1.25	EACH	40.46	34.00	74.46
	WIRE SHIELDED						
17	2 CONDUCTORS	1 EL	21.8	MLF	705.67	147.00	852.67
18	3 CONDUCTORS	1 EL	22	MLF	712.14	220.00	932.14
19	PAGING SPEAKERS	1 EL	2	EACH	64.74	77.00	141.74
20	POCKET RECEIVERS	1 EL	2	EACH	64.74	367.00	431.74
21	PHONES	1 EL	2	EACH	64.74	198.00	262.74
	** ELECTRIC HEATING **						
	NO POWER WIRING INCLUDED INTO HEATING UNITS						
	CONVECTORS						
	COMMERCIAL SILL TYPE HEATERS						
22	250W-853 BTU 24" UNIT	1 EL	1	EACH	32.37	108.00	140.37
23	375W-1280 BTU 28" UNIT	1 EL	1	EACH	32.37	128.00	160.37
24	500W-1706 BTU 48" UNIT	1 EL	1	EACH	32.37	149.00	181.37
25	625W-2133 BTU 60" UNIT	1 EL	1	EACH	32.37	170.00	202.37
26	750W-2560 BTU 72" UNIT	1 EL	1	EACH	32.37	190.00	222.37
27	1000W-3412 BTU 96" UNIT	1 EL	1	EACH	32.37	259.00	291.37
	PEDESTAL HEATERS						
28	500W-1707 BTU 24" UNIT BAKED ENAMEL	1 EL	1	EACH	32.37	180.00	212.37
29	500W-1707 BTU 24" UNIT STAINLESS STL	1 EL	1	EACH	32.37	408.00	440.37
30	1500W-5120 BTU 48" UNIT BAKED ENAMEL	1 EL	1	EACH	32.37	210.00	242.37
31	1500W-5120 BTU 48" UNIT STAINLESS STL	1 EL	1	EACH	32.37	447.00	479.37
32	2500W-8533 BTU 72" UNIT BAKED ENAMEL	1 EL	1	EACH	32.37	248.00	280.37
33	2500W-8533 BTU 72" UNIT STAINLESS STL	1 EL	1	EACH	32.37	564.00	596.37
	COMMERCIAL CABINET BAKED ENAMEL						
34	1000W-3412 BTU 24 1/2" UNIT	1 EL	1	EACH	32.37	216.00	248.37
35	2000W-6824 BTU 36 1/2" UNIT	1 EL	1	EACH	32.37	254.00	286.37
36	3000W-10236 BTU 48 1/2" UNIT	1 EL	1	EACH	32.37	292.00	324.37
37	3000W EXPLOSION RESISTANT 35 1/2" UNIT	1 EL	3	EACH	97.11	800.00	897.11
38	WALL HEATER FOR UTILITY & PUMPHOUSE 1000W 26 3/8" UNIT W/INTEGRAL THERMOSTAT	1 EL	1	EACH	32.37	78.00	110.37
	WALL GUARD DELUXE BASEBOARD HEATERS						
	MEDIUM WATT DENSITY						
39	500W 28" UNIT	1 EL	1	EACH	32.37	24.20	56.57
40	750W 36" UNIT	1 EL	1	EACH	32.37	28.22	60.59
41	1000W 48" UNIT	1 EL	1	EACH	32.37	32.23	64.60
42	1500W 72" UNIT	1 EL	1	EACH	32.37	45.62	77.99
43	2000W 96" UNIT	1 EL	1	EACH	32.37	53.14	85.51

1988 DODGE UNIT COST DATA

ELECTRICAL

LINE	DESCRIPTION	OUTPUT CREW	LABOR UNITS	UNIT	LABOR	MATERIAL	TOTAL
	LOW WATT DENSITY						
1	375W 28" UNIT	1 EL	1	EACH	32.37	25.23	57.60
2	500W 36" UNIT	1 EL	1	EACH	32.37	28.84	61.21
3	650W 48" UNIT	1 EL	1	EACH	32.37	33.88	66.25
4	1000W 72" UNIT	1 EL	1	EACH	32.37	47.68	80.05
5	1300W 96" UNIT	1 EL	1	EACH	32.37	56.54	88.91
	BASEBOARD HEATER VINYL WOODGRAIN FINISH						
6	300W-1020 BTU 28" UNIT	1 EL	1	EACH	32.37	54.00	86.37
7	500W-1707 BTU 40" UNIT	1 EL	1	EACH	32.37	57.53	89.90
8	650W-2218 BTU 48" UNIT	1 EL	1	EACH	32.37	65.75	98.12
9	800W-2730 BTU 60" UNIT	1 EL	1	EACH	32.37	84.54	116.91
10	1000W-3413 BTU 72" UNIT	1 EL	1	EACH	32.37	96.82	129.19
11	1250W-4260 BTU 96" UNIT	1 EL	1	EACH	32.37	118.60	150.97
12	1500W-5120 BTU 120" UNIT	1 EL	1	EACH	32.37	138.55	170.92
	STANDARD BASEBOARD HEATERS						
	MEDIUM WATT DENSITY						
13	500W 28" UNIT BBS 21	1 EL	1	EACH	32.37	20.49	52.86
14	750W 36" UNIT BBS 31	1 EL	1	EACH	32.37	23.79	56.16
15	1000W 48" UNIT BBS 41	1 EL	1	EACH	32.37	27.34	59.71
16	1250W 60" UNIT BBS 51	1 EL	1	EACH	32.37	31.87	64.24
17	1500W 72" UNIT BBS 64	1 EL	1	EACH	32.37	37.64	70.01
18	2000W 96" UNIT BBS 88	1 EL	1	EACH	32.37	44.75	77.12
19	2500W 120" UNIT BBS 208	1 EL	1	EACH	32.37	56.85	89.22
	LOW WATT DENSITY						
20	375W 28" UNIT BBS 21L	1 EL	1	EACH	32.37	21.68	54.05
21	565W 36" UNIT BBS 31L	1 EL	1	EACH	32.37	24.84	57.21
22	750W 48" UNIT BBS 41L	1 EL	1	EACH	32.37	29.03	61.40
23	940W 60" UNIT BBS 51L	1 EL	1	EACH	32.37	33.74	66.11
24	1125W 72" UNIT BBS 61L	1 EL	1	EACH	32.37	40.15	72.52
	BASEBOARD HEATER ACCESSORIES						
25	THERMOSTAT KIT	1 EL	0.5	EACH	16.19	8.02	24.21
26	ENDCAP WITH RECEPTACLES	1 EL	0.5	EACH	16.19	10.45	26.64
27	TRANSFORMER RELAY	1 EL	0.5	EACH	16.19	34.77	50.96
	UNIT HEATERS 208 V UNITS						
28	3 KW MVH 03-8	1 EL	3	EACH	97.11	174.00	271.11
29	5 KW MVH 05-8	1 EL	3	EACH	97.11	178.00	275.11
30	7.5 KW MVH 07-8	1 EL	4	EACH	129.48	274.00	403.48
31	10 KW MVH 10-8	1 EL	4	EACH	129.48	297.00	426.48
32	15 KW MVH 15-8	1 EL	5	EACH	161.85	495.00	656.85
33	20 KW MVH 20-8	1 EL	5	EACH	161.85	708.00	869.85
34	25 KW MVH 25-8	1 EL	6	EACH	194.22	835.00	1,029
35	30 KW MVH 30-8	1 EL	6	EACH	194.22	982.00	1,176
36	40 KW MVH 40-8	1 EL	7	EACH	226.59	1,234	1,461
37	50 KW MVH 50-8	1 EL	7	EACH	226.59	1,462	1,689
38	MOUNTING BRACKET ASSEMBLY SWIVEL	1 EL	1	EACH	32.37	34.46	66.83
39	THERMOSTAT KIT ASSEMBLY	1 EL	0.5	EACH	16.19	30.10	46.29
	AIR CURTAIN 208/240 V UNIT HEATERS ALUMINUM FIN						
40	21500 BTU/HR SIZE 35"X10"X12"	1 EL	16	EACH	517.92	1,295	1,813
41	24600 BTU/HR SIZE 47"X10"X12"	1 EL	16	EACH	517.92	1,324	1,842
	VERTICAL UNIT HEATER CIRCULAR CEILING MOUNTED						
42	5 KW	1 EL	3	EACH	97.11	354.00	451.11
43	7.5 KW	1 EL	3	EACH	97.11	376.00	473.11
44	10 KW	1 EL	3	EACH	97.11	406.00	503.11
45	15 KW	1 EL	3	EACH	97.11	490.00	587.11
46	20 KW	1 EL	3	EACH	97.11	543.00	640.11
47	25 KW	1 EL	3	EACH	97.11	732.00	829.11
48	30 KW	1 EL	3	EACH	97.11	793.00	890.11
49	40 KW	1 EL	3	EACH	97.11	1,055	1,152
50	50 KW	1 EL	3	EACH	97.11	1,292	1,389
51	DIFFUSER RADIAL ADD	1 EL	1	EACH	32.37	34.10	66.47
52	DIFFUSER LOUVER ADD	1 EL	1	EACH	32.37	48.26	80.63

ELECTRICAL

LINE	DESCRIPTION	CREW	LABOR UNITS	UNIT	LABOR	MATERIAL	TOTAL
	CABINET UNIT HEATERS SURFACE MOUNTED NATURAL GRY						
	36" LONG 1 FAN						
1	2 FINS 3 KW	1 EL	8	EACH	258.96	780.00	1,039
2	3 FINS 3 KW	1 EL	8	EACH	258.96	812.00	1,071
3	4 FINS 3 KW	1 EL	8	EACH	258.96	840.00	1,099
4	5 FINS 3 KW	1 EL	8	EACH	258.96	880.00	1,139
5	6 FINS 3 KW	1 EL	8	EACH	258.96	893.00	1,152
	47" LONG 2 FAN						
6	2 FINS 4 KW	1 EL	8	EACH	258.96	854.00	1,113
7	3 FINS 6 KW	1 EL	8	EACH	258.96	906.00	1,165
8	4 FINS 8 KW	1 EL	8	EACH	258.96	935.00	1,194
9	5 FINS 10 KW	1 EL	8	EACH	258.96	970.00	1,229
10	6 FINS 12 KW	1 EL	8	EACH	258.96	948.00	1,207
	CABINET UNIT HEATERS SURFACE MOUNTED NATURAL GRY						
	58" LONG 3 FAN						
11	2 FINS 5.3 KW	1 EL	9	EACH	291.33	1,040	1,331
12	3 FINS 8 KW	1 EL	9	EACH	291.33	1,062	1,353
13	4 FINS 10.7 KW	1 EL	9	EACH	291.33	1,140	1,431
14	5 FINS 13.3 KW	1 EL	9	EACH	291.33	1,158	1,449
15	6 FINS 16 KW	1 EL	9	EACH	291.33	1,166	1,457
	69" LONG 4 FAN						
16	2 FINS 6.7 KW	1 EL	9	EACH	291.33	1,138	1,429
17	3 FINS 10 KW	1 EL	9	EACH	291.33	1,175	1,466
18	4 FINS 13.3 KW	1 EL	9	EACH	291.33	1,205	1,496
19	5 FINS 16.7 KW	1 EL	10	EACH	323.70	1,242	1,566
20	6 FINS 20 KW	1 EL	10	EACH	323.70	1,290	1,614
	80" LONG 5 FAN						
21	2 FINS 8 KW	1 EL	10	EACH	323.70	1,264	1,588
22	3 FINS 12 KW	1 EL	10	EACH	323.70	1,272	1,596
23	4 FINS 16 KW	1 EL	10	EACH	323.70	1,304	1,628
24	5 FINS 20 KW	1 EL	10	EACH	323.70	1,328	1,652
25	6 FINS 24 KW	1 EL	10	EACH	323.70	1,418	1,742
	OPTIONAL EQUIPMENT FOR CABINET UNIT HEATERS						
26	REUSABLE FILTER POLYURETHANE	1 EL	0.5	EACH	16.19	19.25	35.44
27	FOR RECESS CABINET ADD	1 EL	1	EACH	32.37	70.70	103.07
28	FOR SUMMER SWITCH ADD	1 EL	1	EACH	32.37	56.30	88.67
29	FOR DAMPER & LOUVER ADD	1 EL	2	EACH	64.74	270.00	334.74
30	FOR DUCT COLLARS ADD	1 EL	1	EACH	32.37	48.00	80.37
31	FOR OPTIONAL BUILT IN CIRCUIT BREAKER ADD	1 EL	1	EACH	32.37	88.00	120.37
	RADIANT HEATING PANELS 2'X4'						
32	500W UNIT	1 EL	1.5	EACH	48.56	105.00	153.56
33	750W UNIT	1 EL	1.5	EACH	48.56	115.00	163.56
34	MOUNTING KITS FOR PANEL SURFACE/MOUNTED	1 EL	0.5	EACH	16.19	29.00	45.19
	KITCHEN & BATH EXHAUST FANS & HEATERS						
	INFRARED HEATERS RECESS MOUNTED ON CEILING						
35	SINGLE LAMP 250W (835 BTU) 1-250W LAMP	1 EL	0.5	EACH	16.19	17.00	33.19
36	1 HEAT 500W (1706 BTU) 2-250W IR LAMP	1 EL	1	EACH	32.37	50.00	82.37
37	3 HEAT 250/500/750W (2559 BTU) 3-250W	1 EL	1	EACH	32.37	82.00	114.37
38	INFRARED SURFACE MOUNTED FIXTURE ALUMINUM ADJUSTABLE 250W 835 BTU HEATER	1 EL	1	EACH	32.37	26.00	58.37
	RADIANT HEATERS SURFACE MOUNTED						
39	FAN FORCED 120 V CEILING MOUNTED	1 EL	1	EACH	32.37	54.00	86.37
40	RADIANT HEATER 1000W-3412 BTU CEIL MTD	1 EL	1	EACH	32.37	39.00	71.37
	EXHAUST FANS & LIGHT COMBINATIONS						
41	FAN LIGHT 1-100W INCAND LAMP CEIL MTD	1 EL	1.5	EACH	48.56	83.79	132.35
42	FAN LIGHT W/GRILLE 2-60W INCAND LAMP	1 EL	1.5	EACH	48.56	87.93	136.49
	EXH FAN & INFRARED HEATER COMB RECESS MTD						
43	COMB UNIT 3 HEAT LAMPS 250-750 BTU	1 EL	1.5	EACH	48.56	112.00	160.56
44	COMB UNIT 1 HEAT 500W 2-250W IR LAMP	1 EL	1.5	EACH	48.56	83.00	131.56
45	COMB UNIT 250W HEAT 1-250W IR LAMP	1 EL	1.5	EACH	48.56	57.00	105.56

16 ELECTRICAL

LINE	DESCRIPTION	OUTPUT CREW	LABOR UNITS	UNIT	LABOR	MATERIAL	TOTAL
	BATH EXHAUST FAN/LIGHT/RADIANT HEAT COMB						
1	COMB UNIT 1335W HEAT 2-60W INCAND LAMP	1 EL	1.5	EACH	48.56	133.00	181.56
2	COMB UNIT CHROME GRILLE 1500W HEATER 2-60W INCANDESCENT LAMP CEIL MTD	1 EL	1.5	EACH	48.56	112.00	160.56
	KITCHEN EXHAUST FANS						
3	300 CFM BLO-FAN UNIT WALL/CEILING MTD	1 EL	1.5	EACH	48.56	83.74	132.30
4	200 CFM BLO-FAN UNIT WALL/CEILING MTD	1 EL	1.5	EACH	48.56	56.13	104.69
5	130 CFM MIXED-FLO WALL/CEILING	1 EL	1.5	EACH	48.56	41.43	89.99
6	280 CFM PROPELLER FAN CEILING MTD	1 EL	1.5	EACH	48.56	64.74	113.30
7	280 CFM DUAL EXHAUST BLOWER CEIL MTD	1 EL	1.5	EACH	48.56	93.16	141.72
8	200 CFM PROPELLER ALUM GRILLE CEIL MTD	1 EL	1.5	EACH	48.56	46.55	95.11
9	250 CFM 5"-10" WALL ADJ COLLAR	1 EL	1.5	EACH	48.56	70.17	118.73
	BATH EXHAUST FANS WALL/CEILING MOUNTED						
10	100 CFM 360-AIR INTAKE WALL/CEIL MTD	1 EL	1.5	EACH	48.56	71.04	119.60
11	70 CFM SINGLE PACK FAN WALL/CEIL MTD	1 EL	1.5	EACH	48.56	41.49	90.05
12	50 CFM ALUM GRILLE WALL/CEILING MTD	1 EL	1.5	EACH	48.56	30.62	79.18
13	CONTROLS & SWITCHES	1 EL	0.5	EACH	16.19	18.08	34.27
14	WALL CAP	1 EL	0.5	EACH	16.19	13.40	29.59
15	ROOF JACK	1 EL	0.5	EACH	16.19	17.92	34.11
	WALL HEATERS FAN FORCED RECESS MOUNTED						
	LIGHT DUTY SIZE 20"X16"						
16	2000W	1 EL	1	EACH	32.37	81.05	113.42
17	3000W	1 EL	1	EACH	32.37	111.83	144.20
18	4000W	1 EL	1	EACH	32.37	123.18	155.55
	HEAVY DUTY SIZE 22"X17"						
19	2000W	1 EL	1	EACH	32.37	126.58	158.95
20	3000W	1 EL	1	EACH	32.37	140.50	172.87
21	4000W	1 EL	1	EACH	32.37	153.96	186.33
	UNIT HEATERS BLOWER TYPE CEILING MOUNTED						
22	51180 BTU/HR SIZE 33"X15"X18"	1 EL	16	EACH	517.92	1,309	1,827
23	85300 BTU/HR SIZE 33"X15"X18"	1 EL	16	EACH	517.92	1,568	2,086
24	136480 BTU/HR SIZE 46"X23"X26"	1 EL	16	EACH	517.92	1,799	2,317
	** ELECTRIC HEATING & VENTILATING **						
25	CEILING VENTILATOR & NIGHT LIGHT -120 WATT	1 EL	1	EACH	32.37	53.20	85.57
26	CEILING VENTILATOR-NIGHT LIGHT & HEATER ELEMENT	1 EL	1.5	EACH	48.56	81.30	129.86
27	CEILING VENTILATOR & INFRA-RED HEATER 500 WATT	1 EL	1	EACH	32.37	49.15	81.52
28	CEILING OR WALL VENTILATOR	1 EL	1	EACH	32.37	35.23	67.60
29	PHOTOCELL MOUNTED ON W.P. BOX WITH 30' CONDUIT	1 EL	1.8	EACH	58.27	69.90	128.17
30	PHOTOCELL	1 EL	1.5	EACH	48.56	34.82	83.38
31	TIMECLOCK, NIPPLED TO PANELBOARD.	1 EL	1.3	EACH	42.08	92.02	134.10
32	TIMECLOCK	1 EL	1	EACH	32.37	64.58	96.95

HOW TO USE THE ADJUSTMENT INDICES

The following pages contain locality adjustment indices for 520 + cities throughout the United States. The adjustment factors indicate the local variation from the 20-City Average prices used in preparing the unit costs. These factors take into account local material and equipment prices, labor wage scales including fringes except travel allowances, and transportation costs.

Each index is valid for other cities which are within a limited radius of one of the specified cities. Local short term factors such as shortages in a labor trade or of a material are not reflected.

The Average Adjustment factor should only be used when a single number or budget range is being established.

The Average Adjustment factors can be efficiently used for early estimate when a budget for the four overall work categories has been established based on costs for similar functions in a different location.

When a detailed estimate has been prepared, individual adjustments should be made. The need for such individualized adjustment is apparent when one looks at the variations for trades and sub-trades in the City-Trade Index.

The cost of an Item of Work or group of Items for a particular city may be obtained by selecting the appropriate adjustment factors from the index and applying them to the unit costs or dollar value of the work. For example:

1. If the unit cost for an item of concrete is $45.00 per cubic yard and the concrete total cost adjustment factor for your selected city is 0.90, the applicable total unit cost for concrete in your city would be $45.00 X 0.90 = $40.50 per cubic yard.

2. If the total dollar value (or bid price) for the labor involved in the concrete work for your project is $500,000 and the labor adjustment factor for your selected city is 1.02, the total labor cost for the concrete work in your city would be 500,000 X 1.02 = $510,000.

ADJUSTMENT INDICES

	Labor	Mat'l	Gen'l
Alabama			
35205 Birmingham	0.680	0.790	0.735
36102 Montgomery	0.660	0.820	0.740
State Average	0.670	0.805	0.737
Alaska			
99503 Anchorage	1.390	1.340	1.365
State Average	1.390	1.340	1.365
Arizona			
85011 Phoenix	0.840	0.980	0.910
85711 Tucson	0.820	0.900	0.860
State Average	0.830	0.940	0.885
Arkansas			
72901 Fort Smith	0.640	0.940	0.790
72203 Little Rock	0.640	0.880	0.760
71601 Pine Bluff	0.640	0.820	0.730
State Average	0.640	0.880	0.760
California			
91316 Encino	1.270	1.070	1.170
93744 Fresno	1.160	1.100	1.130
90010 Los Angeles	1.270	1.070	1.170
96001 Redding	1.150	0.980	1.065
95809 Sacramento	1.200	0.970	1.085
92100 San Diego	1.190	1.060	1.125
94100 San Francisco	1.410	1.010	1.210
93102 Santa Barbara	1.210	1.040	1.125
State Average	1.233	1.037	1.135
Colorado			
80933 Colorado Springs	0.880	1.180	1.030
80203 Denver	0.860	1.070	0.965
81002 Pueblo	0.820	1.050	0.935
State Average	0.853	1.100	0.977
Connecticut			
06606 Bridgeport	0.940	1.040	0.990
06105 Hartford	0.950	1.060	1.005
06518 New Haven	0.960	1.050	1.005
06320 New London	0.860	1.000	0.930
06790 Torrington	0.900	1.000	0.950
06705 Waterbury	0.930	1.040	0.985
State Average	0.923	1.032	0.977
Delaware			
19800 Wilmington	0.880	1.030	0.955
State Average	0.880	1.030	0.955

	Labor	Mat'l	Gen'l
District Of Columbia			
20000 Washington	0.860	0.950	0.905
State Average	0.860	0.950	0.905
Florida			
33902 Fort Myers	0.660	0.910	0.785
32207 Jacksonville	0.690	0.870	0.780
33100 Miami	0.820	0.940	0.880
32814 Orlando	0.710	0.880	0.795
32302 Tallahassee	0.660	0.860	0.760
33623 Tampa	0.730	0.900	0.815
State Average	0.712	0.893	0.803
Georgia			
30300 Atlanta	0.740	0.900	0.820
31520 Brunswick	0.690	1.000	0.845
31208 Macon	0.580	0.910	0.745
31406 Savannah	0.650	1.020	0.835
State Average	0.665	0.958	0.811
Hawaii			
96800 Honolulu	1.120	1.290	1.205
State Average	1.120	1.290	1.205
Idaho			
83707 Boise	0.850	0.890	0.870
83401 Idaho Falls	0.840	0.910	0.875
State Average	0.845	0.900	0.872
Illinois			
60507 Aurora	0.960	0.990	0.975
61820 Champaign	0.870	0.950	0.910
60634 Chicago	1.050	0.910	0.980
61265 Moline	0.850	0.960	0.905
61600 Peoria	0.950	0.980	0.965
61110 Rockford	0.980	0.960	0.970
62705 Springfield	0.910	0.910	0.910
State Average	0.939	0.951	0.945
Indiana			
47702 Evansville	0.940	1.010	0.975
46807 Fort Wayne	0.830	0.970	0.900
46205 Indianapolis	0.940	0.990	0.965
47374 Richmond	0.860	1.000	0.930
46624 South Bend	0.900	0.910	0.905
State Average	0.894	0.976	0.935

ADJUSTMENT INDICES

	Labor	Mat'l	Gen'l
Iowa			
52402 Cedar Rapids	0.750	1.000	0.875
50309 Des Moines	0.790	0.960	0.875
State Average	0.770	0.980	0.875
Kansas			
67401 Salina	0.660	0.900	0.780
66605 Topeka	0.770	0.950	0.860
67212 Wichita	0.730	0.880	0.805
State Average	0.720	0.910	0.815
Kentucky			
40218 Louisville	0.790	0.860	0.825
State Average	0.790	0.860	0.825
Louisiana			
70821 Baton Rouge	0.720	0.880	0.800
70501 Lafayette	0.690	0.880	0.785
70152 New Orleans	0.750	0.870	0.810
71107 Shreveport	0.650	0.910	0.780
State Average	0.703	0.885	0.794
Maine			
04330 Augusta	0.740	1.000	0.870
04401 Bangor	0.690	0.920	0.805
04104 Portland	0.740	1.070	0.905
04769 Presque Isle	0.530	1.180	0.855
State Average	0.675	1.042	0.859
Maryland			
21212 Baltimore	0.860	1.000	0.930
21502 Cumberland	0.820	0.980	0.900
21740 Hagerstown	0.840	0.950	0.895
21801 Salisbury	0.770	0.980	0.875
State Average	0.823	0.978	0.900
Massachusetts			
02100 Boston	1.180	1.190	1.185
02403 Brockton	1.000	1.050	1.025
01853 Lowell	0.980	1.090	1.035
02740 New Bedford	0.990	1.030	1.010
01201 Pittsfield	0.820	0.990	0.905
01103 Springfield	0.950	1.010	0.980
02154 Waltham	1.000	1.120	1.060
01603 Worcester	1.030	1.030	1.030
State Average	0.994	1.064	1.029
Michigan			
48200 Detroit	1.060	1.040	1.050
48503 Flint	0.960	1.040	1.000
49506 Grand Rapids	0.780	0.950	0.865
48900 Lansing	0.880	0.980	0.930
State Average	0.920	1.002	0.961
Minnesota			
55806 Duluth	0.860	0.970	0.915
55435 Minneapolis	0.980	1.110	1.045
55901 Rochester	0.870	0.980	0.925
State Average	0.903	1.020	0.962
Mississippi			
39200 Jackson	0.640	0.970	0.805
State Average	0.640	0.970	0.805
Missouri			
65201 Columbia	0.820	0.910	0.865
64111 Kansas City	0.910	0.880	0.895
63101 Saint Louis	1.050	0.830	0.940
State Average	0.927	0.873	0.900
Montana			
59100 Billings	0.780	1.000	0.890
59701 Butte	0.820	0.930	0.875
State Average	0.800	0.965	0.882
Nebraska			
68501 Lincoln	0.640	0.840	0.740
68106 Omaha	0.790	0.890	0.840
State Average	0.715	0.865	0.790
Nevada			
89100 Las Vegas	1.070	0.950	1.010
State Average	1.070	0.950	1.010
New Hampshire			
03103 Manchester	0.820	1.030	0.925
State Average	0.820	1.030	0.925
New Jersey			
08404 Atlantic City	1.100	1.050	1.075
08101 Camden	1.020	0.960	0.990

ADJUSTMENT INDICES

	Labor	Mat'l	Gen'l
New Jersey (cont.)			
07605 Hackensack	0.990	0.980	0.985
07306 Jersey City	1.080	1.000	1.040
07960 Morristown	0.990	0.990	0.990
08903 New Brunswick	1.050	0.980	1.015
07102 Newark	1.060	0.990	1.025
07050 Orange	1.010	0.970	0.990
07512 Paterson	1.030	0.950	0.990
08865 Phillipsburg	0.960	1.030	0.995
08600 Trenton	0.990	0.940	0.965
State Average	1.025	0.985	1.005
New Mexico			
87108 Albuquerque	0.740	0.920	0.830
State Average	0.740	0.920	0.830
New York			
12205 Albany	0.900	0.950	0.925
13902 Binghamton	0.830	1.000	0.915
14202 Buffalo	1.010	0.890	0.950
14901 Elmira	0.780	1.000	0.890
12477 Kingston	0.940	0.990	0.965
10543 Mamaroneck	1.120	1.110	1.115
11753 Nassau-Suffolk	1.040	1.070	1.055
10038 New York City	1.340	1.230	1.285
12602 Poughkeepsie	0.960	0.970	0.965
14610 Rochester	0.940	0.970	0.955
13203 Syracuse	0.910	1.070	0.990
13501 Utica	0.860	0.980	0.920
10605 White Plains	1.120	1.110	1.115
State Average	0.981	1.026	1.003
North Carolina			
28204 Charlotte	0.620	0.980	0.800
28305 Fayetteville	0.540	0.940	0.740
27408 Greensboro	0.550	0.960	0.755
27609 Raleigh	0.480	0.960	0.720
28401 Wilmington	0.520	0.940	0.730
27102 Winston-Salem	0.600	0.980	0.790
State Average	0.552	0.960	0.756
North Dakota			
58501 Bismarck	0.680	1.070	0.875
58102 Fargo	0.660	0.940	0.800
State Average	0.670	1.005	0.837
Ohio			
44308 Akron	0.950	0.990	0.970
45206 Cincinnati	0.920	1.000	0.960
44100 Cleveland	1.110	1.030	1.070
43216 Columbus	0.880	1.010	0.945

	Labor	Mat'l	Gen'l
Ohio (cont.)			
45409 Dayton	0.920	0.950	0.935
45662 Portsmouth	0.910	0.960	0.935
43624 Toledo	0.960	0.950	0.955
44507 Youngstown	0.930	0.980	0.955
State Average	0.948	0.984	0.966
Oklahoma			
73105 Oklahoma City	0.750	0.950	0.850
74145 Tulsa	0.730	1.020	0.875
State Average	0.740	0.985	0.862
Oregon			
97401 Eugene	0.960	0.910	0.935
97201 Portland	0.970	0.920	0.945
State Average	0.965	0.915	0.940
Pennsylvania			
18105 Allentown	0.900	1.080	0.990
17105 Harrisburg	0.830	0.970	0.900
15907 Johnstown	0.930	0.940	0.935
17602 Lancaster	0.780	0.870	0.825
19100 Philadelphia	1.060	1.120	1.090
15220 Pittsburgh	0.970	1.050	1.010
19605 Reading	0.850	1.110	0.980
18503 Scranton	0.840	0.980	0.910
State Average	0.895	1.015	0.955
Rhode Island			
02907 Providence	0.920	1.040	0.980
State Average	0.920	1.040	0.980
South Carolina			
29402 Charleston	0.550	0.940	0.745
29205 Columbia	0.590	0.890	0.740
29602 Greenville	0.540	1.030	0.785
State Average	0.560	0.953	0.757
South Dakota			
57501 Pierre	0.400	1.150	0.775
57701 Rapid City	0.560	0.940	0.750
State Average	0.480	1.045	0.762
Tennessee			
37411 Chattanooga	0.680	0.830	0.755
37901 Knoxville	0.690	0.860	0.775
38104 Memphis	0.760	0.950	0.855

ADJUSTMENT INDICES

	Labor	Mat'l	Gen'l
Tennessee (cont.)			
37200 Nashville	0.660	0.800	0.730
State Average	0.698	0.860	0.779
Texas			
78700 Austin	0.700	0.950	0.825
77704 Beaumont	0.820	0.860	0.840
75200 Dallas	0.770	0.980	0.875
79923 El Paso	0.550	0.900	0.725
76240 Gainesville	0.650	0.900	0.775
77000 Houston	0.810	0.830	0.820
79413 Lubbock	0.600	0.960	0.780
78212 San Antonio	0.680	0.870	0.775
76701 Waco	0.640	0.880	0.760
State Average	0.691	0.903	0.797
Utah			
84102 Salt Lake City	0.820	0.880	0.850
State Average	0.820	0.880	0.850
Vermont			
05400 Burlington	0.750	1.070	0.910
State Average	0.750	1.070	0.910
Virginia			
22902 Charlottesville	0.870	1.060	0.965
23502 Norfolk	0.690	0.990	0.840
23230 Richmond	0.690	0.990	0.840
24014 Roanoke	0.590	0.910	0.750
State Average	0.710	0.988	0.849
Washington			
98112 Seattle	1.040	0.930	0.985
99205 Spokane	0.980	0.880	0.930
State Average	1.010	0.905	0.958
West Virginia			
25326 Charleston	0.910	1.030	0.970
26301 Clarksburg	0.890	0.990	0.940
26554 Fairmont	0.850	0.960	0.905
State Average	0.883	0.993	0.938

	Labor	Mat'l	Gen'l
Wisconsin			
54305 Green Bay	0.820	0.900	0.860
53704 Madison	0.830	0.920	0.875
53213 Milwaukee	0.920	0.980	0.950
54401 Wausau	0.800	0.890	0.845
State Average	0.842	0.922	0.882
Wyoming			
82001 Cheyenne	0.780	1.090	0.935
State Average	0.780	1.090	0.935

Glossary

A

access door—A small door into a duct, ceiling, wall etc. to provide a means of inspection of equipment housed within.

admixture—A material added before or during concrete mixing; used as a water repellent, coloring agent, retarder or accelerator (to modify its setting rate).

aggregate—Inert material mixed with cement and water to produce concrete.

allowable load—The load which induces the maximum permissible unit stress at a critical section of a structural member.

anchor—A device such as a metal rod, wire or strap, for fixing one object to another.

apron—Piece of horizontal trim under the sill of the interior casing of a window.

arrester—Wire screen secured to the top of an incinerator to confine sparks and other products of burning.

B

backfill—Earth placed outside foundation walls for filling and grading.

balustrade—Protective or decorative railing: row of balusters topped by a rail.

basecoat—The first coat applied to a surface (prime coat for paint).

baseplate—Heavy steel plate placed on concrete providing support for column.

batten—Narrow wood strips used to cover joints. Also, wood strip used to secure adjoining boards.

batter—Slope of the exposed face of a retaining wall.

bay—A regularly repeated spatial element defined by beams or ribs and their support.

bead—(Carpentry) Narrow projecting molding with a rounded surface. (Plastering) Metal strip imbedded in plaster at the projecting corner of a wall; serves as guide in plastering and helps resist abrasion.

beam—A structural member whose prime function is to carry transverse loads, as a joist, girder, or rafter.

bearing plate—Steel plate placed under one end of a beam or truss for load distribution.

bearing wall—Wall supporting a load other than its own weight.

bed—Place or material in which stone or brick is laid; horizontal surface of polished stone; lower surface of brick, stone or tile.

bell and spigot—Pipe joint formed with sections of cast iron pipe with a wide opening (bell) at one end and a narrow end (spigot) at the other, fitted by caulking with oakum and lead.

bench mark—Point of reference from which measurements are made.

bevel—The angle which one surface of a body makes with another surface when they are not at right angles.

blind pocket—A pocket in the ceiling at a window head to accommodate a venetian blind when it is raised.

board foot—A unit of cubic content, used in measuring lumber; equal in volume to a piece 1 foot square and 1 inch thick.

borings—Taking sample cylinders at varying depths of subsurface material at a proposed building site to determine the character of bearing material.

bridging—System of bracing between floor beams to distribute floor load or between joists to stiffen floor.

brick veneer—A facing of brick laid against a wall and not structurally bonded to the wall.

brown coat—In three-coat plastering, the second coat of plaster trowelled over the scratch coat; provides base for the white finish coat.

buck—Door frame placed in a wall or partition to which the door moldings are attached; completely fabricated steel door frame set in a wall or partition to receive the door.

bulkhead—A structure on the roof of a building covering a water tank or service equipment.

butt hinge—A door or window hinge consisting of two rectangular metal plates which are joined with a removable pin.

building plans—The final drawings from which a building is built; also called working drawings.

C

calking compound—Mastic used to seal joists of wall openings against water.

cantilever—Projecting beam or member supported at only one end.

cant strip—Beveled strip placed in the angle between the roof and an abutting wall to avoid a sharp bend in the roofing material; strip placed under the lowest row of tiles on a roof to give it the same slope as the rows above it.

casement window—Window sash opening on hinges secured to the side of the window opening.

casing—The exposed trim molding, framing, or lining around a door or window.

cavity wall—Wall built of solid masonry units arranged to provide air space within the wall.

ceiling diffuser—Any air diffuser located in the ceiling used to provide a horizontal distribution pattern of air.

chamfer—Bevel edge, surface area produced by cutting away external angle formed by 2 faces of stone or lumber.

chase—A continuous recess built into a wall to receive pipes, ducts, etc.

clearance—Open space between two elements of a building to aid in proper placement to compensate for minor inaccuracies in cutting, or to allow unobstructed movement between parts.

collar beam—Horizontal tie beam connecting rafters considerably above the plate.

column—Vertical load-carrying member of structural frames.

composite piles—A pile consisting of two different types of construction material in successive sections.

contour line—On a land map denoting elevations, a line connecting points with the same elevation.

contract drawings—The final drawings from which a building is built; also called building plans and/or working drawings.

construction joint—A joint where two successive placements of concrete meet.

cooling tower—A structure, usually on the roof of a building, over which water is circulated, so as to cool it evaporatively by contact with air.

coping—A protective cap, top or cover of wall parapet, pilaster, or chimney.

corbel—A projection, each stepped progressively further forward in height, used to support an overhanging member above.

cornerite—Strip of metal lath fitted into a corner to prevent cracking of the plaster

cornice—The exterior trim of a structure at the meeting of the roof and wall.

counter-flashing—Sheet metal strip in the form of an inverted L, built into a wall to overlap the flashing and make the roof watertight.

course—A layer of masonry units, shingles, tiles, etc., running horizontally.

cramp—Iron rod with ends bent to right angle; used to hold blocks of stone together.

crawl space—Shallow space between the first tier of beams and the ground (no basement).

cricket—Small false roof to throw off water from behind an obstacle.

cross-section—A section taken at right angles to the longitudinal axis.

curing—Maintaining the humidity and temperature of freshly placed concrete to assure hydration and proper hardening of the concrete.

curtain wall—Non-bearing wall built between piers or columns for the enclosure of the structure; not supported at each story.

D

damper—A device used to vary the volume of air passing through an air outlet, inlet, or duct.

dead load—The weight of a structure itself, including the weight of fixtures or equipment permanently attached to it.

deck—The flooring of a building or other structure.

deflection—The deformation of a structural member as a result of loads acting on it.

detail—A drawing, at a larger scale, of a part of another drawing, indicating in detail the design location, composition, and correlation of the elements and materials shown.

dimension line—On a working drawing, the distance between two points.

door schedule—A part of working drawings listing all doors required on a job, indicating sizes, types, locations and special requirements.

double glazing—Two panes of glass, usually parallel, with an air space between to provide increased thermal and/or sound insulation.

drip—Projecting horizontal course sloped outward to throw water away from building.

drywall—Interior wall construction consisting of plaster boards, wood paneling or plywood nailed directly to the studs without application of plaster.

E

elevation—A drawing showing the vertical elements of a building, either exterior or interior, as a direct projection to a vertical plane; the vertical distance above or below some established reference level.

expansion bolt—Bolt with a casing arranged to wedge the bolt into a masonry wall to provide an anchorage.

expansion joint—Joint between two adjoining concrete members arranged to permit expansion and contraction with changes in temperature.

F

facade—The exterior face of a building; the architectural front.

factor of safety (safety factor)—Ratio of ultimate strength of material to maximum permissible stress in use.

finish grade—The top surface of lawns, walks or other improved surface after completion of grading operations.

finish plaster—The final or white coat of plaster.

fire brick—Brick made to withstand high temperatures for lining chimneys, incinerators and similar structures.

fire door—A fire-resistive door assembly, including frames and hardware, which provides fire protection when closed. Usually provided with an automatic closing mechanism, in the event of a fire.

fireproofing—Material applied to structural elements or systems which provides increased fire resistance.

fire rated doors—Doors designed to resist standard fire tests, and labeled for identification.

fire stop—Incombustible filler material used to block interior draft spaces.

fire tower—A vertical enclosure (containing a stairway) having a fire-endurance rating sufficiently high to qualify as a fire escape.

firewall—An interior or exterior wall with a high fire resistance, to restrict fire spreading to adjoining areas.

flashing—A thin impervious material placed in construction to prevent water penetration and/or provide water drainage.

footing—That portion of the foundation of a structure which transmits loads directly to the soil.

foundation—Any part of a structure that serves to transmit the load to the earth or rock below grade level.

furring—Wood or metal strips nailed to walls or ceilings to provide a base for an even plastered surface; in walls, provides an air space between lath and wall to prevent condensation.

G

government anchor—A steel anchor, inserted through a hole in the web of a steel beam, used to anchor a wall-bearing beam to masonry construction.

grade—The ground elevation or level, contemplated or existing, at the outside walls of a building, or elsewhere on the building site.

grade beam—Horizontal, reinforced concrete beam between two supporting piers at or below ground supporting a wall or structure.

ground—A nailing strip fixed in a masonry or concrete wall as a means of attaching wood trim or furring strips.

gusset plate—A steel or wood plate used to connect two or more members or to add strength to a framework.

H

hip roof—A roof which slopes upward from all four sides of a building.

hollow metal—An assembly fabricated of formed light-gauge metal.

hopper windows—A window sash opening inward, either hinged at the top, bottom or sides.

I

incombustible material—Material which will not ignite or actively support combustion in a surrounding temperature of 1200° F during an exposure of 5 minutes, and will not melt when temperature of the material is maintained at 900° F for a period of a least 5 minutes.

interior design drawing—Drawing which includes information of wall, floor and ceiling finishes, and indicates material, colors, etc. Also shown on these drawings are furniture or movable objects.

isometric drawing—A form of three-dimensional projection in which all of the principal planes are drawn parallel to corresponding established axes and at true dimensions.

J

jalousie—A shutter or blind with fixer or adjustable slats which exclude rain and provide ventilation, shade, and visual privacy.

jamb—A vertical member at either side of a door or window frame.

joint—The space between adjacent surfaces, or the place where two members or components are held together by nails, fasteners, cement, mortar, etc.

joist—One of a series of parallel beams of timber, reinforced concrete, or steel used to support floor and ceiling loads, and supported in turn by larger beams, girders or bearing walls.

K

keyway—A slot used to interlock slabs of masonry or concrete walls built at different times.

knocked down—Prefabricated, but not assembled; said of items, delivered to the job site for assembly there.

L

laminated wood—Wood built up of plies or laminations that have been joined either with glue or with mechanical fasteners. Usually, the plies are too thick to be classified as veneer and the grain of all plies is parallel.

lap joint—Joint between two wood members in which the same width and depth of the members is retained.

lift slab—A method of concrete building construction in which floor (and roof) slabs are cast, usually at ground level, and then raised into position by jacking.

light—A pane of glass.

lintel—Horizontal steel member spanning an opening to support the load above.

live load—All loads on structures other than dead loads; includes the weight of persons occupying the building and free standing material.

load bearing wall—A wall capable of supporting an imposed load in addition to its own weight.

lockset—A complete lock system including the basic locking mechanism and all the accessories, such as knobs, etc.

M

mat foundation—Continuous reinforced concrete foundation constructed under entire building as a unit. (Also known as raft foundation or floating foundation.)

membrane waterproofing—System of waterproofing masonry walls with layers of felt, canvas or burlap and pitch.

mullion—Vertical member forming a division between adjoining windows.

N

nailing strip—A wood strip, attached to a surface; used as a base for nailing or fastening another material.

non-bearing wall—Wall which carries no load other than its own weight.

O

open web joist—Steel joists built up out of light steel shapes with an open latticed web. (Also known as bar joist or trussed joist.)

outrigger—A structural member for supporting a roof or floor beyond the walls, in the direction perpendicular to the joists.

P

pan construction—A concrete floor or roof construction in which a prefabricated form (pan) is used repeatedly, giving the underside of the construction a waffle-like appearance.

parapet—A low guarding wall at any point of sudden drop, as at the edge of a terrace, roof, balcony, etc.

parging—A coat of cement mortar, generally containing dampproofing ingredients.

penthouse—A structure on a flat roofed building to house equipment for elevator, ventilation or air conditioning, or other mechanical or electrical systems serving the building.

pier—A column designed to support a concentrated load.

pilaster—Flat square column attached to a wall and projecting about a fifth of its width from the face of the wall.

piles—Long, slender members of wood, steel or reinforced concrete driven into the ground to carry a vertical load.

pitch—The slope of a roof, usually expressed as a ratio of vertical rise to horizontal run.

plenum—In suspended ceiling construction, the space between the suspended ceiling and the main structure above.

plumb—Exactly vertical.

pocket—A recess used to receive an object.

precast concrete—A concrete member that is cast and cured in other than its final position.

prestressed concrete—System for utilizing fully the compressive strength of concrete by bonding it wtih highly stressed tensile strength.

R

raceway—A channel designed to enclose and loosely hold electric wiring.

reinforcing bar—A steel bar used in concrete construction to provide additional strength.

rendering—A perspective or elevation drawing of a project with artistic delineation of materials, shades and shadows.

retrofit—Renovation of a building to make it more energy-efficient.

return—The continuation of a molding, projection, member, or cornice in a different direction, usually at a right angle.

roughing in—Installation of all concealed plumbing pipes; includes all plumbing work done before setting of fixtures or finishing.

S

scale drawing—A drawing usually considerably reduced in size from the actual or designed object, construction site or building, but which is drawn to scale.

schedule (drawing)—A detailed tabulation of components, items or parts to be furnished.

scratch coat—The first coat of plaster, which is then scratched to provide a bond for the second.

scupper—An opening in a wall or parapet that allows water to drain.

section—A representation of an object as it would appear if cut by an imaginary plane, showing the internal structure.

sheathing—The covering (usually wood boards, plywood, or wall boards) placed over exterior studding or rafters of a building providing a base for the wall or roof cladding.

shim—Thin pieces of material used in adjusting the height of one surface so that it is flush with another.

shop drawings—Drawings and other data prepared by the contractor, or any subcontractor, manufacturer, supplier or distributor which illustrates how specific portions of the work shall be fabricated and/or installed.

site plan—A plan of a construction site showing the position and dimensions of the building to be erected and the dimensions and contours of the lot.

slab—The upper part of a reinforced concrete floor, which is carried on beams below.

soffit—Underside of a stair, arch or cornice.

spandrel—In a multi-story building, a wall panel filling the space between the top of the window in one story and the sill of the window in the story above.

specification—A written document describing in detail the scope of work, materials to be used, method of installation, and quality of workmanship for a parcel of work; usually utilized in conjunction with working drawings.

studs—Vertically set skeleton members of a partition or wall to which lath or wall surface is nailed.

T

terrazzo—Marble-aggregate concrete that is cast in place, or precast, and ground smooth.

tie—Any unit of material which connects two parts, as masonry to masonry.

title sheet—Usually the first sheet of a set of working drawings, most often including a drawing of the plot on which the building is to be constructed.

trimmer—Beam framing an opening in a wood joist floor supporting the header beam.

truss—A structure composed of a combination of members, usually in some triangular arrangement so as to constitute a rigid framework.

V

valley—The trough or gutter formed by the intersection of two inclined planes of a roof.

W

weep hole—A small opening in a wall or window member, through which accumulated condensation or water may drain to the building exterior, as from the base of a cavity wall, a wall flashing, or a skylight.

wind load—The total force exerted by the wind on a structure or part of a structure.

working drawings—Drawings intended for use by a contractor, subcontractor or fabricator for a building project, containing the necessary information to manufacture or erect an object or structure.

INDEX

A

ACCESS FLOORING	189
ACOUSTIC TREATMENT	171-173
ACRYLIC FLOORING	180
AIR DISTRIBUTION	292-293
AIR HANDLING UNITS	289-292
AIR SUPPORTED STRUCTURES	234
ALARM & DETECTION SYSTEM	315
ALUMINUM CONDUIT	297
ALUMINUM DOORS & FRAMES	132
ALUMINUM ENTRANCE DOORS	146-147
ALUMINUM WIRE	303
ALUMINUM WINDOWS	148-152
AQUASTATS	295
ARCHITECT'S FEES	2
ASPHALT PAVING	41
AUDIOMETRIC ROOMS	234

B

BANK EQUIPMENT	202
BARBED WIRE	39
BI-FOLD DOORS	141-142
BLASTING	15
BLEACHERS - GRANDSTANDS	241
BLINDS, CORNICES, & SHADES	230-231
BOILER & EQUIPMENT	281-283
BORINGS	3
BOWLING ALLEYS	234
BRICK MASONRY	64-65
BULK EXCAVATION	17
BUS DUCT	299

C

CABINETS, RESIDENTIAL	230
CABLE TRAYS	2302
CAISSONS	24-25
CARPET	178
CAST IN PLACE	55-57
CAST IN PLACE TERRAZZO	170
CAST IRON DRAINS	267
CAULKING	129
CEMENT ASBESTOS PIPE	29
CEMENTITIOUS DECKING	61-62
CERAMIC TILE	166-168
CHALKBOARDS & TACKBOARDS	187
CHILLED WATER SYSTEM	272,285
CHUTES	250-251
CIRCUIT BREAKERS	307
CLAY MASONRY UNITS	69
CLEANING UP	12
CLEAN ROOMS	234
CLEARING & GRUBBING	14
CLOCKS	316
COMMERCIAL WALL INSULATION	114-116
COMMERCIAL EQUIPMENT	203
COMMERCIAL FIXED WINDOWS	147-148
COMMERCIAL HORIZONTAL WINDOWS	147
COMMERCIAL PROJECTED WINDOWS	148
COMMUNICATION SYSTEMS	316-317
COMPRESSED AIR EQUIP	275
CONCRETE	43
CONCRETE ACCESSORIES	52-53
CONCRETE BLOCK	65
CONCRETE FINISH	57-58
CONCRETE MATERIALS	52
CONCRETE REPAIR	62
CONCRETE TESTING	3
CONCRETE TOPPING	57, 180-181
CONCRETE UNIT MASONRY	66-69
CONCRETE, 20 CITY AVERAGE	60
CONDENSATE PUMPS	283
CONDUCTOR FLOORING	178
CONSTRUCTION MANAGER'S FEES	3
CONSTRUCTION CASTINGS	89
CONSULTANT'S FEES	2
CONTROLS & INSTRUMENTATION	295
CONVEYORS	252
CONVEYING & HOISTING	250
COOLER DOORS	145
COOLERS	235
COOLING TOWERS	286
COPPER TUBING	254-255
COPPER WIRE	302-303
CORE DRILLING	3
CORK FLOORING	179
CORNER GUARDS	188
CORRUGATED METAL PIPE	28
CUPOLAS	190-191
CURB EDGING	81-82
CURBS & GUTTERS	26
CURTAIN WALLS	160

D

DAMPERS	295
DAMPPROOFING	112
DEMOUNTABLE PARTITIONS	196
DENTAL EQUIPMENT	224
DETENTION - SECURITY EQUIPMENT	206-207
DEWATERING	15
DISPLAY CASES	227
DOOR FRAMES & GATES	84-85
DOORS & WINDOWS	130
DOUBLE HUNG STANDARD WINDOWS	147
DUCTIBLE IRON WATER PIPE	30
DUMBWAITERS	247

E

ECCLESIASTICAL EQUIPMENT	202
ELECTRIC HEATING & VENTILATING	320
ELECTRIC HEATING	278,317-320
ELECTRICAL	296
ELEVATORS	247-249
EMT CONDUIT	297
ENVIRONMENTAL ROOMS	235
EQUIPMENT	202
EXCAVATION	17-21
EXOTIC PLYWOOD PANELS	107
EXPANDED METAL MESH	83
EXPANSION JOINTS	91
EXTERIOR PAINTING	182-183
EXTERIOR SIDINGS	108-109

F

FAN COIL UNITS	285
FASTENERS, METAL	83-84
FENCES	38-39
FIBER DUCT	299
FIRE FIGHTING DEVICES	195
FIREPLACE ACCESSORIES & EQUIP	190
FLAGPOLES	191
FLOOR GRATINGS	87-88
FLOOR PLATES	88-89
FOOD SERVICE EQUIPMENT	208-213
FORM ACCESSORIES	43-44

1988 DODGE UNIT COST DATA

INDEX

FORM SUPPORT	49
FORMWORK IN PLACE	44-49
FOUNDATION FORMS	44-45
FREEZERS	235
FURNISHINGS	226
FURNITURE	231-232
FURNITURE, INSTITUTIONAL	227-229
FURRING & GROUNDS	95

G

GALVANIZED PIPE	255-256
GALVANIZED COUPLINGS	297
GALVANIZED BUSHINGS	296
GALVANIZED CONDUIT	286
GAS FIRED EQUIPMENT, FURNACES	277-278,289
GAS SYSTEMS HORIZONTAL	277
GAS SYSTEMS UPFLOW	277
GATE & GLOBE VALVES	257-258
GEARED ELEVATORS	248
GLASS & GLAZING	157-160
GLASS BLOCK	67-68
GLASS PIPE	256
GLASS UNIT MASONRY	69
GLAZED TILE	166-167
GLU-LAM .TIMBERS	101
GRANITE FACING PANELS	72-73
GRANITE FLOOR	175,177
GRANITE PAVING	26
GREENFIELD CONDUIT	301
GYMNASIUM EQUIPMENT	219
GYPSUM DRYWALL	165-166
GYPSUM LATH	162-163

H

HARDWARE & SPECIALTIES	142
HARDWOOD CABINETS	106-107
HATCHES - ROOF	122
HEAT PUMP	278,280,286-287
HEAVY FRAMING	101-102
HEMLOCK & FIR	97
HOIST & CRANES	251-252
HOISTS & LIFTS	251-252
HOLLOW MTL. DOORS & FRAMES	130-132,139-141
HOT WATER CIRCULATORS	271
HOT WATER EQUIPMENT	273-275
HUMIDITY CONTROL EQUIPMENT	288
HYDRAULIC ELEVATORS	249

I

IDENTIFICATION DEVICES	191-192
INCANDESCENT LAMPS	312
INDIANA LIMESTONE	72
INDUCTION UNITS	285
INDUSTRIAL PROTECTIVE COATINGS	185
INSULATION FOR STEEL BUILDING	116
INSULATION - BATTS OR ROLLS	112-114
INSURANCE, PERMITS, ETC.	1
INTERCOM & PAGING	317
INTEGRATED CEILINGS	234
INTERIOR SURFACE PREPARATION	183
INTERMEDIATE CONDUIT IN SLABS	301

J

JOB FACTOR CHECK LIST	1
JUNCTION BOXES, RECTANGLES	204

K

KITCHEN CABINETS	107
KITCHEN EQUIPMENT	210-213
KITCHEN UNIT COMBINATIONS	218

L

LABELED DOORS	140-141
LABORATORY EQUIPMENT	210-213
LADDERS, METAL	86
LANDSCAPING & SITE WORK	41
LAWNS	41
LEAD LINED DOORS	145
LIBRARY EQUIPMENT	202-203
LIFTS & WALKS	250
LIGHT FRAMING	93-95
LIGHTING	308-315
LIGHTWEIGHT CONCRETE BLOCK	66
LIMESTONE FACING PANELS	72
LOCKERS	193-194
LOUVERS	188
LUMBER PRICES	92-93

M

MAIN OFFICE EXPENSE	1
MANHOLE COVERS	37
MANHOLE FRAMES	34-37
MANIFOLDS	276
MARBLE	71-72
MARBLE FACING PANELS	71-72
MARBLE FLOOR	175-177
MARINAS & DOCKS	25
MARINE PLYWOOD	93
MARK-UP PERCENTAGES OVERHEAD & PROFIT	1
MASONRY	63
MASONRY ACCESSORIES	63-64
MATERIAL HANDLING	250
MECHANICAL	253
MECHANICAL SUPPORT DEVICES	262-263
MEDICAL EQUIPMENT	221-224
MEMBRANE ROOFING	119-120
MESH PARTITIONS	196
METAL DECKING	79-81
METAL FURRING	161
METAL LATH	162
METAL LOCKERS	193-194
METAL STAIRS	85-86
METAL STUDS & DRYWALL PRTNS.	165-1666
METALS	74
MILLWORK	106-108
MISCELLANEOUS IRON	85
MISCELLANEOUS METAL	81-82,188-189
MORTAR	63
MORTUARY EQUIPMENT	224
MOTOR & MOTOR CONTROLS	307-308
MOTORIZED VALVES	295
MOVING STAIRS - ESCALATORS	249-250
MULTIZONE ROOF UNITS	280-281

N

NURSES CALL SYSTEM	316

O

OPEN WEB STEEL JOISTS	78
ORNAMENTAL METAL	89-91
OVERHEAD DOORS	145-146

P

PACKAGED A/C UNITS, ROOM	287
PACKAGED A/C UNITS	279-280
PAINT ACOUSTICAL CEILINGS	184
PAINTING	181-186
PAINTING MASONRY & STUCCO	182
PAINTING STRUCTURAL STEEL	185-186
PAINTING TANKS & SILOS	185

1988 DODGE UNIT COST DATA

INDEX

PANEL BOARDS	306
PANELS, SHEATHING & WALLBD.	109-110
PARKING LOT EQUIPMENT	204
PARTITIONS, TOILETS & SHOWERS	187,196-197
PATIENT CARE EQUIPMENT	223
PATIO SLIDING DOORS	143-144
PAVING	27
PILING	22-24
PIPE & PIPE FITTINGS,VALVES	253-261
PIPE INSULATIONS	263-265
PIPE SPECIALTIES	261-262
PLACING CONCRETE	54
PLANTINGS	42
PLASTER	163-164
PLASTERING ACCESSORIES	163
PLASTIC PIPE	256-257
PLASTICS	159-160
PLATFORMS	89
PLAYGROUND EQUIPMENT	40
PLAYING FIELDS	40
PLUMBING FIXTURES	267-271
PLYWOOD & SHEATHING	99-100
PNEUMATIC TUBES	251
POSTAL SPECIALTIES	195
PRE-ENGINEERED BUILDING	237
PRECAST CONCRETE PRODUCTS	58
PRECAST CONCRETE INLETS	33
PRECAST CONCRETE TRIM	61
PRECAST CONC. TILT- UP CONSTR.	61
PRECAST CONCRETE TEES	59
PRECAST PANELS & MEMBERS	58-59
PRECAST PRESTRESSED CONCRETE	59-60
PRECAST SEWER PRODUCTS	33
PRECAST TERRAZZO	170-171
PREFABRICATED FIREPLACES	189
PREFORMED ROOFING & SIDING	117,119
PREHUNG STEEL DOORS	131
PRESTRESSED CONCRETE	59-60
PRESTRESSED REINFORCING	52
PROTECTED METAL SIDING	118-119
PROP-FAN, INFRA-RED HTRS.	289
PVC CONDUIT	298
PVC WATER PIPE	32

Q

QUARRY TILE	168-169

R

RACEWAYS & FITTINGS	296-302
RADIOLOGY EQUIPMENT	223
RAILINGS, METAL	87
RAILROAD WORK	25
REDWOOD	109
REDWOOD CUPOLAS	190-191
REHEAT COILS	294
REINFORCED CONCRETE PIPE	30
REINFORCING IN PLACE	50-51
REINFORCING ACCESSORIES	49-50
RESIDENTIAL SOLAR HOT WATER	245
RESIDENTIAL APPLIANCES	213-219
RESILIENT SHEET FLOORING	179
RESILIENT TILE FLOORING	179
RETRACTABLE PARTITIONS	197
REVOLVING DOORS	147
RIGID BOARD INSULATION	114
ROADS & PARKING APPURTENANCES	39-40
ROOF ACCESSORIES	122-123
ROOF DRAINAGE	267
ROOF INSULATION BOARDS	114-115
ROOF OR WALL EXHAUSTERS	292
ROOF TOP GAS HT. ELEC. COOL UNITS	279
ROOF VENTILATORS	292
ROOFING TILE	117
RUBBER FLOORING	178-179
RUGS & MATS	232

S

SAFES	202
SAUNA ROOM	236
SCALES	200
SCHOOL EQUIPMENT	204
SEATING	232-233
SEATING-AUDITORIUM, BLEACHERS	232-233
SECTIONAL BOILER CAST IRON	281-283
SECURITY BARRIER-BARBED WIRE	39
SEPTIC TANK SYSTEMS	37-38
SERVICE STATION EQUIPMENT	250
SHEATHING & INSULATION BDS.	114-116
SHEET METAL	120-122
SHEET METAL ROOFING	120-122
SHINGLES	116-117
SHUTTERS	108
SINGLE ZONE A/C UNITS	280
SITE DRAINAGE	31-37
SITE GRADING	16
SKY LIGHTS & ROOF HATCHES	123-129
SLATE	73
SLATE TILE	170
SOIL & WASTE SYSTEM	207
SOIL POISONING & TREATMENT	21
SOIL TESTING	3
SOLAR COLLECTOR PANELS	244-245
SOLAR ENCLOSURES	238-241
SOLAR EQUIPMENT COMPONENT	244-245
SOLAR STORAGE TANKS, EQUIP.	244-246
SOUND ATTENUATION BATTS	172
SOUTHERN PINE	92
SPACE FRAME SYSTEM	237
SPECIAL CONSTRUCTION	234
SPECIAL COATINGS	181
SPECIAL CONCRETE	57
SPECIAL EQUIPMENT	210
SPECIAL FACE CONCRETE BLOCK	67
SPECIAL FORMWORK	48
SPECIAL GLASS	158
SPECIAL PURPOSE ROOMS	241
SPECIAL PURPOSE DOORS	142
SPECIAL TOPPINGS	180
SPECIAL WOOD DROP CEILINGS	173
SPECIALTIES	187
SPIRAL STAIRS	89-91,108
SPLIT SYSTEM HEAT PUMPS	287
SPRAYED URETHANE FOAM	114
SPRINKLER SYSTEM	265
SPRUCE	92
STAINLESS STEEL PIPE	257
STAIRS	108
STAND PIPE OR FIREHOSE	266-267
STANDBY ELEC. POWER SYSTEM	315
STATIC, SWING, RAILROAD DOORS	143
STEAM ROOM SYSTEMS	236

1988 DODGE UNIT COST DATA

INDEX

STEAM TERMINAL UNITS	288
STEEL CORNER GUARDS	82
STEEL GAS PIPE	30
STEEL SASH	147-148
STEEL TESTING	3
STEEPLES	190
STONE	70,71
STONE MASONRY	70,71
STONE TILE	175-178
STORAGE SHELVING	197-198
STORAGE TANKS-FUEL	243-244
STORAGE VAULTS	237
STORE FRONTS	146
STRUCTURAL STEEL	74-78
STRUCTURAL CLAY TILE	69
STUCCO	164-165
SUB-FLOORING	100-101
SUN CONTROL DEVICES	198
SUNKEN TUBS & WHIRLPOOLS	224-225
SUPERSTRUCTURE FORMS	45-48
SUSPENDED CEILINGS	172-173
SWIMMING POOLS & EQUIP.	241-242

T

TELEPHONE CUBICLES	198
TELEPHONE EQUIPMENT	316
TEMPERED AIR TERMINAL UNITS	294-295
TEMPORARY FACILITIES	13
TENNIS COURTS	26-27
TERMINAL REHEAT UNITS	294
THEATER & STAGE EQUIPMENT	203
THERMAL, MOISTURE PROTECTION	111
THIN WALL COVERINGS	186
TILE & TOILET ACCESSORIES	168
TIMBERS & BEAMS	96
TOILET AND BATH ACCESSORIES	198-200
TOOLS & EQUIPMENT	4-12
TRANSFORMERS	305
TRANSITE CONDUIT	299
TRUCK ENTRY EQUIPMENT	204-206
TRUSSES, WOOD	97-98
TURNSTILES	192-193

V

VACUUM EQUIP.	276
VANITY TOPS	230
VANITY UNITS	230
VAPOR BARRIERS	112
VAULT DOORS - FIRE RATED	144
VIBRATION PADS	237
VINYL FLOORING	179
VITRIFIED CLAY PIPE	28-29

W

WALL COVERINGS	186
WARDROBE SPECIALTIES	201
WARM AIR FURNACES	284-285
WASTE DISPOSAL UNITS	242-243
WATERPROOFING	111,185
WEATHERSTRIPPING	142
WELDING	74
WESTERN RED CEDAR	96
WINDOWS, INTERMED. PROJECTED	148
WINE STORAGE VAULT	210
WIREMOLD	302
WIRING DEVICES	296
WOOD & PLASTIC	92
WOOD BRIDGES	40
WOOD DECKING	100
WOOD DOORS & FRAMES	132-139
WOOD STRIP FLOORING	173-174
WOOD TRIM	102-106
WOOD WINDOWS	153-156

1988 DODGE UNIT COST DATA

LUMBER DATA

BF PER SQ. FT. SURFACE

Floor Joists	2" × 6"	2" × 8"	2" × 10"	2" × 12"	
O.C. 12"	1.28	1.72	2.14	2.56	
O.C. 16"	1.02	1.36	1.72	2.06	
O.C. 20"	0.88	1.16	1.48	1.78	
O.C. 24"	0.74	1.04	1.30	1.56	

Rafters	2" × 4"	2" × 6"	2" × 8"	2" × 10"	2" × 12"
O.C. 12"	0.89	1.29	1.71	2.12	2.52
O.C. 16"	0.72	1.02	1.34	1.96	1.98
O.C. 24"	0.53	0.72	1.12	1.20	1.44

Vertical Studs	2" × 3"	2" × 4"	2" × 6"
12"	0.84	1.10	1.66
16"	0.78	1.06	1.52
20"	0.74	0.98	1.38
24"	0.70	0.94	1.36

Ceiling Joists	2" × 4"	2" × 6"	2" × 8"	2" × 10"
O.C. 12"	0.78	1.16	1.52	1.94
O.C. 16"	0.60	0.88	1.16	1.47
O.C. 20"	0.48	0.72	0.96	1.20
O.C. 24"	0.42	0.64	0.84	1.04

Furring Strips Wall	1" × 2"	1" × 3"	1" × 4"
O.C. 12"	.18	.28	.36
O.C. 16"	.14	.21	.28
O.C. 24"	.10	.14	.20

Built Up Girders	4" × 6"	4" × 8"	4" × 10"	4" × 12"
Board Ft./Lin. Ft.	2.15	2.85	3.58	4.28

Built Up Girders	6" × 6"	6" × 8"	6" × 10"	6" × 12"
Board Ft./Lin. Ft.	3.21	4.28	5.35	6.42

Built Up Girders	8" × 8"	8" × 10"	8" × 12"
Board Ft./Lin. Ft.	5.71	7.13	8.56

Roof Slope Ratios (12' Runs)

RISE	RATIO	RISE	RATIO
3"	1.0308	9"	1.25
4"	1.0541	10"	1.3017
4.5"	1.068	11"	1.3566
5"	1.0833	12"	1.4142
6"	1.118	13"	1.474
7"	1.1577	14"	1.536
8"	1.202	15"	1.6008

To Determine Area – Horizontal area of roof and overhang = 40'×60', rise and run 8" in 12'
  40' × 60' = 2400 SF × 1.202 = 2885 SF
To Find Lengths – ½ horizontal measurement of span = 20', rise and run 8" in 12'
  20 × 1.202 = 24.04' or 24'½"

Hip and Valley Rafter Ratios

Ratios of hip, valley length to run of common rafter for various slopes – runs = 12'

RISE ROOF SLOPE	RATIO	RISE ROOF SLOPE	RATIO
3"	1.4361	9"	1.6008
4"	1.453	10"	1.6415
4.5"	1.4631	11"	1.6853
5"	1.4743	12"	1.7321
6"	1.500	13"	1.7815
7"	1.5298	14"	1.833
8"	1.5635	15"	1.8875

Lumber Board Measure By Lineal Foot

LUMBER CONVERSIONS

2 × 4	0.667	4 × 4	1.33	6 × 6	3
2 × 6	1.0	4 × 6		6 × 8	4
2 × 8	1.33	4 × 8	2.66	6 × 10	5
2 × 10	1.667	4 × 10	3.33	6 × 12	6
2 × 12	2	4 × 12	4	6 × 14	7
2 × 14	2.33	4 × 14	4.66	6 × 16	8
2 × 16	2.66	4 × 16	5.33		
8 × 8	5.33	10 × 10	8.33	12 × 12	12
8 × 10	6.66	10 × 12	10	12 × 14	14
8 × 12	8	10 × 16	13.33	12 × 18	18
8 × 16	10.66	10 × 18	15		

In order to get the board feet of any dimensional lumber, using as an example a 10" × 12" piece, multiply the 10 × 12, and then divide the result by 12, we now have 10 BF per lineal foot.

Conversion of Inches to Decimal of a Foot

1" = .08'		7" = .58'	
2" = .17'		8" = .67'	
3" = .25'		9" = .75'	
4" = .33'		10" = .83'	
5" = .42'		11" = .92'	
6" = .50'		12" = 1.00'	

Use .01' for Each ⅛"

Example: 8⅝" = .67' + .05' (⅝" = .01' × 5) = 0.72'

Compensation insurance base rates

Effective July 1, 1987

Classification of work	Ala.	Alaska	Ariz.	Ark.	Calif.	Colo.	Conn.	Del.	D.C.
Carpentry—one and two-family dwelling	10.35	15.67	15.99	8.64	17.75	18.18	13.34	11.44	12.67
Carpentry—three stories or less	9.67	14.41	13.54	9.10	15.33	11.32	17.99	11.44	10.14
Carpentry—interior cabinetry work	6.57	9.59	8.39	4.54	15.33	9.29	14.62	6.57	10.25
Carpentry—general	9.92	13.58	19.07	8.86	17.75	14.53	21.37	11.44	14.55
Chimney	16.41	18.05	14.50	9.28	17.29	13.51	16.46	--	17.04
Concrete work—bridges, culverts	16.41	18.05	14.50	9.28	17.29	13.51	16.46	8.17	17.04
Concrete work—one and two-family dwelling	6.27	19.19	6.64	4.62	7.73	12.15	21.24	8.17	12.33
Concrete work—NOC*	10.73	18.51	10.07	6.69	11.48	13.16	18.74	8.17	27.07
Concrete or cement work—floors, sidewalks	5.57	7.84	10.51	4.89	7.73	11.55	12.99	8.17	12.65
Electrical wiring—inside	4.91	7.91	7.17	3.38	6.11	4.14	6.14	--	11.55
Excavation—earth NOC*	6.82	10.28	8.63	6.08	7.80	10.89	11.00	8.62	16.00
Excavation—rock	6.82	10.28	8.63	6.08	7.80	10.89	11.00	8.62	16.99
Glazing	8.18	15.94	11.56	7.76	13.14	12.33	15.62	--	13.86
Insulation work	7.62	16.19	15.25	8.88	23.48	18.72	14.95	--	13.54
Lathing	6.29	11.54	10.73	5.49	8.27	8.41	12.17	--	10.53
Masonry	9.57	13.07	14.74	6.68	12.87	18.59	26.80	8.28	25.25
Painting and decorating	11.50	10.25	8.06	6.59	11.86	11.44	16.11	11.62	11.63
Pile driving	21.67	33.26	22.39	13.33	20.25	32.32	29.76	11.50	36.70
Plastering	8.17	15.37	12.00	6.08	14.46	26.22	12.46	9.56	12.10
Plumbing	4.75	9.13	3.95	3.41	8.58	7.32	7.85	5.12	15.05
Roofing	19.30	32.36	21.69	12.32	31.93	41.64	46.20	23.58	32.33
Sheet metal work—installation and repair	8.76	11.82	7.70	7.64	9.89	9.31	11.28	9.29	11.05
Steel erection—doors and sash	7.63	18.90	9.47	4.66	8.81	11.49	13.82	--	20.22
Steel erection—interior ornament	7.63	18.90	9.47	4.66	8.81	11.49	13.82	--	20.22
Steel erection—structure	14.98	43.40	16.01	30.02	16.82	25.83	45.72	26.31	46.51
Steel erection—two-story dwelling	23.88	54.02	37.08	22.38	21.04	44.84	53.86	26.31	59.75
Steel erection—NOC*	13.49	35.22	9.28	8.94	24.52	24.85	29.08	26.31	45.60
Tile work—interior	5.76	7.73	5.79	3.64	7.65	7.41	9.47	6.70	26.80
Timekeepers and watchmen	4.32	7.60	5.03	3.71	7.82	6.23	7.71	--	10.32
Waterproofing—brush, interior	11.50	10.25	8.06	6.59	11.82	11.44	16.11	--	11.63
Waterproofing—trowel, interior	8.17	15.37	12.00	6.08	14.46	26.22	12.46	8.68	12.10
Waterproofing—trowel, exterior	9.57	13.07	14.74	6.68	12.87	18.59	26.80	8.68	25.25
Waterproofing—pressure gun	10.73	18.51	10.07	6.69	11.48	13.16	18.74	--	27.07
Wrecking	21.67	33.26	22.39	13.33	20.25	32.32	29.76	24.10	36.70

Classification of work	Minn.	Miss.	Mo.	Mont.	Neb.	N.H.	N.J.	N.M.
Carpentry—one and two-family dwelling	19.72	6.66	6.12	20.86	5.41	10.48	6.29	13.93
Carpentry—three stories or less	19.72	7.65	5.72	20.48	5.66	12.70	5.92	11.33
Carpentry—interior cabinetry work	19.72	5.16	4.10	12.48	4.36	8.36	5.14	10.26
Carpentry—general	31.40	9.50	5.74	30.79	8.40	14.73	5.92	12.73
Chimney	34.00	14.94	6.58	25.22	9.30	14.90	6.11	20.03
Concrete work—bridges, culverts	34.00	14.94	6.58	25.22	9.30	14.90	6.11	20.03
Concrete work—one and two-family dwelling	13.87	4.53	4.01	17.65	3.87	9.36	6.82	9.03
Concrete work—NOC*	25.64	6.20	5.71	23.67	9.99	23.50	6.26	17.13
Concrete or cement work—floors, sidewalks	15.10	3.41	4.02	18.67	5.22	11.36	--	9.18
Electrical wiring—inside	6.50	3.70	2.72	10.70	3.17	4.12	3.00	4.79
Excavation—earth NOC*	19.89	6.07	4.39	27.83	5.75	12.23	5.92	7.69
Excavation—rock	19.89	6.07	4.39	27.83	5.75	12.23	5.92	7.69
Glazing	21.37	6.32	6.56	21.60	7.75	9.75	4.51	12.36
Insulation work	22.15	5.07	8.12	17.88	5.62	13.80	7.77	13.76
Lathing	--	5.76	5.37	16.28	5.68	11.01	7.62	8.22
Masonry	19.26	4.65	6.38	27.48	7.63	13.74	8.19	11.01
Painting and decorating	20.77	4.93	5.80	23.20	6.30	12.57	9.11	8.17
Pile driving	42.67	16.65	21.18	44.42	10.92	41.93	8.02	47.64
Plastering	21.98	7.29	4.94	22.71	5.96	14.58	7.62	13.16
Plumbing	14.01	2.50	3.09	10.26	3.24	7.92	3.17	8.25
Roofing	46.61	11.56	12.20	66.90	13.55	48.91	16.57	28.26
Sheet metal work—installation and repair	13.11	5.88	4.75	11.74	5.82	10.61	4.44	9.27
Steel erection—doors and sash	19.42	5.12	6.17	13.92	3.70	9.50	--	12.17
Steel erection—interior ornament	19.42	5.12	6.17	13.92	3.70	9.50	--	12.17
Steel erection—structure	69.29	16.62	12.78	85.21	9.92	29.13	19.27	19.90
Steel erection—two-story dwelling	--	17.97	16.53	77.23	20.68	43.02	13.64	30.82
Steel erection—NOC*	60.33	9.93	11.67	38.57	26.40	15.69	9.23	21.01
Tile work—interior	1.47	5.01	3.47	11.88	3.55	8.50	3.05	8.75
Timekeepers and watchmen	--	3.27	3.96	7.76	3.94	6.60	4.55	5.28
Waterproofing—brush, interior	20.77	4.93	5.80	23.20	6.30	12.57	9.11	8.17
Waterproofing—trowel, interior	21.98	7.29	4.94	22.71	5.96	14.58	7.62	13.16
Waterprroofing—trowel, exterior	19.26	4.65	6.38	27.48	7.63	13.74	8.19	11.01
Waterproofing—pressure gun	25.64	6.20	5.71	23.67	9.99	23.50	6.26	17.13
Wrecking	42.67	16.65	21.18	44.42	10.92	41.93	8.02	47.64

If specialty rates are left blank, refer to company. Rates are those approved and in use as of July 1, 1987.
*NOC—not otherwise classified

Rate is per $100 payroll. Compiled by Marsh & McLennan Inc., insurance brokers, New York, N.Y. These rates are subject to change according to experience rating.

Fla.	Ga.	Hawaii	Idaho	Ill.	Ind.	Iowa	Kan.	Ky.	La.	Maine	Md.	Mass.	Mich.
14.62	7.76	20.95	10.77	9.05	4.55	5.80	7.59	7.35	9.93	6.06	9.79	8.83	11.61
13.75	10.94	17.04	10.88	13.06	4.35	4.63	7.59	8.67	13.61	6.06	12.59	8.83	11.61
7.58	6.03	12.63	6.18	6.73	2.24	5.24	5.26	3.74	8.54	7.03	12.33	4.77	12.21
17.29	12.98	59.84	10.79	12.40	3.94	10.40	6.93	8.36	13.43	18.31	10.70	19.00	13.16
18.60	16.15	27.90	9.62	18.19	3.39	11.36	6.42	12.05	10.04	17.25	12.63	14.78	19.00
18.60	16.15	27.90	9.62	18.19	3.39	11.36	6.42	12.05	10.04	17.25	12.63	14.78	19.00
10.59	4.56	15.46	6.48	5.74	2.64	4.10	6.16	5.73	6.07	7.71	7.05	5.44	11.22
18.38	6.81	15.82	8.57	17.83	3.68	10.91	5.40	6.41	7.16	13.41	17.28	13.33	22.98
11.26	5.07	14.47	4.98	7.85	2.92	4.59	4.87	4.65	6.53	7.09	9.77	5.85	9.85
7.21	4.42	14.51	3.85	5.59	1.78	4.16	3.05	3.93	4.66	5.27	7.64	3.64	5.66
12.65	6.94	16.21	7.51	7.29	2.86	7.06	4.07	5.36	8.01	10.66	12.85	5.54	13.86
12.65	6.94	16.21	7.51	7.29	2.86	7.06	4.07	5.36	8.01	10.66	12.85	5.54	13.86
12.45	7.55	36.79	9.63	14.34	3.14	5.62	5.58	6.15	10.28	10.29	18.78	8.74	20.71
12.20	7.31	17.89	9.65	9.24	3.31	7.62	12.02	6.38	6.83	9.53	12.60	6.42	16.37
11.29	5.33	14.24	6.79	9.50	2.41	5.03	6.65	5.66	6.04	6.94	8.29	6.33	12.42
13.22	5.54	20.64	9.89	13.43	3.23	7.12	5.70	7.35	6.45	9.24	12.40	10.94	13.96
12.06	6.70	16.93	9.82	10.36	3.24	7.73	6.78	9.65	11.03	10.42	9.07	11.47	--
24.39	13.94	34.48	16.33	25.16	6.09	15.11	16.58	18.69	31.35	27.89	19.45	14.78	28.72
12.97	8.34	22.19	8.24	7.71	4.80	5.05	5.26	5.99	7.38	9.49	10.26	7.52	13.19
8.92	4.23	12.03	4.08	7.95	1.87	6.55	3.77	3.30	5.24	6.80	9.40	5.46	7.00
32.26	16.27	35.87	18.03	27.76	6.24	14.08	11.49	13.40	16.84	25.02	32.69	--	29.81
11.13	6.09	10.95	7.86	9.11	2.97	6.95	4.48	6.56	6.47	8.66	13.58	7.63	10.80
9.75	3.01	10.00	6.88	9.31	2.20	7.86	4.12	5.75	6.59	8.34	11.27	8.29	10.49
9.75	3.01	10.00	6.88	9.31	2.20	7.86	4.12	5.75	6.59	8.34	11.27	8.29	10.49
25.12	14.53	35.74	11.97	44.87	3.79	18.86	8.81	17.21	20.11	33.58	26.18	32.06	22.34
29.28	30.13	51.64	22.98	44.27	12.40	21.92	19.92	23.88	25.71	25.00	38.16	30.28	--
23.85	19.04	34.48	14.19	59.77	6.66	28.04	16.35	13.16	11.19	27.46	32.54	30.28	23.76
6.98	3.84	12.62	5.29	8.28	2.02	3.90	3.74	4.29	5.53	6.66	9.59	5.88	13.76
6.21	4.61	11.40	4.86	5.42	1.98	3.08	2.96	3.38	6.97	8.79	5.47	10.02	6.80
12.06	6.70	16.93	9.82	10.36	3.24	7.73	6.78	9.65	11.03	10.42	9.07	11.47	--
12.97	8.34	22.19	8.24	7.71	4.80	5.05	5.26	5.99	7.38	9.49	10.26	7.52	13.19
13.22	5.54	20.64	9.89	13.43	3.23	7.12	5.70	7.35	6.45	9.24	12.40	10.94	13.96
18.38	6.81	15.82	8.57	17.83	3.68	10.91	5.40	6.41	7.16	13.41	17.28	13.33	22.98
24.39	13.94	34.48	16.33	25.16	6.09	15.11	16.58	18.69	31.35	27.89	19.45	14.78	28.72

N.Y.	N.C.	Okla.	Ore.	Pa.	R.I.	S.C.	S.D.	Tenn.	Texas	Utah	Vt.	Va.	Wis.
9.13	5.28	8.44	18.48	10.03	9.19	10.78	6.66	6.21	14.51	--	7.53	7.63	10.08
9.13	6.42	10.62	19.07	10.03	10.44	10.59	6.07	5.57	14.58	--	7.53	7.74	10.17
--	4.31	6.70	9.76	--	7.03	5.78	4.18	4.08	9.60	--	4.88	6.62	6.26
9.50	7.57	10.23	16.21	--	12.15	11.76	9.63	7.09	14.48	7.90	7.76	7.46	11.91
11.17	6.72	24.78	24.31	18.16	17.25	8.96	7.81	7.22	--	5.86	10.56	8.73	13.85
11.17	6.72	24.78	24.31	18.16	17.25	8.96	7.81	7.22	--	5.86	10.56	8.73	13.85
--	3.29	4.91	11.93	18.16	9.47	5.94	4.88	2.86	--	4.50	5.95	5.67	7.79
11.55	4.74	8.96	19.62	18.16	13.12	8.19	8.69	5.25	12.66	7.14	8.70	9.01	9.10
8.88	2.73	6.10	10.25	--	11.09	5.94	3.88	3.71	--	3.38	4.86	5.37	5.83
3.74	3.24	4.25	5.15	--	6.73	5.19	3.04	2.41	6.37	2.60	2.92	3.74	4.03
7.79	3.71	8.46	15.28	10.41	10.00	5.66	5.54	4.51	--	6.44	8.52	5.62	5.74
7.79	3.71	8.46	15.28	10.41	10.00	5.66	5.54	4.51	--	6.44	8.52	5.62	5.74
7.95	4.05	8.80	14.32	--	12.14	8.77	5.77	5.24	8.35	5.60	6.93	6.43	11.51
5.67	5.73	9.50	24.25	--	10.24	10.24	7.20	6.27	15.83	6.42	7.17	8.71	12.46
9.22	3.46	6.70	13.41	--	7.82	6.31	4.41	4.02	5.78	6.41	5.82	7.22	7.36
9.31	4.55	6.18	17.92	11.71	10.96	8.03	4.77	5.76	10.03	8.05	7.76	7.26	9.02
7.45	4.22	6.50	16.87	15.50	12.02	7.89	5.83	6.00	9.48	8.28	5.55	8.14	8.82
13.32	12.63	22.67	43.01	11.19	31.97	13.29	12.19	10.63	22.74	11.22	14.58	9.19	19.09
9.43	5.44	10.16	14.20	10.54	10.87	7.43	5.47	3.94	9.75	6.81	6.83	5.92	11.32
5.85	2.82	6.23	9.38	4.99	4.89	3.16	4.97	2.72	7.78	2.64	3.49	3.99	5.60
--	8.56	28.02	50.03	23.98	31.59	18.64	21.32	10.48	28.22	11.89	13.45	19.72	20.87
5.73	4.76	7.85	14.56	6.60	8.13	7.54	4.34	4.32	14.12	4.42	7.17	6.22	6.49
5.42	3.23	8.03	14.76	--	9.60	4.61	4.84	4.03	7.09	3.74	5.39	4.45	8.02
5.42	3.23	8.03	14.76	--	9.60	4.61	4.84	4.03	7.09	3.74	5.39	4.45	8.02
14.74	15.68	32.71	36.58	29.15	52.45	12.00	12.29	11.40	24.60	--	15.55	16.87	28.05
8.01	13.14	27.20	47.23	29.15	40.95	26.93	17.03	13.78	--	19.49	23.59	22.41	35.26
16.89	4.75	18.31	31.87	29.15	47.34	21.81	10.24	7.31	15.81	14.16	21.16	15.42	20.03
6.71	3.11	5.08	15.96	6.68	6.24	6.29	3.53	2.72	5.43	3.12	4.19	2.96	7.05
4.17	2.79	5.51	9.90	--	9.22	4.11	3.12	2.77	8.42	3.74	4.15	3.63	5.08
7.45	4.22	6.50	16.87	11.71	12.02	7.89	5.83	6.00	9.48	8.28	5.55	8.14	8.82
9.43	5.44	10.16	14.20	11.71	10.87	7.43	5.47	3.94	9.75	6.81	6.83	5.92	11.32
9.31	4.55	6.18	17.92	11.71	10.96	8.03	4.77	5.76	10.03	8.05	7.76	7.26	9.02
11.55	4.74	0.96	10.62	11.71	13.12	8.19	8.69	5.25	12.66	7.14	8.70	9.01	9.10
13.32	12.63	22.67	43.01	66.94	31.97	13.29	12.19	10.63	22.74	11.22	14.58	9.19	19.09

Does not include the monopolistic-fund states, namely Nevada, North Dakota, Ohio, Washington, West Virginia and Wyoming. Minnesota is an assigned-risk state; rates are variable.

Concrete

Average Material Prices

	READY MIX 3000# CY.	READY MIX 5000# CY.	8" CONC. BLK. EA.	DF. 2" x 4" BF.	1 2" GYP. BD. SF.
Altanta	40.75	45.45	0.87	0.33	0.19
Baltimore	58.30	63.00	0.76	0.34	0.22
Birmingham	43.00	49.00	0.69	0.29	0.16
Boston	65.00	69.00	0.88	0.37	0.23
Chicago	52.00	58.00	0.66	0.35	0.16
Cincinnati	43.50	47.60	0.65	0.34	0.19
Cleveland	46.00	52.00	0.69	0.35	0.20
Dallas	55.25	58.50	1.02	0.37	0.15
Denver	60.45	67.65	0.83	0.35	0.18
Detroit	49.00	55.00	0.94	0.31	0.16
Kansas City	54.00	58.00	0.88	0.32	0.14
Los Angeles	57.75	60.00	0.85	0.33	0.19
Minneapolis	50.25	54.55	0.85	0.39	0.20
New Orleans	40.30	45.00	0.90	0.31	0.14
New York	75.00	90.00	1.17	0.45	0.27
Philadelphia	46.83	53.00	0.71	0.41	0.21
Pittsburgh	50.88	54.00	0.94	0.34	0.18
St. Louis	49.60	55.00	0.84	0.34	0.14
San Francisco	60.00	64.00	1.18	0.35	0.16
Seattle	44.70	49.70	1.29	0.26	0.12

Insulating Concrete (Vermiculite-Perlite) Over Robertson Metal Decking

Flat Surface	Cubic Foot Per SF
2" thick	.168
3" thick	.250
4" thick	.334

Over QL-3 and Q-VKX Deck

2" thick	.216
3" thick	.300
4" thick	.430

Over Q121 and QL-NKX Deck

2" thick	.240
3" thick	.320
4" thick	.404

Over 3" QL-99 and QL-WKX Deck

2" thick	.334
3" thick	.374
4" thick	.458
4.5" thick	.500

1⅝" Cellular Concrete Over Wood Floor
0.135 CF per SF

2" Pea Gravel Mix Regular Concrete Over Wood Deck
0.166 CF per SF

Structural Concrete Prices

	Unit	L	M	T
Cast Concrete Columns				
12" x 12"	LF	14.30	5.98	20.28
14" x 14"	LF	14.34	7.20	21.54
16" x 16"	LF	15.14	8.62	23.76
18" x 18"	LF	15.58	10.08	25.66
20" x 20"	LF	16.72	11.76	28.48
22" x 22"	LF	16.70	13.50	30.20
24" x 24"	LF	16.70	15.40	32.10
26" x 26"	LF	16.72	17.44	34.16
28" x 28"	LF	20.00	19.68	39.68
30" x 30"	LF	20.00	21.92	41.92
Cast Concrete Solid Slab and Beam Floor				
1-Way Beam – Including Spandrel				
6" Slab (12" x 14" BM) 20' Grid	SF	4.12	2.34	6.46
7" Slab (14" x 17" BM) 20' Grid	SF	4.14	2.80	6.94
11" Slab (18" x 24" BM) 30' Grid	SF	4.32	3.78	8.10
12" Slab (22" x 32" BM) 30' Grid	SF	4.36	4.10	8.46
2-Way Beam – Including Spandrel				
5.½" Slab (12" x 14" BM) 20' Grid	SF	4.62	2.46	7.08
8" Slab (16" x 22" BM) 30' Grid	SF	4.76	3.24	8.00
1-Way Pan Joist – Flat Slab				
11" Slab 20' Grid	SF	3.24	2.24	5.48
13" Slab 20' Grid	SF	3.60	2.58	6.18
17" Slab 30' Grid	SF	3.76	2.74	6.50
23" Slab 40' Grid	SF	3.80	3.28	7.08
2-Way Pan Joist – Waffle Slab				
11" Slab 20' Grid	SF	2.24	2.64	4.88
13" Slab 20' Grid	SF	2.34	2.94	5.28
17" Slab 30' Grid	SF	2.40	3.06	5.46
19" Slab 40' Grid	SF	2.44	3.76	6.20
23" Slab 30' Grid	SF	2.74	4.00	6.80

Slab Thickness
(For Immediate Thickness-Interpolate)

Mat or Slab Thickness	Multiply Surface Area to Obtain Cubic Yard
3"	.0093
4"	.0124
5"	.0154
6"	.0186
7"	.0218
8"	.0246
9"	.0278
10"	.0308
11"	.0340
12"	.0372
14"	.0432
16"	0.494
18"	.0556
20"	.0680
24"	.0742
28"	.0866

From Transit Mixer to Mechanical Placement (Conveyor, Crane or Pump)

0-100 CY	$9.50 per CY
101-500	9.00
501-1000	8.50
1001-2000	8.00
2001-3000	7.50
3001-4000	7.00
4001-5000	6.50

1988 DODGE CONSTRUCTION COST DATA PUBLICATIONS
NEW LOW PRICES

Please check the appropriate boxes below and return this form. We'll pay all postage and handling.

Dodge Cost Systems
McGraw-Hill Information Systems Company
P.O. Box 28, Princeton, New Jersey 08542

Please send me the individual volumes I've checked — at the indicated new low prices for each.

No. Copies

☐ ____ 1988 Dodge Assemblies Cost Data
$64.00

☐ ____ 1988 Dodge Unit Cost Data
$53.75

☐ ____ 1988 Dodge Square Foot Cost Data
$116.95

☐ ____ 1988 Dodge Heavy Construction Cost Data
$59.00

☐ ____ 1988 Dodge Remodeling and Retrofit Cost Data
$37.00

☐ ____ 1988 Dodge Open-Shop Cost Data
$48.75

☐ ____ 1988 Dodge Hospital/Healthcare/Nursing Home Building Costs
$58.50

☐ ____ Dodge Building Cost Indexes for U.S. and Canadian Cities
$58.50

☐ Payment enclosed in the amount of $_____. (Please total your order, ADD STATE AND LOCAL SALES TAXES, and make your check payable to Dodge Cost Systems).
NOTE: You must include state and local sales taxes in your payment in order for us to process your order.

☐ Please charge to my ☐ VISA ☐ MasterCard ☐ American Express

Account No._____ Expiration Date_____

Name on Credit Card_____

609-426-7300 • 800-257-5295 (Toll-Free)

Please note: If you are exempt from state and local taxes, you must supply your tax-exempt number _____

and your taxing authority _____

Name _____

Company _____

Type of Business _____

Address _____

City_____ State_____ Zip_____

Telephone_____ Date_____

Signature_____ Title_____

1988 DODGE CONSTRUCTION COST DATA PUBLICATIONS
NEW LOW PRICES

Please check the appropriate boxes below and return this form. We'll pay all postage and handling.

Dodge Cost Systems
McGraw-Hill Information Systems Company
P.O. Box 28, Princeton, New Jersey 08542

Please send me the individual volumes I've checked — at the indicated new low prices for each.

No. Copies

☐ ____ 1988 Dodge Assemblies Cost Data
$64.00

☐ ____ 1988 Dodge Unit Cost Data
$53.75

☐ ____ 1988 Dodge Square Foot Cost Data
$116.95

☐ ____ 1988 Dodge Heavy Construction Cost Data
$59.00

☐ ____ 1988 Dodge Remodeling and Retrofit Cost Data
$37.00

☐ ____ 1988 Dodge Open-Shop Cost Data
$48.75

☐ ____ 1988 Dodge Hospital/Healthcare/Nursing Home Building Costs
$58.50

☐ ____ Dodge Building Cost Indexes for U.S. and Canadian Cities
$58.50

☐ Payment enclosed in the amount of $_____. (Please total your order, ADD STATE AND LOCAL SALES TAXES, and make your check payable to Dodge Cost Systems).
NOTE: You must include state and local sales taxes in your payment in order for us to process your order.

☐ Please charge to my ☐ VISA ☐ MasterCard ☐ American Express

Account No._____ Expiration Date_____

Name on Credit Card_____

609-426-7300 • 800-257-5295 (Toll-Free)

Please note: If you are exempt from state and local taxes, you must supply your tax-exempt number _____

and your taxing authority _____

Name _____

Company _____

Type of Business _____

Address _____

City_____ State_____ Zip_____

Telephone_____ Date_____

Signature_____ Title_____

New dimensions. New capabilities. New clients.

Time-Saver Standards for Residential Development
By Joseph DeChiara.
992 pp., 1,300 illus.
The famous "Time-Saver Standards" Series save you enormous amounts of research and decision-making time on each project. This new addition to the series is a must.

Time-Saver Standards for Site Planning
By Joseph DeChiara and Lee Koppelman.
800 pp., 1,037 illus.
Want easier, more creative, less troublesome site planning for any type of building project? Here's where you'll find all your essential data and ready-to-use graphics.

HANDBOOK OF TEMPORARY STRUCTURES IN CONSTRUCTION
Engineering Standards, Designs, Practices, and Procedures
By R. T. Ratay
864 pp., 350 illus.
Your scaffolding, shoring, temporary bracing and guying, construction ramps, roadway decking—be sure they're safe, economically sound—and legal! Here's every do and don't to watch for.

SUCCESS STRATEGIES FOR DESIGN PROFESSIONALS
Superpositioning for Architecture and Engineering Firms
By W. Coxe, D. H. Maister, and the Coxe Group
160 pp.
A complete guide to building a successful, profitable design practice. Outlines strategies for evaluating and making maximum use of your firm's available talents and resources.

MASONRY DESIGN AND DETAILING, 2/e
For Architects, Engineers and Builders
By Christine Beall
512 pp., fully illus.
A useful working reference that covers *all* major types—brick, concrete block, glass block, and stone. Clearly written . . . fully indexed and cross-referenced, this new edition covers new building code requirements.

CONSTRUCTION SAFETY MANAGEMENT
By R. E. Levitt and N. M. Samelson
240 pp., 40 illus.
Authoritative and all-inclusive in its approach, the book details *proven* actions to create a setting for safe, productive construction work. Demonstrates that there doesn't have to be a trade-off between safety and performance in terms of cost or schedule.

THE McGRAW-HILL CONSTRUCTION MANAGEMENT FORM BOOK
By R. F. Cushman, A. B. Stover, W. R. Sneed, and W. J. Palmer
448 pp., 329 illus.
All the forms necessary to document just about any construction project from start to finish. With more than 300 ready-to-use forms.

CONSTRUCTION LAW FOR OWNERS AND BUILDERS
By M. Stokes and J. L. Finuf
348 pp., 40 illus.
Written from the builder's view of the construction agreement, here's everything you need to know about the legal side of building—*before* you build.

PRACTICAL MANUAL OF SITE DEVELOPMENT
By Barbara Colley
256 pp., 123 illus.
The *only* comprehensive, up-to-date reference source covering design and development of land projects—from mapping and site analysis . . . through earthwork and drainage . . . to the final construction phase.

CONTROLLING AIR MOVEMENT
A Manual for Architects and Builders
By T. S. Boutet
304 pp., 372 illus.
For small-scale residential and commercial buildings, here's a complete reference that spells out *specific* ways to design energy-efficient structures using design options instead of costly devices.

DESIGN OF WOOD STRUCTURES, 2/e
By D. E. Breyer
704 pp., 432 illus.
Organized to follow the design of a structure, here's the updated edition of the classic guide to wood frame design, materials, and applications—revised to conform with latest building code criteria.

SAFETY MANAGEMENT IN CONSTRUCTION AND INDUSTRY
By D. Goldsmith
128 pp., 61 illus.
Here's all you need—including forms and paperwork—to start an economical safety program or improve an existing one. Compatible with OSHA and AFL-CIO philosophies, the book shows how you'll boost productivity and keep insurance costs down.

DESIGN COMMUNICATION
Developing Promotional Material for Design Professionals
By Ernest Burden
224 pp., over 1,000 illus.
To help you promote your design firm more effectively, here are all the specifics you'll need to develop materials that'll "knock 'em dead"! Hundreds of examples from successful firms cover the entire marketing spectrum.

OVERLAY DRAFTING SYSTEMS
By C. W. Edwards
192 pp., illus.
You'll be amazed at how easily overlay drafting and the new reprographic hardware can help you to save up to 50% of your drafting time and to make adjustments more quickly and efficiently!

CONSTRUCTION MARKETING AND STRATEGIC PLANNING
By Warren Friedman, in association with the AGC
288 pp., 70 illus.
The arena you're in as a construction professional is fast-changing and fiercely competitive. Survival demands the right marketing plan, new strategies, and greater management capabilities. Find them here!

McGraw-Hill Book Company
Regional Offices

Eastern
Princeton Road
Hightstown, NJ 08520
Phone:
Orders and Customer
Relations
(609) 426-5254

Mid-Continent
Manchester Road
Manchester, MO 63011
Phone:
Orders and Customer
Relations
(314) 227-1600 X428

Western
8171 Redwood Highway
Novato, CA 94947
Phone: Orders
(415) 897-5298
Customer Relations:
(415) 897-5251

At your bookstore—or use this 15-day Free-Examination coupon.

McGraw-Hill Book Company
P.O. Box 400, Hightstown, NJ 08520
Send me the book(s) checked for 15 days on approval.
At the end of that time, I will pay for the book(s) I keep,
plus local tax, postage, and handling, and return any
unwanted book(s) postpaid.

Name _____
Company/Title _____
_____
Address/Apt. _____
(no P.O. Box, please) _____
City/State/Zip _____

03-E430-1400-3

016217-1	☐ TIME-SAVER STANDARDS FOR RESIDENTIAL DEVELOPMENT, $82.50
016266-2	☐ TIME-SAVER STANDARDS FOR SITE PLANNING, $79.00
019047-X	☐ OVERLAY DRAFTING SYSTEMS, $39.50
008932-9	☐ DESIGN COMMUNICATION, $39.95
004223-3	☐ MASONRY DESIGN AND DETAILING, 2/e, $49.50
002437-4	☐ CONSTRUCTION MARKETING AND STRATEGIC PLANNING, $44.50
037298-5	☐ CONSTRUCTION SAFETY MANAGEMENT, $34.95
014995-X	☐ McGRAW-HILL CONSTRUCTION MANAGEMENT FORM BOOK, $45.50
061647-7	☐ CONSTRUCTION LAW FOR OWNERS AND BUILDERS, $39.95
011803-5	☐ PRACTICAL MANUAL OF SITE DEVELOPMENT, $39.50
006713-9	☐ CONTROLLING AIR MOVEMENT, $46.50
007675-8	☐ DESIGN OF WOOD STRUCTURES, 2/e, $54.50
023677-1	☐ SAFETY MANAGEMENT IN CONSTRUCTION AND INDUSTRY, $29.95
051211-6	☐ HANDBOOK OF TEMPORARY STRUCTURES IN CONSTRUCTION, $79.50
013311-5	☐ SUCCESS STRATEGIES FOR DESIGN PROFESSIONALS, $29.50

SAVE MONEY! If you pay in full with this order, plus local tax, McGraw-Hill pays all regular postage and handling. Full return privilege still applies. In Canada, available from McGraw-Hill Ryerson, Ltd., 330 Progress Avenue, Scarborough, Ontario M1P2Z5. Prices slightly higher outside the U.S.